Nutrição evolutiva

ATENÇÃO: Os dados apresentados neste livro possuem caráter meramente informativo. As técnicas e os procedimentos aqui contidos não substituem o tratamento médico convencional. Qualquer decisão de utilizar as práticas aqui apontadas sem prévia consulta a um médico é de inteira responsabilidade do leitor. A adesão ao programa sem a regulação adequada dos hormônios pode causar choque insulínico.

Dr. Gabriel Cousens

Nutrição evolutiva

Fundamentos para a evolução individual e do planeta

Tradução de Cátia Simionato

EDITORA ALAÚDE

Título original: *Spiritual Nutrition – Six Foundations for Spiritual Life and the Awakening of Kundalini*

O texto deste livro foi fixado conforme o acordo ortográfico vigente no Brasil desde 1º de janeiro de 2009.

Preparação:
Shirley Gomes

Revisão:
Beatriz Chaves

1ª edição, 2011 (1 reimpressão)

Nutrição evolutiva – *Fundamentos para a evolução individual e do planeta* foi patrocinado pela Society for the Study of Native Arts and Sciences, uma instituição sem fins lucrativos cujos objetivos são desenvolver uma perspectiva educacional e multicultural que una diversos campos científicos, sociais e artísticos; criar uma visão holística das artes, da ciência, das humanidades e da saúde; e publicar e distribuir livros especializados na relação entre mente, corpo e natureza.

Dados Internacionais de Catalogação na Publicação (CIP)
(Câmara Brasileira do Livro, SP , Brasil)

Cousens, Gabriel
Nutrição evolutiva : fundamentos para a evolução individual e do planeta / Gabriel Cousens ; tradução de Cátia Simionato. -- São Paulo : Alaúde Editorial, 2011.

Título original: Spiritual nutrition : six foundations for spiritual life and the awakening of kundalini.

ISBN 978-85-7881-073-3

1. Dieta do Arco-íris 2. Kundalini 3. Yoga 4. Medicina ayurvédica 5. Nutrição 6. Terapia espiritual - Métodos I. Título.

11-02183 CDD-613.2

Índices para catálogo sistemático:
1. Kundalini : Nutrição espiritual 613.2

2013
Alaúde Editorial Ltda.
Rua Hildebrando Thomaz de Carvalho, 60
04012-120, São Paulo, SP
Tel.: (11) 5572-9474
www.alaude.com.br

DEDICATÓRIA

A Swami Muktananda Paramahansa, cuja transmissão e condução da Graça foram imprescindíveis no desdobramento espiritual desta pessoa e sem a qual este livro não teria sido escrito.

A Swami Saraswati Prakashananda, o tio guru iluminado desta pessoa, cuja orientação pessoal e vida em Agaram Bagaram têm sido uma fonte de inspiração contínua, Amor e uma compreensão espiritualmente sofisticada no amadurecimento pós-Iluminação.

A Paavo Airola, médico e nutricionista, que me introduziu e me motivou no campo da nutrição.

Ao rabi Gershon Winkler e ao cabalista David Friedman, que me ajudaram a traduzir os conceitos da Verdade para termos e modo de vida cabalísticos.

À minha alma gêmea e parceira de vida, Shanti, que ativamente vive a Verdade comigo.

À minha família.

A todos os aspirantes espirituais:

> Colocarei Minha lei no seu seio e a escreverei em seu coração. Então Eu serei seu Deus e eles serão Meu povo. Eles não terão mais que instruir seu próximo ou irmão, dizendo: "Reconhece o Senhor!" Por que todos Me conhecerão, dos menores aos maiores.
>
> (Jeremias, 31, 32)

A Torá é a Verdade cósmica viva do Nada (Ein Sof), que já está codificado no nosso "interior" (nossa anatomia espiritual) e no nosso coração. A Nutrição Espiritual é o esboço sagrado do despertar da nossa consciência para a Verdade iluminada e para a ressonância de Yah (o Divino) na nossa anatomia espiritual sagrada (que inclui os chacras, nadis, koshas, corpos sutis e energias de sefirot). Ao ativarmos nossa anatomia espiritual sutil, adquirimos sustentação para vivermos a experiência subjetiva da radiância de Deus, o que somos realmente, e um aumento dessa iluminação através da nossa habilidade de sustentar mais Luz. Esta ativação nos ajuda a nos sustentarmos na consciência da nossa Unidade eterna (Deveikut).

Segundo uma antiga tradição, foi dada a cada uma das 600 mil pessoas presentes na transmissão da Torá (Antigo Testamento), feita por Deus a Moisés no Monte Sinai, uma seção para interpretar e compartilhar como um ensinamento com seus irmãos e irmãs. A cada geração, esses ensinamentos significativos da sabedoria antiga são passados adiante. Este livro é o compartilhar desta pessoa do Gênesis, 12, 1 e Êxodo, 34, 28-29.

> Sai de tua terra, de tua parentela, da casa de teu pai e vai para a terra que te mostrarei.
>
> (Gênesis, 12, 1)

Deus, com o nome El Shaddhai (o Nutridor), instrui a Abraão: "Lech Lecha". Do ponto de vista da "cultura da Libertação" (que é o foco deste livro), isso significa *"Vá para o Eu"* (EU SOU AQUELE). Para fazer isso, devemos abandonar os apegos e as identificações do ego com os pais, a cultura, o país, as formas-pensamento, as ilusões da personalidade e todas as identificações com o complexo corpo-mente-EU SOU; largar e render-se ao Eu Divino. Este livro é uma bênção para inspirar e apoiar o leitor na eterna jornada do Lech Lecha.

> Moisés ficou ali com o Senhor quarenta dias e quarenta noites, sem comer pão nem beber água [...] Quando Moisés desceu da montanha do Sinai, trazendo na mão as duas tábuas da aliança, não sabia que a pele de sua face resplandecia por ter falado com o Senhor.
>
> (Êxodo, 34, 28-29)

A dádiva deste livro é explicar a relação entre a nutrição e a Luz da Comunhão com Deus, para que possamos fazer a jornada para o alto da montanha e fazer parte do sustento Divino de Deus.

E para Aquele... Você.

Doutor Gabriel Cousens

AGRADECIMENTOS

Agradecemos às seguintes pessoas e instituições por nos autorizarem citações e reproduções de:

Autobiography of a Yogi [Autobiografia de um Iogue], escrito por Paramahansa Yogananda, Editora Self-Realization Fellowship

Tao Te Ching, escrito por Lao Tsu, tradução e direitos autorais de Gia-fu Feng e Jane English, Editora Alfred A. Knopf, Inc.

How to Get Well, Are You Confused?, Hypoglycemia: A Better Approach, and How to Keep Slim, Healthy, and Young with Juice Fasting [Como ficar bem, Você está confuso?, Hipoglicemia: Uma abordagem melhor, e Como manter-se magro, saudável e jovem com jejuns de sucos], escritos por Paavo Airola, Editora Health Plus Publishers.

The Realms of Healing [Os reinos da cura], escrito e com os direitos autorais de Stanley Krippner e Alberto Villoldo, Editora Celestial Arts.

Live Food Longevity Recipes [Receitas de alimentos vivos para a longevidade], escrito por Viktoras Kulvinskas, Editora 21st Century Publications.

Ayurveda: The Science of Self Healing [Ayurveda: A ciência da autocura], escrito pelo dr. Vas and Lad, Editora Lotus Press.

Kundalini: The Secret of Life [Kundalini: O segredo da vida], escrito por Swami Muktananda, Editora SYDA Foundation.

Os trechos da Bíblia usados neste livro foram extraídos da:

Bíblia Sagrada, editada integralmente pelo Círculo do Livro S. A., Editora Vozes Ltda.

SUMÁRIO

PREFÁCIO DA EDIÇÃO BRASILEIRA

"Estou persuadido de que chegará um dia em que o fisiologista, o poeta e o filósofo falarão a mesma língua e se entenderão."

Claude Bernard

Erguer os olhos para o céu, enquanto a visão dos homens está voltada para o chão não é fácil. Perceber e honrar a vida, enquanto a grande maioria apenas parasita os recursos do planeta é no mínimo uma exceção. Mergulhar dentro de si mesmo é mais difícil ainda.

Vivemos um período de dificuldades que atingem o planeta como um todo. Embora já saibamos diferenciar o que é bom daquilo que não serve mais, ainda vivemos como escravos, direcionados pelos bens materiais que podemos produzir e que determinam o nosso prazer ou, caso não consigamos obtê-los, o nosso estupor.

Todos se perguntam: como reinventar a vida e seguir uma lei mais justa e fácil? Como não repetir indefinidamente essa mesma fórmula? As mais diversas filosofias e políticas, escolas de economia ou mesmo religiões não conseguiram responder essa pergunta. A mão do homem guarda sempre uma forma de adulterar as leis e transformá-las em benefício próprio. Um sentimento mudo, de insatisfação, toma conta de todos.

A legalidade e a desonestidade caminham juntas, apoiadas pela corrupção dos sistemas. Isso vem desde os primórdios da história – período feudal, monarquias, repúblicas, comunismo, capitalismo – até o onipresente neoliberalismo. Com a concentração de riquezas enormes na mão de poucos e com grandes exércitos de excluídos, não existe a paz que todos almejamos, pois os ricos precisam proteger seu patrimônio a custos altíssimos, e os pobres temem ainda maior marginalização e desamparo social.

Mas, por outro lado, em diferentes períodos, seres de nível evolutivo altíssimo, os avatares, caminharam pelo planeta sob forma humana. Trouxeram impulsos evolutivos que ainda hoje norteiam indivíduos e coletividades. Trouxeram-nos respostas para a pergunta feita no início deste texto. Assim foram Zaratustra, Sidarta Gautama (o Buda), Abraão, Moisés e muitos outros, de diferentes origens e épocas da história da humanidade. Jesus, o essênio de Nazaré, foi um deles. Em um dia já distante, os que estavam sedentos de suas palavras reuniram-se à beira de um rio e perguntaram:

> *"Mestre, somos apenas homens, não anjos. Como podemos esperar trilhar o caminho dos anjos? Dize-nos o que podemos fazer."*

E Ele disse:

> *"Assim como o filho herda a terra de seu pai,*
> *Assim herdamos nós uma terra santa*
> *De nossos Pais.*
> *Essa terra não é um campo que se deva arar,*
> *Mas um lugar dentro de nós*
> *Onde podemos construir nosso Templo Sagrado.*
> *E como um templo precisa ser erguido,*
> *Pedra por pedra,*
> *Eu vos darei as pedras*
> *Para a construção do Templo Sagrado;*
> *O que herdamos de nossos Pais*
> *E dos Pais dos seus Pais."*

Ao estudar o Jesus essênio por meio dos achados arqueológicos do mar Morto, podemos perceber que suas palavras traziam profundos conhecimentos científicos. Como faria um cientista para transmitir informações valiosas para ateus, doentes, leigos, pagãos, pobres, mulheres (na época, sempre discriminadas) e desvalidos? Ele o fez utilizando-se de metáforas. Dessa maneira, o "campo" que herdamos de nossos pais e dos pais de nossos pais é o nosso material genético, molecular, proteico e enzimático, que evolui em nosso corpo há milhões de anos e também representa o nosso conhecimento intuitivo e imaterial da vida espiritual.

O "templo sagrado" é o corpo, dotado de saúde e potencial vibratório. As "pedras" são nutrientes físicos para o corpo, psíquicos e mentais para o espírito. Jesus ensinou, aos que tiveram o privilégio de ouvir, o "caminho das pedras". Como buscar nas profundas raízes materiais de nosso planeta os alimentos vivos para nutrir o corpo; e nos mais altos galhos do universo infinito e místico, as virtudes e os conhecimentos necessários para a evolução da consciência humana em união. Mas ainda não podíamos compreender o todo; entendíamos a mensagem apenas por partes.

Segundo Edmond Bordeaux Szekely, tradutor dos manuscritos essênios do Vaticano, após o período dos terapeutas do deserto

> *teve início uma era tenebrosa, um tempo de selvageria, de barbárie, de queima de livros, de superstição e adoração de ídolos vazios. O suave Jesus perdeu-se para sempre na imagem de um Deus crucificado, os irmãos essênios esconderam seus ensinamentos na mente dos poucos que podiam preservá-lo para os descendentes, e os Manuscritos da Cura quedaram--se negligenciados debaixo das sombras mutáveis do deserto [...].*

O Vaticano reconheceu em 2007 as raízes essênias de Jesus e os rituais de desenvolvimento espiritual praticados por esses formidáveis seres, que, segundo Josefo, "viviam em constante santidade" e criaram uma civilização única no planeta. Os que tiveram a oportunidade de visitá-los ou mesmo de conviver entre eles (como o grego Pitágoras) puderam respirar, sim, isso mesmo, respirar a Lei. Pois se sabia que eles viviam dentro dessa Lei única, que não precisava de emendas ou parágrafos. Era uma lei que estava dentro do coração e da mente de cada um deles e expressava-se em uma forma de viver que não encontra paralelo na história. Mas, mesmo milhares de anos depois, podemos reconstruir nossos templos, com as pedras que foram espalhadas pelos legionários romanos.

Há sete anos descobri o universo dos alimentos vivos. Após a leitura de diferentes livros, surgiu o nome de Gabriel Cousens, médico americano, respeitado e conhecido mundialmente por haver escrito em 1986 o livro *Nutrição espiritual e a dieta do arco-íris*. Havia estruturado o Tree of Life Rejuvenation Center em Patagonia, cidade localizada no altiplano do estado americano do Arizona.

Com a curiosidade da busca científica e da verdade, entrei em contato com ele pela rede de informática, apresentando-me como médico, professor e cientista brasileiro. Depois de alguns dias, uma surpresa inesquecível me aguardava na sala de professores da universidade em que lecionava, no Rio de Janeiro. Estavam à minha frente os livros *Tachyon Energy* [Energia do táquion], *Sevenfold Peace* [Sete vezes paz] e o então recém-escrito e brilhante *Rainbow Green Live-Food Cuisine* [Culinária viva do arco-íris]. Ainda vinham dois livros de Edmond Bordeaux Szekely – que compõem a obra conhecida em português como *Evangelho essênio da paz* – e uma apostila denominada *A moderna maneira essênia de viver*. Nunca me esquecerei da abertura dessa caixa e do impacto que aquele presente, acadêmico e de vida, tiveram em mim. Nenhum desses livros foi traduzido para o português, mas seu conteúdo, de alto nível científico, já habita em mim para sempre. Foram a principal fonte de inspiração para meu trabalho médico e para a criação da Oficina da Semente.

Após a leitura desse denso material literário e de muitos artigos científicos na biblioteca da Fiocruz, desenvolvi primeiramente uma copa, depois o pequeno bistrô de alimentos vivos na Lapa. Lá, entre sementes e frutas, lancei as bases do meu trabalho e publiquei meu primeiro livro, um manual prático de culinária viva, que chamei de *Lugar de médico é na cozinha*.

Depois adquiri e li outros livros de Gabriel Cousens, que trazem impacto ainda maior sobre a medicina. *Conscious eating* [Alimentação consciente] abre as portas para o entendimento da individualização metabólica da dieta, com a mais adequada maneira de receber dos alimentos a energia necessária para a vida. A leitura de *Depression-Free for Life* [Livre da depressão para a vida toda], brilhante ensaio que desafia os cânones vigentes, é um marco não apenas no tratamento da depressão, mas de diversas condições mentais, talvez o maior desafio que enfrentamos hoje, com tantos cérebros bioquimicamente alterados.

Foram sete anos bebendo dessa fonte, aperfeiçoando-me, preparando-me, como se estivesse a fazer minha mais profunda pós-graduação, mais intensa mesmo que minha tese de doutorado, em quatro anos na Alemanha. Na verdade, era como se o "orientando" conhecesse e conversasse diariamente com o "orientador". Mas ainda nunca o havia visto.

No ano de 2010, como um discípulo ao encontro do mestre, fui duas vezes a Buenos Aires, para acompanhar o lançamento em espanhol do secular livro *A cura do diabetes pela alimentação viva* – uma obra que fará com que toda a atual prática em torno da doença pandêmica seja reavaliada e reestruturada e que conduzirá este pioneiro ao seu lugar entre os grandes da história da medicina.

Lá conheci Gabriel pessoalmente. Eu havia chegado do aeroporto e vestia roupas quase formais. Era o primeiro dia de aula do curso sobre nutrição consciente. Ele chegou, simples, vestido de branco, e dirigiu-se ao salão central, onde iniciou a prática matinal de ioga. Eu fiquei desconcertado e pulei no salão, literalmente "seguindo o mestre". Ao final da sessão de ioga, iniciou-se um dia de ampla exposição científica por parte do médico. À tarde tínhamos aulas de culinária viva com a sua assistente, Marcela Benson. Ao final de um dia de instruções preciosas, ele retornou ao salão e iniciou uma meditação de cinquenta minutos.

Assim passaram-se sete dias de informação luminosa, naquele inesquecível verão austral. Em abril fiz uma segunda viagem ao país vizinho, para o curso sobre reversão do diabetes, e tive a oportunidade de conhecer e acompanhar as aulas de ioga e aromaterapia de sua companheira, Shanti Cousens.

Pode parecer simples ou banal para alguns, mas encontrar seu referencial na medicina e perceber que ele é o próprio modelo de saúde física e espiritual, do alto de seus 68 anos, é um momento que marca a vida de um discípulo. Foi assim que regressei e iniciei imediatamente minha prática de ioga e meditação, quase diariamente. Duas "pedras" foram imediatamente incorporadas, pela curta convivência com Gabriel.

Quando regressei, enviei-lhe uma mensagem eletrônica em que dizia: "Eu despertei e pretendo permanecer desperto", ao que ele respondeu: "Permaneça desperto e mantenha-se expandindo a consciência". Algumas semanas depois eu lhe perguntei como faria para desenvolver a energia da Kundalini e recebi a resposta: "Gabriel já despertou sua Kundalini com a meditação Shaktipat. Tudo o que tens a fazer é comparecer à vida e aproveitar o que vier a surgir". Gabriel é o veiculador da alimentação viva na área médica e científica. Todos os seus livros têm impacto sobre a saúde e sobre os sistemas de saúde.

Mas deixem-me descrevê-lo melhor: vamos imaginar um aluno de medicina aplicadíssimo e estudioso. Graduou-se em medicina com uma das mais altas médias escolares na Universidade de Columbia, classificada entre as cinco melhores escolas de medicina dos Estados Unidos. Após a graduação, escolheu psiquiatria como especialidade, dirigindo-se a comunidades americanas necessitadas. Desde essa época, buscava a medicina holística, ainda que de forma intuitiva. Durante esse período, desenvolveu a brilhante Teoria do Cérebro Biologicamente Alterado, descrita no livro *Conscious eating*. Na prática, essa teoria conduziu à cura de 90% dos casos de depressão tratados com o método criado, sem o uso de psicotrópicos ou qualquer outro tipo de droga. Essa teoria, assim como diversas outras expostas em seus livros, ainda é curiosamente inédita no Brasil, mas disponível nos cursos que ofereço à classe médica ou à população em geral.

Esse mesmo estudante e médico era dedicado esportista. Ao mesmo tempo que colhia os louros de sua brilhante carreira acadêmica, era incluído no exclusivo "Hall of Fame" dos jogadores de futebol americano, tendo atuado como capitão de um invicto time universitário e jogado com igual eficiência como meio de campo recuado e atacante.

Desde os 10 anos de idade, tinha visões espirituais dos essênios, mas foi no ano de 1970 que iniciou um processo de despertar, ampliado em 1975, quando recebeu o Shaktipat de seu mestre espiritual. Estudou homeopatia desde 1979, medicina chinesa e acupuntura. Passou anos na Índia aprimorando seus conhecimentos em medicina aiurvédica e sua prática espiritual. Tudo o que aprendeu está descrito com precisão e lirismo neste livro, agora em suas mãos.

Sua proficiência acadêmica e sua intuição profunda o levam a observar aquilo que envolve a todos nós: a natureza e os seus mais profundos ciclos.

Curiosamente, consegue caminhar paralelamente, em toda sua trajetória até o presente, entre a mais alta ciência e a espiritualidade. É o que este livro resume: o encontro entre a ciência médica material e a ciência espiritual imaterial, ambas asas da pomba branca prateada da paz.

Assim como as túnicas de linho dos terapeutas do deserto, a cor que representa a paz e a cor que os profissionais de saúde vestem é a branca. Saúde é paz em todos os níveis. Paz com a humanidade é a saúde da Terra. Quando encontramos saúde em nosso corpo e mente, relações humanas e comunitárias saudáveis e amigas, e migramos culturalmente para uma Cultura da Vida, tornamo-nos terapeutas e ecologistas de nós mesmos, de nossos semelhantes, dos animais e do planeta

Nascido americano – no mesmo país que divulgou a vida material e materialista como um padrão a ser alcançado (*the american way of life*) e desenvolveu a pior alimentação para o homem, a *standard american diet*, cuja abreviação em inglês é SAD, que curiosamente significa "triste" nessa língua –, Gabriel surge com o vigor de um profeta, a sabedoria de um cientista e a candura de um pai, irmão e amigo, transmitindo não apenas o resultado de suas pesquisas e de seu ativo trabalho pela medicina, mas aquilo que de mais profundo encontrou em sua jornada de meditações e peregrinações: o amor incondicional e verdadeiro por tudo e por todos.

Sua própria vida traz o significado da mudança de paradigma que acontece hoje. Ele é o transformador de paradigmas em seu aspecto mais elevado e em todas as dimensões. Esse senhor, avô três vezes, nobre por virtude do caráter e mesmo signatário de um título de nobreza (*Sir*), tem trabalhado de forma polivalente, como médico holístico, médico da alma, cientista, mestre essênio, rabino, mestre em kundalini ioga e outras vertentes, praticante de dança solar dos nativos americanos e chefe de rituais de dança espiritual. Veste-se e comporta-se de maneira simples e está caminhando sobre a Terra, acessível quando de suas palestras e cursos. Sua aparição irradia juventude, cativa e espalha um suave sentimento de amor. Suas palavras nos corrigem, mas com a leveza do perdão imediato.

Assim sendo, apresento-vos este livro, que traz para o mundo não apenas aquilo que é a vanguarda da medicina, mas as pedras, sutis e amorosas, com as quais podemos construir, individual e coletivamente, a ponte energética entre o homem e Deus. Saboreie este livro, doe este livro, deixe-o sobre uma mesa para que alguém o encontre. *Nutrição evolutiva* é o mais atualizado manual de instrução para a entrada, em larga escala, na Era Dourada.

Alberto Peribanez Gonzalez, doutor em medicina, coordenador do Programa de Alimentação Viva dos municípios de Campos do Jordão, Osasco e Capão Bonito (SP), autor do livro *Lugar de médico é na cozinha*.

PREFÁCIO

"Uma inovação científica [ou espiritual] importante raramente constrói seu caminho gradualmente, conquistando e convertendo seus oponentes. O que acontece é que os oponentes gradualmente morrem, e a geração seguinte fica familiarizada com ela."

Max Planck, Físico teórico

"Autorrealização é saber – no corpo, na mente e na alma – que somos um com a onipresença de Deus; não precisamos rezar para que venha a nós, não estamos meramente próximos a ela em todas as ocasiões, mas a onipresença de Deus é a nossa onipresença; somos parte Dele agora, assim como sempre seremos. Tudo que temos que fazer é aprimorar o nosso conhecimento."

Paramahansa Yogananda

Uma geração se passou desde que a primeira edição de *Nutrição espiritual e a dieta do arco-íris*, de 1986, revolucionou a consciência alimentar. Essa nova geração de leitores vive sob os ensinamentos de Gabriel, influenciada vibracionalmente, do mesmo modo como nós vimos nos transformando em uma geração sintonizada com o coração e a alma. Vimos "a antiga ordem" batalhar em guerras, questões políticas e "negócios de sempre", totalmente imersa na escuridão em relação à nova mudança de paradigma que ocorria na sala de jantar.

Os Portadores da Luz – quer sejam artistas, iniciantes do campo holístico, intuitivos, aqueles milhões que tiveram a experiência de quase morte, os que andam sobre o fogo, os fazedores de milagres, os essênios renascidos, os ambientalistas espiritualizados –, com a redefinição das fronteiras espirituais de Gabriel, são lançados em um salto de fé, na velocidade de um raio, através do composto de um mundo redefinido por fome, pragas, desonestidade, ganância, guerras, terrorismo, toxemia ambiental, *chemtrails**, aquecimento global e insanidade coletiva. Este livro ajuda a Mãe Terra a desintoxicar o mundo do amanhã, que está sendo criado no coração e na mente daqueles que estão em sintonia com a fonte "EU SOU AQUELE". Cada vez mais e mais iniciados estão vivendo no eterno Agora. Globalmente, estamos chegando aos bilhões.

Como esta transformação é ainda nova para muitos, eles podem facilmente se perder com a mídia, ser engolidos em sua inocência pelas nuvens de negatividade e pela infraestrutura movida a materialismo escolástico, e acabar se desesperando, ou, pior ainda, ficando em um estado de dormência, mastigando hambúrgueres de tofu de trigo integral com suco de fruta orgânica. Sim, a mensagem de Gabriel é oportuna. "Nutrição Espiritual" é um genótipo que tem internamente uma Luz-guia, autoperpetuante para o DNA espiritualizado, dando saltos quânticos para a melhora genética.

Esta versão atualizada fala das necessidades atuais da "criança interna" e cria uma ilha de segurança na qual os Trabalhadores da Luz podem se unir para obter autorização, ser guiados e inspirados para levarem Luz a todos aqueles que estão prontos para transcender.

Minha história começou há vinte anos. Eu tinha feito várias tentativas no passado de conhecer o doutor Gabriel Cousens durante minhas viagens à Califórnia, mas tive de esperar, até que compartilhamos o mesmo voo, na ida para a Iugoslávia e também na volta, para um Congresso Vegetariano Mundial. Nosso primeiro encontro foi em silêncio total; eu senti a sua presença especial no avião, sem apresentações. A volta para casa foi bastante diferente. No alto, acima das nuvens do pensamento mundanamente confuso, compartilhamos experiências do caminho espiritual que ambos tínhamos trilhado, vindo de direções um pouco diferentes. Falamos a respeito da Kundalini, mecânica cinética do Amor, de Deus e da Consciência. Eu estava tão entusiasmado quanto ele por ele estar escrevendo um livro sobre Nutrição Espiritual. Seis meses depois, eu me felicitei por ter o livro (a primeira edição de *Nutrição espiritual e a dieta do arco-íris*) em minhas mãos. O índice me ofereceu um empolgante cardápio de delícias que a minha mente ansiou por festejar e digerir. Este irmão não é apenas inspirado Divinamente, mas foi transformado por Deus, em suas próprias entranhas. Ele saboreia Deus, ele é uno e, sim, janta com Deus.

* *Chemtrails*, do inglês "*chemical trails*", são rastros de produtos químicos lançados na atmosfera por aviões. (N.E.)

Durante os últimos vinte anos, tenho visto uma avalanche de livros sobre nutrição, que provam ser úteis dentro de certo espectro clínico de indivíduos, mas que, em geral, criam mais confusão e discórdia. Finalmente, temos um livro, *Nutrição evolutiva – Seis fundamentos para a evolução espiritual e do planeta*, que remove todas as contradições. Por um longo tempo, ele será modelo, com o qual todos os outros livros serão comparados e postos em perspectiva de importância relativa. É de fato um livro sobre holismo que redefine o organismo humano no nível pré-molecular e que se relaciona com toda a existência.

Este não é um livro que se possa ler em um só dia, mas muitos ficarão de tal forma envolvidos que o lerão de uma só vez. Jejuar durante sua leitura nos ajudará a manter a mente clara o suficiente para compreendermos os saltos quânticos da consciência e o salto da nutrição tradicional holística para a Divina. Ler *Nutrição evolutiva* é como ter uma conversa com Deus sobre um copo de suco de grama de trigo. Pacientemente, com uma linguagem precisa, e ao mesmo tempo poética, da ciência, com espiritualidade e Amor, Gabriel explica Aquele, como podemos conhecer Aquele, e como o universo bruto, assim como o sutil, existem e interagem. Somos convidados a uma sinfonia de ideias usando como notas musicais verdades eternas, teorias bem testadas, hipóteses, personalidades históricas e fenômenos espirituais. Gabriel toca para nós um concerto de holismo eterno e atemporal, que faz os nossos chacras vibrarem com uma felicidade que acaba de ser descoberta, e delineia um mapa natural para ativar seus poderes. Ele nos mostra como podemos nos banhar em um interlúdio de Amor Infinito.

O modelo do doutor Cousens dos Campos Energéticos Organizadores Sutis, que organizam as energias conforme se manifestam em formas mais densas, ajuda a explicar os muitos fenômenos aparentemente exclusivos: nutrição, respiratorianismo, ressurreição, longevidade, chacras, consciência e transmutação biológica. Ele nos apresenta uma teoria unificada, não apenas da nutrição, mas também da existência. E descreve um *continuum* energético, com um espectro de leis que se aplica dentro de uma faixa específica de frequência do plano material. Essa teoria leva à exploração, além dos preceitos limitados da nutrição nos domínios da Divindade.

O doutor Cousens propõe uma teoria nuclear da nutrição. Trata-se de fusão e fissão controladas com cíclotrons enzimáticos que criam novos elementos. Esses cíclotrons enzimáticos controlam as bombas atômicas micronucleares, que energizam a nossa essência com um potencial de espectro completo da existência. Somos seduzidos pela experiência da sintonia com a Fonte de Tudo, a nossa própria Presença de Deus. Sua poesia é divinamente inspirada pelo Amor do Eu Divino e pela dedicação para exprimi-lo pelo Amor por tudo. Sua revelação pessoal do processo de transformação espiritual deixará os leitores eternamente gratos e os motivará a se dedicarem ao mundo interior da aventura.

A matéria é sutil e abstrata. Com a bondade Divina, o doutor Cousens nos protege da possibilidade de termos uma sobrecarga mental, compartilhando histórias pessoais para ilustrar um ponto ou uma poesia que cristaliza o momento. Em cada capítulo, ele nos apresenta o terreno intelectual, então, mergulha na aventura da expressão e da brincadeira, e finalmente acaba resumindo, reafirmando, unificando as ideias do capítulo e dando uma visão geral de outra perspectiva. Nunca me senti abandonado ou perdido nas florestas das palavras. Assim, como um bom professor, ele segura as nossas mãos e nos dá segurança, e por ela os leitores se sentirão gratos, como eu me senti.

Minha primeira leitura certamente não será a última. O livro *Nutrição evolutiva* tem me ajudado muito a entender melhor o meu caminho e a me esforçar para corrigir meus pontos fracos. Traz uma visão que eu carrego em minha vida diária, e os Campos Energéticos Organizadores Sutis me ajudam a compreender mais os fenômenos diários da vida. O que eu acho especialmente empolgante é o fato de ele ajudar a esclarecer os conceitos da alimentação viva, e como o processamento de alimentos afeta a consciência, a energia e a aspiração espiritual. Este livro me levou a uma compreensão mais profunda das minhas experiências com a energia Kundalini: é um redespertar que aconteceu após um período de sete meses de alimentação viva e muitos anos de celibato se revelando através de *ações* físicas na espinha, sutilezas no paladar, cheiro de fragrâncias extáticas, sons da criação e a luz da evolução cristalina, assim como presentes de cura, fenômenos parapsicológicos de Percepção Extrassensorial, viagens astrais e, acima de tudo, o derreter da massa de ego e a rendição ao Amor por tudo, além do desejo de servir a todos e a experiência da presença de Deus através de cada manifestação. Explicou as minhas comunhões de infância. Tive uma experiência de um coma de sete semanas que me ajudou, em retrospecto, a confirmar a existência e a presença da realidade dos Campos Energéticos Organizadores Sutis, assim como os hologramas e vórtices de bela arquitetura, conforme descritos pelo irmão Gabriel.

Em poucas palavras, este livro é uma história espiritual, um fenômeno humanístico e científico. Grandes pensadores foram apoiados e se apoiaram nos ombros de outros grandes pensadores para ver além e mais profundamente. O doutor Cousens construiu uma pirâmide intelectual de ideias, criando um campo unificado de pensamento.

Este livro é muito mais abrangente do que o título sugere. Seus conceitos, quando aplicados no dia a dia, ou nos ashrams e monastérios, levarão à mais elevada manifestação espiritual, o que algumas pessoas chamariam de "santidade". É um esboço para criar a massa crítica de pessoas conscientes, necessárias para a transformação planetária em um mundo humanístico, amoroso e pacífico. Este livro é para todos os filhos de Deus. Muitos levarão anos para lê-lo; outros o compreenderão sem sequer lê-lo. Pois o tempo chegou para revelar a Verdade através deste livro para todos.

Como consideração final, quero destacar a excelente abordagem pragmática do livro. Ele apresenta uma abordagem e informações para planejarmos nosso próprio programa de Nutrição Espiritual. E ajuda a esclarecer a Nutrição Espiritual para o principiante ou mesmo para quem é muito experiente. Somos inspirados pela possibilidade de rejuvenescimento total e preenchidos com entusiasmo para usar as ferramentas dadas e oferecidas, a fim de participarmos da aventura do nosso total preenchimento e desdobramento da nossa visão evolucionária individual e unificada.

Nós somos Um.
Tudo é Amor,
Para Sempre.
Amor no Servir.

Enzimaticamente,
Irmão Viktoras Kulvinskas, médico holista e nutricionista,
professor de alimentação viva e autor de *Survival into the 21st Century*
(Sobrevivência no século XXI)

INTRODUÇÃO DO AUTOR

A maioria de nós vive no mundo pensando e agindo como se fosse o filho de uma mulher estéril – como se tivéssemos nascido. Em algum ponto de nossa evolução, acordamos e percebemos que não somos a ilusão do complexo corpo-mente, mas AQUELE que existe antes da consciência, do tempo, do espaço e do Ser – nós nunca nascemos e nunca morreremos.

Kundalini e Libertação

A inspiração para este livro nasceu de uma meditação profunda em 1975, quando esta pessoa recebeu a iniciação Kundalini Shaktipat de um mestre espiritual iluminado, Swami Muktananda Paramahamsa. Conforme a consciência emergia do Nada (B'lee mah), uma voz serena e fraca (chashmal) sussurrou: "Você deverá aprender como comer e viver de maneira a estimular a Kundalini" (a força espiritualizadora inerente dentro de cada um de nós). Desde essa época, *Nutrição espiritual e a dieta do arco-íris*, o livro anterior a este, *Conscious Eating* [Alimentação consciente], primeira e segunda edição; *Depression-Free for Life* [Livre da depressão para a vida toda]; *Sevenfold Peace* [Sete vezes paz], e *Tachyon Energy: A New Paradigm in Holistic Healing* [Energia do Táquion: Um novo paradigma em cura holística], foram publicados. *Nutrição evolutiva* é o antepenúltimo dessa série nutricional, que emergiu daquela meditação. O último dessa série será sobre Jejum Espiritual.

Este livro fala sobre Nutrição Espiritual do ponto de vista dos Seis Fundamentos para a Vida Espiritual. Baseia-se na experiência espiritual, médica holística, profissional e nutricional desta pessoa desde 1975. Essa experiência é compartilhada para apoiar a todos os aspirantes espirituais. Seu poder emerge da experiência pessoal direta desta pessoa com aspirantes espirituais de mais de setenta nações como mestre espiritual libertado, que foi autorizado a despertar a Kundalini Shakti (S'micha l'shefa/Haniha), com trinta anos de experiência no desdobrar do processo da Kundalini em milhares de pessoas, assim como da completude da Kundalini plena na Unidade de EU SOU AQUELE nesta pessoa. Este livro foi escrito na terceira pessoa – usamos os termos "esta pessoa", "Gabriel" ou "o autor" para enfatizar a mudança de consciência na qual não mais nos identificamos com o complexo corpo-mente-EU SOU.

Quando o veículo do complexo corpo-mente é fortalecido e o corpo se torna um veículo luminescente de Luz, ele serve como portão para a abertura dos seis koshas (camadas do complexo corpo-mente-EU SOU) para a consciência testemunha da presença e, com tempo, para a Presença Divina. Isso então leva ao sankalpa e ao nirvakalpa samadhi (consciência do EU SOU AQUELE), conhecido na cabala como Deveikut. Com o tempo, estabilizamos as experiências de EU SOU AQUELE em um estado consistente de consciência. Isso se chama autorrealização ou libertação – consciência do EU SOU AQUELE.

O despertar para o EU SOU AQUELE se torna mais fácil e acelerado quando a força vital do complexo corpo-mente-EU SOU é purificado e expandido até se tornar um corpo de Luz e a Luz do Divino começar a brilhar. A Nutrição Espiritual e os Seis Fundamentos para a Vida Espiritual foi planejado para purificar e construir a força vital ou prana. Quando essa força vital é purificada, se funde com a consciência do EU SOU (o Estado de Ser) e então somos capazes de espontaneamente transcender o tempo, o espaço e o Ser – para a fonte da presença anterior à consciência, como a presença EU SOU AQUELE. Isso não significa, no entanto, que você possa "aplicar uma técnica" ou purificar o seu caminho para a Libertação. Os Seis Fundamentos para a Vida Espiritual criam as precondições que aquietam a mente e atraem a Graça que nos permite transcender espontaneamente a mente para o Nada (consciência do EU SOU AQUELE). Esse despertar é um ato de Graça. Em casos extremamente raros, como com Ramana Maharshi, e em nossa época com Eckhart Tolle, a Graça veio espontaneamente, anterior à prática espiritual nesta vida, mas, em ambos os casos, a Graça foi seguida por anos de meditação e integração.

Nutrição evolutiva trata de como viver de modo a purificar e construir o prana até que o prana se funda espontaneamente no EU SOU. Depois disso é que nós, através da Graça, transcendemos a mente e nos fundimos com o Eu Divino – EU SOU AQUELE.

Parte da linguagem empregada aqui pode ser nova para o leitor. Não é importante que a mente compreenda tudo o que está escrito. O propósito é se render ao processo interior de ir para o Eu.

Os Seis Fundamentos para a Vida Espiritual

A cabala ensina que, no início, os veículos finitos do mundo estavam preenchidos com a Luz Infinita, mas eles se estilhaçaram, pois não conseguiam manter o poder da Luz. A Nutrição Espiritual trata de como reparar o veículo do complexo corpo-mente, para que possamos nos tornar supercondutores da Luz e mantê-la eternamente.

Os Seis Fundamentos para a Vida Espiritual nos ajudam a compreender o processo de preparação do nosso veículo para a Iluminação Pessoal Plena. Um passo importante nesse processo começa com um resumo da importância da alimentação viva, do jejum espiritual, do despertar pleno do corpo e de como eles nos transformam na Iluminação Pessoal Plena. Os Seis Fundamentos para a Vida Espiritual, conforme desenvolvidos pelo autor, são oferecidos no Capítulo 1.

Cabala e ioga – Caminhos completos para a libertação

Este livro também honra as tradições orientais e ocidentais. Ele é muito influenciado pela Torá, pela cabala e pelas irmandades essênias místicas (na qual, provavelmente, Jesus foi criado), e revela algumas das experiências diretas e treinos extensivos na tradição iogue desta pessoa. Cada tradição, quando profundamente compreendida, é baseada no mesmo Deus Único. O foco é se fundir com Deus – jivanmukti e moksha na tradição iogue ou Deveikut na tradição cabalista – como propósito supremo da vida humana.

Este livro oferece um raro entrelace dos termos da cabala e da ioga, e ensinamentos que são parte da experiência de vida do autor. No sistema esotérico, tanto do caminho iogue da Kundalini, quanto do caminho judaico místico da cabala, há muitos paralelos que ilustram diretamente e nos ajudam a perceber que o propósito do caminho espiritual é a Libertação e a fusão em Deus. Este entrelace traz um ensinamento importante: aquilo que buscamos não habita apenas dentro de nós como AQUELE, mas existe como expressão viva dentro do fundamento espiritual da cultura ocidental há mais de 5.764 anos. Este livro destaca que a tradição judaica, especialmente como é praticada na tradição esotérica cabalista e no modo de vida essênio (conforme ensinado pelo autor), é um caminho completo para a Libertação e fusão em Deus. Apesar de o caminho completo da Libertação não ser abertamente reconhecido e praticado por muitos na tradição judaica, ele certamente existe. A menção de termos semelhantes do sânscrito e do hebraico para os diferentes estados, tais como vazio, Libertação, mantra, fusão em Deus, meditação e transmissão da Graça, mostra claramente a completude de ambos os caminhos. Esse entrelace, junto com o complemento da ciência e da ciência metafísica a serviço do espírito, cria uma base integrada de encantamento e senso de Unidade com toda a criação. Ele representa a sensação de espanto desta pessoa, conforme "caminha" no paradoxo misterioso do "quê" (Mah) e do "sem quê" (B'lee mah). *Nutrição evolutiva* compartilha este "caminhar sagrado" com o leitor.

Um Novo Paradigma em Nutrição

Escrever este livro foi uma aventura. Para explorar completamente a relação da nutrição com a vida espiritual, esta pessoa teve que evoluir além do paradigma atual materialista-mecanicista da nutrição para uma definição expandida de nutrição, que inclui princípios energéticos sutis. A palavra nutriente é discutida nos termos de suas qualidades materiais, emocionais, energéticas e espirituais. Os pilares do paradigma materialista-mecanicista dos últimos duzentos anos são abalados, mas não descartados. O novo paradigma que se desenvolveu – o paradigma da Nutrição Espiritual – responde às seguintes questões de forma mais completa: Qual é o propósito da nutrição? O que chamamos nutrição? O que é assimilado? O que se está assimilando? Qual é a relação entre o nutriente assimilado e o desdobramento espiritual?

Foi formulada uma nova dimensão conceitual do significado da assimilação dos nutrientes, de acordo com os princípios energéticos sutis. Para fazer isso adequadamente, usou-se um modelo mais aperfeiçoado dos principais sistemas de assimilação de energia do corpo. Isso inclui uma descrição detalhada do corpo como um "cristal humano" e, como tal, seu funcionamento para absorver o material das plantas e a energia para a nossa estrutura biomolecular e energética.

Para que uma nutrição adequada tenha o máximo de benefício, ela precisa estar integrada no equilíbrio harmônico dos Seis Fundamentos praticados com Amor. Lembre-se de que a informação e os conceitos compartilhados neste livro devem inspirar e habilitar o leitor. Faça deles diretrizes e ferramentas, não regras. Esta pessoa ora para que o leitor não perca de vista a perspectiva espiritual correta para aplicar esses conceitos. Nutrição adequada é mais bem compreendida aqui como um apoio para a evolução espiritual. Este livro é um esboço de como preparar o corpo para lidar com o aumento de energia que está sendo liberada no salto quântico evolucionário, na consciência que o mundo está tendo. A oração desta pessoa é para que todos aqueles que leiam este livro sejam beneficiados e que a paz no mundo aumente como resultado da paz interna e da harmonia com a natureza, adquiridas através da aplicação da compreensão da Nutrição Espiritual em nossa vida.

Quando nos alimentamos de forma harmônica e saudável, nossa habilidade para sintonizar e comungar com o Divino é estimulada. Com essa perspectiva, o autor sugere que, em vez de "viver para comer" ou de "comer para viver", comamos para intensificar nossa Comunhão com o Divino. Nossa fome pelo Divino então se torna o grande apetite. Desta forma, é correto tornar-se um glutão... pelo Divino.

Resumo

Em *Nutrição evolutiva*, a ênfase está na alimentação viva, no Jejum Espiritual, nas complexidades das energias Kundalini/Shekhinah espiritualizando o complexo corpo-mente-EU SOU e no processo de Libertação. Outros capítulos foram acrescentados sobre o papel da alimentação na vida espiritual, assim como sobre a importância de minerais (frequências de Luz), água viva, nutrição ideal, incluindo a questão da B_{12} para vegetarianos e veganos, e o conceito de comer para aperfeiçoar a expressão fenotípica (expressão genética). Todos os capítulos foram revisados e atualizados conforme necessário. O foco é compreender como e por que tornar o complexo corpo-mente-EU SOU em um supercondutor do Divino. *Nutrição evolutiva* trata de como comer e viver de forma a estimular a nossa Comunhão (Deveikut) com o Divino. Há muito mais compartilhamento pessoal nesta nova edição do que na edição de 1986. Agora é a hora de oferecer estes *insights*, experiências e poemas, para apoiar a Libertação de todos aqueles que já estiverem prontos. Isso significa ativar e apoiar o Despertar e a Libertação de todos os Seres. Este é o *darma*. Tendo percebido que não há nada além d'Aquele (eyn zu-lo-to), tudo o que se quer é que isso seja compartilhado.

AGRADECIMENTOS

Muitas pessoas deram o seu Amor e energia para a criação deste livro.

O autor é grato pela paciência e apoio amoroso de Shanti Golds Cousens, sua parceira de vida, que compartilhou, apoiou e deu *feedbacks* valorosos a cada passo do renascimento deste livro, e que ajudou com os três exercícios simples de respiração.

Amor e uma grata consideração também para Ivri Krzyz da Tree of Life Foundation, que foi amorosamente editora de desenvolvimento, revisora e gerente de projeto deste livro. A Yoav Agmon, de Israel, que passou horas revisando a língua hebraica e capítulos importantes. Ao rabi David Friedman, um cabalista de Safed, Israel, e artista, e ao rabi Gershon Winkler, que consultou alguns dos significados e termos em hebraico durante anos. Ao doutor Tru Ott, pelos seus *insights* e por revisar os capítulos sobre os minerais e a água.

Esta pessoa quer agradecer um querido irmão, Kevin Ryerson, cujo Amor e apoio encorajaram a escrever este livro, primeiro em 1986, e também esta nova edição. Kevin é um conhecedor intuitivo, que tem a habilidade de obter campos altamente refinados de informação. Alguns dos elementos da teoria deste livro surgiram das sementes da interação dinâmica dos nossos mútuos processos intuitivos. Kevin e seu trabalho têm sido úteis no desenvolvimento deste autor e na compreensão do modo de vida essênio.

O autor também agradece a Davis Batson, que ajudou como redator de vários capítulos-chave e forneceu informações referentes às ilustrações dos vrittis; Kiana Rose, que revisou e deu *feedback* valoroso a respeito de vários capítulos; Jonas Hartley, que criou a parte artística da capa e todas as ilustrações coloridas; e Susan Miller Madely, que formatou algumas das tabelas.

O autor também agradece a Jane English, ph.D. em física, escritora e fotógrafa, que serviu como redatora de ciência na primeira edição deste livro. O falecido Marcel Vogel, que tinha um histórico de 29 anos como cientista da IBM e era especialista em cristais, mundialmente conhecido por seus aconselhamentos a respeito de cristais e água estruturada. Raffi Dillian, que compartilhou *insights* sobre tecnologias de água. O doutor Viktoras Kulvinskas, especialista mundial em alimentação viva, com uma rara compreensão de alimentação e jejum como caminho espiritual, e que gentilmente escreveu o prefácio. Viktoras e seu trabalho são uma inspiração.

Esta pessoa também quer dar o seu agradecimento amoroso a Lisa Lissant, em cuja cozinha os conceitos de Campos Energéticos Organizadores Sutis tomaram a forma final. A Adam Trombley, astrofísico, que ajudou o autor a compreender alguns dos conceitos da física do ponto zero. Norm Mikesell, especialista em água estruturada que compartilhou seu trabalho e revisou a seção sobre este assunto. A Stephen Levine, autor de *Antioxidant Adaption: Its Role in Free Radical Pathology* [Adaptação antioxidante: seu papel na patologia dos radicais livres] e um *avant-garde* ph.D. em bioquímica, que compartilhou sua hipótese de anóxia e revisou o livro para sua precisão bioquímica. Ao doutor Lee Sannella, autor de *Kundalini: Psychosis or Transcendence?* [Kundalini: psicose ou transcendência?], com quem o autor discutiu os assuntos da fisio-Kundalini. Ao padre Dunstan Morissey, monge beneditino há quarenta anos, com quem o autor apreciou discutir assuntos bíblicos. A Bruce Lipton, ph.D. e professor de anatomia da Escola de Medicina da Universidade St. George, que verificou vários capítulos para efeito de precisão.

Esta pessoa oferece agradecimentos e Amor a todos aqueles que a ajudaram. Ela é grata pela Graça de Deus que permitiu que pudesse servir através da oferenda deste livro. Tem sido inspirador tomar parte deste processo coletivo.

Shalom-Om Shanti
Gabriel

PARTE I

ENERGIA, EVOLUÇÃO E ANATOMIA ESPIRITUAL

INTRODUÇÃO

A Parte I deste livro responde aos porquês da Nutrição Espiritual. Inspira o leitor com uma visão aprofundada da Kundalini mística – definindo termos, explorando processos evolutivos e discutindo algumas das complexidades de seu desdobramento. Os Seis Fundamentos para a Vida Espiritual, conforme desenvolvidos pelo autor, formam a base para a compreensão de como podemos nutrir a Kundalini à medida que ela desperta e nos leva em direção ao próximo passo no processo evolutivo – *Libertação* – o propósito da vida e o propósito deste livro. Ao contrário de relatar os ensinamentos em textos antigos, *Nutrição evolutiva* compartilha de forma única com o leitor a meditação pessoal direta do autor e sua experiência de vida na transformação da consciência, a partir do seu despertar da Kundalini, em 1975. É como se o Divino desse determinadas experiências ao autor, passo a passo, sobre o desdobramento das energias e das anatomias espirituais, para que ele pudesse explicá-las pessoalmente, em detalhes, aos aspirantes espirituais contemporâneos. Algumas das experiências são explicadas em prosa e algumas em poesia. Parte delas tem como base referências de textos e mestres espirituais muito reconhecidos.

No desdobramento holográfico espiritual estão envolvidos uma multiplicidade de energias e a anatomia espiritual. O autor descreve a inter-relação entre o fluxo da Kundalini e os chacras, nadis, vrittis, koshas e granthis. Isso dá ao leitor um entendimento mais amplo do significado do despertar da Kundalini. Também leva a uma discussão sobre as razões da Kundalini em desequilíbrio e de como curá-la – informações sobre casos atuais e vivenciados, não acessíveis em nenhum outro livro até este momento.

Uma vez que compreendemos os sistemas sutis da Kundalini – chacras, nadis, vrittis, koshas e granthis –, podemos entrar na próxima camada energética sutil, os corpos sutis e os Campos Energéticos Organizadores Sutis. Chegamos a uma compreensão mais profunda dos fenômenos biológicos "anômalos", que não podem ser explicados pelo modelo atual materialista-mecanicista da vida. Para responder às questões levantadas pelos fenômenos biológicos anômalos e para incluir as energias sutis da Kundalini, começamos a perceber a necessidade de um modelo mais holístico e completo para a vida e a nutrição.

Conforme investigamos mais profundamente, compreendemos que somos um cristal humano, funcionando como uma série de vibrações sincrônicas entre os cristais sólidos e os cristais líquidos do corpo humano. Isso nos leva à compreensão da assimilação bioenergética. O que, por fim, nos ajuda a desenvolver uma compreensão da química do estresse, da alquimia e da meditação. Quando todos esses sistemas são agregados em uma estrutura evolucionária, começamos a compreender a relação entre a nutrição, a Kundalini e a transcendência. Isso nos prepara para a Parte II, na qual o paradigma da Nutrição Espiritual nos ajuda a compreender o papel da nutrição na evolução espiritual e oferece práticas nutricionais específicas, que apoiam o despertar da consciência.

– 1 –

A KUNDALINI MÍSTICA E OS SEIS FUNDAMENTOS PARA A VIDA ESPIRITUAL

A Kundalini

Kundalini – Shekhinah em hebraico – é a energia interna espiritualizante que nos leva às experiências de êxtase não causal, alegria, paz, Amor e consciência de Deus. Estas são emoções naturais na Libertação. O poder de desdobramento da Kundalini ativa as precondições para a Autorrealização (Libertação). Kundalini é a Graça de Deus, que nos traz a possibilidade de nos transformarmos em uma consciência viva, holográfica, não dual, da Verdade de Deus, do EU SOU AQUELE. O que primeiro devemos compreender na Nutrição Espiritual é comer e viver de maneira a estimular a força espiritualizante da Kundalini. Uma vez que a Kundalini esteja desperta, ela se move através dos corpos físico e sutil, removendo bloqueios e espiritualizando a consciência do aspirante. Na Iluminação, perdemos a identidade de aspirante e sabemos que EU SOU AQUELE. Esse processo de desdobramento desperta a nossa consciência para a consciência mais elevada da energia de cada chacra. Este é o sistema de energia sutil mais importante em termos de evolução espiritual da espécie humana. Como parte do processo de conclusão, a Kundalini Shakti armazenada abaixo da base da espinha se funde com Shiva ou com a Consciência Cósmica (a Kundalini espiritual), no chacra da coroa, à medida que desaparecemos e entramos na Autorrealização (EU SOU AQUELE). Esta é a visão de fora do processo.

Carl Jung, em *Psychological Commentary on Kundalini* [Comentários psicológicos sobre a Kundalini], disse: "Quando você consegue despertar a Kundalini, de forma que ela começa a se deslocar de suas meras possibilidades, necessariamente se inicia um mundo que é totalmente diferente do nosso. É o mundo da eternidade."[1] Gopi Krishna, inspirado em sua própria experiência do despertar da Kundalini, estendeu-se muito para relatar o seu significado. Ele relata a Kundalini como:

> um novo centro, atualmente dormente no homem e na mulher comum, que tem que ser ativado, e uma corrente de energia psíquica mais poderosa que deve subir para a cabeça a partir da base da espinha, para permitir que a consciência humana transcenda os limites normais. Esta é a fase final do impulso evolucionário presente no homem [...] Aqui a razão cede para a intuição e a revelação parece guiar os passos da humanidade [...] Esse mecanismo, conhecido como Kundalini, é a real causa de todos os fenômenos espirituais e psíquicos genuínos, a base biológica da evolução e do desenvolvimento da personalidade, a origem secreta de todas as doutrinas ocultas e esotéricas, a chave mestra para o mistério não revelado da criação.[2]

Rama Krishna, considerado por muitos um dos maiores santos indianos do século XIX, ensinava que a consciência espiritual de um indivíduo não está desperta a não ser que a Kundalini seja ativada. Swami Muktananda, mestre espiritual mais moderno, que despertou a energia Kundalini em milhares de aspirantes esperançosos, disse: "Somente quando a Kundalini é desperta, tornamo-nos conscientes de nossa verdadeira natureza e de nossa grandeza."[3] Ele destaca, que "enquanto a Kundalini interna está dormindo, não importa todas as práticas rigorosas que sigamos, quanto de ioga praticamos... nunca iremos realizar a nossa identidade como o nosso Eu interno... O despertar da Kundalini interna é o verdadeiro começo da jornada espiritual."[4]

Apesar das várias tradições de ioga terem sido a fonte principal do nosso conhecimento detalhado sobre a Kundalini no Ocidente, a energia espiritualizante que parece ser a mesma que a Kundalini é reconhecida em muitas culturas. Katz descreve no *Journal of the Transpersonal Psychology* [Revista de Psicologia Transpessoal] como o povo Kung, do deserto de Kalahari, no noroeste de Botsuana, na África, dançava durante horas para despertar o n/um (Kundalini), para atingir o estado de *!kia*. Ele nota que o n/um é análogo à Kundalini, e que o !kia é um estado de transcendência.[5] Ele descreve como cerca de metade do povo Kung era capaz de aquecer o n/um. Na tradição taoista chinesa, Luk descreve em seu livro *The Secrets of Chinese Meditation* [O segredo da meditação chinesa], um processo de despertar que é diretamente paralelo ao despertar da Kundalini.[6] Na tradição cristã, dizia-se que santa Teresa de Lisieux, quando ingressou no convento Carmelita aos 10 anos, teve durante vários meses surtos espontâneos como uma "estranha mistura de alucinação, comas e convulsões".[7] Às vezes, tinha movimentos espontâneos, como pular de joelhos e ficar de cabeça para baixo sem usar as mãos. A sua história é compatível com os despertares clássicos da Kundalini e com os relatos feitos pelo doutor Lee Sannella em *Kundalini: Psychosis or Transcendence* [Kundalini: psicose ou transcendência?].[8] As visões extáticas do profeta Ezequiel e os estados psicofísicos que ele descreve são kriyas óbvios da Kundalini. No sistema judaico-cabalista, a descrição análoga da Shekhinah, na forma de Nukba, é comparável à Kundalini armazenada no chacra da base e emana da grande mãe Atik Yomin. Ela é a coroa de glória que canaliza a Luz Eterna em toda a criação. Na cabala, é o princípio feminino da Shekhinah que descende para fazer o trabalho de consertar o mundo. A Shekhinah descende para os reinos do tempo, espaço e Ser, para ser a Presença em todos os Seres. Esta é uma descrição precisa da Kundalini espiritual (cósmica) e da Kundalini Shakti.

A Linguagem da Kundalini e a Libertação

Conforme tecemos os sistemas esotéricos do caminho da Kundalini e da ioga e o caminho místico judaico da cabala, será útil fazer uma breve descrição das diferenças de linguagem que apontam para uma Verdade Universal. O paralelo da Kundalini na cabala é a Shekhinah. A iniciação da Kundalini Shakti é *S'micha l'shefa* ou *Haniha;* o vazio é *teheru*, em hebraico. Em hebraico, par'gawd é o véu entre os mundos, e eyn zu-lo-to significa que não há Nada, mas Aquele ou EU SOU AQUELE. Transcender o tempo e o espaço e Ser (a consciência do EU SOU) traz a consciência do EU SOU AQUELE, chamado de Autorrealização ou Libertação – jivanmukti na ioga, ou consciência Chaya-Yehida na cabala. Nas tradições iogues, a fusão da força da vida (prana) com a consciência do EU SOU é chamada de Shakti, fundindo com Shiva no chacra da coroa. Na tradição cabalista é Nukba, fundindo com Zeir Anpin. Essa integração é a precondição e faz parte do processo de Libertação. Quando vamos, anteriormente à consciência, para a consciência não dual (EU SOU AQUELE), residimos mais permanentemente na sefirot da Binah superior (compreensão Divina), Chochma (sabedoria direta) e Keter (vontade Divina) – ou consciência Chaya Yehida. Na ioga, é chamado jivanmukti, que significa *liberto enquanto no corpo.* Essa fusão nos leva para além da existência sutil do EU SOU para o EU SOU AQUELE – Paramatman ou Ein Sof –, que está além do entendimento, da compreensão e da descrição. A fusão completa no Paramatman é chamada *moksha* – fusão completa em Deus, ou Deveikut na cabala. Por simplicidade, neste capítulo, esta pessoa escolheu manter um sistema de descrição: a terminologia Kundalini.

Kundalini, *uma* Força Reconhecida Cientificamente

No livro do doutor Sannella, e por meio da Kundalini Crisis Clinic, da qual o autor foi codiretor junto com o doutor Sannella, nós nos tornamos conscientes do número cada vez maior de despertares da Kundalini documentados, ocorrendo na própria sociedade ocidental. Um modelo chamado de ciclo fisio-Kundalini, assim chamado por Izak Bentov, físico e meditador, começou a se desenvolver através da observação e de registros desses despertares ocidentais cada vez mais frequentes. Esse ciclo é um esforço científico inicial para descrever o processo de despertar inicial da Kundalini por uma base fisiológica e clínica. Os detalhes desse processo estão descritos no livro do doutor Sannella.[9] Eles apresentam uma explicação fisiológica plausível para o processo do despertar inicial. Esse modelo parece compatível com os estágios iniciais das descrições da ioga clássica, exceto por algumas variantes no caminho exato do fluxo energético após alcançar o chacra da coroa. O caminho exato é de importância menor, comparado à mudança geral de consciência que surge do despertar completo. É difícil haver concordância total entre todos os pesquisadores também nos detalhes de outros sistemas sutis. É mais importante que este ciclo fisio-Kundalini obtenha validade científica e se torne um guia para ajudar médicos clínicos a compreenderem que esse processo pode já estar acontecendo.

Em seu livro, o doutor Sannella descreve o ciclo fisio-Kundalini como um "processo autolimitado, autodirecionado, dinâmico, de purificação mental e fisiológica, levando a estados mais saudáveis e desenvolvidos do que aqueles que, em geral, consideramos normais".[10] O modelo fisio-Kundalini, no entanto, é limitado pela falta de descrição na transformação sutil e no despertar da consciência humana, que ocorre ao longo do tempo. O doutor Sannella aludiu a esse tema não resolvido quando diz:

> Todos os elementos característicos do complexo fisio-Kundalini estão incluídos na descrição clássica e, no entanto, encontramos pessoas muito "comuns" que completam o ciclo fisio-Kundalini em questão de meses, enquanto as escrituras iogues designam um mínimo de três anos para a culminação do despertar completo da Kundalini, mesmo nos iniciantes mais avançados. Aqui temos a sugestão de que o despertar completo da Kundalini inclui um complexo maior, da qual o processo fisio-Kundalini é apenas uma parte.[11]

Na experiência pessoal e clínica do autor, o processo fisio-Kundalini é principalmente uma descrição do passo inicial do despertar da Kundalini, que pode ocorrer quase que imediatamente ou de um período de vários meses a dois anos ou mais. Muitas pessoas tiveram a experiência do despertar da Kundalini, mas, por falta de esforço, disciplina, interesse ou consciência do grande potencial, ou mesmo porque temem o desdobramento, não passam por uma transformação permanente. Elas podem experimentar momentos profundos de consciência no início do ciclo fisio-Kundalini, mas sem o esforço da disciplina espiritual contínua para nutrir o poder do desdobramento dessa energia espiritualizante, profundos momentos de consciência tornam-se memórias, e o processo parece se esvanecer.

A Poesia e o Poder da Kundalini

O desdobrar da Kundalini é o processo mais importante da evolução espiritual. Para descrevê-lo dentro das fronteiras limitadas da terminologia científica, o leitor será privado de sua poesia e significado. Este livro representa a fusão da hipótese científica tradicional, do lado esquerdo do cérebro, com a informação experimental direta, intuitiva, do lado direito do cérebro. Neste momento, parece apropriado mudar de um diálogo técnico para um estilo poético, para termos uma comunicação multidimensional.

Kundalini é o poder da consciência. Como Muktananda descreve poeticamente:

> Ela é o poder supremo criativo do Ser Absoluto [...] habitando no centro do universo, ela o une e o mantém. De forma similar [...] ela habita o centro do corpo humano, no chacra Muladhara (primeiro chacra), e controla e mantém todo o nosso sistema fisiológico através de sua rede de 72.000 nadis [...] ela faz tudo funcionar no corpo [...] na mente, sentidos, poder de locomoção.[12]

Outro termo para energia Kundalini é prana. Na ioga, o termo prana é usado para descrever três diferentes manifestações da mesma energia universal básica. Um é o prana que é inteligente, consciente de si mesmo e permeia toda a criação como o poder criativo supremo do Ser Absoluto. É conhecido como o prana *cósmico*, ou prana *universal*, que permeia tudo. As escrituras iogues ensinam que a Consciência Universal evolui para o prana e que o universo inteiro surge do prana. Um termo científico semelhante ao prana universal é o estado de energia virtual. Ele é o estado de energia cósmica que permeia tudo, do qual a energia condensa a uma velocidade mais rápida do que a velocidade da luz, para partículas de campo de táquion, e por fim condensa-se em partículas de matéria que se movem à velocidade da luz (ver Capítulo 6). O prana também é usado como a força de vida dentro do corpo, chamada Kundalini *mundana* (discutida mais adiante neste capítulo). Esta é a forma à qual Muktananda se referia como a que mantém e controla nosso sistema fisiológico total. É neste nível, como energizador do corpo humano, que a Kundalini já é considerada desperta. Apesar do prana da força vital do corpo ser apenas um, há cinco maneiras ativas de ele atuar no corpo: *apana*, que expele material desnecessário; *samana*, que governa a digestão em todos os níveis e distribui a nutrição no corpo; *vyana*, que permeia o poder de movimento e governa a circulação em todos os níveis, movendo-se do centro para a periferia; *udana*, que traz a energia para cima no corpo; e *prana*, que é o respirar. Prana como respiração é a associação mais comum que as pessoas fazem com a palavra.

O aspecto da Kundalini a que nos referimos quando usamos o termo despertar da Kundalini é a Kundalini Shakti. Dizem que essa energia espiritual está potencialmente armazenada no corpo etéreo, abaixo do chacra da base. Quando se torna suficientemente energizada, ela emerge de seu estado latente e começa a se mover através do sistema nervoso sutil, que consiste de 72 mil nadis. Ela sobe através do nadi central ou sushumna. Uma vez ativada, começa o processo de limpeza (esse processo é descrito em detalhes no Capítulo 2).

Alimentando a Kundalini

Este despertar foi tão profundo para esta pessoa, que tem sido uma motivação poderosa para descobrir todos os meios possíveis para aumentar o fluxo de energia espiritualizante no corpo. Foi o que inspirou o tema básico da Nutrição Espiritual: como comer e viver de forma a estimular o despertar, o nutrir e o intensificar do fluxo energético espiritualizante da Kundalini?

A Kundalini despertada transforma o corpo e o torna capaz de suportar e conduzir as energias mais sutis e intensas, envolvidas na evolução espiritual. Muktananda destacou que somente após o corpo ser purificado é que a energia espiritualizante da Kundalini pode agir com força total. Ele diz que "a base de todas as doenças e dores são as impurezas que bloqueiam o fluxo do prana nos nadis. Esses bloqueios são causados por desequilíbrios e perturbações nos três humores corpóreos [...] devido ao hábito indisciplinado de comer e viver de forma imoderada."[13] O objetivo principal de mencionar a linguagem do sistema médico aiurvédico e iogue não é descrever a causa de todas as doenças, mas fazer uma ligação importante entre a Nutrição Espiritual e a ação purificadora e transformadora da Kundalini. Com dieta e estilo de vida apropriados, a ação purificadora e transformadora da Kundalini ocorre mais rápida e facilmente. Nos próximos capítulos, isso será discutido em mais detalhes.

Quando os canais de energia sutil (nadis) são limpos, a mente também se purifica dos padrões de pensamentos negativos. Então, um processo sutil de transformação de consciência ocorre. O primeiro estágio de purificação parece se correlacionar de forma mais próxima com o processo fisio-Kundalini do doutor Sannella. Na observação do autor de centenas de pessoas, leva normalmente de um a dois anos após o despertar da Kundalini para esse processo da fisio-Kundalini se desdobrar. Isso se aplica ao aspirante que segue as disciplinas espirituais regulares de meditação, devoção a Deus, manutenção de boa companhia, uma vida equilibrada e harmoniosa e, naturalmente, que segue uma alimentação que sustenta a Kundalini. O segundo estágio, para transformar permanentemente a consciência e alcançar a consciência mais elevada, parece requerer não apenas a Graça de ter a Kundalini desperta, mas um esforço pessoal mais dedicado e heroico. É por essa razão que o doutor Sannella relata que tantas pessoas foram capazes de experimentar o ciclo fisio-Kundalini, mas nenhuma delas completou o ciclo clássico.

Durante o processo de transformação espiritual pleno da consciência da Kundalini, a Kundalini atua purificando e despertando cada chacra, para que a nossa mente se funda com a consciência mais elevada. A energia Kundalini continua funcionando como uma força espiritualizante na anatomia física e em todas as anatomias sutis até se fundir com a consciência do EU SOU do aspirante, na Unidade Divina e consciência do chacra da coroa. Nesse grandioso momento, o processo espiritualizante da Kundalini se completa. Um dos principais propósitos da Nutrição Espiritual é compartilhar como comer e viver de maneira a estimular o desdobramento da Kundalini.

Kundalini Shakti, Kundalini Mundana e Kundalini Espiritual

Precisamos esclarecer um modelo para o fluxo energético interno da Kundalini a fim de podermos entender melhor o processo de despertar e desdobramento da Kundalini. Muitas vezes, a Kundalini é mencionada como a "serpente de duas cabeças", porque ela tem dois aspectos. Um é a Kundalini *espiritual*, a energia cósmica que permeia tudo, o prana cósmico ou energia Shakti. O universo todo não é nada além de vibração desse prana cósmico. É essa a energia que condensa e cria as formas físicas. Após a criação da forma, há uma energia cósmica residual que sobra no corpo, que é classicamente chamada Kundalini Shakti. Dizem que é "enrolada como uma serpente" abaixo do primeiro chacra, no corpo sutil, perto da base da espinha. Em um estado de energia latente, aguarda para "saltar para cima". Em seu estado latente, a Kundalini Shakti (energia Divina) também supre a energia da força vital que faz mover todas as funções mundanas do corpo. Para ficar mais claro, o autor chamará a Kundalini Shakti parcialmente ativa de Kundalini *mundana* e o prana cósmico de Kundalini *espiritual*. A Kundalini espiritual continuamente "desce" (involução) em sua forma mais pura, através do chacra da coroa, para energizar diretamente a glândula pineal e a pituitária, que estão associadas a ela. Como essas glândulas ficam bem próximas uma da outra, elas criam um forte campo eletromagnético, que oscila dentro dos tecidos cerebrais. A Kundalini espiritual tende a se mover especificamente para dentro do cérebro intuitivo, ou o lado direito do cérebro. De lá, desce pelo corpo, energizando os diferentes chacras e seus órgãos, os plexos nervosos e as glândulas associadas. Nesse processo, faz uma interface energética com a força da Kundalini Shakti, que sobe de sua fonte abaixo da base da espinha. Na maioria dos casos, quando a Kundalini espiritual alcança o centro energético armazenado da Kundalini Shakti, abaixo do chacra da base, não há energia combinada suficiente para ascender a Kundalini Shakti a ela associada. Certa quantidade de energia da Kundalini mundana está sempre subindo na área da espinha, na sua função de energia vital, básica, do corpo. Ao alcançar o cérebro, a Kundalini mundana energiza basicamente o lado esquerdo do cérebro, ou mente egoica racional, mantendo a sua relação dualista com a Kundalini espiritual, energizando o lado direito do cérebro. O despertar da Kundalini Shakti requer que a combinação das energias das Kundalinis mundana e espiritual alcance um ponto de combustão, que então faiscará o despertar.

Os Seis Fundamentos da Vida Espiritual

Para se preparar para o faiscar do fogo espiritualizante e purificador da Kundalini Shakti, a abordagem integrada dos Seis Fundamentos é um contexto inestimável. Essas práticas espirituais preparam e mantêm o corpo físico como um supercondutor, aquietando as emoções e ansiedades da mente, e ajudam a alinhar os corpos sutis e a permitir a entrada de mais energia no sistema. Também ajudam a equilibrar e estabilizar os três primeiros chacras, como uma fundação para sustentar o despertar dos chacras superiores superconscientes. A meditação nos guia na vida correta e alinha de forma mais completa todos os sete corpos sutis para que o organismo possa se tornar um melhor supercondutor da Kundalini espiritual. Esta é uma integração de corpo, mente e espírito. Os Seis Fundamentos para a Vida Espiritual formulados pelo autor são:

1. **Nutrição:** sátvica/kedusha (sagrada), vegana, orgânica, viva, altamente mineralizada, com pouco açúcar, individualizada, ingestão moderada de alimento, bem hidratada com água viva pura e incluindo Jejum Espiritual.
2. **Construção do Prana (força vital):** asanas (posturas) de ioga, pranayama (exercícios de respiração), Ophanim (energias das letras hebraicas), Tai Chi, Reiki, Energia do Táquion, outras práticas energéticas e danças sagradas. Todos aumentam e expandem a consciência do complexo corpo-mente, preenchendo-o com energia de força vital ou aumento no prana.
3. **Serviço (seva/sheirut) e caridade (tzedaka):** no processo de serviço e caridade, somos capazes de encarar o nosso apego às coisas, assim como de sentir a nossa ligação com toda a família da humanidade. Isso ajuda a expandir a consciência através da experiência direta.
4. **Guia espiritual e inspiração:** Satsang ou yechidut, estar na energia da Verdade, na presença de um mestre espiritual desperto ou Liberto. Satsang dá significado, valor, amor e energia aos ensinamentos de sabedoria espiritual e energias de vida espiritual. Sangha ou chavurah (kehila) é passar tempo com pessoas espiritualizadas ou em uma comunidade espiritual. Expandir e refinar a mente com ensinamentos de sabedoria espiritual, grandes escrituras como o Zohar, a Torá, o Tao Te Ching ou os Vedas, e grandes poesias místicas tais como as de Hafitz, Rumi ou Blake também fazem parte deste fundamento. A literatura de sabedoria ajuda a formular e focar a nossa consciência e a expandi-la. O Processo do Ponto Zero (jnana ioga ocidental), conforme ensinado pelo autor, música sagrada e passar tempo na natureza também são parte desse fundamento.

5. **Silêncio:** Meditação (hitbodedut), orações (tefila), repetição de mantras (hagiya) e cânticos (mizmor) dos nomes de Deus. Silêncio é a porta de entrada para o Coração de Deus. A fonte de toda a sabedoria espiritual emana do silêncio Divino.
6. **Despertar da Kundalini:** iniciação Shaktipat (S'micha l'shefa/Haniha), que é o despertar da força Divina que está potencialmente descansando dentro de nós. Isso é conhecido como a descendência da Graça. Normalmente, ocorre através de um mestre espiritual Iluminado vivo, mas pode ocorrer espontaneamente. Uma vez que a Kundalini Shakti é ativada, ela começa a se mover espontaneamente através do corpo, espiritualizando cada célula, cada aspecto do DNA, cada chacra, todos os nadis (os canais do sistema nervoso sutil), cada órgão e cada tecido, para que a consciência se torne ativa para o próximo estágio evolucionário.

O paradoxo é que é um caminho sem caminho. Não podemos comer, fazer asanas de ioga, rezar, servir, sermos generosos, filosofar, receber um satsang ou mesmo meditar como caminho para Iluminação. Os Seis Fundamentos para a Vida Espiritual não são práticas orientadas para se atingir metas, mas maneiras de Ser que removem os vrittis, vasanas ou klipot da mente e do corpo. No profundo silêncio do corpo e da mente, um ponto inicial é criado, e ele nos permite conhecer, além do tempo, espaço e Ser, o mistério Divino do nosso Verdadeiro Eu. Os Seis Fundamentos nos preparam para despertar do sonho ilusório da separação. O paradoxo é que os Seis Fundamentos não têm um objetivo, mas juntos perfazem um modo de vida que apoia a destruição da ilusão da mente e cria as precondições para despertarmos para a Consciência Cósmica, que está além de todos os pensamentos e experiências. As experiências espirituais que surgem de viver os Seis Fundamentos estimulam o apetite pelo Divino, mas podem se tornar obstáculos se nos apegamos a eles ou os praticamos de forma a atingir objetivos. É dessa perspectiva que os Seis Fundamentos podem nos servir melhor. Precisamos apenas lembrar:

- Não somos o complexo corpo-mente-EU SOU.
- Nunca nascemos e nunca morreremos.
- Não podemos perder aquilo que nunca tivemos (isto é, o complexo corpo-mente-EU SOU).
- Não podemos atingir o que nunca perdemos (Paramatman, Absoluto, Iluminação ou Luz Infinita do Ein Sof).

Os Seis Fundamentos são as práticas gerais básicas na cultura ocidental para o estímulo da Iluminação em massa que está começando neste planeta. O Amor de Deus é parte intrínseca dessa abordagem. O Amor de Deus, o Amor Divino, a devoção a Deus, o desejo de comungar com Deus e se render a Deus são inerentes aos Seis Fundamentos e são impulsos evolucionários. Eles são a força motivadora por trás dos Seis Fundamentos. Sem Amor Divino, sem o desejo ardente de comungar completamente com Deus, os Seis Fundamentos podem se tornar disciplinas mecânicas vazias, que têm um impacto limitado na evolução espiritual. Devoção a Deus é a principal força motriz nas tradições iogue e judaico-cabalista. É a razão pela qual as pessoas buscam o caminho espiritual. Nas tradições ocidentais, o Amor de Deus é chamado bhakti ioga. As práticas de todas as religiões e caminhos espirituais também podem nos ajudar a nos preparar. Entre os muitos caminhos podemos incluir: budismo, Advaita Vedanta, hinduísmo (Sanatana Darma), zoroastrismo, ioga, islamismo, sufismo, taoismo, cristianismo, judaísmo, cabala extática, o modo de vida essênio, conforme ensinado por este autor.

A Experiência do Divino

Não precisamos ter a Kundalini desperta para ter a experiência da Comunhão Divina. Ela pode ocorrer ao observarmos o pôr do sol, quando a mente se aquieta completamente e o tempo como um todo para, e nós estamos lá nessa Unidade. Uma das primeiras experiências divinas do autor veio no meio de um jogo de futebol americano universitário. Era o último jogo da temporada, e estava empatado faltando dois minutos para terminar. O autor ficou em estado de êxtase, no qual sentiu o campo todo como Um. Ele jogou um futebol perfeito durante aqueles dois minutos, e o seu time caminhou 80 metros para ganhar o jogo nos últimos dez segundos. Em um livro intitulado *The Psychic Side of Sports* [O lado psíquico dos esportes][14], experiências como esta são citadas como sendo comuns. A mente se torna tão focada, que entramos em estado meditativo.

Temos toda a Verdade dentro de nós o tempo todo. Práticas espirituais e o despertar da Kundalini nos ajudam a manter contato com a consciência de nosso Eu Interno em vez de esperarmos por experiências perfeitas, que possam surgir espontaneamente da interação com o ambiente.

Resumo – Capítulo 1

1. Kundalini é a Graça de Deus que transforma a consciência na presença holográfica não dual da Verdade de Deus (consciência do EU SOU AQUELE).
2. No processo de Kundalini, temos a experiência de êxtase não causal, contentamento não causal, Amor não causal, paz não causal e Comunhão com Deus (Deveikut) que é o nosso estado natural.
3. Há duas energias Kundalini. A Kundalini mundana emana da Kundalini Shakti/Shekhinah adormecida, como Nukba descansando abaixo da base da espinha. Ela move as funções fisiológicas do corpo. É uma reminiscência adormecida da Kundalini espiritual. A Kundalini espiritual é o prana puro, que entra através do chacra da coroa. O fluxo descendente da Kundalini espiritual para a criação pode ser imaginado como o processo de involução, que alcança o término como a reminiscência adormecida da Kundalini cósmica, armazenada abaixo da base da espinha, que chamamos de Kundalini Shakti. A Kundalini Shakti é despertada quando há um nível energético crítico de intensidade entre a Kundalini Shakti adormecida e a Kundalini espiritual, para iniciar o despertar. O despertar é o começo do próximo passo da evolução em direção à Libertação.

– 2 –

EVOLUÇÃO E REALIZAÇÃO DA KUNDALINI PARA A LIBERTAÇÃO

O despertar acontece como uma descendência da Graça. Ele ocorre quando há suficiente Kundalini espiritual descendo através do chacra da coroa para alcançar o centro energético da Kundalini Shakti, que está em estado latente abaixo do chacra da base, consequentemente faiscando o despertar.

Uma Experiência de Despertar da Kundalini

A experiência direta do autor testemunhando o despertar da Kundalini interna fez com que esta pessoa começasse a pensar com carinho a respeito da Kundalini como o poder de Deus que nos leva a Deus. É um acontecimento tão incrível, um nascimento espiritual extático tão profundo, que a melhor maneira que esta pessoa consegue comunicá-la é compartilhando a alegria e o mistério do seu despertar. Ele aconteceu durante o segundo encontro com Swami Muktananda em um retiro de meditação de dois dias, com o propósito de despertar a Kundalini. Muktananda a ativou através de uma transmissão espiritual chamada Shaktipat, um processo pelo qual um mestre espiritual Liberto, com a Kundalini já desperta, age como veículo para a transmissão da Graça da energia da Kundalini cósmica para um aspirante espiritual. Essa poderosa energia ativa a energia da Kundalini Shakti "adormecida", que está armazenada abaixo do primeiro chacra. Essa não é a única maneira de a Kundalini ser desperta, mas é poderosa, eficiente e considerada por muitos como o método mais direto. Esse também é, historicamente, o caminho tradicional. A transmissão de Shaktipat de Kundalini é mencionada na Torá e no

Deuteronômio, na passagem: "Joshua, filho de Nun, ficou cheio do espírito de sabedoria, pois Moisés lhe tinha imposto as mãos" (Deuteronômio, 34, 9). Na cabala, um termo preciso para Shaktipat é S'micha l'shefa, ou Haniha. No Novo Testamento, a transmissão de Kundalini Shaktipat é mencionada em João, que diz que Jesus "soprou sobre eles dizendo: 'Recebei o Espírito Santo'" (João, 20, 22). Nas tradições iogues, o Shaktipat é um método muito reconhecido para despertar a Kundalini.

Muktananda deu o Shaktipat para este autor, batendo nele com uma vara de pena de pavão. Depois disso, colocou as mãos sobre a boca dele, na forma de um funil, e soprou diretamente para dentro dela. Em seguida, apertou a "ponte" nasal e empurrou a cabeça dele para trás. Depois de alguns minutos, o autor entrou em profunda meditação. Durante esse processo, sua boca se abriu espontaneamente e sua língua se projetou para fora o máximo que pôde. Esses tipos de movimentos físicos incomuns são conhecidos como kriyas, e eles também podem acontecer no nível emocional, mental e espiritual. Podem ser pulsações gentis ou sensações de rodopio sobre a área de um chacra, movimentos físicos muito vigorosos, mudanças repentinas de estados emocionais, choro espontâneo, produção rápida de pensamentos ou visões espirituais. São a evidência do movimento purificador da Kundalini à medida que ela viaja através dos nadis (canais de energia sutil), passando espontaneamente pelas áreas com bloqueios energéticos. Frequentemente, a Kundalini coloca o corpo em uma determinada postura física para remover bloqueios específicos de energia. Mais tarde, descobriu-se que a postura com a língua esticada é um asana (posição) de ioga, chamada postura do leão. Enquanto ela estava acontecendo, havia paz e um êxtase ondulante. Em algum momento depois disso, este autor começou a ter a visão de Muktananda, na qual ele guiava esta pessoa em uma fusão e consciência com o Eu Interno Divino. Em seguida, a experiência de unidade entre o mundo interno desta pessoa e o universo começou a emergir na consciência.

Um pouco mais tarde, em meditação, o autor teve uma visão interna do terceiro, quarto e quinto chacras, em suas localidades anatômicas, todos banhados em uma Luz dourada. Conforme a energia subia no corpo desta pessoa, seus olhos se voltaram para cima, em direção ao chacra do terceiro olho, para ver Nityananda (o guru de Muktananda) sentado na posição de lótus, olhando para baixo para ver esta pessoa. A visão interna deste autor continuou a subir, e ele sentiu e viu o chacra da coroa brilhando, no que parecia ser milhares de luzes. Em algum momento dessa meditação, o autor começou a sentir dores intensas na região lombar e sacral. Esse tipo de dor nas costas, em muitas pessoas, está associado com o despertar da Kundalini.

Após esse despertar, as experiências de meditação do autor em casa tornaram-se muito intensas. Certas questões emocionais pareciam surgir intensamente e, então, passavam rapidamente. O autor continuou a ter mais kriyas físicos, incluindo formas espontâneas de respiração rápida e lenta, sequências que depois descobriu serem chamadas de pranayama, exercícios de respiração de ioga, quase sempre usados para ativar a energia Kundalini. Dez dias depois desse despertar, uma erupção vermelha se desenvolveu nas suas costas, começando na parte inferior das costas, curvando-se de um lado para outro através da espinha, duas vezes, antes de se voltar para o ombro esquerdo. Ela desapareceu após uma semana. O doutor Sannella e este autor pensaram que poderia ser um estigma, representando o caminho em espiral da Kundalini subindo a espinha. Durante a meditação, começou também a ouvir sons de tom elevado que, posteriormente, soube que se chamam *nada*. Esses sons representam a abertura dos centros superiores.

Algumas semanas depois dessa primeira sessão intensa, o autor fez mais um retiro de meditação com Muktananda, sentindo que isso aumentaria a energia da Kundalini que acabara de despertar. Durante o retiro, Muktananda de novo canalizou sua energia Kundalini ativa diretamente para o autor. O resultado foi um movimento ainda mais intenso da energia Kundalini no seu corpo, subindo pela espinha. Dores intensas, frias e quentes, foram sentidas na parte de cima das costas e na nuca, e dores que queimavam na área da tireoide e da garganta. Sua cabeça e seu pescoço passaram, espontaneamente, por diferentes movimentos. Apesar de tudo isso parecer estranho, durante todo o tempo, esta pessoa sentia uma paz profunda e um sentimento de Amor. Conforme o retiro continuava, o autor começou a ver cores e flashes de luzes em volta das pessoas, principalmente de Muktananda. O chacra da fronte começou a rodar e pulsar. Tantas coisas pareciam estar acontecendo, que tudo se tornou muito engraçado. Na última meditação do retiro, a energia começou a subir por sua espinha com um grande calor e culminou em uma grande explosão de Luz branca na cabeça. Parecia que esta pessoa estava explodindo em energia. Com a visão interna, esta pessoa podia ver o seu chacra da coroa como uma Luz dourada, às vezes, como um pires invertido de ouro e, em outras vezes, como milhares de luzes douradas. Após a explosão, esta pessoa teve uma experiência de paz interna profunda e de conhecimento. Depois disso, conforme a consciência emergiu do Nada, uma voz silenciosa e leve disse: "Você deve aprender a comer e a viver de forma a alimentar a Kundalini." (Isso aconteceu em 1975 e é a experiência fundamental que motiva a escrita deste livro.) Na região do chacra da fronte, esta pessoa teve a experiência direta de uma flor de lótus de duas pétalas douradas, brilhando intensamente. Ela emitia uma Luz linda e pura. Êxtase puro e Amor tornaram-se o Ser total desta pessoa. Enquanto isso acontecia, uma profunda sensação de pertencer e de liberdade total permeou a consciência. Ela veio com uma sensação de sabedoria, de que, qualquer que fosse a situação na vida, este autor poderia se fundir nessa consciência e ficar para sempre em estado de contentamento. Sua consciência e seu corpo pulsavam em êxtase total: "EU SOU livre!" Foi então que esta pessoa percebeu que a morte não existia para o EU. O corpo físico pode morrer, mas a Verdade, o EU SOU da existência, é imortal.

Esta experiência relata o respeito e a emoção deste autor pelo poder e pela força da Kundalini desperta. Ela alterou irrevogavelmente a minha vida. E representou apenas o primeiro passo do desdobramento. Um pouco depois do desdobramento inicial, alguns dos fenômenos associados com a Kundalini ativa pareceram se mover sobre o topo da cabeça e descer até a região do estômago. Parecia um foco de energia secundário comparado ao foco de energia em direção ao chacra da coroa.

O Despertar da Kundalini Shakti

Nos anos 1930, quando Jung escreveu a respeito do mistério da Kundalini, poucas pessoas tinham experimentado o despertar da Kundalini ou tinham ouvido falar a palavra Kundalini. Hoje, os números que envolvem o despertar da Kundalini são enormes. A primeira Kundalini Crisis Clinic, fundada pelo doutor Lee Sannella e por este autor, em 1976, começou a fornecer um padrão de referência e ajudar diretamente as pessoas a sentirem esses despertares. Foi um suporte de cura muito importante para aqueles nos quais o despertar da Kundalini aconteceu inesperada e espontaneamente, como resultado de práticas individuais, comparado ao despertar que acontecia em grupos, que reconheciam a existência do despertar da Kundalini e tinham alguma estrutura para integrá-la.

Uma possível explicação para esse aumento de despertar, hoje, é o processo de sangha (fraternidade correta), mais o poder desse ciclo de dois mil anos (200 d.C. a 2200 d.C.) de profecia, conforme relatou o cabalista do século XVII, Moshe Haim Luzzatto. A profecia é descrita como uma fusão em Deus (Deveikut) e o deleite nessa experiência cheia de êxtase de Deus. É o despertar que precede o término da era messiânica. Como foi dito em nome de Deus pelo profeta Joel: "Depois derramarei o meu espírito sobre toda a carne. Vossos filhos e filhas profetizarão, vossos anciãos terão sonhos, vossos jovens terão visões. Mesmo sobre os escravos e sobre as escravas derramarei o meu espírito naqueles dias" (Joel, 3, 1-2). Com a vinda desse despertar, a ignorância deixará de existir no mundo e todos os corações serão preenchidos com sabedoria. Toda a humanidade se iluminará sem impedimento. Em Isaías, temos que nesse dia: "Não se fará mal nem destruição em todo o meu santo monte" (Isaías, 11, 9). Em outras palavras, as pessoas serão atraídas por buscas espirituais, além dos desejos materiais, e tendências maléficas serão transformadas em bem. O profeta Jeremias compartilhava a mensagem de Yah (um dos nomes de Deus que liga o espírito de Deus com a respiração) a respeito desses tempos: "Colocarei a minha lei no seu seio e a escreverei em seu coração. [...] Porque todos me conhecerão, dos menores aos maiores" (Jeremias, 31, 33). Zacarias também profetizou a respeito da consciência da época final: "[...] naquele dia o Senhor será o único, e único o seu nome. Eu sou o primeiro e eu sou o último [...]" (Zacarias, 14, 9). Toda a criação será sentida como a Unidade Cintilante de Yah, como todas as coisas. É nesse contexto profético cabalístico que *Nutrição evolutiva* foi escrito. O universo foi criado para que pudéssemos ter a experiência da Unidade de Yah, para que tenhamos a apreciação direta, não dual, de Deus como Um – conforme Isaías transmite a mensagem de Deus: "EU SOU o primeiro e o último" (Isaías, 44, 6). A tecnologia espiritual da Nutrição Espiritual está esclarecida no *The Way of God* [O caminho de Deus], de Moshe Chaim Luzzatto: "Aqueles que aprendem a se tornar profetas o fazem através de certas técnicas, que lhes permitem captar para si mesmos as Influências que vêm do Alto. Eles removem bloqueios derivados dos aspectos físicos de seu corpo e trazem para si a revelação da Luz de Deus, da qual se tornam profundamente conscientes".

Somos abençoados por estarmos vivendo e sendo inspirados por estas épocas. Grupos de meditação, workshops de orientação espiritual e até grandes reuniões espirituais, assim como meditações pela paz, podem estimular o despertar. O aumento da energia espiritual Kundalini, gerado pelo grupo, cria suficiente descendência da Graça, de modo que, combinado com o preparo e a energia interna do próprio aspirante, provoca a faísca que pode acender. A maneira mais consistente e segura para que o despertar da Kundalini aconteça é através da tradição das iniciações de Shaktipat de Kundalini (S'micha I'shefa ou Haniha). Isso ocorre quando um mestre espiritual desperto, com uma grande quantidade de fluxo de Kundalini espiritual, compartilha a Graça dessa energia com o aspirante. Quando a combinação dessa energia com a energia da Kundalini do aspirante é suficiente para alcançar um ponto crítico de combustão, a Kundalini Shakti desperta. O compartilhar da energia espiritual da Kundalini por meio do mestre espiritual pode acontecer através de um olhar, de um mantra, pensamento ou toque direto. Um despertar da Kundalini desse tipo foi o que aconteceu para esta pessoa quando Swami Muktananda, na realidade, soprou o seu prana cósmico para dentro da boca desta pessoa. O despertar pode ser a combinação de todas essas formas de aumentar o poder descendente da Kundalini espiritual: preparação individual, acúmulo da Kundalini espiritual e mundana do aspirante, energia espiritual do grupo, e Shaktipat.

O despertar pode ser do tipo clássico intenso, moderado ou suave. Ele ocorre de acordo com o acúmulo de energia Kundalini em cada pessoa, e como essa pessoa pode lidar com seu circuito espiritual interno. É importante reconhecer o despertar moderado e suave, assim como o despertar clássico descrito, como um critério para o despertar da Kundalini. Para a grande maioria das pessoas, o despertar é muito seguro. Na experiência do autor com Muktananda na Kundalini Crisis Clinic, por meio da qual dezenas de milhares de pessoas foram despertas, e com milhares de pessoas nos grupos de meditação do autor, workshops, e na Tree of Life Foundation, é muito raro alguém ter problemas sérios com o despertar da Kundalini. É bom lembrar que é a nossa própria energia Divina que desperta, não uma droga estranha. É, naturalmente, reconfortante e útil ter o despertar em um contexto de fraternidade correta, com alguém que é conhecedor dos trabalhos da Kundalini.

Psicose e Kundalini

Algumas pessoas afirmam que muitos pacientes em hospitais mentais estão lá por causa de um despertar de Kundalini não diagnosticado. Esta não tem sido a experiência do autor, nem como psiquiatra que trabalhou em hospitais mentais, nem como mestre espiritual envolvido com as sutilezas da Kundalini. Episódios de mania, pensamento desorganizado e fora de contexto, ou crises intensas pessoais e até espirituais não são a mesma coisa que o despertar da Kundalini. Rotulá-los como tal pode fazer as pessoas se sentirem bem, mas acaba gerando confusão na hora de obter a ajuda necessária. No entanto, é necessário redefinir e transformar a crise, qualquer que seja, em uma oportunidade para um crescimento psicoespiritual. Essa foi a experiência do autor na Kundalini Crisis Clinic e nos ashrams de Muktananda, em Ganeshpuri, Índia, e South Fallsburg, em Nova York, onde ele, como psiquiatra, avaliava e apoiava pessoas com graves problemas psicológicos. Muitas tiveram problemas com o despertar da Kundalini e sofreram episódios psicóticos ou tinham um sistema nervoso muito frágil. Essas pessoas, normalmente, recebiam cuidados para retornar ao equilíbrio e voltavam para casa com compaixão, para continuar o trabalho espiritual em uma situação de carga menos intensa de Kundalini. É importante compreender que pessoas com esse tipo de histórico não precisam parar o trabalho espiritual, mas devem ter muito cuidado com práticas que artificialmente forçam o despertar da Kundalini, intensificam a energia após o despertar, ou que, em geral, ampliam a energia do sistema nervoso antes de a pessoa estar preparada, quer tenha havido um despertar ou não.

A Lenda dos Dois Siddhis (poderes)

Com o despertar, começa a ocorrer a fusão das duas energias Kundalini. Uma polaridade dinâmica ainda se manifesta entre a Kundalini Shakti desperta e a Kundalini espiritual, mas elas começam a agir sincronicamente. Isso pode ser análogo à imagem de dois ímãs de polo norte, de frente um para o outro. Conforme elas sobem a espinha em movimento espiral, a energia gerada pela interação sincrônica purifica e espiritualiza o corpo, e ajuda a carregar e despertar os chacras. A energia não se move apenas através do sistema nervoso sutil do corpo todo, mas também começa a abrir o sushumna, ou canal central, o caminho principal do fluxo da Kundalini no corpo. Esse caminho sutil corre verticalmente no corpo etéreo, ao longo da espinha.

Quanto mais nos tornamos supercondutores do fluxo da Kundalini desperta e do influxo da Kundalini espiritual no sistema, mais ativa e fortemente funciona essa força dual da Kundalini, parcialmente fundida em nós. Por causa da energia gerada e dos centros que são despertos, sempre temos experiências temporárias de êxtase, bem-aventurança, Amor, bem-estar, emoção Divina, paz, contentamento interno profundo, consciência Divina da Verdade não dual de Deus, consciência da Unidade e experiências diretas do nosso próprio Eu Interno. É como se a influência Divina de Deus tivesse descendido ao plano físico, no nosso complexo corpo-mente-EU SOU. Começamos a sentir a influência Divina preenchendo cada aspecto da nossa vida e do Ser. É poético pensar na Kundalini desperta como a Mão de Deus. Neste contexto, paramos de pensar em Deus em termos de crença. Ter a experiência direta da Presença de Deus nos leva a um conhecimento direto de Deus e da nossa própria Natureza Verdadeira, como a Realidade Transcendente. Deus não é mais uma ideia abstrata, mas uma realidade positiva. A experiência da energia de Deus é uma enorme motivação para continuar as práticas espirituais, que aumentam essa comunhão. É muito mais fácil meditar, jejuar, seguir uma dieta correta e todos os Seis Fundamentos quando o desejo por Comunhão com Deus e experiência do Amor extático para com Ele está sendo preenchido. Não precisamos da Kundalini desperta para ter a experiência da comunhão, mas quando ela está desperta, as experiências em geral vêm com mais frequência e intensidade, e de modo mais fácil.

Uma vez que temos consciência da energia Kundalini, é mais fácil saber o que fazer para aumentar a sua intensidade. Uma das ciladas sutis do caminho espiritual, no entanto, é ficarmos viciados no êxtase dessas experiências e pensar nele como sendo o objetivo da vida espiritual em vez de ser simplesmente parte de um processo incrível e maravilhoso. O objetivo, sem objetivo, é nos equilibrarmos na consciência contínua não dual da Verdade. À medida que isso acontece, perdemos o conceito dualista de que a vida espiritual tem um objetivo e que há algo a ser alcançado. Começamos a compreender que nós sempre fomos AQUELE..., o que vivemos na ilusão de procurar. Quando o propósito geral da vida espiritual está conscientemente na mente e as experiências da verdade são suficientemente repetidas, a consciência temporária dessas experiências começa a se acumular em uma consciência da Verdade mais contínua e estável. Quando a consciência da Realidade Transcendente de nossa existência como Amor Divino, conforme a Verdade holográfica dual/não dual do EU, se torna nossa consciência predominante, ocorre uma grande mudança no processo de Iluminação. Nesse ponto da Liberação, toda a busca cessa, e nós descansamos no Nada, como o Verdadeiro Eu que sempre fomos, somos e seremos. Não há nenhum lugar para ir e nada para ser. Nós somos livres. Não há direção, mas temos a liberdade para nos movermos em qualquer direção, como um acontecimento espontâneo. Todas as ações vêm de um lugar de vazio. As ações acontecem sem causa. Esse vazio está além da dualidade da forma e da não forma. Ele é indescritível e misterioso. Nós simplesmente nos tornamos um complexo corpo-mente-EU SOU para que a Luz infinita do Ein Sof emane através de nós. Toda a motivação desaparece e nos tornamos o que era conhecido nos antigos ensinamentos cabalísticos como o veículo merkaba: a expressão da Vontade Divina misteriosa. Não sabemos nem mesmo que ação poderá surgir em seguida. É tudo muito engraçado.

A Evolução da Kundalini e os Três "Nós"

O processo de evolução da Kundalini pode se dar em um curto espaço de tempo ou não se completar nesta vida. Um fator importante que afeta o tempo é a intensidade do desejo pela Comunhão de Amor completa e inquebrantável com o Divino.[1] O despertar da Kundalini é o primeiro passo na abertura do caminho do sushumna, que nos leva à permanente consciência da Comunhão. Nesse caminho, existem três "nós" (granthis), os quais pouco se compreende e sobre os quais raramente se fala e se escreve. Na literatura iogue, há referências vagas aos três nós e seu significado; na literatura ocidental, as referências são poucas. Esta pessoa foi motivada a desenvolver uma compreensão de seus significados por causa de sua própria experiência com eles. Alguns iogues referem-se a eles como bloqueios no canal sushumna, mas obteremos uma compreensão funcional mais clara se pensarmos a respeito deles como pontos nodais evolucionários.

Classicamente falando, esses "nós" estão localizados no chacra da base (Brahmagranthi), no chacra do coração (Vishnugranthi) e no chacra da fronte (Rudragranthi). Esses pontos representam os diferentes estágios nos quais há uma intensificação de toda a energia Kundalini no sistema. Cada estágio, ou abertura de nó, reflete uma sincronização integrada cada vez mais progressiva e a fusão das duas energias Kundalini polarizadas. Em cada nível de fusão, ocorre uma ampliação e intensificação da energia Kundalini. De forma indireta, os nós regulam o fluxo da Kundalini no sushumna (canal central), para que a energia excessiva não flua através do sistema e o "queime". Consequentemente, as energias Kundalini fundidas não se movem para o próximo nível até que a condutividade e a consciência do indivíduo alcancem a capacidade de manter uma maior intensidade de energia e consciência. Isso não significa que as pessoas não tenham experiências e adquiram estados mais elevados de consciência; significa apenas que esses estados não se estabilizam até que os canais sejam suficientemente fortalecidos para manter o aumento de energia da consciência. Dizem que a Kundalini é muito inteligente. Por essa razão, é melhor permitir que a Kundalini se desenrole espontaneamente em vez de tentar forçá-la artificialmente com meditações e técnicas específicas. Em alguns ensinamentos iogues, há relatos de três intensidades da energia Kundalini que se correlacionam com a abertura de cada nó.[2] O primeiro nível de intensidade de energia é chamado Prana Kundalini. Ele corresponde à energia liberada com o despertar inicial, a sincronização inicial e o fundir parcial das duas energias Kundalini polares associadas ao despertar. O nível seguinte de intensidade de energia é o Chit Kundalini, que corresponde ao poder da Kundalini ativo após o despertar do segundo nó. Para Kundalini, associada à abertura do terceiro nó, é o nome do nível mais puro, intenso e refinado da Kundalini que o corpo é capaz de conduzir.

A liberação da energia do primeiro nó acontece quando a consciência desperta do indivíduo em relação aos primeiros três chacras se funde em **um** estado unificado de consciência desperta. O segundo nó representa a fusão dos três primeiros chacras já unificados com o Amor desperto do chacra do coração. Paralelamente a isso, acontece um novo nível de sincronicidade e fusão das duas energias da Kundalini, subindo em forma de espiral no sushumna. A cada aumento no nível de fusão da Kundalini, o canal sushumna se torna cada vez mais e mais aberto e condutor da Kundalini.

O nó final no sexto chacra é liberado quando a consciência desperta de todos os chacras se funde na consciência não dual da Verdade. É nesse ponto que a Kundalini Shakti e a Kundalini espiritual fundem-se completamente em uma única energia Kundalini. Toda a polaridade da Kundalini e a correspondente dualidade da nossa consciência desaparecem. A energia de cada chacra se funde nessa única energia, apesar de reminiscências de cada um deles permanecer no corpo para a sua manutenção. Os corpos sutis estão perfeitamente alinhados e fundidos, de maneira que o prana cósmico puro não é mais filtrado e pode entrar diretamente em qualquer chacra. O centro básico para a absorção de energia se torna o prana puro, absorvido através do chacra da coroa. A própria estrutura sushumna se dissolve nessa energia única; nossa União, na Consciência de Deus. Com a fusão completa das duas energias Kundalini, a atividade evolucionária da Kundalini na espiritualização do corpo, mente e espírito está completa. Da sensação de puro conhecimento ficamos absorvidos pela percepção pura da Consciência de Deus. Esta é uma qualidade associada à Iluminação.

Neste nível de energia Kundalini não dual, bastante amplificada, há uma mudança no próprio equilíbrio energético dos átomos. É a hipótese do autor que o aumento da energia se traduz em aumento de spin, na rotação do eixo do átomo e no spin dos elétrons. Com o aumento da energia e do spin do eixo do núcleo e dos elétrons, a massa tanto do elétron quanto do núcleo se expande, mas a órbita não aumenta. O núcleo e o elétron estão mais intimamente ligados e vibram com maior rapidez. A pessoa pode manter mais energia no nível atômico, e é mais difícil afastar os elétrons do átomo. Portanto, o sistema todo se torna mais saudável, pois é mais difícil para os elétrons que estão seguros, de forma mais firme, serem arrancados pela oxidação dos radicais livres.

A Experiência da Abertura dos Três Nós

Muito do interesse, da compreensão e do compartilhar desta pessoa a respeito dos três nós e do movimento da Kundalini baseia-se nos ensinamentos recebidos ao desvendar o significado de suas próprias experiências. A fusão dos primeiros três chacras ocorreu aproximadamente 11 meses após o despertar da Kundalini. Ela ocorreu no ashram de Muktananda, em Ganeshpuri, na Índia. Do momento do despertar, tendo saboreado a Comunhão Divina, a Kundalini empurrou esta pessoa para uma Comunhão cada vez mais profunda, como um touro no cio, brincavam algumas pessoas. O papel desta pessoa era o de se render ao poder da Kundalini e continuar a "se mostrar". Era doloroso para o autor não estar em União. O seu Amor por Deus era tão intenso que ele quase não podia suportar.

Em uma estrofe de um poema do seu diário, o autor na época (5 de outubro de 1976) escreveu:

> Como posso desejar qualquer coisa a não ser Você,
> Uma vez tendo me unido a Você mesmo que por apenas um momento no êxtase do EU SOU livre,
> Não há nada mais elevado ou sagrado do que estar em total União com Você.

A Shakti desse intenso desejo por Comunhão não permitiu que se identificasse como um buscador. Ela impeliu esta pessoa para a meditação. O tempo de meditação chegou ao máximo que a estrutura física podia aguentar. Tendo recebido a permissão de Muktananda para meditar mais do que a costumeira uma hora por dia, o tempo de meditação aumentou para até quatro horas e meia por dia. Isso sem contar as horas de cânticos para Deus, na qual a comunidade espiritual inteira participava. Naquela intensidade, a maioria das três meditações de uma hora e meia por dia estava preenchida com o êxtase da Comunhão de Amor com Deus. Sempre se fundindo na Luz azul da consciência dentro do Eu, experiências contínuas da realidade não dual foram impressas na consciência, deixando esta pessoa em um estado de contentamento e paz, exceto pelo desejo ardente por AQUELE. O programa de fusão em Deus, Deveikut, tinha sido ativado, para além de qualquer ideia de controle. Estava simplesmente acontecendo, com esta pessoa simplesmente testemunhando, enquanto tentava acompanhar a Chama de Deus, queimando qualquer ilusão de ser qualquer outra coisa que não a chama de Deus. O complexo corpo-mente-EU SOU se sentia como um avião alcançando velocidades e energias, nas quais as asas estavam quase se desprendendo. O corpo todo, ego-mente e integração do espírito estavam passando por uma intensa transformação. Com muito pouco treino formal ou conhecimento de qualquer tipo de ioga, esse complexo mente-corpo tinha embarcado, com muita confiança em Deus, em uma viagem para o desconhecido. O direcionamento sutil de Muktananda era a única linha segura que esta pessoa tinha. "Ir em busca" descreve a situação, a não ser pelo fato de que esta pessoa não sabia o que estava buscando. O desdobramento era uma força muito maior do que a mente podia compreender. Os seguintes trechos do diário podem ilustrar melhor a intensidade do momento.

Trecho do Diário de 31 de outubro de 1976:

> Hoje, tem outra rodada de sadhana [prática espiritual]. Começou na noite passada quando fui para a cama. Eu estava deitado, repetindo meu mantra, quando comecei a sentir um aumento na energia. O que eu percebia como meu canal deferente começou a se contrair e ter espasmos. Tive uma ereção parcial e a sensação de uma coluna fina de energia entrando diretamente dentro de mim, verticalmente, do nó do períneo [este é o nó do corpo físico, que une os músculos na base do períneo]. Era doloroso, mas não insuportável. A noite passou em forma de meditação meio adormecida.
>
> Na minha meditação matinal, eu me sentia calmo, em paz e apreciei o jogo do chitti [consciência]. Baba [Muktananda] entrou em uma pérola azul e me levou para algum lugar. Muita Luz azul. Muita energia. Eu parecia ser todo de Luz por dentro. A Kundalini aumentando. Então a dor na base do Muladhara [chacra da base] começou. Contrações e espasmos da corrente energética do canal deferente-sushumna, que é normalmente estreito, começaram a alargar e aumentar a intensidade do fluxo de energia ascendente. Tudo isso se alternava com visões de Baba – e muito sentimento celestial. Estou me sentindo muito tranquilo e relaxado, mas eu sei que um processo está começando, um processo incomum e que vai além das noções do meu corpo. Desejo liberar toda ilusão de controle corporal e deixar a Kundalini assumir o controle total. Estou decidido a ir até o fim. Shakti está me purificando.
>
> Na minha meditação da tarde, o processo começou novamente, com muita energia. Bonitas visões de Baba se alternando com diferentes formas de energia. Estava sentindo alegria e Luz. Então, uma breve sensação de visão-sensação de energia negativa veio e passou rapidamente. Obviamente, um jogo da consciência parecia quase psicodélico. Então, o espasmo no canal deferente começou; muita dor, calor e ereção dolorida. Toda a região pélvica até a área solar inferior, por dentro, ficou de um vermelho quente flamejante. Meu corpo começou a ondular em movimentos orgásticos. Tomando consciência de mim mesmo, fico aliviado ao perceber que sou o único sentado na sala de meditação a essa hora do dia. Tive traços de vergonha, sentado em meio-lótus, tendo vibrações pré-orgásticas espontâneas. Aí percebi que não iria parar. Eu ia ter um orgasmo no meio da sala de meditação! Não acreditava que isso estava acontecendo. Não estava nem tendo pensamentos ou desejos sexuais. Então, começou um espasmo ejaculatório vigoroso e seco, envolvendo toda a parte inferior da pélvis. Nenhum sêmen saía. Que surpresa! A cada espasmo orgástico, eu podia ver e sentir [em visão meditativa] o sêmen subindo

direto pelo sushumna, alargando-o e expandindo a abertura do canal sushumna até o meu Anja [chacra da fronte]. Continuou por cerca do que me pareceu 15 a 30 minutos. Demorou mais 15 minutos para a ereção cessar. Levou mais 1 hora e meia para a dor no períneo diminuir.

No dia seguinte, as unhas dos meus dois dedinhos do pé descolaram espontaneamente. Era como se a energia fosse tão intensa que meu sistema quase não conseguia contê-la. O processo todo foi muito direto. Eu senti uma alegria silenciosa no render-se a um processo que era mais poderoso do que eu e que estava além da minha compreensão. Uma coisa é deliciar-se no êxtase da Comunhão Divina, outra é render-se para ter minha anatomia reorganizada.

Na sequência dessa experiência de um dia e uma noite inteira, a qualquer hora que esta pessoa tinha lampejos de pensamento sexual, um doloroso bastão de energia de 25 a 30 centímetros começava a funcionar. Parecia um espeto de shish kebab* perfurando os discos redondos dos três primeiros chacras inocentes. Ao voltar para os Estados Unidos, não foi preciso muito tempo para descobrir que esta pessoa estava passando por um processo de celibato espontâneo, por causa do efeito shish kebab. A minha esposa daquela época ficou claramente descontente com isso. Com a ajuda do meu amigo doutor Lee Sannella e a força do nosso próprio Amor, começamos a levar o nosso relacionamento para um novo nível de Amor e compaixão. Naquela época estávamos morando na zona rural, em Mendocino, Califórnia, e esta pessoa estava imersa em organizar a vida de acordo com os princípios do que é chamado kedusha (sagrado). Trabalhava meio período como médico holístico, o que era suficiente para cobrir as despesas; e o resto do tempo trabalhava na terra, estava com a família, meditava e realizava outras práticas espirituais. A vida nunca fora tão sintonizada e equilibrada. Foi uma época especial para toda a família. Analisando isso agora, todos os três chacras estavam sendo despertos para consciências superiores e integrados nas práticas de vida desta pessoa. Também foi uma época na qual o celibato espontâneo serviu como um espaço protetor para a Kundalini completar o trabalho de despertar e fundir os três primeiros chacras. Após cerca de seis meses, chegou uma mensagem de Muktananda sugerindo que aquele período de celibato espontâneo e completo estava chegando ao fim. Quando finalmente sentimos que era a hora de fazer Amor, espontanea e simultaneamente nos fundimos no encanto da Luz azul da total Comunhão na Unidade de Deus. Estava claro que tínhamos sido transformados pelo poder espiritualizante da Kundalini.

---

* Espeto de carne da cozinha libanesa. (N.T.)

O autor não é nem a favor nem contra o celibato como uma prática espiritual. Como neste caso, pode haver épocas em que a Kundalini requer que sejamos celibatários como parte da reorganização estrutural sutil, e não como conceito espiritual. Este é um ponto importante, pois esta pessoa viu muitas pessoas provocando raiva indevida para si mesmas por causa de práticas autoimpostas de celibato, motivadas por um conceito em vez de um fluxo natural da Kundalini. Os antigos ensinamentos de ioga incluem a necessidade de equilibrar o darma (vida correta), artha (riqueza), kama (prazer) e moksha (fusão em Deus). Quando o kama é rompido por causa de uma desnecessária privação do prazer, pode surgir uma certa angústia, o que pode romper e desequilibrar o sadhana (prática espiritual). Para maximizar o desdobramento é melhor deixar o fluxo da Kundalini decidir e não ficar preso em conceitos espirituais. O reverso da questão do celibato é encontrado na cabala. Um casal espiritual deve fazer Amor no Shabbat (Sabbath). No entanto, se a Kundalini disser "não", ela deverá ser ouvida. O caminho é misterioso demais para ficarmos presos a conceitos.

O Despertar do Segundo Nó

A fusão dos três primeiros chacras com o chacra do coração não foi tão dramática ou dolorosa. Começou aproximadamente seis meses após a ocorrência da abertura do primeiro nó e da integração que se seguiu. A segunda abertura foi marcada por uma experiência de visão detalhada da anatomia do chacra do coração, um aumento da energia total da Kundalini espiritualizando o sistema e o cessar repentino da maioria das visões nas meditações diárias desta pessoa. Deu-se a experiência contínua de uma Luz branca e o fundir nesse estado Sem Forma. Às vezes, a Luz era tão brilhante nas meditações matinais que esta pessoa achava que tinha meditado durante toda a manhã. A essência completa desta pessoa ficava vitalizada por aquela Luz; estava consciente de uma energia ampla de Luz branca, emanando do chacra do coração. Era um vórtice amplo que ligava esta pessoa a um Amor impessoal e a uma empatia com tudo e todos no universo. Quer estivesse meditando, quer não, inspirando ou expirando, era fácil se dissolver na Luz branca. Isso acontecia até mesmo enquanto estava correndo. Durante esse período, esta pessoa quase sempre sentia uma chama azul no que a comunidade médica, do cérebro esquerdo, identificava como o fundo da aurícula direita do coração. Ficava ligeiramente voltada para o lado direito do coração. Às vezes, essa Luz azul se transformava em uma imagem de Muktananda ou Nityananda. Algumas vezes, havia uma Luz brilhante azul, semelhante, no chacra da fronte, que parecia alinhada com a Luz azul da área do coração. Estas não eram consideradas visões, uma vez que a presença era sentida com ou sem uma visão. Essa sensação no segundo nó se expandiu com consciência por um período de cinco anos antes da fusão final dos chacras começar. Durante esse período, o chacra do coração aparecia como um lótus de oito pétalas no centro do coração, em vez do costumeiro lótus de doze pétalas. Nesse tempo, as experiências de meditação repetidas diariamente, do Eu Verdadeiro como a Luz branca amorfa da consciência, lentamente começaram a se imprimir em uma consciência mais permanentemente desperta. A consciência do EU SOU AQUELE começava a se tornar cada vez mais parte da razão de ser.

Em uma pesquisa feita depois, notou-se que dentro do chacra do coração há oito pétalas dentro do yantra externo de doze pétalas. O formato das oito pétalas representa o coração espiritual, conhecido como o anandakanda (o espaço do êxtase). Dentro do doze, há um círculo com oito pétalas, que é como ouro derretido, que era a forma como aparecia, e estava situado no lado direito do coração do corpo físico, que em essência fica exatamente no centro do corpo físico. Está relacionado ao chittrini nadi, que é uma parte sutil do sushumna. O formato de oito pétalas representa o coração etéreo ou espiritual, ou hrit pundarik (lótus do coração). Ele é imaculado e intocável pelas impurezas físicas. É a sede do Eu na consciência desperta e no estado de sonhos. É descrito como o Templo de Deus e só pode ser alcançado quando o sushumna está aberto. Costuma-se dizer que dentro dele habitam oito divindades, incluindo Indra. Dentro do nadi sushumna, representado pela cor vermelha, está o nadi vajrini (o nadi dos trovões), representado pelo fogo ou sol; dentro deste está o nadi chittrini, que é a lua representada pela água. O néctar Divino (amrita) goteja do nadi chittrini. Dentro do nadi da água está a radiância do nadi de Brama, onde se localiza seu trono ornamentado com joias. Esta era a visão desta pessoa. Esta foi uma boa lição, pois apenas oito pétalas eram vistas, levando esta pessoa a pensar inicialmente que não estava vendo o chacra do coração na sua totalidade. É uma boa lição simplesmente testemunhar o que está acontecendo e não julgar, pois a visão foi uma das essências centrais e uma experiência da transformação do chacra do coração. Essas experiências na meditação aconteciam diariamente, ensinando esta pessoa que o universo como um todo habita dentro desta pessoa como AQUELE. A experiência do EU SOU AQUELE estava cada vez mais se tornando a razão da existência desperta.

O Despertar do Terceiro Nó

O ciclo para esse despertar começou a se construir no final de outubro de 1981, aproximadamente dez meses antes do seu ápice. Após quatro anos delicadamente equilibrando e expandindo a consciência do segundo despertar, o desejo espiritual começou a se aquecer de novo. Esta pessoa ficava pensando em um ensinamento que Muktananda uma vez transmitiu em uma palestra, que dizia que quando Deus te oferece o reino, por que se contentar com um punhado de poeira? Sadhana aumentou em intensidade – acordando às 2 horas e 30 da manhã para ganhar uma hora extra de meditação, que na época era de mais ou menos duas horas, três vezes ao dia. No começo de dezembro, aconteceram as duas primeiras experiências de Nirvakalpa samadhi, nas quais a própria consciência do EU SOU, a consciência de testemunha, se dissolveu no vazio (teheru). Toda a dualidade desapareceu – além do tempo, espaço e Ser. Tudo se foi. A cada vez isso durava aproximadamente uma hora. Em uma dessas experiências, a esposa do autor dessa época entrou na sala e pensou que o complexo corpo-mente-EU SOU tinha morrido. Aparentemente, a respiração cessou por cerca de 45 minutos. A Kundalini mata a ilusão, o complexo corpo-mente-EU SOU. Mais conduzido do que buscando, disposto a continuar se mostrando e disposto a morrer, esta pessoa continuava se mostrando. Não havia sensação de ter escolha, nem medo, conforme a Kundalini Shakti enviava a mensagem: medite até que tudo que você achar ser "você" desapareça para sempre. Isso estava além de qualquer filosofia espiritual ou revelação – era um acontecimento espontâneo, não intelectual. Durante essa época, outro chacra, que estava acima do sexto chacra, se abriu. Depois, esta pessoa descobriu que isso é conhecido como o chacra *soma*, ou chacra *amrita*, que significa "néctar da lua" ou "néctar da imortalidade". Na realidade, ele está dentro do chacra da coroa ou sahasrara. O chacra soma está associado a Rahu, um dos nódulos da lua. Esse chacra era percebido como uma lua crescente, apesar de a literatura frequentemente dizer que ele tem doze pétalas. Era uma lua branca, muito luminescente. Ao redor dela, havia um triângulo. Esse chacra é a fonte do néctar (soma) e, conforme o soma gotejava, esta pessoa podia senti-lo no palato. Parecia estar gotejando para dentro do palato pelo cérebro, como se do cérebro vazasse néctar. A experiência do néctar soma era de doçura. O sabor não parecia mudar com o estado desta pessoa, com o que tinha degustado ou o que estava em sua boca. Esse néctar apenas descia como uma doçura que estava além da doçura. Conforme esse fenômeno ocorria, parecia que o organismo sutil dos nadis estava se abrindo para dar o passo final.

Posteriormente, esses fenômenos foram pesquisados em textos iogues. O triângulo em volta da lua é chamado de *triângulo de Ah Cah Tah*; dentro dele há figuras que não foram vistas por esta pessoa – Kmeshdara e Kmeshdari. Para esta pessoa, era suficiente saborear o néctar. É interessante notar que Kmeshdara também é conhecido como urdhdareta ou fluxo ou corrente ascendente, que é a habilidade de levar a essência de fluidos seminais para cima, para o nadi sushumna, que foi uma experiência anterior, ocorrida no primeiro ano do ciclo de sete anos com Swami Muktananda. Portanto, as relações ficaram um pouco mais claras.

Trecho extraído de um poema, do diário de 27 de dezembro de 1981:

> Ah – o êxtase da minha vida, do mundo, dos meus filhos e da minha esposa. Se eu morrer de coração partido, não será por pesar, mas por estar tão cheio de Amor que não pude dizer não para mais... E apenas explodi de Amor.

Trecho do diário de 12 de fevereiro de 1982:

> O êxtase do Eu, a unidade pulsante, a alegria interna simplesmente ficou maior do que a contração do meu ego. O ponto crítico passou... O poder do Êxtase de Deus é maior que a contração segura do ego. Ele morre conforme a minha Libertação cresce. O último estágio está começando.

Trecho do diário de 29 de maio de 1982:

> Em algum momento do ano que passou eu reconheci.... EU SOU AQUELE! EU SOU AQUELE mais do que nunca faz parte da minha consciência. O destino se desdobra no campo vazio do meu Ser. EU SOU o espectador assistindo a isso no êxtase silencioso do jogo; sabendo que EU SOU AQUELE. Simplesmente Ser é suficiente.

No final de agosto de 1982 e durante um ano, a meditação chegou a seis horas por dia. A família havia retornado para os Estados Unidos três semanas antes. As crianças tinham que se preparar para as aulas e alguém precisava encontrar uma casa para morar. Esta pessoa sentia muita gratidão pela esposa Nora, por ter sido tão compreensiva naquela época. É essa consciência, Amor e compreensão com compaixão, de um companheiro ou companheira, que torna possível que o desdobramento espiritual completo aconteça para um membro da família. Para se render completamente ao desdobramento da Kundalini é necessária a permissão do contexto social de uma vida correta, portanto, o consentimento de Nora foi muito importante. A vida espiritual para quem tem família se torna mais fácil quando ambos os parceiros estão se desenvolvendo espiritualmente.

Esta pessoa não foi capaz de deixar a Índia com a família, pois tinha uma forte sensação de que algo muito importante ia acontecer. Conforme uma pessoa sábia disse uma vez: "Você não pode cruzar um abismo com dois pequenos pulos". Naquela época, a energia da Kundalini estava centrada na consciência EU SOU do sexto chacra. Embora o pulsar gentil da Kundalini no sexto chacra tenha sido constante por anos, naquele tempo, ele se tornou particularmente intenso durante a meditação, sentido como se fosse explodir. Após algumas semanas dessa intensidade, começou a parecer que o terceiro nó estava prestes a se expandir e que a Kundalini iria se fundir no chacra da coroa. Os ensinamentos tradicionais dizem que precisamos da permissão do guru para que esse passo final da Kundalini ocorra. Como isso iria acontecer? A relação desta pessoa com Muktananda não envolvia muito contato pessoal verbal. Outros ensinamentos diziam que a permissão do Guru Interno, o Eu do Todo, era suficiente. Portanto, esta pessoa estava esperando por um direcionamento interno.

Durante uma meditação de fim de tarde, a energia se tornou tão intensa que o complexo mente-corpo espontaneamente levantou e foi até a sala de meditação do lado de fora do quarto de Muktananda. Às vezes, durante o final da tarde, ele saía e andava ao redor dessa sala. Trinta segundos após esta pessoa ter se sentado, Swami Muktananda, vestido com seu macacão, abriu a porta e saiu. Foi diretamente para a direção de Gabriel. Imediatamente, começou a trabalhar com seus dedos, no curto caminho do sexto para o sétimo chacra, na sobrancelha, testa e região do coração. Conforme ele trabalhava, as correntes da energia Kundalini totalmente fundida começaram a fluir para cima em uma padronagem em forma de V, para o chacra da coroa. Sua outra mão estava delicadamente colocada acima da cabeça. Parecia estar puxando a energia Kundalini para cima, através da coroa. Com o fluxo firmemente estabelecido, Swami Muktananda se virou e voltou para o seu quarto. Sua função cósmica da Graça, por mais de sete anos com esta pessoa, estava agora completa. O chacra da coroa tinha sido iniciado por Swami Muktananda e o passo final da fusão de Shakti com Shiva, no chacra Sahasrara, tinha sido ativado. Esta pessoa, na realidade, viu e sentiu uma fina corrente de energia se mover para cima, através do que ele depois identificou como o nadi de Brama, localizado no centro maior do nadi sushumna.

Estilhaçando o Teto de Vidro da Consciência

Logo depois dessa iniciação final da Kundalini, houve um estilhaçar do que esta pessoa metaforicamente chama de "o teto de vidro da consciência" – o véu. Nos estágios finais, estamos imersos na experiência do hiranyamaya kosha (corpo de êxtase). Temos a sensação de estarmos continuamente rodeados por essa Luz dourada. Estamos dentro e fora do samadhi, e há uma incrível urgência interna de se fundir com Aquele. Há apenas um fino véu (par'gawd), nos separando da fusão final. Em algum momento, esse véu, que o autor metaforicamente chama de teto de vidro, estilhaça. O véu sutil do hiranyamaya kosha, que está entre nós e a consciência de jivanmukti – a Autorrealização enquanto no corpo – espontaneamente se dissolve.

Essa metáfora apareceu um dia para este autor, muitos anos depois, no Tree of Life Cafe, quando o vento derrubou uma mesa e seu tampo de vidro se estilhaçou. A sensação que se tem se assemelha a esse nível de estilhaço. A mesa se iluminou. O fino teto de vidro que separava e ligeiramente deformava a Luz Divina que descia não estava mais lá, e acontecia a experiência da Comunhão direta inquebrantável com o Divino. Literalmente, perdemos a mente "deles", e a consciência do EU SOU anterior à mente se torna absorta no EU SOU AQUELE – o Absoluto, como o Nada Eterno Absoluto. Acontece uma incrível sensação de liberdade quando o teto de vidro estilhaça. É uma explosão de descontinuidade com o passado, presente e futuro.

A mesa de vidro estilhaçada
Um dia o vento da Graça de Yah
Soprava tão forte
Que a mesa de vidro da mente
Virou e se estilhaçou
Em milhares de fragmentos inúteis.
Aconteceu tão repentinamente
Tão sem esforço
Após tantos anos e vidas
De afinar esse teto de vidro da ilusão
Tão repentinamente
A mente apenas se estilhaçou
Apenas explodiu na eterna presença atemporal, sem movimento.
O sublime Absoluto cintilante
Entrou destruindo
Ininterrupto
Sozinho

Desconectado do passado, presente e futuro
E a ilusão do "eu" nem mesmo estava lá para chamá-la de meu
Não havia lugar para se estar
E ninguém para estar.
O Grande Caminho
Que não tem portão
Abriu
E não havia nenhum "eu" lá para atravessá-lo.

O trabalho do desdobramento da Kundalini pode conduzi-lo ao lugar onde realmente acontece o estilhaçar do teto de vidro da consciência. O resto é Graça. Para esta pessoa, o estilhaçar do EU SOU ocorreu enquanto estava simplesmente meditando, como sempre, no meio do dia na varanda do nosso pequeno apartamento na Índia, com vista para o campo que estava sendo arado pelos agricultores. Um pequeno corrimão não deixava esta pessoa ver a paisagem completamente. Um dia, esta pessoa se levantou e viu a paisagem toda, mas, na realidade, "a mente" e o EU SOU se estilhaçaram naquele momento. Tudo se tornou claro e luminescente. Era apenas um momento simples, de uma ação aparentemente sem nenhuma consequência, que marcou a mudança desta pessoa para sempre. O processo de Autorrealização não descansa com o desdobrar da Kundalini ou com as sutilezas de saber todas as entradas e saídas intelectuais do EU SOU. A consciência do EU SOU existe como a fonte do Maia primordial (a ilusão da realidade dual). Ela representa o último passo antes da Autorrealização – antes de se mover para a consciência atemporal, sem espaço e sem Ser, do EU SOU AQUELE. É a experiência interna do estilhaçar da consciência, e tudo o que sobra é a Presença Divina eterna e permanente, permeando todo o Ser – e não há nem mesmo um Ser sobrando. O EU SOU desaparece e apenas a existência permanece. Conceitos da ioga, tais como chitta vritti nirodha (aquietar a atividade mental da mente), ou os objetivos da ioga, como a União, não fazem mais sentido. Nunca houve nada com o que se Unir. Sempre houve União anterior à Eternidade. Você não pode unir aquilo que nunca esteve separado. A questão era estar na consciência da eterna Verdade brilhante, que era, é e será. Em um nível mais elevado de compreensão, a ioga ou a cabala não têm objetivo. São sistemas para nos ajudar a despertar para aquilo que sempre existiu. Não há crescimento ou mudança – apenas acordar para a Verdade Eterna. Uma vez que o foco da mente se afasta dos objetivos ou de trabalhar em direção à União, a vida se torna mais fácil, e os Seis Fundamentos são simplesmente viver de maneira a atrair a Graça que estilhaça o teto de vidro da mente, para que possamos acordar para a experiência não dual do Divino. Essa é a essência da cabala extática e da ioga.

É importante compreender que nem todos nós teremos a mesma experiência no processo evolucionário. O perigo de compartilhar as experiências é que tendemos a compará-las conosco. Algo importante de se lembrar é aprender, ouvir e ser inspirado pelas experiências dos outros, mas estar contente com a Graça particular que Deus nos deu, e saber que nossas experiências são especificamente apropriadas para a nossa própria expressão espiritual. Não é necessário ter um despertar tão intenso e a expansão dos três nós para se desenvolver espiritualmente. É mais importante estarmos dispostos a passar pela experiência de toda a Graça de Deus, não importa a forma que ela venha para nós. O flash do relâmpago da Graça de Deus precisa de um foco de atração na Terra, que é a nossa devoção e intenção plena de estar completamente aberto para essa Graça. A disposição atrai a Graça. Sem o desejo e a habilidade de receber a Graça de Deus, o seu efeito sobre nós é mínimo. A Graça vem através do silêncio.

Silêncio – A canção de Yah
O espírito deve conhecer o silêncio
Antes que ele possa cantar e dançar
Sua própria canção –
A canção de êxtase de Yah.

Maia Iluminada

Ah!
Um sublime silêncio luminescente
Emanando como toda a existência
Paz completa como o DNA da existência
O "eu" ilusório cessou
Todo o esforço, por mais sutil, cessou
O desejo flamejante esmagadoramente dolorido de se fundir com Deus, parou
A Kundalini riu
E não sobrou ninguém para ouvir a risada
Tudo o que existe é o grande silêncio da risada cósmica
Uma extraordinária vivacidade reluzente do Absoluto
Tão real que todo o resto se tornou irreal
Na realidade deste despertar

Toda a realidade prévia parecia irreal.
Por outro lado, o inominável Absoluto iluminou a realidade
O significado de Maia
A ilusão do mundo tridimensional
Adquiriu uma nova compreensão
Toda a existência agora reluzia como a radiância do AQUELE.
A indescritível glória de Deus é o mundo.
Apenas a radiância iluminada de Deus é.

Este despertar abriu a iluminação mágica da Terceira Torá, que é a Torá do silêncio (as duas primeiras são a Torá oral e a Torá escrita). O despertar iluminou os ensinamentos de Enoque – "Fique em silêncio e saiba que EU SOU AQUELE". Esta é a essência do modo de vida essênio, da cabala extática e da ioga. Ele revelou a existência não existencial como a Verdade Suprema de todas as grandes tradições. Maia não significa que o mundo é ilusão ou irreal. Essa é uma visão não desperta. A experiência de "Maia iluminada" é o mundo da dualidade revelada de uma maneira nova – como a radiância cintilante do Divino em diferentes formas. Nesse nível, não é mais a Maia tradicional, mas o jogo de Deus agraciando a nossa vida. Sentimos toda a criação como um doce jogo DAQUELE. Desse Silêncio Profundo e paz completa, a pulsação do Amor não causal emana espontaneamente contentamento e alegria, como um pano de fundo natural inquebrantável. O mundo todo surge em uma nova luminescência. Maia é o mundo irreal, preto e branco, das nossas projeções. Na Maia Iluminada, todas as verdades projetadas são mentiras sagradas. Uma flor não é irreal, mas a maneira que sentimos a flor no mundo de Maia não desperto de ilusão é. No mundo real da Maia iluminada da Graça de Deus, a flor é uma fragrância de Yah, rindo em Amor e Paz inquebrantável, como beleza Divina. A Iluminação emana como uma individualidade cósmica não diferenciada.

O Despertar Continua

No estado pós-Kundalini, nos tornamos intensamente humanos. Há outro estágio de consciência do coração que se abre e no qual estamos sujeitos à dor do coração do mundo e de cada indivíduo. Não importa como as pessoas projetem a própria dor e alienação sobre você, você não tem outra opção senão manter o coração aberto.

Trecho do Diário de 7 de março de 1985:

> À medida que o processo do aumento de prana se intensifica no corpo [...] seu principal efeito parece ser um sutil acúmulo de Amor no coração que irradia de dentro de mim a maior parte do tempo. Não necessariamente Amor extático, mas uma consciência sólida do Amor que nos liga a todos [...] Não é o Amor por uma coisa, nem mesmo Deus [...] É apenas Amor pelo propósito do Amor [...] como o chão da minha existência.

Esse Amor é um Amor incessante. Essa sensibilidade não significa que nos apegamos às emoções; significa que as emoções entram, nós as sentimos e elas passam. Não somos a pedra iogue idealizada, na qual as emoções ricocheteiam, mas mais parecidos com a água dos taoistas, que tudo absorve. Na unidade da relação compassiva com o mundo, com o tempo, mesmo a pedra é absorvida pela água. Um poema do Tao Te Ching, verso 49, esclarece muito bem esse ponto:

> O sábio não tem uma mente que é sua. Ele está consciente das necessidades dos outros [...] O sábio é tímido e humilde – ao mundo ele parece confuso. Os homens olham para ele e o ouvem. Ele se comporta como uma criança pequena.[3]

Desde o despertar da abertura do terceiro nó, a consciência da energia da Kundalini raramente deixou o chacra da coroa. Uma pulsação constante de aumento de energia continuou a fluir no chacra da coroa, no entanto, a experiência do canal sushumna parecia ter se esvaecido. Duas semanas depois, durante a meditação em uma visita a Swami Prakashananda, apareceu o Sai Baba de Shirdi, um santo indiano muito conhecido que faleceu em 1918 e com quem esta pessoa tem uma relação especial. Da palma de sua mão direita, um raio de energia foi emitido para este caminho, que agora estava aberto. Devido a isso, houve uma grande expansão do caminho da Kundalini para a coroa e a dissolução completa do sushumna. Tudo parecia se dissolver na energia Kundalini fundida no chacra da coroa. Desse momento em diante, um vórtice de energia pulsante, no topo da cabeça, era quase contínuo. Essa experiência de pulsação contínua em vórtice não ocorreu, no entanto, até o fim de um jejum de quarenta dias, sete meses depois. Nessa época, o topo do chacra da coroa pareceu desaparecer, deixando aberto um vórtice giratório de puro prana. Era através desse vórtice aberto que a pulsação da energia cósmica entrava no sistema. É um círculo em forma de quipá (barrete judaico), cobrindo a coroa até a testa e a parte posterior da cabeça. A energia sentida nos outros chacras parecia quase não existir quando comparada a esse canal.

Sahaja samadhi é quando, despertos ou adormecidos, permanecemos conscientes de estarmos na presença do EU SOU AQUELE. Conforme esse acontecimento se desdobrou, ele começou a permear mais intensamente o estado de sono, com uma sensação de que tudo estava preenchido de Luz. Apesar do complexo mente-corpo parecer estar adormecido à noite, a testemunha sente a Luz pura. Isso se manifesta de forma muito intensa, especialmente ao ir dormir e ao despertar, e a consciência continua durante o sono na consciência do AQUELE, sendo Luz. Isso não acontece necessariamente a noite toda, todas as noites, mas durante um tempo significante e parece aumentar ao longo do tempo.

Como tudo no caminho espiritual, a consciência deixa de ser imediatamente 100 por cento dual. Muitos gostariam de alguma forma encaixar o pensamento dual em uma caixinha bonita. Durante a experiência desta pessoa na fusão de toda energia dos chacras com a energia da Kundalini em uma energia Divina, houve uma profunda mudança em direção a uma identidade essencial, como EU SOU AQUELE, como Não Ser. Esta pessoa começou a viver na consciência dual/ não dual da Verdade, como um paradoxo sinergético. É a consciência inerente predominante e esmagadora. No entanto, não é uma consciência 100 por cento inquebrantável da Verdade – moksha. Parece ser um constante aumento da consciência se movendo da consciência predominante para um estado não dual e se tornando cada vez mais consciente desse estado.

Shriman Tapasviji Maharaj, o santo de 185 anos, uma vez chorou por três dias quando um discípulo próximo morreu. Quando seus discípulos, espantados, perguntaram o que tinha acontecido, disse que não importa o quanto um santo podia ser grande e que as pessoas o chamassem de Iluminado, sua mente poderá, às vezes, se iludir com a ideia de que estamos separados do mundo, ou que há uma dualidade e que alguém realmente morre ou desaparece. Embora esse estado seja temporário em tal pessoa, Maharaj destacou que o pesar é sentido pelo tempo que ele dura.[4] Ele ensinou que nenhum humano, mesmo Liberto, é verdadeira e continuamente livre de todos os apegos, pesares, desejos e traço de pensamento dual, do eu e meu. Maharaj fez uma bela analogia ao comparar aquela situação à de uma árvore grande atingida por um vento forte. O tronco se move um pouco e, então, recupera seu estado de mobilidade. Os galhos se agitam por mais tempo e são afetados por ventos mais fracos. O tronco é semelhante àquele que está Liberto das falsas identidades básicas e do pensamento dual da mente. Os galhos que se movem com facilidade são como o funcionamento da mente dual normal.

O desdobramento é sem fim! A autorrealização frutifica um moksha completo. Nunca olhe para trás ou adiante. Tudo o que há é o Agora cintilante infinito, ondulando no Nada, além da compreensão.

O Processo do Despertar

Refletindo a respeito do processo, parece que o primeiro passo é a purificação do prana ou força vital. Conforme o prana começa a se purificar e expandir, há cada vez mais clareza sobre a consciência EU SOU, tornando-se a consciência predominante, que é o que vemos em hiranyamaya kosha (corpo de êxtase). Com o tempo, o prana se torna puro o suficiente para ser absorvido na consciência EU SOU. A analogia é Shiva absorvendo Shakti e tornando-se Um ou Nukba, o aspecto feminino da energia Shekhinah fundindo em Zeir Anpin. Conforme a Unidade nos acontece, desaparecemos para além do tempo, espaço e Ser – EU SOU AQUELE. Este livro se refere principalmente à purificação do prana por meio dos Seis Fundamentos, para que possamos nos fundir em Shiva ou Zeir Anpin. Portanto, o primeiro passo é a consciência EU SOU, que não é o estado de Autorrealização, mas sim anterior a ele. Ainda há um fino véu entre ela e jivanmukti – Libertação no corpo. Quando o teto de vidro se estilhaça, realizamos o EU SOU AQUELE, anterior à consciência. Essa é a consciência da Autorrealização, Libertação, jivanmukti ou Chaya-Yehida. Então o Absoluto torna-se "mais Absoluto". Na cabala, há níveis de existência não dual: Chochma, depois o Keter, e depois o incognoscível Ein Sof.

Unindo o prana com a consciência EU SOU, nos permite ir além do EU SOU em um ato de Graça. Construir prana e consciência do EU SOU é o propósito das práticas espirituais dos Seis Fundamentos. Eles são feitos com um paradoxal objetivo sem objetivo e um caminho sem caminho para nos ajudar a nos movermos para o ponto anterior à consciência do EU SOU. Essas práticas e os Seis Fundamentos requerem algum esforço para construir, expandir e purificar o prana para que possamos nos mover para o primeiro degrau do conhecimento espiritual, que é a consciência EU SOU. O segundo passo consiste em nos movermos para a consciência pura (EU SOU AQUELE), ele é feito sem esforço e pode acontecer em um instante através da Graça. A partir dessa compreensão experimental, o debate entre esforço-sem esforço se resolve. A primeira parte, de nos movermos para a consciência do EU SOU é um ponto que requer esforço – purificação do prana com os Seis Fundamentos. O segundo passo é espontâneo através da Graça – mover-se ao ponto anterior à consciência é a Verdade final e suprema. É um estado de consciência no qual não só não estamos identificados com o complexo corpo-mente-EU SOU, mas temos de abandonar a nossa identificação com a consciência do EU SOU. É o Absoluto. Nesse ponto, não há nascimento nem morte; em outras palavras, não há tempo, espaço ou Ser. No sistema cabalístico, essa consciência começa com o mundo de Atz'ilut. Ele existe no nível sefirot de Chochma e Keter. Há uma constante oscilação entre Binah (consciência do EU SOU), Chochma (EU SOU AQUELE) e Keter (uma consciência EU SOU AQUELE ainda mais profunda). Esse estado é chamado de sahaja samadhi no sistema iogue. Em sahaja samadhi, existimos antes mesmo do tempo, espaço e Ser e, no entanto, vivemos em um mundo de tempo e espaço e deixamos o nosso esforço se desdobrar em um mundo de tempo e espaço. O trabalho é uma manifestação da Vontade Divina passando através de nós, exceto que não há nós; há apenas o trabalho se manifestando, conforme somos testemunhas de um estado anterior à consciência. Esse estado anterior ao EU SOU é conhecido também como paramatman. É a essência do EU. É anterior à consciência. É a sensação do Absoluto ou EU SOU AQUELE. Não há sensação de separação. A consciência EU SOU AQUELE é o conhecimento mais elevado, no qual nenhum conhecimento existe. A prática desta pessoa era basicamente meditação, que amplia a Luz do Atmã que brilha. *Quando o prana e a consciência do EU SOU se tornam um na meditação, essa fusão comemora a Libertação. Quando está completamente fundida, irreversivelmente fundida, 100 por cento fundida, é chamada de moksha. Antes desse ponto é chamada Autorrealização ou Libertação.* No sistema iogue, a Libertação começa com a fusão de Shiva e Shakti. No sistema cabalístico, é Zeir Anpin e Nukba fundindo.

Quando o teto de vidro se estilhaça (Libertação), não há caminhos; percebemos que somos o destino em si. Simplesmente habitamos na Verdade. Nem mesmo o Amor do Eu existe. Tudo é simplesmente o desdobrar da Eterna Consciência, e estamos simplesmente testemunhando o desdobrar do Absoluto, através da consciência do EU SOU.

Beijo sutil
O beijo sutil da Libertação
Não tem lábios
Mas você o saboreia
Em cada célula
Uma pulsação selvagem extática em cada oscilação do DNA
Dançando livremente em cada chacra
Passando através do sushumna, ida, pingali – todos os 72 mil nadis
Em todos os quatro mundos.

Uma vez beijado
Você se torna vivo
E não há mais nada que valha a pena viver
Exceto a dança selvagem, nua, em êxtase de Yah.
O beijo de Yah é a morte cósmica
E o renascimento cósmico na Imortalidade.
Uma vez beijado
Você se torna o respirar de Yah, como o jogo do mundo.
Cuidado com quem você anseia beijar
Pois pode não haver volta.

Tao selvagem
O "Eu" que existia
Explodiu na chama da Kundalini.
Continuamente incendiado pela Meditação
Em um ciclo de sete anos incendiários
Tudo foi destruído
Queimado pelo fogo tempestuoso Divino.
Não havia escolha
A não ser cooperar com o queimar.
Demandou uma total rendição inocente
Além da ignorância do complexo corpo-mente-EU SOU
E saindo das chamas
Dançava o mais sublime contentamento, apaixonado, não causal
Paz e alegria
Mais poderosa do que qualquer apego mundano.
Como um coiote
Ele ria
De todos os Eus ilusórios
Que pensam ser reais,
Devorando os apegos.
Ele desafiou:
"Bobo, você pode perder algo que nunca foi seu?"
Devorando profundamente a mente ilusória da consciência
Matando a ilusão da consciência do corpo-mente-EU SOU
Que tinha sido eu.
Nada sobrou
Exceto o selvagem Tao, não domesticado
Se expressando.

Expressões
Depois que todos os "Eus" ilusórios se foram
O que permanece é um extático
Amor não causal, paz, alegria e contentamento.
Emanando do Vazio
Como o sutil terreno tangível da existência
Brincando como o mundo
Expressando-se através do complexo corpo-mente-EU SOU
Como Tikkun Olam
A cura e a transformação do mundo.
Assim como a urgência do Autodespertar
O cadáver apaixonado queimando
Não tem escolha.
A ideia de qualquer escolha, espiritual ou outra
É o humor do coiote.
Tudo isso emana do Amor não causal
Que se manifesta como o servir a toda a Vida
De todas as formas
E de todas as maneiras
Existindo apenas para servir
O despertar da consciência humana.

O EU SOU é a Maia primordial. Antes disso, não há desejos, pois não há nada ou nenhuma entidade para querer algo. Outra forma de compreender a mudança *é que o ego não pode existir sem a criação do querer alcançar. O ego existe nos reinos do tempo e do espaço como um processo que deve se recriar a cada momento para que exista. Na Iluminação, nada precisa ser criado pois o Absoluto sempre Foi, É e Será. Deus não é um verbo ou um processo.* É o ego que é o verbo. Toda a busca para porque o ego tem a ilusão de que existe um "nós" e algo "fora de nós" para buscar a dissolução, e tudo que sobra é a paz interna d'AQUELE. Paradoxalmente, isso não significa que no processo de preencher o darma do Estado de Ser possamos agir como se não tivéssemos desejos. Mesmo não sentindo nenhuma ligação com o corpo, ainda podemos nos mover no corpo com a consciência do EU SOU e além dela. Esta pessoa teve a oportunidade de testar essa brincadeira em meados dos anos 1980, e também em 2003, durante duas operações repetidas de hérnia, realizadas sem nenhuma anestesia. Habitando no EU SOU AQUELE, a consciência da dor do complexo corpo-mente desapareceu. O complexo corpo-mente também passou por uma cirurgia da mandíbula por cavitação, e esta pessoa permaneceu em estado de consciência além do corpo e, portanto, foi capaz de fazê-la sem nenhuma anestesia (o autor não recomenda isso a não ser que estejamos firmemente estabelecidos no EU SOU AQUELE). Isso é parte do poder do estado de presença anterior à consciência. Yah oferece esses testes para que saibamos que não estamos apenas brincando com palavras espirituais.

Quando a consciência se envolve com o complexo corpo-mente, ela se torna personalidade e temos a ilusão de um indivíduo separado do mundo. Essa é a razão pela qual, no curso do Processo de Ponto Zero (uma jnana ioga ocidental) monitorado pelo autor, o ensinamento é que "a personalidade é um caso de falsa identidade". *A personalidade é a consciência condicionada pelos conceitos do corpo e da mente.* Conforme vamos além da nossa identificação com a personalidade como complexo corpo-mente, tornamo-nos a consciência do EU SOU e, então, espontaneamente, damos o passo final quando passamos do estágio anterior à consciência do EU SOU para o EU SOU AQUELE. Na consciência do EU SOU, somos capazes de observar os jogos da mente como uma testemunha. No EU SOU, *consciência, tempo e espaço se dissolveram, mas o Ser ainda existe.* Quando começamos a observar a consciência em si (a testemunha da testemunha), temos a fase final. Este é o "estado de Consciência". Nele, não realizamos as nossas atividades; elas simplesmente acontecem. Quando o testemunhar para, o que sobra é o Eterno, Chochma, Keter e uma vaga sensação de Ein Sof.

De volta ao básico: sem o prana não podemos alcançar nada disso, portanto, o foco e o propósito deste livro são construir, purificar e expandir o prana. Esse é o nosso trabalho. No processo de construção dos Seis Fundamentos, vamos mais profundamente para a consciência do EU SOU. Apesar dos Seis Fundamentos serem recomendados, precisamos compreender que não é possível "sistematizar" o caminho para a Libertação. Há um ato de Graça nele. No entanto, podemos trabalhar ativamente para expandir e purificar o prana e todas as formas-pensamento ou vasanas dentro da consciência. Esse é basicamente o propósito dos Seis Fundamentos. *A mudança é não mais se identificar com o princípio da vida ou prana, com o corpo, a mente, ou continuar a deixar o complexo corpo-mente dominar. O prana se funde à consciência do EU SOU, e o EU SOU começa a dominar como a consciência principal. A Graça vem quando espontaneamente nos movemos para a consciência anterior ao EU SOU, a consciência EU SOU AQUELE. Esse acontecimento não requer esforço, é uma parte espontânea do desdobramento.*

O trabalho deste livro é construir e purificar as forças vitais com os Seis Fundamentos. Eles incluem: 1) alimentação viva e Jejum Espiritual; 2) construção de prana através de asanas de ioga; pranayama, ophanim; táquion, danças sagradas e outras práticas energéticas; 3) serviço e caridade; 4) satsang, Processo do Ponto Zero e sangha (apoio à consciência por um grupo espiritual), leitura de escrituras de sabedoria, sattva/kedusha (o sagrado), música sagrada e caminhar na natureza; 5) silêncio através da meditação, orações, mantras e cânticos; 6) iniciação Shaktipat, S'micha l'shefa/Haniha.

Com esses processos, podemos nos transformar em um estado sátvico/kedusha (sagrado). Então, espontaneamente, o próximo passo acontece. O teto de vidro se estilhaça. Nesse ponto, o tempo, o espaço e o Ser desaparecem. Essa é a realização suprema, a experiência da existência não dual, anterior ao tempo, espaço e Ser. Esse estado é conhecido como Svarupa, que significa nosso próprio Estado Verdadeiro. Sustentar-se nesse estado é o que se chama Svadharma. Isso é o mesmo que viver em um mundo de Atz'ilut, permanecer em Chochma, ou, nos termos da linguagem da alma da cabala, Chaya-Yehida. Libertação é chegar em casa e saber que nunca deixamos o lar. Embora isso tenha acontecido em três dias de um moksha inquebrantável no final de um jejum de quarenta dias, o moksha final, que é extremamente raro, é a permanência completa e contínua em Nirvakalpa samadhi/fusão em Deus.

Ao escolher compartilhar essas experiências, esta pessoa teve de abandonar antigos tabus e conceitos de espiritualidade sobre como esse tipo de informação e as nossas experiências deveriam ser mantidas em segredo e, portanto, limitadas a uns poucos seletos. Uma história sobre Ramanuja diz que quando ele recebeu o mantra secreto do seu guru foi avisado que quem quer que recebesse aquele mantra iria para o céu, mas se ele fosse dado a outra pessoa sem a permissão do guru, ele iria para o inferno. Ramanuja imediatamente subiu em um telhado de uma vila e começou a gritar repetidamente: "Om Namah Shivaya". Ele explicava para as pessoas que aquele que repetisse esse mantra iria para o céu. Seu guru ouviu e gritou para ele: "O que você está fazendo? Você não sabe que irá para o inferno?" Ramanuja respondeu: "Se todas essas pessoas forem para o céu, eu não me importo de ir para o inferno". O guru, percebendo sua real motivação, abençoou-o por seu ato de Amor.

Comentários sobre o Processo Evolucionário da Kundalini

Para a maioria de nós, o desdobramento da Kundalini é um processo gradual de anos de prática consistente. Em pontos diferentes, nos quais os chacras se fundem e as duas energias Kundalini se tornam mais sincrônicas e mais unidas, ocorre um aumento de toda a energia Kundalini no complexo corpo-mente-EU SOU. O período anterior e posterior a essa fusão é quase sempre sentido como um período de desejos espirituais intensos, acompanhados pelo aumento de consciência. Entre esses pontos acontecem momentos de integração e estabilização da nova consciência, sentida em nossa vida diária. Com a compreensão dos diferentes ciclos do desdobramento da Kundalini, práticas como o celibato completo por certos períodos de tempo podem ser adequadamente seguidas quando somos guiados pelo trabalho interno da Kundalini. Seguir o direcionamento interno da Kundalini parece mais saudável do que seguir práticas extremas cegamente, de acordo com conceitos de certos mestres e caminhos espirituais diferentes. Isso não significa que ficamos sentados esperando a Kundalini despertar antes de fazer qualquer prática espiritual. Os Seis Fundamentos e outras práticas gerais que nos ajudam a levar uma vida mais harmônica, equilibrada e sátvica, são parte de um desenvolvimento espiritual em geral. Apesar de praticarmos o básico de todos os Seis Fundamentos, em certos momentos algumas práticas podem ser mais enfatizadas do que outras. Há um jogo contínuo, de acordo com as necessidades espirituais da pessoa. Uma compreensão básica do processo espiritual é que não há uma fórmula padrão; não há nenhum Shulhan Arukh, ou mesa posta. Devemos nos render ao desdobramento espontâneo se formos entrar pelo portão sem portão da Libertação. Não podemos comer, praticar asanas, filosofar ou mesmo meditar o caminho para a Libertação. Precisamos nos libertar de qualquer identidade com o complexo corpo-mente-EU SOU, e nesse passo heroico percebemos o Absoluto que sempre fomos. Se fosse tão simples, não precisaríamos de nenhuma Graça. O coiote fala como é fácil e ri das expectativas que são criadas no misterioso paradoxo da simplicidade.

Sem a integração das nossas experiências espirituais na vida diária é difícil manter a consciência elevada. É por isso que é tão importante que a consciência desperta e fundida da vida correta dos três primeiros chacras esteja estabilizada e integrada, como uma fundação para criar o sagrado na vida diária. Sem essa fundação, é difícil manter a energia das experiências superconscientes ou estabilizá-la em uma consciência espiritual madura.

O poder espiritualizante do despertar da Kundalini traz muitas experiências espirituais. Bem-aventurança não causal, êxtase, contentamento completo, paz e Amor por Deus; e podemos ter grandes motivações para continuar nossas práticas espirituais associadas a essas experiências. Frequentemente, elas nos levam ao conhecimento direto do nosso próprio Eu Divino e nos trazem ensinamentos internos profundos. Quanto mais sentimos essa consciência em nossa meditação, maior é o reforço da Verdade para se estabelecer permanentemente em todos os estados da nossa consciência. As experiências espirituais profundas agem como uma espécie de programa de modificação de comportamento Divino, ajudando-nos a estar constantemente conscientes da nossa Realidade Transcendental. Essas experiências nos encorajam a seguir uma prática de vida espiritual pura e elevada para que possamos ter a experiência desses estados mais vezes. Quanto mais a energia prana/Shekhinah estiver pura, mais sentiremos esses estados. A cilada sutil em relação às experiências espirituais é que começamos a focar no "sucesso" da experiência, como um ego do qual se pode orgulhar, ou mesmo como um objetivo de vida espiritual em vez de uma parte do processo da evolução da Kundalini. Tudo isso é um presente para o nosso desenvolvimento espiritual. Se formos capazes de compreender isso, adotaremos uma atitude que não é nem a favor nem contra as experiências. Estamos livres para nos relacionarmos apropriadamente para o nosso benefício espiritual. *É útil lembrar que todas as experiências são fenômenos e, consequentemente, são duais. A realidade permanente da fusão em Deus não dual é a Verdade da vida espiritual.*

A intensidade (kavanah) ou o fogo do esforço espiritual é um dos fatores mais importantes no estímulo do desdobramento da Kundalini. [5,6] Isso tem se mostrado verdadeiro na experiência desta pessoa e nas observações gerais de pessoas em vários caminhos espirituais. A direção, proteção e Graça de um mestre espiritual, guia ou guru, ou mesmo de visões espirituais ativas, tais como esta pessoa compartilhou com o Sai Baba de Shirdi e que muitas pessoas sentem com Jesus, são essenciais. Apenas a Graça, no entanto, não é suficiente. A salvação não é um presente unilateral de um mestre. Ela requer intenso esforço-sem esforço, como o primeiro voo de um pássaro. A Graça é o segundo voo. Sem as duas não podemos voar muito bem. O assunto é sutil no sentido de que a motivação de esforço pessoal e devoção é afetada pelos ciclos da evolução da Kundalini. É difícil manter um esforço intenso se não for a nossa hora. Também é importante compreender que, apesar da força de vontade e do esforço pessoal ajudarem, eles não garantem automaticamente uma consciência superior. Há uma cilada do ego, do fazedor, espreitando quando dependemos unicamente do esforço pessoal. Através da nossa própria força de vontade, podemos orgulhosamente dominar muitos asanas de ioga, ou desenvolver muitos poderes mágicos, ou aprender todos os Vedas, mas pode ser que tenhamos apenas engrandecido o nosso ego e, consequentemente, bloqueado o nosso crescimento espiritual. Se alguém diz que o seu caminho é mais rápido ou melhor, está dizendo que eles ainda estão orientados pelos objetivos, baseados no ego e sendo competitivos e, portanto, encalhados em um nível inconsciente e sutil de compreensão. Esteja atento a qualquer conselho que eles possam dar. O "caminho" é apenas o seu próprio e alegre despertar espontâneo. O momento depende da Kundalini Shakti, não do seu ego ou do plano de outra pessoa. O desdobrar no seu caminho sagrado entre B'lee mah e Mah é um caminho que somente você pode trilhar. Poder, conhecimento intelectual ou habilidade não são a mesma coisa que consciência espiritual. Parece haver um tempo determinado, que está além da compreensão, para tudo isso se desvendar. É como se de repente entendêssemos o nosso propósito espiritual, a experiência de Amor e devoção a Deus que não vimos nem sentimos antes. Há um mistério sublime e divino no tempo e no desvendar do processo espiritual. Para estarmos sintonizados com essas sutilezas, é melhor que tenhamos uma atitude de Ser em vez de fazer. É o ato de rendição à revelação da nossa própria Kundalini. Não se trata de rendição a alguma forma externa ou guru. O trabalho de um verdadeiro mestre espiritual é nos ajudar a nos rendermos ao nosso próprio Eu Divino. Esse é o trabalho sutil dos Seis Fundamentos e a sutileza desse caminho. É o caminho da rendição ao feminino sagrado ao invés do caminho da conquista do masculino. É um estado de esforço-sem esforço. Isso é parte da implicação da abertura do chacra da coroa desta pessoa ter sido feita pela manifestação física da Graça através de Muktananda, através de Sai Baba de Shirdi em meditação, e através do ato de ser inspirado a jejuar por quarenta dias. Estas são todas formas da Graça de Deus, entrelaçadas com várias manifestações de esforço pessoal.

A ideia de esforço pessoal é paradoxal. Não é "seguir técnicas" como caminho para a Iluminação – isso é impossível. O Tao é descrito como o caminho sem caminho: "O Grande Caminho não tem caminho. A água clara não tem gosto" (Tao Te Ching). *Outra forma de compreender o esforço pessoal é como uma rendição a Deus.* Há épocas em nossa evolução espiritual, quer a Kundalini esteja desperta, quer não, em que uma mensagem clara do nosso mestre interno diz que é a hora de dar o próximo passo. Pode não ser conveniente ou fácil. Esforço pessoal é escolher seguir essa mensagem, não importa o preço. Pode significar meditar longas horas e comer muito pouco, e apenas alimentos biogênicos leves. Pode significar um jejum de quarenta dias. Pode significar trabalhar como motorista de táxi por alguns meses. Isso é render-se à Vontade de Deus. É dizer "sim" quando o shish kebab da Kundalini flamejante estiver dolorosamente espetando 25 cm através do períneo e você não souber o que irá acontecer em seguida. Esforço pessoal é quando Deus oferece o néctar Divino e você escolhe não pegar outra tigela de sorvete. Esforço pessoal é quando Deus chama e você escolhe não aumentar o volume da televisão. Esforço pessoal é a força de vontade necessária para dizer "sim" à Graça, sem se importar com as consequências. Desta maneira, o esforço pessoal e a Graça se tornam um. Outra forma de entender o esforço pessoal é Netzah – perseverança espiritual ou força de vontade espiritual.

A questão do esforço pessoal e do foco interno é importante, pois há um desejo contínuo nas pessoas de olhar apenas para fora, por salvação e para evitar o esforço pessoal. Buscamos um guru ou mestre para fazer isso por nós. As pessoas novas sempre perguntavam a Swami Muktananda: "Você é o melhor?", como se isso assegurasse a salvação delas. Também nos daria "o direito de nos gabar" sobre o nosso caminho ou guru. Aí, o caminho ou o guru se tornam uma extensão de nosso orgulho, consequentemente bloqueando o nosso crescimento, e isso também se torna um fundamento para os cultos do "meu guru", ou "meu caminho". Hoje, vemos o fenômeno de cultuar tanto em grupos espirituais orientais quanto em grupos cristãos e judaicos ocidentais, conforme ilustrou a tragédia de Jonestown*. O foco apenas no mundo exterior também nos confunde sobre a importância do nosso próprio mestre interno e do nosso esforço pessoal. Um grande mestre espiritual uma vez disse: "Criamos nossos Deuses e gurus, mas a única coisa que não conseguimos criar é o Eu". É por isso que devemos conhecer o Eu. Shri Nisargadatta Maharaj, um clarividente liberto de Bombaim, ensinava que o guru físico é um marco ao longo do caminho, mas o guru interno está conosco pela jornada inteira.[7] A Kundalini Shakti/Shekhinah, um padrão energético holográfico da consciência universal que reside dentro de nós, é desperta internamente e se revela internamente como força espiritualizante.

Após a Fusão da Kundalini

Texto do Diário, agosto de 1981:

> Uma completude silenciosa permeia. Completude... Plenitude... Estado de não Ser... Atemporal... Sem Fronteiras. Conhecendo o Caminho, sendo o Caminho. Totalmente regular... um ninguém silenciosamente em êxtase. Um merkaba... uma emanação da Vontade Divina. Apenas estando no mundo, como o mundo, porém não dele. Livre para emanar a Vontade de Deus. Livre para se mover em qualquer direção. A ilusão do fazedor se foi. A personalidade é o resultado de uma falsa identidade. Não há nada a fazer, exceto Ser a sublime celebração do desdobrar da criação de Deus. Na Paz de Ser, um Amor gentil prevalece. Somos apenas um

---

* Tragédia que matou mais de novescentos seguidores, em 1978, induzidos à morte pelo reverendo fanático Jim Jones na coletividade comunitária agrícola chamada Jonestown, na Guiana. (N.T.)

Coração, pulsando na energia harmônica do Amor que a tudo permeia, que é a base de toda a existência. A Verdade se manifesta como o Amor. Existimos como Amor, para Ser como Amor, apenas Ser... Amor.

Texto do Diário, 15 de agosto de 1986:

A Kundalini subindo é uma flecha voltada para cima, para o Coração de Deus. Depois que o Coração de Deus foi perfurado, há apenas um globo energético pulsante completo do seu Amor expandindo-se infinitamente em todas as direções, de um centro totalmente silencioso. É a consciência de que há apenas Aquele. Não há divisões em meu e seu, você e eu, ou isto e aquilo. É o conhecimento direto de que todos somos dedos nas Mãos de Deus. Tudo é sentido como Um no terreno do Ser de Deus. É saber completamente, em cada fibra de nosso Ser, a Verdade do primeiro mandamento: "Não terás outros deuses além de mim" (Êxodo, 20,3), e "Ouve, Israel! O Senhor nosso Deus é um só" (Deuteronômio, 6,4). Esta é a Verdade não dual de Deus.

Essa consciência está além da dualidade. Nosso cérebro binário simplesmente não consegue lidar com ela ou expressá-la de forma intelectual. Nós caímos em palavras dualísticas como "perfeito", que implica o seu oposto dualístico "imperfeito". Naturalmente, não apenas a palavra "perfeito" é dualística, mas carrega dentro dela todos os conceitos dualísticos de perfeição. Esses conceitos perfeccionistas limitam a clareza para preencher a Vontade de Deus e a compreensão dos outros, que estão livres para ser a Vontade de Deus. Ser livre, ser a Vontade de Deus significa que estamos Libertos de quaisquer dos nossos conceitos ou projeção de perfeição de qualquer outra pessoa. Pode significar expressar Amor gritando feroz e compassivamente para alguém para que acorde. Pode significar você se permitir ficar preso no problema ou no estado de alguém para receber um *insight,* para que você possa servir. Pode requerer usar a raiva como ensinamento espiritual, assim como Jesus fez com os mercadores do Templo. Devemos permitir que qualquer ensinamento passe por nós e confiar que somos uma extensão da Vontade de Deus. Percebemos que apesar de não sermos a nossa personalidade, que é como um veículo de expressão no mundo, ela deve ser usada como ferramenta, independentemente de suas próprias peculiaridades. Isso não significa que não tenha restado nenhum conceito, mas, em vez disso, nós os reconhecemos como tais e a qualquer momento podemos transcendê-los. A fusão da Kundalini não nos faz perfeitos; ela nos leva para o Ser como um modo de vida. Nós nos tornamos a lei em vez de ficarmos sob a lei. A fusão de Shiva e Shakti, ou Zeir Anpin e Nukba (Shekhinah), leva-nos para além da consciência do EU SOU, à completude indiferenciada do EU SOU AQUELE. Nessa consciência, mesmo o Amor do EU desaparece. É muito sutil. Nessa unidade, não sentimos mais a ilusão procurando a entrada para chegar ao Coração de Deus, pois na realidade somos o Coração pulsante de Deus. Toda a busca cessa. Todo o resto cessa.

Nesse estado de completude, não nos sentimos diferentes ou separados de outra pessoa. Há uma comunhão contínua na consciência de igualdade. É o fundamento da humildade – nem acima, nem abaixo –, uma unidade sincera. Um exemplo disso ocorreu depois que Jesus transcendeu: Ele voltou e partiu o pão, em comunhão humilde com seus discípulos.

O Darma das Pessoas Libertas

Cada Ser Iluminado é uma canção de Amor individual do Divino que se expressa de maneira diferente em cada momento, como o Absoluto brinca através da alma individual, ou neshama, como sua fonte. Por causa dos carmas individuais, somos atraídos a diferentes expressões de Seres Libertos. Não existe apenas uma única expressão da Iluminação ou uma superestrada. Os Seis Fundamentos são o caminho que ajuda a destruir o sonho da nossa existência individual, separada do respirar de Yah. Desse caminho, saem pegadas em várias direções, percorridas pelos Seres Libertos. No entanto, todos os Seres Iluminados compartilham de uma função: ajudar as pessoas a acordar e se manter acordadas – compartilhar eyn-zu-lo-to, Nada além d'Aquele.

Um Ser Liberto pode parecer ser absolutamente normal na vida diária. Diziam que o grande Mestre chinês Chuang Tzu parecia ser totalmente simples. No hassidismo, uma forma de judaísmo que promove a face mística da espiritualidade, existe a tradição do tzadik escondido. O primeiro líder, Baal Shem Tov, manteve-se escondido por anos como um pobre empregado de uma casa. Na Índia, isso também é comum. Meu tio espiritual e segundo Guru, Swami Prakashanada, que em 1961 foi reconhecido por Swami Muktananda como estando no estado Liberto, vivia de maneira simples em dois aposentos, permanecia sentado silenciosamente apenas Sendo, em seu estado de Amor. Buscadores espirituais, assim como muitos monges espirituais avançados, vinham de várias regiões ao redor para sentir o seu Amor ou compartilhar a sua irmandade correta e sabedoria. Não havia excursões ou promoções de relações públicas, tão comuns no Ocidente. Não pensávamos em poder quando estávamos ao redor dele, pensávamos apenas no Amor e na sabedoria espiritual do simples Estado de Não Ser.

No Zen, ensina-se que simplesmente devemos continuar realizando as nossas tarefas diárias, como cortar madeira e carregar água. A questão é que a consciência pós-Kundalini pode ser encontrada nos "ninguéns" comuns, simples, enlevados, que, com frequência, não são reconhecidos por causa das nossas próprias projeções e expectativas a respeito do que achamos que um mestre espiritual deva ser ou parecer.

Por causa do fluxo de mestres e gurus carismáticos do Ocidente, as pessoas julgam de forma errônea o estado espiritual de uma pessoa, baseando-se no carisma e poder psíquico que essa pessoa tem ou no número de discípulos que consegue reunir. Poder não é consciência; é apenas poder. Carisma não é consciência; é apenas carisma. A manifestação dessas qualidades, como poder e número de discípulos, pode ter um propósito na missão de uma pessoa, mas não deve ser confundida com o estado espiritual em si. Ser um mestre altamente carismático e poderoso não significa que essa pessoa esteja em consciência Liberta, não importa como o estilo ou as ações do mestre se ajustam às nossas expectativas e projeções de como é um Ser Liberto. No entanto, um Ser Liberto pode ser uma figura pública altamente carismática. Este é um assunto delicado de se compreendido. Essas questões foram levantadas para nos ajudar a não ficarmos presos em conceitos. Qualquer um dos quadros pode se ajustar às nossas fantasias. O mais importante é nos concentrarmos em nosso próprio estado interior.

O tio guru desta pessoa, o mestre Iluminado Swami Prakashananda, declarou esta pessoa como Liberta em três encontros separados, depois que o teto de vidro da mente se estilhaçou. Inicialmente, era difícil lidar com isso, pois esta pessoa não conseguia localizar qualquer ser no complexo corpo-mente-EU SOU que pudesse ser identificado de forma a ser chamado de Iluminado. Mas Swami Prakashananda foi persistente e, na terceira ocasião, muitas semanas depois, após um de seus momentos eloquentes de Amor compartilhado, através do intérprete Amrit Jyoti, a sua mensagem foi recebida. Swami Prakashananda então passou o dia inteiro com esta pessoa pessoalmente, explicando como esse processo era delicado. Falando a respeito da sutileza do que chamamos ego da libertação, Swami Prakashananda destacou que na Libertação todas as regras comuns do mundo da dualidade parecem ridículas. No entanto, ao mesmo tempo, sua mensagem principal foi que, mesmo que as regras aparentem ser ridículas, devemos preservar o darma, conforme vivido no mundo. Com isso, ele queria dizer os yamas e niyamas, ou os Dez Mandamentos, que mantêm a ordem no mundo e a harmonia social. Para ele, esta é a principal forma de as pessoas que entram pela primeira vez no Estado de Libertação caírem em um buraco chamado "o ego da Libertação" e criar um desequilíbrio nos planos externos. A razão é que elas se sentem como se estivessem além das regras da vida não desperta. A queda de vários gurus esclarece este ponto. Swami Prakashananda continua a enfatizar que até o momento em que literalmente deixarmos o corpo, a não ser que tenhamos alcançado um estado de moksha completo, que é muito, muito raro, o darma deve ser rigorosamente seguido.

Na vida do autor, ele encontrou duas pessoas que talvez estejam em um estado de moksha. Um é um discípulo de Nityananda, Swami Jnananda, que esta pessoa encontrou quando o Swami tinha quase 100 anos. Foi uma rara oportunidade poder passar uma hora em silêncio com ele, graças a Swami Prakashananda. A outra pessoa é Sri Ganapati Satchidananda Swamiji. Swami Jnananda foi especialmente inspirador para esta pessoa, porque não nasceu no estado de avadut moksha, como Sri Ganapati Satchidananda Swamiji, Swami Nityananda e Sai Baba de Shirdi. Esse estado de completa Iluminação é diferente do estado de Autorrealização e é sentido por pouquíssimas pessoas no mundo.

O ensinamento que Swami Prakashananda transmitiu para esta pessoa foi muito claro. Enquanto estamos no corpo, ainda estamos sujeitos, de diferentes maneiras, à sutil atração do dinheiro, da sexualidade, da ganância e da cobiça do corpo. Se atendemos ao darma, não caímos na sutil possibilidade da ilusão da Iluminação, de que estamos acima de tudo isso e que, portanto, podemos ignorá-lo. Foi um ensinamento muito forte. Os sábios rabinos do Sanhedrin chamavam-no de um processo de "colocar uma cerca em volta da Torá". A experiência desta pessoa, conforme a consciência se frutifica, é de Amor e paz pelo todo, cada vez mais, na qual a expressão é o serviço ao mundo. Nesse contexto, viver darmicamente é a expressão natural d'AQUELE. O conselho de Swami Prakashananda tem valor. Quanto mais profundamente frutificamos, mais e mais sutis os testes se tornam. Um corolário para isso é o antigo ensinamento profético sobre Moisés e outros profetas. De acordo com os ensinamentos da cabala, Yah se comunica com os profetas através de visões ou sonhos, mas Moisés foi o único na história que teve uma comunicação clara, direta com Yah. O rabino Shlomo Yitzchak, do século XI, nos oferece um sábio comentário a esse respeito: "Outros profetas olharam através do 'vidro' [par'gawd – o véu] e acreditavam que tinham visto Deus, mas na realidade não tinham, já Moisés olhou através do 'vidro' e sabia que ele não tinha visto Deus"[8]. A mensagem é que toda a experiência, mesmo quando estamos constantemente estabelecidos em algum dos muitos estágios da Iluminação, sentindo e conhecendo zu-lo-to (EU SOU AQUELE), ainda é sutilmente ilusória. A cabala apresenta muitos estágios da Unidade, indo até o Ein Sof, que é anterior ao tempo, espaço e Ser infinito. O Ein Sof está além do saber. O mistério é incompreensível, e, ainda assim, em algum nível, é compreensível. Em estágios mais amadurecidos do processo de Iluminação, podemos simplesmente dançar em êxtase, silenciosamente, humildemente e inocentemente nos mistérios do vazio, no B'lee mah e Mah, ou o algo e o Nada, de YHWH (o nome de Deus além do tempo, da forma e do Ser). Seguir o darma humildemente nos mantém na Dança Divina.

Algumas almas Iluminadas sentem que, uma vez que um determinado nível ou estado específico de consciência aconteceu, podem parar as práticas espirituais. No Ocidente, existem muitas forças, como fama, sexo, riqueza, poder e imagens projetadas de como um guru deveria ser, que nos encorajam a ficar inconscientes da Verdade essencial. Como já destacaram jornais e revistas, muitos bons gurus, guias e mestres caíram nessas sutis tentações. Por essa razão, e por ter se tornado parte do caminho do autor, o darma espiritual na forma dos Seis Fundamentos continua a se manifestar, assim como o darma no mundo, como construir seu principal sanghas na Tree of Life Foundation, na Patagônia, no Arizona e em Israel. Swami Prakashananda Saraswati deu ao autor o seguinte *feedback* a respeito de sua abordagem, em uma carta que tratava dessa questão em 1984:

> Baba [Muktananda] lhe deu tudo e você realizou a perfeição inata. Nessa perfeição, você sabe tudo, então, o que há para se dizer? É verdade que, às vezes, mesmo assim a ignorância surge.

E em outra carta, em 1983, Prakashananda apoiava essas práticas:

> Você está bastante correto em sua avaliação do jejum e da meditação. Não há nada como eles para nos purificar, apesar do seu estado de completude, como eu sempre mencionei. Na verdade, é muito bom para a alma, e você está absolutamente certo quando diz que, enquanto estamos no corpo físico, precisamos dessa terapia de tempos em tempos.

Por causa de ocasionais oscilações na consciência não dual, os Seis Fundamentos continuam espontaneamente. Eles refletem uma presença anterior à consciência, uma expressão de como viver como uma pessoa de família neste mundo. Os Seis Fundamentos "colocam uma cerca em volta da Torá". Os estados duais que surgem não são de aprisionamento. Eles são apenas modificações temporárias da Verdade Transcendente do EU SOU AQUELE. Na consciência não dualista predominante, nos tornamos a lei, em vez de estarmos sob a lei. Todas as leis e os conceitos, incluindo os nossos próprios, são jogos que se desenrolam para podermos participar da sociedade.

Nessa presença, a consciência do EU SOU está completamente livre para viver os arquétipos essênios/kedusha como um veículo do darma no mundo, sabendo, no entanto, que é apenas um arquétipo no mundo da realidade temporal, uma ilusão dissolvida na realidade permanente do EU SOU AQUELE. Nós somos todas as expressões do processo de Iluminação, e esta pessoa escolhe honrar as Dez Falas (Os Dez Mandamentos), não matando nem o Amor, nem a alegria, com conceitos. Eles são compartilhados, pois podem ajudar ou servir de guia para algumas pessoas que compartilham esses arquétipos. Podemos apenas viver a Verdade, conforme a sentimos. Podemos apenas nos manifestar, como a expressão especial do Não Manifesto. Essa é a razão pela qual o Amidah, uma prece diária judaica, repetidamente afirma: "O Deus de Abraão, o Deus de Isaac e o Deus de Jacó". Cada um desses Grandes Seres foram manifestações únicas, próprias, do indivíduo. Estamos todos em um processo de Iluminação, que possivelmente nos levará à Iluminação total. O leitor recebe o benefício da experiência desta pessoa, neste estágio específico de incorporação da consciência. Os conceitos perfeccionistas de também/ou pertencem aos dualistas, que querem julgar, avaliar e criar separação. O reino de Deus tem muitas mansões, e esta pessoa está viajando através desses palácios, como todas as outras pessoas. Somos todos flores de Amor, se expandindo infinitamente, passo a passo, na pulsação-sem pulsação da Consciência Universal Infinita.

Uma inspiração para este ensinamento de humildade é o grande mestre hassídico rabi Nachman. Diziam que assim que ele alcançava um novo nível de consciência, imediatamente com o coração humilde, começava de novo como uma pessoa dando o primeiro passo no reino do sagrado.[9] Diziam que ele era conduzido por um desejo intenso, por uma experiência de Deus cada vez mais profunda. Bassui Tukusho, um mestre Zen Rinzai nascido em 1327, sentia tão fortemente a necessidade da consciência desperta amadurecer que, apesar de declarado por muitos como Iluminado, continuou realizando práticas intensas durante anos como um monge peregrino antes de alcançar um nível de consciência espiritual que sentia ser necessário para ser capaz de ensinar os outros.[10] Outro mestre Zen, Joshu (Chao-Chou), da dinastia Tang do século IX, iluminou-se com a idade de 18 anos e permaneceu com o mestre até que este deixou o corpo quando Joshu tinha 58 anos. Dos 58 aos 80 anos, ele viajou pela China envolvido em debates sobre o darma. Aos 80 anos, sentiu que era hora de desempenhar o papel ativo de guru, o que fez até deixar o corpo, aos 120 anos.

Vinte anos depois
Vinte anos depois
O êxtase explode em cada célula.
Às vezes, a alegria não causal é tanta
Que o complexo corpo-mente-EU SOU
Explode em forma natural de
Amor
Êxtase
Contentamento não causal supremo.
Não pode mais ser contido.
Nenhuma carga de trabalho ou dificuldade externa
Pode mantê-lo quieto
A Luz infindável de Yah
Refletida
Através deste complexo de corpo-mente-EU SOU
Como um bem-estar extraordinário
Energia extática sublime
Dançando a dança de Yah
As várias faces de Yah brilham
Como o sorriso infinito
Sim
A iluminação é um sorriso infinito.

Ao longo da história, alguns dos grandes lideres espirituais tiveram a experiência do que parecem ser pequenas rupturas em sua Comunhão contínua com Deus. Como todas as ações desses Grandes Seres funcionam como ensinamentos para nós, pode ser que essas quebras da consciência da Unidade sejam para ensinar que não é apropriado aplicar conceitos de padrões espirituais perfeccionistas àqueles de nós que ainda habitam um corpo. Na tradição judaica, mesmo o maior líder espiritual, Moisés, foi castigado por Deus nas Águas de Meribá (Números, 20,12) por não santificar e se lembrar de Deus ao tirar a água da pedra. Por causa desse lapso de consciência, não foi permitido a Moisés levar o seu povo para a terra prometida. Nas tradições orientais, o grande avatar Rama chorou quando descobriu que sua esposa havia sido raptada. Em outra ocasião, quando viu o irmão inconsciente no campo de batalha, ele foi tomado de pesar. Dizem que Krishna, mestre da ioga, declarado um avatar, sentiu pesar quando o pai morreu. Estes são exemplos importantes e ensinamentos que sugerem que o conceito de uma total Consciência de Unidade Cósmica inquebrantável, enquanto se está no corpo físico, pode ser apenas um jogo da necessidade da nossa mente dualística de ter conceitos bonitos, seguros e confortáveis de perfeição. No entanto, é possível que exista um estado transcendental inquebrantável totalmente Iluminado para alguém que vive em um corpo humano.

Este assunto foi abordado para abalar os conceitos dos perfeccionistas dualísticos, que trazem tristeza para os outros e para eles próprios, pelo estado de não aceitação de si mesmos e pelo julgamento crítico sobre o estado espiritual dos outros. É simplesmente um acontecimento Divino. Esta pessoa está em um estado de desdobramento natural que é nutrido com a vida arquetípica que se manifesta. É muito normal, natural, comum e essencialmente relacionado a todos os outros no nível de Ser desta regularidade. Não há foco no objetivo conceitual da total Iluminação (moksha) ou no processo. É suficiente apenas auto-habitar no deleite do Não Ser, conhecer o Caminho sendo o Caminho, se deliciar na inocência pueril de Bala Krishna, sendo pacífico quando os ignorantes o julgam bobo ou encrenqueiro em vez de Bala Krishna, ou ver esta pessoa como um médico holístico, Diretor da Tree of Life Foundation, como um homem, iogue, estudante de cabala, jogador de futebol, estudante sincero, professor bem-informado, amoroso, devotado e assim por diante. O que é visto não é a Verdade; é uma mentira projetada na tela do ego. Um Ser Liberto pode se mover em qualquer direção, desde Bala Krishna (o Krishna criança brincando) até Rama (o Rei do Darma). O mundo torna-se uma área de lazer cósmico, infindável, para sermos como a expressão autêntica da Vontade Divina brincando através do complexo corpo-mente-EU SOU. Na cabala, o termo é "veículo merkaba". A Vontade Divina, ou Keter, tem guiado esta pessoa nos caminhos de Rama Krishna Paramahamsa, que conheceu Deus através de vários caminhos. Essa expressão para esta pessoa é a de um cabalista extático vivendo em Deveikut, um iogue em sahaja samadhi, um dançarino do Sol Lakota dos nativos americanos e dançarino Águia se fundindo com a Árvore da Vida cósmica e como o desvendar do Tao. Ainda assim, durante todo o tempo, rindo no EU SOU AQUELE e não se identificando com nenhum desses caminhos. Isso tem sido um grande ensinamento para os alunos – como viver esses caminhos em profundidade e não se identificar com nenhum – e é muito confuso para aqueles que precisam ser "alguma coisa".

A prática de se permitir frutificar após se mover para o indomado universo da Autorrealização é algo que encontramos na ioga e também na tradição judaica. Dizem que o grande homem sagrado desperto, Ramana Maharshi, passou pelo menos 21 anos de sadhana depois que se tornou desperto em sua adolescência. As sabedorias de várias tradições também mencionam o ciclo de 21 anos como parte da frutificação. Talvez a afirmação mais antiga registrada desse fato seja a de Jacó, que recebeu a bênção do pai e então passou de 20 a 22 anos trabalhando as sutilezas de como lidar com o lado escuro do tio Laban, mestre da magia negra. Nesse processo Jacó atingiu a maestria do mundo. Antes disso, ele passou a maior parte do tempo meditando na tenda da mãe.

Por que esse tempo para frutificar? Esse passo, no qual a consciência do EU SOU se estilhaça, requer tempo para ser compreendido e integrado. Só porque o teto de vidro da consciência se estilhaça e a Kundalini se desenrola e se funde no Ser não significa necessariamente que tudo está resolvido. Na realidade, é uma época para se internalizar, ir para o Eu e se enraizar sem medo em suas sutilezas. No entanto, paradoxalmente, não há uma integração a ser feita, pois há apenas completude.

Ao escrever esta edição revisada de *Nutrição evolutiva*, e refletindo sobre o ciclo de 21 anos que se completou após a Autorrealização desta pessoa, esse período foi o mais desafiador e surpreendente. Foi uma época em que esta pessoa esteve muito sensível a todos os acontecimentos de uma forma completamente nova. É muito mais do que a Kundalini fundindo-se com o Sahasrara. É, de certa forma, o supremo renascimento no Nada, exigindo que estejamos simultânea e absolutamente normais, ou o que chamamos na Tree of Life Foundation, "normalidade desperta". É a arte de viver em uma consciência paradoxal dual-não dual. O jogo do Absoluto através do mundo é o ensinamento.

Uma das histórias mais lindas sobre esse estado é o ensinamento cabalístico sobre os quatro rabinos que foram para o mundo de Pardes, no Jardim do Éden. Conforme eles ascenderam em sua viagem para planos mais profundos, o rabi ben Azzai morreu no êxtase da experiência. O rabi ben Zoma não conseguia conciliar a diferença entre o mundo de Atz'ilut, que é o plano do conhecimento direto não dual, e o plano Asee'Yah, o mundo físico da dualidade total, e enlouqueceu. O rabi Elisha ben Abuya não foi capaz de integrar a experiência entre o mundo de Atz'ilut, o conhecimento direto do mundo total não dual, e o mundo da dualidade, Asee'Yah. Escolheu ver a vida apenas através da consciência não dual e se tornou o que é conhecido como um apóstata, tendo grande prazer em violar os preceitos da tradição judaica. Ele é o que chamaríamos de "sábio louco" na tradição iogue. Apenas o rabi Akiba foi capaz de descansar na paz do conhecimento dos quatro mundos: o mundo de Asee'Yah, o mundo físico, Yetsirah, o mundo do plano astral, B'riYah, o mundo da mente pura e Atz'ilut, o mundo do conhecimento direto do Divino, ou o mundo totalmente não dual. Ele permaneceu na consciência simultânea dual-não dual – abraçando o mundo Absoluto não dual de Atz'ilut, assim como o mundo mais dual de Asee'Yah. O rabi Akiba foi capaz de viver em paz com as diferentes mensagens vindas dos mesmos símbolos. Por exemplo, no mundo de Asee'Yah, as letras das Dez Falas (Os Dez Mandamentos) podem ser vistas apenas em uma direção, enquanto que, no mundo

B'riYah, as letras podem ser vistas em ambas as direções, na mesma tábua, o que é impossível no mundo da dualidade.

Leva tempo para se caminhar no mistério indomado. Tornamo-nos o jogo de Bala Krishna. Quando o teto de vidro se estilhaça, mudamos da consciência de ser dominado pela mente e da consciência do EU SOU para o alinhamento da mente e EU SOU com a percepção não dual de Deus. Nós somos bebês nesse estado natural. É por essa razão que alguns dos grandes mestres zens, iogues e mestres espirituais judeus esperaram muitos e muitos anos antes de ensinar, e é por isso que frequentemente é bom esperar, talvez 21 anos, antes de sair no mundo e ensinar. O período de frutificação é uma época muito delicada. É importante honrá-la.

Resumo – Capítulo 2

1. Com o despertar da Kundalini, há uma sincronicidade e fusão parcial de duas energias. Conforme a consciência se desenvolve, há um aumento da energia total da Kundalini, sincronicidade e fusão, até que as duas energias Kundalini se unem como uma energia holográfica no chacra da coroa. Nossa consciência muda para uma consciência de Deus desperta, não dual, predominante. Essa é a consciência anterior à consciência do EU SOU; é a consciência do mundo de Atz'ilut e dos níveis de alma de Chaya-Yehida, na parte superior do Binah, Chochma e Keter, no sistema Cabalístico Sefirótico.
2. Os "três nós" (grandhis) clássicos são pontos nodais do salto quântico do aumento da energia da Kundalini no sistema. A expansão do primeiro nó de consciência e energia ocorre com a fusão dos três primeiros chacras. A expansão do segundo nó está associada à fusão dos primeiros três com a consciência do chacra do coração. A terceira expansão vem com a fusão de toda a consciência dos chacras em uma consciência unitária, não dual, completa da Verdade de Deus, EU SOU AQUELE. Percebemos que nunca houve algo a atingir e que nós sempre fomos aquela Unidade.
3. No desdobramento espiritual parece haver períodos de intensa motivação e períodos menos intensos, dependendo do jogo do processo da Kundalini. Por essa razão, a prática geral dos Seis Fundamentos é sempre apropriada. Nossa ênfase em cada um dos Seis Fundamentos pode variar de acordo com o desdobramento espontâneo. Não há um programa definido.

4. Dependendo de como as percebemos, as experiências espirituais podem se tornar uma cilada do ego, um vício espiritual, ou podem servir como uma modificação de comportamento Divino para a expansão da consciência, e para nos encorajar a seguir práticas que aumentem a energia espiritualizante da Kundalini.
5. É necessário um equilíbrio adequado entre a Graça e o esforço pessoal para que a evolução geral da Kundalini efetivamente ocorra.
6. O esforço pessoal não é meramente força de vontade. É um paradoxal esforço sem esforço. É a habilidade de dizer "sim" quando a Graça de Deus acontece, e podemos não nos sentir preparados para qualquer que seja a forma que ela tome.
7. Após a fusão da Kundalini, nos expandimos de uma evolução vertical para uma expansão infinita em todas as direções, como o único Coração de Deus, como Amor, como Consciência de Unidade igualitária, não dual.
8. No estado de não Ser, ao invés de fazer / Ser, estamos livres para Ser a Vontade de Deus, como a expressão não específica do Amor no serviço para o despertar da humanidade.
9. O despertar da Kundalini é apenas o começo de outro nível de expansão em uma das muitas mansões de Deus. Todos compartilhamos esse infinito e gradual desdobramento dos muitos estágios da Iluminação.
10. Quanto mais entramos nos estados de Comunhão profunda, mais profundamente eles ficam gravados em nossa consciência, até que se tornam a nossa presença e finalmente criam as precondições para que o teto de vidro estilhace a mente para a libertação do EU SOU AQUELE.
11. Depois que o teto de vidro se estilhaçou, entramos em um estado de Libertação que, ao longo do tempo, nos firma cada vez mais permanentemente na consciência não dual do EU SOU AQUELE.
12. Um ciclo de 21 anos para frutificar nutre o sahaja samadhi, consciência não dual.
13. Embora o pensamento perfeccionista e dualístico desejasse que tivéssemos a possibilidade também / ou de um estado de consciência perfeito e inquebrantável, isso representa um conceito idealista. Podemos parar de nos julgar e de julgar aos outros e saber que é suficiente apenas Ser.
14. A dádiva da fusão da Kundalini é Conhecer o Caminho Sendo o Caminho. Tudo o que é necessário é se apresentar e estar disposto a morrer para o Eu.

– 3 –

O SISTEMA DE CHACRAS

Para entender o processo do despertar da Kundalini e o processo de assimilação de energia para que possamos desenvolver uma alimentação que ajude o desdobramento da Kundalini, devemos explorar o sistema de chacras como um dos três principais sistemas sutis do organismo humano. Os outros dois sistemas são a Kundalini, que já discutimos a fundo, e os corpos sutis, os quais serão discutidos no Capítulo 7. Esses pontos estabelecem os fundamentos para compreender o despertar da consciência e a relação entre nutrição e desenvolvimento espiritual.

O sistema de chacras é um sistema energético sutil que, há milhares de anos, é descrito por diversas tradições espirituais. Em sânscrito, a palavra "chacra" significa *roda*. Ela foi difundida no Ocidente pelos ensinamentos de ioga que se disseminaram em nossa cultura. Os tibetanos se referem a esses centros de energia como khor-Io, que também significa roda. Na tradição sufi, alguns os chamam latifas, ou "os sutis". Na Bíblia, João se refere a esses centros como "os sete brasões na capa de trás do Livro da Vida". Nos primórdios do cristianismo, eles eram chamados de "as sete igrejas". Os cabalistas se referem a esses centros como "os sete centros da alma do homem". Há obviamente uma tradição histórica transcultural entre muitas das principais religiões que validam a existência desses centros energéticos sutis. Para o nosso propósito, o autor escolheu usar o termo chacra comumente aceito para esse sistema.

Os chacras são centros de energia sutil formados pelas confluências dos nadis (72 mil canais ocos do corpo sutil através dos quais a Kundalini flui). No plano físico, os chacras estão conectados ao sistema endócrino e aos plexos do sistema nervoso. Na confluência dos nadis, são criados vórtices que puxam a energia cósmica para dentro dos chacras, energizando os plexos do sistema nervoso e endócrino. O autor acredita que essas radiações criam os corpos sutis (ver Capítulo 7) e têm uma interface energética com os koshas (camadas da mente; ver Capítulo 5). Quando os chacras estão equilibrados como um só sistema, todo o fluxo energético cósmico é maximizado para dentro do sistema humano.

O sistema de chacras foi descrito pelos clarividentes ocidentais e pelos iogues orientais ao longo dos séculos. Mais recentemente, médicos e outros pesquisadores começaram a explorar sua existência e seu funcionamento. No final dos anos 1960 e no começo dos anos 1970, o doutor Hirosho Motoyama, diretor do Instituto de Psicologia Religiosa, especialista em ioga e cientista considerado por muitos como um dos eminentes pesquisadores na área dos chacras, fez um importante trabalho documentando a realidade física dos chacras.[1] Ele construiu uma sala à prova de luz, blindada para emissões elétricas externas. Nessa sala, colocou o que chamou de seu "instrumento de chacras", feito para detectar minúsculas emissões de energia física do corpo humano em forma de energia luminosa, elétrica ou eletromagnética. Em seus experimentos, ele colocou detectores no espaço de 12 a 20 centímetros em frente à área do chacra que o sujeito estava tentando ativar. O instrumento de chacra foi capaz de detectar uma diferença mensurável quando os sujeitos se concentravam diretamente em um chacra específico, mas somente quando o chacra escolhido era o chacra no qual o sujeito tinha previamente praticado uma ativação mental. Nenhuma alteração era notada antes ou durante o experimento quando se testava um chacra ainda não ativado. Esses resultados sugerem a existência de uma localização de chacra cientificamente mensurável.

Em 1973, o médico doutor W. Brugh Joy descobriu esses centros de energia espontaneamente. Ele percebeu que, quando mantinha as mãos sobre certas regiões do corpo do paciente, havia um aumento de calor em algumas regiões. Mapeando essas áreas, ele percebeu que elas eram quase as mesmas descritas pela ioga sobre a localização dos chacras.[2] Outro médico, o doutor Lawrence Bagley, na edição de 1984 do *American Journal of Acupuncture,*[3] descreve a forma como, usando o pulsação Nogier, um sistema de pulsação da acupuntura auricular desenvolvido pelo médico doutor Paul Nogier, foi capaz de determinar a localização, o tamanho, o formato e a direção rotacional dos chacras. A experiência do autor para detectar a existência física do sistema de chacras começou em 1976, enquanto explorava a possível relação entre o estado mental de uma pessoa e o sistema de chacras. O autor descobriu que quando deixava um pêndulo de cristal girar sobre as áreas dos chacras, ele circulava no sentido horário ou anti-horário. Um dia, quando o pêndulo girou no sentido anti-horário sobre a cabeça do paciente, sua dor de cabeça piorou e ele se sentiu desenergizado.

Quando o autor intencionalmente rodou o cristal no sentido horário sobre a cabeça do paciente, sua dor de cabeça desapareceu e ele se sentiu mais energizado. Tornou-se claro em outros experimentos que as energias sutis, tais quais as geradas pelo cristal, poderiam ser usadas de forma a serem curativas e energizantes para as pessoas.

Localização dos Chacras

Não há um consenso absoluto a respeito do número dos principais chacras e a localização e função de cada um. Parece haver um consenso geral, no entanto, de que há sete principais chacras corpóreos e um oitavo chacra transpessoal acima da cabeça. A maioria concorda que esses chacras começam na base da espinha e ascendem até o topo da cabeça, em uma linha localizada aproximadamente no centro do corpo. O primeiro chacra se localiza na base da espinha, na área do períneo. O segundo chacra está localizado entre o osso púbico e o umbigo. O terceiro está localizado entre o umbigo e a região do plexo solar. O quarto fica na linha mediana, na altura do coração. O quinto está no nível da tireoide (garganta). O sexto está entre os olhos, na altura das sobrancelhas. O sétimo é como uma tampa de crânio, no vértice do crânio.

(Veja o Diagrama de Chacras nas páginas em cores.)

Alguns grupos ocidentais localizam o segundo chacra acima do baço, em vez de localizá-lo na área da linha mediana. O autor acredita que algumas das variações nas localizações dos chacras se devem a diferenças culturais nas quais as tradições espirituais direcionam suas energias. Por exemplo, chineses e japoneses tendem a se focar no hara, localizado na altura do umbigo ou ligeiramente abaixo, entre o segundo e o terceiro chacras. Os teosofistas tendem a não enfatizar o segundo chacra ou chacra sexual, e se focam mais na região do baço para a localização do segundo chacra. Isso difere da tradição iogue. Além das diferenças culturais, a localização e o tamanho dos diferentes chacras podem variar com a evolução espiritual de um indivíduo. Motoyama, por exemplo, descobriu que os chacras mensuráveis e as energias meridianas associadas variam dependendo de qual chacra a pessoa tende a usar mais. Pode ser que as tradições iogues tenham descrito os sistemas de chacras de aspirantes espirituais mais desenvolvidos, para os quais o centro do baço é menos importante do que é para os ocidentais. No trabalho do autor com aspirantes espirituais ocidentais, ele encontra o segundo chacra predominantemente na linha mediana; o chacra do baço parece ser um centro secundário. O que importa, além desses detalhes, é que, de várias perspectivas, pesquisadores e praticantes espirituais concordam que os chacras existem como um importante sistema energético sutil no corpo.

Parece haver uma concordância geral de que cada chacra tem uma natureza energética específica à qual se relacionam uma cor, um som e uma forma geométrica. Cada chacra está associado a certo estado mental e a uma consciência espiritual específica. Cada chacra também parece estar associado com a fisiologia de um sistema glandular específico, sistema de órgãos e um plexo nervoso.

O doutor Motoyama validou a relação dos chacras com os órgãos, as glândulas e o plexo nervoso, desenvolvendo um instrumento que ele chamou de AMI, ou aparelho para medição da condição funcional dos meridianos e seus órgãos internos correspondentes.[4] Ele descobriu que, em pessoas analisadas por uma bancada de especialistas, ao ativarem especificamente um determinado chacra, havia uma mudança na energia meridional relacionada aos órgãos específicos associados ao chacra ativado.

Função Essencial dos Chacras

Há um consenso geral a respeito da função dos chacras. Existem, entretanto, diferenças nos detalhes. David Tansley, praticante inglês de radiônica e autor de vários livros sobre as energias sutis, acredita que o sistema de chacras captura energias que se originam de todos os níveis do cosmo. Isso inclui o nosso ser físico, emocional e mental, assim como o inconsciente coletivo da nação e do planeta. O doutor Brugh Joy tem certeza absoluta de que o sistema de chacras existe, mas diz que ninguém entende completamente todas as suas funções. Em seu livro, ele afirma que o sistema de chacras é um sistema de transdução interdimensional.[5] Ele nota que o sistema de chacras é afetado pelo pensamento e é capaz de converter a matéria em vários níveis energéticos mais sutis, transmitindo-os novamente ao sistema físico. Seu funcionamento transcende as limitações de tempo e espaço.

Um dos primeiros ocidentais a descrever o sistema de chacras foi o reverendo C. W. Leadbeater, líder teosófico e clarividente muito conhecido que atuou como vice-prior da Igreja da Inglaterra e foi praticante de ioga. Em seu livro *Os chacras*, escrito em 1927, ele descreve os chacras como *centros de condução nos quais a energia flui de um corpo sutil de uma pessoa para outro nível de corpo sutil.* [6] Os corpos sutis serão descritos em detalhes no Capítulo 7; são as camadas sutis de energia e consciência que circundam o corpo físico, formando a sua aura. Leadbeater afirma que os chacras giram perpetuamente; a força primária do mundo superior está sempre fluindo para dentro de seus vórtices abertos. Ele vê essa força como multiplicada por sete, todas as suas formas operando em cada um desses centros, mas com um centro predominando sobre os outros. Ele diz que sem a absorção da energia superior para dentro dos chacras o corpo físico não poderia existir. O doutor Motoyama também acredita que os chacras funcionam como intermediários para a transferência e conversão de energia entre dois corpos sutis vizinhos. No sistema de Motoyama, existem dois corpos sutis: o astral e o causal. Ele acredita que os chacras convertem energia de um corpo para outro em ambas as direções; *eles podem converter energia física em energia psíquica.*

Em geral, se concorda que os chacras rodam em um vórtice que se estende a partir de um ponto da linha mediana do corpo, formando uma espécie de funil, para trazer a energia para dentro do corpo físico. O doutor Lawrence Bagley em sua brochura *Chakra Chrome* descreve como os vórtices dos chacras podem ser medidos usando a técnica de pulsação Nogier. A direção na qual os vórtices giram quando estão saudáveis e equilibrados não é universalmente aceita, mas o consenso da maioria, com o qual este autor concorda, é que uma rotação no sentido horário sugere um funcionamento mais saudável do chacra.

Fluxo Energético nos Chacras

Nossos chacras, em maior ou menor grau, estão sempre ativos. É comum descrever os chacras como estando "abertos" ou "fechados", dando a impressão de que um chacra pode estar de alguma maneira bloqueado e que a energia é incapaz de fluir através dele. Mas os chacras não estão nem abertos nem fechados. A diferença é que alguns chacras têm menos energia fluindo por eles, o que significa que estão menos ativados e que a energia que está sendo carregada através deles é interrompida na sua transdução pelos corpos sutis.

Também acredita-se que é melhor ter um chacra "aberto", através do qual muita energia esteja fluindo. Mas não é necessariamente o caso. Por exemplo, trabalhando com pessoas que sofrem de psicose maníaca, o autor observou que o chacra da coroa dessas pessoas está mais "aberto" ou ativado. Está tão ativado, de fato, que a vida desses pacientes se desequilibra. As pessoas que passam por psicose maníaca descrevem frequentemente uma corrente de energia fluindo através deles, desde o topo da cabeça. Esse tipo de descrição está relacionada com o que as pessoas vivenciam quando têm o chacra ativado. Em alguns clientes em estado hipomaníaco, trabalhando especificamente para diminuir o fluxo de energia através do chacra da coroa, foi possível diminuir a ativação excessiva, reequilibrar o seu chacra e, assim, diminuir a sua hipomania.

Ao descartarmos a linguagem "aberto" ou "fechado", não negamos a diferença nos níveis energéticos dos diferentes chacras. O doutor Brugh Joy descreve sentir essas diferenças energéticas com as mãos. Isso é relativamente fácil de fazer e o leitor pode querer realizar essa experiência para obter a sensação da energia e da localização dos chacras. O doutor Laurence Bagley descreve o mapeamento da diferença nos campos energéticos em torno de vários chacras. O doutor Motoyama, com seu instrumento de chacra e o equipamento AMI, começou a quantificar essas diferenças. Ele estabeleceu que um chacra com mais energia fluindo através dele tem um escopo mais amplo de equilíbrio dinâmico entre o sistema nervoso simpático e o parassimpático. Ele também descobriu que há mais energia fluindo através dos sistemas de órgãos associados aos chacras mais ativos. Sua pesquisa preliminar sugere que há maior suscetibilidade de doenças nos órgãos relacionados aos chacras mais ativados.[7] A impressão clínica do autor, baseada na observação de centenas de pessoas com chacras ativados, é que a suscetibilidade à doença pode ser apenas um fenômeno temporário, relacionado ao tempo que leva para incorporar harmonicamente um aumento na entrada de energia do sistema. A suscetibilidade à doença pode também estar relacionada a um superestímulo mental em um dos chacras, de forma a tirá-lo da harmonia com o sistema de chacras. Outra explicação é que quando um chacra é superestimulado pela mente, os órgãos associados a ele têm energia demais se movendo através deles. Talvez esse processo seja semelhante a um fio que se queima quando há muita eletricidade passando por ele sem um fusível protetor. O fusível nesse caso é o bom-senso. Essa metáfora representa o *perigo de tentar ativar chacras específicos pela mente/força de vontade ao invés de deixá-los serem acordados espontânea e naturalmente através da meditação e do desenvolvimento de uma consciência superior.*

Um chacra altamente ativado tem mais energia fluindo para dentro dele através do sistema de transdução dos corpos sutis. Portanto, mais energia está fluindo para dentro de todo o corpo e, especificamente, para dentro dos órgãos conectados àquele chacra. A primeira consideração para avaliarmos o significado de ter um chacra ativado é se o indivíduo é capaz de integrar esse aumento de energia para dentro de todo o funcionamento do seu corpo em geral. A segunda consideração é se todo o sistema de chacras está em equilíbrio. Como já foi apontado, os chacras de uma pessoa mediana não estão exatamente no mesmo nível de atividade. Dependendo da situação de vida da pessoa e de como ela usa consciente ou inconscientemente seus diferentes chacras, eles vão variar em força e atividade ao longo do tempo. Ter consciência de todo o equilíbrio energético do sistema de chacras em vez de apenas focar em um único chacra em desequilíbrio tem dado algumas dicas adicionais a respeito do funcionamento energético do sistema de chacras. O autor observou que quando equilibramos um chacra através do trabalho com cristal e depois retestamos os outros remanescentes chacras em desequilíbrio, verifica-se que estes aparecem se equilibrando espontaneamente. Ficou claro para o autor que os chacras têm um sistema de carregamento de energia. Isso é especificamente verdadeiro na conexão do primeiro, segundo e terceiro chacras como uma unidade, e também parece ser frequente com o quinto, sexto e o sétimo chacras. Essas duas unidades parecem formar uma ligação com o quarto, o chacra do coração. É como o sinal do infinito com um coração no centro. Um ponto adicional quando analisamos os chacras como sistema inter-relacionado é que parece existir uma polaridade dentro da área de cada chacra. Para o chacra da base, a polaridade parece existir entre o pé ou o chão e a base da espinha. O segundo chacra polariza entre os dois testículos ou ovários. O terceiro, entre o plexo solar e o baço. O quarto, entre o coração e o timo*. O quinto, entre a tireoide e a paratireoide. A polaridade para o sexto e o sétimo chacras é entre a glândula pituitária, associada com o chacra da fronte, e a glândula pineal, mais associada com o sétimo. Também parece haver algum grau de polaridade entre os diferentes chacras no sentido vertical. Tal como o primeiro, o sexto e o sétimo, o segundo e o quinto, e o terceiro e o quarto. Por essa razão, ao trabalhar com os chacras de um paciente, o autor sempre termina equilibrando os principais chacras de forma espiral. Uma das situações mais comuns nas quais os chacras se desorganizam entre si é quando acontece um severo trauma emocional. Realizar um equilíbrio espiral usando apenas um cristal é muito útil para alguém que está passando por uma crise desse tipo.

* A palavra "timo" vem do grego "thúmon", que, entre outras coisas, significa "coração". (N.E.)

Chacras Despertos

Os chacras estão ou adormecidos ou acordados. Isso não é a mesma coisa que o nível de atividade do chacra, o qual está associado basicamente à manutenção da força vital em nosso organismo para manter o funcionamento geral. O despertar dos chacras está associado ao desenvolvimento de mais consciência espiritual. O doutor Brugh Joy notou que um chacra despertado funciona em um nível diferente e que os clarividentes o sentem e o veem de forma diferente.[8] O despertar de um chacra é parte de um processo de desenvolvimento espiritual no qual a mente se une à consciência mais elevada guardada naquele chacra. Em alguns casos, certas habilidades psíquicas associadas ao chacra também são ativadas. Habilidade psíquica, no entanto, não é necessariamente um sinal de desenvolvimento espiritual ou do despertar de um chacra. Habilidade psíquica não é a mesma coisa que consciência espiritual. É um engano associá-la com a consciência espiritual que está armazenada em cada chacra e que é liberada para a consciência da mente desperta.

Há uma concordância geral de que cada chacra tem uma consciência espiritual associada a ele, mas não encontramos nenhum sistema simplificado para a compreensão dessa consciência e também não há concordância a respeito dela. Uma variedade de ensinamentos esotéricos e descrições de poderes podem ser associada ao despertar dos diferentes chacras, mas esse tema não fará parte da nossa discussão. Com o despertar de cada chacra, ocorre uma transição importante da consciência mundana para uma consciência espiritual mais completa. Assim como as energias gerais dos chacras estão conectadas, os chacras despertos funcionam como unidades combinadas de consciência. Do primeiro ao terceiro chacras há uma ligação, como uma unidade, com o chacra do coração como pivô integrador. Do quinto ao sétimo chacras constituem uma segunda unidade e seu relacionamento com o coração também é importante.

Os primeiros três chacras são as energias da força vital, essencialmente relacionadas com as questões de sobrevivência nos planos físico e emocional. A consciência espiritual associada ao seu despertar se manifesta com o conhecimento total de todos os assuntos do viver no mundo. *O despertar dos três primeiros chacras é essencial para integrar o conhecimento de como viver no mundo com a consciência espiritualmente transformada. Sem o despertar dos três primeiros, as energias mais intensas liberadas pelo despertar espiritual dos chacras superiores pode nos tirar do equilíbrio na vida cotidiana.* É difícil se estabilizar em uma consciência mais elevada sem integrar o despertar dos três primeiros chacras na vida diária.

Do quarto ao sétimo chacras existe um vínculo com a vida espiritual. O despertar deles ativa as energias espirituais e a transmutação da consciência mundana em consciência elevada.

É importante compreender que o desenvolvimento da consciência mais elevada nos chacras não é necessariamente linear, em vez disso, parece ser simultâneo e espiral, no entanto, não é nada disso. É holístico. A consciência dos diferentes chacras parece se fundir nos pontos nodais e depender dos outros chacras para um despertar espiral integrado, individualizado e simultâneo em diferentes níveis de intensidade. *Uma vez que a Kundalini esteja desperta, há um despertar contínuo de todos os chacras simultaneamente, mas em diferentes níveis de intensidade em cada chacra, em momentos diferentes.* Por exemplo, um indivíduo pode estar em um processo primário do despertar do primeiro e do segundo chacras, mas pode também estar se deleitando no êxtase da Comunhão Divina do sétimo chacra. Sempre notamos uma nova consciência ou despertar quando essa consciência alcança o ponto de estabilização e integração em nossa consciência mais presente. Esse é o momento em que nossa mente se une completamente com o todo da consciência daquele chacra.

O primeiro chacra é conhecido como o chacra da sobrevivência. No estado não desperto, ele é governado pela falsa ideia de que estamos separados da natureza e precisamos conquistá-la para estarmos seguros e sobreviver. Sua força motriz é dominar as forças da matéria. Como resultado dessa consciência limitada e falta de conhecimento, ficamos imersos no plano material, sentindo medo, duvidando e não confiando no meio ambiente. Nesse estado, é difícil acreditar que há um Deus. Nosso ego é o nosso Deus. O despertar da energia Kundalini, armazenada em estado latente logo abaixo do primeiro chacra, nos ajuda a sair dessa consciência limitada nos fazendo experimentar um pouquinho da Comunhão com Deus. Aprendemos que somos mais do que apenas corpo físico e que há um propósito mais elevado para a vida do que apenas ganhar dinheiro e sobreviver no plano material. Essa é a relação entre o primeiro e o sexto/sétimo chacras, na qual ficamos sintonizados com o nosso propósito e visão mais elevados. Do medo, da dúvida e da falta de fé, acontece uma mudança para fé, confiança e crença em uma força superior ou Deus. Da desarmonia com a natureza passamos para o desejo de sermos harmônicos. Começamos a entender os elementos da natureza. Nossa sensação de separação começa a diminuir e procuramos viver em unidade com a natureza e as leis naturais em vez de subjugá-las. A confiança na ilusão do poder do ego muda para a confiança em Deus. O medo primordial e a sobrevivência são transmutados em consciência de que existe Unidade com a Força Superior.

O segundo chacra é caracterizado pelo impulso da procriação. Quando desperto, a mudança na consciência nos permite superar os desejos sexuais instintivos e obsessivos que podem controlar a nossa vida. Isso não significa que passamos a negar o sexo, significa que o vivenciamos em um nível mais elevado de Comunhão, Amor, harmonia e criatividade. A atividade sexual física se torna uma escolha. A vida se torna uma Comunhão criativa. As energias primordiais da procriação são transformadas em energias mais refinadas, criativas, estéticas e artísticas. No estado desperto, as energias não trabalhadas de procriação do segundo chacra se transmutam em energias espirituais mais aperfeiçoadas. Uma criatividade sem compreensão pode ser muito destrutiva, pois pode degenerar em cobiça para perseguir uma criatividade pessoal em detrimento dos outros. Compreender o primeiro chacra é necessário para dar a energia de aterramento para a criatividade do segundo chacra.

O terceiro chacra é marcado pela consciência inata do que está acontecendo em todos os planos de consciência, tanto no meio ambiente como dentro de nós mesmos, nos níveis físico, emocional, mental e espiritual. É um ouvido sensitivo e perceptivo a todas as forças. Com seu despertar, transcendemos as reações instintivas aos estados psíquico-emocionais dos outros. Tornamo-nos conscientes do uso reativo do nosso poder psíquico/emocional bruto para atrair, repelir, projetar, ampliar e controlar os outros. Começamos a funcionar em um estado emocional equilibrado de reflexão, discriminação e sensibilidade. Começamos a desenvolver uma qualidade de percepção sensível da nossa vida interna e externa, e equilibrar as forças não aperfeiçoadas do primeiro e do segundo chacras, tornando-nos pessoas que se relacionam em vez de pessoas que reagem.

No processo do despertar completo, o chacra do plexo solar (terceiro) entra em relação harmônica com o chacra do coração (quarto). Essa relação permite que a entrada de informação vinda pelo chacra do plexo solar seja interpretada através do Amor do chacra do coração. O despertar leva à fusão da emoção equilibrada e do poder do terceiro chacra com o Amor Universal do coração ou quarto chacra. A fusão das emoções com o Amor/harmonia do quarto chacra nos traz alegria interior, e nos unimos uns com os outros em um momento de sensibilidade mútua. Isso conduz ao serviço cooperativo entre as pessoas. Ann Ree Colton descreve metaforicamente o acontecimento dessa função quando o mestre iniciador (o leão) do chacra do plexo solar se deita com o mestre iniciador (o carneiro) do coração.[9] Essa fusão marca um completo despertar. Pode ser isso o que Jeremias descreve em: "Colocarei minha lei no seu seio e a escreverei em seu coração. Então eu serei seu Deus e eles serão meu povo" (Jeremias, 31, 33). Isso significa uma sintonia com a consciência interna ou moralidade, a qual vai para a nossa consciência quando o terceiro chacra é despertado. À medida que essa consciência se une com a mente, o julgamento de si e dos outros se une a uma consciência do espírito da lei universal. Quando o terceiro chacra se harmoniza com o coração, a consciência dos chacras superiores se manifesta mais facilmente como espiritualidade na nossa vida diária. Outro aspecto desse despertar é a transmutação do desejo/força de vontade primordial do terceiro chacra entrando em sintonia com a Vontade de Deus. Ele se manifesta como a conscientização de que *o que quer que Deus faça é para o melhor.* Dessa forma, podemos transformar o trabalho em benefício próprio do primeiro chacra em um trabalho desinteressado. É outro passo no desenvolvimento da confiança em Deus. Essa consciência desperta nos ajuda a nos movermos do desejo e do apego para uma maior sensibilidade e desapego do nosso desejo. O terceiro chacra desperto permite que a força vital dos primeiros três chacras seja usada como forte poder curador, o mesmo poder que os xamãs e os bruhus usam em trabalhos de cura e magia. Um hara desenvolvido, que é o ponto energético para centramento e aterramento, ponto central para as artes marciais em algumas religiões da China e do Japão, reflete a energia integrada e combinada dos três primeiros chacras.

O quarto chacra, ou chacra do coração, nos desperta para a experiência de qualquer forma de Amor em nossa vida. Com o tempo, ele nos desperta para a experiência do Amor Universal. O seu despertar nos ajuda a transformar as formas apegadas de amor, associadas a emoções como cobiça, ganância, orgulho, inveja, paixão louca e até mesmo ódio, em um Amor Universal mais pacífico. Os instintos brutos de autopreservação e sobrevivência são transmutados em uma completa união do coração com toda a humanidade. Ele nos motiva a trabalhar para a paz sem opressão no mundo. É o amor que se estende além do amor do núcleo da nossa família para uma única família mundial. Um coração desperto age como ponto de equilíbrio e integração para todos os chacras. A consciência e a virtude que desenvolvemos com o despertar dos outros chacras precisam do Amor, em forma de energia, para alcançar sua completa força e qualidade. É com o despertar do quarto chacra que começamos a sentir a nós mesmos e a Deus como Amor. Muitas pessoas sentem que o Eu Divino de toda a criação está centrado no coração. Conforme a consciência do chacra do coração amadurecia, esta pessoa regularmente via e sentia uma chama azul de consciência dentro do coração. Isso acontecia tanto durante a meditação como em atividades diárias. A abertura do coração é muito especial.

O despertar do quinto chacra, ou da garganta, se relaciona com a expressão e a comunicação dos significados mais sublimes da existência. Tem a ver com a habilidade de traduzir todos os pensamentos da mente em formas. Ele envolve todas as formas de comunicação, como a estética, a arte, a linguagem, a música e a dança. Vendedores, advogados, publicitários e artistas sempre têm este chacra bem desenvolvido. O despertar reflete uma mudança do uso do poder de comunicação do nosso propósito egoísta para uma comunicação dos sentimentos internos verdadeiros, ensinamentos espirituais e Verdades. Através da nossa própria forma de expressão, nos tornamos mediadores e manifestadores da Verdade. Nosso Ser espalha paz e boas-novas.

O despertar do sexto chacra, ou chacra da fronte, leva-nos a um estado mais elevado da visão da Verdade. A mente se torna espiritualizada. A intuição e a sintonia alcançam um estado espiritualizado e integrado de desenvolvimento. No mundo cristão, esse chacra é às vezes chamado de entrada para o mundo crístico. É o "buraco da agulha"; quando completamente desperto, ele se abre para o chacra da coroa. No despertar do sexto e do sétimo chacras, nos tornamos ligamos completamente ao Guru Interno ou professor. O completo despertar do sexto chacra, à medida que oscila com o sétimo chacra, parece estar associado a um estado próximo da Autorrealização, na qual sentimos a Verdade do Ser Universal interno. É nesse estágio que começamos a nos conhecer como a admirável Verdade. É a estabilização da consciência do EU SOU tornando-se a nossa identidade primária. Não somos mais iludidos pelos múltiplos deuses materiais do ego, poder, sexo ou forma. Entramos em um estado de Ser, em vez de fazedor, como nossa identidade primária. Sentimo-nos unos com a Vontade de Deus. Todos os conceitos e blocos do ego já foram suficientemente purificados, saindo do nosso sistema, e estamos livres para seguir a Vontade de Deus.

O despertar do chacra da coroa está muito interligado com o despertar do sexto chacra. Conforme esse despertar amadurece, vamos além da consciência do EU SOU para a Autorrealização do EU SOU AQUELE oscilando na união com a Divindade. É uma sensação de total Unidade com toda a criação. O pensar dualista esvanece e descansamos no Ser da consciência não dual. Tornamo-nos mais e mais estáveis na consciência de que tudo é Deus. Não há separação. Tornamo-nos o propósito da vida, algo que vagamente sentimos com o despertar do primeiro chacra. É com essa consciência que a união entre o coração e o complexo do sexto e sétimo chacras se torna mais clara. O debate filosófico que questiona se a consciência universal está centrada no coração ou no sexto/sétimo chacras não tem mais significado, pois esses chacras estão conectados nos planos da consciência espiritual. Sentimos espontaneamente um grande e forte Amor por tudo. Nunca paramos de amar pois não há ninguém para não Amar. A separação termina e apenas o Amor existe. Isso não é exatamente como na abertura do chacra do coração, mas sim a experiência do Eu como Amor, do Mundo como Deus. É outra espiral que vai mais profundamente ao encontro do significado e da experiência do Amor. Ela existe como a totalidade da nossa experiência.

O despertar do chacra da coroa também intensifica a relação com os níveis mais elevados da energia cósmica. Começamos a sentir diretamente o fluxo ou a pulsação cósmica de energia entrando no sistema. Parecemos estar preenchidos da energia cósmica mais aperfeiçoada, como se tivéssemos removido uma barreira entre nós e o cosmo. O despertar do sexto e sétimo chacras vai além das nossas limitações de tempo-espaço lineares e além das nossas palavras. É uma conscientização simples, no entanto, totalmente diferente. O tempo, o espaço, o estado de EU SOU desaparecem e há tão somente AQUELE, ressonando simultaneamente nos mundos duais e não duais.

Dois Portais Energéticos Especiais

O timo e o baço representam um tipo especial de sistema receptor de energia. Eles absorvem o prana que desce através dos corpos sutis (mas permanecem no espectro completo), separam o prana em todas as cores específicas e enviam-no individualmente para cada chacra. Intuitivamente, o autor sente que o chacra do baço se torna secundário em relação ao timo nessa função à medida que a pessoa se desenvolve mais espiritualmente. Talvez essa seja a razão pela qual os iogues, que já são desenvolvidos até certo ponto, não reconheçam o baço como um chacra principal. A razão pela qual esses órgãos são capazes de absorver energia cósmica em seu espectro completo pode ser porque a interface entre os vórtices do chacra do coração e do chacra do plexo solar crie espaços abertos no sistema de corpos sutis, permitindo que a energia cósmica seja diminuída mesmo permanecendo no estado de espectro completo.

Vrittis

Os vrittis são mecanismos bioenergéticos transpessoais dos chacras, através dos quais a mente se expressa com pensamentos, tendências e desejos. Eles representam a atividade da mente. Esta ilustração da relação chacra/vrittis derivou dos en-

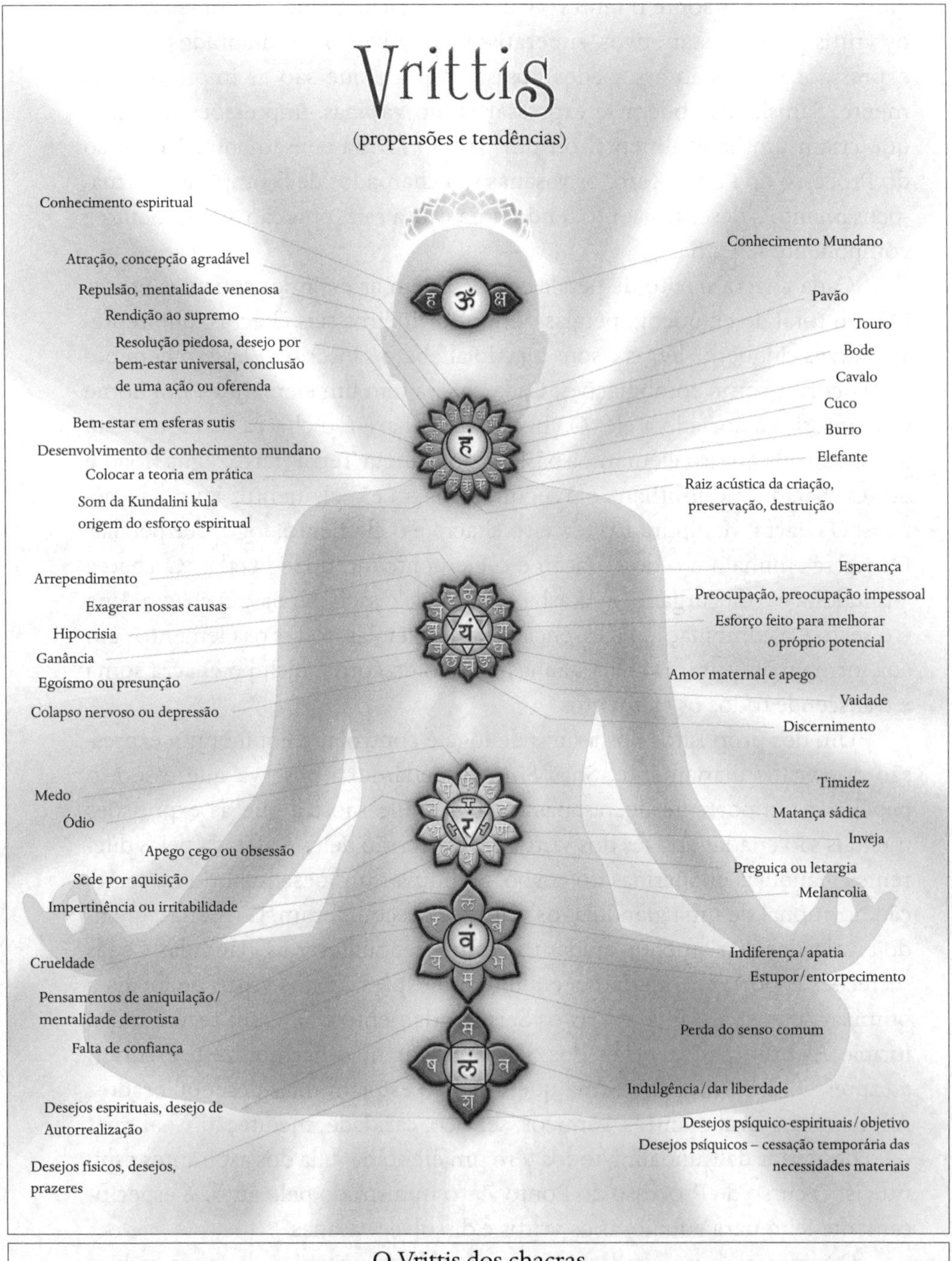

O Vrittis dos chacras

sinamentos de Shrii Shrii Anandamurti, conforme descrito em *Discourses on Tantra* [Discursos sobre o tantra], volume I.[10] Dependendo do nosso carma, os vrittis podem estar ativos, superativos, subativos ou equilibrados em sua expressão. Eles estão associados aos samskaras, que são as impressões da mente. Samskaras podem se expressar como vasanas, impressões repetidas que criam um hábito mental ou um padrão forma-pensamento. No curso do Processo do Ponto Zero, os vasanas são chamados de "complexos forma-pensamento", descritos como tendo uma causa raiz, emoção, pensamento e componente sensorial.

Cada chacra é feito de pétalas que contêm as energias sutis dos vrittis. Há um total de cinquenta pétalas para os primeiros seis chacras, que representam as cinquenta letras e sons bija do alfabeto sânscrito. Elas também podem ocorrer como combinações. Cada chacra tem um elemento e um nome em sânscrito associado a ele. O chacra Muladhara é o chacra da base e está associado aos quatro elementos básicos do planeta Terra (terra, água, fogo e ar). O chacra Svadhishthana é o segundo chacra e o elemento, água, seis pétalas. O chacra Manipura é o terceiro chacra e o elemento, fogo, dez pétalas. O chacra Anuhata é o do coração e o elemento, ar, doze pétalas. O chacra Vishuddha é o da garganta e Akasha (vazio), dezesseis pétalas. O chacra Ajna é o sexto e a combinação da essência de duas pétalas, todos os elementos em sua forma mais pura. O chacra Sahasrara é o da coroa; inclui o chacra soma e transcende todos os elementos.

Um dos propósitos dos asanas de ioga é controlar e equilibrar a expressão dos vrittis diariamente. Shrii Shrii Anandamurti observa que esse é o papel mais importante dos asanas de ioga.[11] Ele mostra que as expressões mentais são criadas através dos vrittis e a expressão deles é afetada pelas diferentes glândulas endócrinas do corpo. Se houver um desequilíbrio na secreção hormonal de uma glândula, os vrittis se desequilibram. Os asanas, quando praticados diariamente, ajudam a curar e reequilibrar as glândulas e suas secreções e, portanto, ajudam a equilibrar a expressão dos vrittis de forma a otimizar sua expressão e apoiar os Seis Fundamentos. O jejum seco é outra forma. As práticas essenciais dos Seis Fundamentos harmonizam e curam a expressão dos vrittis de forma que eles não estejam mais desequilibrados. Alimentação viva, mantras, cânticos, serviço, caridade, meditação, Shaktipat ou o despertar da Kundalini, todos têm um efeito na vida dos aspirantes espirituais. O curso de Processo do Ponto Zero ministrado pelo autor é especificamente feito para equilibrar os vrittis e dissolver vasanas.

O jejum seco no ekadashi, feito no décimo primeiro dia após as luas nova e cheia, usa o poder de atração da lua sobre o elemento água, que representa o manas (a mente). O jejum seco tende a equilibrar o shukra, ou o profundo fluido reprodutivo que estabiliza o corpo em muitos níveis e é a fonte primária do ojas. Definido como produto refinado dos sete níveis do metabolismo dhatus, o ojas tem como principal fonte o shukra, que vem do mais profundo ou sétimo nível do dhatus, chamado de shukra dhatu. O ojas é considerado a forma mais pura de todos os tecidos. É responsável pela energia do corpo, brilho, força, imunidade, força vital, força física e mental.[12] Um excesso de shukra, como pode ocorrer mais frequentemente nos celibatários, pode excitar os vrittis inferiores, que tomam a forma de desejo sexual, crueldade e ciúme. A prática do ekadashi acalma o shukra e leva a energia em direção aos vrittis mais elevados (tais como amor e devoção), como alimentos para o cérebro. Jejuar dessa maneira diminui as toxinas e os fatores fluidos e gasosos que vão para o cérebro perto das luas cheia e nova. O Yom Kippur (o Dia do Perdão na tradição judaica) também usa esse princípio para ajudar a se livrar das negatividades. Na dança do sol nativa americana, o autor seguiu o caminho tradicional e ficou sem comida e água durante o ciclo de dança de quatro dias. O jejum seco não é necessário para a saúde física, mas é uma forma tradicional de afetar os vrittis. Existem algumas teorias de como isso funciona, baseadas na compreensão da água como transportadora de impressões, melhorando assim indiretamente a saúde física e emocional. Mas é apenas uma teoria. Essa forma de alterar os vrittis é apropriada para poucas pessoas e não para a maioria.

Nadis

Em diferentes sistemas de ioga e na experiência direta de clarividentes, diz-se que os chacras têm aros como uma roda. Esses aros são chamados nadis e se irradiam dos chacras. A palavra *nadi* significa "córrego". Por definição, um nadi é um canal oco através do qual qualquer coisa flui, por exemplo, os vasos sanguíneos, os canais linfáticos e os nervos físicos. No contexto deste livro, o autor se refere aos nadis como canais para o fluxo da energia sutil ou nadis de ioga. Eles transportam o prana sutil. Os 72 mil nadis cruzam com os chacras e são parte de sua estrutura energética. Os nadis formam um circuito energético sutil, um sistema nervoso sutil do corpo. O autor acredita que os nadis cruzem com o que é chamado de meridianos do sistema de acupuntura chinesa. O lugar onde os nadis e os meridianos se cruzam pode ser os pontos da acupuntura. Apesar de não existir pesquisa suficiente para esclarecer esse aspecto, o autor acredita que os meridianos e os nadis não são a mesma coisa.

No entanto, é suficiente dizer que os nadis transportam energia dos chacras para o cérebro, os nervos, o sistema endócrino e os órgãos, a estrutura esquelética e, por fim, para o nível celular.

O Shiva Samhita[13] descreve catorze nadis principais. Da perspectiva do fluxo da Kundalini, vamos considerar três deles – os principais canais através dos quais o Kundalini flui: sushumna, pingala e ida. Eles se originam da região kanda, abaixo do chacra Muladhara (da base). O ponto em que começam é chamado yukta triveni (a junção dos três córregos).

Pingala é considerado o nadi solar. Ele começa à direita, abaixo do chacra da base, e termina na narina direita. Ida é considerado o nadi lunar. Ele começa à esquerda, abaixo do chacra da base, e termina na narina esquerda. Sushumna é o canal central que se move direto para cima, atrás da coluna no corpo etérico. Pingala e ida se cruzam tendo o sushumna no chacra Ajna (terceiro olho). O lugar em que eles se cruzam é chamado mukta triveni. O ida e o pingala se tecem em volta do sushumna cruzando sobre cada chacra. O desenho desses três nadis cria o caduceu de Hermes, o familiar bastão alado com duas serpentes enroladas em torno dele, conhecido como símbolo do agente de cura Iluminado. Na sociedade ocidental, isso tem sido mundanamente associado à medicina alopática.

Em situações não usuais, ou por causa do uso de drogas psicodélicas, incluindo a ayahuasca, ou por excesso de esforço nas práticas de ioga, o autor tem tratado de aspirantes espirituais de todas as tradições nas quais o fluxo sutil da Kundalini foi rompido e inapropriadamente amplificado ou reduzido no ida ou pingala ao invés de fluir suavemente, principalmente através do sushumna. Esta é uma das razões pela qual o autor desaconselha o uso de qualquer droga para qualquer aspirante sério, cujo foco de vida seja a libertação, ou em quem a Kundalini foi desperta. Os mais resistentes podem fazer qualquer coisa e escapar, mas aqueles que são predominantemente vata, ou que têm vata desequilibrado, ou que têm baixo ojas ou qualquer desequilíbrio mental, correm um grande risco. O autor tem alcançado bons resultados nos tratamentos de reequilíbrio e cura de rupturas no fluxo da Kundalini nos nadis, mas por que se arriscar?

O nadi ida ou nadi chandra (lua) transporta o feminino, o esfriamento, o yin, energia sátvica e qualidades kapha. Em equilíbrio, ele carrega a energia do cuidado, Amor, devoção, intuição, inspiração e emoção. Ele também afeta a função de manas, ou mente emocional e sensorial. Ele fortalece as qualidades do bhakti ioga (devoção). Quando está rompido ou fora de equilíbrio, as pessoas se tornam espaçosas, não aterradas, emocional e intuitivamente desequilibradas e possessivas. Podem ficar possuídas por entidades e sofrer de insônia, medos, pesadelos, sensibilidade psíquica e emocional extrema, e exaustão yin. É um trabalho intenso curar e reequilibrar esses desequilíbrios. O nadi pingala está associado ao sol e é também conhecido como nadi surya. Tem tendências masculinas, yang, rajas e qualidades pitta. Governa a motivação, a ambição, a força de vontade e o desejo pelo conhecimento espiritual mais profundo. Cria a tendência para jnana ioga (ioga da mente) e/ou raja ioga. Um nadi pingala desequilibrado cria tendências de raiva, autojustificativas, mente excessivamente criativa, ambição excessiva e comportamento egoísta e autocentrado.

Esses dois nadis são manovahini; afetam as energias da mente e as emoções. Naturalmente, é importante que esses dois nadis estejam equilibrados para que não nos tornemos um meditador yin avoado ou um aspirante espiritual yang, intenso e egoísta. Quando o prana está equilibrado, é o momento ideal para receber Shaktipat e ativar o fluxo da Kundalini. Essa é a razão pela qual o autor aprecia a bênção do Shaktipat cosmicamente organizado para despertar a Kundalini quando a pessoa está preparada. O despertar da Kundalini, ativada através do Shaktipat como transmissão da Graça, com uma linhagem e um mestre espiritual desperto e com poder, que recebeu a bênção do professor para ser a incorporação da Graça, é extremamente seguro. Nos retiros de jejum espiritual conduzidos por Gabriel e Shanti, que têm ocorrido desde 1988 e que hoje estão no Tree of Life nos Estados Unidos e nos retiros em Israel, mais de 90 por cento dos participantes têm a Kundalini desperta. O ciclo de jejum de uma semana combina todos os Seis Fundamentos de maneira intensa e sustentada. Desde 1983, nesse contexto espiritual seguro com o autor, nenhuma pessoa teve problemas com o despertar da Kundalini. A prática dos Seis Fundamentos e o Shaktipat nesse contexto parecem equilibrar e manter a harmonia de ida e pingala, tanto antes como depois do despertar da Kundalini.

O canal central, ou sushumna, começa abaixo do chacra Muladhara na base da espinha e se completa no chacra Sahasrara. É um nadi chittavahini (de Ser). Numa pessoa sem a Kundalini desperta, o sushumna é aberto a cada hora com a mudança do domínio nasal de ida e pingala e no nascer e pôr do sol. O autor teve visões do sushumna como três canais nadi. Fazendo pesquisas, essa visão interna se alinhou com a da literatura iogue. O canal externo é chamado de sushumna. O canal central é chamado de nadi *vajra* e está associado ao sol. Dentro desse Nadi, está o nadi chitrini, associado ao néctar fresco da lua, e onde esta pessoa acredita que o néctar goteja do chacra soma. O nadi chitrini está associado a sonhos e visões. Ele termina na porta de Brama. A partir daqui, na experiência do autor, há um nadi muito fino chamado Nadi Brama, que é o canal final da Kundalini. Ele leva a consciência ao degrau final para o Brama

Randhra, o vazio entre os hemisférios do cérebro. Está localizado no chacra Sahasrara e fica acima do chacra soma, localizado na parte de baixo do Sahasrara. Quando Muktananda pessoalmente fez a iniciação desta pessoa no último degrau, a experiência foi como se o Nadi Brama não apenas integrava o lado direito e esquerdo do cérebro, mas se fundia com Shiva (Consciência Cósmica), de maneira que se explodia além do tempo, espaço e o Ser, em uma eterna e contínua conexão com o prana cósmico. O Nadi Brama parecia atravessar o topo do crânio, criando uma completa fusão com o cosmo. Isso, no entanto, não é exatamente como as escrituras descrevem o Nadi Brama, que terminaria no meio do Sahasrara.

As Dez Sefirot do Nada

As Dez Sefirot do Nada, que formam a Árvore da Vida Cabalística, representam as dez emanações primordiais de Deus. Essas dez representam a oitava mais elevada do circuito espiritual. Conforme a Kundalini ativa os sistemas de chacras e nadis, ela também começa a energizar o sistema das sefirot. A fusão da Kundalini no chacra da coroa é a próxima grande "chave" que continua a abrir e despertar a consciência sutil das sefirot. Do ponto de vista da física e da astronomia esotéricas, as sefirot são projetos espirituais do macrocosmo e do microcosmo do universo no nível subatômico, assim como a principal anatomia sutil do corpo humano. A moderna teoria física das cordas defende essa forma de entendimento. A teoria da relação dos chacras e nadis com as sefirot não é uma abordagem nova. O autor encontrou confirmação desse modelo em uma gravura de uma parede no Templo de Karnak, no Egito, construído entre 12.500 e 15.000 anos antes de Cristo. Os detalhes do antigo sistema das sefirot são informações demais para serem analisadas neste livro. O autor ensina os níveis iniciais da cabala e as antigas técnicas para iluminar o corpo Luminoso através dos Nomes Sagrados de Deus em conjunto com as sefirot nos Retiros do Modo de Vida Essênio, oferecidos no Tree of Life Rejuvenation Center.

Conclusão

Os chacras, os nadis, os vrittis e a energia Kundalini são sistemas completamente integrados. Qualquer mudança em um deles causa mudança nos outros. Eles todos afetam a expansão da consciência.

Resumo – Capítulo 3

1. Existe um sistema de energia sutil conhecido como sistema de chacras. Uma de suas funções é a transdução da energia cósmica sutil para o corpo.
2. Cada um dos sete chacras principais tem uma natureza energética específica que corresponde a uma cor, um som, uma consciência mental e espiritual específicos.
3. Cada chacra está energeticamente associado à fisiologia de um único ou um pequeno grupo de plexos nervosos, glândulas endócrinas e órgãos localmente associados.
4. Os chacras nunca estão fechados; eles variam entre mais ou menos ativados.
5. A saúde dos chacras está relacionada ao equilíbrio sincrônico geral dos principais chacras, assim como à função de um chacra específico.
6. Um chacra desperto é aquele no qual a consciência do indivíduo se fundiu com a consciência superior armazenada naquele chacra específico.
7. Existem 72 mil nadis, sendo catorze básicos e três principais que transportam a Kundalini que se espiritualiza. Eles ajudam a formar o sistema de chacras.
8. Cada chacra tem vrittis que afetam nosso estado psíquico-emocional.
9. Os Seis Fundamentos equilibram e regulam todos os nadis.

– 4 –

CURANDO A ENERGIA KUNDALINI DESEQUILIBRADA

Desde 1976, quando o autor e o doutor Lee Sanella começaram a primeira Kundalini Crisis Clinic do mundo, o autor tem trabalhado para compreender o mistério do funcionamento da Kundalini. Ele teve a oportunidade e a bênção de trabalhar diretamente com Swami Muktananda, ajudando pessoas em ashrans na Índia e nos Estados Unidos a lidarem com os desequilíbrios da Kundalini. Teve também a oportunidade de trabalhar com pessoas de todo o mundo, de muitas tradições diferentes, através da Kundalini Crisis Clinic e do trabalho na Tree of Life Foundation, que tiveram algum tipo de dificuldade com a Kundalini. Felizmente, apenas um pequeno número de pessoas teve dificuldades. Durante esse período, o autor observou e tratou casos de crises de Kundalini muito interessantes (diferentes de crises psicoespirituais), o que trouxe ao autor algumas descobertas.

Quase não há literatura atual que discuta seriamente a causa ou correção dos desequilíbrios da Kundalini com algum tipo de compreensão da situação no contexto moderno, portanto, o autor teve de lidar com essa situação por conta própria. Baseado na Graça, através das observações científicas do autor e na natureza das pessoas com vários tipos de desequilíbrio da Kundalini, uma teoria começou a surgir. Ela baseia-se em várias experiências importantes descritas aqui como "casos" que representam aspectos-chave do modelo.

Caso 1: Um homem com idade entre 20 e 30 anos teve a Kundalini desperta. Seu professor sugeriu que ele aumentasse ainda mais sua experiência com a droga ayahuasca. Imediatamente após tomar a ayahuasca, e durante o ano seguinte até ele conhecer o autor, esse homem sofreu extremos desequilíbrios da Kundalini. Seus sintomas incluíam sofrimento devido a pesadelos intensos, terror noturno, insônia, náusea severa, falta de energia (ele não tinha esse problema antes), desequilíbrio emocional e intuitivo severo, sensibilidade emocional e psíquica extrema e, o que de fora parecia ser, ojas extremamente exaurido (energia vital). Quando o autor o conheceu e o agraciou com Shaktipat, ocorreu um reequilíbrio do sistema imediatamente. A energia começou a fluir no sushumna, ou canal central, e durante o ano seguinte a pessoa lentamente recobrou a energia. O terror noturno, a insônia, a sensação de estar fora do ar e a confusão começaram a retroceder, e, um ano depois de receber o Shaktipat, seu sistema voltou ao equilíbrio. Terapias de apoio incluíram ervas para construir ojas, uma dieta de construção de ojas, homeopatia e um estilo de vida com ênfase em minimizar a atividade sexual. A pessoa agora voltou ao papel de professor espiritual em tempo integral e se recuperou dos efeitos de ter tomado ayahuasca.

Caso 2: Uma pessoa que teve a Kundalini desperta em outro sistema de ioga era um grande realizador, intelectualmente focado, tinha um intenso desejo por libertação e por aprofundar seu conhecimento espiritual. Tinha tendência a uma série de sintomas que foram amplificados quando a Kundalini foi desperta, incluindo soberba, raiva, mente crítica, comportamento egoísta e autocentrado e desejo excessivo de libertação. Intensificou a prática de seu sistema de ioga, o que resultou em uma progressiva deterioração do seu ojas, confusão mental, sensibilidade psíquica e falta de aterramento, até o ponto de ficar incapaz de funcionar por causa de uma extrema fraqueza física. Teve de deixar o ambiente do ashram onde estava vivendo. Sofria de sintomas tanto de desequilíbrio de ida como de pingala. O tratamento para ele, durante um período de três anos, incluiu ervas para construção de ojas, mudança no estilo de vida, alimentação viva, shaktipats repetidos para reconstruir e reorganizar a energia, remédios homeopáticos, ajuda terapêutica para se afastar das ambições iogues excessivas e egoístas movidas pela pingala e apoio terapêutico para ficar em paz e se render ao desdobramento da Kundalini num ritmo mais lento e natural. Era necessário explicar repetidamente a essa pessoa o princípio de se entregar, contrário à vontade própria excessiva e à pressão do excesso de práticas, como forma de contornar a tendência de tentar dominar a Kundalini. Ao começar a relaxar, aceitar-se e entregar-se ao desdobramento da Kundalini, lenta e constantemente, começou a se curar. Parte disso estava ajudando-o a aceitar sua constituição pitta-vata, que será discutida no Capítulo 24, e também a aceitar a tendência que durante toda a vida foi de exaurir ojas. A partir de sua aceitação e entrega, ele começou a florescer.

Caso 3: Quando um devoto de Swami Muktananda chegava a um quarteirão do ashram, começava a ficar agitado, violento e a perder o controle. Até chegar naquele ponto, sentia-se relativamente calmo. Podemos interpretar isso como excesso de fluxo energético no nadi pingala. Ele só conseguia controlar esse estado quando não vinha ao ashram, porque seu sistema não era capaz de lidar com o aumento de energia que sentia quando estava a um quarteirão do ashram. O principal tratamento foi manter-se longe do ashram até que seu sistema tivesse se reconstruído e se desenvolvido de modo a poder lidar com o aumento do fluxo da energia Kundalini que passava por ele.

Caso 4: Uma mulher com quem o autor trabalhou no Ashram Ganeshpini de Muktananda, na Índia, às vezes ficava muito silenciosa, passiva, muito yin, fora do ar, não aterrada, emocionalmente desequilibrada, sofrendo de insônia e extrema sensibilidade emocional. Ela rapidamente mudava para um comportamento agressivo e violento, com raiva e atacando as pessoas fisicamente. Esse é um exemplo de fluxo errático de energia nos nadis ida e pingala. O tratamento consistiu em pedir a ela que deixasse o ashram, pois ela também não conseguia lidar com essa energia e, no início, não estava aberta para ajudar. Com o passar do tempo e com visitas periódicas, ela, no entanto, pareceu melhorar. Outra parte do tratamento foi construir o ojas.

Caso 5: Uma senhora que não teve educação cristã e não tinha nenhuma familiaridade com a Kundalini veio à Kundalini Crisis Clinic. Lá ela demonstrou extremo medo, ansiedade, hostilidade e raiva com sua situação. Não queria nada que tivesse a ver com a Kundalini e estava muito chateada pelo fato de isso poder ter acontecido com ela espontaneamente. O autor trabalhou com ela usando nutrição em geral e ajudando-a a diminuir os efeitos da Kundalini em sua vida com uma dieta mais pesada. O autor também foi capaz de convencê-la a não fazer uso de tranquilizantes, mas apenas técnicas naturais para diminuir sua ansiedade. Seu alívio foi manter-se longe de qualquer tipo de medicação ou qualquer tipo de situação espiritual. Com o tempo, a energia Kundalini começou a se apagar e ela conseguiu o alívio que desejava.

Caso 6: O autor trabalhou com uma mulher que praticava atividades que estimulavam a Kundalini em excesso, sentindo medo, confusão, falta de aterramento, desequilíbrio emocional, exaustão crônica, raiva descontrolada, mente crítica e comportamento muito egoísta e autocentrado. Ela queria muito que acontecesse com ela o despertar da Kundalini e queria continuar a fazer as suas práticas espirituais, forçando muito a situação. O tratamento foi construir ojas e, na verdade, usar um pouco de carne em sua alimentação. Esta abordagem é excepcionalmente rara; na verdade, essa foi a única pessoa com quem o autor fez isso. Mas funcionou, pois diminuiu o fluxo da Kundalini a um nível tolerável. Este foi um claro desequilíbrio de seu sistema, o qual não conseguia lidar com o fluxo da Kundalini da maneira que estava. Acrescentar carne provou ser milagroso e mostrou como uma dieta com carne pode de fato agir de forma a diminuir a Kundalini. Se ela não comesse carne três vezes ao dia, a energia Kundalini se tornava excessiva para ela. Com pequenas porções de carne na sua alimentação, três vezes ao dia, moderando suas práticas espirituais, construindo ojas, ela foi capaz de progredir no trabalho espiritual, sentindo-se equilibrada e centrada, e assim foi capaz de continuar com sua vida.

Caso 7: Vários estudantes que praticavam meditação intensamente tiveram um despertar espontâneo da Kundalini como resultado da meditação. Eles praticavam em certos sistemas que não reconheciam exatamente a Kundalini. Quando começaram a apresentar kriyas físicos e espontâneos (movimentos descontrolados do corpo), literalmente eram atingidos com uma vareta por seu mestre ou diziam que havia algo de errado com eles. Esses estudantes achavam que estavam enlouquecendo. O que estava acontecendo não era exatamente um desequilíbrio da Kundalini, no entanto, o que lhes acontecia ficou na categoria de treinamento religioso precondicionado. Normalmente, em momentos de debate, eles sentiam um grande alívio, pois deixavam de acreditar que estavam enlouquecendo. Tiveram a clareza de escolher o desdobramento da Kundalini, se opondo à rigidez religiosa que lhes era exigida naquelas práticas. Essa foi uma solução diferente. No entanto, há pontos semelhantes em relação ao que estamos discutindo.

A teoria do trabalho terapêutico na energia da Kundalini em desequilíbrio se baseia na fisiologia esotérica anteriormente descrita. Existem três granthis ou nós. Quando a Kundalini é desperta, esses três nós se abrem simultaneamente, agindo como reguladores do fluxo da Kundalini. Na base da espinha, está o granthi Muladhara. O autor teoriza que os desequilíbrios no fluxo da Kundalini acontecem nesse granthi. Na fisiologia da Kundalini, o que é conhecido como a região kanda, situada exatamente abaixo do Muladhara ou primeiro chacra, é o local em que os três nadis básicos – ida, pingala e sushumna – se encontram e se iniciam no yukta triveni antes da entrada no chacra Muladhara. Parece que é nessa região que os desajustes ocorrem. O que acontece teoricamente é que há um bloqueio ou desajuste conforme a Kundalini Shakti, em vez de ir diretamente para cima através do pilar mediano do sushumna, é desviada por todos os 72 mil nadis e chacras com todos os componentes do sistema endócrino e nervoso associados, desequilibrando uma série de vrittis e sistemas fisiológicos. Esse bloqueio ou desajuste cria um desequilíbrio e, em alguns casos, um fluxo irregular, principalmente no ida e pingala. Ao iniciar o fluxo em diferentes direções, ele tende a afetar significativamente as suprarrenais, o chacra da base e as energias das suprarrenais e dos rins. Excesso de estímulo ou enfraquecimento das suprarrenais tende a enfraquecer o campo astral. Isso faz com que as pessoas se abram a todos os tipos de fenômenos psíquicos, criando desequilíbrio de vata, pesadelos e insônia. Isso tudo piora com o uso de drogas que também rompem o campo astral. A pessoa do caso 1, que tinha tomado ayahuasca e começou a apresentar esses problemas – desequilíbrio de vata, medos, pesadelos, insônia, sensibilidade psíquica extrema e exaustão do campo emocional e do yin –, é um exemplo dessa situação. Conforme a energia estressa e desequilibra as suprarrenais, é normal que muitas pessoas com desequilíbrio da Kundalini apresentem esgotamento de ojas. A energia do ojas é essencial para manter a energia da Kundalini. Essa é a razão pela qual as práticas de ioga, alimentação adequada e a ação do kedusha (sagrado) são importantes para construir energias, construir ojas, como preparação para despertar e sustentar a energia Kundalini.

Na experiência do autor, parece haver três tipos de respostas para a iniciação Shaktipat: leve, moderada e intensa. O autor, por exemplo, sentiu um despertar forte da Kundalini e sua fisiologia sutil foi capaz de segurá-la. Muitas pessoas vêm e recebem um despertar suave da Kundalini. Por causa do estado de sua mente e de seus interesses, este é o despertar perfeito para elas. O corpo, o sistema de nadis, os níveis de ojas e a saúde dessas pessoas estão mais preparadas para lidar melhor com um despertar suave. Alguns vão obter um despertar moderado, o que sugere que estão mais preparados. A coisa mais importante e emocionante para se ter em mente, para aqueles que querem comparar seu ego, perguntando-se se tiveram um despertar leve, moderado ou intenso, é que, uma vez que a Kundalini é despertada, não importa se ocorreu um pequeno passo ou um salto. Quando a Kundalini desperta, atravessamos uma porta para um próximo nível evolutivo de consciência. Um despertar suave é um mecanismo saudável e protetor. Uma vez que um despertar suave acontece, através das práticas e da vivência dos Seis Fundamentos e Shaktipats repetidos, somos capazes de construir reservas de ojas e a maturidade espiritual necessária para continuar a estimular o contínuo despertar da Kundalini. Portanto, a maioria das pessoas que tem um despertar suave deve ficar agradecida por haver uma regulagem suficiente no primeiro chacra e a capacidade de lidar com isso.

Podemos compreender a natureza dos desajustes de Kundalini em outro nível: entendendo que os desajustes estão associados a uma concentração de energia em estado de contração na região kanda, que é abaixo do chacra Muladhara e a ele está ligada. Podemos teorizar que a consciência se concentra no primeiro chacra, causando enfraquecimento do campo astral. Respondendo a isso, podemos contrair ainda mais o campo astral, como forma de lidar com o desequilíbrio, e esse fato concentra ainda mais a energia no primeiro chacra. A contração da consciência pode causar uma variedade de desequilíbrios. Um exemplo é aquele da pessoa no caso 5, que não tinha nenhum interesse e, na realidade, uma clara resistência à Kundalini. O resultado foi uma enorme contração da consciência, que se manifestou como insônia, medo excessivo e ansiedade.

Curando o Desequilíbrio da Kundalini

O principal tratamento para o desequilíbrio da Kundalini, pela experiência do autor, é receber Shaktipat de um mestre de Kundalini (um que é Liberto e que foi iniciado em uma linhagem). No processo de transmissão de Shaktipat, o campo astral da pessoa do caso 1, que tinha sido rompido e rasgado por drogas, estava enfraquecido, contraído e incapaz de lidar com a energia que chegava às suprarrenais e aos rins. Ele começou a se abrir para a cura e os buracos no campo foram ativados. Durante o Shaktipat, acontece uma ligação automática com a energia do plano astral do mestre de Kundalini, o que ativa uma expansão e cura o plano astral. Nesse contexto, podemos pensar a respeito do mestre espiritual de Shaktipat como modelo de clareza de Kundalini. Esse processo coloca os outros dois granthis e o resto dos chacras em uma sinergia totalmente energética e consciente. O Shaktipat expande e restaura o sentido de identidade completa, e a identidade completa do chacra para a pessoa que antes fora contraída a uma identidade de chacra da base. Assim o plano astral pode se curar e se expandir, em vez de contrair.

Quando o Muladhara granthi é ativado e as energias das suprarrenais e dos rins não são fortes, não há energia suficiente e apresentamos uma deficiência yin. Se houver um superestímulo e as suprarrenais estiverem desequilibradas para o outro sentido, obtemos um excesso de adrenalina, testosterona e produção de esteroides. Nenhuma dessas respostas yin ou yang se conecta ao coração. Ao receber o Shaktipat, acontece uma ligação e unidade no nível do coração com o chacra Muladhara. Uma vez que a energia começa a subir pelo sushumna, como no caso 1 quando a pessoa recebeu o Shaktipat, toda a fisiologia começa a melhorar. A energia Kundalini subindo pelo canal central ajuda a curar o desajuste. O Shaktipat abre a conexão em todos os granthis, restabelece o fluxo energético apropriado do canal central (sushumna) subindo até o chacra da coroa. Esotericamente, as pessoas muitas vezes têm a visão de uma pérola azul quando isso ocorre. Essa visão representa a combinação energética dos três granthis que se unem em sua inteireza. Esse é um sinal de desdobramento saudável da Kundalini. Um dos ensinamentos desta pessoa é que a Kundalini não funciona, na verdade, como um elevador se movendo do primeiro chacra ao segundo, ao terceiro e assim sucessivamente. Na experiência do autor, desde 1982, quando começou a operar como mestre Shaktipat de Kundalini/Professor Espiritual, às vezes o chacra da coroa parece ser ativado primeiro. Às vezes, é o do coração. Às vezes, em um despertar mais forte, todos os chacras serão claramente sentidos e ativados de uma só vez. É essa integração que permite a cura do desajuste da Kundalini. É a integração do movimento do medo para a segurança do primeiro chacra, o segundo chacra se abrindo ao Amor Divino e à alegria e o pesar do chacra do coração se conectando à empatia e à visão no sexto chacra.

Podemos pensar no Skaktipat como a Divina Estratégia da Graça. A experiência desta pessoa em ser um veículo para o Skaktipat mostra que a iniciação do Skaktipat abre o indivíduo para o Vazio, permitindo a quietude mental, o silêncio e a paz que em seguida leva a pessoa até a presença Divina, como a sua identidade original, como EU SOU AQUELE. A segunda coisa que acontece é que os três granthis são ativados (e unificados). O terceiro é o estado de ter a experiência da Graça. O quarto é a ativação da Divina rendição.

O segundo aspecto na cura de desequilíbrios da Kundalini é a rendição. Um dos assuntos que claramente surge quando as pessoas têm dificuldades é que os vrittis estão quase sempre ativados. Há um desequilíbrio expresso como impaciência, como cobiça profunda, ao invés do amor-desejo para retornar à nossa natureza original. As pessoas ainda estão envolvidas com tempo cármico e forma, em vez de estar envolvidas com a paz e a rendição ao desdobramento da Kundalini. A Kundalini desperta é um presente do

Amor de Deus, mas as pessoas sentem impaciência, orgulho, vontade egoísta e cobiça por consciência. É aí que muitas dessas energias desequilibradas podem se originar.

O caso 2 é um exemplo em que a pessoa tinha tanta cobiça egoísta pelo Divino que se impacientou e começou a forçar a Kundalini com técnicas iogues avançadas. Essa reativação cármica causa a congestão no primeiro granthi que então converte a energia, estressando as suprarrenais e perturbando o fluxo das energias renais. Gabriel acredita que um dos ensinamentos que evita que as pessoas caiam nesse desequilíbrio egoístico é explicar a Divina Estratégia da Graça e como devemos nos render ao desdobramento da nossa própria energia Kundalini. Isso requer paciência, paz e rendição, e não forçar as coisas com técnicas iogues excessivas, drogas ou qualquer outra técnica excessiva. A Kundalini é uma energia feminina, assim, ao respeitar o desdobramento da energia feminina em vez de ativar os carmas de vidas passadas, de forçar e cobiçar, somos capazes de evitar o bloqueio ou causar desajustes. Essa forma de meditação é espontânea e flui livremente, ao invés do conceito masculino de forçar e se ajustar a uma forma e uma técnica. Esse é o mistério da Kundalini – render-se à Kundalini e à Graça que é dada, e não tentar controlar a situação. Controlar e forçar vêm de um estado egoísta de vasanas passados de como lidar com a vida espiritual. Eles podem resultar em desequilíbrio.

O assunto no caso 7 é a instrução religiosa excessiva, que gera kriyas de ansiedade e bloqueia o primeiro granthi. Usar o Processo do Ponto Zero para eliminar essas instruções religiosas traz embasamento para a pessoa estar livre de conceitos entranhados (vasanas), e então ser capaz de permitir que a Kundalini se desdobre de forma correta, em vez de criar um bloqueio no primeiro chacra causado pelo medo. O autor deve dizer também que as instruções religiosas podem vir de atividades de vidas passadas, conforme a Kundalini é despertada. Os vasanas necessitam ser cuidados para que as pessoas tenham um desdobramento da energia Kundalini com sucesso. Conforme os carmas passados surgem, eles precisam ser trabalhados. Particularmente, talvez o mais intenso seja o que o autor chama de cobiça egoísta por consciência em vez de Amor e empatia por consciência, os vasanas da impaciência, dominância, orgulho e controle. Essa é a razão pela qual o autor mais uma vez sugere enfaticamente a importância da rendição. Não é a rendição a um mestre espiritual externo; é a rendição ao fluxo interno do Feminino Sagrado dentro do nosso Eu. É a rendição à magnificência da presença Divina dentro de nós mesmos. Os ensinamentos de um mestre de Shaktipat de Kundalini e a ação do Shaktipat realmente têm um papel importante em um bem-sucedido desdobramento da Kundalini. O mestre espiritual Liberto realmente queima os carmas como vasanas, que podem causar esse desajuste. O mestre pode queimar os carmas de cobiça por consciência, impaciência, força de vontade egoísta e orgulho, e criar o espaço espiritual para que a rendição natural ocorra. Um mestre de Shaktipat de Kundalini oferece inclusive a própria vida para o despertar dos estudantes e nesse ato ele está disposto a aceitar e queimar os carmas dos estudantes. Isso faz parte da compreensão da Divina Estratégia da Graça que está associada ao significado do Shaktipat. Shaktipat é um incrível presente do Amor de Yah, que nos leva ao próximo estágio evolutivo da consciência. O sacrifício do mestre de Shaktipat de Kundalini ao queimar os carmas dos estudantes é parte do ciclo desse presente da Graça.

A terceira parte do tratamento é construir ojas, o que será descrito no Capítulo 25. Devemos enfatizar novamente que o uso de drogas exaure o ojas e rompe o campo astral, como podemos ver no exemplo do caso 1. A prática de asanas é especificamente designada para integrar as energias da Kundalini, dos sistemas de chacras, os granthis, os nadis, os koshas (que serão discutidos no próximo capítulo). Estes, definitivamente, ajudam a reequilibrar a energia Kundalini, quando feitos com moderação. A Kundalini desperta requer mais glicose, mas isso pode ser alcançado com um consumo glicêmico de baixo a moderado, conforme explicado no livro do autor chamado *Rainbow Green Live-Food Cuisine* [Culinária viva do arco-íris][1]. Comer alimentos com alto valor glicêmico e açúcar branco exaure ainda mais o ojas e enfraquece as suprarrenais, assim como causa outros problemas médicos (ver a tabela que mostra os efeitos de uma dieta de alto índice glicêmico no Capítulo 27).

Independentemente de termos ou não a experiência de uma Kundalini desequilibrada, ou se nós simplesmente nos comprometermos com o processo de Libertação espiritual, a iniciação Shaktipat, a rendição e a construção de ojas são elementos fundamentais para um despertar seguro e excelente.

Resumo – Capítulo 4

1. Os três principais aspectos para curar o desequilíbrio da Kundalini são: Shaktipat, rendição e construção de ojas.
2. O desequilíbrio da Kundalini frequentemente vem de carmas de impaciência, cobiça por consciência, força de vontade egoísta e orgulho. Esses vrittis precisam ser curados e os vasanas precisam ser dissolvidos. O Processo do Ponto Zero e o apoio de um mestre espiritual ajudam nisso.
3. O mestre de Shaktipat de Kundalini absorve e queima os carmas, substituindo-os por paz, paciência, humildade e rendição ao fluxo.

– 5 –
OS SEIS KOSHAS

Para entender de fato a anatomia espiritual e continuar a construir as fundações para um novo paradigma de Nutrição Espiritual, devemos entender o princípio básico de cura holística: o complexo mente/corpo age como uma unidade. A mente e o corpo não estão separados. A saúde do corpo afeta a saúde da mente e vice-versa. Esse princípio é de importância fundamental no paradigma da Nutrição Espiritual e da cura holística em geral; ele é menos aceito e menos enfatizado na medicina alopática moderna e no paradigma materialista/mecanicista.

Os Seis Fundamentos para a Vida Espiritual são uma abordagem alquímica que purifica as camadas do complexo mente/corpo e transforma a mente não aperfeiçoada em uma mente sutil que está prestes a desaparecer. Isto é alquimia espiritual. As camadas da mente/corpo são chamadas koshas. O sistema de koshas de seis camadas desenvolvido por Shrii Shrii Anandamurti, um ser Divinizado, é o que melhor se adapta aos ensinamentos deste livro. Os koshas estão intimamente relacionados aos chacras, aos nadis e aos Seis Fundamentos.

O primeiro é o annamaya kosha (corpo de alimentos). O segundo é o kamamaya kosha (corpo de prazeres), que inclui o desejo ou a resistência à vida. Isso envolve as nossas lutas morais assim como os nossos vícios físicos e psicológicos. O terceiro é o manomaya kosha (corpo das emoções e da mente), que inclui a atividade de percepção e as funções motora-sensorial, emocional, instintiva e de memória mental.

O atimanasa kosha, o quarto kosha, é o que chamamos de primeira camada supermental ou mente superior. É também conhecido como a primeira das três camadas da superconsciência expandida ou mente causal. É um estado natural espontâneo e iluminado, no qual nós começamos a transcender a prisão do tempo, espaço e Ser, permitindo-nos ver o passado, o presente e o futuro. Essa camada da mente é a camada da intuição e da revelação criativa. O autor tem observado que as pessoas que seguem uma alimentação viva com alto teor de minerais têm uma maior tendência para abrir essa camada.

Os alquimistas buscavam algo similar ao clarear dos koshas. Eles falavam em converter metais em ouro, mas talvez estivessem realmente procurando como converter a mente não aperfeiçoada em mente sutil. A disciplina do sattva ou kedusha (o sagrado) é o fogo dos alquimistas. O despertar do Eu transcendendo da nossa natureza inferior para um nível mais alto de consciência, vivendo em uma "normalidade desperta" é a transformação alquímica. Em alguns indivíduos, por causa de seu nível de genialidade, o fluxo vibracional vindo da camada atimanasa kosha inspira os koshas inferiores a despertarem para as grandes descobertas e realizações na arte e na ciência. Por exemplo, Einstein, que recebeu muitas das suas ideias em sonhos, fez grandes descobertas. E ele dizia: "Não há nenhuma maneira lógica para descobrir essas leis elementares. Há apenas o caminho da intuição". William Blake era um poeta visionário que dizia: "A genialidade poética é o homem verdadeiro. O corpo ou a forma externa do homem deriva de sua genialidade poética". Quando os koshas inferiores estão calmos e concentrados, a profunda consciência da mente superconsciente pode penetrá-los. Isso não acontece muito frequentemente na vida cotidiana, mas para muitas pessoas pode acontecer em algum momento da vida. O trabalho é apoiar essa abertura nas pessoas para que esse tipo de evento se torne uma experiência normal, e parte disso está relacionado com a qualidade da alimentação. É através do atimanasa kosha que o desejo por uma prática espiritual se expressa inicialmente. Esse kosha é também estimulado pela beleza da natureza, pois a natureza eleva a mente para uma vibração de paz que emana dela. As literaturas de sabedoria e músicas devocionais podem também inspirar a nossa mente para se abrir a esse nível. O atimanasa kosha é a camada na qual os samskaras, que são formas-pensamento profundas, têm a sua primeira expressão. A experiência de se sentar com um Ser Desperto e viver a experiência de ter a sua consciência "arrastada" com a consciência desse Ser pode também estimular a purificação e a abertura do atimanasa kosha.

A quinta camada é o vijnanamaya kosha; a camada central da mente causal. Conforme ela se expande, pode captar a existência total do mundo objetivo. Ela permite o conhecimento completo do passado, presente e futuro, e conforme a mente se abre para a consciência, as qualidades de piedade, gentileza, paciência, serenidade, sucesso, alegria, êxtase espiritual, humildade, meditação, entusiasmo, imperturbabilidade e magnanimidade são ativadas. As duas funções principais desse kosha são: 1) viveka, que é chamado de discriminação ou habilidade de distinguir a diferença entre a Realidade Permanente e a realidade temporal, e 2) vairagya, que é qualidade de não apego. Viveka é a habilidade de conhecer e discernir o Eterno e o Absoluto do jogo transitório do mundo material da realidade temporal. Ela envolve certo discernimento. Este ponto é focado no curso do Processo do Ponto Zero (uma forma ocidental de jnana ioga) ensinado pelo autor na Tree of Life Foundation, em que as pessoas são capazes de sentir que "a personalidade é um caso de falsa identidade" e que nós somos e sempre fomos a consciência anterior ao tempo, espaço e Ser. Vairagya, ou não apego, que é diferente de desapego, tende a despertar após o despertar de viveka. Às vezes, isso é interpretado como um renunciar ou evitar as coisas do mundo. Algumas pessoas interpretam isso de maneira errada e tentam mortificar seu corpo para criar aversões na mente e nos instintos naturais de comer, dormir e de sexualidade. Agir assim é um modo de evitar a vida. Evitar não é a mesma coisa que vairagya. O verdadeiro vairagya não traz uma abordagem negativa. É uma atitude de amor a Deus e de ver e expandir a consciência universal dentro de todas as coisas. É uma maneira de ver o finito como uma expressão do Infinito, e ter e ser o Amor da Presença Divina em todas as coisas. Não apego não significa renunciar à nossa família e fugir para viver em uma caverna, mas realmente significa abarcar o mundo todo de forma igual. É ter uma visão igual. Em termos cabalísticos, o termo usado é hishtavut, que significa ser a consciência testemunha enquanto imergimos completamente na peça do mundo. Significa viver no paradoxo do mundo dual/não dual. Vairagya significa estar apegado apenas a Deus; desapego significa não estar nem mesmo apegado a Deus. Vairagya significa abrir o coração ao Divino, para que você veja o Divino em todas as coisas. Este é o seu significado mais profundo: Amor pelo Divino. Não apego não pode ocorrer até que o Amor pelo Divino seja seu principal modo de ser no mundo. É o sentido essencial e profundo do tantra. No despertar da Iluminação, o vairagya desaparece e há apenas o Você cósmico como EU SOU AQUELE. Não sobra nada com que possamos estar não apegados. Não há um lugar para estar e não há ninguém lá.

O hiranyamaya kosha, também conhecido como anandamaya kosha, é o sexto kosha, o mais elevado nível da mente causal sutil. É considerado o corpo do êxtase. É o começo da experiência das emoções naturais da alegria não causal, do contentamento não causal, do Amor não causal e da paz não causal. Este é considerado o kosha mais desenvolvido. É Luz dourada brilhante da consciência EU SOU. Nesse nível, a consciência de nós mesmos como unidade individual, unidade de ego, se dissolve. O que permanece é a intensa atração do Supremo, e apenas um fino véu (par'gawd) separa a pessoa da Autorrealização-Liberação-jivanmukti (Libertação no corpo) e o processo de entrar no moksha ou união com Deus ou Deveikut. O desejo por União neste estágio se torna quase insuportável, aliviado apenas quando a consciência da União Divina acontece. Quando percebemos que a União estava lá o tempo todo, o desejo de ir em direção a qualquer objetivo de ser ou fazer qualquer coisa desaparece. No hiranyamaya kosha, quase sempre sentimos sankalpa samadhi. Essa é a junção com a Luz, mas com a manutenção da consciência EU SOU. Quando estamos por tempo suficiente ligados a essa Luz e o EU SOU desaparece, a isso chamamos de sahaja samadhi. Esse kosha faz uma ponte com o mundo da Libertação. Em sahaja samadhi, quer estejamos acordados quer no estado adormecido, estamos na experiência contínua da Luz. Na experiência desta pessoa, é uma Luz branca dourada, assim como Luz dourada. Isso se estende lenta e constantemente por todos os níveis de consciência. Quando se alcança um lugar onde a principal consciência é anterior ao tempo, espaço e Ser, isso é sahaja samadhi. Sahaja samadhi é um estado contínuo, acordado ou adormecido, meditando ou andando, fazendo Amor ou comendo. É tudo que Há, Houve e Haverá.

Sahaja samadhi ocorre uma vez que o hiranyamaya kosha tenha sido transcendido e o fino véu, destroçado. Esta é a Autorrealização ou jivanmukti. Na cabala, pode ser definido como Chaya Yehida. Na cabala clássica, uma pessoa que vive nesse nível é chamada de Kadosh (pessoa sagrada), que nos tempos antigos era mais elevado que os níveis de consciência Tzadik ou Chesed.

Além dos koshas e da Autorrealização, está a total junção com Deus, conhecido como moksha ou Deveikut completo. É um estado de nirvakalpa samadhi permanente. Mukti é Autorrealização ou estado de Libertação como a consciência predominante transbordando. Em moksha ou Deveikut permanente contínuo, não há mais "você"; não resta mais EU SOU, mesmo como indício de oscilação intermitente. Apenas HÁ. Esse é um nível que poucos Seres alcançam. Nesta vida, esta pessoa encontrou duas que estavam em estado de moksha. Muitas pessoas, no entanto, estão no estado de Libertação ou Autorrealização. Há um *continuum* vertical dinâmico entre esses dois níveis de consciência, conforme colhemos os frutos das etapas iniciais da Autorrealização a caminho da consciência contínua do Deveikut completo.

Descrevemos os koshas para obter uma perspectiva mais completa a respeito da Nutrição Espiritual. *A Nutrição Espiritual trata de purificar todos os koshas, que inclui acalmar os vrittis da mente. Trata-se de comer e viver de forma a aumentar a nossa Comunhão com o Divino em todos os níveis e, portanto, requer purificação da mente em todos os níveis*. Usando a analogia do espelho, quando o espelho está limpo, você pode ver bem um objeto. Quando está sujo, o conhecimento do objeto se torna mais embaçado. Quando o espelho dos koshas está claro, nós nos tornamos a Profunda Quietude e a experiência do Eu Divino brilha através de nós. Quando os koshas estão claros, a Graça nos abre para a direta apreciação de que nós não somos nada além de um Eu Divino. A Graça como etapa final novamente torna claro que nós não podemos "criar uma técnica" para chegar à Autorrealização. Na cabala, a Graça é conhecida como Atik Yoman – a avó. Ela é o princípio incerto da Graça. Ela é a que não pode ser conhecida. Por causa dela nós nos inspiramos a desistir da ideia de que alguma vez estivemos no controle. Vamos usar outra analogia para esclarecer ainda mais: pense nos koshas como as camadas de uma lente de aumento, aumentando a Luz do Atmã, que é a natureza essencial de quem nós somos antes de toda a consciência, antes de qualquer aspecto de nossa mente, antes do tempo, espaço ou qualquer identidade de si. Quando todas as camadas de lentes de aumento são limpas a Luz do Atmã que está dentro de nós brilha tão intensamente que sentimos, literalmente, a Luz dentro de nós. O primeiro estágio para realmente se conhecer isso é a Autorrealização. A Luz é muito intensa em sankalpa samadhi; é a Luz de milhares de sóis explodindo através de nós.

Mais profundo do que essa Luz é o lugar do nirvakalpa samadhi, onde nada existe. O trabalho da Nutrição Espiritual, o darma ou mitzvot da Nutrição Espiritual, que inclui a ação correta e o correto trabalho, é simplesmente purificar todos os koshas para que a mente, que é o objeto do Atmã (alma), esteja tão limpa, e o corpo, que é o objeto mais grosseiro do Atmã, esteja tão limpo, que a mente desaparece e o objeto e o sujeito se tornam Um. O darma da Nutrição Espiritual é purificar as manifestações grosseiras do Atmã, que incluem todos os níveis de koshas. Nesse processo, cada kosha se torna completamente limpo e ativo. Nesse processo, até o corpo se torna um veículo do Atmã.

A abordagem da Nutrição Espiritual não é denegrir o complexo corpo-mente-EU SOU, mas sim elevá-lo ao mais elevado veículo da consciência. Esse é o principal propósito da Nutrição Espiritual. É tornar o corpo muito puro e um veículo de Luz que no nível mais grosseiro do Ser físico reflita a Luz mais elevada. À medida que honramos o corpo e o estabelecemos no seu sentido original, que é ser veículo da Luz, nos abrimos para a experiência do Divino. Nós nos abrimos para o que esta pessoa chama de presença (consciência de testemunha), que é uma porta para a Presença Divina. Conforme purificamos as camadas de koshas, que em essência é uma pirâmide invertida, mais e mais Luz é ampliada e brilha de forma que o annamaya kosha, o kamamaya, o manomaya, o atimanasa, o vijnanamaya e o anandamaya se tornam uma enorme estrada da Luz Divina reverberando em nós. Isso otimiza as precondições para a Libertação. O passo final é um ato espontâneo de Graça.

O poema a seguir, escrito por esta pessoa, descreve a experiência subjetiva dessa Luz quando os koshas são purificados e o sujeito e o objeto se tornam Um.

A incrível energia luminosa DAQUELE
Meio adormecido e completamente acordado
O corpo energético cheio de uma Luz ardente e indescritível
Explode através do Ser total
Com uma deleitável totalidade
De Alegria,
De Paz,
De Contentamento,
De Amor,
Ocorrendo sem nenhuma razão ou causa,
O estado humano natural
Existindo como a matriz do Estado de Ser interno
Como fenômeno e anteriormente,
No silêncio da noite,
No silêncio da meditação,
Nasce como milhares de sóis ardentes
E se acalma,
Mas nunca se põe na atividade do dia
Está sempre no fundo e frequentemente na frente
para uma matriz subjacente de bem-estar extático, não causal, paz, Amor, beleza, contentamento e alegria
Emanando 24 horas e 7 dias,
Residindo como Luz Infinita da Presença Divina
Elevando esta pessoa como Aquele em cada momento de cada ação
Ardendo como o Nada da consciência
No silêncio da Presença Divina
Na aquietude da mente e do corpo
Conforme o dia se desenrola para dentro da noite
Meio adormecido e completamente acordado
O êxtase do Eu Divino
Vai além da causa, compreensão e o EU SOU.

É a Graça permanente de Yah para todos
A incrível Energia Luminosa DAQUELE
A Luz do EU SOU AQUELE é tudo que Houve, Há e Haverá.

Os Seis Koshas e os Seis Fundamentos

Os Seis Fundamentos servem para purificar os Seis Koshas (ver tabela na página ao lado). Os dois primeiros fundamentos têm mais efeito no annamaya kosha: alimentar-se com uma dieta 100 por cento orgânica, viva, rica em minerais, com baixo teor de açúcar, sátvica-kedusha, consumo moderado de alimentos específicos para a nossa constituição e água estruturada. Jejum espiritual é uma prática importante e de construção de prana para o annamaya kosha. Esta é a mais poderosa alimentação para ativar o corpo físico e purificá-lo. Uma alimentação limpa, orgânica, viva, rica em minerais e pobre em açúcar também ajudará a criar uma mente calma aberta a todas as potencialidades. Essas práticas criam uma mente muito consciente, que não vê limitações e que tem o mais alto nível de frequência de 90 minerais capazes de entrar nela. A alimentação viva afeta até o atimanasa kosha. O annamaya kosha também é purificado pelos asanas de ioga, que expressam o fluxo da Kundalini e se concentram em ativar, mover e expandir o prana ou a energia Shekhinah tal como o sistema de Ioga Kali Ray Tri®; são as mais poderosas práticas. Todas as formas de asanas de ioga, no entanto, até mesmo aqueles que são estáticos, ajudarão a purificar o annamaya kosha até certo ponto. Asanas de ioga equilibram os vrittis dos chacras, abrem e ativam os nadis, movem e ativam todos os fluidos do corpo, integram o sistema nervoso sutil e grosseiro, constroem flexibilidade, preparam-nos para sentar confortavelmente para a meditação e permitem a fluidez da graça física e uma alegre força de presença. O Ophanim, que são as formas energéticas das letras hebraicas em posições físicas com os padrões de respiração cabalística também sustentam esse propósito. Para algumas pessoas, uma certa quantidade de trabalho físico, aeróbico, e exercícios cardiovasculares também ajudam. O exercício que Gabriel acha mais eficaz é pular em um trampolim, pois ele mobiliza a linfa. Uma pesquisa mostrou que você precisa de mais ou menos 16 minutos por dia se exercitando num trampolim, e que pode obter grandes benefícios num curto período de tempo se ainda inspirar oxigênio vindo de uma máscara e com respiração profunda. O oxigênio é o mais importante mineral do reino. É o mineral mais importante para apoiar o sistema imunológico e o sistema energético mitocondrial. Pranayama é trabalhar com a res-

Como cada fundamento afeta os koshas						
Fundamento	**Annamaya kosha (corpo de alimentos)**	**Kamamaya kosha (corpo dos prazeres)**	**Manomaya kosha (corpo das emoções e da mente)**	**Arimanasa kosha (corpo supermental)**	**Vijnanamaya kosha (mente causal)**	**Hiranyamaya kosha (corpo do êxtase)**
I. Nutrição						
A. Alimentos vivos	++++	+++	+++	++	+	+
B. Jejum espiritual	++++	++++	+++	++++	+	+++
II. Construção do prana (força vital)						
A. Asanas de ioga	++++	++++	+++	++	+	+
B. Pranayama (práticas de respiração)	++++	+++	++++	++	+	+
C. Ophanim, T'ai Chi, Reiki, Energia do Táquion e práticas energéticas	++++	+++	++	++	+	+
D. Danças sagradas	++	+++	+++	+++	+	+++
III. Serviço (sheirut) e caridade (tzedaka)	+	++++	+++	++	+	+
IV. Inspiração e guia espiritual						
A. Satsang/Yechidut	+	++++	+++	++++	+++	+++
B. Processo do Ponto Zero (jnana ioga)	+	+++	++++	++++	++++	+++
C. Sangha/Kehila (Chavurah)	+	++	+++	++++	+++	+++
D. Literatura de sabedoria espiritual	+	+++	+++	++++	+++	+++
E. Música sagrada	+	+++	++	++++	+++	++
F. Estar na natureza	+	+++	++	++++	+++	++
V. Silêncio						
A. Meditação (hitbodedut)	+	++	+++	++++	++++	++++
B. Orações (tefila)	+	++	++	++++	++	++++
C. Mantra (hagiya)	+	+	++	++++	++	++++
D. Cânticos (mizmor)	+	++	++	++++	++	++++
VI. Despertar da Kundalini Iniciação Shaktipat Smicha l'shefa/Haniha	+++	+++	+++	++++	++++	++++

piração de forma a ativar a energia vital e os cinco pranas do sistema, assim como mover a linfa e aumentar o oxigênio no sistema. O pranayama purifica o annamaya kosha, o kamamaya kosha e principalmente o manomaya kosha. O manomaya kosha é muito afetado porque quando o prana é constante e completo a mente se aquieta. Quando a mente se aquieta, então a Luz que passa pelo filtro dos koshas superiores pode atravessá-los com mais facilidade. Quando a mente está ativa, ela rouba toda a Luz vinda através de nós desde o Atmã e não somos capazes de sentir diretamente a Luz que é naturalmente nossa. Uma mente cheia de conceitos, preocupações, ansiedade e arrependimentos capta essa Luz para manter sua existência. Pranayamas são muito importantes e geralmente aumentam o prana da mente e ajudam a expandir a consciência. No nível do annamaya kosha, pranayama é o desenvolvimento do prana físico que se move através dos níveis sutis para o vijnanamaya kosha.

O kamamaya kosha, o segundo kosha, é afetado pela energia gerada da alimentação viva, de asanas de ioga e da atividade física, e nos dá clareza mental suficiente para viver de acordo com os princípios morais básicos. Na ioga, chamaríamos essas práticas de yamas e niyamas, e, pela abordagem bíblica, as chamamos de Dez Falas (esta é a tradução literal hebraica do que é conhecido como os "Dez Mandamentos"). Estas são as diretrizes para criar sattva/kedusha enfatizadas no Quarto Fundamento. Na Tora, existem na verdade 613 diretrizes ou mitzvahs. Cada mitzvah ou prática ajuda a trazer mais Luz para o sistema.

O Terceiro Fundamento, da caridade e serviço, é o ato de dar, que ativa a consciência da nossa Unidade com toda a humanidade. Em seu nível mais elevado, ele nos conduz de um ponto de vista egoísta e etnocêntrico para um ponto de vista global. Esse fundamento funciona em todos os níveis e nos força a desenvolver todos os níveis de koshas. Tanto nas tradições iogues quanto nas cabalísticas, caridade e serviço são formas poderosas de alterar carmas negativos. Um dos grandes ensinamentos cabalísticos é que nós imitamos o Divino pelo ato da doação. À medida que recebemos do Divino, imitamos Yah oferecendo e, assim agindo, completamos o ciclo de vida e espírito. Isso ativa os cinco primeiros koshas.

O Quarto Fundamento – leitura de literatura espiritual sábia, sangha ou kehilah, associação com pessoas ou comunidades voltadas para o lado espiritual, associação com um mestre espiritual desperto (satsang ou yechidut), dança sagrada e tempo na Natureza – afeta todos os seis koshas.

O manomaya kosha (terceiro kosha) é mais afetado por impulsos sensoriais. Aumentando o prana da mente expandimos a consciência em diversos níveis. Alimentação viva, asanas e pranayama ajudam a aumentar o prana da mente. O curso do Processo do Ponto Zero, criado em 1988 pelo autor e pelo doutor Steven Wolinski, ajuda a purificar o monomaya kosha. Desde 1990, o autor tem desenvolvido a própria versão do Processo do Ponto Zero como forma de jnana ioga ocidental para purificar tanto o manomaya kosha quanto o vijnanamaya kosha (quinto kosha). É um *workshop* que o autor dá na Tree of Life que ajuda as pessoas a entrarem em um estado no qual a consciência controla a mente, e não a mente controla a consciência. Ajuda as pessoas a se desidentificarem com o ser e o *continuum* espaço-tempo do ego e despertarem para a consciência da presença Divina como EU SOU AQUELE. O Processo do Ponto Zero ajuda a nos livrarmos da tirania da mente para que possamos viver num mundo como os taoistas dizem "aberto como o céu" em relação a todas as possibilidades, vivendo sem expectativas ou esperanças.

Purificar os manomaya e vijnanamaya koshas ajuda as pessoas a viver no momento presente e estar no sutil êxtase da presença Divina. Portanto, quando a mente e o corpo são acalmados por jejum, asanas, pranayama, alimentação adequada e pelo Processo do Ponto Zero, é mais fácil ter o poder de nos controlarmos em relação a sermos capazes de seguir princípios morais que nos alinham com as funções mais elevadas. É mais fácil acalmar a mente para que os níveis mais elevados possam fluir através de nós e isso nos leva ao atimanasa kosha (quarto kosha), o nível de intuição e criatividade. Na ioga clássica, falamos a respeito de pratyahara, que significa retirar-se dos sentidos, o que é facilitado com o silêncio, mas quando meditamos, o que é conhecido na cabala como hitbodedut, a mente silencia e a ilusão do externo se dissolve. Não há nada para ser sentido separado de nós. Esse é o pratyahara espontâneo que acontece no Silêncio Profundo quando o complexo corpo-mente-EU SOU desaparece na meditação. Meditação é o poder do Quinto Fundamento. Para esta pessoa, foi o fundamento central que deu poder ao fluxo da Kundalini para destruir o sonho de um complexo separado corpo-mente-EU SOU. Orar e entoar cânticos em seus níveis mais profundos se dissolve em meditação e, portanto, são partes do Quinto Fundamento. O vijnanamaya kosha é influenciado pela habilidade de compreender que a personalidade é um caso de falsa identidade. Começamos a distinguir entre a Realidade Final e a realidade temporal do nosso mito, sistema de crenças, conceitos e arquétipos, e somos despertados desses sonhos ilusórios.

O sexto nível de koshas, hiranyamaya kosha, é mais profundamente purificado e aberto pela meditação. Também há um aspecto maior, que é a Graça. A Graça é algo que acontece espontaneamente como Atik Yomin ou "guru tattva", na qual o mundo é o guru. Ela é normalmente focalizada por um mestre espiritual desperto. Essa Graça como o despertar da Kundalini é também conhecida como Shaktipat ou S'micha I'shefa/Haniha. Quando a Kundalini é desperta e nutrida pelos Seis Fundamentos, ela é uma queima espontânea que limpa, purifica e ativa os koshas energeticamente. As diferentes tradições têm diferentes nomes: um mestre espiritual desperto pode ser chamado Kadosh na tradição cabalística, guru na ioga tradicional, mestre de Kundalini ou mestre zen ou taoista. Há variações na forma pela qual o papel de um mestre espiritual pode compartilhar sua vibração espiritual com o aluno. Cada mestre espiritual tem seu próprio estilo, de acordo com a inclinação pessoal e as vidas passadas.

Para esta pessoa, a Graça de Shaktipat dada por Swami Muktananda despertou a Kundalini de modo que o anseio pelo Divino ou T'shukat Deveikut foi tão amplificado que só foi necessária a completa rendição ao seu delicioso e espontâneo desdobramento. Como uma semente ativada no jardim do complexo mente-corpo-EU SOU, ele brotou para a cósmica Tree of Life (árvore da vida). Tudo o que esta pessoa teve de fazer foi continuar se mostrando a cada segundo até que não havia mais nada desta pessoa para se mostrar. Os Fundamentos predominantes incluíam horas de intensa meditação diária, na qual ocorriam experiências que dissolviam a ilusão da separação. Era como uma mudança de comportamento Divina. No ashram de Muktananda, além de meditar seis horas por dia, o autor também participava de três horas de cânticos diários e do Guru Darshan (sentar-se na presença de um guru) por pelo menos uma hora. Uma alimentação vegana apoiava essas práticas no plano físico. Nós somos o Nada ou B'lee mah se expressando e experimentando a alma individual (jivan atmã ou neshama) através do nosso complexo individual corpo-mente-EU SOU. Assim a expressão dos Seis Fundamentos irá variar de acordo com o temperamento individual e os carmas. Nem todo mundo precisa meditar por seis horas diárias durante anos. Da mesma forma, a expressão e os ensinamentos de alguém que está desperto irão variar de acordo com a personalidade e o darma do complexo corpo-mente-EU SOU.

O Anseio pelo Divino
A semente da Verdade
Eternamente plantada
Dentro do complexo corpo-mente-EU SOU
É despertada pelo Seu toque.
Esta semente de fogo cósmico
Acende o eterno anseio pelo Divino
Em uma chama crepitante
Esta pessoa é como um touro no cio
Procurando acasalar com AQUELE
Destruindo

A ilusão de todas as barreiras
Além da limitação física imaginária e mental
Entrando no infindável êxtase da meditação
Cujas experiências desprogramam
A mente e o corpo da ilusão do mundo,
Uma forma de mudança comportamental Divina
Jogando esta pessoa para o vazio da Quietude Divina
Uma mariposa selvagem loucamente apaixonada
Irresistivelmente atraída pelo fogo Divino.
Tudo o que esta pessoa tem de fazer é se mostrar
E estar disposto a morrer
Na chama do Amor Divino
O estado do Eu é queimado em migalhas
E o respirar de Yah assopra todas as cinzas.
Vazio e completo
Como EU SOU AQUELE
Paz completa
O anseio completa a sua missão.
Nada sobra
Nenhum lugar para estar
Ninguém estando
Nenhum buscador
E nada a buscar.
O fim de todo o processo
Nada a Fazer, Ser ou Tornar-se
Livre para mover-se em qualquer direção
Como esta pessoa está
A selvagem Dança Divina de Yah.

Mantras

Além dos cânticos e da meditação, o uso de mantras (hagiya) é muito útil para todos os níveis de limpeza dos koshas. Dependendo da tradição que você venha, há diferentes mantras. O mantra com o qual as pessoas estão menos familiarizadas é com o Nome de Deus "Yod Heh Wah Heh" (YHVH) – que é o mantra da Libertação na tradição profética judaico-cabala. É o mantra dado a Moisés na Sarça Ardente. É o mantra que nos leva além do tempo, espaço e Ser – aquilo que Era, É e Será. Ele leva você ao período anterior à consciência do Eu Sou. Também é o grande mantra que transmuta para "Eu Serei Aquele que Serei", que indica a nossa potencialidade espiritual para Deveikut. Esse mantra é muito poderoso. Todos os mantras sagrados, de diferentes tradições, funcionam. Todos eles representam a vibração do Divino. Dependendo da sua tradição pessoal, é melhor usar o mantra que vibrar com sua Luz Interna. Na tradição iogue, um mantra poderoso é "Om Namah Shivaya". Ele o leva à Unidade Essencial. Essa ideia é a respeito da essência, pois o erro que cometemos ao tentarmos compreender a Divina Presença é relacioná-la de alguma forma como sendo externa em vez de uma vibração essencial. Para nos tornarmos subjetivos, devemos ser subjetivos. Esses mantras que possuem a vibração do Divino nos levam à consciência subjetiva para nos ajudar a focar a nossa concentração e então nos ajudar a purificar todos os níveis da mente. Esta é a diferença entre obter um mantra de um livro e um mantra ativado com poder, ou o que na Índia é conhecido como mantra chaitanya. De acordo com a nossa tendência cármica, certos mantras expressarão afinidades pessoais para cada pessoa. Em geral, somos motivados por um mestre desperto que nos dará o mantra ativado que nos será mais adequado. Apesar de "Yod Heh Wah Heh" ser um mantra público desde que Moisés o recebeu na Sarça Ardente, 3.400 anos atrás, ele não foi transmitido para esta pessoa em seu estado desperto até o final de um jejum de água de 21 dias, quando então apareceu visualmente como letras hebraicas em chamas energéticas que continuaram a aparecer ininterruptamente por um período de seis a doze horas, enquanto esta pessoa estava meditando no templo da Tree of Life Foundation. Ele ensinou muitas coisas e tornou-se o mantra desperto que esta pessoa compartilha com os buscadores.

Nós apenas conhecemos Atmã, ou Deus, pela experiência de ser conhecido por Deus. Nós apenas conhecemos Deus tendo a experiência de Deus como sujeito final e fonte de todo Ser. Quanto mais convidamos Deus para a nossa vida através da limpeza dos koshas, mais teremos a experiência de Deus como o segredo vivo da vida através de nós.

Resumo – Capítulo 5

1. Os seis koshas são as camadas da mente.
2. Os koshas estão intimamente relacionados com os chacras, os nadis e os Seis Fundamentos.
3. A Nutrição Espiritual trata de purificar todos os koshas para que a Luz Divina possa brilhar completamente através de nós.

– 6 –

CAMPOS ENERGÉTICOS ORGANIZADORES SUTIS, UM NOVO CONCEITO

A chave para compreender o paradigma holístico da Nutrição Espiritual e do despertar espiritual está em um novo conceito que o autor chama de Campos Energéticos Organizadores Sutis (CEOSs). O conceito de CEOSs é uma síntese intuitiva que, no entanto, está enraizada em evidências históricas, culturais, espirituais e científicas. Esse conceito incorpora uma integração da nutrição com a vida espiritual e é responsável por todas as observações "extravagantes" que permanecem inexplicáveis pelo paradigma materialista-mecanicista. É importante se conscientizar de que energia não é uma coisa, mas um conceito útil para organizar e comunicar fenômenos e experiências.

Histórica e culturalmente, a ideia de que o sistema humano está organizado em torno de um padrão energético que determina o seu funcionamento nos acompanha há milhares de anos. A ciência chinesa da acupuntura se baseia nos campos energéticos sutis chamados *meridianos* e na energia sutil chamada *Chi*. Na Índia, tanto a ioga quanto a medicina aiurvédica usam a palavra *prana* para descrever a energia sutil dos corpos e a força vital em outros campos vivos. No livro *The Secret Life of Plants*[1], o conceito de que as plantas têm um plano e um padrão energético específico se popularizou.

A compreensão de que os sistemas vivos são rodeados por campos energéticos sutis avançou muito devido à descoberta e ao uso da fotografia Kirlian, um tipo de fotografia que demonstra a forma dos CEOSs. O que torna difícil a compreensão sobre os CEOSs é o fato de eles já existirem antes mesmo da existência da forma física. Eles não emanam da forma física como as linhas do campo magnético de um ímã. Nessa hipótese, *os CEOSs são o padrão para as formas e estruturas biológicas físicas.* As fotografias mostram um padrão

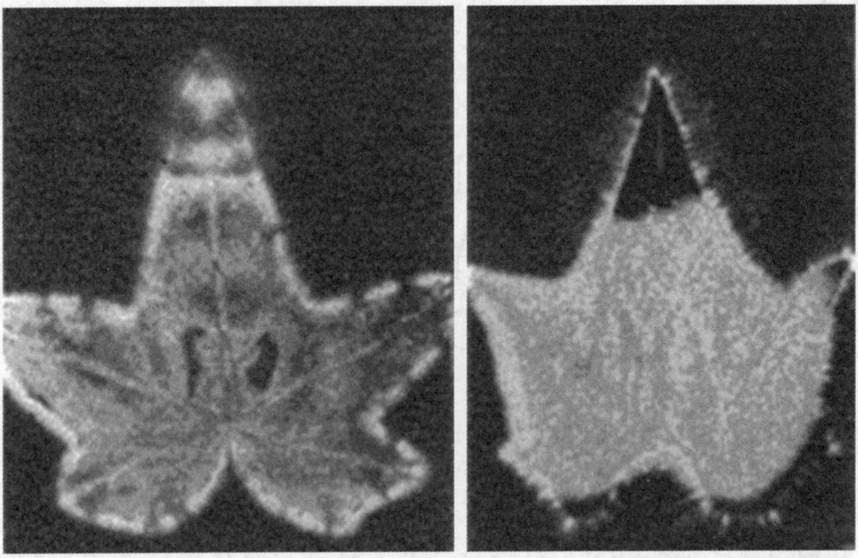

A energia sutil de uma folha vista através de uma fotografia Kirlian.

energético no formato de uma folha completa rodeando uma folha meio incompleta. Isso não aconteceria se os campos realmente emanassem da estrutura molecular da folha física. Maiores evidências recentes que apoiam a existência dos CEOSs foram dadas pelo falecido Marcel Vogel. Em suas experiências com a cristalização de ésteres de colesterol, Vogel foi capaz de fotografar com um microscópio de luz polarizante usando um compensador Ehringhouse, uma forma de energia completa, que se revelou uma fração de segundo antes de o líquido de colesterol derretido não estruturado passar para a fase cristalina estruturada.[2]

Aceitar o conceito da preexistência dos CEOSs tanto nos sistemas humanos como nas plantas nos levará (na Parte II) a uma visão expandida do alimento, que tem corpo, força vital e CEOS similares aos sistemas humanos. *É a interação dinâmica dos CEOSs humanos e das plantas que é importante na compreensão do novo paradigma da Nutrição Espiritual.* A próxima pergunta que poderíamos fazer é: qual é a fonte desses CEOS?

A Física do Ponto Zero e os CEOSs

Há uma teoria, criada por grandes nomes como Einstein e o físico Nikola Tesla, a respeito de como a existência material surgiu. Cada vez mais, a teoria é incluída na "nova" Física e na forma de pensamento da teoria de campo da mecânica quântica. Ela diz que o corpo existe como uma precipitação de uma ordem perfeita invisível e totalmente ilimitada. Vários nomes têm sido dados a essa totalidade ilimitada e invisível: éter, energia virtual, anergia ou estado de vácuo. Lentamente, alguns cientistas estão começando a acreditar que a matéria é simplesmente a condensação de um substrato energético sutil universal vibrante, ou que é um estado virtual ou um vácuo na matriz do tempo e do espaço, feita de formas e densidades de energia específicas. Em outras palavras, a matéria é a estrutura manifesta de toda a natureza e das leis que governam todos os fenômenos físicos. Em terminologia espiritual, consciência pura, energia cósmica e prana universal são termos análogos a esse estado não manifesto perfeitamente ordenado. Os CEOSs são uma tentativa de descrever como a precipitação da energia sutil para a forma material acontece e como ela é ordenada.

O que é o éter em termos de física? Beardon, um filósofo físico, diz que no nível do éter há uma separação de carga e massa. Ele o chama anergia, insistindo que não é energia, mas um componente mais fundamental de energia que existe como vácuo, estado virtual ou éter. O éter ou estado virtual, no entanto, não tem massa e não está preenchido com essa carga sem massa, mas *é* carga.[3] Parece ser uma carga quase ilimitada.

A energia latente que preenche o cosmo é chamada de energia do ponto zero – a energia que existe antes da materialização de um objeto. Adam Trombley, astrofísico e especialista em tecnologia do ponto zero, falou a este autor em uma entrevista que a materialização de um objeto no espaço representa um quadrilionésimo da energia disponível naquele volume de espaço.[4] É desse estado de ponto zero, ou energia virtual, que nós, como precipitação dessa energia, passamos a existir na forma física. Diz-se que a energia do ponto zero em um centímetro cúbico de espaço iguala a energia disponível em um milhão de vezes um milhão de toneladas de urânio. Isso é virtualmente energia ilimitada. O Departamento de Defesa dos Estados Unidos reconheceu a existência e a possível importância da tecnologia do ponto zero quando emitiu a solicitação de um programa, em 1986, que refletia um interesse em fontes energéticas esotéricas para propulsão, incluindo a energia dinâmica quântica do ponto zero no espaço de vácuo.[5]

Os pesquisadores teorizam que a primeira redução dessa energia virtual é no espaço de campo de táquion. Quem primeiro explicou teoricamente os campos de táquions foi o extraordinário pesquisador alemão Hans Nieper. *Um táquion pode ser imaginado como uma forma de anergia ligeiramente contraída ou um estado virtual tentando se tornar uma partícula.* Um campo de táquions, semelhante a um estado da matéria, parece ser feito de algo semelhante a partículas. Ele existe na interface da energia com a matéria. Philip Callahan, o entomologista que desenvolveu a primeira evidência experimental dos táquions, conectando uma figueira a um aparelho sensor de eletromagnetismo especial, definiu um táquion como uma partícula que se move mais rápido que a velocidade da luz.[6] Sua teoria é que a energia do campo de táquions se contrai como uma forma de energia de vórtice giratório, que precipita perto da velocidade da luz como uma partícula de matéria chamada fóton. O fóton continua a se contrair e a se reproduzir em formas materiais, interagindo de diversas maneiras energéticas com elas. Em 1990, David Wagner criou uma tecnologia física para focalizar e concentrar a energia de táquion em uma série de materiais naturais que podem ser usados como uma antena para energização de cura dos sistemas humanos.

Continuum Energético

O nome que atribuímos ao processo de criação e nutrição cósmica é "*continuum* energético". É um termo desenvolvido por David Wagner e por este autor e usado no livro *Tachyon Energy: A New Paradigm in Holistic Healing* [Energia do táquion: um novo paradigma em cura holística].[7] Com esse quadro em mente, adquirimos outra perspectiva do significado da nutrição cósmica. A teoria afirma que o corpo existe como precipitação de uma ordem invisível, ilimitada, totalmente perfeita. Chamamos essa ordem perfeita ilimitada de *energia do ponto zero*. Na produção da matéria, a energia do ponto zero passa pelo processo de se condensar na energia de táquion, que, em seguida, é convertida em frequências pelos CEOSs. À medida que a condensação da energia de ponto zero sutil e vibratória passa a uma energia sutil mais condensada, obtemos as formas especiais e as densidades de energia conhecidas como matéria. Matéria, em outras palavras, é a manifestação da natureza e das leis que governam todos os fenômenos físicos.

A energia do ponto zero é onipresente – ela permeia todo o universo, existe em quantidade infinita e nunca se exaure. Ela também contém todas as possibilidades. Dentro da energia do ponto zero, está tudo o que é necessário para a criação da forma perfeita. Essa é a sua primeira característica. A segunda característica é que ela é sem forma e não manifesta. A terceira é que é onipresente.

Em resumo:

- A energia do ponto zero é onipresente no universo.
- Ela permeia tudo.
- Ela existe em quantidade infinita.
- É completamente inexaurível.
- Contém todo o potencial para a forma perfeita.

A primeira principal redução dessa energia do ponto zero, não manifesta e sem forma, é em energia de táquion. O pesquisador alemão Hans Nieper descreveu os táquions como uma forma de energia levemente contraída tentando se tornar uma partícula. Ela existe na interface entre energia e matéria. Essa energia foi reduzida e configurada na forma material. Simultaneamente, ela continua a interagir de modo energético com as formas materiais.

Aumentando a quantidade de energia de táquion disponível no nosso sistema, aumentamos a consciência da energia do ponto zero porque a energia de táquion, na verdade, transmite e concentra a energia do ponto zero. O resultado é que melhoramos todos os níveis da saúde física, emocional, mental e espiritual, e intensificamos o processo de passar para os níveis de ordem superior e, portanto, a saúde em nossa vida. A antena de energia de táquion (criada por David Wagner) tem sido associada ao acelerar dos processos de cura e, indiretamente, ao processo de evolução espiritual para aqueles que têm usado esse método.

O presente entendimento do mundo científico, conforme descrito por Ernst Wall em seu livro *The Physics of Tachyon* [A física do táquion], apoia alguns desses conceitos.[8] Em termos físicos simplificados, as partículas da família lepton demonstram a transformação da energia do táquion se movendo mais rapidamente que a velocidade da luz em direção às frequências que estão se movendo abaixo da velocidade da luz. Essa família de partículas inclui o píon, o múon e o elétron. A primeira partícula, o píon, se movimenta um pouco abaixo da velocidade da luz e possui uma órbita matematicamente calculável e consistente, que é compatível com os CEOSs. *Todos os CEOSs se movimentam em uma velocidade um pouco abaixo da velocidade da luz e são diretamente responsáveis por converter a energia do táquion nas frequências necessárias para desenvolver, organizar e criar a forma perfeita.* Todas as formas materiais são compostas de diferentes frequências. Os CEOSs convertem a energia do táquion para a frequência específica necessária ao CEOS de uma determinada forma material. O CEOS mantém o píon em sua órbita. O CEOS do píon se movimenta um pouco abaixo da velocidade da luz e interage com os táquions que estão em velocidade maior que a da luz. Conforme a energia do táquion é convertida em frequências píon pelo CEOS, o píon em um instante se transforma em múon. O novo múon tem um CEOS (órbita) que é duas vezes maior que a de um píon. O CEOS do múon ainda existe um pouco abaixo da velocidade da luz. Conforme o CEOS de um múon continua a interagir com a energia do táquion, a órbita do CEOS novamente se expande e o múon se transforma, em um instante, em um elétron. O novo elétron tem uma órbita de CEOS 207 vezes maior do que a de um múon. Isso descreve o processo contínuo dos CEOSs convertendo energias do táquion na frequência que seja necessária. Esse processo então se desloca para baixo do *continuum* energético. Dessa forma, o ser humano é criado de um nível intracelular para o macronível da forma, ou qualquer outra forma.

(Ver ilustração do continuum *energético nas imagens coloridas.)*

Nós podemos pensar na energia do táquion como uma *energia de conexão do universo, responsável pela energização de todas as formas no planeta.* Em outras palavras, a energia do táquion é o entrelaçamento energético entre a energia do ponto zero e os CEOSs. Os CEOSs estão em comunhão direta com a energia do táquion em todos os níveis. São eles que convertem a energia do táquion em todos os níveis de frequências e formas. A energia do táquion, nesse contexto, é o fator crítico que energiza os CEOSs. Quanto mais energia do táquion trazemos para nossa vida, mais energizados e, portanto, mais organizados serão os nossos CEOSs. Essa teoria confirma que é a energização dos CEOSs que cria a saúde e o rejuvenescimento, pois o processo de energia sutil nos permite reverter a entropia. Quando a energia do táquion está fluindo livremente, temos uma fonte de energia infindável para a manutenção e a construção dos nossos CEOSs. Nesse contexto, o complexo corpo-mente se torna um condutor de energia mais rápido que a luz, pois estamos conectados à ilimitada energia do ponto zero como nossa principal fonte de energia. Outra forma de compreender o *continuum* energético, para que não nos tornemos excessivamente mecânicos na maneira de pensar, é que a energia do táquion é a energia da Shekhinah, ou seja, a energia prânica cósmica que vem da primeira emanação do Divino. Conforme evoluímos espiritualmente e o complexo corpo-mente se torna mais limpo e equilibrado, nós nos tornamos um transdutor e condutor de energia cada vez melhor. Nesse processo, o complexo corpo-mente é capaz de armazenar e transmitir cada vez maiores quantidades dessa energia elevada. Isso explica alguns dos fenômenos não usuais descritos neste livro.

Por ser uma forma material, o corpo se torna o foco dos CEOSs no tempo e no espaço conforme emergem em sua forma mais pura. Os CEOSs mais altamente purificados ressoam com os CEOSs menos aperfeiçoados, mas são imersos nos campos biogravitacionais do corpo humano, a não ser que nós os energizemos e aumentemos o seu grau de organização. Isso é muito diferente do paradigma materialista-mecanicista, no qual a forma de vida física é vista como a criadora do campo energético, como em um ímã. Robert Toben, no livro *Space, Time and Beyond* [Espaço, tempo e além], mostra que Einstein enfatizou repetidamente esse ponto de vista na teoria unificada: o campo energético é que cria a forma. A partícula emergente é simplesmente uma concentração espaço-tempo do campo vivo não linear.[9] Em outras palavras, os campos geram a matéria e não o inverso.

Qualquer tensão mental ou emocional diminui a energia que entra no sistema, engrossando e não permitindo o correto alinhamento dos corpos sutis. Quando os corpos sutis estão alinhados, a energia cósmica pode passar através deles mais facilmente. Quando os chacras não conseguem obter a energia normal de que eles necessitam para funcionar de fontes externas diretas, canalizadas através dos corpos sutis, eles puxam mais do vórtice central da Kundalini. Isso pode também resultar em um bloqueio no processo de transcendência, reduzindo a energia do vórtice da Kundalini. A energia do táquion reverte a entropia e a desorganização no nível energético físico, e também energiza e organiza o próprio eu no nível dos corpos sutis. Clinicamente, temos conseguido usar a energia do táquion para reverter a entropia causada pelo estresse no nível dos corpos sutis e dos chacras. Desarmonia, doença e degeneração são os resultados de um estilo de vida que desorganiza os CEOSs e, portanto, criam entropia ou envelhecimento. Doenças crônicas e degenerativas, assim como comportamentos autodestrutivos e que ameaçam a própria vida, se encontram apenas em seres humanos ou animais afetados pelo comportamento humano. Os seres humanos, neste momento da história, são as únicas formas vivas na Terra que tentam trabalhar contra as leis e a sabedoria da natureza. Na Índia, isso é chamado *prajna pratihara*, ou crimes contra a sabedoria. Devido ao fato de que falta aos seres humanos a sabedoria para viver um estilo de vida saudável, eles aceleram a entropia na forma de doenças degenerativas. Apenas os seres humanos e os animais domésticos sofrem de reumatismo, diabetes, cardiopatias, hipertensão, aterosclerose, esclerose múltipla, alergias, osteoporose e outras doenças degenerativas da civilização.

O Pleomorfismo e o Campo Coloidal Vivo

O próximo passo no *continuum* energético nos leva à teoria do pleomorfismo. Esta é a teoria desenvolvida pela linhagem que começou com o doutor Antoine Bechamp (1816-1908), prosseguiu com o doutor Claude

Bernard (1813-1878) e, por fim, com o doutor Enderlein (1872-1968). Este autor teve a oportunidade de estudar com uma das alunas alemãs do doutor Enderlein, a doutora Maria Blecker. O doutor Enderlein provou a teoria pleomórfica postulada por Beschamp através de sessenta anos de observação do sangue do ser humano vivo. Ele também provou que a célula não é a menor unidade de vida e que dentro das células há microunidades de vida chamadas *protídeos*. Isso é similar às microzimas do doutor Beschamp. O trabalho do doutor Enderlein também validou a teoria do pleomorfismo de Beschamp, que afirma que os microrganismos protídeos mudam sua forma de acordo com as condições do sangue. Sob condições tóxicas, os protídeos passam por uma reestruturação pleomórfica como vírus, bactéria, bolor ou fungo. O que esses pesquisadores descobriram, que pode ser visto ao microscópio, é que os protídeos estão no nível de 0,001 mícron, o que é coloidal em tamanho. O autor ampliou a teoria pleomórfica sugerindo que eles na verdade formam um campo energético coloidal vivo. O campo coloidal vivo é o próximo passo depois que a energia entrou no sistema corpóreo sutil dos chacras e nos diferentes níveis de corpos sutis que serão discutidos no próximo capítulo. *O campo coloidal vivo representa o primeiro receptáculo da energia sutil no plano físico*. Ele não está apenas dentro das células, mas existe no fluido extracelular, na linfa e no sangue. Em outras palavras, o campo coloidal vivo está essencialmente em todo lugar do corpo. Uma vez saudável, ele ajuda a criar e sustentar a saúde. Se o campo coloidal vivo estiver rompido por influências tóxicas, as cargas eletromagnéticas fisiológicas e energéticas no campo se transformam em uma patologia e a nossa saúde vai progressivamente piorando.

Em resumo, o *continuum* energético vai do Absoluto sem forma (Ein Sof) para o ponto zero, para a Shekhinah, prana cósmico ou energia Kundalini espiritual, e então ao nível dos táquions. Então, ele se reduz do táquion e atravessa a barreira da velocidade da luz para os CEOSs, para o sistema de corpos sutis e chacras, nadis e, finalmente, para o sistema coloidal vivo. Isso nos traz uma maneira de compreender o significado da Nutrição Espiritual e da saúde. Os CEOSs, quando energizados pela energia do táquion, criam uma matriz energética da suspensão coloidal dos protídeos em nossos tecidos, no plano físico. Isso se manifesta primeiro como um campo coloidal vivo no espaço entre as células e dentro delas.

O campo coloidal vivo é afetado tanto pelo meio ambiente físico no corpo como pela matriz de CEOS normalizantes. Alimentos ácidos, pensamentos ácidos (negativos), baixo oxigênio, toxinas do meio ambiente, metais pesados e falta de exercício têm o poder de desequilibrar o campo coloidal vivo. Essas forças podem movê-lo de uma matriz energética criativa, saudável ao desenvolvimento das células e dos tecidos, para uma expressão pleomórfica mórbida. Esses estresses ambientais negativos transformam a energia protídea saudável e criam uma mudança pleomórfica mórbida, propícia para vírus, bactéria, formas superiores de leveduras, bolores e fungos, conforme os protídeos pleomorficamente transmutam e coagulam. Conforme as formas pleomórficas mórbidas – também conhecidas como leveduras, bolores e fungos – começam a crescer, elas excretam micotoxinas, ou fungos venenosos, que tendem a quebrar o tecido vivo. Eles comem o açúcar nos nossos sistemas, o DNA, as proteínas, as enzimas e os hormônios. Eles vivem de nossos tecidos e fluidos vitais. As micotoxinas chegam até a destruir os nossos neurotransmissores. As formas pleomórficas patogênicas continuam a desequilibrar e acidificar o sistema e assim criam condições favoráveis para que mais desses organismos pleomórficos cresçam. Isso aumenta o estado de micose (infecção por fungos).

Em um estado saudável, há uma clara e completa expressão dos CEOSs vitais no campo coloidal vivo. Aqui está o contraponto às influências tóxicas no campo físico e mental. Quando o *continuum* energético não está bloqueado por influências tóxicas, ele energiza o padrão de vitalidade e cria um campo coloidal vivo energizado e saudável, que é o fundamento para uma melhor saúde. O campo coloidal vivo é o primeiro nível da manifestação física das energias vitais. Um campo coloidal vivo saudável é essencial para o funcionamento adequado do sistema de coagulação e para os blocos de construção adequados para todas as estruturas celulares, linfáticas, sanguíneas e intracelulares. Quando o campo coloidal vivo está energeticamente saudável, o que significa que não há bloqueios no *continuum* energético, temos um campo de apoio perfeito para as matrizes saudáveis e para a criação, a formação e o aumento da força vital nas células e nos tecidos. Quando o campo coloidal vivo está rompido por influências degenerativas, ele age como sensor do desequilíbrio fisiológico. Assim, ele reage ao ambiente e, como compensação, cria um campo energético mórbido, que desencadeia o processo de degeneração da saúde. Acredita-se que os protídeos, que parecem ser elementos vivos independentes, têm um papel crítico como construtores de saúde e como recicladores do organismo. Essa reciclagem é a morte e o processo de morrer. Se a impressão do CEOS no campo coloidal vivo dos protídeos não for significativamente rompida, o campo coloidal vivo age como construtor e restaurador da vida. Quando a matriz energética coloidal se rompe significativamente, o "botão de reciclagem" ou "botão de decomposição" é apertado, e os protídeos começam sua função de reciclagem/compostagem em qualquer organismo no qual estejam vivendo. Em essência, eles começam a acelerar o ritmo de fermentação no sistema. Na virada do século XIX, a cândida era encontrada principalmente em pessoas que estavam morrendo de câncer ou de outras doenças graves. A cândida é parte desse processo de reciclagem. O que estava acontecendo com aquelas pessoas com câncer era que o botão da decomposição tinha sido acionado e elas haviam começado a se decompor; começaram o ciclo de degeneração. Esse processo é discutido em detalhes no livro do autor *Rainbow Green Live-Food Cuisine* [Culinária viva do arco-íris][10].

O processo de doença crônica se ativa quando a pessoa se torna tóxica o suficiente a ponto de ter o seu botão de decomposição acionado. Dependendo do grau de toxidade e da intensidade com que esse botão seja apertado, a decomposição pode levar a doenças crônicas, ao sofrimento e, por fim, à morte. A chave para restaurar a saúde é minimizar ou eliminar as condições tóxicas a fim de que o botão da decomposição se desligue – eliminando as condições tóxicas e aumentando a quantidade de energia sutil que entra no sistema para que o processo degenerativo seja revertido e esse botão seja desligado. No nível prático, paz mental, amor e mente saudável, combinados com uma dieta de baixo índice glicêmico, altamente mineralizada, não ácida e baseada na alimentação viva são os fatores essenciais que desligarão o botão de decomposição e restabelecerão, em nós, uma saúde vigorosa. Isso cria a "entropia negativa", o reverso do envelhecimento induzido pela entropia. Todos os Seis Fundamentos ajudam a reverter a entropia desse processo degenerativo. Baseada na pesquisa do autor, a melhor alimentação para a saúde e para a Nutrição Espiritual é a Culinária Viva do Arco-Íris. Pessoas que estão passando por uma decomposição moderada normalmente precisam de três meses na Fase I dessa culinária, que não permite doces e é composta principalmente de castanhas cruas, sementes e vegetais para reverter o processo de decomposição (ver Capítulo 27 para mais informações sobre a Culinária Viva do Arco-Íris). Isso representa um grande contraste com as práticas alimentares praticadas ao redor do mundo, que geralmente aumentam as influências mórbidas e ligam o botão da decomposição. As influências mórbidas incluem frutas muito doces e híbridas, radiação, poluição intensa, toxidade por metal pesado, quantidade de estresse acelerado no meio ambiente e na nossa mente, guerras, pestilência, pragas, terrorismo, consumo de alimentos geneticamente modificados, alimentos irradiados, alimentos processados, *fast-food* (comida rápida), *junk food* (comida sem valor nutritivo), farinha branca refinada, açúcar branco e alimentos enlatados. Todos eles são especificamente influências mórbidas no campo coloidal vivo, conforme ele tenta exprimir a matriz energética organizacional sutil pura, inerente em nossas células e tecidos.

Bloqueios no *Continuum* Energético

Uma vez que compreendemos a existência do *continuum* energético, podemos compreender concretamente os efeitos dos bloqueios no fluxo energético através do *continuum*. Compreender isso é muito significativo para a Nutrição Espiritual e para a cura holística. Se temos um bloqueio no *continuum* energético, ele precisa ser desbloqueado. Esse bloqueio é, em essência, definido como uma desordem ou um caos no *continuum* energético, causando uma deficiência energética. Isso pode ocorrer no nível da energia do táquion ou no dos CEOS; pode ocorrer com o engrossamento ou desalinhamento dos corpos de energia sutil, que envolvem as emoções e o estado mental, ou poderá até ocorrer no nível físico devido às toxidades já descritas. A ideia de viver os Seis Fundamentos e usar materiais taquionizados é para restaurar o fluxo energético natural através do *continuum* energético. Eles organizam o que está desorganizado e criam a entropia negativa, ou seja, um efeito rejuvenescedor. Conforme a energia do táquion é aumentada ao vivermos os Seis Fundamentos, ela restaura as células ao seu estado natural de ordem e equilíbrio, criando saúde e bem-estar, e aumentando a consciência espiritual. Para esclarecer esse ponto, vamos supor que temos uma dor na parte inferior das costas e que essa dor está associada a um estresse emocional, que, por sua vez, está associado a um bloqueio no corpo emocional. Ao intensificarmos a nossa vida espiritual e fazer as correções emocionais e psicoespirituais, conseguimos desbloquear o campo, o que consequentemente pode eliminar a dor no nível físico. Esta é uma maneira simplificada de falar sobre doenças psicossomáticas. A única diferença é que estamos tratando dessa doença a partir de um nível de intervenção mais elevado, incluindo instrumentos taquionizados para cura holística, meditação, oração e assim por diante.

Quando temos uma parte do nosso *continuum* energético bloqueado, a aura fica em um estado energético deficiente no ponto do nosso sistema em que ocorre o bloqueio e, por fim, torna-se vulnerável a doenças degenerativas, assim como a uma invasão patológica aguda. Quando compreendemos e apreciamos verdadeiramente a importância de manter o *continuum* energético, temos a possibilidade de reverter a entropia e criar o rejuvenescimento. Temos até mesmo o potencial para conceitos impensáveis, como a imortalidade física. Este não é o objetivo da vida espiritual, o darma de toda a vida é o fundir-se com Deus. No entanto, quanto mais tempo permanecermos no corpo, mais chance temos de descobrir que somos aquilo que sempre fomos: Unos com Deus.

CEOS e Energia Virtual

A interação entre pesquisa e teoria fornece a matriz para as hipóteses do autor sobre os Campos Energéticos Organizadores Sutis. Os CEOSs tanto criam como energizam a forma padrão dos sistemas vivos. Emergindo do estado virtual, eles são capazes de se organizar em qualquer nível do corpo humano, dos táquions à estrutura celular e aos sistemas orgânicos. Os CEOSs ressoam com energia ilimitada e em estado virtual, transferindo-a através de vários sistemas de redução que, com o tempo, a transduzem ao campo energético do corpo humano. Os CEOSs ressoam e energizam o complexo corpo-mente. A energia virtual e onipresente, consequentemente, está sempre de certa forma ressoando com a energia cósmica. A maior parte do tempo, temos apenas experiências breves e indiretas desse fato, mas, num certo estágio da evolução espiritual, é possível sentir essa ressonância em sintonia direta consistente e conscientemente. Para muitos, esse tipo de experiência acontece primeiro na meditação. Conforme nos tornamos mais conscientes e ressoamos com esse estado energético virtual, nossa mente se funde e se identifica com essa consciência como a Verdade imutável e a realidade de nossa existência. Essa ressonância torna-se parte da nossa consciência real nas atividades diárias. Com o tempo, ela se torna uma consciência contínua e uma sintonia com a energia cósmica. Isso é conhecido como Consciência Cósmica.

Existe outro importante ramo da física que estuda a energia do ponto zero que é relevante para o paradigma da Nutrição Espiritual. Desenvolvido por Beardon, é chamado de Lei de Conservação da Anergia. A lei de Beardon afirma que a equivalência total de massa, energia e carga sem massa é conservada.[11] Se essa lei, com o tempo, for comprovada, ela explica como a entropia pode ser revertida e a transmutação biológica (ver Capítulo 13) pode ocorrer no sistema humano sem contrariar nenhuma lei fundamental. É, no fim das contas, a conversão da energia virtual ilimitada essencial nos CEOSs e a transdução dessa energia no corpo humano que revertem a entropia e, portanto, o processo de envelhecimento. Isso explica como o corpo pode se tornar uma máquina de "energia livre", pois estamos ligados à energia virtual ilimitada como fonte final de energia. Quando essa energia flui livremente, temos então uma fonte ilimitada de energia para reconstruir os nossos CEOSs e continuamente revertemos a entropia. Como resultado, o complexo corpo-mente se torna mais livre e equilibrado na evolução espiritual, e se torna um transdutor muito melhor, e um condutor de anergia para energia. Conforme isso ocorre, o corpo é capaz de armazenar e transmitir uma quantidade cada vez maior dessa energia elevada. Esse processo pode explicar alguns dos muitos milagres que dizem ocorrer na presença de mestres espirituais. Por exemplo, uma cura espontânea ocorreu quando as pessoas simplesmente tocaram a veste de Jesus. Hoje, compreendemos que houve um fluxo dessa pura energia cósmica ou Divina para as pessoas, a qual reorganizou e reenergizou os seus CEOSs, permitindo que o processo da doença fosse revertido. A fé das pessoas permitiu que atraíssem e ficassem receptivas a essa energia de cura.

Características dos CEOSs: Forma e Energia

Os CEOSs têm forma. Eles podem manter, ganhar, perder, ressoar, transduzir e transmitir energia. Por isso, são diferentes da hipótese de Rupert Sheldrake sobre os campos morfogênicos, descritos no *New Science of Life* [Nova ciência da vida]. Seus campos morfogênicos se preocupam apenas com a forma; eles não são nenhum tipo de matéria e nenhum tipo de energia.[12] A descrição de Sheldrake sobre os campos morfogênicos sua brilhante hipótese sobre o princípio da causalidade formativa se relaciona belamente com a forma dos CEOSs. De acordo com Sheldrake, os campos morfogênicos desempenham um papel causal no desenvolvimento e na manutenção das formas dos sistemas em todos os níveis. Sheldrake usa o termo "unidade mórfica" para descrever as subunidades em um sistema, por exemplo, uma unidade mórfica para prótons, outra para átomos, moléculas de água, células dos músculos e outra para órgãos como os rins. Os campos mórficos mais elevados coordenam a inter-relação, organização e padrão das unidades mórficas menores. Como os CEOSs, os campos morfogênicos correspondem ao estado latente de um sistema em desenvolvimento, estando presentes antes de se materializarem em suas formas finais.

Uma vez que o corpo se manifesta, ele se torna um foco para os CEOSs no tempo e no espaço, conforme emergem nas suas formas mais puras do estado virtual. Os CEOSs altamente purificados ressoam com os CEOSs menos aperfeiçoados que estão imersos nos campos biogravitacionais do corpo humano, e assim reenergizam e aumentam seu grau de organização. Isso é contrário ao paradigma materialista, no qual a forma de vida física é vista como a criadora dos campos energéticos em torno dela. Para esclarecer de forma sucinta, esses campos geram matéria. O corpo, nesse paradigma holístico, é uma forma estabilizada pelos CEOSs.

Se a energia do CEOS é dispersa, o campo organizador se rompe e o sistema vivo opera de forma menos organizada. Este é um aspecto importante no qual a forma do CEOS difere especificamente da teoria de Sheldrake sobre os campos morfogênicos. Essa dispersão que leva o sistema à desorganização pode ser chamada de entropia. Em termos concretos, a dispersão do CEOS gera replicação celular imperfeita, função enzimática empobrecida, diminuição da capacidade de transmutação biológica e aumento na tendência a doenças crônicas. Isso se traduz como envelhecimento. Quando os CEOSs dos alimentos são significativamente pobres, precisamos reenergizar o alimento para conseguir assimilá-lo completamente; para isso, usamos nossa própria energia vital, exaurindo a energia dos nossos CEOSs. Um exemplo é comer o pão branco altamente refinado. O cromo que é necessário para ajudar a sua assimilação pelo nosso sistema foi exaurido no processamento e deve ser suprido pelo corpo. Com o tempo, o corpo fica deficiente de cromo. Analogamente, quando os CEOSs dos alimentos são rompidos pelos procedimentos de processamento alimentar, principalmente através da radiação da nossa comida com mais de 100.000 rads (um raio X do tórax tem de ¼ a ½ de rad), o valor energético do alimento em termos da habilidade de aumentar a energia dos CEOSs é enfraquecida. Quando comemos alimentos altamente energéticos, o resultado é exatamente o oposto: aumento da energia dos CEOSs.

Quando os CEOSs estão energizados, se organizam de forma mais definida e estruturada, o que melhor mantém a sua conformidade e o funcionamento do sistema humano. Essa energização reverte a entropia. É essa propriedade dos CEOSs que reverte o processo de envelhecimento. Um modelo físico útil para essa propriedade é mostrado na figura a seguir. Adicionou-se açúcar mascavo à água. No início, ele não tem uma forma definida. Forma uma pilha desorganizada no fundo do copo. Quando adicionamos uma energia de vórtice ao sistema, mexendo com uma colher, a pilha de açúcar é puxada para cima para uma forma mais definida. Quando paramos de mexer com a colher e a seguramos na água, ela rompe o padrão de vórtice e a energia no sistema diminui, as partículas de açúcar mascavo começam a perder a forma bem definida e ocorre a entropia.

Da mesma maneira, os padrões energéticos em forma de vórtice dos diferentes CEOSs criam diferentes padrões de matéria. Conforme a energia de vórtice dos CEOSs se move para o universo do tempo e do espaço, eles começam a se organizar em um padrão físico. Quanto mais energia eles têm, mais definidas e organizadas são as estruturas físicas que estão organizando. As estruturas entrelaçadas em forma de vórtice do RNA e do DNA são manifestações físicas arquetípicas das formas de vórtice. Eles naturalmente representam a chave da organização celular. A partir dessa analogia dos vórtices com o conceito dos CEOSs, podemos começar a ver a conexão entre

Modelo metafórico para o entendimento do princípio energético dos CEOSs

viver um estilo de vida energizante e harmônico, e se alimentar de alimentos crus, orgânicos e vivos. O estilo de vida energizado e a alimentação viva, cuja grande energia natural não é dissipada pelo processamento, podem ajudar a diminuir e até reverter o processo de envelhecimento. Grande parte deste livro trata de como um corpo humano organizado e energizado dá suporte à saúde e à evolução espiritual.

A Água Estruturada nos Sistemas Biológicos

Água estruturada é uma água que tem os CEOSs altamente organizados e, portanto, tem uma estrutura mais cristalina e hidratada. Ela é um excelente exemplo de como aumentar a energia em um sistema biológico, nesse caso, a água, que se torna mais organizada e saudável. Ajudará a nossa compreensão se agora observarmos detalhadamente a água estruturada. Nela, tanto o ângulo da ligação molecular quanto a tensão superficial da água mudam. As moléculas estruturadas formam uma "concha" de hidratação de água mais estável, o que na realidade traz mais ordem e estrutura à água.[13]

Quando a água é exposta à luz da lua, à energia do cristal ou a uma pirâmide (todos são geradores, transmissores e/ou amplificadores da energia sutil), a configuração molecular real da água muda. Essa mudança de menos estrutura para mais estrutura representa uma reversão específica da entropia do sistema. Clegg relata que numa célula normal a água estruturada tende a se juntar em volta das superfícies das membranas celulares internas e externas e da matriz citoplasmática da célula.[14] Está comprovado que as qualidades polares (campos eletromagnéticos) das macromoléculas em geral e especificamente das enzimas, um dos grupos de macromoléculas, atraem "conchas" de água estruturada. Cada macromolécula tem um padrão específico de água estruturada em sua concha. Os biólogos estão mudando sua visão a respeito das células, vendo-as como nada mais que um saco membranoso contendo água líquida com enzimas, outras macromoléculas e íons em uma solução livre. Considera-se agora que as células contêm uma matriz de água estruturada com sistemas enzimáticos e outras macromoléculas, com íons de sódio e potássio, numa estrutura de água polarizada.[15]

De fato, a água aparenta estar estruturada em três níveis de intensidade.[16] Acredita-se que o aumento da água estruturada no espaço intracelular, nas localizações intracelulares da membrana, aumenta as concentrações de enzimas intracelulares conforme a água estruturada das enzimas adquire mais afinidade pela água estruturada nos locais intracelulares das membranas.[17] Essa rede de água estruturada gerada pelas membranas intracelulares e as superfícies macromoleculares criam uma matriz, na qual a maior parte do metabolismo intracelular ocorre.[18] Um aumento intracelular de água estruturada, resultado de um aumento na ordem e concentração enzimática, parece melhorar a qualidade das reações enzimáticas.[19] No nível prático da nutrição, há uma estruturação da água em torno das coenzimas (vitaminas), o que torna mais fácil para elas penetrar as barreiras de água estruturada dos fluidos extracelulares e do sistema intracelular. Portanto, as vitaminas chegam mais eficientemente ao local correto da reação enzimática. A água estruturada em torno das enzimas também estabiliza o estado de energia da própria enzima, melhorando suas reações.[20] Uma conclusão importante dessa pesquisa é que quanto mais água estruturada há em um sistema, melhor o sistema enzimático funciona, mais facilmente os minerais e as vitaminas são assimilados pelas células, e melhor é o metabolismo enzimático.

Essa pesquisa tem um significado especial, pois é correlata à teoria dos CEOSs, que diz que quanto mais energia há em um sistema, mais estruturado ele está e melhor e mais saudavelmente ele funciona. Estudos de ressonância magnética nuclear mostraram que a água intracelular em células cancerígenas tem significativamente menos estrutura que nas células normais.[21] Mikesell demonstra que quando há uma diminuição de água estruturada, há uma mudança na razão saudável de sódio/potássio no nível intracelular.[22] Essa perturbação parece estar em geral associada a uma menor qualidade de saúde.[23]

Outra propriedade da água estruturada geralmente aceita é que ela tem uma solubilidade para minerais mais alta do que a água não estruturada. Como as vitaminas, os minerais também ficam rodeados por uma célula de água estruturada por causa de sua polaridade e são absorvidos mais rapidamente por razões similares. A implicação é que pessoas com energia de CEOS mais elevada têm mais água estrutura em seus sistemas e, portanto, são mais capazes de absorver os minerais necessários.

Uma descrição detalhada a respeito da água estruturada e de como estruturar a água é mostrada no Capítulo 29.

Resumo da Água Estruturada

A pesquisa sobre a água estruturada é significativa para nós, pois é correlata à teoria dos CEOSs que afirma que quanto mais energia há em um sistema, mais estruturado ele está, menos entropia ele experimenta e melhor ele funciona. Por exemplo, quando há mais água estruturada no espaço intracelular de um sistema, há mais íons intracelulares concentrados e equilibrados, como cálcio, potássio e sódio. Desta nova perspectiva, podemos ver uma relação positiva entre o aumento da energia dos nossos CEOSs, o aumento de água estruturada intracelular e a melhora da saúde em geral.

Geralmente, há mais água estruturada nos sistemas biológicos do que na água em si. As frutas, como sistema biológico, têm a mais alta porcentagem de água, aproximadamente de 80 a 90 por cento. A sua posição acima do solo as expõe a mais luz solar, um estruturador de água comprovado. Elas são a mais importante fonte de água estruturada para os nossos sistemas. A água estruturada das frutas ajuda muito a limpar o sistema e a transportar enzimas, minerais e outros nutrientes com facilidade para dentro das células.

Mas como o foco deste livro não é a fisiologia intracelular, o autor gostaria de voltar à simples afirmação de que *o aumento da energia sutil em um sistema vivo resulta em mais água estruturada nesse sistema e, portanto, em uma melhora na saúde em geral.* Descobertas interessantes têm sido apresentadas nos oito anos de estudo de Orie Bachechi usando luzes Kiva, uma forma equilibrada de luz de espectro completo. Bachechi afirma que quando expomos alimentos e água às luzes Kiva, a quantidade de água estruturada que elas contêm aumenta.[24] Ele relata uma melhora em muitos processos de doenças, como a aterosclerose, hipertensão, pele ressecada, cálculo renal e biliar, úlceras, infecções por cândida *albicans*, alergias e artrite.[24] Ele também descobriu que pão feito com nutrientes expostos à luz Kiva contém 15 por cento a mais de proteína, um resultado que ele acredita ser devido à melhora nos nutrientes e na função enzimática no pão. Não é meu interesse afirmar que as luzes Kiva promovem melhora na saúde. Seria bom se os resultados obtidos em seus oito anos de pesquisas clínicas fossem confirmados em estudos controlados por pesquisadores independentes, no entanto, foi confirmado que, aumentando a energia sutil e, portanto, a água estruturada em um sistema, o funcionamento do corpo e a saúde também melhoram.

A teoria mais ampla sobre saúde holística e nutricional diz que a energia flui da energia do ponto zero para um aumento da energia sutil no sistema, o que melhora o bem-estar físico, emocional, mental e espiritual. Esse fluxo de energia cósmica para dentro de um sistema biológico é o que nos dá a habilidade de reverter a entropia e assim criar um processo de rejuvenescimento.

Resumo – Capítulo 6

1. O campo energético organizador sutil (CEOS) é o modelo para os múltiplos níveis de organização nos sistemas vivos.
2. Os CEOSs têm forma e também propriedades energéticas.
3. Os CEOSs ressoam com a energia ilimitada dos táquions e, por ressonância, nos transferem essa energia através de uma série de sistemas de condensação. Conforme o nosso complexo corpo-mente se transforma espiritualmente, fica mais fácil que essa energia nos seja diretamente transferida e experimentar uma ressonância direta com a energia cósmica.
4. Todos os elementos nutrientes têm seu próprio CEOS individual.
5. Quando os CEOSs são energizados, mantêm e fortificam tanto a sua própria organização como a do corpo físico. Essa propriedade nos permite resistir e reverter o processo de envelhecimento, o que chamamos de entropia.
6. Quando o nível energético dos CEOSs está exaurido devido a alimentos de baixa energia e a um estilo de vida que exaure as energias, os CEOSs se tornam menos organizados, resultando em aumento da entropia e envelhecimento.
7. É apresentada a hipótese da existência de um *continuum* energético.
8. A existência de um campo coloidal vivo como parte de um *continuum* energético é explicada.

– 7 –

ANATOMIAS SUTIS

O Sistema de Corpos Sutis

As anatomias sutis são outro sistema energético sutil que precisa ser explorado para nossa completa compreensão da Nutrição Espiritual e nossa necessidade dela. Assim como com os chacras, há um entendimento geral entre as autoridades espirituais, as tradições cabalísticas, os ensinamentos de ioga, as escrituras védicas e os pesquisadores ocidentais de que existem várias camadas de corpos energéticos sutis. Em alguns sistemas ocidentais, há relatos de duas a sete anatomias sutis. A maioria desses sistemas de anatomias sutis inclui as mesmas funções básicas e níveis de consciência. No vedanta e na maioria das tradições iogues são relatados quatro corpos: físico, sutil, causal e supercausal. Existe uma "mente" associada a cada nível de corpo sutil para o seu funcionamento e consciência.

O nome das sete anatomias sutis são: etérica, emocional, mental, astral, espiritual, causal e corpos da alma. Conforme a energia purificada se condensa no seu estado cósmico ou virtual, ela vai se reduzindo através das sete anatomias sutis, que a personalizam e a densificam a um nível que permite ao nosso corpo físico incorporá-la. É uma hipótese deste autor que as anatomias sutis funcionem em conjunto com o sistema de chacras nesse processo de transdução. Cada anatomia sutil tem um sistema de chacras sutis que regula o fluxo de energia dentro dela. Os sistemas de chacras também regulam o fluxo de energia entre as diferentes anatomias sutis. A experiência clínica do autor diz que a energia não flui apenas do cosmo para o corpo; ela também pode fluir na direção oposta. Por exemplo, quando a energia física de alguém aumenta, pode ser percebido um aumento correspondente em sua energia psicológica. Por consequência, parte da energia física que aumentou foi convertida em energia psicológica. Em geral, no entanto, o fluxo é do estado de energia virtual para uma forma mais condensada. Essa energia reduzida é absorvida através dos vórtices do sistema de chacras mensurável e daí para dentro da nossa anatomia física. Da nossa anatomia física – cérebro, coração, órgãos, sistema endócrino e estrutura esquelética –, são emitidos campos eletromagnéticos (CEMs) que se comunicam com todas as nossas células e com o mundo externo. Os chacras, que são mensuráveis pelos atuais instrumentos científicos limitados, fazem a interface entre os sistemas de corpos sutis e o corpo físico. É nesse nível que mais comumente se fala dos sistemas de chacras.

Os CEMs são as conexões finais entre os corpos físico e etérico. Um trabalho recente de José Delgado, neurocientista espanhol internacionalmente conhecido, nos traz uma evidência indireta dos efeitos que os CEMs podem produzir nos nossos sistemas biológicos. Delgado usa CEMs que são um quinto da força do próprio campo magnético da Terra. Este autor acredita que esses campos têm a mesma natureza daqueles transduzidos pelo sistema de chacras para dentro do corpo. Foi mostrado que esses campos alteram o funcionamento do sistema nervoso e de outras atividades do sistema físico de uma variedade de vertebrados. Por exemplo, quando Delgado expôs macacos a diferentes tipos de CEMs, alguns foram dormir e outros ficaram irritadiços. Alguns pesquisadores também detectaram CEMs no cérebro e em volta da área mais densa do sistema nervoso.

Funções das Sete Anatomias Sutis

As sete anatomias sutis incluem o que é também conhecido como a *aura* humana. Os corpos sutis agem de uma maneira análoga a um prisma, decompondo a energia cósmica em sete raios. Cada raio tende a ser o raio energizante predominante para um dos sete chacras.

O sistema de chacras penetra os sete corpos sutis e se conecta entre os diferentes níveis como parte do sistema de transdução de energia. Dependendo do alinhamento dos corpos sutis, a energia flui através deles com mais ou menos resistência, pelo que é mensurável no nível dos chacras. Os chacras interdimensionais podem ser imaginados metaforicamente como tubos entre os corpos sutis. Quando todos os corpos sutis estão alinhados, todos os sete "tubos" de chacras interdimensionais se sincronizam, e a energia cósmica flui através do corpo com um mínimo de resistência. Na figura, podemos seguir a visualização deste autor de como os corpos sutis são uma extensão do spin energético dos vórtices dos chacras. Conforme a energia do vórtice dos chacras aumenta, o spin centrífugo expande o corpo sutil. Conforme a energia cósmica aumenta, nossas asas angélicas são reveladas. Talvez os corpos sutis sejam as asas angélicas que às vezes são vistas pelas pessoas. Talvez sejamos até mesmo esses anjos.

(Ver as Asas angélicas: corpos sutis irradiando como uma extensão dos chacras, ilustração nas imagens coloridas.)

Quando os hemisférios esquerdo e direito do cérebro estão equilibrados, como é normalmente sentido durante a meditação, as anatomias sutis e os "tubos" dos chacras se alinham e a energia cósmica flui através deles suavemente. De modo inverso, durante épocas de agitação mental ou ansiedade, o sistema anatômico sutil de chacras se desalinha, resultando em mais resistência e menos fluxo energético. Em momentos como esses, uma pessoa pode descrever os chacras como "fechados". A diminuição do fluxo energético no sistema parece estar relacionada a um estado de consciência contraída e a um sentimento de desarmonia.

Uma pesquisa feita por Master Charles da MSH Associates, no estado de Virgínia, parece apoiar o fato de que um aumento na sincronização dos lados direito e esquerdo do cérebro se relaciona a um aumento no fluxo de energia de espiritualização que vai para dentro do sistema. A MSH desenvolveu um programa de áudio chamado *Synchronicity, the Recognitions Experience*™ [Sincronicidade, a experiência de reconhecimentos] como auxílio ao desenvolvimento espiritual. Nesse programa, os hemisférios do cérebro são progressivamente sincronizados através de fases de sons. Revendo os relatórios de aproximadamente mil participantes, os resultados preliminares mostraram que com o aumento da sincronização dos lados direito e esquerdo do cérebro, os participantes sentiram mais constância e profundidade na meditação.[1] Na verificação após a meditação, os participantes declararam um aumento no sentimento de total harmonia consigo mesmos e com o mundo.

Os corpos mental, emocional e etérico incluem o que nós normalmente associamos à *mente consciente*. Os sete corpos sutis como um todo incluem o que pode ser chamado de *mente maior*. Essa mente maior é a conexão entre o corpo físico, ou nível inconsciente de presença, e o nível energético virtual, ou Consciência Cósmica. Ela está entre os níveis do corpo e da energia cósmica. *Nós podemos pensar que os setes corpos sutis são a mente maior. O sistema de corpos sutis age como um sistema de transdução que personaliza o fluxo energético do nível cósmico de energia virtual para uma energia mais densa, que os nossos corpos podem incorporar no nível físico.*

Resumo – Capítulo 7

1. O sistema de anatomia sutil consiste de sete níveis energéticos sutis, conhecido como aura ou mente maior.
2. O sistema de corpos sutis de sete camadas funciona como um transdutor de redução que conduz o fluxo de energia do estado energético altamente purificado, virtual ou cósmico, para um estado condensado, personalizado, que o corpo usa como força vital.
3. Quando todos os sete corpos sutis estão alinhados, a energia cósmica flui através deles mais intensamente e com menos resistência para energizar e espiritualizar o complexo corpo-mente-espírito.

– 8 –

FENÔMENOS BIOLÓGICOS ANÔMALOS

Existem fenômenos anômalos no contexto da vida humana que, quando explorados mais profundamente, nos dão uma maior compreensão dos princípios da anatomia espiritual, da nossa existência como parte de um *continuum* energético e da necessidade de um novo paradigma de Nutrição Espiritual. Esses fenômenos anômalos – pessoas que afirmam ter vivido por centenas de anos, transmutações biológicas (detalhadas no Capítulo 13), o corpo Divino (a não decomposição após a morte), ressurreição e inédia (respiratorianismo) – não podem ser explicados e estão fora do contexto do paradigma materialista-mecanicista que domina o pensamento ocidental. Esses fenômenos exigem que nós olhemos para além do antigo paradigma e que apoiemos o paradigma emergente da Nutrição Espiritual.

Longevidade: Aproximando-se da Imortalidade Física

Vamos começar com as evidências que sugerem um prolongamento da longevidade que se aproxima da imortalidade física. Alguns iogues atualmente vivos na Índia afirmam dominar o segredo de como viver por centenas de anos. O grande profeta Sri Nisargadatta Maharaj encontrou um desses homens, que se ofereceu para ensiná-lo o segredo de como ele poderia viver mil anos. Sri Nisargadatta rejeitou a oferta, pois acreditava que viver mil anos não era o objetivo de se estar neste planeta.[1] Este autor concorda com o entendimento de Sri Nisargadatta, acrescentando que deveríamos cortejar uma saúde radiante até que o nosso propósito de estar neste planeta – a Libertação – se completasse. Tapasvji Maharaj, que viveu 185 anos, praticou kaya kalpa (um processo de rejuvenescimento aiurvédico) até a sua Libertação; então parou. Há relatos a respeito de Trailanga Swami, que, em 1946, época em que Swami Yogananda escreveu sobre ele, afirmava já ter 300 anos. Hotema declara que Numas De Cugna, da Índia, morreu em 1565 com a idade de 370 anos.[2] Há também relatos a respeito de um mestre atemporal chamado Babaji, que afirma ter feito a iniciação do grande santo Shankaracharya, nascido em 788 d.C., e também de Kabir, o grande santo sufi nascido em torno de 1440. Em *Autobiografia de um iogue*, Swami Yogananda, um respeitado mestre espiritual que viveu nos Estados Unidos nos últimos trinta anos de sua vida, descreve Babaji pelas suas entrevistas com aqueles que realmente passaram tempo com ele. Dizia-se que seu corpo parecia o de uma pessoa de 25 anos de idade. Dizia-se também que ele não precisava comer. A avaliação de Yogananda sobre o significado do extraordinário estado físico de Babaji, de manter seu corpo físico por séculos, é que era para servir de exemplo e de guia para nossas fantásticas possibilidades.[3] O autor não está afirmando que essas histórias são verdadeiras. Elas estão aqui para estimular a nossa imaginação. Como o ditado que diz: "Onde há fumaça há fogo".

Nos ensinamentos taoistas, a imortalidade é descrita como sendo parte do mais alto estado de união com o Tao.[4] Mantak Chia, professor taoista, afirma que em certas literaturas taoistas pode-se encontrar o nome de indivíduos que alcançaram esse estado. Ele diz que os ensinamentos taoistas falam da imortalidade de uma maneira concreta, e não metaforicamente.[5] O homem chinês com a maior longevidade documentada foi o professor Li Chung Yun, que dizem ter vivido 256 anos, de 1677 até 1933.[6] Para provar a sua idade, está documentado que aos 100 anos ele foi agraciado com uma Citação de Honra especial pelos extraordinários serviços prestados ao seu país,[7] e que ele fez uma série de 28 palestras na Universidade de Sinkiang quando tinha 200 anos.

Outra história que pode ser considerada por alguns como evidência simbólica (e por outros como uma verdadeira prova da quase imortalidade) são as referências bíblicas a uma pessoa em cada uma das dez primeiras gerações após Adão que viveu por centenas de anos. A Torá relata que Adão viveu 930 anos; Seth, 912 anos; Enoque, 905 anos; Matusalém, 960 anos e Noé, 950 anos. Alguns exemplos modernos de longevidade são citados por Hotema: Flora Thompson, da Carolina do Norte, morreu em 1808 com 152 anos; José Calverto, do México, morreu em 1921 com 186 anos; Thomas Garn, da Inglaterra, morreu em 1795 com 207 anos. Também há Dando, o iliriano, que dizem ter vivido mais de 500 anos.[8] No livro *Maharaj*, uma biografia do grande homem sagrado Shriman Tapasviji Maharaj, que viveu de 1770 a 1955 e chegou à idade de 185 anos, Maharaj encontra dois homens com idades entre 2000 e 3000 anos que viveram na época de Krishna.[9] Um deles, Ashvatthaman, comandante em chefe do exército dos Kauravas, conforme descreve o livro épico *Mahabharata*, havia recebido a bênção da longevidade de Drona, seu pai. O outro homem tinha dois metros e meio de altura e, durante a sua vida como asceta solitário no Himalaia, descobriu um arbusto com uma erva especial que levava à longevidade. Pode ser que seja a tão procurada planta soma. Essas fantásticas histórias fascinam a mente com a possibilidade de tal incrível longevidade. As histórias bíblicas e os exemplos historicamente documentados de longevidade não podem, de forma alguma, provar que temos esse potencial, mas há um número suficiente delas para nos convencer a considerar essa possibilidade. Afinal, dizem que um porco selvagem em seu estado nativo vive 300 anos, e uma águia, 500 anos. Quem poderia dizer que, se vivêssemos de acordo com as leis da natureza, não poderíamos viver tanto quanto os porcos selvagens? A razão do autor em mostrar esses exemplos não é apenas para demonstrar as limitações do paradigma materialista-mecanicista e apoiar a existência de um *continuum* energético, mas também para expandir a nossa consciência para as incríveis possibilidades que temos.

O Fenômeno do Corpo Divino

Uma teoria completa também deve incluir o fenômeno do corpo Divino – o encontro do corpo de certas pessoas sagradas que não se decompõe depois que o espírito deixou o invólucro físico. Exemplos dessas descobertas incluem:

- Jnaneshwar Maharaj, que se enterrou vivo em uma caverna com a idade de 21 anos. Trezentos anos mais tarde ele foi encontrado pelo grande santo Eknath Maharaj, no século XVI. O corpo parecia estar vivo e brilhando perfeitamente. Eknath Maharaj foi atraído ao lugar do sepultamento porque estava recebendo mensagens em meditação a respeito de um galho de árvore que tinha se enrolado em volta do pescoço de Jnaneshwar. Quando lhe foi dada permissão para entrar na caverna, realmente havia um galho em volta do pescoço do homem santo. Ele o removeu e consequentemente completou sua missão.

- Quando os nazistas desenterraram o corpo de Baal Shem Tov, o fundador espiritual do hassidismo, não apenas seu corpo estava totalmente intacto após duzentos anos, mas uma grande luz saía de seus olhos e isso os afugentou.
- No livro *Treasury of Chassidic Tales*[10], o rabino Shlomo Zevin escreve que, quando os nazistas tentaram profanar o túmulo do grande rabino Elimelech em Lyzhansk, entraram em pânico ao encontrar um corpo radiante e perfeitamente preservado. O rabino Zevin relata a mesma descoberta fantástica quando a comunidade judaica desenterrou o corpo do rabino Avraham de Chechanov para protegê-lo da profanação. Encontraram o corpo sagrado do tzaddik intacto e inteiro, como se tivesse acabado de ser enterrado, apesar de ter sido enterrado 68 anos antes.[11]
- Quando Paramahansa Yogananda deixou o corpo físico, seus restos mortais foram mantidos fora por vinte dias para que os discípulos de todo o mundo pudessem prestar suas últimas homenagens. Apesar de ser normal um corpo começar a se decompor em um ou dois dias, o diretor do necrotério, numa carta registrada, escreveu:

> A ausência de qualquer sinal visual de decomposição no corpo morto de Paramahansa Yogananda nos mostra o mais extraordinário caso de nossa experiência. Nenhuma desintegração física foi visível em seu corpo mesmo vinte dias após a morte. Nenhum indício de bolor foi visível em sua pele e nenhuma dessecação visível aconteceu em seus tecidos corpóreos. Esse estado de perfeita conservação de um corpo, pelo que nós conhecemos, não tem paralelo. O corpo de Yogananda estava aparentemente em um estado fenomenal de imutabilidade.[12]

- Existem relatos de que, em 1859, quando são João da Cruz foi exumado, 268 anos após a sua morte, o seu corpo estava perfeitamente preservado.[13]

Ressurreição

Uma teoria completa deve levar em conta o possível fenômeno da ressurreição. O mais bem conhecido naturalmente é o de Jesus. Conforme mostrado em Coríntios, a morte foi tragada pela vitória. "Morte, onde está tua vitória? Morte, onde está teu aguilhão?" (Coríntios, 15, 55).

Outro exemplo de um mestre ressuscitado está no relato de Yogananda sobre a ressurreição de seu mestre espiritual Sri Yukteswar, que passou duas horas com ele em Bombaim, em 1936, quatro meses após sua morte.[14] Respondendo às perguntas espantosas de Yogananda sobre a forma que Yogananda estava abraçando fisicamente, Yukteswar, ele disse: "Oh, sim, meu novo corpo é uma cópia perfeita do antigo, eu o materializo ou desmaterializo nesta forma em qualquer momento que desejo, muito mais vezes do que fazia quando estava na Terra".[15]

Yogananda também relata o fenômeno da ressurreição com o guru de Sri Yukteswar, um chefe de família chamado Lahiri Mahasaya. Pouco antes de morrer, ele disse aos seus devotos: "Sintam-se confortados; eu deverei ressuscitar".[16] Yogananda escreve que Lahiri Mahasaya ressuscitou depois que seu corpo físico foi cremado. Ele disse para um devoto: "Sou eu. Dos átomos desintegrados de meu corpo cremado eu ressuscitei em uma forma remodelada".[17] Para confirmar esse evento de ressurreição, Yogananda cita o testemunho de três dos maiores discípulos de Lahiri Mahasaya, dizendo que o guru deles apareceu diante deles um dia após a sua cremação, estando cada um em um local diferente. Um discípulo afirmou ter sido convidado a tocar seu corpo físico como prova da ressurreição física.

Inédia

Evidências de respiratorianismo (inédia), na verdade, existem em muitas tradições. Infelizmente, há alguns fraudadores que afirmam ser respiratorianistas, mas os seguintes exemplos parecem ser autênticos. Uma dessas pessoas é Thérèse Neuman, uma devota mulher católica de Konnersreuth, Alemanha. Ela se absteve de comida e bebida, exceto pelo ritual de engolir uma hóstia sacramental da espessura de uma folha de papel em horas específicas durante a semana, e uma colher de sopa de água por dia.[18] Por permissão eclesiástica, Thérèse foi submetida a uma investigação científica por esse fenômeno de inédia. A mais famosa investigação foi feita pelo doutor Fritz Gerlick, editor de um jornal protestante alemão, que queria expor a "fraude católica", mas acabou escrevendo a biografia dela.

Outro exemplo de inédia é de um religioso budista de 83 anos, que viveu 47 anos em uma caverna nas montanhas do Himalaia. O doutor Krishnan Lal, chefe de uma equipe médica de quatro especialistas que estudaram o monge durante 43 meses, relatou que ele vivia apenas com goles de água. Este é o exemplo mais próximo de inédia que conhecemos.

Na tradição taoista, de acordo com Mantak Chia, o sexto estágio da evolução espiritual é marcado pela inédia. Ele afirma que seu próprio mestre alcançou esse estágio, no qual viveu nas montanhas e foi capaz de subsistir com as energias sutis da Mãe Natureza.[19]

Há um caso documentado por Paramahansa Yogananda de uma mulher chamada Giri Bala, que parou de comer e beber aos 12 anos de idade. Na época de sua entrevista com essa mulher, ela estava sem comer e beber havia 56 anos.[20] Ela afirmou que sua nutrição derivava das energias refinadas do ar e da luz do sol, assim como da força cósmica que recarrega o corpo através dos chacras.

Mais recentemente, um senhor chamado Hira Ratan Manek, da Índia, tem feito jejuns de água de 130, 211 e 411 dias. E afirma que tira sua nutrição das frequências do sol. Ele já fez várias viagens pelo mundo explicando sua técnica.[21]

Longevidade e o Novo Paradigma da Nutrição

Esses fenômenos anômalos e a existência de transmutação biológica simplesmente não se encaixam na teoria materialista-mecanicista da nutrição, baseada na suposição de que a energia é produzida por formas físicas. Mas quando os explicamos usando o novo modelo de fisiologia espiritual, os fenômenos sustentam o paradigma holístico da Nutrição Espiritual, que considera como curso natural das coisas o fato de termos corpo físico e espírito quase imortais. É natural, em vez de incomum, aumentar a força vital e o nível de organização no sistema humano. A razão pela qual a longevidade não é experimentalmente óbvia é que os estilos de vida pessoal e mundial tendem a quebrar a organização e a energia natural dos nossos sistemas. O envelhecimento se equipara à diminuição em energia e organização dos padrões dos CEOSs que organizam nosso funcionamento corporal. Se comemos alimentos irradiados, nos quais os CEOSs foram destruídos, se comemos alimentos processados e cheios de antibióticos e pesticidas, se fumamos, bebemos, usamos drogas e, em geral, levamos uma vida pessoal, familiar e profissional desarmônicas, desorganizadas, aumentamos nossa entropia e diminuímos os nossos CEOSs. Ao não seguir as leis universais da natureza, diminuímos o nosso tempo de vida.

Para um racionalista que não tem outro parâmetro além da lei da entropia, essas histórias dos iogues, da Torá, dos hassídicos ou dos cristãos podem parecer fantasia. Mas para aqueles que compreendem como a entropia não se aplica aos sistemas vivos como única força governante, a implicação e a explicação desses exemplos devem ser examinadas mais de perto. Por exemplo, o rabino Moisés Maimônides, médico do século XII e um dos grandes sábios judeus da história, explicou que uma das razões por que os grandes líderes das primeiras dez gerações (começando por Adão) viveram tanto tempo foi porque eles tinham muito cuidado com a alimentação.[22] Diz-se que eles não comiam carne ou qualquer produto animal e nunca bebiam vinho ou outra bebida intoxicante. Toda a alimentação deles consistia de quantidades cuidadosamente medidas de comida vegetariana natural e a única bebida era água pura. Também se diz que eles tinham atividade sexual extremamente moderada.[23] Esses exemplos na *Antologia da Torá* também mostram que a longevidade diminuiu após a época de Noé, pois houve uma mudança em vitalidade atmosférica e por causa da adição de carne na dieta[24]. O autor não conhece a fonte original dessa informação; algumas parecem ter vindo de textos antigos e algumas de tradição ou revelação oral. No entanto, está completamente de acordo com o viver de forma a reafirmar a conexão CEOS-vida, uma abordagem em harmonia com as leis universais da Natureza.

Um tempo de vida que se aproxima de uma relativa imortalidade é possível; a longevidade saudável é uma realidade prática. Os essênios estudaram e viveram em harmonia com as leis da Natureza, e é relatado que eles também viviam regularmente mais do que 120 anos.[25] A ciência aiurvédica ensina que um estado de imortalidade pode ser alcançado se estivermos completamente sintonizados com as leis universais da natureza. De acordo com o doutor Szekeley, fundador do movimento essênio moderno, os pelegasianos, uma antiga cultura grega, comiam apenas castanhas, sementes, vegetais e frutas na forma 100 por cento viva e viviam uma média de 200 anos. Um amigo naturopata grego confirmou que a tal cultura existiu.

O livro *Maharaj* contém descrições de como Mahatma Shriman Tapasviji Mararaj viveu de 1770 até 1955, usando o processo chamado de kaya kalpa.[26] Em essência, esse processo é uma intensa aderência e ampliação das leis naturais, incluindo a total reenergização e reorganização dos CEOSs. Ele fez esse processo de rejuvenescimento três vezes: uma vez por 90 dias, depois por 365 dias com a idade de 150 anos, e a última vez por 40 dias.[27] Uma testemunha pessoal, o biógrafo do livro, verificou o renascimento de novos dentes, cabelo e um robusto corpo jovem no último tratamento de rejuvenescimento kaya kalpa. Aos 185 anos, em vez de repetir o processo, ele sentiu que o seu trabalho na Terra estava completo e era tempo de deixar o seu corpo. O potencial que nós, seres humanos, temos é realmente interessante. A essência desse tratamento será discutida em capítulos posteriores.

Hoje, experimentamos condições de vida desequilibradas no planeta, que bloqueiam o fluxo da energia cósmica através do *continuum* energético. O estilo de vida global, com radiação, pesticidas, diversas formas de poluição, disputas, ódios, violência e guerras entre nações, faz com que raramente o corpo físico atinja essas idades. No entanto, estudos de culturas que desfrutam de saúde e longevidade mostram um padrão de conservação e estímulo dos CEOSs. Em estudos de culturas como os hunzakuts no Paquistão e o povo Villabamba do Equador, os pesquisadores constataram que é normal as pessoas viverem ativamente por mais de cem anos. Paavo Airola resume os fatores básicos: come-se pouco, uma dieta predominantemente vegana, simples e de baixa caloria, exercícios, ar fresco e água de forma sistemática em ambiente contente, relaxado e amoroso, e estado mental positivo.[28] Li Chung Yun, um chinês que atestam ter 256 anos, chama isso de "calma interna".[29] A calma interna aumenta os CEOSs, enquanto o estresse rompe os CEOSs e esgota a força vital. Os pesquisadores de meditação transcendental, em sua reunião anual da Sociedade Americana de Geriatria, em 1979, relataram um estudo que mostrou que as pessoas que praticavam meditação transcendental por um longo período estavam em média doze anos mais jovens fisiologicamente do que cronologicamente.[30]

Apesar da longevidade não ser o objetivo da Nutrição Espiritual, ela é um resultado comum em um sistema humano com CEOSs altamente energizados e bem organizados. A longevidade não é necessariamente um sinal de espiritualidade. É uma conclusão comum entre o movimento de saúde holística e o potencial humano de que somos completamente independentes e livres para criar a nossa própria realidade. A experiência de meditação direta de fusão contínua na Consciência Universal e as descobertas da física da mecânica quântica no último meio século oferecem uma compreensão diferente: *nós não somos separados e independentes da totalidade do universo*. Como parte do todo, somos afetados pelo todo. Temos escolha e, por isso, temos certa responsabilidade, mas o destino geral é o resultado de todo o universo. Traduzindo isso em linguagem do dia a dia, a duração da nossa vida não depende inteiramente de nós e da nossa habilidade de obedecer as leis da natureza. *Estar em harmonia com as leis universais da natureza maximiza a qualidade de nossa existência, mas não a exata quantidade.*

Corpo Divino, Imortalidade Física e Supercondutividade

O fator-chave para compreender a saúde do corpo físico em relação aos CEOSs é que, como a energia do sistema aumenta o CEOS, que é a matriz do corpo físico, o corpo físico se fortalece. Quanto mais perfeitamente o CEOS está alinhado com o estado de energia virtual, melhor ele funciona. Se danificarmos o funcionamento do nosso sistema como acumulador e supercondutor de energia cósmica com uma alimentação e estilo de vida destrutivos, o livre fluxo da energia cósmica não consegue ocorrer. O sistema se desorganiza, e a replicação celular, as funções enzimáticas e celulares se rompem. O resultado é envelhecimento e doença. A outra ponta do espectro, a mais elevada função evolutiva natural, é o estabelecimento dos CEOSs em um determinado grau de força, condutividade e perfeição que, mesmo ao nível molecular, o corpo físico continua a agir como supercondutor estável de CEOS após a alma ter deixado o corpo. Em essência, o corpo divino ou imortal se torna um supercondutor estável de energia cósmica.

O uso tradicional do termo *supercondutor* se refere a certos metais que, abaixo da temperatura de transição e perto do zero absoluto, entram em um estado no qual uma corrente de elétrons pode fluir sem encontrar qualquer resistência na forma de fricção. Como a fricção é a causa da falha em todas as máquinas mecânicas de movimento perpétuo, quando não há fricção para impedir o fluxo de energia elétrica, a corrente inicial é capaz de persistir indefinidamente, sem nenhuma entrada adicional de energia. Essa é uma exceção crítica à doutrina tradicional da impossibilidade do movimento perpétuo ou, no nosso caso, um corpo imortal vivo ou divino.

A questão da estabilidade é importante. Acredita-se que um supercondutor é imperturbável. No que é chamado de efeito Meissner, em uma substância supercondutora, o fluxo de elétrons rejeita espontaneamente qualquer influência magnética externa e, consequentemente, mantém seu estado supercondutor imperturbável. Little, em seu artigo "Supercondutividade à Temperatura Ambiente" publicado na *Scientific American*, especula que se a natureza quisesse proteger a informação contida no código genético de uma espécie contra todas as influências ambientais, isso seria possível através da organização dos sistemas biológicos supercondutores.[31] Ele destaca que um supercondutor requer um alto grau de organização interna e teoriza que uma molécula supercondutora poderia existir à temperatura ambiente. O doutor Frank Barr, em seu trabalho sobre a hipótese da melanina, conforme relatado no *Brain Mind Bulletin*, sugere que a melanina poderia ser o tal supercondutor à temperatura ambiente.[32] A melanina é uma estrutura biomolecular encontrada no cérebro e em todo o corpo, e pode conter a memória de informação necessária para dirigir o fluxo das moléculas químicas do cérebro.

McClare prossegue com a discussão teórica ao afirmar em seu artigo sobre ressonância em bioenergética que a clássica Segunda Lei da Termodinâmica não se aplica de forma exata aos sistemas biológicos. Ele acredita que a energia liberada via ressonância é trocada tão rapidamente que ela não é disponível termicamente, mas permanece na forma de energia armazenada.[33] A conclusão é que o CEOS perfeitamente organizado pode transferir energia com ressonância do nível puramente cósmico ao nível biológico, sem perda de energia. Ele destaca que a Segunda Lei da Termodinâmica não afirma que a entropia tem que ser criada em todos os processos concebíveis, portanto, a supercondutividade não contradiz necessariamente essa lei.

A existência do corpo físico é então mantida e nós observamos o que chamamos de corpo Divino. Isso explica a possibilidade humana que foi evidenciada pelas histórias de são João da Cruz, Baal Shem Tov, rabino Elimelech, Reb Avraham, Jnaneswar Maharaj e Paramahansa Yogananda. O corpo deles era tão perfeito que os seus CEOSs e os corpos físicos continuaram como acumuladores estáveis depois que suas almas partiram.

Ressurreição e CEOSs

O processo de ressurreição, conforme evidenciado por Jesus, Sri Yukteswar e Lahiri Mahasaya, também se ajusta ao paradigma holístico. Esta explicação intuitiva deverá servir como alimento para o pensamento. Esses homens tinham alcançado uma perfeição espiritual de um nível tão elevado, e sua energia cósmica era tão grande, que através de uma profunda consciência de suas Uniões com a Fonte de Toda a Criação, eles conseguiram usar a mente sintonizada divinamente para materializar formas físicas tangíveis de seus CEOSs aperfeiçoados.

Transmutação Biológica e CEOSs

O conhecimento das propriedades dos CEOSs também permite uma compreensão intuitiva do fenômeno de transmutação biológica (descrito em detalhe no Capítulo 13). No processo de transmutação, o padrão para novos átomos necessários está contido no padrão dos CEOSs, que puxa átomos componentes para uma relação correta. Vamos relembrar a densificação da energia de transdução desde a energia virtual para o mais sutil CEOS, em seguida, as partículas do campo de táquions se movendo mais rapidamente que a velocidade da luz e, por fim, se transformando em um movimento de vórtice em uma partícula de massa. Há uma relação contínua dinâmica entre os vórtices de CEOSs e as estruturas atômicas físicas. Conforme a energia desses campos de vórtices energiza um átomo componente, o eixo do núcleo atômico começa a girar mais próximo da velocidade da luz ou no ponto de transmutação alquímica. Conforme ele gira mais rápido, o tamanho, mas não a massa do núcleo, parece se expandir. À medida que ele se expande, interage com o núcleo de outro átomo componente no mesmo ponto alquímico energizado dentro do campo de vórtice. Esses dois núcleos e as enzimas envolvidas são energizados pelas energias dos vórtices intensificados, e os dois núcleos se fundem para formar um novo átomo. As enzimas que Kervan[34] menciona nesse processo se tornam transmissoras e transportadoras de altos níveis de energia, transferindo essa energia, no ponto alquímico crítico, para permitir que a energia de ligação do núcleo resultante possa superar as energias de ligação de oposição dos dois átomos individuais. As enzimas, como a fusão dos átomos, são puxadas para dentro da estrutura de tempo e espaço do padrão bioquímico pelo CEOS específico que governa a interação. Uma forma útil de pensar sobre isso é visualizar limalhas de ferro sendo sincronizadas nos padrões do campo magnético. As limalhas são os átomos e as enzimas, e o ímã simboliza o CEOS que os puxa para dentro do padrão apropriado. A disponibilidade de enzimas específicas para o processo de transmutação é variável. Se uma pessoa está doente, a energia é usada para debelar a doença e fortalecer os CEOSs enfraquecidos, em vez de ser usada para o processo enzimático. À medida que formamos a nossa saúde, os CEOS têm mais energia disponível para a ativação enzimática e a transmutação.

Luz Divina: A Suprema Nutrição Espiritual

Quanto mais transmutamos biologicamente, menos precisamos ingerir alimento material – estamos vivendo mais e mais do prana cósmico. Esse processo explica o fenômeno do respiratorianismo, ou inédia, no qual os nutrientes de que precisamos podem ser completamente transmutados nas moléculas no ar, na água e nas frequências da luz solar. Assim como a longevidade, a inédia não é o nosso objetivo na Nutrição Espiritual. Mas isso mostra as extraordinárias possibilidades humanas que podem ser explicadas pelo nosso novo paradigma de Nutrição Espiritual. Podemos compreender a inédia também em outro nível. A história completa de Giri Bala ilustra isso. Aos 12 anos, Giri rezava para Deus mandar para ela um guru que a ensinasse como viver sem comida. Para sua surpresa, um guru apareceu e lhe ensinou uma técnica iogue dizendo para ela: "De hoje em diante, você deverá viver da luz astral; seus átomos corpóreos serão recarregados por uma corrente infinita".[35] Quando lhe perguntaram por que fora escolhida para viver sem comer, ela respondeu: "Para provar que o homem é Espírito. Para demonstrar que pelo avanço divino ele pode gradualmente aprender a viver da Luz Eterna e não da comida".[36]

Para o autor, isso é parte do significado mais sutil da Torá quando se diz que no Monte Sinai: "Moisés ficou ali com o Senhor quarenta dias e quarenta noites, sem comer pão nem beber água [...] Quando Moisés desceu da montanha do Sinai, trazendo na mão as duas tábuas da aliança, não sabia que a pele de sua face resplandecia por ter falado com o Senhor." (Êxodo, 34, 28-29). A conclusão é que Moisés tirou sua nutrição diretamente da radiação do Divino. Outro exemplo de sobreviver da radiação do Divino é Enoque, que afirmam ter ascendido vivo, ter visto muitos céus, e depois ter sido instruído por Deus para retornar à Terra por trinta dias para compartilhar os ensinamentos celestiais com seus filhos e ascender novamente. Quando seus filhos lhe ofertaram comida, ele recusou, explicando que desde o momento em que o Ser Supremo ungiu-o com o unguento da Glória do Divino ele não tinha comido mais.[37] Estes exemplos são a maior expressão do significado mais profundo da Nutrição Espiritual. A energia direta da Luz Divina é a Nutrição Espiritual suprema. Não precisamos nos tornar respiratorianistas, mas ele pode ocorrer a qualquer momento, quando nossa consciência se funde com o Divino.

Conclusão

Para desenvolver completamente uma compreensão da anatomia espiritual e o despertar espiritual, é óbvio que precisamos também desenvolver um paradigma de nutrição totalmente novo, a Nutrição Espiritual, que inclui as qualidades materiais, mental-emocional, energéticas e espirituais do nosso Ser. Mostramos que o paradigma materialista-mecanicista é muito limitado para ser a base de um paradigma nutricional, pois deixa de fora as anatomias e fisiologias espirituais sutis, e o *continuum* energético propriamente dito. Certas descobertas, tais como a transmutação biológica, a existência do fenômeno do corpo Divino, a longevidade anormal e a inédia não podem ser adequadamente explicadas pelo paradigma materialista-mecanicista. Desenvolvemos o conceito de CEOSs dentro do paradigma holístico de corpo, mente, energia e espírito e esse conceito inclui os relatos desses fenômenos "anômalos". O paradigma da Nutrição Espiritual não exclui o paradigma materialista-mecanicista, mas o inclui como parte de uma totalidade. Muita pesquisa pessoal, histórica e científica, mais as descobertas empíricas do próprio autor e revelações intuitivas, apoiam este novo paradigma nutricional.

Durante milhares de anos, em tradições como os ensinos védicos da Índia e as sociedades espiritualmente avançadas como os essênios dos manuscritos do mar Morto, houve uma consciência subjetiva a respeito dos princípios energéticos e da qualidade da nutrição. Há referências bíblicas para essas ideias e há grandes líderes espirituais como Enoque, Moisés e Jesus, cuja vida irradiava esses princípios. Apesar de a fusão da ciência e o conhecimento espiritual já ter progredido até certo nível de desenvolvimento, ela ainda não alcançou o nível de aperfeiçoamento que convencerá as mentes dos cientistas mais conservadores. Não pode haver "prova aceitável" desse material para uma mente que assume que há um mundo exclusivamente objetivo, que pode ser conhecido apenas pelos cinco sentidos. *Sir* Arthur Eddington, que forneceu a primeira prova da teoria da relatividade de Einstein e que também fez importantes contribuições para a física teórica do movimento, da evolução e da constituição interna dos sistemas estelares, nos fornece a seguinte afirmativa do impasse: "Verdadeiramente, é mais fácil para um camelo passar através do buraco da agulha do que um homem científico passar através de uma porta. E seja uma porta de estábulo ou de igreja, será mais sábio que ele admita ser um homem comum e entrar, em vez de esperar até que todas as dificuldades envolvidas em um ingresso realmente científico sejam resolvidas."

Os indícios que apoiam essas descobertas estão aumentando. Mas o autor deve lembrar aos leitores que o que está sendo compartilhado é um modo de compreender e uma teoria a respeito dos CEOSs. Esta teoria descreve a dinâmica da nutrição humana, a transmutação e certos fenômenos anômalos que não são adequados a nenhuma outra teoria de nutrição e vida humana. Usando a estrutura deste paradigma holístico, podemos desenvolver uma compreensão penetrante e uma aplicação prática de um sistema nutricional para o desenvolvimento espiritual. O autor convida os leitores a considerarem estes novos conceitos como ferramentas para uma compreensão, e não necessariamente como fatos dogmáticos. Quando essa compreensão é aplicada à visão prática da nutrição e à relação da nutrição com a vida espiritual, e o leitor associa isso com a própria experiência, essa teoria poderá então se mover para uma nova área de um fato que pode ser conhecido pela experiência.

Resumo – Capítulo 8

1. Foram dados exemplos de longevidade-imortalidade, corpo Divino, ressurreição e inédia.
2. A teoria do CEOS foi usada para mostrar como esses fenômenos e transmutações biológicas são possíveis.
3. Liberação ou jivanmukti é o propósito final da encarnação neste planeta. Longevidade, inédia e imortalidade do corpo são fenômenos secundários.
4. A Luz Divina de Deus é a suprema Nutrição Espiritual.

– 9 –

O CRISTAL HUMANO

Propriedades Cristalinas do Corpo

A chave para compreender a assimilação da energia em nossa estrutura física se dá pela percepção do corpo como uma série de estruturas cristalinas sincrônicas e interativas. Nesse nível, o corpo humano é uma conexão de cristais líquidos e sólidos oscilantes que formam todo o padrão energético do corpo. Cada órgão, glândula, sistema nervoso, célula, estrutura proteica e até mesmo os tecidos salinos do corpo mostram um nível de organização com algum grau de função cristalina. Marcel Vogel, especialista em cristais mundialmente conhecido, mostrou que o campo energético humano existe como um conjunto de pontos energéticos oscilantes que tem uma estrutura de camadas e uma simetria definida, e que essas propriedades preenchem a definição de um cristal normal na sua forma material.[1]

Nossa estrutura óssea há tempos é reconhecida como estrutura cristalina sólida com propriedades piezoelétricas. O efeito piezoelétrico é a criação de um pulso de campo eletromagnético (CEM) quando a estrutura cristalina está fisicamente tensionada ou fora de sua forma normal. Embora várias tradições esotéricas afirmem que a glândula pineal e a pituitária têm estruturas cristalinas sólidas, a estrutura óssea esquelética é a única estrutura cristalina sólida comprovada no corpo. Como cristal sólido, ela tem habilidade de converter energia vibracional, como som ou luz, em energia elétrica e eletromagnética. Os cristais podem absorver, armazenar, ampliar, transduzir e transmitir as energias vibracionais. Pesquisadores vibracionais avançados, como o doutor Glen Rein, também mostraram que energias de cura psíqui-

Cristal de quartzo

cas, eletromagnéticas, sutis e energias cristalinas têm efeitos biológicos similares no corpo. Uma pesquisa feita pelo doutor Rein indica que as energias de cura psíquica alteram o padrão eletromagnético mensurável de um cristal, sugerindo que as energias sutis podem alterar a estrutura física de um cristal. Sua pesquisa sugere que as energias sutis e as energias eletromagnéticas podem ser convertidas, ampliadas, transduzidas e transmitidas por um cristal em uma forma de energia que tem efeitos biológicos.[2] Essas propriedades do cristal têm um papel importante em nos ajudar a desenvolver um modelo de como o corpo, sendo uma estrutura cristalina complexa, absorve a energia do cosmo e da comida levando-nos a compreender a necessidade de um novo paradigma nutricional – o paradigma da Nutrição Espiritual.

A estrutura óssea cristalina em geral age como uma antena para toda energia vibracional interna do corpo e das informações que a penetram, incluindo a energia direta de formas pensamento. Isso repercute em todos os níveis de energia nutricional que ela recebe, seja diretamente (música, canções e cânticos religiosos) seja indiretamente através dos CEMs transferidos dos chacras, conforme eles reduzem a energia virtual que entra no sistema através dos sete corpos sutis. O cérebro, o sistema nervoso e o coração também emitem CEMs que repercutem com os ossos e outras estruturas semelhantes ao cristal. A estrutura óssea cristalina então amplia e irradia essa energia e informação para o resto do sistema até as estruturas cristalinas celulares e subcelulares. Esta é uma forma importante pela qual a energia e a informação são transferidas diretamente para todas as células do corpo vindas dos chacras, assim como através da conexão cósmica pura do sistema energia-cérebro-nervos.

O doutor Glen Rein propõe um sistema adicional mostrando como a informação e a energia são diretamente transferidas para as células.[3] Esse sistema se baseia no fato de que as células estão suspensas numa matriz extracelular de componentes de tecido conectivo, semelhante aos cristais macromoleculares. Essa matriz é preenchida com água estruturada que também tem propriedades semelhantes às do cristal. A água do sistema extracelular e a matriz semelhante ao cristal recebem energia ressonante e informação. No processo de receber a energia que entra, a formação eletroquímica dessa estrutura matricial muda. Tal mudança é então transmitida como corrente elétrica, enviando energia e informação através de todo o sistema. Esse é um sistema que fornece outro caminho pelo qual a estrutura óssea ressonante é capaz de mandar sua informação vibratória e biologicamente transduzida diretamente para todo o sistema celular. Apesar de haver outros subsistemas, semelhantes ao cristal, que absorvem e transmitem energia ressonante, a estrutura óssea, por ser o único cristal sólido no sistema, permanece sendo o principal transdutor. O seu estado sólido permite armazenar padrões de memória mais permanentemente como frequências de CEMs armazenadas nos ossos. Traumas nos ossos e na coluna vertebral, em particular, podem ficar armazenados na estrutura óssea, sendo o tratamento com cristais útil para aliviar esses traumas. Marcel Vogel chama o osso de armazém da mente.[4] As memórias também são armazenadas em estruturas semelhantes ao cristal dos tecidos conectivos profundos. Essa é a base biomolecular para as terapias nos tecidos profundos. Os ossos também vibram em ressonância com outras fontes vibratórias, como cristais, pedras, mantras, cânticos e música. Nós todos já ouvimos a frase "você pode sentir em seus ossos". Isso ajuda a explicar o efeito poderoso da música religiosa, como os cantos gregorianos e os *bhajans* iogues. Como sistemas cristalinos humanos, nós ressoamos em unidade total, harmonia e Amor com o pulsar do cosmo.

CEMs Piezoelétricos Gerados nos Ossos

Quando o estresse físico ou um campo eletromagnético é aplicado a um cristal piezoelétrico, o cristal muda de forma e gera um CEM.[5] O osso, o cristal de quartzo e a turmalina estão entre as poucas formas cristalinas com propriedades piezoelétricas. Alguns estudos sugerem que componentes semelhantes ao cristal na matriz extracelular do osso, como o colágeno e os proteoglicanos, possuem qualidades piezoelétricas.[6] Também foi constatado que tecidos mineralizados, como cartilagem, dentina, dentes em geral e tecidos relativamente não mineralizados como a queratina na pele, a elastina, tecido arterial, tecido conectivo (tendões e ligamentos) e até mesmo alguns cristais de aminoácidos (glicina, prolina e hidroxiprolina) têm propriedades piezoelétricas.[7]

As principais forças que criam os CEMs piezoelétricos pulsados nos ossos são os músculos antigravidade, o sistema cardiovascular, músculos voluntários e o impacto com o meio ambiente. Nós também notamos a habilidade dos campos eletromagnéticos projetados em criar uma resposta piezoelétrica no osso. É importante notar que os CEMs piezoelétricos pulsados criados pelo estresse ósseo têm atividade biológica.[8] As descobertas sugerem que a piezoeletricidade criada pode produzir um CEM de magnitude suficiente para produzir um amplo espectro de efeitos nos sistemas vivos. Teoricamente, esses campos piezoelétricos poderiam afetar "a nutrição celular, o controle do PH local, a ativação e supressão enzimática, a orientação das macromoléculas intra e extracelulares, a atividade das células migratórias e proliferativas, a capacidade sintética e as funções das células especializadas, a contratilidade e permeabilidade das membranas celulares e a transferência energética".[9]

Uma pesquisa sobre os efeitos dos CEMs pulsantes na fisiologia óssea já se estende por mais de quarenta anos. Muitas pesquisas interessantes foram feitas a respeito das aplicações fisiológicas e clínicas dos CEMs pulsantes nos ossos por pesquisadores proeminentes, como Andrew Bassett, da Faculdade de Médicos e Cirurgiões da Universidade Colúmbia (um dos professores do autor durante o curso de medicina). Em 1968, o doutor Bassett apresentou para o autor as propriedades piezoelétricas dos ossos e o efeito dos campos elétricos no crescimento e na destruição óssea. Apresentou a hipótese de que uma alteração no ambiente elétrico da célula criará uma mudança no comportamento fisiológico da célula. Ele mostrou que os CEMs pulsados diminuem a reabsorção óssea para perto do normal em ratos com ossos osteoporóticos experimentalmente induzidos, e aumentam a taxa de formação óssea para igual àquela de ratos saudáveis que andam livremente. A respeito dos campos pulsantes, ele constatou que a taxa de produção de colágeno aumentava.[10] O doutor Bassett também relata que, dependendo do padrão de pulsação dos CEMs, células recebendo diferentes campos de pulsação CEM tinham diferentes respostas biológicas.[11] Por exemplo, um disparo de pulsação eleva o conteúdo de cálcio no osso, enquanto que um único pulso abaixa o conteúdo de cálcio. O que pode ser deduzido dessa pesquisa é que os CEMs pulsantes afetam a função óssea e que, variando a onda de CEM, o pulso e a intensidade, o padrão CEM e os tipos de resposta óssea intracelular e extracelular variarão. Células de todos os tipos podem ser influenciadas por CEMs tão fracos quanto 2 vezes 10 elevado a menos 10 ampères.[12]

Potencial de Corrente de CEMs Gerado por Osso

Outro tipo de resposta de campo eletromagnético ou elétrico também é encontrado na estrutura óssea. Chamado de potencial de corrente, esse campo elétrico é criado pelo fluxo de íons, solutos carregados e células como os glóbulos vermelhos dos tecidos, transportados por fluidos extracelulares, como o sangue, pela matriz extracelular. Quando o osso se dobra, mesmo que de leve, pela pressão de um ato como andar ou mesmo pelo pulsar das nossas artérias, os fluidos extracelulares são bombeados pelo osso. Um potencial elétrico é criado como resultado da interação eletrostática dos fluidos carregados eletricamente que se movem, passando pela carga fixa na estrutura óssea cristalina. Esses fluidos elétricos também podem interagir com os campos piezoelétricos do osso.[13]

Campos CEMs no osso podem também ser produzidos como resultado das propriedades semicondutoras ou do estado sólido do osso, que ocorre quando há uma mudança de pressão na estrutura óssea. Essa mudança tem sido associada a um aumento na condutividade dos elétrons e, consequentemente, na produção de um CEM.

Natureza da Energia Gerada pelo Osso

Dependendo das fontes de geração, intensidade do CEM, características de pulsação e da combinação das interações elétricas dentro da estrutura óssea e dos fluidos, um campo CEM específico será gerado no osso. Essas propriedades têm um papel importante em nossa teoria sobre como a energia vibracional é assimilada do alimento.

É também importante compreender que a energia que está sendo discutida não é simplesmente uma transferência de elétron, de calor ou mecânica. Conforme destacou McClare, há um nível de organização nos sistemas biológicos – uma ressonância sintonizada entre níveis energéticos em diferentes moléculas –, que permite ao sistema bioenergético operar rapidamente e ao mesmo tempo com eficiência.[14] Ele também destaca que a energia liberada via ressonância é trocada tão rapidamente que não fica termicamente disponível, mas permanece em forma de energia armazenada. Isso significa que 100 por cento da energia ressonante é transferida e que nenhuma entropia é criada na energia transferida de forma ressonante. Isso é diferente da transferência de energia no sistema mecânico que sempre envolve alguma perda de energia.

Estrutura Cristalina Líquida em Sistemas Humanos

Há outras formas de sistemas semelhantes ao cristal no corpo, e um dos mais importantes é o cristal líquido. Tecnicamente, ele é definido como tendo forma, propriedades líquidas, informação armazenada e um campo eletromagnético mensurável. Da nossa perspectiva, ele também tem CEOS, que é refletido na sua informação armazenada no CEM. Um cristal líquido pode agir simultaneamente como líquido e cristal. Os sistemas cristalinos líquidos maiores incluem o tecido gorduroso, o tecido muscular e o nervoso, o sistema linfático, as células dos glóbulos brancos e vários revestimentos pleurais e peritoneais.

Os tecidos muscular e nervoso existem como um sistema cristalino líquido mantido na sua forma pelos sistemas ósseos e de pele. Também foi demonstrado que os músculos, pela natureza de suas estruturas, têm algumas propriedades piezoelétricas. No nível celular, todas as células e membranas de célula são consideradas cristais líquidos. O livro *Liquid Crystals and Ordered Fluids* [Cristais líquidos e fluidos ordenados], editado por J. F. Johnson e R. S. Porter, destaca que as várias membranas celulares, componentes da membrana e membranas intracelulares, funcionam como estruturas cristalinas líquidas.[15] Estas incluem a membrana plasmática, a membrana mitocondrial, o retículo endoplasmático liso e rugoso, a membrana nuclear e a membrana do cloroplasto.

Os fluidos corpóreos também têm qualidades cristalinas. As moléculas de água contêm a forma potencial de todos os cristais em sua forma primária de tetraedro. A água pode levar todas as formas diferentes de íons para um estado cristalino e mantê-las em solução. Além do mais, quanto mais estruturada a água está (ver Capítulo 29), maior a concentração de íons que ela pode manter. No trabalho de Norm Miksell sobre a água estruturada, o autor destaca que quando as células corpóreas e os tecidos se tornam doentes ou cancerosos, as estruturas proteicas cristalinas perdem a sua configuração apropriada para manter a água em um perfeito estado estruturado. Assim, os íons e outros solutos da célula são redistribuídos pelo novo padrão de água não estruturada.[16] Se a água na célula, no fluido extracelular ou no plasma sanguíneo for estruturada, ela então será capaz de atrair e manter mais íons pela virtude dos seus padrões de camada de hidratação. Quando a água estruturada é organizada ao redor de um íon específico, ela é capaz de mover os íons mais facilmente para a água citoplasmática mais estruturada dentro da célula. Uma vez que a água estruturada ionicamente está dentro da célula, ela ajuda a atrair o mesmo íon para dentro da célula.

O Corpo como uma Série de Campos Ressonantes Cristalinos Amplificados e Sincrônicos

O autor teoriza que o mecanismo fundamental pelo qual a água estruturada de sais celulares e suas camadas de hidratação ampliadas são capazes de atrair íons semelhantes adicionais se relaciona com a criação de um campo ressonante cristalino amplificado por sais celulares e água estruturada. Esse campo amplificado é capaz de atrair os campos cristalinos mais fracos, mas similarmente ressonantes aos íons únicos. Eles são atraídos para dentro e se ajustam sincronicamente ao maior padrão de campo ressonante dos sais celulares em sua água estruturada.

Essa dinâmica da água estruturada e dos sais celulares representa um importante princípio: *campos ressonantes cristalinos idênticos emanados por micronutrientes são atraídos para os campos ressonantes maiores emanados pelos padrões cristalinos líquidos e cristalinos maiores do organismo*. Isso inclui todo o sistema junto com os órgãos individuais, as glândulas, as estruturas celulares, as subcelulares e as moleculares. Esse princípio explica como os micronutrientes, através de campos cristalinos vibratórios, são atraídos para locais cristalinos ressonantes apropriados.

Um apoio indireto à ideia de um sistema vivo geral como um complexo de estruturas cristalinas oscilantes sincrônicas tem aumentado lentamente na comunidade científica. Em um artigo, P. R. Rapp menciona mais de 450 trabalhos de pesquisa com o objetivo de catalogar um atlas de osciladores bioquímicos e biológicos com periodicidade de uma hora ou menos.[17] Isso inclui osciladores em reações catalisadas por enzima, como a fotossíntese (subsistemas cristalinos moleculares), as oscilações na síntese da proteína, e as oscilações em membranas celulares, células secretórias, células neuronais, células do esqueleto, células lisas, células do músculo cardíaco e movimento celular. No estado saudável, as estruturas do corpo são uma série multinivelada de sistemas e subsistemas que interagem e que ressoam harmonicamente. Desta perspectiva, a doença ocorre quando a sicronicidade entra em desarmonia.

O Organismo Humano como Transmissor Vibratório de Cura

Esta explicação também se relaciona ao uso do poder vibratório do pensamento humano, gemas, cristais e seus elixires para tratamentos. Cada sistema ou subsistema orgânico emite um campo eletromagnético mensurável específico. Os CEMs são campos vibratórios sutis mensuráveis que podem ter grande efeito no comportamento do organismo. Cada cristal ou gema também tem um CEM específico que se irradia da sua estrutura piezoelétrica. Por exemplo, o rubi e a esmeralda ressoam harmonicamente com as estruturas cristalinas líquidas do sistema muscular cardíaco. Amplificando as energias dessas gemas com luz, som ou com nossos próprios pensamentos de cura, ativamos um CEM ressonante estabilizante. No trabalho terapêutico do autor, com cristais e meditação, tornou-se intuitivamente claro que os pensamentos são energia vibratória. Eles vêm da mesma energia cósmica não diferenciada. "No princípio era o Verbo e o Verbo estava com Deus, e o Verbo era Deus" (João, 1, 1). Os CEOSs também são padrões vibratórios vindos da mesma fonte. É assim que os pensamentos e os CEOSs se relacionam. Quando somos capazes de sintonizar os padrões de CEOS com a mente, é possível enviar a energia vibratória das formas de pensamentos ressonantes para reenergizar e reorganizar o sistema dissipado dos CEOSs. Cristais e gemas ampliam as vibrações ressonantes específicas. O CEM estabilizador que foi projetado pode ajudar a trazer um músculo cardíaco desarmonizado e o seu CEOS de volta à sua vibração ressonante saudável normal. As gemas e os cristais ajudam a fazer a sintonia fina, estabilizar e amplificar a vibração curativa das ondas de pensamento necessárias para desenvolver o trabalho terapêutico específico, e os CEMs ressonantes necessários para reequilibrar e curar os sistemas.

Com o mesmo princípio, podemos também usar determinadas gemas ou elixires de gemas para energizar e reequilibrar os chacras individualmente. A opala escura e o olho de tigre ajudam a reequilibrar o chacra da base. A ágata de fogo atua no segundo chacra. O plexo solar e o terceiro chacra são harmonizados pelo quartzo e pela pérola. O rubi e a esmeralda estimulam o chacra do coração. O lápis-lazúli é bom para o chacra da garganta. O quartzo ressoa tanto na glândula pituitária como na pineal, ou no sexto e no sétimo chacras. O diamante é benéfico para o chacra da coroa.[18]

O organismo e a mente humanos podem ser entendidos como transmissores cristalinos. Quando nos tornamos um canal limpo para o Amor incondicional da Divina Força de Deus, ela nos atravessa de forma análoga a uma gema ou cristal sendo ativados por nossas formas-pensamento. Através desse estímulo, é criado um forte campo ressonante, que é capaz de reprogramar os CEOSs, os chacras e os sistemas de órgãos de uma pessoa doente. Aumentando a energia do CEOS da estrutura cristalina de uma pessoa, recriamos um campo novo e saudável que então reorganiza a pessoa num nível vibratório espiritual, mental, emocional e físico. Essa força de Amor Superior ajuda a liberar formas-pensamento negativas armazenadas como vibrações dissonantes dentro do sistema da pessoa, em qualquer um dos quatro níveis. Um claro exemplo é o poder de cura de Jesus, cuja mera presença ou o tocar de suas vestes promoviam a cura. A projeção de formas-pensamento amorosas promove a cura por causa do aumento da energia dos CEOSs, especificamente ou de forma geral. Grupos de cura que usam esse princípio agem como ressonadores cristalinos amplificados para a pessoa que está sendo tratada.

Quando a Kundalini está desperta, ela também age como força de cura interior, aumentando o nível energético dos CEOSs. Quando o padrão do CEOS saudável aumenta até um nível mais puro e integrado, as formas-pensamento e as emoções dissonantes, negativas e produtoras de entropia são expulsas. Elas parecem vir à consciência e são liberadas. Em um grupo de meditação dirigido pelo autor, uma mulher com quase setenta anos relatou ter tido uma visão de uma determinada casa amarela. Ao compartilhar esse fato, ela sentiu um tremendo alívio, pois a cor amarela tinha sempre sido associada à dor da morte da sua mãe, sessenta anos antes. Como a imagem amarela surgiu na meditação e foi liberada, ela perdeu o medo e foi curada do seu pesar. Num seminário de fim de semana sobre meditação e nutrição, uma pessoa com sobrepeso que por muitos anos vinha tentando controlar o desejo voraz por alimento, teve a experiência do despertar da Kundalini e relatou uma semana depois ter perdido o intenso desejo por comida. Esses dois exemplos mostram como a meditação e a Kundalini desperta podem, espontaneamente, liberar padrões dissonantes de diferentes níveis do nosso Ser. Este capítulo esclarece aquilo que sempre soubemos: as pessoas são gemas preciosas.

Resumo – Capítulo 9

1. A chave para compreender a assimilação de energia na nossa estrutura física é perceber o corpo como uma série de estruturas cristalinas sincrônicas que interagem umas com as outras.
2. A estrutura óssea é o principal sistema cristalino sólido do nosso corpo. Um CEM específico é gerado da estrutura óssea cristalina. O seu tipo depende da fonte geradora (piezoelétrica, potencial de corrente ou atividade do estado sólido), da sua intensidade energética, da sua característica de pulsação e da combinação de todas essas interações dentro da estrutura óssea.
3. Outro importante sistema físico semelhante ao cristal consiste nas estruturas cristalinas líquidas que existem em toda membrana celular, órgão, glândula, nervo e sistema muscular.
4. Por causa dos íons dentro deles e da sua habilidade de tornar a água estruturada, os fluidos corpóreos também têm qualidades semelhantes ao cristal.
5. Uma explicação a respeito de como os micronutrientes alcançam o lugar correto no corpo é que eles são atraídos pelos seus CEMs vibratórios ao local cristalino ressonante apropriado no sistema.
6. Compreender a natureza cristalina do corpo humano nos traz o embasamento físico necessário para entender a eficiência das vibrações dos pensamentos humanos, gemas, cristais, essências florais, elixires de gema e da homeopatia em tratamentos terapêuticos.
7. Aumentando a energia do CEOS das estruturas cristalinas de uma pessoa, criamos um campo renovado e saudável, que reorganiza a pessoa num nível vibratório físico, emocional, mental e espiritual.
8. Nós somos realmente gemas preciosas.

– 10 –

ASSIMILAÇÃO BIOENERGÉTICA

A Questão da Assimilação

Conforme começamos a desenvolver o paradigma da Nutrição Espiritual, é importante levar em conta o assunto da assimilação bioenergética. Sendo assim, exploraremos as seguintes questões:

- Qual é o propósito da nutrição?
- O que é nutrição?
- Qual é a relação entre o nutriente ingerido e o sistema vivo que o ingere?
- O que nós assimilamos?
- Quem está assimilando?
- Qual é o significado da assimilação?
- Qual é o processo da assimilação?
- Como o que entendemos sobre os CEOSs se adapta à nossa compreensão de nutrição?
- Qual é a relação entre o nutriente absorvido e a evolução espiritual da pessoa que o está absorvendo?

Para responder a essas questões de modo completo, devemos ir além do paradigma materialista-mecanicista para a Nutrição Espiritual, que inclui os aspectos materiais, mentais, energéticos e espirituais do organismo humano.

Assimilação de Alimentos no Corpo Humano

Quando a energia cósmica é suficientemente condensada, ela chega ao prato como alimento. Para desenvolver um novo paradigma do processo de assimilação de alimentos no corpo humano, é necessário compreender a assimilação tanto no nível energético como físico. Podemos ver que a relação do alimento com o sistema humano é mais do que apenas adicionar calorias, vitaminas e minerais para que sejam materialmente acumulados como blocos de construção no organismo. Em geral, cada substância vegetal ou animal irradia do seu campo energético uma vibração sutil especial, específica da espécie. Quando essas substâncias são sólidas, integrais, orgânicas e vivas (alimento vivo), elas mantêm os seus CEOSs. Apesar de isso ser verdade tanto para os vegetais quanto para os animais, no restante desta discussão iremos nos referir apenas a alimentos de origem vegetal, pois eles existem em um nível mais primário na cadeia alimentar quando comparados aos animais.

Uma das tarefas da assimilação é a conversão do alimento, como um corpo estranho dentro do organismo, em algo semelhante à própria química corporal e vibração, especialmente nos níveis físico, etérico e astral. É a relação entre os campos energéticos do sistema humano e da substância que está sendo ingerida que é importante para a assimilação. Para assimilar bem um alimento, devemos absorver completamente todas as suas forças como nossas. Rudolf Steiner se referiu a isso em 1924, quando disse que não deveríamos nos preocupar com a quantidade de alimento no metabolismo, mas sim com o fato de sermos capazes de assimilar a vitalidade do alimento de forma eficaz.[1] De certa maneira, a assimilação é a superação da natureza estranha ou do CEOS individualizado da comida. É através do processo de assimilação que entramos em uma relação muito íntima com o alimento. A assimilação dos alimentos é a principal interface entre nós e o ambiente físico. A assimilação de alimentos é uma das formas de adquirir energia do ambiente.

Não somos afetados apenas pelo ambiente no qual o alimento cresce, mas também somos afetados pela consciência das pessoas que preparam a comida. Nos ashrams de Muktananda, os alimentos eram sempre preparados com Amor para que as pessoas que os comessem pudessem receber esse Amor. Marcel Vogel mostrou que a água impregnada com formas-pensamento de Amor tem um sabor e uma vibração sutil diferentes.[2] Alimentos vivos são preenchidos com o grau mais elevado de água estruturada, que mantém melhor a vibração das nossas bênçãos. Conforme comemos o alimento abençoado, comemos as nossas bênçãos num nível sutil. Interagimos com o alimento nos níveis sutis de energia, assim como no nível material da assimilação. O doutor Gerhard Schmidt destaca no livro *The Dynamics of Nutrition* [A dinâmica da nutrição] que a nutrição se relaciona com a assimilação de diferentes níveis de energia, que aumentam em quantidade conforme estejam mais próximos da energia luminosa ou do Sol.[3]

O ato de comer permite que as forças do alimento penetrem em nós, mas sem assimilação e digestão adequadas essas forças estranhas podem nos fazer adoecer. Por exemplo, os alimentos diretamente injetados no corpo físico irão causar inflamação, mas se forem ingeridos oralmente isso não acontece, pois eles passam pelo processo normal de assimilação. Um antigo ditado árabe ilustra bem esse aspecto: "Nós ingerimos para ficar doentes e digerimos para voltar a ter saúde." A digestão envolve superar e assimilar as forças energéticas do alimento, estimulando as nossas próprias forças internas e nos fortalecendo na superação da entropia. Se isso parece ser muito trabalho, pense da seguinte maneira: se não estivéssemos andando por aí nos esforçando para superar a força da gravidade, os nossos músculos e ossos começariam a enfraquecer e a deteriorar, assim como os astronautas, que em um ambiente sem gravidade, começam a perder massa óssea. Para elucidar este ponto, temos o exemplo de um estudo feito na Europa para encontrar formas mais fáceis de alimentar crianças mentalmente deficientes que vivem em instituições.[4] Elas eram alimentadas com um mistura sintética de vitaminas, minerais, calorias e proteínas que reproduzia o equivalente ao que estavam acostumadas a obter com três refeições diárias. Após algum tempo com essa dieta líquida sintética, os pesquisadores ficaram abismados ao descobrir que os órgãos do paladar e da digestão das crianças começaram a atrofiar. Isso implicou a descoberta de que, sem as forças estimulantes dos alimentos crus, os órgãos de assimilação não foram energizados ou exercitados e, portanto, começaram a atrofiar, assim como a massa óssea em um ambiente sem gravidade. Esses experimentos podem nos levar a pensar nos resultados a longo prazo do consumo de vitaminas sintéticas de alta potência, minerais, aminoácidos e proteínas, atualmente consumidos. Esta não é uma afirmação contra o uso de suplementos nutricionais. O autor sugere que os suplementos sintéticos sejam usados com a consciência de que a assimilação envolve a interação de forças dinâmicas entre nós e o alimento, e não apenas a absorção mecânica de nutrientes, e que devemos ser conscientes do uso indiscriminado de suplementos sintéticos.

A digestão holística envolve uma relação íntima com os nutrientes que ingerimos. Ela envolve a liberação de forças cósmicas que estão na essência do alimento material. Em um nível mais sutil, Sri Nirsargadatta, o antigo profeta de Bombaim, destacou que consciência é a própria essência do alimento assimilado.[5] Nosso modelo de nutrição e assimilação deve também levar em conta a verdade desse conceito.

Estrutura Óssea Cristalina e Assimilação de Energia

No processo de assimilação, a vibração cristalina do alimento interage com todo o nosso sistema cristalino oscilante. Qualquer pessoa familiarizada com a ciência da cinesiologia (teste muscular) sabe que quando uma substância alimentar específica é levada para dentro do campo vibracional do corpo, ela poderá imediatamente enfraquecer, fortalecer ou aparentemente não afetar a pessoa.

Nas estruturas vegetais, existem em nosso próprio corpo diferentes subestruturas como o cristal, similares aos múltiplos subsistemas oscilantes semelhantes aos cristais. Elas ressoam com os ossos e outras estruturas semelhantes ao cristal em nosso corpo, amplificando e transmitindo energia ressonante para o corpo como um todo. Por ser o osso o único sistema de cristal rígido em nosso organismo, ele é a principal "antena" para receber informações e transferi-las através de suas propriedades cristalinas para o resto do corpo. Dessa forma, o osso transforma a vibração do vegetal em uma frequência ressonante compatível com o nosso sistema vivo. A estrutura óssea cristalina age como o cristal em um rádio, que capta ondas de rádio e as traduz em sinais de áudio. As vibrações de som ressoam nas estruturas ósseas dos nossos ouvidos, transmitindo essas vibrações como vibrações elétricas ou impulsos para os nossos nervos auditivos. Através da vibração de ressonância do osso, os CEMs dos vegetais são transformados em vibrações específicas similares e, consequentemente, se tornam capazes de comunicar informação e energia às subestruturas ressonantes no corpo. Dessa forma, as propriedades vibracionais específicas do vegetal energizam e nutrem os sistemas específicos dos órgãos, glândulas e células. Por exemplo: a raiz de dente-de-leão afeta principalmente o fígado, enquanto a sua folha tem muito menos efeito no fígado e é mais usada em saladas como um leve tônico de limpeza. Compreendendo de outra forma, pode ser que apenas os órgãos em estado de bem-estar sejam capazes de atrair os nutrientes corretos para si e rejeitar os nutrientes inapropriados. Quando as células e os órgãos estão doentes, seus campos CEMs ressonantes se tornam diferentes daqueles das células saudáveis. Sendo assim, eles podem não atrair os nutrientes adequados para criar e manter a saúde. Está comprovado que a estrutura cristalina e o campo CEM gerados pelo osso com artrite são diferentes do que em um osso normal.[6]

Interação dos nossos três sistemas e a estrutura óssea cristalina

Em outro nível, a energia vegetal é também assimilada através da interação dinâmica da estrutura óssea cristalina com os três sistemas: circulatório, nervoso e dos meridianos. Os chineses estão familiarizados com a relação trissistêmica há milhares de anos. Através do diagnóstico pelo pulso, no sistema vascular, eles explicam a condição de vários meridianos, órgãos, glândulas, nervos e sistema ósseo. Uma explicação teórica de como os remédios vibracionais são absorvidos pelo nosso corpo, em *Gem Elixirs and Vibrational Healing* [Elixires de gemas e cura vibracional], volume I, escrito por Gurudas, também discute a interação dos três sistemas sincrônicos.[7] Ele nos ajuda a compreender como a energia pode ser transferida do nível físico para o sistema etérico dos chacras. Nessa transferência, os meridianos agem como sistemas de transferência ressonantes bidirecionais entre os dois níveis.

O sistema de meridianos também se conecta diretamente com os sistemas nervoso e circulatório, e é um modelo para eles e para todo o corpo físico. É o sistema energético organizado mais fisicamente modelado pelos CEOSs, transportando mais da força vital do corpo em suas estruturas semelhantes ao cristal. Em Gênesis, 4, 10, lemos a respeito do sangue de Abel falando da Terra com Deus. Isso pode ser compreendido como a força vital cristalina enviando a sua mensagem. O mais importante dessas forças ressonantes são as estruturas da hemoglobina nas células de glóbulos vermelhos e nos minerais do plasma. O sistema nervoso transporta mais forças de consciência mental através dos campos eletromagnéticos. Ele ajuda a estimular e a direcionar o crescimento celular, incluindo a direção e o crescimento dos vasos sanguíneos no sistema. A estrutura óssea também é interpenetrada pelo sistema nervoso. As fibras-C e os receptores nervosos semelhantes a um nódulo são encontrados em diferentes tipos de tecido ósseo. Quando os tecidos nervosos conduzem impulsos nervosos, as mudanças fisiológicas associadas a esses pulsos criam um CEM externo.[8] Esses CEMs podem interagir com os CEMs dos ossos.

Apesar de ser apenas uma teoria, há evidências que sugerem que os sistemas de meridianos, nervoso e circulatório formam um sistema geral estável, que transmite a energia transformada e ampliada dos ossos para o resto dos subsistemas do corpo até o nível celular. As vibrações dos ossos também ajudam a estabilizar e a energizar o sistema de meridianos. É bem conhecido que andar estimula as energias piezoelétricas nos ossos e cria um CEM que programa a manutenção da estrutura óssea. O pulsar do coração e dos vasos sanguíneos cria uma resposta piezoelétrica nos ossos, que pode criar um CEM de manutenção e estabilização no osso.[9] O doutor Bassett destaca que os CEMs do sistema cardiovascular podem ter papel importante como uma espécie de sinal estabilizante, à medida que interagem com o potencial de corrente e com o potencial piezoelétrico gerado localmente.[10] Apesar da evidência desse tipo de relação não ser conclusiva, ela apoia a nossa hipótese.

Teoria da Assimilação

O primeiro passo da nossa teoria de assimilação começa com o Sol ativando a clorofila das células dos vegetais. A clorofila energizada, que contém a vibração holográfica de toda a planta, transfere a sua energia ressonante e informações para o campo eletromagnético do ferro, nas células dos glóbulos vermelhos. A clorofila e a hemoglobina se diferenciam apenas por um átomo: a clorofila tem magnésio em sua estrutura, a hemoglobina tem ferro. As células dos glóbulos vermelhos que acabaram de ser energizadas e programadas para suas interações com a clorofila circulam novamente até o sistema ósseo. As células dos glóbulos vermelhos transmitem as suas novas energias de CEM e informações para o osso, via ressonância direta e potencial de corrente, ou efeito fluídico elétrico. O osso o amplifica e o transmite para o resto do sistema (ver ilustração 1). As células dos glóbulos vermelhos e os sistemas de hemoglobina também transferem a energia ressonante do vegetal diretamente para as células e os tecidos, através da transferência ressonante dos seus próprios CEMs.

Além dos CEMs das células dos glóbulos vermelhos, o plasma sanguíneo, carregado pelos CEMs das células do corpo e dos vegetais e por outras entradas de CEMs, também transmite campos eletromagnéticos que são transportados por compostos minerais. Os CEMs cristalinos do plasma são transferidos para o osso e, ao mesmo tempo, carregados e reprogramados pelo novo padrão ósseo. Eles deixam a estrutura óssea com a informação

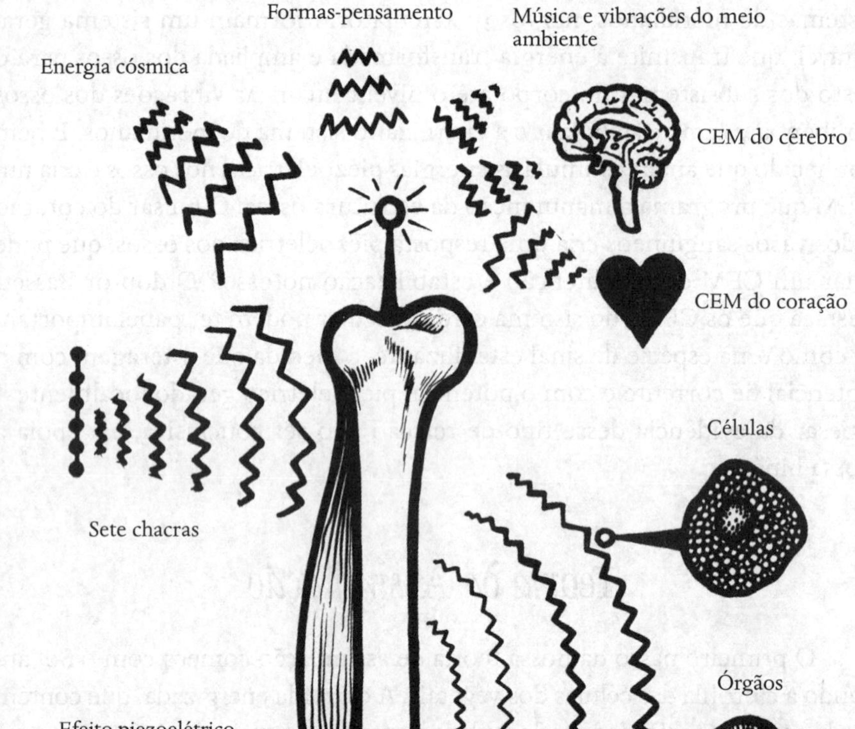

O osso como uma estrutura cristalina é o receptor e transmissor do corpo.

necessária para serem atraídos por seus próprios CEMs ao local apropriado no sistema. As células de glóbulos vermelhos e plasma ajudam a estabilizar os padrões gerais do corpo. Quando sua carga se exaure, a circulação através

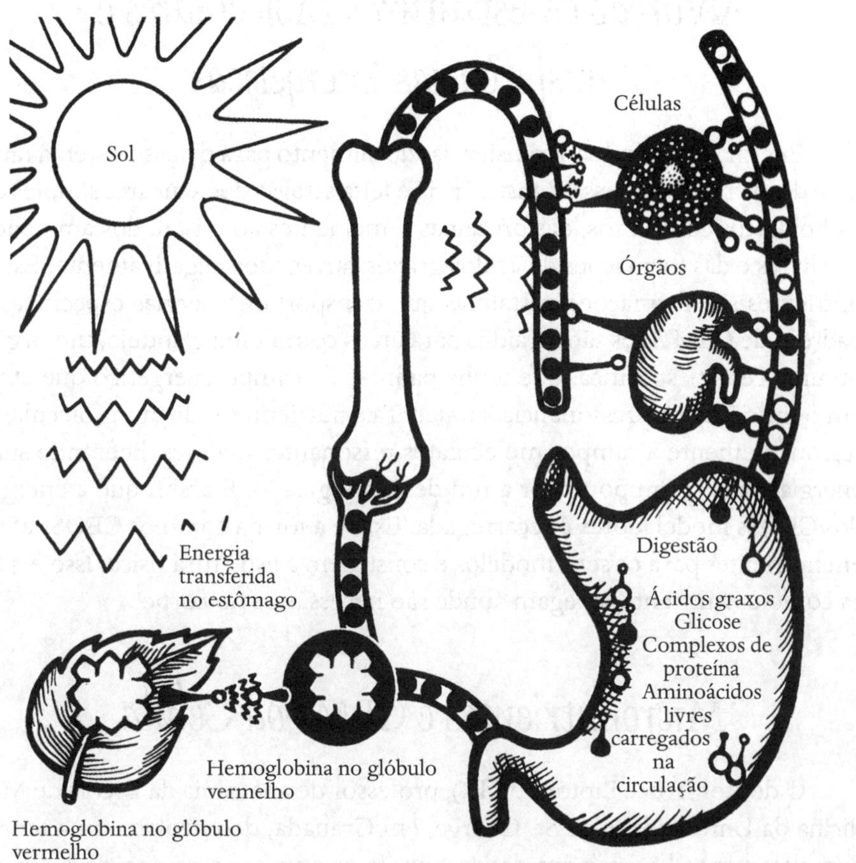

② Energia e assimilação biológica da transferência dos alimentos entre os sistemas do corpo e com o meio ambiente, através da comida.

do osso as recarrega. Em essência, as células de glóbulos vermelhos e plasma são as programadoras do cristal ósseo e programadas por ele. Os CEMs iônicos programados do plasma também ajudam a estabilizar o sistema de meridianos, que em contrapartida ajudam a programar e equilibrar o sistema neurológico (ver ilustração 2). O osso então envia uma mensagem de padrão harmônico ao corpo todo. As células dos glóbulos vermelhos e do plasma também deixam o osso e transportam padrões específicos a locais específicos no corpo, ajudando a estabilizar todos os CEMs do organismo. Os três sistemas e as energias cristalinas dos ossos são um sistema de múltipla resposta, autoestabilizante e condutor de energia. Os três sistemas e a estrutura óssea cristalina interagem sincrônica e simultaneamente.

Absorção de Estruturas Moleculares e Transferências Energéticas

Energia e matéria são transferidas do alimento para o nosso sistema também de outra forma. Essa transferência é feita através dos açúcares simples de carboidratos complexos, das proteínas semelhantes ao cristal, dos aminoácidos livres e das formações de ácidos graxos carregados negativamente. Esses nutrientes são formações cristalinas que transportam energias específicas e padrões de CEM. Eles são atraídos para áreas como uma glândula, um órgão ou uma célula específica, que tenha padrões de campo energético que atraem o nutriente por ressonância similar. Tais nutrientes se ligam molecular e ressonantemente a campos moleculares ressonantes maiores, liberando suas energias para o campo maior a fim de reenergizá-lo. É assim que a energia dos CEOSs modeladores é recarregada. Esta é a forma como os CEOSs atraem nutrientes para os seus modelos e constroem a estrutura física. Isso explica como os nutrientes chegam aonde são necessários no corpo.

Micronutrientes e CEMs da Célula

O doutor Bruce Lipton (ph.D.), professor de anatomia da Escola de Medicina da Universidade de St. George, em Granada, desenvolveu uma teoria completamente baseada em dados científicos atuais, no campo da biologia celular. Essa teoria explica em detalhes como os micronutrientes, especificamente carregados e funcionando como transportadores dos padrões energéticos do alimento que ingerimos, são atraídos por ressonância a um CEM celular específico e, na verdade, fazem uma interface, transferem seus padrões energéticos e incorporam suas formas materiais dentro da célula. Sua teoria esclarece como os nutrientes, que não são especificamente programados para uma célula em particular, mas são transportados perto dela pelos fluidos extracelulares, são atraídos para dentro da célula.[11]

Certos fatos são a base dessa explanação. Um deles é que, quando a proteína é exposta a uma fonte energética como a luz ou as ondas sonoras de rádio, os CEMs de mesma frequência ou de uma frequência harmônica de uma proteína semelhante ao cristal, a molécula de proteína ressoará em concordância com ela. A nova vibração de ressonância tem o poder de criar uma mudança de energia eletromagnética na proteína, que é capaz de mudar sua forma física. Tal mudança pode ativar uma nova função para a proteína ou pode inibir temporariamente a função em progresso. As proteínas que podem mudar de formato, como essas, são chamadas de proteínas alostéricas. Em resumo, as proteínas, sendo estruturas semelhantes ao cristal, são capazes de absorver as energias dos CEMs e transformá-las em um sinal ativo biologicamente. Um exemplo desse fato é a rodopsina, o receptor de energia de proteína semelhante ao cristal para a luz encontrado nos pigmentos dos bastonetes do olho. Ela absorve a energia da luz e a transforma em pulsos nervosos, que transferem essa energia aos centros de visão do cérebro. Outro exemplo comum é a melanina, uma proteína semelhante ao cristal, capaz de absorver energia luminosa e transformá-la em som e energia eletromagnética.

O próximo passo que o doutor Lipton acrescenta a sua teoria é baseado na evidência de que as proteínas são capazes de se integrarem nas membranas celulares. Há várias funções diferentes para essas proteínas na membrana celular. Há receptores de proteína envolvidos com a recepção e detecção de frequências eletromagnéticas que entram, incluindo CEMs de vários nutrientes, hormônios, íons em solução, neurotransmissores, moléculas de glicose, aminoácidos livres, ácidos graxos livres ou qualquer outro nutriente necessário, ao funcionamento celular, trazido para a célula via fluidos extracelulares. Essas proteínas semelhantes ao cristal são sensíveis a níveis de energia muito baixos, como a entrada de um único íon, elétron, fóton e próton. Ao receber essas energias de CEM, as proteínas receptoras convertem-nas em sinais biológicos específicos que modulam o funcionamento da membrana celular. Esses sinais afetam diretamente os três outros tipos de proteína funcional na membrana celular. As proteínas receptoras podem transferir a energia que entra nas proteínas enzimáticas, que então podem se tornar ativas para realizar reações enzimáticas intra ou extracelulares. As proteínas receptoras também podem transferir essa energia para proteínas de transporte, que as transformam em atividades eletroquímicas, que regulam alguns dos sistemas de canais e entradas, que ficam batendo nas entradas externas das membranas celulares. As proteínas receptoras também agem em conexão física direta com as proteínas estruturais nas paredes celulares. Conforme as proteínas receptoras mudam de forma, elas criam uma mudança na configuração física da proteína estrutural à qual estão ligadas. Quando a configuração da proteína estrutural muda, ela poderá também abrir ou fechar uma porta específica da membrana celular.

Em resumo, as proteínas receptoras são transdutoras de energia semelhantes ao cristal, que absorvem a energia de informação dos numerosos CEMs que impingem o sistema celular, convertendo-os em sinais de mensagem de energia, ao qual a célula pode responder. Essas proteínas receptoras são mais um sistema que nos sintoniza com as energias dos nutrientes, assim como com as mais sutis vibrações geomagnéticas e atmosféricas terrestres, como a ressonância Schumann e os campos de ressonância lunar, solar e cósmica que afetam a vida biológica neste planeta.

A membrana celular, como uma unidade total, vibra em ressonância concordante com os CEMs entrando no sistema. Sua vibração ressonante é capaz de induzir uma ressonância harmônica nas membranas cristalinas intracelulares e nos complexos de proteína como o RNA e o DNA. Essa transferência harmônica de energia ressonante é a maneira pela qual a membrana celular envia informações para as estruturas intracelulares e, portanto, tem um efeito regulatório sobre elas. Este autor teoriza que a energia de informação ressonante cósmica, da Terra, dos alimentos e dos ossos pode também transmitir energia diretamente para as estruturas intracelulares centrais como o RNA e o DNA. Isso é particularmente verdade conforme nos desenvolvemos espiritualmente através da meditação e nutrição adequadas. Nós nos tornamos supercondutores cada vez melhores da energia cósmica à medida que evoluímos espiritualmente. Conforme nos tornamos supercondutores cada vez melhores de energia, há cada vez menos ressonância obstruída entre o microcosmo e o macrocosmo, resultando na experiência da consciência.

Há mais uma peça para esse sistema. As estruturas vibratórias cristalinas intracelulares podem transmitir, com ressonância, suas informações de energia para as membranas celulares e, portanto, podem também influenciar o funcionamento da membrana celular. É um sistema de duas vias. Em ressonância harmônica com as estruturas intracelulares, as membranas celulares enviam CEMs para dentro dos fluidos extracelulares, os quais atraem os nutrientes específicos que elas necessitam. Essa informação completa os ciclos de múltiplas respostas no sistema geral de sistemas de multinível, vibratórios e semelhantes ao cristal no corpo.

Vários mecanismos de transferência de energia de informação no sistema foram delineados. Nenhum deles é contraditório. Nosso complexo sistema de assimilação de informação energética tem muitos controles e balanços para nos manter sintonizados.

Campo Vivo

O papel da transferência de energia na saúde do corpo humano precisa ser compreendido pela perspectiva da física quântica do *campo vivo*. O conceito de comunicação intracelular via campos eletromagnéticos tem uma implicação muito maior. É a expressão microcósmica de como o campo vivo macrocósmico funciona. Albert Einstein disse uma vez: "O campo é a única realidade". A palavra campo significa que nós somos parte de uma energia maior do ponto zero. Podemos nos referir a isso de uma forma engraçada, como a "maternidade do ponto zero", que é a fonte de energia, conforme o autor já destacou, um milhão de vezes um milhão de toneladas de urânio, no mínimo, por centímetro cúbico de espaço. O campo vivo representa a figura do universo interconectado. *Toda teoria do campo vivo significa, em essência, que somos parte de algo muito maior, pelo qual estamos conectados ao Todo, e que somos indivisíveis do todo. No campo vivo, a memória do que Era, É e Será existe.*

Compreendendo essa teoria, temos uma explicação perceptiva a respeito da clarividência e de todos os fenômenos psíquicos. Basicamente, tudo se transporta em uma carga elétrica que interage com a maternidade do ponto zero. As ondas, ou biofótons, que são tanto partículas como ondas, são comunicadoras de energia que transmitem energia. O conceito de não localidade, que significa que todas as partículas subatômicas estão em contato umas com as outras, quer estejam à distância de uma milha ou de dez mil milhas, se torna a base da intuição. Alguns pesquisadores têm demonstrado claramente que as partículas subatômicas se conhecem e estão em constante comunicação umas com as outras. Isso significa que, quando estamos nos vendo, estamos vendo um ao outro com frequências compostas. A essência das "descobertas" acerca da não localidade é que a mente vibra através do mecanismo do cérebro e se estende indefinidamente. A verdadeira questão é onde terminamos ou começamos. De fato, não há fim ou começo; apenas AQUELE. Esta é a explicação física da experiência de Libertação ou Autorrealização. É bom saber que, da perspectiva da física quântica pura, somos apenas AQUELE.

Uma vez compreendidos estes princípios básicos, podemos começar a entender o trabalho do doutor Fritz Albert Popp, que se tornou um pouco mais popular nos últimos trinta anos. Este autor descobriu essa pesquisa em 1984. A pesquisa do doutor Popp mostra basicamente que os humanos e a luz em nossas células vibram com frequências quânticas. O corpo, as células dentro do corpo e o DNA das células do corpo são ressonadores funcionando como um rádio de duas frequências. Cada célula emite uma frequência própria. De acordo com o doutor Popp, as frequências estão num espectro ótico entre 200 e 800 nanômetros. Em 2001, ele destacou, em uma conferência sobre campos vivos, que as células agem como ressonadores da luz solar, que mesmo os antigos organismos unicelulares se desenvolveram evolucionariamente ressoando com a luz solar e, portanto, nos presentearam com a fisiologia básica através da evolução em células humanas. Certos padrões de ondas eletromagnéticas nas células agem como um guia, ou força, em relação ao que acontece fisiologicamente na célula. Quando você muda o padrão de campo, muda a matéria. Quando muda a matéria, muda o padrão de campo. O mais importante é que o padrão de campo é muito mais predominante na organização da matéria do que o contrário. O ponto é que todos os sistemas vivos têm emissões de biofóton, e isso está sempre mudando, pois os padrões de campo são influenciados constantemente por toda a criação. Nós, como ressonadores humanos ou cristais oscilantes humanos, somos afetados pelos padrões de onda eletromagnéticos. Ou seja, sistemas vivos são sistemas abertos. Eles são afetados por padrões de onda eletromagnéticos dentro e fora deles. Um dos conceitos desse estudo (do trabalho do doutor Popp, que ele afirma não ser seu próprio, mas vir de um campo de estudo chamado biofotônica, o qual tem se desenvolvido por aproximadamente trinta anos) é que os biofótons são coerentes. Este é um conceito importante. O que coerência significa neste contexto é que mesmo pequenas emissões podem afetar um todo maior, pois uma pequena mudança pode alterar a coerência do todo maior. O doutor Popp destaca que há mais de cem mil reações por segundo em uma célula. Um único fóton é suficiente para desencadear dez elevado a nona reações (10^9 ou 10.000.000.000). Então o fóton em si não é usado, mas retorna para o campo vivo. Isso é impressionante. Ele destaca algo com que este autor concorda, que o DNA é o mais importante campo cristalino na interação com a matéria e que a maioria das emissões de biofótons vem do DNA. Do ponto de vista do autor, o DNA é uma estrutura cristalina. A primeira pesquisa que provou a existência da estrutura do DNA veio de uma radiografia cristalina. Levando isso um pouco além, começamos a compreender que a consciência é uma ordem elevada de coerência de padrões de campo no corpo. Quando a consciência é saudável, nós nos permanecemos saudáveis. Quando a consciência é entrópica e desequilibrada, nos tornamos entrópicos e desequilibrados.

Isso nos leva a outra maneira de compreender a doença, isto é, que a doença é, basicamente, uma frequência anômala, é o caos no campo. Envelhecer é o aumento do nível de caos no campo. Antienvelhecimento é a restauração da coerência no campo. O trabalho na Tree of Life Foundation é trazer as pessoas de volta às frequências espirituais mais elevadas de consciência coerente. O primeiro nível de consciência está na ideia de que todas as partículas subatômicas estão em comunicação umas com as outras, de maneira que, quando você muda uma, muda todas as outras. A razão disso é que elas estão em constante e instantânea comunicação umas com as outras. O doutor Popp, em 1984, em um trabalho chamado "Bio-Photon Emissions: New Evidence for Coherence in DNA" (Emissões de biofóton: Nova evidência para a coerência no DNA), destaca a existência de biofótons e dos fenômenos energéticos das emissões de fótons ultrafracos de sistemas vivos. Por causa do princípio da coerência, essas emissões de biofótons são muito fracas. Nas células cancerígenas, ocorre exatamente o oposto, pois elas não estão mais em comunicação coerente com todas as outras células – o resultado é que as emissões de biofótons das células cancerígenas são muito maiores e, portanto, patológicas. O doutor Popp foi capaz de medir a emissão de biofótons com um aparelho que ele criou e chamou de "biofotômetro". Ele descobriu que 97 por cento do DNA estava associado à transmissão de biofótons e apenas 3 por cento à informação genética. As emissões ultrafracas de fótons das células vivas são diferentes do fenômeno de bioluminescência, que tem a ver com a aura. Isso também se ajusta ao modelo da importância do alimento espiritual ou maná (o maná dado para as pessoas no Êxodo em Gênesis se conecta com o elemento monoatômico irídio [ver Capítulo 28]), que parece aumentar a energia dos elétrons em sua habilidade supercondutora de uma grande quantidade de "DNA ruim", significando o DNA que não é usado para informação genética. O que o doutor Popp descobriu foi que as pessoas mais saudáveis tinham as maiores quantidades de emissões de biofótons, enquanto as pessoas que estavam mais doentes tinham a menor quantidade. Em outras palavras, conforme emitimos luz, estamos, de certa forma, nos comunicando uns com os outros, dentro e entre todas as nossas células. Quando as pessoas estão doentes, a luz e a quantidade de comunicação coerente diminuem. O doutor Popp e sua pesquisa parecem sustentar essa descoberta.

A existência de emissões de biofótons é um aspecto importante para se compreender a razão pela qual devemos nos alimentar de alimentos vivos, pois as emissões de biofótons são emitidas pelo DNA e RNA, e outras formas de macromoléculas, incluindo enzimas, clorofila e hemoglobina. O doutor Popp descobriu que os alimentos orgânicos selvagens emitem duas vezes mais energia de biofótons que as plantas orgânicas cultivadas. Ele também descobriu que plantas orgânicas cultivadas emitem cinco vezes mais energia de biofótons do que o alimento cultivado comercialmente. A pesquisa do doutor Popp também mostrou que alimentos cozidos e irradiados não emitiam energia de biofóton. A mensagem aqui deveria ser óbvia.

Em termos de comunicação, o trabalho do doutor Popp preenche algumas partes teóricas que não estavam disponíveis na primeira edição de

Nutrição evolutiva, em que este autor claramente destaca a importância do campo eletromagnético e a comunicação entre as células. A comunicação do DNA por biofótons se dirige às células e ajusta o campo eletromagnético para que a célula se comunique com o corpo, com todas as outras células e também com os elementos intracelulares. Esta é chave de como as células sabem como obter os nutrientes de que precisam. Conforme o autor explicou anteriormente, uma vez que as células têm seu campo eletromagnético ajustado, elas atrairão os nutrientes que têm o campo eletromagnético adequado para elas. A chave é a comunicação do DNA com a parede celular, que então se comunica com os campos eletromagnéticos adequados. Isso é emocionante. As emissões de biofótons têm a ver com a comunicação intracelular. Quando estamos doentes, nossa habilidade de comunicação intracelular diminui, e temos cada vez menos campo coerente. De certa forma, esta é a física que está por trás dos campos energéticos organizadores sutis (CEOSs), pois, quando a nossa coerência diminui, isto é, quando a entropia no campo aumenta, a nossa habilidade em nos protegermos de campos anômalos, portanto, da doença e da desorganização, diminui. Agora, temos uma teoria compreensível de como este sistema todo funciona de forma interligada.

O Papel da Glândula Pineal

Como já foi mencionado, o corpo é um cristal ressonante emitindo e recebendo frequências de toda a criação. Talvez a glândula mestra (e o autor diz "talvez", pois isso ainda é uma teoria) seja a glândula pineal, também conhecida como terceiro olho. Mas o autor acredita que ela está também conectada ao chacra da coroa, em algum lugar na interface entre o sexto e o sétimo chacras. A glândula pineal regula o ciclo de sono, afeta todas as glândulas do corpo, como um regulador mestre, e pode ser a glândula mestra funcionando como antena humana para o campo eletromagnético do cosmo. Pesquisas têm mostrado que a glândula pineal também tem propriedades piezoelétricas. Mas o resultado final é que a glândula pineal pode ser a antena mestra que capta os campos do universo todo e, então, transmite energia através da sua habilidade em emitir biofótons para o resto do corpo. Novamente, é interessante notar que o maná, que alguns acreditam ser o mineral irídio (ver Capítulo 28), de acordo com ensinamentos antigos, poderia estimular a atividade da glândula pineal como o comunicador mestre, que então aumentaria a nossa comunicação e funcionaria como supercondutor para o universo inteiro.

Por favor, compreenda que esta é a teoria, mas ela está fundamentada por grande parte da ciência do campo vivo, da qual somos parte como uma Unidade inter-relacionada. Ela nos traz a compreensão de que, conforme nos tornamos supercondutores, podemos não apenas estar livres de doenças, mas também ser imortais. Nós simplesmente precisamos ser capazes de manter livre e desbloqueada a comunicação do supercondutor com o campo vivo. Essa compreensão tem um potencial infinito e espantoso.

A Importância dos Nutrientes Vivos

Outro corolário do trabalho do doutor Popp, destacado no Capítulo 9, a respeito do Cristal Humano, é que cada célula é um cristal vivo com uma ressonância celular ideal. A única coisa que pode manter ou recuperar a ressonância celular ideal e a saúde é o material estar em uma frequência ótima. Nutrientes de fonte não viva não recriam a frequência viva ideal. Sintéticos, por definição, vindos de uma fonte não viva, são, portanto, substâncias produtoras de entropia subótimas. Essas substâncias entrópicas também incluem os aditivos, pesticidas etc. O doutor Popp destaca que o que acessa o DNA é crítico, e especialmente o que acessa a mitocôndria, o centro altamente energético da célula. O ácido alfalipoico, a coenzima Q-10, e as vitaminas B de fontes não vivas, e, apesar de fornecerem teoricamente apoio antioxidante para a mitocôndria, podem danificar o DNA, pois não têm ou não acrescentam um corpo de luz, isto é, energia de biofóton. A definição da física quântica e da energética da vida e da nutrição do doutor Popp é que as comidas que ingerimos devem acrescentar luz (como biofótons) aos nossos sistemas bioenergéticos e, especialmente, à nossa estrutura do DNA. Em cada molécula de uma substância viva há, pelo menos, um átomo que é luz pura ou energia de biofóton, que eleva o nível do DNA e sustenta e conserta o DNA ao longo do tempo. Os sintéticos podem parecer bons, e podem ajudar a curto prazo, mas não necessariamente a longo prazo. Teoricamente, nutrientes sintéticos podem criar um campo entrópico dissonante e podem degradar o DNA. Materiais vivos e complexos fitoterápicos são necessários para restaurar a ressonância energética dos órgãos, das glândulas e das células. Os melhores suplementos são aqueles que combinam com a melhor ressonância celular e, portanto, são alinhados com o trabalho do doutor Popp e a mensagem da Nutrição Espiritual. Se um produto tem qualquer forma de radiação, pesticidas, herbicidas, organofosfatos, metais pesados, talco, estearato de magnésio, dióxido de titânio ou qualquer outro material sintético, poderá potencialmente romper o campo energético. Essas toxinas têm acesso ao interior da célula e podem potencialmente danificar o DNA mitocondrial de forma desproporcional. Esse conceito se baseia no princípio da coerência, descrito anteriormente neste capítulo. Isso significa que um pequeno distúrbio do campo pode causar uma mudança entrópica desproporcional, pois ele muda a coerência. Se não for 100 por cento orgânico vivo e livre de "acompanhamentos" tóxicos (contaminação de fonte não viva), terá o potencial de desorganizar tanto os grupos de DNA mitocondrial como nuclear. De acordo com o doutor Robert Marshal, o DNA mitocondrial é pelo menos quatro vezes mais vulnerável do que o DNA nuclear.[12] Essa explicação da física quântica nos traz uma compreensão adicional sobre a grande importância de ingerir suplementos e alimentos orgânicos puros, em todos os níveis.

Considerações Finais

Segundo esta teoria sobre o sistema de assimilação, o alimento se torna não apenas um fornecedor de nutrientes, mas também de energias específicas que reenergizam todos os níveis dos nossos CEOSs. Se pensarmos no desenvolvimento do organismo humano como sendo análogo ao desenvolvimento de um cristal, outra visão estará à nossa disposição. Uma vez que a forma adulta do cristal, o corpo físico humano, completou seu crescimento, nós apenas precisamos de um mínimo de nutrientes para manter a homeostase do sistema. O principal propósito da nutrição, nesse ponto, é basicamente suprir a energia para manter os CEOSs do sistema em geral. Se não somos capazes de diminuir os apetites que nos serviram bem para o crescimento, começamos a cristalizar pneus em torno de nós mesmos. A ideia é comer o mínimo necessário para manter a energia e a condutividade do corpo no máximo. Conforme mudamos na direção de absorver menos energias condensadas em nosso sistema, precisamos cada vez menos de alimento material, mesmo como uma fonte de energia.

Resumo – Capítulo 10

1. Compreender a nutrição envolve o estudo da interação das forças dinâmicas do alimento e das forças dinâmicas de todo o nosso Ser.
2. Essa interação dinâmica fortalece o nosso próprio organismo.
3. É através do processo da assimilação que entramos em relação íntima com o nosso alimento e, portanto, com o meio ambiente.

4. A consciência é a essência do alimento.
5. Para assimilar o alimento com sucesso, devemos absorver completamente todas as forças do alimento para dentro das nossas próprias forças.
6. As vibrações do alimento ressoam com a nossa estrutura óssea; e a estrutura óssea amplifica e transmite energia ressonante para o corpo como um todo.
7. Nossa estrutura óssea ressoa com todos os níveis de energia dos nutrientes, conforme eles são transferidos com a ressonância dos chacras, do cérebro, da mente, do sistema nervoso, do coração ou de qualquer frequência externa ressonante como música, cânticos e pensamentos.
8. A energia da planta é assimilada pela interação dinâmica das estruturas ósseas cristalinas através dos sistemas circulatório, nervoso e de meridianos.
9. A energia da planta também é transferida diretamente da clorofila para a hemoglobina nas células dos glóbulos vermelhos e para as estruturas iônicas no plasma sanguíneo. As células dos glóbulos vermelhos e do plasma transferem a energia da planta diretamente para as células e estruturas ósseas, que a transmitem ao corpo.
10. Os tecidos de sais celulares ajudam na transferência da energia do meridiano para a modelagem dos micronutrientes no crescimento do tecido. Eles também ajudam a estabilizar os padrões energéticos dos meridianos.
11. As formas individuais dos açúcares simples e das proteínas semelhantes ao cristal, dos aminoácidos livres e das formações de ácidos graxos carregadas negativamente transportam energias específicas e padrões de CEM.
12. Neste sistema teórico sobre a assimilação, o alimento torna-se um fornecedor, não apenas de nutrientes, mas também das energias que reenergizam todos os níveis dos nossos CEOSs.

– 11 –

A QUÍMICA DO ESTRESSE E A ALQUIMIA DA MEDITAÇÃO

A Química do Estresse

A grande maioria da humanidade vive na química do estresse. Para essa maioria, o mundo se tornou um lugar muito perigoso: terrorismo patrocinado nacionalmente e individualmente, guerras crônicas, armas nucleares, criminalidade nas ruas, poluição do ar e dos alimentos, testes nucleares e reatores explodindo nuvens de material radioativo, nações inteiras pensando em voluntariamente irradiar seu próprio alimento, epidemias semelhantes à gripe, despejo irresponsável de lixo tóxico e radioativo no suprimento de água, falência de negócios e de pessoas, e a taxa de divórcio próxima de 50 por cento conforme as pessoas inconscientemente repetem seu padrão de defesa automático contra dar e receber Amor. Para a maioria, estes são tempos difíceis. Nós existimos na fisiologia do fazer em vez de Ser. O fazer está centrado no pensamento de que nós devemos acumular comida, riqueza, sexo ou poder para sobreviver.

Nossos três primeiros chacras estão quase sempre desequilibrados, ou o que comumente chamamos de "fora do centro". No primeiro chacra, estamos fixados na sobrevivência e no medo, em vez de na consciência mais saudável da confiança de que, o quer que Deus faça, é para o melhor. O medo bloqueia a experiência de um propósito mais elevado. No segundo chacra, estamos presos em obsessões sexuais em vez de nas funções mais desenvolvidas de procriação e criação. O terceiro chacra, cuja consciência mais elevada de sensibilidade e integração emocional, é inserido em um desequilíbrio emocional reativo, excesso de desejos e apego ao poder. Até que os três primeiros chacras estejam equilibrados e a consciência esteja fundida e integrada com as suas funções mais elevadas, a consciência do coração, ou chacra do Amor, e o quinto, sexto e sétimo chacras superconscientes não podem emergir ou ser completamente integrados de forma a criar a alquimia da meditação.

Em todos os níveis do nosso Ser, o estresse cria degeneração e envelhecimento. Os estresses físico, emocional e mental fazem com que os corpos sutis percam o alinhamento uns com os outros e bloqueiem o fluxo de energia cósmica, ou prana, que entra. Conforme os vórtices dos chacras são privados da força vital prânica energizante, a sua taxa vibracional de vórtice diminui, e a expansão de energia do corpo sutil, uma função do vórtice dos chacras, se contrai. Quanto mais o corpo sutil se contrai, mais difícil é para a força vital prânica atravessá-lo para energizar os chacras e, consequentemente, as funções vitais do corpo. Os CEOSs exauridos de prana se desorganizam mais facilmente, aumentando o processo de entropia e envelhecimento. Essa contração do corpo sutil é um reflexo da contração corpo-emoção-mente que experimentamos através do medo da sobrevivência, da desconfiança, da raiva do mundo, da raiva nos relacionamentos e em nosso estado geral de alienação. A essência desse medo está enraizada em nossa compreensão errada e no medo da morte.

Como resultado, vivemos a vida na síndrome de estresse das suprarrenais do homem das cavernas sendo perseguido pelo tigre-dentes-de-sabre. Vivemos como se estivéssemos em perigo iminente. A secreção adrenal dessa falta de harmonia, medo, sentimento de separação e alienação do nosso mundo contribui diretamente para o processo de envelhecimento. No nível fisiológico, vivenciamos isso como um superestímulo constante do sistema nervoso simpático, causando secreção excessiva de adrenalina para o sangue. Conhecemos isso mais comumente como aquela sensação de "aperto" na mente e no corpo. Tensão muscular, nervos à flor da pele, digestão bloqueada, sensação de nervosismo no estômago e mente acelerada são sintomas fisiológicos da síndrome de estresse das suprarrenais. No estado simpático superestimulado, o nosso sistema digestivo fisiológico é parcialmente bloqueado. Não apenas o fluxo do prana nos nossos CEOSs é minimizado, mas nós nem mesmo conseguimos absorver a energia do alimento no estômago. Tendo o contínuo sinal falso de que estamos lutando pela vida, nosso corpo e mente, em contínuo superestímulo simpático, acabam por se cansar. Se isso continua por tempo suficiente, nós entramos em colapso do corpo e mente, aumentando o envelhecimento do corpo e as possibilidades de doença.

A bioquímica do estresse é congruente com o processo geral de envelhecimento. Ela é paralela à quebra dos padrões dos CEOSs e à dissipação de

Localização dos chacras no corpo

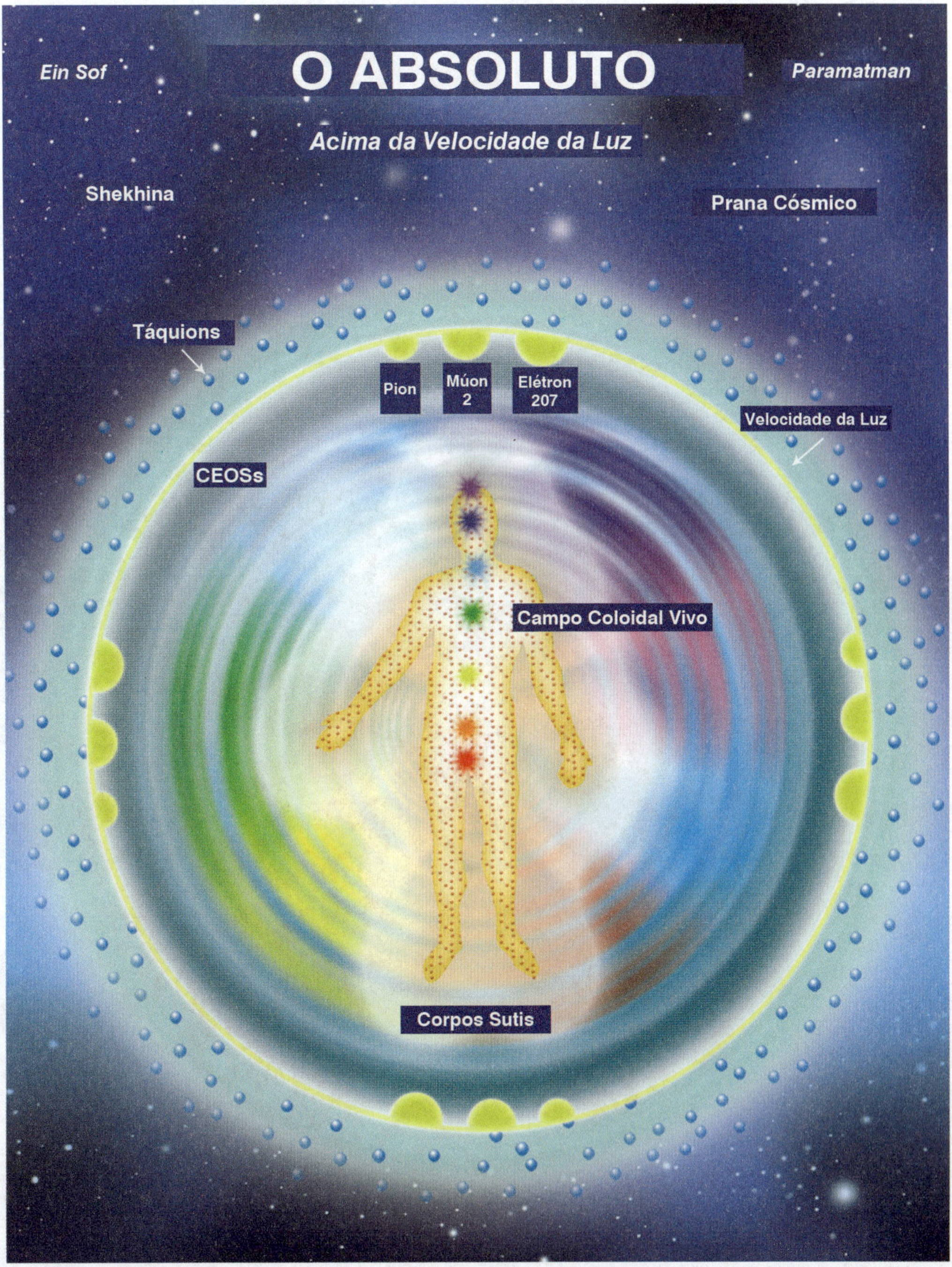

O *continuum* energético

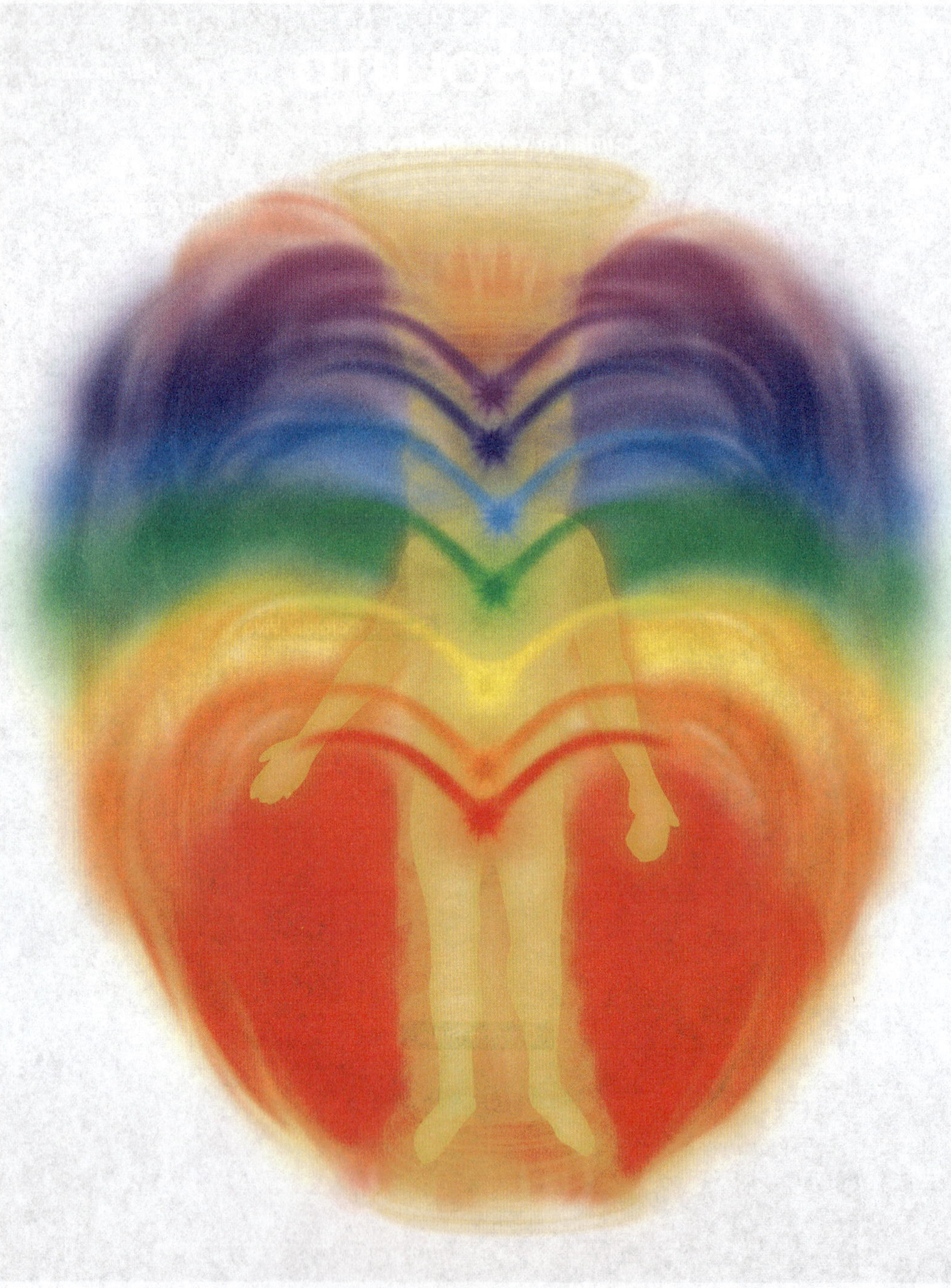

Asas angelicais – Irradiação dos corpos sutis como extensão dos chacras.

A energia do vórtice da Kundalini.

suas energias. A adrenalina é uma catecolamina que ocorre naturalmente. Quando liberada pelo corpo sob estresse, decompõe-se em formas metabólicas ativas como o adrenocromo, um radical livre muito conhecido cuja concentração excessiva tem sido associada à esquizofrenia.[1] Esses radicais livres metabólicos da adrenalina e outros compostos semelhantes a radicais livres quebram as estruturas da membrana celular e rompem o sistema básico de transferência de elétron do nosso metabolismo energético celular. O resultado disso é um vazamento de elétrons do sistema de transporte natural de elétrons, o que leva à livre criação de superóxidos, outras moléculas produtoras de radicais livres de oxigênio ativado, e radicais livres adicionais.[2] Os radicais livres oxidam ainda mais o nosso sistema. O resultado é um aumento nos danos causados por radicais livres nas membranas celulares, nos sistemas enzimáticos e especialmente nas células endoteliais da artéria (um possível precursor da aterosclerose).[3] Esse dano oxidativo, mediado pelos radicais livres, resulta em envelhecimento acelerado e um processo de doença degenerativo e crônico.[4] Ele representa o ponto bioquímico final comum de todos os tipos de estresse no sistema.

Uma forma simplificada e útil de compreender esse mecanismo é que os radicais livres, basicamente, drenam o sistema molecular de energia do corpo roubando energia na forma de elétrons. Essa energia que os radicais livres "roubam" é importante para a manutenção da estrutura da membrana celular. O doutor Lavine chama esses elétrons de "cola molecular", pois mantêm juntas as estruturas biológicas de todos os níveis, do DNA e do RNA até as membranas celulares.[5] Se tirarmos a cola que mantém a estrutura biológica unida, teremos desorganização da função celular e da replicação celular, o que se manifesta como uma entropia crescente e, portanto, envelhecimento.

É muito importante entender que o excesso de estímulo do sistema nervoso simpático tem o mesmo efeito final destrutivo que todas as outras formas de estresse, como trauma físico, infecção viral ou bacteriana e o estresse ambiental da poluição despejada sobre nós pela sociedade. O efeito comum é a destruição das membranas celulares oxidativas devido à atividade dos radicais livres. Alguns dos causadores de estresse no meio ambiente que podem causar excesso de radicais livres são: ozônio, dióxido de enxofre e outros componentes da fumaça, detritos radioativos, toxinas radioativas e químicas despejadas no planeta e nos suprimentos de água, e alimentos que foram submetidos aos radicais livres.[6] O alimento que foi irradiado, colocado em micro-ondas (hipótese do autor), adulterado, processado, estragado ou submetido a qualquer outro preparo tipo *fast-food* (comida rápida) sofre aumento da quantidade de radicais livres e de outros produtos de quebra radiolítica. Foi mostrado que o estresse devido a infecções virais causa aumento de radicais livres no sistema.[7] O trauma físico que resulta em dano da membrana celular, como o inchaço devido a batidas ou hematomas, causa a mesma produção de radicais livres que a que resulta da quebra de membranas celulares.

Uma afirmação bioquímica básica pode ser feita sobre o significado da química do estresse originário de todas as causas: qualquer que seja a causa do estresse, emocional, mental ou ambiental, o equilíbrio bioquímico oxidante-antioxidante é perturbado. Com o aumento de radicais livres, a capacidade antioxidante do corpo ou a energia regenerativa bioquímica se exaure. O resultado é que experimentamos uma diminuição na habilidade de nos adaptar e sobreviver ao estresse de radicais livres oxidantes. Isso resulta em degeneração da membrana celular e de outras formas biomoleculares. Assim, aceleramos o envelhecimento e aumentamos a incidência de doenças. Esse fato fica evidenciado com o aumento epidêmico de doenças autoimunes, alergias alimentares e hipersensibilidades químicas que, hoje, são chamadas de doenças ambientais. O desequilíbrio da razão oxidante-antioxidante e a concomitante sensibilização do nosso próprio corpo e do ambiente são o corolário bioquímico da desarmonia essencial e da alienação que a consciência do estresse cria em nosso ambiente, nas pessoas que vivem nele e em nós mesmos. A questão permanece: como isso pode ser transcendido?

A Química da Alquimia

A alquimia envolve o trabalho consciente com energia a fim de transmutar elementos. Para nós, ela começa com a opção consciente de reorganizar os nossos CEOSs rompidos, aumentando a energia cósmica, ou prana, que entra no nosso sistema. Também envolve o nosso alinhamento com as leis naturais do corpo, da mente e do espírito, para permitir que a força vital nos transmute. Essa força vital, a energia cósmica, o prana, é a energia divina absolutamente necessária para transcendermos a química do estresse. *Essa energia de Deus é o nosso alimento supremo, e a meditação é o processo digestivo supremo.*

A meditação harmoniza e expande os corpos sutis permitindo que o prana cósmico entre em nossos chacras e nos CEOSs com pouquíssima resistência. Com a entrada desse poder de Deus no nosso sistema, rejuvenescemos em todos os níveis. O reverso da entropia começa e a fisiologia do estresse e do envelhecimento é revertida ou diminuída. Centenas de estudos feitos por pesquisadores de Meditação Transcendental desde o início dos anos 1970 têm validado a afirmação de que a meditação reverte ou diminui o processo de envelhecimento. Esses pesquisadores mostraram que a meditação cria um metabolismo mais lento e equilibrado com o resto do sistema nervoso simpático e um melhor equilíbrio do sistema nervoso simpático/parassimpático. O consumo desnecessário de oxigênio, os batimentos cardíacos e o fluxo respiratório diminuem. Esses estudos mostraram que os meditadores apresentam diminuição da pressão alta, aumento na tolerância a exercícios, melhora da eficiência cardiovascular nos casos com *angina pectoris*, melhora no tempo de reação do sistema nervoso, melhora no rendimento atlético, melhora na resposta ao estresse medido por mudanças da pele, melhora na audição (o que reflete uma melhora no nível de funcionamento neurofisiológico), melhora na habilidade de tarefas motoras sensoriais, melhora nos resultados de testes de criatividade, notas mais elevadas em testes de inteligência, aumento de precisão e velocidade mental, melhora de memória de longo prazo, aumento de coerência e sincronicidade de EEG e diminuição geral da ansiedade.[8] No nível bioquímico, os pesquisadores descobriram que os meditadores apresentam diminuição no cortisol do plasma (hormônio de estresse importante), diminuição em metabolitos de adrenalina e não adrenalina e diminuição de colesterol no sangue.[9] Na fisiologia do estresse e envelhecimento, todos esses parâmetros se moveram na direção oposta daqueles encontrados em meditadores. Isso faz com que a meditação pareça ser o elixir da vida. E é!

O estudo mais impressionante que sustenta essa afirmação foi feito por R. K. Wallace, a respeito dos efeitos da meditação no processo de envelhecimento. Ele estudou 47 pessoas com idade média de 52,8 anos que praticavam técnicas de Meditação Transcendental e técnicas de TM-Siddhi. Ele os comparou a um grupo de controle e aos dados normais para tal grupo. O sistema de testes que usou foi tirado do *Morgan Adult Growth Examination* [Exame de Crescimento Adulto Morgan], que dá indicadores confiáveis de idade biológica. E descobriu que, em sujeitos da mesma idade cronológica, os meditadores que tinham meditado menos do que cinco anos tinham uma idade biológica média 7,1 anos menor do que os dados do grupo de controle. Já os que meditavam há mais de 5 anos tinham idade biológica média 15 anos mais jovens do que a norma. Quatro dos meditadores tinham idade biológica 27 anos mais jovem do que o esperado para a idade cronológica deles.[10]

Como Criar a Alquimia da Transformação Espiritual

Quando os jardineiros plantam mudas de árvores, normalmente as envolvem com uma cerca de arame ou uma tela para manter os animais afastados e, muitas vezes, amarram as árvores a um suporte para que o vento não as derrube. Para superar a química do estresse, brotos espirituais podem ser ajudados por uma cerca protetora espiritual ou santuário. Nos tempos antigos, e mesmo hoje, os poucos aspirantes espirituais sérios se retiram para cavernas, monastérios e ashrams na esperança de encontrar esse santuário. Existe até mesmo um antigo, e pouco entendido, processo aiurvédico chamado *kaya kalpa*, no qual os participantes viviam em isolamento completo por períodos de quarenta dias a um ano. É o descanso supremo. Durante esse tempo, ervas e comidas regenerativas e de limpeza lhes eram oferecidas. O processo de kaya kalpa é descrito na biografia do sábio Shriman Tapasviji Maharaj, um grande asceta que viveu 185 anos. Ele usou esse processo três vezes e teve uma experiência que seu biógrafo descreveu como sendo uma regeneração espantosa, incluindo o nascimento de novos dentes e cabelo. Dizem que quando ele o fez pela primeira vez, com pouco mais de cem anos, saiu parecendo um homem de quase trinta anos.[11] Isso talvez represente a suprema intensidade no processo de reversão do envelhecimento. Também é preciso ser um indivíduo muito especial para conseguir viver em um quarto escuro isolado por um ano e não ter a mente afetada pela química do estresse. Isso requer um desenvolvimento espiritual avançado.

O que é diferente hoje é que estamos entrando em uma época de Iluminação coletiva neste planeta. Isso requer uma abordagem que seja útil para um grande número de pessoas em vez de para um raro aspirante espiritual. Precisamos transformar a nossa própria vida diária em um santuário espiritual, uma maneira meditativa harmônica de vida que se alinha com nosso corpo físico e com todos os nossos corpos sutis, permitindo-nos a experiência da completa Graça de Deus, deixando toda a energia cósmica ou prana penetrar em todos os níveis do nosso ser corpo-mente-espírito, preenchendo a nossa vida com o êxtase do Amor. Essa é a Iluminação Pessoal Completa. Este é o nosso destino – a nossa função e o propósito supremo. É a química da meditação, que é o Amor. É a maravilha da Consciência da Unidade. É conhecer o Caminho, Sendo o Caminho.

Como fazemos para construir um santuário espiritual em nossa vida cotidiana? Para a maioria das pessoas, um mundo de paz faria com que a experiência de paz e harmonia internas ficasse mais fácil. Conforme nos tornamos mais enraizados na Verdade, a aparente condição de turbulência do mundo externo diminui, na medida em que entramos no jogo harmonioso da consciência. No entanto, para uma iluminação em massa acontecer neste planeta, o caminho para a paz interna seria mais fácil com um ambiente de paz. No fim das contas, devemos começar com a experiência de paz do nosso próprio Eu Divino. Esse poema escrito por Lao Tsu descreve de forma bela como criar esse santuário espiritual, começando por nós mesmos:

> O Tao reside na não ação. No entanto nada fica sem ser feito.
> Se os reis e os senhores observassem isso, então dezenas de milhares de coisas se desenvolveriam naturalmente. Se eles desejassem agir,
> Eles retornariam à simplicidade da substância sem forma,
> Sem forma não há desejo.
> Sem desejo há tranquilidade.
> Desta maneira todas as coisas estariam em paz.[11]

Em meditação, podemos ter a experiência direta do contentamento interno que nos preenche completamente. Ele surge de diferentes níveis da experiência da meditação. Pode ser do êxtase interno de estar preenchido e ressoando com a energia cósmica Divina, ou do êxtase de estar em União com Deus, como o sem forma e o criador, ou do sublime Estar em direta consciência com a Verdade. Em meditação, podemos receber a experiência do Amor, conhecer a nós mesmos como Amor, e ter a experiência do Amor pelo nosso Verdadeiro Eu Interno, e, consequentemente, o Eu de Tudo que reside em todas as pessoas. Essas várias experiências de êxtase interno, felicidade sublime, paz e Amor nos preenchem de uma forma tão maravilhosa que estamos em contentamento além do desejo. Sem desejo há paz. A prática da meditação reforça essas experiências. *Com o tempo, a experiência se torna nossa consciência desperta, e passamos da prática de meditar para um estado de Ser em uma vida semelhante à meditação.* Esta é a verdadeira meditação. Assim, podemos ter a experiência direta dos ensinamentos da Torá e daqueles de Jesus em que devemos Amar a Deus com todo o nosso coração e poder, e Amar ao próximo como ao nosso Eu Verdadeiro. É a partir dessas experiências de meditação direta e da possível consciência direta estabilizada da Realidade sem forma de Deus que perdemos o desejo por coisas e poder no mundo. Sem desejo há tranquilidade. Quando há tranquilidade baseada nessa consciência, "todas as coisas ficam em paz". Com base na experiência de meditação desta pessoa durante 35 anos, e observando e ouvindo as experiências de outros meditadores, pode-se afirmar que isso é absolutamente verdadeiro. A consciência estabilizada na verdade não dualística pode não ocorrer imediatamente; pode levar muitos anos para se tornar a consciência predominante em nossa vida, mas, com persistência, ela acontecerá. É importante notar que não nos tornamos alguma coisa, o que ocorre é que nós simplesmente nos tornamos conscientes da Verdade de quem já somos e do deleite no sincrônico mundo do dual/não dual.

Antes, falamos em transmutar os primeiros três chacras para que pudéssemos despertar no nível mais elevado de consciência. No primeiro chacra, somos confrontados pelo medo, em vez de pela confiança, cuja origem é o medo da morte. Na meditação, muitas pessoas com o tempo têm a experiência direta de construir uma consciência na qual não há morte para o Eu. O Eu é imortal. Com essa consciência, o medo da morte gradualmente se dissipa e ficamos livres para confiar. Muitos livros são escritos a respeito dessa Verdade. Mas este autor afirma novamente, com base na própria experiência de meditação direta, que a consciência sem medo se desenvolve e que o medo da morte se dissolve permanentemente. Não há morte para o Eu.

Compreensão Correta

É possível meditar, ter experiências iluminadas e, no entanto, nunca desenvolver a compreensão correta. A razão é que muitas pessoas, às vezes, têm padrões que resistem à compreensão que surge na meditação. Às vezes, elas são viciadas no poder e na energia das experiências, e não na Verdade que está por trás de tudo. Elas caem na armadilha de ir atrás do "gol". A compreensão correta, uma parte importante do desenvolvimento espiritual, é a integração das nossas experiências com a nossa vida diária; é a meditação como uma prática e uma maneira de Ser. É a sabedoria de distinguir entre a verdadeira essência da vida e as ilusões.

Irmandade Correta – Sangha

A irmandade correta (sangha) é extremamente importante no desenvolvimento da compreensão correta. Ela poderá vir na forma tradicional do relacionamento guru-discípulo, através de pessoas que servem como mestres ou guias espirituais, através de grupos de meditação regulares, ou através de processos de grupos espirituais, como o processo de grupo essencial, sugerido por Barbara Marx-Hubbard.[13] Independentemente de onde venha, é uma parte muito importante da criação de um santuário espiritual. Shivapuri Baba, um homem santo indiano que praticava a alimentação viva e viveu 137 anos até o início dos anos 1960, ensinava que a mais importante ajuda exterior para criar um santuário espiritual ou vida correta é a irmandade de almas realizadas. Muitos, por um breve período de tempo, têm experiências de consciência elevada, estados sensoriais ou de consciência alterados que, de fato, os levam além do ego, mas não se estabilizam em suas experiências diárias.

É raro alcançarmos a estabilização da consciência como nossa orientação de vida fundamental. Ela ocorre mais facilmente quando a intenção única e direta de nossa vida é nos fixarmos na consciência da Verdade, como sendo a não dual e holográfica consciência pura da Luz e do Amor Divino. Isso requer disciplina espiritual. Essa é uma das partes mais difíceis de criar o santuário espiritual na nossa vida mundana normal. Há muitos que se dão bem em situações de um ashram protegido, mas, quando saem para o mundo, descobrem que não internalizaram suas disciplinas e lentamente começam a perdê-las. Companhia correta, em qualquer forma, ajuda a inspirar as pessoas a manter a disciplina espiritual e desenvolver a compreensão correta. Irmandade correta é uma forma de Graça de Deus. Isso é importante, pois, apesar de nosso mestre interior estar sempre funcionando, nós não queremos sempre segui-lo. O mestre interior do outro, na hora certa, pode dar o reforço positivo correto para a nossa própria direção espiritual interna. A irmandade correta apoia, reforça e estimula o mestre interior. Ela ajuda a criar a situação na qual pode haver uma troca de ensinamentos e presença entre semelhantes. Estarmos rodeados de boa companhia é uma parte extremamente crítica da construção de um santuário espiritual. Nesta época de Iluminações em massa, torna-se um princípio ainda mais importante.

A consciência sintonizada do mestre interior e a irmandade correta podem ser semelhantes ao que é conhecido como a Graça do Guru nos discípulos espirituais orientais. As pessoas frequentemente vão a um guru para serem despertadas, mas, com a consciência cada vez mais elevada e a energia dos buscadores espirituais em geral, o despertar da Kundalini pode ocorrer como resultado do aumento da energia, que acontece na meditação em grupo, ou mesmo em um encontro de um grupo espiritual como, por exemplo, a meditação pela paz mundial. Podemos despertar um ao outro simplesmente transferindo a energia de um para o outro. Essa energia vem da Graça de Deus devido à irmandade correta. Muktananda uma vez mencionou isso de uma forma engraçada nos dizendo como o seu cachorro, que tinha acumulado a energia de estar perto dele, concedeu Shaktipat ao veterinário. Na maioria das vezes, as pessoas atribuem o aumento da energia e a Graça exclusivamente ao mestre, guia ou guru que está focando o grupo, e não ao resultado da energia espiritual do grupo todo. A Graça de Deus vem de muitas formas e maneiras. Ela pode vir através do aumento da energia cósmica do mestre externo, através do prana de um indivíduo, através de práticas como a meditação e o jejum, ou através de alcançar um ponto crítico, intenso o suficiente para despertar espontaneamente a Kundalini. Ela pode vir do aumento do prana do grupo todo, ou de uma combinação das energias prânicas do mestre interno, mestre externo e de um grupo de meditação.

A paz mundial é uma função da nossa paz interna. De acordo com o nosso estado de meditação, criamos a paz Sendo a paz. Para que o mundo todo se eleve a um estado de consciência transcendente, todos temos de participar da criação da paz na Terra. Este autor acredita que a missão da paz no mundo está se tornando uma expressão planetária da Vontade de Deus. Construindo um santuário espiritual fora do mundo, a evolução espiritual de todos será acelerada. Seremos levados para mais perto do salto quântico em consciência, que nós, como filhos de Deus, um dia faremos. Servindo à paz mundial, estamos servindo ao desenvolvimento da paz interna para todos. Dando Amor ao mundo, nos tornamos esse Amor. Como Amor, nos tornamos o santuário espiritual que buscamos. Para desenvolver esse estado de paz mundial, o autor fundou a Peace Everyday Initiative [Iniciativa de Paz Todos os Dias] – criando paz, Sendo a paz. A prática consiste em que pessoas do mundo meditem por 40 minutos todos os dias, ao nascer do sol ou ao pôr do sol, conectando-se a formas-pensamento de paz e visualizando o planeta rodeado de Luz (mais informações estão disponíveis no site www.peaceeveryday.com).

Forma de Sustento correta

Uma forma de sustento correta é o nosso alinhamento com a Vontade de Deus. Nós já somos perfeitos. O que estamos buscando é nos tornarmos a expressão Divina da nossa perfeição interna no mundo. Essa é a essência do sustento correto. Quanto mais energia cósmica flui através de nós, mais estamos sintonizados com a Vontade de Deus e somos capazes de nos envolver no trabalho correto pelo que somos. Nós nos tornamos a expressão criativa da Vontade Divina. Nesse processo, o segundo chacra desperta e a nossa mente se funde com a energia criativa evolucionária que sempre foi nossa.

O sustento correto é assunto para um livro inteiro, mas há algumas diretrizes para se criar um santuário espiritual que devem ser consideradas. A primeira é o lembrete de que, apesar do sustento correto ser extremamente importante, nossa função mais elevada é estar totalmente na consciência da nossa Realidade Transcendente, como nosso foco principal. Com o tempo, alcançamos um estágio no qual faz pouca diferença para o nosso estado espiritual quanto tempo e energia colocamos em nosso trabalho mundano. No entanto, para todos, exceto para os que estão nos estágios mais avançados de evolução espiritual, excesso de tempo e energia gasto em trabalho pode entorpecer as experiências crescentes da Verdade. Podemos nos encontrar sendo "o nosso agente da vontade própria" em vez de Estar em um estado de Graça. Como fazedores, nos apegamos às recompensas do nosso trabalho, e, nesse apego, a experiência extática do nosso Estado de Ser transcendente se perde. Trabalhando horas demais, nós nos exaurimos de energia física e mental. Nesse estado de exaustão, é mais difícil permanecer acordado. O famoso santo Ramakrishna, do século XIX, aconselhava as pessoas a manter uma mão no pé de Deus e a outra no Mundo. Shivapurt Baba aconselhava-nos a fazer as nossas tarefas mínimas corretamente e a manter a mente em Deus. Tradicionalmente, servir aos outros ajuda a equilibrar o trabalho criativo. Para alguns, essa é a expressão mais criativa e evolucionária. Madre Tereza é um exemplo inspirador desse caso.

Relacionamento Correto

Como Amor, e apenas como Amor, podemos viver um relacionamento correto com o(a) companheiro(a), os filhos e as outras pessoas à nossa volta. Amor incondicional e que não perde força é o único bloco capaz de construir o santuário espiritual. Na construção dos relacionamentos corretos, é também necessário organizar o tempo, espaço e energia de forma inteligente para que haja tempo, espaço e energia suficientes para as expressões desse Amor para o indivíduo, o casal, a família e a sociedade. As pessoas, quase sempre, pensam a respeito de problemas de comunicação quando nos referimos a relacionamentos satisfatórios, no entanto, como terapeuta familiar, este autor raramente vê problemas de comunicação. As pessoas comunicam o medo de intimidade e Amor bastante bem – através de contrações do coração, da fuga e de gestos de retribuição. É muito difícil manter o coração aberto diante da rejeição e da mágoa que o outro projeta para tentar manter uma distância segura de suas intimidades. Este é o ponto crucial do assunto do terceiro chacra: como podemos ficar acima da mágoa, do desequilíbrio e da luta de poder para se manter em um estado equilibrado e de sensibilidade emocional, com compaixão que reflete a consciência mais elevada do terceiro chacra? Para isso, temos de manter o coração aberto, não importa quanta dor possamos sentir. É o ferimento do coração que nos leva ao despertar do quarto chacra (ou do coração) e para o despertar dos outros chacras espiritualmente orientados. Conforme fazemos isso, fica mais fácil estar na consciência da Verdade de quem somos e de ver o jogo de Verdade em todas as nossas interações diárias, fazendo dele lições valorosas, como presentes de Deus.

Se deixarmos o coração se contrair, nossos corpos sutis também se contrairão e se desalinharão. Essa contração então diminui a força vital prânica que está à nossa disposição. A química do estresse entra e o processo de envelhecimento começa novamente. Mas o mais importante de tudo é que nos fechamos para a energia cósmica que é a energia de Amor de Deus. Essa é a fonte da vida espiritual. É a fonte da consciência espiritual. Esse é o preço que pagamos pelo hábito de contrair o nosso coração. Como Amor, nós nos tornamos um santuário espiritual. Sem ele, o santuário sobrevive como uma concha frágil de consciência intelectual.

Sintonia com as Leis Naturais da Mãe Natureza

Parte do nosso santuário espiritual já está presente, esperando que o notemos. Está nas leis naturais do universo, mas raramente estamos em sintonia com elas, como um suporte para o nosso santuário. As comunidades essênias sabiam o valor da harmonia com as leis naturais e passavam grande parte do tempo estudando, Estando em Comunhão e vivendo em harmonia com elas. Como resultado, não apenas a vida espiritual dessas comunidades era estimulada, mas elas atingiam um nível de saúde altíssimo. Há relatos afirmando que era muito normal essas pessoas passarem dos 120 anos de idade.[14] Se não estivermos sintonizados com as leis naturais, nossos pensamentos e ações individuais não estarão em equilíbrio. Essa harmonia é necessária para a saúde plena e para a vida espiritual.

Isto é importante, pois a sociedade moderna está significativamente fora de sintonia com as leis naturais em quase todos os níveis. Estamos tão fora de sintonia que podemos destruir o planeta inteiro na ilusão de estarmos nos protegendo. O problema é que as formas-pensamento da sociedade são tão fortes que é muito fácil ser levado por essa onda inconsciente de desarmonia.

Ficamos tão desligados da sincronia natural das leis do universo, que precisamos ir até a fonte dessas leis para começar a reconquistar a nossa sintonia. A fonte é a consciência pura e não diferenciada, que é a Fonte de Tudo. Fundindo a nossa presença de consciência pura com a meditação, podemos evitar a distorção da manifestação da consciência pura em pensamento e ação. A prática da meditação é a ferramenta principal para a harmonização de nossa consciência. À medida que nos aprofundamos nessa prática, a consciência se mantém em nossa vida desperta sem meditação formal. Nesse ponto, tendemos a agir espontaneamente em comunhão com tais leis. Nós nos tornamos a lei, em vez de ficar sob a lei.

Para a maioria das pessoas, o estado de comunhão é uma forma idealista de santuário, difícil de atingir ou sustentar. No entanto, meditando regularmente pelo menos duas vezes ao dia, construiremos um santuário espiritual no qual a nossa vida terá cada vez mais harmonia com essas leis naturais. Viver com certa ligação com a natureza ajuda esse processo todo. Isso fica ainda mais reforçado se vivermos fora do ambiente urbano. Até mesmo em sintonia com um simples jardim interno, no meio da cidade, pode ser útil.

Ao compreendermos essas leis, é útil fazer o que o Talmude sugere: "Construir uma cerca em volta da Torá".[15] Isso significa que criamos certos sinais de autoaviso, ou escutamos os retornos dados da companhia correta que está à nossa volta, e que nos diz se estamos começando a agir em desarmonia. Um dos perigos de sentir estados superiores de consciência é que começamos a sentir que estamos acima de qualquer conceito ou lei, devido ao nosso contato direto com a Fonte. O fato é que também estamos em contato direto com as forças tremendamente desarmônicas da sociedade, que sempre nos puxa para a desarmonia. Swami Prakashanada Saraswati, um tio espiritual deste autor, enfatizava que não estamos totalmente livres dos anseios do corpo e da mente até deixarmos o corpo. Muitos gurus que vieram para o Ocidente, assim como vários líderes de várias religiões, caíram em desgraça, pois achavam que estavam acima da cerca que os avisaria que estavam se afastando da unidade com as leis universais. Eles simplesmente assumiam que, o que quer que fizessem, estariam em harmonia. Essa cerca, nas tradições espirituais orientais, é chamada de darma, ou vida correta. No Ocidente, são as Dez Falas (Mandamentos). As Dez Falas têm vários níveis de interpretação. Quando se diz "não terás outros deuses além de mim" (Êxodo, 20, 3), isso pode significar que devemos estar sempre imersos na Consciência Divina universal, e não na consciência do dinheiro, poder, sexo e de outras forças do mundo temporal. "Honre teu pai e tua mãe para que vivas longos anos na terra que o Senhor, teu Deus, te dá" (Êxodo, 20, 12), pode ser interpretado como honrar as leis naturais e as leis cósmicas, para que a nossa vida possa ser longa e preenchida espiritualmente. Essas são afirmações concretas de leis universais que agem como diretrizes para aqueles que não estão completamente em contato com a Fonte direta. É excelente viver a nossa vida como a manifestação espontânea e a inspiração Amorosa das leis universais; essa é a fundação firme e alegre do santuário.

O importante não é criar uma tirania da contração e do medo, com uma aplicação cega e com soberba das nossas próprias projeções daquilo que consideramos o sentido "literal" dessas leis. A forma como vivemos as leis é função do nosso próprio desenvolvimento espiritual em algum ponto no tempo. Não há um caminho certo para sempre. Não é tão simples. A vida não é estática. É mais importante estar em harmonia com o espírito da lei. Isso requer inteligência, discernimento e compreensão correta. Foi nessa base que Jesus agiu ao quebrar a rígida interpretação da lei escrita e fazer curas no Sabbath. Mas, para manter o santuário, precisamos criar um sistema de aviso, para que possamos acordar se começarmos a vagar. No fim das contas, o sistema de aviso é: *conheça o Caminho Sendo o Caminho.*

Alquimia da Saúde do Corpo

O corpo físico é o aspecto final da criação do santuário espiritual para a química alquímica necessária para a transformação humana. Consideramos o nosso santuário pelos aspectos espiritual, mental e emocional, e agora precisamos incluir o corpo como parte do que esta pessoa chama Iluminação da Pessoa Toda. O propósito dos ensinamentos compartilhados neste livro é criar uma síntese da relação entre o corpo físico, o corpo emocional-mental e o espírito, na vida espiritual. O propósito é traçar uma diretriz de como aumentar a consciência em nossa vida para que possamos ir além das experiências internas espirituais de perfeição para nos tornar a manifestação dessa perfeição na vida diária comum.

Mantendo as práticas de alimentação correta e o jejum, ajudamos o corpo a se tornar um supercondutor da energia cósmica melhor. Essa energia cósmica, ou prana, vem de Deus, e é a imediata experiência da "Face de Deus" que podemos conhecer a cada momento da vida. A experiência dessa força de Amor cósmica nos unindo com a experiência ressoante do macrocosmo é o êxtase. Conforme limpamos as toxinas e os bloqueios do nosso sistema com dieta, jejum e outras fontes naturais e vibracionais de cura, como medicamentos homeopáticos, ervas, essências florais e elixires de gema, nosso corpo se torna mais organizado. À medida que isso ocorre, nos sintonizamos mais facilmente com a força direta de Deus que nos percorre. Não é necessário que a Kundalini esteja desperta para termos a experiência dessa sintonia. Podemos senti-la como um daqueles sagrados momentos de inspiração Divina, êxtase e Amor que tantos de nós tivemos em algum momento da vida. Pode ser o momento de uma silenciosa e sutil sensação de sintonia, durante a qual o nosso corpo, mente e espírito se sentem totalmente em harmonia com toda a criação de Deus, assim como pode ocorrer enquanto observamos um lindo pôr do Sol. Pode ser a experiência contínua de alegre bem-estar. Poderá ser a experiência do despertar ou energização do poder da Kundalini. Apesar de essas experiências ocorrerem com uma alimentação adequada e jejum, isso não significa que com uma alimentação e jejum apenas nos tornaremos Iluminados. É através da integração do equilíbrio triplo da mente, corpo e espírito que nos alinhamos, nos fundimos e nos estabilizamos na consciência espiritual e evolucionária elevada.

Os Sete Agentes Alquímicos de Cura

Há algumas forças básicas, parte das leis da natureza, que ajudam a transformar e manter o corpo em seu melhor estado. O doutor H. E. Kirschner os chama de "os sete médicos da natureza".[16] Eles são: alimentação correta, ar puro, água pura, luz solar, exercício, descanso e, obviamente, paz mental, emocional e espiritual. Nós já tocamos em alguns desses assuntos neste livro, mas ainda precisamos aprofundar a nossa compreensão sobre a simplicidade das leis da natureza.

O *ar fresco*, conforme mencionado anteriormente, é uma fonte direta de nutrição. Além de exercícios de respiração, é bom tomar um banho de ar todos os dias. O ar é absorvido através dos poros e age como desintoxicador. Kirschner relata que o doutor Kellogg estimou que cada pessoa precisa de aproximadamente 85 mil metros cúbicos de ar puro e fresco por hora para se desintoxicar de toxinas excretadas dos pulmões e da pele.[17] Quanto ar fresco obtemos isolados dentro de um prédio de escritórios onde milhões de pessoas trabalham todos os dias? Essa é a razão muito simples pela qual muitas pessoas estão em desarmonia com as leis naturais. É fácil de acontecer. Estamos rodeados por todos os tipos de atividades e estilos de vida ditos "normais" que são desarmônicos.

A *água pura* é outro dos sete agentes de cura. Por causa da persistência nacional e internacional em criar lixo tóxico radioativo e químico que se infiltra nas águas, é quase impossível achar água pura. Para chegar perto da qualidade da água fresca de uma fonte que uma vez existiu, nós teríamos que processar a água por destilação ou osmose reversa. No processamento, a água se desestrutura e necessita ser mexida para se reoxigenar, necessita de sais minerais e luz da lua e das estrelas para se reestruturar e energizar (ver Capítulo 29 para uma discussão completa sobre a água viva).

A *luz solar* adequada, de 30 a 60 minutos por dia em todo o corpo, nos dá a chance de ficarmos diretamente reenergizados. Assim como as plantas, absorvemos e transmutamos esse nutriente para dentro do nosso sistema energético. Até que nos acostumemos ao sol, o sol do fim de tarde ou de manhãzinha são os mais fáceis para começar. Apesar de um pouco de luz solar ser bom, horas de sol pode ser demais para o sistema e levar a desequilíbrios.

Exercício é outro dos sete agentes de cura alquímico. Há uma regra simples: use-o ou perca-o. O doutor Kirschener ensina que atividade é vida e estagnação é morte.[18] O exercício estimula todos os órgãos internos e o sistema muscular, tonifica o sistema nervoso e digestivo, melhora a circulação e estimula o sistema dérmico a soltar as toxinas. Nenhum equipamento é necessário. De fato, exercitar-se em uma academia com mau cheiro, mal ventilada e iluminada artificialmente nos priva dos benefícios da luz solar e do ar fresco, que obtemos durante os exercícios ao ar livre. Caminhada ao ar livre é o melhor exercício de acordo com muitos terapeutas naturais. O educador britânico George Trevelyan afirma ter apenas dois médicos: o pé direito e o esquerdo.[19] Para aqueles que sentem que necessitam de exercícios mais vigorosos, é interessante destacar que o sistema aiurvédico de saúde recomenda exercitar-se até o máximo de 50 por cento da sua capacidade. O fato é que se fizermos do exercício um estresse para o corpo, poderemos obter benefício aeróbico, mas o excesso de estresse físico poderá danificar as funções do corpo. Precisamos alcançar entre 50 a 80 por cento da nossa capacidade de exercícios. A prática pessoal do autor é fazer caminhadas rápidas várias vezes por semana, usar diariamente uma cama elástica e fazer os asanas de ioga todos os dias. Dessa maneira simples, muitas das leis naturais são eficientemente seguidas. A ideia geral de todas essas leis é dar ao corpo a quantidade correta de atenção para funcionar de maneira ótima para o foco espiritual da vida. Isso requer alguma auto-observação aliada à tentativa e erro, até que encontremos o equilíbrio correto. Então, podemos nos ajustar a uma rotina organizada e não nos preocupar com isso. Cada um deve encontrar a própria rotina.

Descanso é outro agente de cura alquímico importante. Ele é tão importante que Deus até nos deu o Sabbath para que não interpretássemos de maneira errada a mensagem. No trabalho rotineiro de todos os dias, é importante levar em conta o tempo para a regeneração. No processo de kaya kalpa, a ideia de um descanso completo é parte integral do programa de rejuvenescimento. Funciona. O descanso implica uma quebra em todas as rotinas diárias, responsabilidades, barulhos irritantes etc. Um local quieto na natureza é bom, especialmente para pessoas da cidade que estão diariamente afastadas das forças regeneradoras da natureza. O descanso pode tomar a forma de sono. Não há um número mágico de horas para dormir: dependendo da nossa constituição, podemos precisar de cinco a oito horas, ou até mais, por noite. A ideia principal é a regularidade de uma boa noite de sono. Para alguns, um curto cochilo durante o dia é útil. Para os de tipo kapha (ver Capítulo 24), isso pode fazer com que se sintam piores. Para trabalhadores de escritório sedentários e ativos intelectualmente, o trabalho físico como jardinagem, caminhada, jogos ou períodos de silêncio pode ser o melhor descanso. Para outros, exatamente o oposto pode ser melhor. Isso pode ser combinado com um leve jejum. Meditação diária antes, durante e após o trabalho cria um descanso que nos ajuda a despertar para uma produção mental, e é benéfico para todos.

Apesar de parecer simples se alinhar com essas forças básicas naturais, isso muitas vezes requer alguma independência social. Quando as crianças saem da escola, elas automaticamente sabem o que fazer: brincam. Quantos professores nós vemos brincando lá fora? Como médico, o autor frequenta conferências médicas, quase sempre em prédios isolados onde os participantes ficam sentados durante horas, imersos em atividade intelectual. Na hora do almoço, em vez de ficar sentado ainda mais tempo durante o longo almoço junto com os outros, o autor procura um lugar aberto onde possa se exercitar, respirar ar puro, pegar um pouco de sol, meditar e comer uma leve salada feita em casa. Para muitos, pode parecer estranho entender a participação dessas leis naturais em nossa vida, mas elas nos mantêm sintonizados com a força vital. Depois que você faz esse tipo de coisa por algum tempo, se o fizer de forma silenciosa e sem soberba, as pessoas se abrirão e, às vezes, até se juntarão a você nessa diversão. Há muitos que apenas precisam do apoio de uma boa companhia para deixar o seu mestre interno guiá-los ao alinhamento com as leis naturais.

Resumo da Química da Alquimia

A química da alquimia envolve a decisão de reverter o processo degenerativo da vida nas dimensões física, emocional-mental e espiritual da nossa vida. É uma escolha consciente reorganizar e reenergizar nossos CEOSs, aumentando a quantidade de prana cósmico que entra no nosso sistema. Para fazer isso com sucesso, a vida diária e o mundo precisam ser transformados em um santuário espiritual. Para esse propósito, alimentação adequada e jejum não são o suficiente, apesar de aumentarem a quantidade de energia cósmica que entra no sistema. Precisamos da prática regular da meditação, companhia correta, compreensão correta, modo de vida adequado, relacionamento correto com pessoas e sociedades significativas e sintonia com as leis universais terrenas e celestes. Em suma, tudo isso pode ser chamado de vida correta. É análogo ao caminho budista dos oito passos, ou ao significado do Sermão na Montanha. Na discussão da vida correta e da meditação como caminho para a Iluminação, Shivapuri Baba, mestre iluminado que viveu até os 139 anos, ensinava que três disciplinas forneciam a única cura para as doenças da vida.[20] São as disciplinas das leis universais do físico, da moral e do espírito. Ele lembrava as pessoas de estarem absorvidas com Deus e em suas tarefas (as três disciplinas) como Deus. Este é o significado de vida correta.

É importante enfatizar que não há nenhuma lista pronta para ser seguida no caminho da vida correta. Ela requer uma sabedoria que se desenvolve com tentativa e erro pessoais, prática e meditação. Para aqueles que têm dificuldade para meditar, fazer uma repetição de mantra ou fazer contemplação silenciosa é suficiente. Para a maioria de nós, alguns dos nossos mais profundos entendimentos sobre a vida correta surgiram de nossos assim chamados erros. Se estivermos dispostos a testemunhar e aprender com os nossos erros, uma vida correta se desenvolverá para nós. Shivapurti Baba percebia que os maiores obstáculos para se viver corretamente são a inércia e a procrastinação. O caminho normal, apesar de quase sempre desarmônico na sociedade moderna, é muito mais fácil de seguir. Dentro desse pensamento, Muktananda costumava dizer que o cemitério era seu lugar favorito, porque lhe lembrava de que um dia vamos deixar o nosso corpo físico e perder as oportunidades de seguir um caminho espiritual. Portanto, a hora é agora. Na vida correta, nenhuma parte de nossa existência é negada. Isso representa um despertar completo dos primeiros três chacras. Esse despertar é a fundação para o despertar estável da consciência dos chacras mais elevados, o que representa um grande passo na integração dos níveis físico, emocional-mental e espiritual do nosso Ser. A combinação de vida correta e meditação é o principal processo para a Iluminação Pessoal Completa.

A Alquimia da Meditação

À medida que o prana aumenta no nosso modo de viver correto e na meditação, nos tornamos supercondutores, acumuladores e ampliadores da energia cósmica. Esse aumento se alinha mais adequadamente com todos os níveis do nosso Ser. Nossa consciência aumenta espontaneamente, pois a experiência do prana em si, como emanação de Deus e como a Face de Deus, naturalmente aumenta a consciência do Divino. Esse aspecto experimental do Divino reforça a consciência direta da Verdade não dual de Deus. Em algum ponto intangível do processo, essa consciência direta, que muitas vezes sentimos na prática da meditação, começa a ficar cada vez mais em nosso estado desperto. Nesse ponto, a vida diária mundana é transformada pela consciência que sentimos na meditação. A vida desperta é cultivada com a consciência da meditação, a consciência sublime direta de Deus, do Amor em cada aspecto da vida. Essa é a alquimia da meditação.

Conforme aumentamos a prática da meditação, uma melhora no alinhamento de todos os corpos sutis e físicos acontece com a pura vibração do prana cósmico. Meditação é o sistema digestivo Divino do prana cósmico. Quanto mais nos tornamos um canal limpo para a energia cósmica, mais temos um fluxo contínuo dessa energia passando por nós. Isso nos leva a um estado de contínua Unidade com todas as forças vitais do universo e, portanto, unidade com a própria Divindade. Quanto mais nos tornamos ressonantes com essa energia, mais nos tornamos essa energia Divina. O aumento do prana alinha os CEOSs tão perfeitamente que chegamos a ficar alinhados com a energia cósmica até o nível de nossa estrutura DNA-RNA. Este autor percebe que a estrutura espiral da hélice dupla DNA-RNA reflete o padrão espiral de vórtice do prana cósmico. Conforme a Consciência Cósmica penetra a nossa estrutura atômica e molecular, não temos alternativa a não ser sentir o êxtase dessa união do macrocosmo supremo de puro prana com o microcosmo supremo de nossa estrutura molecular. Nós nos sentimos totalmente harmônicos em todos os níveis do Ser. É um êxtase total mente-corpo-espírito vibrando em cada átomo de nosso Ser, com todos os outros átomos do universo. O DNA-RNA são as cordas da harpa; os ventos do prana puro sopram através de nós e o som é de pura felicidade. Esta é a alquimia da meditação. Esta experiência nos preenche com Amor, Harmonia e Felicidade. Amor é o supremo som harmônico da alquimia da meditação. A consciência que vem da experiência contínua da total harmonia desse Amor estabelece em nós a Verdade suprema holográfica não dualista. A alquimia da meditação começa quando a suprema Unidade da Verdade se torna nosso estado predominante de consciência desperta, e dançamos imóveis e cantamos silenciosos na sublime felicidade da Iluminação Pessoal Completa.

Resumo – Capítulo 11

1. A química do estresse representa um processo de produção de entropia que dissipa a energia e a estrutura dos CEOS e, consequentemente, leva ao aumento na taxa de envelhecimento e aumento na probabilidade de sofrer doenças degenerativas crônicas.
2. A química do estresse é a química da degeneração bioquímica, fisiológica, emocional, mental e espiritual.
3. Ela surge do estresse tóxico do nosso estilo de vida pessoal e do mundo. Seu caminho degenerativo comum, no nível biológico, é a produção excessiva de radicais livres, que resulta na destruição da membrana celular e outras destruições biomoleculares.
4. No nível espiritual, a química do estresse está mais relacionada com os nossos três primeiros chacras permanecendo não despertos e fora de equilíbrio.
5. A química da alquimia começa com a escolha consciente de reorganizar e reenergizar os nossos CEOSs rompidos, aumentando a energia cósmica, ou prana, que entra no nosso sistema. Isso requer que nós nos alinhemos com as leis naturais do corpo, mente e espírito para permitir que a força vital nos transmute.
6. A força vital é a energia de Deus, a energia prânica cósmica absolutamente necessária para transcendermos a química do estresse. Essa energia é o alimento supremo.
7. A meditação é o supremo processo digestivo desse alimento. Ela alinha e expande os corpos sutis de forma que a energia cósmica possa entrar no nosso complexo mente-corpo.
8. Para sustentar a alquimia da transformação espiritual, é útil construir um santuário pessoal e mundial de paz interna e externa. A vida diária precisa ser transformada em um santuário espiritual.
9. Viver corretamente é a fundação do santuário espiritual. Ela surge com base na alimentação correta, irmandade correta, compreensão correta, sustento correto, relacionamento correto com nós mesmos, pessoas significativas e sociedades e sintonia com as leis universais da Terra e dos céus. É a expressão viva de como integramos os aspectos físicos, morais e espirituais de nossa vida.

10. Não há regras para a se viver corretamente. A vida correta em um ponto de nossa evolução é diferente da vida correta em outro ponto. Isso requer uma sabedoria intuitiva e prática, que nos sintoniza com o espírito da lei, em vez de nos atar cegamente às palavras da lei. Inteligência, contemplação e meditação nos ajudam a desenvolver a compreensão e a prática de vida correta.
11. Vida correta é conhecer o Caminho, Sendo o Caminho.
12. A combinação da prática de meditação e vida correta é o processo de Iluminação Pessoal Completa. Ela envolve a integração do corpo, mente e espírito como uma totalidade em nossa vida espiritual. Não há negação em nenhuma parte do nosso Ser.
13. A alquimia da meditação começa quando a suprema verdade holográfica e não dualista se torna nosso estado desperto predominante de consciência, e nós dançamos imóveis e cantamos silenciosos na Iluminação Pessoal Completa.
14. O Amor é o supremo som harmônico dessa consciência.

– 12 –

NUTRIÇÃO, KUNDALINI E TRANSCENDÊNCIA

Transcendência

Transcendência é a extensão da regeneração. É o processo evolucionário pelo qual a energia de vórtice da Kundalini nos transmuta, progressivamente, da matéria bruta do nosso corpo para CEOS mais aperfeiçoado e altamente organizado e energizado. É quando o corpo se liberta de seu confinamento celular tradicional. É o paralelo físico da transmutação da consciência para a Consciência da Unidade de Amor. Com o tempo, ela nos conduz da completa absorção da nossa forma para o campo sem forma do Ser de Deus. A partir do momento em que a Kundalini é desperta, aos poucos, nos tornamos mais etéreos, e, mesmo após a união total das energias da Kundalini, ainda resta boa parte do nosso corpo físico e sistema de chacras para que possamos funcionar no mundo. É o processo de transcendência que explica a transcendência física de Mirabai, Tukaram, Elias, Enoque e Jesus. Nossas potencialidades espirituais são impressionantes.

É mais fácil compreender a transcendência no contexto dos ciclos cósmicos de involução e evolução. Anteriormente, discutimos a precipitação dos CEOSs do campo de energia virtual, mais rápido que a luz, para partículas se movendo à velocidade da luz e, por fim, para a densa forma física humana. Esse é o processo de involução. O processo de evolução começa com o despertar da Kundalini Shakti, que é o resíduo da energia Kundalini espiritual involucionária armazenado abaixo do chacra da base. O despertar da Kundalini Shakti nos inicia no caminho evolucionário transcendente que chamamos de evolução espiritual. Um grande passo nesse caminho é a fusão sincrônica completa dos chacras e da Kundalini em uma única energia. Isso acontece quando o nível de consciência espiritual e a energia prânica do sistema alcançam certa intensidade. Nesse ponto, transcendemos a dualidade, tanto no sistema de energia sutil como na consciência espiritual. A dificuldade em discutir este padrão de transcendência é que a nossa mente é binária ou dualística, mas os estados que estamos discutindo não são nem o Um nem os muitos. Embora a descrição pareça ser linear, ele não se ajusta nem na linearidade da mente ocidental, nem na mente circular oriental. O processo é espiral e de vórtice.

A evolução espiritual acontece simultaneamente em todos os níveis, no entanto, ela culmina em um equilíbrio consciente e desperto em vários estágios de integração em momentos diferentes. Pode não haver uma explicação total para esse processo de involução/evolução, exceto que ele é um jogo de Deus. Podemos explicá-lo parcialmente como a existência da lei de causa e efeito nos planos sutis. Uma analogia é o vácuo cósmico, no qual a energia precipita espontaneamente em matéria e então retorna ao estado original de energia virtual. O processo ocorre em todo nível de existência cósmica, incluindo na alimentação. No livro *Oahspe*,[1] John Ballou Newbrough usou o termo "vortexual" para toda a energia dentro da matéria.[2] A energia que precipita do prana cósmico o faz em um padrão espiral de ondas de piscina, que residem dentro da matéria como a energia sutil potencial. Por exemplo, em certo momento durante o processo de assimilação, a dissolução do alimento material ocorre e a energia "vortexual" é liberada. A tendência do corpo é de se desincorporar. Esta é a maneira pela qual a transcendência funciona para toda a criação, incluindo nós. No processo de transcendência, nossa forma física lentamente se transmuta em formas físicas mais sutis e, por fim, se transmuta em formas energéticas sutis que são reabsorvidas em energia cósmica.

Padrão de Vórtice de Kundalini

O prana puro, ou Kundalini espiritual, é atraído para o sistema por meio do chacra da coroa, onde não há anatomia sutil para filtrá-lo. Ele é então atraído para o vórtice do sushumna, que pode ser uma força de vórtice organizadora maior ou menor no corpo, dependendo se a Kundalini está desperta. O prana cósmico desce em espiral ao centro do coração, que age como o centro do vórtice sushumna e depois se alarga novamente. As energias de vórtice de todos os chacras estão ligadas ao vórtice central da Kundalini. Os chacras são energias menos sofisticadas e retiram parte de suas energias do vórtice da Kundalini. Fazendo isso, eles exaurem a energia do vórtice e diminuem a sua ação de energia espiral. Até o despertar da Kundalini, a densidade do corpo regularmente atrai a energia do vórtice da Kundalini para baixo, para a estrutura física. Uma vez que a Kundalini esteja desperta, esse vórtice é cada vez mais energizado por sua subida. O chacra da coroa também se torna mais ativo e mais prana puro entra no sistema para energizar ainda mais o vórtice central.

(Veja a ilustração de energia de vórtice da Kundalini nas imagens coloridas.)

Quando a energia de vórtice alcança certa intensidade, ela começa a atrair a matéria para o etérico, ou o próximo nível de energia CEOS mais firmemente organizada e purificada. Ela funciona como o açúcar sendo atraído para cima pelo vórtice mais firmemente organizado da água que foi mexida, à medida que se dissolve no vórtice móvel. Com o despertar da Kundalini, começamos o primeiro movimento em direção à transmutação da nossa forma física de volta para a Fonte – a energia transcendente de Deus. A tendência do campo de vórtice energizado é transmutar tudo para uma existência de energia de nível superior. Isso não exaure a energia do corpo, pois ele é um sistema aberto, que puxa a energia do plano físico via alimentação. Se formos um supercondutor de energia excelente, mais ativo será o vórtice da Kundalini e melhor ocorrerá o processo de transcendência.

Alimentando a Kundalini

O alimento que comemos é muito importante no processo de transcendência. Se comermos alimentos leves e de alta energia, como alimentos vivos biogênicos, o vórtice da Kundalini será mais energizado e, consequentemente, mais ativo, para nos transmutar de matéria para energia. As frutas e os vegetais cheios de água, por causa da elevada condutividade, e suas energias de água estruturada, em particular, estimulam essa atividade. Quanto mais perto chegarmos do prana puro em nosso alimento, mais facilmente a energia prânica do sistema será atraída para o campo de vórtice superior. Os alimentos densos, como carne e alimentos tamásicos de baixa energia, diminuem a energia do vórtice da Kundalini. A carne é tão mais densa que a comida biogênica, que não entra no campo prânico tão eficientemente. Ela age como uma espécie de lama metafórica, diminuindo a vibração do vórtice e, portanto, diminuindo ou revertendo o processo de transcendência. Esse efeito de lama da carne pode ser superado pela retirada de prana acumulado por atividades como meditação intensa. Obviamente, este não é o uso mais eficiente para o nosso acúmulo prânico. Um dos pontos da Nutrição

Espiritual é que pelo consumo de alimentos ricos em prana, alimentando-se levemente e jejuando periodicamente, nos tornamos melhores supercondutores e, portanto, melhoramos o uso eficiente da energia no sistema para a transcendência. Essa abordagem nos leva a começar a pensar mais sobre o corpo como entidade de energia.

Qualquer tensão mental e emocional no sistema diminui a energia que entra nele, tornando os corpos sutis mais densos e desequilibrados. Devido ao fato de os chacras não obterem a energia normal que precisariam para funcionar de uma fonte externa direta, eles atraem mais do vórtice central da Kundalini. Isso também resulta em um bloqueio no processo de transcendência, exaurindo a energia do vórtice da Kundalini.

Fundindo a Kundalini

No processo de transcendência da Kundalini, os CEOSs se tornam mais e mais organizados conforme a energia é atraída. Nosso corpo tende a se tornar mais etéreo. O vórtice da Kundalini, cada vez mais energizado, sobe e transmuta mais matéria e mais energia dos sistemas energéticos sutis mais densos, até que a energia sutil do organismo todo é atraída para o vórtice de energia. Esse é o momento em que as duas energias Kundalini – Kundalini Shakti e Kundalini espiritual – se fundem. Tornamo-nos, literalmente, um e nos sentimos inteiros e completos. Uma lembrança disso é a quase contínua consciência deste autor como um único campo energético transcendente de vórtice, ressoando e sendo levado de volta para a vibração da energia cósmica. Essa ressonância de vórtice e experiência de fusão, particularmente durante o período de meditação silenciosa, parece penetrar o próprio nível atômico do Ser.

No momento da fusão da energia das duas Kundalinis, os chacras e os corpos sutis são absorvidos na poderosa energia e mais purificados no vórtice da Kundalini. Sobra energia de chacra para nos manter no plano físico, mas os chacras perdem seu papel predominante e seus significados. O que sobra é a experiência contínua da pulsação do prana puro, fluindo no vórtice da Kundalini. Isso se torna a fonte energética central do sistema físico. no despertar da Kundalini, o chacra da coroa passa de um pequeno portal de entrada de energia para a mais importante fonte de energia no sistema. O sistema todo alcança um nível mais elevado de organização de CEOSs e fornece o modelo que explica o processo de ressurreição. Isso pode também explicar a passagem na qual Jesus diz para Maria Madalena: "Não me retenhas porque ainda não subi ao Pai." (João, 20, 17); e em (João, 20, 19) e (João, 20, 26), quando Jesus passou através das portas trancadas das habitações de seus discípulos para abençoá-los com paz. O que podia estar acontecendo é que os CEOSs de Jesus estavam tão organizados e sua estrutura física estava tão próxima de ser transmutada para o nível etéreo, que ele pôde dar o próximo passo e, com a mente, tornar o seu corpo totalmente etéreo. Isso poderia permitir que ele passasse pelas portas trancadas. Projetando a sua mente para o vórtice, ele conseguia captar os materiais necessários para dentro do CEOS para repadronizar e recriar seu próprio corpo conforme necessário, para servir a Vontade de Deus. Esta é uma extensão teórica a respeito de nosso vórtice total e aspectos dos CEOSs do nosso novo paradigma nutricional.

Transcendência após a Fusão da Kundalini no Um

Desde o jejum de quarenta dias, este autor tem uma sensação de que está usando uma capa de crânio pulsante o tempo todo, que o topo do chacra da coroa foi cortado como a parte inferior da capa do crânio, e que a energia Divina jorra intensamente por ela. Muktananda se referiu a esta pulsação prânica contínua do chacra da coroa quando mencionou, em palestras públicas, que ele respirava através do sushumna. Adi Da se refere à sua mudança transcendente a uma energia de vórtice central predominante e à absorção da energia do chacra da base para esse vórtice central ao descrever uma experiência na qual sentia que a parte mais acima do seu chacra da coroa estava cortada e que a corrente da vida, outro nome para a Kundalini, não estava mais presa ao chacra como uma estrutura necessária.[4] A experiência de corte do chacra da coroa e da pulsação prânica cósmica sutil é uma completa ligação harmônica transcendente, interna e externa, direta com a vibração cósmica pura. É mais um lembrete da Realidade Verdadeira Sem Forma. É o alimento supremo para a transcendência. É a gostosura da Nutrição Espiritual. É o alimento de Deus e a energia de Deus como Deus. O vórtice único da Kundalini fica tão energizado pelo prana cósmico, que somos transformados em corpos de Luz de vórtice brilhante. Essa é a base para compreendermos o significado sutil de Êxodo: "Moisés ficou ali com o Senhor quarenta dias e quarenta noites, sem comer pão nem beber água [...] Quando Moisés desceu da montanha do Sinai, trazendo na mão as duas tábuas da aliança, não sabia que a pele de sua face resplandecia por ter falado com o Senhor." (Êxodo, 34, 28-29).

A transcendência física não é necessariamente o objetivo da vida espiritual, pois ela representa a liberdade total de seguir a Vontade de Deus. Em qualquer caso, o que quer que aconteça, é suficiente apenas Ser.

Resumo – Capítulo 12

1. Transcendência é a extensão da regeneração. É o processo evolucionário pelo qual a organização dos CEOSs do corpo alcança o nível de energia mais elevado e organizado, no qual a matéria física do corpo é transmutada ou está em processo de ser transmutada no nível etérico. É o paralelo físico à transmutação da consciência.
2. O processo de transcendência começa com o despertar da Kundalini.
3. O vórtice central de energia da Kundalini é o mecanismo central para absorver as energias dos estados mais densos para os estados menos densos. Ele tem energia suficiente para iniciar essa função após o despertar da Kundalini.
4. Se comermos alimentos de alta energia, leves e biogênicos, o vórtice da Kundalini será mais energizado e, assim, ficará mais ativo para nos transmutar de matéria para energia.
5. Quanto mais próximos estivermos do prana puro em nossos alimentos, menos denso nosso sistema físico se torna. Isso facilita o processo de transcendência.
6. Alimentos mais pesados e carnes tornam mais lentos a energia do vórtice e o processo de transcendência.
7. Estresse emocional e mental também reduz a velocidade desse processo.
8. No momento em que as duas energias de Kundalini se fundem completamente em uma única energia central, o vórtice da Kundalini se torna o centro de energia principal do corpo. Ele puxa energia dos chacras para sua transcendência de vórtice superior.
9. Depois disso, sobram apenas energia e forma suficiente nos chacras para manter o corpo físico.
10. Uma vez que o vórtice da Kundalini se torna o sistema energético predominante para o organismo, o prana puro que entra no chacra da coroa se torna a fonte mais importante para energizar o sistema. Em algumas pessoas, ele pode ser a única fonte. Essas pessoas estão se alimentando do néctar de Deus. Esta é a suprema Nutrição Espiritual.

PARTE II

O PARADIGMA DA NUTRIÇÃO ESPIRITUAL

INTRODUÇÃO

O paradigma da Nutrição Espiritual preenche uma lacuna no significado e valor da nutrição. Ele honra e descreve o propósito da nutrição, não apenas em termos de saúde, mas também em termos de como afeta e amplia o desdobramento evolucionário do Ser espiritual. Dessa perspectiva, temos uma oportunidade de pensar a respeito da nutrição de maneira diferente. Começamos a entender que o que comemos afeta a qualidade do funcionamento da mente, quer a mente esteja barulhenta, silenciosa, quer esteja em paz ou irritada. Nossas escolhas alimentares e a forma como vivemos (incluindo os Seis Fundamentos) são tanto a causa quanto o efeito da alimentação e do estilo de vida. Nossas escolhas alimentares refletem o estado de harmonia com nós mesmos, com o mundo, com toda a criação e o Divino. Essa visão da nutrição é parte da compreensão essencial do que significa viver uma vida integrativa, harmônica e em paz nesse planeta.

Nessa seção, veremos como o espírito, a mente, as emoções, o corpo e até a expressão genética são afetados pela comida que ingerimos. A Nutrição Espiritual expressa um novo paradigma em nutrição e assimilação. Esta seção trata de uma abordagem profunda do aspecto psicoemocional e espiritual do desenvolvimento de uma dieta mais favorável para a vida espiritual. É uma abordagem completa da dieta que explora as maiores implicações planetárias daquilo que comemos, incluindo os efeitos na ecologia, conservação dos recursos naturais, fome mundial e paz mundial, assim como os temas éticos, morais e espirituais relacionados à alimentação. O autor sente que a alimentação viva não apenas é a escolhida para a evolução espiritual, mas também a parte alimentar do projeto de aumentar a Comunhão com o Divino e para nos acompanhar nessa época de Iluminação espiritual. Sem o contexto dos outros Cinco Fundamentos, no entanto, ela pode resultar em um estado egoico desequilibrado.

Apesar de não podermos fazer da comida o nosso caminho para Deus, a abordagem alimentar da Nutrição Espiritual que consiste em uma alimentação orgânica viva, com alto teor de minerais, de baixa glicemia, bem hidratada, sátvica "sagrada", de ingestão moderada, preparada com Amor, é uma ajuda poderosa no processo da evolução espiritual.

Da perspectiva da vida espiritual, cada um desses aspectos é examinado. A discussão inclui a importância da alimentação viva e seu poder na construção de uma vida espiritual, mas também como ela é vital na comunicação com os genes e para melhorar a expressão genética até atingirmos a mais alta qualidade de saúde. Nós também examinaremos o poder de compreender o Jejum Espiritual na ativação da expressão dos genes e como ligar o antienvelhecimento e a longevidade aos genes, assim como melhorar a vida espiritual. Nesta parte do livro, começaremos a entender a importância dos minerais como frequências de Luz para expandir a consciência. Inclui uma nova compreensão da água viva na alimentação, em termos de trazer energia e íons de hidrogênio para o sistema. A importância de uma dieta de baixa glicemia também é discutida. Revemos a Dieta do Arco-Íris e temos agora a abordagem dos fitonutrientes, um modo adicional de entender a Dieta do Arco-Íris. Além disso, pela primeira vez, os princípios aiurvédicos são usados para desenvolver um nível completamente novo de compreensão dos alimentos vivos e modos mais sofisticados para podermos permanecer equilibrados e fundamentados. O tema, um pouco controverso, da importância da vitamina B_{12} no estilo de vida vegano e da alimentação viva é tratado de forma a deixar muito claro que, para criar um mundo saudável vegano, devemos incluir alguma suplementação natural de B_{12}.

Em essência, a Parte II delineia uma abordagem consciente de uma dieta evolucionária para estimular o fluxo da Kundalini e apoiar o processo de Liberação Espiritual. Comemos não apenas para aumentar a Comunhão com o Divino, mas como uma maneira de despertarmos para um novo estado evolucionário do Ser liberado.

– 13 –

A NECESSIDADE DE UM NOVO PARADIGMA NUTRICIONAL

Com as explorações na Parte I, começamos a ver que a visão materialista-mecanicista da vida é insuficiente para apoiar o conceito do organismo humano que tem qualidades espirituais energéticas sutis. Definimos o organismo humano como supercondutor espiritual, e isso ilumina a necessidade de um novo paradigma ou modelo que possa apoiar essa visão do organismo humano. Mas primeiro precisamos compreender as limitações do moderno paradigma materialista-mecanicista, para termos condições de desenvolver um novo paradigma, que reflita as incríveis compreensões que estamos obtendo a respeito da vida.

Uma vez que entendemos as deficiências do moderno paradigma, então, estaremos preparados para iniciar o novo paradigma – a Nutrição Espiritual – como algo que alimenta a pessoa como um todo – corpo, mente e espírito. A Nutrição Espiritual não joga fora o paradigma contemporâneo, mas sim o inclui como parte do todo.

Confusão do Paradigma Convencional

O paradigma convencional da vida (e da nutrição) desenvolveu-se com base na visão materialista-mecanicista da vida, na qual os organismos vivos são considerados máquinas físico-químicas. Acredita-se que todos os fenômenos da vida, incluindo a nutrição, podem ser explicados apenas em termos da física e da química. Apesar do paradigma materialista-mecanicista ter alcançado certo sucesso na compreensão da estrutura molecular dos nossos alimentos e do nosso corpo, as diferentes opiniões no mundo nutricional hoje em dia sugerem que nós ainda não desenvolvemos uma compreensão completa das bases da nutrição. O grande místico do século XX, Ramana Maharshi, afirmou certa vez que a coisa mais importante na vida espiritual, além da meditação, é comer corretamente. Isso parece muito simples, mas, se dermos uma espiada nas livrarias, veremos que há tantos livros diferentes sobre nutrição que o simples ato de comer parece bastante desconcertante. Na Tree of Life Foundation, o autor, no papel de professor e médico, observou muitas pessoas extremamente confusas a respeito do que é certo comer, uma vez que as teorias são tantas que elas sofrem de ansiedade durante as refeições.

Há apenas três substâncias brutas que conscientemente absorvemos para sustentar o nosso processo de vida: comida, ar e água. No passado, respirar e beber água não exigiam muita consideração. Antes da época da poluição do ar e da água, isso era relativamente automático. A comida, por outro lado, consome muito do nosso tempo. Vamos ao supermercado ou às lojas de alimentos naturais para comprar os alimentos, depois temos de juntar, preparar, abençoar, comer e digerir esses alimentos. Também devemos plantá-los ou ganhar o dinheiro para comprá-los. Quando esse processo se completa, deveríamos ter uma compreensão especial sobre a nossa comida. No entanto, nos últimos duzentos anos, para a maioria de nós, esse relacionamento se manteve um mistério. É especialmente misterioso pensar sobre nutrição para melhorar a vida espiritual. Por que será que perdemos esse contato? Por que estamos tropeçando por aí no campo da nutrição, batendo nas árvores que representam aquela nova dieta ou aquele novo supernutriente que resolverá todos os nossos problemas de saúde? No momento, se estivermos um pouco preocupados, deveria ser com a perda da ligação instintiva com a qualidade da comida e com a Mãe Terra. Com as tantas novas descobertas na "ciência da nutrição", há tantos detalhes de fato diversos, que não podemos nos manter atualizados com o que e como comer. Os nossos parâmetros conceituais básicos, as nossas percepções do significado da nutrição e os nossos próprios instintos naturais estão confusos. Não conseguimos ver a floresta através das árvores.

Conceitos Básicos do Paradigma Convencional Materialista-Mecanicista

Onde começamos a limitar o nosso entendimento? A maior causa da confusão sobre o propósito e a função da nutrição é o ponto de vista atual exclusivamente materialista-mecanicista, que se desenvolveu durante o final da década de 1780, quando o químico Lavoisier estabeleceu a doutrina de que a vida é uma função química e que os alimentos são os combustíveis. O alimento é o veículo para o consumo de calorias. A visão materialista-mecanicista, que ainda hoje predomina, era muito simples naquela época. Considerava-se o processo completo da nutrição um processo de combustão, no qual os alimentos eram vistos como transportadores de energia calórica, que, em conjunto com o oxigênio, é liberada no processo digestivo. Nós tínhamos apenas que contar as calorias necessárias e selecionar os nutrientes com a quantidade equivalente de caloria.

Desde 1780, descobrimos que a nutrição é muito mais complexa do que isso. A comida tem fatores adicionais – proteínas, carboidratos, gorduras, vitaminas, minerais, micronutrientes, enzimas, fatores hormonais sutis, alcaloides, auxonas, pacifarinas (substâncias antibióticas naturais), milhares de fitonutrientes e outros novos microfatores que foram ou serão descobertos. Essas novas descobertas apenas reforçaram o nosso conceito materialista-mecanicista de alimento e sistema humano. Muitas pessoas continuam firmemente apegadas à abordagem calórica de Lavoisier. Contar calorias ainda está em voga hoje em dia.

Lavoisier, considerado por muitos como o pai da química moderna, também contribuiu com outro importante princípio do paradigma nutricional aceito atualmente: a Lei da Conservação da Matéria e Energia, que afirma que nada se perde; nada se cria; tudo se transforma. O átomo era considerado a menor partícula de matéria e uma constante na natureza. Com base nessa lei, concluía-se que nenhum elemento podia ser criado e nenhum átomo poderia desaparecer da natureza. Exceto pela observação, que surgiu mais tarde, de que isso não se aplicava às matérias radioativas. Estamos ainda hoje tentando compreender a nutrição do ponto de vista exclusivamente materialista-mecanicista. O resultado dessa abordagem conceitual é um foco excessivo e desequilibrado nos nutrientes individuais e em suas interações. Esse foco nutriente-supernutriente serviu para nos aprisionar aos conceitos materialistas sobre os alimentos, o sistema humano e a inter-relação dos dois.

O próximo grande passo no desenvolvimento do materialismo nutricional ocorreu em 1847, quando quatro grandes cientistas – Helmholz, Dubois-Reymond, Brucke e Ludwig – se encontraram em Berlim para dar à fisiologia um fundamento físico-químico. Eles propunham que as leis da química podiam descrever completamente o processo da função fisiológica humana. Com essa virada histórica, a Lei da Conservação da Matéria e Energia tem sido o fundamento da fisiologia, do metabolismo e da nutrição. Ela levou ao estabelecimento do método de pesquisa quantitativo e à aceitação implícita das Leis da Termodinâmica como descrição do funcionamento dos organismos vivos. Desse tipo de pensamento, originou-se a afirmação aceita popularmente, feita por Ludwig Feuerbach, de que "o homem é aquilo que come". Esta também é a base do consumismo nutricional que presenciamos hoje em dia. As pessoas tendem a consumir um excesso de vitaminas, minerais e aminoácidos na esperança de fazer o seu corpo viver mais, ter melhor rendimento, suportar mais e ser mais saudável. O lema implícito é: "quanto mais, melhor". É a suposição básica que está por trás do contar calorias, folhetos computadorizados de nutrientes e as dietas da moda.

O foco em juntar capital nutricional baseia-se na crença de que a nutrição é somatória, isto é, para se estar seguro, porções extras de tudo devem ser tomadas. Isso para não dizer que no começo de um programa de saúde, uma pessoa pode não precisar de nutrientes extras para repor as deficiências e para reequilibrar o metabolismo, mas, após alguns meses, à medida que a sua saúde melhora, ela pode precisar de menos nutrientes para sustentar uma boa saúde. De acordo com o estresse de vida e a individualidade bioquímica, as pessoas diferem significativamente na quantidade e no tipo de suplementos que necessitam. O autor, nos últimos 35 anos, não examinou uma pessoa sequer que não precisasse de algum tipo de suplemento.

É importante observar que nem todo mundo seguiu essa abordagem limitada materialista-mecanicista. O falecido doutor Paavo Airola, mentor nutricional importante do autor e homem que muitos consideravam um gênio nutricional, enfatizava uma abordagem pessoal e histórica em suas consultas, em vez de um foco computadorizado materialista. Os grupos nutricionais, como os movimentos da alimentação viva (pessoas que comem comida crua, brotos, e, hoje, o movimento de saúde holística), têm, pelo menos indiretamente, refutado o conceito materialista limitado da nutrição. Nesses movimentos de saúde, há uma suposição implícita de que necessitamos olhar as qualidades energéticas sutis do alimento e o corpo humano. Essa conscientização é compartilhada por muitos sistemas terapêuticos. Na ioga e na medicina aiurvédica, por exemplo, a energia do corpo sutil e do alimento sutil é chamada de prana. Na medicina chinesa, é chamada de chi. No Japão, é conhecida como ki; mana, no Havaí; tumo, no Tibete, força odic, por Reichenbach, e energia orgone, por Reich. O termo prana ou energia Shekhinah é associado à força vital da vida em geral, e serão esses os termos principais que usaremos.

Este livro trata desse novo paradigma. Ele afirma que a comida não pode mais ser vista apenas como calorias, proteínas, gorduras ou carboidratos ou qualquer forma material. O alimento é uma força dinâmica, que interage com os seres humanos no nível corpóreo e físico, no nível mental e emocional e nos níveis energéticos espirituais. O estudo da nutrição é o estudo da interação e da assimilação das forças dinâmicas do alimento pelas forças dinâmicas de todo o nosso Ser. Antes de desenvolvermos esse novo paradigma de Nutrição Espiritual, é importante entender claramente os fundamentos do antigo paradigma materialista-mecanicista.

Abalando os Pilares do Paradigma Convencional

O paradigma materialista-mecanicista se baseia em três princípios. O primeiro é o princípio de Lavoisier, de que nada se perde, nada se ganha, tudo se transforma. Isso, juntamente com a Lei da Conservação de Energia, postulada por Mayer e Helmholz, foi aperfeiçoado como a Lei da Conservação da Matéria e Energia. O segundo princípio é chamado de Segunda Lei da Termodinâmica. Ela afirma que, no curso da natureza, todas as coisas se reduzem às suas formas mais básicas e estáveis, e toda a energia de um sistema se move de formas ou estados mais organizados para os menos organizados. Esse processo é chamado entropia. Há uma terceira crença implícita, a de que não há diferença essencial entre as interações de substâncias dentro do corpo humano ou fora dele.

No Ocidente, essas três ideias foram desafiadas nos últimos cem anos. Um grupo que atacou esse paradigma foi o movimento antroposófico, sob a liderança de Rudolph Steiner (1861-1925). Filósofo, educador e cientista europeu, Steiner afirmou que a maior obstrução para a compreensão do efeito do alimento no organismo humano é o que as pessoas aceitaram como sendo a "Lei" da Conservação da Matéria e Energia. Para ele, isso contradizia o processo do funcionamento e desenvolvimento humano. Em suas palestras, no começo dos anos 1920, ele insistia que a Segunda Lei da Termodinâmica (a lei da entropia) e a Lei da Conservação da Matéria e da Energia não eram válidas para o que acontecia no organismo humano. Essa posição foi apoiada por cientistas como o físico francês Louis de Broglie, cujo trabalho instituiu uma nova área da física, a mecânica ondulatória. Louis de Broglie afirmou: "É prematuro supor que podemos reduzir processos vitais aos conceitos inadequados da físico-química do século XIX ou mesmo do XX".[1] Os ensinamentos cabalísticos mais profundos dizem que, tanto a evolução espiritual do mundo como a pessoal, funcionam pelo processo contrário à Segunda Lei da Termodinâmica.

Transmutação Biológica

Recentemente, um trabalho desafiou o conceito de que a Lei da Conservação da Matéria e Energia se aplica aos sistemas vivos *in vivo*, ou seja, "dentro da pele". Esse trabalho foi realizado por um francês brilhante, Louis Kervran, diretor de Industrial Hygiene Services, Vocational Desease and Industrial Medicine, em Paris, desde 1946. Kervan é membro da Academia de Ciências de Nova York desde 1963 e fez parte do Conselho da Unesco para pesquisa científica. Desde 1935, ele documentou de forma abrangente o fenômeno da transmutação biológica – o processo natural "alquímico", que acontece em maior ou menor grau quando um elemento no corpo é transmutado em outro elemento. Isso contradiz diretamente a Lei da Conservação da Matéria e Energia.

Para melhor compreender esse processo muito significativo, e para apreciar sua perspectiva prática e histórica, devemos observar algumas pesquisas que levaram à prova da existência das transmutações biológicas. A pesquisa moderna sobre o assunto volta até 1799, quando o químico francês Vanquelin mediu a cal nas aveias com a qual ele alimentava as galinhas e descobriu que as galinhas excretavam cinco vezes mais cal do que ingeriam. Vanquelin concluiu apenas que a cal tinha sido criada, mas não conseguia determinar a causa. Isso ocorreu apenas vinte anos depois do trabalho de Lavoisier ter se tornado público. Em 1831, Choubard, outro francês, mediu sementes de agrião para determinar seu conteúdo mineral, e as mediu novamente depois de terem sido germinadas em um prato insolúvel (de forma que não pudessem obter minerais de outra fonte). E descobriu que as sementes germinadas continham minerais que as sementes não tinham originalmente. Em 1875, Von Herzeele deu mais um passo na pesquisa com sementes germinadas, usando um meio com controle de nutrientes. Ele concluiu que uma transmutação de elementos tinha ocorrido. Esse trabalho foi atualizado por Baranger, chefe do laboratório de química orgânica da École Polytechnique de Paris, que publicou os resultados referentes às variações de fósforo e cálcio em sementes germinadas. Ele também concluiu que uma transmutação de elementos tinha ocorrido, mas foi incapaz de compreender como isso tinha acontecido.

Em 1962, Kervan publicou o livro *Biological Transmutations*, no qual descreve a transmutação como um fenômeno completamente diferente da fusão e fissão atômica na física. Ele considera a transmutação biológica um fenômeno que ainda não foi revelado na era da ciência moderna, uma propriedade que não ocorre nas áreas da química ou da física. E afirma categoricamente que muitos dos processos bioquímicos e fisiológicos da vida são produzidos por reações químicas. No entanto, ele refuta a crença de que as reações químicas são os únicos processos que ocorrem no corpo humano e que cada observação deve ser explicada em termos de reação química. Kervan não rejeita as leis da química. Ele, na realidade, rejeita a atitude de que as leis da química devem se aplicar a todos os domínios.[2]

Para entender o significado do seu trabalho e para ajustar a mente a esses novos conceitos, o autor gostaria de compartilhar algumas das pesquisas de Kervan. Suas observações começaram quando ele era criança, na fazenda dos pais na Bretanha, França. Notou que as galinhas que não tinham calcário na alimentação comiam uma grande quantidade de mica, um componente da sílica. Quando as galinhas eram mortas, nunca se encontrava mica nelas, mas havia muita areia. De alguma maneira, elas eram capazes de transformar a mica em cascas de cálcio. Posteriormente, experiências mostraram que quando a mica era retirada, as cascas dos ovos ficavam sem cálcio e as galinhas paravam de produzir ovos. Quando a mica era adicionada novamente à alimentação, elas começavam a produzir ovos novamente. A conclusão é que a mica contém silicato de potássio, que é convertido em cálcio pela transmutação biológica.

Em sua pesquisa no deserto do Saara, Kervan descobriu que os trabalhadores comiam sal em excesso e excretavam muito mais potássio do que ingeriam. Para ele, isso era o resultado de uma reação endotérmica (uma reação que consome o calor do corpo e, portanto, é refrescante), de sódio mais oxigênio tornando-se potássio ($Na_{23} + O_{16} :=: K_{39}$). (O símbolo :=: significa "transmuta em"). Este então foi outro exemplo de transmutação – de sódio em potássio.

Em outra observação de transmutação biológica, Kervan notou uma produção contínua de salitre nas paredes de calcário em sua própria residência. Pesquisando isso mais a fundo, descobriu que o cálcio no calcário estava sendo convertido em potássio (salitre) por subtração de um átomo de hidrogênio, através do processo enzimático das bactérias na parede. Nas galinhas, ele tinha deduzido que o potássio da mica se convertia em cálcio pela adição de um hidrogênio, $K_{39} + H_1 :=: Ca_{40}$. Com o calcário (Ca) transmutando em salitre (K), ele observou a reação inversa.

Kervan também pesquisou as formações escuras nas paredes das cavernas e dos templos de Banteay Srei no Camboja. Descobriu que a camada escura era composta por 5 por cento de manganês e as rochas do templo eram compostas de 15 por cento de ferro. Isso criou o fundamento, para ser provado posteriormente, em um ambiente de experiência controlado, que o ferro menos hidrogênio se converte em manganês.

Kervan, portanto, descobriu várias maneiras diferentes em que o cálcio é criado, através de transmutação, pela combinação de diferentes átomos para fazer o átomo maior de cálcio. Cinco reações químicas para produzir cálcio, propostas por Kervan, são oferecidas como evidência para que a transmutação ocorra:

1. Potássio em hidrogênio: $K_{39} + H_1$ + enzima específica :=: cálcio Ca_{40}
2. Magnésio e oxigênio: $Mg_{24} + O_{16}$ + enzima específica :=: Ca_{40}
3. Silício e carbono: $Si_{28} + C_{12}$ + enzima específica :=: Ca_{40}
4. Sódio e hidrogênio: $2Na_{11} + 2\ H_1$ + enzima específica :=: Mg_{24} magnésio e então repete (2) para obter cálcio
5. Sódio e oxigênio: $Na_{23} + O_{16}$ + enzima específica :=: K_{39} potássio e então repete (1) para obter cálcio

Isso leva a algumas possibilidades nas aplicações clínicas do seu trabalho. Kervan realizou pesquisas com o uso da cavalinha, que tem teor elevado de sílica (reação 3), para acelerar a calcificação de ossos quebrados. Sua pesquisa, usando ratos e algumas pessoas, sugere que a recalcificação do osso com sílica parece ocorrer mais eficientemente do que com suplementos diretos de cálcio. Em algumas pessoas, a descalcificação óssea pode ser causada pela deficiência da enzima que transmuta sódio em manganês (reação 4). Se houver uma deficiência na enzima que converte magnésio em cálcio, pode ser aconselhável fortalecer os ossos com potássio (reação 1) e sílica orgânica. A descalcificação pode ocorrer em algumas pessoas que seguem uma alimentação livre de sal (reação 5), pois o sódio pode ser necessário para transmutar em cálcio. Outra implicação do trabalho de transmutação é que mães grávidas, ou que estejam amamentando, e que não absorvem bem o cálcio, podem tentar suplementar sua dieta com cavalinha sílica, que pode ser mais facilmente transmutada em cálcio. De acordo com o doutor Tru Ott, *Angstrom Minerals*™ têm a mais alta probabilidade de sofrer transmutações biológicas.[3]

Pessoas que tenham dificuldades para elevar o ferro no sangue apenas com suplementos de ferro podem optar por tomar manganês, como algumas pessoas na França estão fazendo, pois o manganês transmuta em ferro por um caminho metabólico distinto. Kervan pode estar estabelecendo a existência de uma variedade de caminhos secundários que o corpo pode utilizar, via transmutação de elementos, quando falta nele enzimas ou nutrientes necessários para os caminhos principais.

A explicação básica de Kervan sobre a transmutação biológica é que, dentro de sistemas vivos, através da ação de enzimas de conversão, as partículas de um núcleo se combinam com as partículas de outro núcleo para formar um novo elemento ou um núcleo de um elemento se divide em dois novos elementos.[4]

A descoberta científica da transmutação biológica é completamente contrária à Lei da Conservação da Matéria e Energia. Ela envolve um processo diferente do processo da química, que lida com o deslocamento de elétrons na camada em volta do núcleo atômico. Ela também é diferente do processo da física que lida com fissão e fusão, e segue a Lei da Conservação da Matéria e Energia. Transmutação biológica é a ciência que se ocupa das trocas que ocorrem entre os núcleos de diferentes átomos, em organismos vivos, e que resulta na criação de novos elementos.[5] Kervan também destaca que, através da atividade de sistemas enzimáticos biológicos, o processo de transmutação biológica consome apenas um milionésimo da energia das mesmas reações, quando duplicadas pela física nuclear in vitro (fora de um sistema vivo).[6]

O laureado Prêmio Nobel Szent-Györgyi comentou que a biologia é a ciência do improvável e que a física é a ciência das probabilidades.[7] Somos forçados a considerar a posição científica de Claude Bernard, que acreditava que quando somos confrontados com um fato que se opõe a uma teoria prevalente, devemos aceitar esse fato e abandonar a teoria.[8]

O autor trouxe à tona o assunto da transmutação, pois uma teoria completa de nutrição e o seu papel espiritual devem incluir e ser capazes de explicar todas as observações "anômalas". A visão materialista-mecanicista atual não leva em conta a observação da transmutação biológica. A possível existência da transmutação biológica desafia a Lei da Conservação da Matéria e Energia, na qual o paradigma materialista-mecanicista se baseia.

As ramificações da existência da transmutação biológica são enormes. Kervan acreditava que a luz da transmutação biológica pode ser um novo guia para geólogos, biólogos, filósofos e metafísicos, ajudando-os a compreender a criação e a evolução do nosso planeta.

Para o nosso propósito, não precisamos considerar a evolução completa do nosso planeta. É suficiente aplicar esses conceitos ao desenvolvimento do nosso novo paradigma de Nutrição Espiritual. É importante o conceito de transmutação biológica, que traz uma compreensão adicional mais profunda ao trabalho de Roger Williams sobre nutrição, em *Biochemical Individuality* [Individualidade bioquímica]. Ele afirma que todos têm diferentes necessidades bioquímicas e, portanto, necessidades nutricionais específicas.[9] Podemos conectar a transmutação biológica com o trabalho de Roger Williams, vendo que essas necessidades nutricionais são determinadas pela quantidade de enzimas disponíveis para as transmutações biológicas. O trabalho de Williams sugere que o funcionamento nas células de todos nós tem um padrão muito individualizado. Tem sido a experiência consistente deste autor que quanto mais saudável uma pessoa se torna, menos suplemento ela necessita. A conclusão é que quanto mais forte a força vital (energia de saúde), mais energia e habilidade a pessoa tem para transmutar. Também sugere que os padrões individualizados da transmutação e das necessidades nutricionais podem mudar.

Se esse princípio de individualidade bioquímica for levado ao extremo, é concebível que existam pessoas que não precisam mais comer alimentos, conforme demonstrado no Capítulo 8. A observação sobre transmutação biológica fornece uma explicação do fenômeno observado da inédia (respiratorianismo).

Desafiando o Papel da Entropia nos Sistemas Vivos

O conceito de entropia (mostrado na segunda Lei da Termodinâmica), da forma como é aplicado aos sistemas humanos, significa que há uma ordem natural de coisas para que o corpo adoeça ou envelheça. Por causa do estilo de vida degenerado que muitas pessoas têm neste planeta, isso é o que realmente ocorre. No entanto, esta não é a ordem natural das coisas. O que pode ser mais preciso é que: o que parece ser natural é antinatural, e o que parece milagroso é natural. Kervan coloca o assunto da entropia em sistemas biológicos como sendo essencialmente a luta das forças da vida contra a degradação da matéria.[10] Rudolf Steiner afirma que um dos principais propósitos de um nutriente é ativar as forças dinâmicas dentro de nós, que vão diretamente contra o processo da entropia. Isso sugere que, se mantivermos a força vital ou a energia do nosso corpo em um nível alto, a entropia na verdade é superada, e nós não envelhecemos. No mundo em que vivemos, com tanta poluição, o nosso estilo de vida nos permite, com algumas exceções, reverter apenas em parte a entropia ou o processo de envelhecimento. Em um nível mais rudimentar, podemos ver que os indivíduos que exaurem as energias do corpo com estilo de vida degenerado, tendem a envelhecer mais rapidamente. O autor percebeu com os clientes na Tree of Life Foundation, que aqueles que escolhiam estilo de vida e alimentação que aumentavam suas forças vitais, pareciam se tornar mais jovens e mais vitais na aparência e funcionamento do organismo. Certas práticas, como o jejum espiritual, sugerem visivelmente que um processo de rejuvenescimento está ocorrendo.

Um suporte extra para a habilidade do sistema de reverter entropia vem de uma pesquisa recente de Richard Brewer e Erwin Hahn, relatada na *Scientific American*.[11] Eles demonstraram que os sistemas atômicos que se decompuseram ou sofreram entropia em algum nível de ordem podem ser induzidos a recuperar as ordens iniciais. Isso significa que ocorreu uma reversão da entropia. Chega-se a isso pela reversão de movimento de algumas partículas em um sistema desordenado, de tal maneira que elas possam lembrar a sua condição ou o seu padrão original. Esse fenômeno recebe o nome de memória atômica. Brewer e Hahn apoiam a crença de que a entropia pode ser revertida em algumas circunstâncias, tanto fora como dentro de sistemas vivos.

A principal falácia, no entanto, ao aplicar a Segunda Lei da Termodinâmica a um sistema vivo, é que ela é válida apenas em um sistema fechado (um sistema no qual a energia e a matéria não estão nem entrando nem saindo), ou em um sistema formado por elementos que são independentes uns dos outros. Em geral, não apenas podemos dizer que o sistema humano não é um sistema fechado, mas, através da compreensão da moderna física quântica (teorema de Bell), podemos dizer que não há nada no universo que não afete todo o resto. Com essa conscientização, concluímos que tudo é um sistema aberto. Então, podemos dizer que a aplicação da Segunda Lei da Termodinâmica, ou processo de entropia, não se aplica com precisão ao sistema humano. Kervan escreve que não é difícil ver que a vida em si funciona em completa oposição à lei da entropia.[12] Ele faz perguntas-chave que nos levam a desenvolver alguns elementos da compreensão da Nutrição Espiritual. Por que a vida está em completa oposição à força da entropia? Qual é o segredo? Como o sistema humano é capaz de reverter a entropia naturalmente e, portanto, não se tornar escravo do processo de entropia?

Resumo – Capítulo 13

1. O paradigma convencional materialista-mecanicista da nutrição tem como foco os efeitos interativos aditivos e os componentes de propriedades materiais como calorias, vitaminas, proteínas e minerais. Ele se baseia em três pilares instáveis: 1) a aplicabilidade da Lei da Conservação da Matéria e Energia a sistemas vivos: 2) a aplicabilidade da Segunda Lei da Termodinâmica a sistemas vivos; e 3) a crença de que não há diferença essencial nas interações de substâncias dentro e fora do corpo humano.

2. Descobertas científicas contemporâneas, tais como a descoberta das transmutações biológicas, a incapacidade do paradigma convencional para explicar os fenômenos "anômalos", e a nossa própria consciência intuitiva, diretamente desafiam o conceito materialista-mecanicista da nutrição como a única forma de compreender a nutrição.
3. O novo paradigma nutricional – Nutrição Espiritual – não descarta o paradigma físico-químico, mas se liga a ele no nível de corpo material. A visão materialista-mecanicista recupera validade como parte de um sistema dinâmico emergente.
4. Um novo paradigma de Nutrição Espiritual está se desenvolvendo, e descreve os nutrientes como forças dinâmicas que interagem com os seres humanos nos níveis físico, mental-emocional, energético e espiritual.
5. O estudo da nutrição é o estudo da interação e da assimilação das forças dinâmicas de um nutriente pelas forças dinâmicas do nosso Ser total.
6. O novo paradigma é crucial para a compreensão da relação entre a nutrição e a vida espiritual.

– 14 –

PERSPECTIVAS SOBRE DIETAS

O propósito do restante deste livro é delinear aspectos específicos da Nutrição Espiritual, que ajudarão o leitor a mapear uma dieta personalizada que esteja em harmonia com a visão energética espiritual do organismo e que aumente o seu processo de desdobramento espiritual. Não se trata de buscar uma alimentação perfeita, pois a única coisa que é perfeita está além do complexo corpo-mente-EU SOU – a Verdade do Eu, a Verdade de Deus em tudo e como tudo. Nós já somos essa perfeição, mas temos alguns bloqueios que nos afastam de experimentar consistentemente essa Verdade. A dieta perfeita não pode nos tornar 100 por cento saudáveis, pois apesar de afetar a mente e o espírito, seu efeito principal é no corpo físico. Para que uma alimentação seja de fato eficiente, ela precisa fazer parte do contexto de uma vida espiritual completa, com meditação, irmandade, vida correta, Amar nosso próximo como amamos o nosso próprio Ser Verdadeiro, uma contínua Comunhão em Amor com Deus – em outras palavras, os Seis Fundamentos. Por um lado, a alimentação é uma disciplina poderosa que pode nos ajudar a equilibrar o corpo, a mente, o coração e a vida em geral. Por outro lado, ela é uma expressão do nosso estado de Ser e da nossa harmonia com as leis universais da criação.

A intenção do autor é fornecer perspectivas suficientes para que possamos nos interessar em criar uma alimentação individualizada, que reflita o nosso mais elevado estado de consciência, e que seja apropriada para a nossa função no mundo. Isso não é tão simples, pois o alimento é a principal interface, no nível físico, entre a natureza e nós mesmos. Comer o alimento apropriado é uma maneira de extrair energia do meio ambiente de forma harmônica, e, no mundo contemporâneo, essa relação se rompeu, tornando-se mistificada e confusa. De que outra maneira poderia, no nível nacional, ser aprovada a irradiação de frutas frescas e vegetais como uma maneira de "conservá-los"? Isso representa um rompimento total com a natureza. O que parece ser normal é anormal e vice-versa. É como se estivéssemos batendo a cabeça contra a parede. Quando paramos, descobrimos que a dor de cabeça se foi e que é mais fácil meditar. Enquanto batemos a cabeça, a tecnologia moderna está estudando a fisiologia de como viver normalmente. Devido ao fato de que a maioria das pessoas está normalmente batendo a cabeça na parede, somos considerados anormais porque escolhemos parar. Somos os engraçadinhos comendo uma "dieta de alpiste e grama". É difícil mudar o nosso programa, em face da pressão social e dos nossos antigos sistemas de crenças e hábitos programados. No entanto, é necessário examinar esses padrões e estar dispostos a abandonar o que não mantém a nossa experiência em extática Comunhão com Deus, o nosso bem-estar, a energia corporal equilibrada e a nutrição da força espiritual da energia Kundalini interna. A alimentação em si não é a chave para a vida espiritual, mas ela ajuda a abrir a porta para a Comunhão com o Divino. A orientação é comer de forma a aumentar essa comunhão.

A alimentação, da perspectiva da Nutrição Espiritual, não é uma religião ou uma forma obsessiva de buscar Deus. É simplesmente parte de uma vida harmônica e equilibrada em sintonia com as leis universais. O objetivo principal da Nutrição Espiritual não é um corpo saudável ou a longevidade, que são consequências secundárias. O objetivo principal é *comer de maneira a nos alimentarmos mais facilmente e de forma a nos tornarmos melhores supercondutores de energia cósmica, para que seja mais fácil energizar a força espiritualizante da Kundalini e experimentar o êxtase de Deus dentro de nós, em cada interação de nossa vida*. Desenvolvemos a prática de Nutrição Espiritual para que, quando Deus nos chamar, não peçamos outra taça de sorvete.

Criar a própria alimentação para uma vida espiritual requer certa inteligência artística na aplicação do novo paradigma nutricional e dos princípios gerais que estão sendo compartilhados. O processo é real e básico, em vez de esotérico, e se dá por meio de tentativa e erro para ver o que funciona para nós. *O critério é simples: coma aquilo que aumenta a sua experiência de Amor e Comunhão, e abandone aquilo que diminui essa Comunhão.* Isso requer alguma atenção sensível às necessidades da vida diária e ao propósito geral da Nutrição Espiritual: *em vez de viver para comer ou comer para viver, coma para intensificar a Comunhão com o Divino.* Deixemos a fome pelo Divino ser o apetite excessivo e nos guiar na escolha da alimentação. Na Nutrição Espiritual, comemos conscientemente, para alimentar a nossa alma faminta.

Resumo – Capítulo 14

1. Não podemos comer como forma de chegar a Deus.
2. A dieta da Nutrição Espiritual se manifesta mais fortemente no contexto dos Seis Fundamentos.
3. A orientação básica é: coma de maneira a aumentar a Comunhão com Deus, e deixe de lado o que diminui essa Comunhão.

– 15 –
NUTRIENTES – OS MUITOS E O UM

Uma Nova Definição para a Palavra "Nutriente"

"No princípio era o Verbo, e o Verbo estava com Deus, e o Verbo era Deus" (João, 1, 1). Essa frase do Evangelho de João é a chave para se compreender a Nutrição Espiritual. Um de seus significados é que tudo vem de Deus e é alimentado por Deus ou por uma força cósmica. Essa é a Suprema Fonte de toda a Nutrição. Essa força cósmica ou prana, em vários níveis de densidade, é o nutriente básico para o nosso corpo, e, nesse contexto, todos os níveis de energia disponíveis para nós são considerados nutrientes. Isso inclui a luz do Sol e todos os reinos – mineral, vegetal e animal (não para serem comidos, mas para sermos nutridos pelas suas energias de Amor). Uma vez compreendido que várias densidades de prana são nutrientes essenciais para todas as funções da vida, somos capazes de expandir as definições de nutrição e assimilação. Elas nos permitem, agora, apreciar o paradigma da nutrição, que vê o alimento material apenas como um nível de densidade de energia, no contexto de um espectro mais amplo de nutrientes importantes, para nos ajudar no desenvolvimento espiritual (ver figura). É através desse conhecimento que podemos agora compreender os ensinamentos de Sri Nisargadatta, de que a consciência é a essência do alimento que foi digerido.

Na tradição judaico-cristã, há vários indicadores de que algumas pessoas foram capazes de viver de energias menos densas. Nos Livros Esquecidos do Éden, após retornar de uma visita ao céu, Enoque dizia: "Ouça, criança, desde

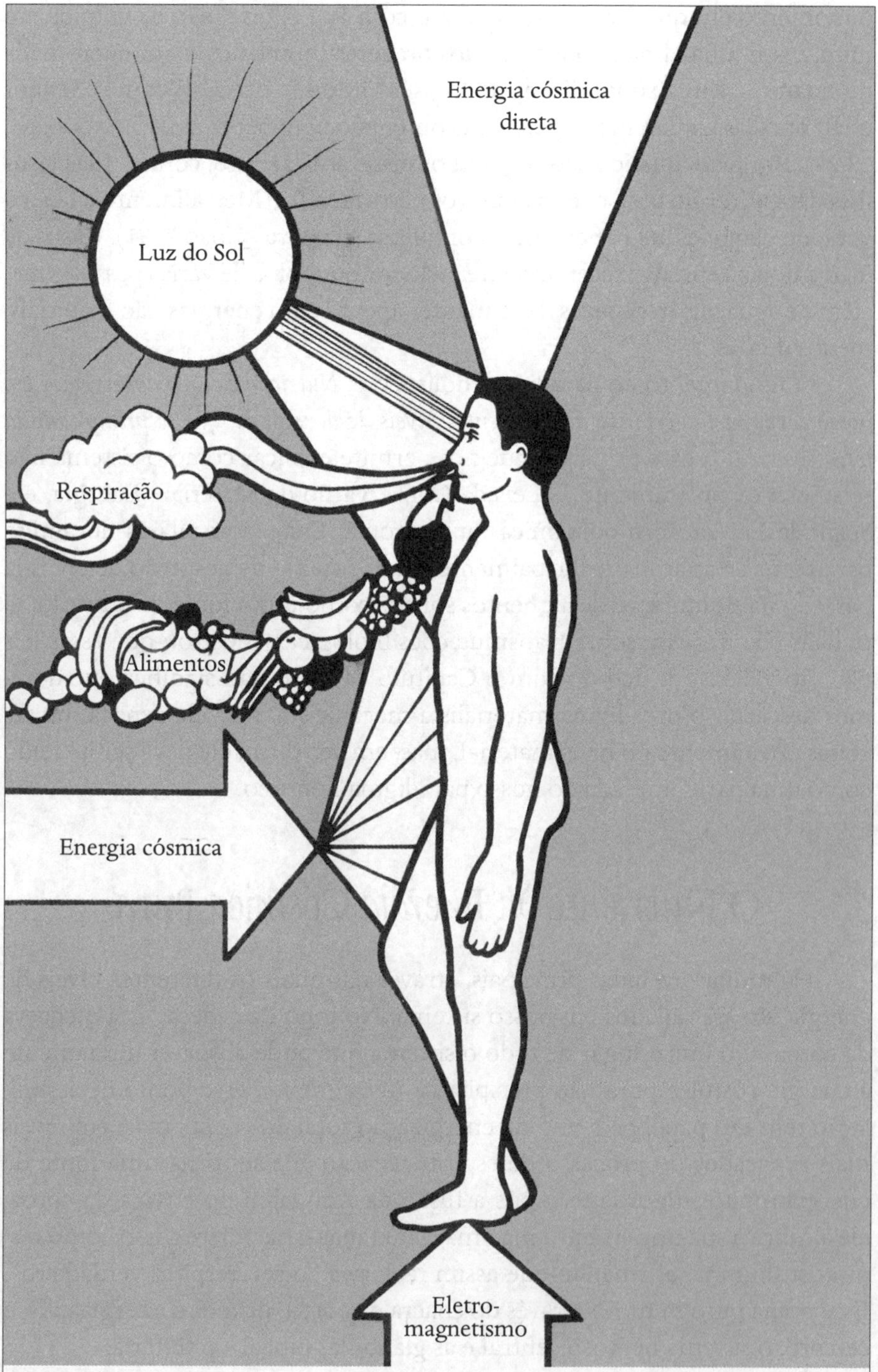

Espectro total da assimilação de energia

o momento em que o Senhor me ungiu com Sua Glória, não há comida em mim, e a minha alma não lembra dos prazeres mundanos, nem quero nada mundano".[1] Em Êxodo, dizem de Moisés: "Moisés ficou ali com o Senhor quarenta dias e quarenta noites, sem comer pão nem beber água" (Êxodo, 34, 28-29). Em João, quando seus discípulos disseram "Mestre, come." Mas Jesus lhes disse: "Tenho uma comida que vós não sabeis [...] Meu alimento é fazer a vontade daquele que me enviou e completar sua obra" (João 4, 31). Casos de inédia documentados recentemente incluem exemplos de várias pessoas que, além de água, eram capazes de se manter apenas com energias não materiais, menos densas.

O fundamento do paradigma holístico é: *Nutrição é o que absorvemos em nosso corpo-mente-espírito dos diferentes níveis de densidade, que se precipitam da força cósmica.* É esse princípio que nos permite explicar como o sistema não se sujeita completamente às Leis da Conservação da Matéria e Energia, e à Segunda Lei da Termodinâmica, ou entropia. Esses dois pilares do antigo paradigma se aplicam, principalmente, a um sistema de absorção de energia baseado na assimilação de alimentos sólidos como única fonte de nutrição. O trabalho de Kervan, sobre transmutações biológicas, mostrou que essas leis não são válidas (de acordo com o Capítulo 14). Isso não significa que devemos descartar o paradigma materialista-mecanicista, pois ele explica muitas coisas estritamente no nível material, mas, em vez disso, ele deve ser incluído como uma parte limitada do nosso paradigma holístico.

O Nutriente da Energia Cósmica Pura

Há muitas avenidas principais, através das quais os diferentes níveis de energia são assimilados em nosso sistema. No topo da cabeça, está o chacra da coroa. É o único lugar de todo o sistema que pode absorver diretamente a energia cósmica pura não precipitada. Inicialmente, esse ponto de assimilação tem um papel pequeno na energização total do corpo, mas, em níveis mais avançados do processo de espiritualização, ele se torna uma fonte de energia muito importante. Após a fusão da Kundalini no chacra da coroa, ele alcança a sua importância máxima. Muktananda se refere a isso como respirar sushumna, afirmando que assim realizava "o seu respirar verdadeiro". Esse prana puro se move através do chacra da coroa, primeiro energizando o cérebro, o sistema nervoso central e as glândulas pineal e pituitária.

É interessante notar que pesquisadores descobriram que a luz solar penetra no crânio das galinhas e estimula diretamente a glândula pineal. O doutor Richard Wurtman, em um artigo da *Scientific American* chamado "Os efeitos da luz no corpo humano", afirma que a luz é capaz de penetrar no cérebro de ovelhas vivas.[2] Se isso pode acontecer, é admissível que o prana cósmico mais puro também possa penetrar e influenciar nossas estruturas cerebrais essenciais. De lá, ela desce pela espinha e pelo sushumna. Ela tem tanto um efeito espiritualizante direto no complexo corpo-mente-espírito, como um efeito energizante nos chacras, nos plexos nervosos, nas glândulas endócrinas e nos órgãos associados. Essa energia espiritualizante descendente é a Kundalini espiritual. À medida que o sistema se torna um condutor limpo dessa energia, ela é capaz de energizar ainda mais o sistema e atingir o potencial de despertar a Kundalini Shakti, armazenado em um estado inativo abaixo da base da espinha.

Energia Cósmica Reduzida como Nutriente

Outros portais de entrada são avenidas para a energia cósmica reduzida. Essa energia é a energia da força vital primária, que ativa e regula as funções vitais do corpo. Uma forma importante de como essa força vital entra no sistema é através do sistema de chacras, depois que ela é reduzida aos sete corpos sutis. Quanto mais sincronizados esses corpos sutis estiverem, mais facilmente a força cósmica poderá passar pelos corpos sutis e energizar o sistema. A mente maior, ou ego total, é a soma da função dos sete corpos sutis. Quando se torna harmônica, como na meditação, mais energia cósmica é assimilada pelo sistema. Dessa maneira indireta, podemos dizer que a meditação é o processo digestivo chave, através do qual a força vital é absorvida no sistema.

A Deliciosa Luz Solar

Outra fonte importante da força vital é a luz solar. A luz é a forma menos densa de prana no nosso universo. Ela transporta o estímulo do espectro completo do arco-íris para o nosso sistema à medida que é filtrada pelos corpos sutis e absorvida pelos receptores do sistema nervoso nos olhos e na pele. Os receptores nervosos nos olhos traduzem essa informação, de espectro total, em impulsos do nervo óptico, que a conduz aos vários centros cerebrais: pineal, pituitária e o resto do sistema endócrino. Através desses sistemas, ela indiretamente energiza e ativa todo o nosso organismo, e regula os ritmos e os ciclos do corpo. Afirmava-se, de modo geral, que os seres humanos eram imunes aos efeitos reguladores hormonais cíclicos da luz, como vemos em animais inferiores, nos quais o espectro visível regula o ciclo reprodutor e outros ritmos diários e sazonais. Brody cita a pesquisa feita pelo doutor Alfred Lewy, psiquiatra do National Institute of Mental Health, que desaprovou essa afirmação. Ele mostrou que a exposição a uma luz brilhante pode desligar a produção de melanina em seres humanos.[3] Ele e outros pesquisadores têm feito pesquisas estimulantes para mostrar que a terapia da luz é a escolha certa para o tratamento específico da depressão de inverno ou transtorno afetivo sazonal (em inglês, Seasonal Affect Disorder – SAD)[4]. As pessoas com TAS se tornam deprimidas assim que os dias ficam mais curtos. Elas ficam irritáveis, sonolentas, ansiosas, se afastam socialmente e perdem o interesse no trabalho e no lazer. Expor-se a luzes ultrabrilhantes por três horas a cada manhã e à noite, ou cinco horas durante a noite, alivia esses sintomas em dois a quatro dias. Estudos preliminares sugerem que quando os trabalhadores não recebem luz suficiente, ou o tipo de luz adequada, eles apresentam maior fadiga, desempenho reduzido, defesa imunológica diminuída e condição física reduzida. Do ponto de vista da saúde, o doutor Blackwell, da Universidade Estadual de Ohio, descobriu que a produtividade dos trabalhadores aumentava 11,7 por cento quando trabalhavam sob luzes brilhantes de espectro completo (similar à luz do Sol).[5] O doutor Hollwich, da Universidade Augklinik, em Munster, Alemanha, verificou que cinquenta pessoas que ficaram cegas pela catarata experimentaram uma redução na amplitude dos ritmos das glândulas suprarrenal e das células do sangue, e na atividade do sistema regulatório básico, envolvendo o hipotálamo, a pituitária e o córtex adrenal.[6] Quando a catarata foi removida, as anormalidades desapareceram. Outros pesquisadores, como o doutor Alan Reinberg, de Paris, descobriram fortes indicações de que o ciclo menstrual em mulheres é também influenciado pela luz.[7]

Clínicos e pesquisadores, como o doutor John Downing (mestre em Psicologia da visão, ph.D. em Ciência da visão e em Optometria), estão também descobrindo que a luz é decomposta em diferentes bandas de espectro, cada uma com um efeito de cura diferente. O doutor Downing, em uma comunicação pessoal, comentou que o espectro segue a decomposição do espectro de cores do chacra da base e que cada uma dessas cores ativa partes diferentes do corpo.[8] Para ele, sua aplicação clínica mais eficiente ocorre quando se irradia uma das várias faixas específicas do espectro vermelho no olho para ativar e curar diferentes aspectos do sistema nervoso simpático. Para o sistema nervoso parassimpático, ele descobriu que diferentes faixas do espectro de cor azul são agentes de cura. A banda específica, em qualquer espectro,

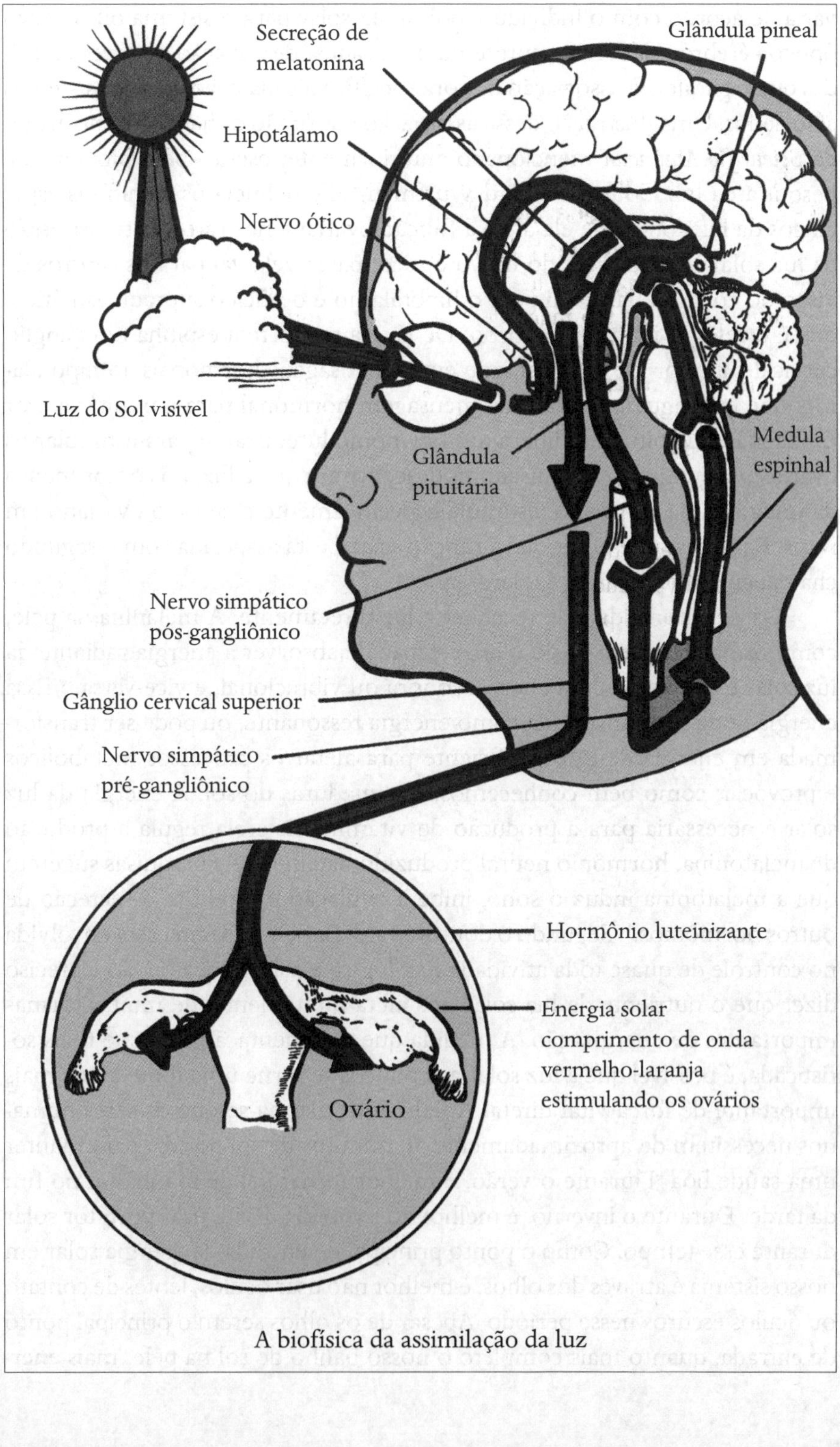

A biofísica da assimilação da luz

varia de acordo com o indivíduo, pois a luz solar para o sistema olho-nervo óptico-cérebro-endócrino representa uma cadeia de ativação de luzes coloridas que é paralela à associação de cor específica a cada chacra e seus sistemas associados. Uma ilustração dessa associação cor-órgão e chacra está no artigo da *Scientific American* mencionado anteriormente, escrito pelo pioneiro de pesquisa da luz, doutor Richard Wurtman.[9] Ele delineia os caminhos específicos da luz conforme ela afeta a função ovariana nos ratos. A transmissão da luz solar se dá através do nervo óptico; parte dela vai para os centros de visão do córtex e parte vai para o hipotálamo e o núcleo supraquiasmático, que é o relógio interno do corpo. De lá, ela percorre a espinha e o gânglio cervical superior até a pineal, que envia mensagens hormonais ao hipotálamo, que em seguida libera uma mensagem hormonal para a pituitária. Por fim, a glândula pituitária libera um hormônio luteinizante para estimular os ovários (ver a figura). Pesquisadores descobriram que a luz, no comprimento da onda laranja-vermelho, estimula especificamente esse ciclo ovariano em ratos. É interessante notar que a função sexual está associada com o segundo chacra, cuja cor principal é o laranja.

Os receptores da pele recebem a luz diretamente. A melanina na pele, como os bastões e cones do olho, é capaz de absorver a energia radiante da luz solar e convertê-la em energia sonora ou vibracional, e vice-versa.[10] Essa energia pode ser transmitida como energia ressonante, ou pode ser transformada em energia de calor, suficiente para afetar os processos metabólicos e provocar, como bem conhecemos, queimaduras do sol. A energia da luz solar é necessária para a produção de vitamina D, e ela regula a produção de melatonina, hormônio neural produzido na pineal. As pesquisas sugerem que a melatonina induz o sono, inibe a ovulação e modifica a secreção de outros hormônios.[11] Segundo o doutor Frank Barr, a melanina está envolvida no controle de quase toda atividade fisiológica e psicológica.[12] Não é preciso dizer que o nutriente da luz solar nos afeta diretamente, de muitas formas importantes de energização. À medida que a alimentação se torne mais sofisticada, é possível que a luz solar aos poucos se torne uma fonte ainda mais importante de força vital direta. Atualmente, estima-se que os seres humanos necessitem de aproximadamente 30 minutos de sol por dia para manter uma saúde boa. Durante o verão, é melhor tomar sol de manhã ou no fim da tarde. Durante o inverno, é melhor ao meio dia. Evite usar protetor solar durante esse tempo. Como o ponto principal de entrada da energia solar em nosso sistema é através dos olhos, é melhor não usar óculos, lentes de contato ou óculos escuros nesse período. Apesar de os olhos serem o principal ponto de entrada, quanto mais completo o nosso banho de sol na pele, mais energia solar é absorvida. É até possível que as células de glóbulos vermelhos, a hemoglobina, em nossos vasos capilares na superfície da pele, absorvam diretamente a luz solar, assim como a clorofila nas plantas, e que essas estruturas biomoleculares de hemoglobinas energizadas levem a energia da luz solar diretamente para todo o nosso sistema.

"Vitamina O"

Outra fonte importante de energia nutriente é o oxigênio. Alguns ensinamentos modernos de ioga dizem que aproximadamente 90 por cento da energia utilizada pelo corpo vem do oxigênio inspirado pelos pulmões e pelo sistema de pele. Na ausência de oxigênio, o nosso corpo físico pode sobreviver apenas alguns minutos. Podemos viver algumas semanas sem água e alguns meses sem comida. A "Vitamina O" é o nosso mais importante nutriente. Essa forma de entrada de energia é o significado mais comum que se dá para a palavra prana. É a força vital que muitos sentem quando andam pela floresta e sorriem, ao inalar o ar vibrante. Em florestas e locais de água não poluída, o campo energético do ar está reforçado. A molécula de oxigênio foi ativada por ressonância. Quando a absorvemos para os nossos pulmões, sua energia é transferida para o nosso corpo. Se o ar estava circulando por ar-condicionado e dutos aéreos, fora do contato com a luz solar, poluído ou irradiado, ele perde energia e uma menor quantidade de força vital ressonante nos é disponibilizada. A energia do oxigênio entra nos pulmões, rodeia o chacra do coração e age como um ponto de equilíbrio entre os chacras superiores e inferiores. Os iogues e especialistas em saúde no Ocidente têm observado que a mente se acalma quando a respiração é constante. Essa observação sugere uma relação importante entre a respiração e a mente. Oitenta por cento do oxigênio que absorvemos vai para o cérebro. Esse alto grau de oxigênio no cérebro aumenta o fluxo da energia Kundalini espiritual e pode explicar, em parte, como exercícios diferentes de pranayama são usados para estimular a Kundalini.

O nosso sistema também absorve o oxigênio dos alimentos ingeridos. O doutor Steven Levine, ph.D., desenvolveu uma hipótese relacionando a deficiência de oxigênio nos tecidos (anoxia) a doenças crônicas, e uma alta taxa de absorção de oxigênio, relativo à absorção de alimentos, à boa saúde.[13] Fazendo uma analogia com uma bateria, ele destaca que o oxigênio é o polo positivo, e que os alimentos que comemos são a fonte de elétrons vibrantes carregados negativamente. Os elétrons se movem do polo negativo, ou alimento, numa corrente viva de energia, para o polo positivo de oxigênio. Minerais, ferro, manganês, zinco e outros transportadores de elétrons são essenciais para a condução dessa bioeletricidade através do sistema citocromo-oxidase e do nosso sistema antioxidante. Vitaminas A, C, E, selênio e várias enzimas antioxidantes, como o superóxido dismutase e a glutationa peroxidase, servem para impedir que esse fluxo de energia de elétrons seja rompido pelos radicais livres, que roubam elétrons do sistema. Esses radicais livres vêm da poluição externa e interna, resultado de uma alimentação pobre, que inclui coisas como alimentos radiolíticos causados por irradiação. Durante esse processo de movimento de elétrons e transferência para o polo de oxigênio, a energia metabólica é liberada, ajudando a alimentar o nosso processo metabólico normal. Quantidades ideais de oxigênio são necessárias para atrair essa corrente viva. Por outro lado, é importante comer alimentos naturais frescos, que vibram com alta energia de elétrons. Esses alimentos ainda retêm as ligações altamente energéticas carbono-hidrogênio, que incorporaram elétrons ativos em suas ligações como resultado da ativação de elétrons da fotossíntese. É a energia da luz solar armazenada como energia ativa de elétrons nas ligações hidrocarbônicas que encontramos em alimentos vivos, integrais e orgânicos. Esses alimentos fazem a corrente mais potente com o polo de oxigênio. Esta última afirmação estabelece a superioridade do alimento do reino vegetal sobre o alimento do reino animal. É bem possível que a energia direta da fotossíntese das ligações hidrocarbônicas seja alterada ou se perca para os seres humanos, quando é metabolizada primeiro pelo animal, e que o animal obtém todos os benefícios da energia direta da luz solar das plantas. Com a atual condição e habilidade de medir o calor liberado das ligações hidrocarbônicas dos tecidos de plantas e animais, não achamos nenhuma diferença perceptível na liberação energética no nível material. Subjetivamente, a diferença é mais fácil de perceber.

Se houver uma diminuição de oxigênio no sistema, haverá menos força para atrair os elétrons ao polo de oxigênio da corrente bioelétrica, cuja força diminuirá. Portanto, a nossa tarefa é manter o oxigênio em um nível alto nos nossos tecidos. No meio ambiente poluído e estressado, isso não é fácil. Ansiamos por oxigênio dentro de nosso prédio de escritórios, à medida que usamos mais material isolante para economizar custos de energia combustível. O rápido desmatamento do planeta está diminuindo o suprimento local de oxigênio, a poluição do ar amarra o oxigênio no ar, e a combustão dos automóveis e das indústrias capturam o oxigênio do nível atmosférico do chão. O estresse causa deficiência de oxigênio no nosso organismo. Por exemplo, a descarga de substâncias tóxicas ambientais no ar, na água e no alimento usa o oxigênio para desintoxicação. Poluentes químicos, cloro na água e fumaça da combustão do petróleo dos carros requerem que usemos todo o nosso suprimento de oxigênio do corpo para nos proteger. O estresse emocional produz adrenalina em excesso e hormônios adrenais relacionados, que requerem oxigênio para seu metabolismo. Os traumas físicos reduzem a circulação e, portanto, a quantia de oxigênio na célula é diminuída. As infecções de origem viral, bacteriana ou de fungos exigem que as células de defesa imunológica do corpo, os fagócitos, produzam formas de radicais livres de oxigênio controladas para combatê-las. Essa atividade mediada por células é a principal defesa contra vários agentes patogênicos, incluindo o fungo cândida *albicans*.[14] As células imunológicas fagócitas imunoativadas aumentam a utilização de oxigênio em até cinquenta vezes quando estão destruindo invasores externos em nosso sistema.[15] Isso, obviamente, afasta o oxigênio de sua função principal, que é oxidar a comida para produzir energia metabólica.

Uma dieta pobre é outra forma de estresse de oxigênio. As comidas excessivamente ácidas, como carnes, refrigerantes, café e álcool, criam acidez no sistema. Acidez é excesso de íons de hidrogênio (H+) no sistema, que exaure o oxigênio combinando-se com os seus íons para criar água. Fazendo isso, provocam um curto-circuito no sistema, de modo que o movimento de produção de energia completa dos elétrons, que vai para o polo do oxigênio, seja reduzido. Quanto menos oxigênio estiver disponível para o metabolismo, há um acúmulo de ácido láctico, e o nosso ambiente celular se torna progressivamente ácido, resultando na destruição da função celular. De acordo com o doutor Levine, hipóxia, ou falta de oxigênio nos tecidos, é a causa fundamental de todas as doenças degenerativas crônicas.[16] Um nível baixo de oxigênio nos tecidos tem sido associado a infecções por cândida *albicans* e a doença degenerativa do câncer[17].

Ingerir alimentos com alto teor de oxigênio parece estar associado à boa saúde. Água é 85 por cento oxigênio, assim, nos beneficiamos bebendo água e comendo alimentos com alto teor de água, como as frutas, que podem ter até 90 por cento de água. Os próximos alimentos de alto teor de oxigênio são os carboidratos, que têm pouco mais de 50 por cento de oxigênio por peso. Faz-se esse cálculo usando a fórmula química para o carboidrato, que é CH_{20}. O peso molecular do carbono é 12, do hidrogênio é 1, e do oxigênio é 16. Compõem esses alimentos os vegetais, os grãos, as sementes e as nozes. Sementes e nozes têm gorduras e proteínas que abaixam o teor de oxigênio, mas ainda são elevadas nos carboidratos complexos. Por exemplo, semente de gergelim tem três vezes o teor de carboidrato de repolho roxo, broto de feijão, vagens e de muitas frutas e vegetais.[18] As proteínas contêm uma média de 25 por cento de oxigênio. As gorduras, o menor teor de oxigênio, uma média aproximada de 12 por cento. Embora precisemos de ácidos graxos insaturados para a formação da membrana celular, eles roubam oxigênio. Outro problema com as gorduras, principalmente a gordura animal, é que a maioria dos pesticidas, herbicidas e de outras toxinas do meio ambiente é solúvel em gordura, portanto, elas aumentam a carga de toxinas ambientais e desviam o oxigênio do corpo para desintoxicação. Por essas razões, é melhor consumir alimentos que contenham ácidos graxos essenciais, em vez de gorduras não essenciais. O abacate e a semente de gergelim são exemplos dessas gorduras benéficas. Necessitamos de 10 a 15 por cento de alimentos que contenham grandes quantidades de ácidos graxos livres insaturados.

É importante obter a proporção correta da densidade oxigênio/comida. Alimentos densos são aqueles que têm um peso molecular elevado e, portanto, são fisicamente pesados em relação ao tamanho. Alimentos densos, nesse contexto, também se referem a gorduras, que requerem muito oxigênio para se decompor completamente para o nosso metabolismo energético oxidativo. As comidas gordurosas são as mais densas de acordo com esses dois critérios. As proteínas concentradas como as carnes, peixes e aves são as próximas mais densas. É como colocar pedaços grandes de madeira na fogueira; eles requerem muita energia para acender e queimar. Se comermos muitos alimentos densos, acabamos com o oxigênio para oxidar esses alimentos e obtemos mais subprodutos de radicais livres, como parte do metabolismo.[19] Com uma proporção excessiva de gordura/oxigênio no sistema, o suprimento de oxigênio se rompe e se desvia, e temos a formação de compostos de oxigênio tóxicos, chamados "oxitoxinas", que incluem radicais livres e peróxidos lipídicos. Os peróxidos lipídicos são radicais livres incipientes. Este parece ser o mecanismo que explica como uma alimentação com alto teor de gorduras resulta em problemas cardiovasculares. Proteínas em excesso representam "combustível sujo" e requerem muito oxigênio para nos ajudar a eliminar seus subprodutos de nitrogênio. As proteínas não foram feitas para produzir energia, mas precisamos delas por causa dos aminoácidos essenciais. Novamente, temos de encontrar um equilíbrio, e 10 a 15 por cento de proteína na alimentação pode ser o suficiente para uma excelente mistura proteína-oxigênio. Os carboidratos são os melhores alimentos para a produção de energia, pois queimam uniformemente e requerem menos oxigênio para extrair deles a energia metabólica; são os pedaços pequenos de madeira na fogueira que queimam facilmente. Essa consciência já se infiltrou no atletismo e nas academias de ginástica; os atletas regularmente praticam a ingestão de carboidratos para maximizar a energia para as competições.

Uma pesquisa realizada no Japão, pelo doutor Kazuhiko Asai, ph.D., mostrou que um óxido mineral incomum, chamado germânio orgânico, aumenta muito o suprimento de oxigênio no sistema e catalisa muitas das funções desintoxicantes do oxigênio.[20] O doutor Asai descobriu que o germânio pode ajudar no tratamento de câncer, hipertensão, insuficiência endócrina, asma e doença de Raynaud.[21]

Para aumentar o oxigênio em nosso sistema temos outras formas, entre as quais, colocar mais plantas verdes em nosso local de trabalho e em casa, fazer exercícios aeróbicos moderados cinco vezes por semana. Pode ser uma caminhada rápida, ou uma sessão de cerca de 20 minutos de dança sagrada. Podemos usar também suplementos antioxidantes ou comer alimentos com alto teor de vitaminas antioxidantes A, C e E, e também cofatores enzimáticos antioxidantes importantes, como o zinco e o selênio. Esses alimentos incluem a alga azul-verde, grama do trigo, sementes, nozes e carboidratos complexos.

Exercícios Respiratórios

Uma das maneiras mais importantes de aumentar o oxigênio no sistema é por meio dos exercícios respiratórios. Durante milhares de anos, os iogues desenvolveram exercícios de respiração (pranayama) para energizar o sistema, acalmar a mente para a meditação e ativar diretamente a energia Kundalini. Esse é um tema vasto demais para ser tratado neste livro, mas alguns exercícios simples de respiração aumentam substancialmente a absorção de "Vitamina O". O propósito desses exercícios é nos ajudar a ficarmos conscientes de como fazer uma respiração completa e como obter uma refeição completa de oxigênio. Respiramos o dia todo para ficarmos vivos, mas a maioria das pessoas está usando apenas 10 por cento de sua capacidade respiratória. Quando 90 por cento da energia metabólica vem da respiração, ela ao menos merece que prestemos atenção ao alimento material que comemos.

Exercício 1: Respiração profunda em todos os segmentos do pulmão

1. Coloque as mãos na altura do diafragma, com os dedos mínimos na borda inferior da sua caixa torácica. Inspire na área coberta com as suas mãos. Isso enche os lóbulos inferiores do pulmão. Acredita-se, às vezes, que a respiração abdominal, na qual movemos o diafragma para dentro e para fora, enche a parte inferior dos pulmões. Mas

este não é o caso. Os lóbulos inferiores se estendem até o fundo da caixa torácica, e não para dentro da cavidade abdominal. Para preencher os lóbulos inferiores, é melhor se concentrar na parte inferior da caixa torácica.

2. Inspire ao som de AAH em sua mente e expire com um som audível do AAH. Tiramos o máximo de benefício se inspirarmos e expirarmos contando até 7.
3. Repita isso três vezes.
4. Coloque as mãos sobre a área peitoral e inspire. Inspire sentindo a ressonância em seus pulmões conforme os lóbulos medianos se enchem.
5. Inspire ao som do UUU em sua mente e expire com um som audível de UUU. Novamente inspire e expire contando até 7.
6. Repita três vezes.
7. Coloque o polegar sobre o osso da clavícula e inspire na área abaixo de suas mãos, preenchendo os lóbulos superiores.
8. Inspire ao som do MMM em sua mente e expire com o som audível de MMM. A cada inspiração e expiração, conte até 7.
9. Repita isso três vezes. A cada uma dessas três inspirações, tente expandir os pulmões tanto quanto for possível.
10. Depois de praticar cada respiração três vezes cada uma, faça três ciclos de respirações em sequência, para formar um som completo AUM (OM) em cada respiração.

À medida que trabalhamos a respiração, certas emoções podem surgir. Alguns ensinamentos médicos aiurvédicos afirmam que a raiva, o ódio e a inveja estão contidos nos lóbulos inferiores. Dizem que os lóbulos medianos armazenam as emoções de apego e ganância. Acredita-se que o medo, a tristeza e a mágoa estão armazenadas nos lóbulos superiores.

Exercício 2: Um ciclo rítmico de respiração completa

Esta é a aplicação do exercício 1 a um ciclo de respiração completo. Pode ser feito em um tempo de 6 a 20 minutos; uma boa média é 15 minutos. Ela fornece uma refeição de oxigênio completa, porque muitas pessoas se sentem energizadas. A melhor hora para praticar este ciclo é de manhã ou após voltar do trabalho. Se você fizer este exercício antes de ir para a cama, pode ficar com muita energia e ter dificuldade para adormecer imediatamente. Também é bom para reoxigenar-se após um período prolongado em atmosferas com pouco oxigênio como, por exemplo, em viagens aéreas.

1. Sente-se confortavelmente em posição ereta com a coluna alinhada.
2. Comece o exercício 1 de respiração com duas contagens de tempo em cada posição de lóbulo, num total de 6 contagens na inspiração. No final da inspiração, segure a respiração por três contagens e, então, expire em seis contagens. Assim como na inspiração, deverá haver duas contagens para cada seção do pulmão.
3. No final da expiração, segure por três contagens e comece novamente.

O ciclo é seis contagens para inspiração, segurar por três e, então, seis contagens para expiração, segurar por três contagens, e começar o ciclo novamente. Uma vez que o controle do tempo se torna natural, você não precisará mais contar. Nesse exercício, não force a sua respiração. É melhor inspirar e expirar de maneira relaxada.

Se o ar não for poluído, é melhor fazer esse exercício ao ar livre.

Com a inspiração, pense em absorver energia positiva; com a expiração, pense estar eliminando energias negativas ou pensamentos negativos do seu sistema.

Energia Sexual

Uma das energias mais importantes a ser considerada é a sexual. É tanto uma energia interna como externa. O assunto da energia sexual é vasto demais para se ignorar ou explorar em profundidade neste livro. Mas alguns pontos devem ser esclarecidos para que tenhamos uma perspectiva mais equilibrada. Como energia interna, a energia sexual é armazenada na forma física natural no esperma ou no óvulo. O Tao chama essa forma de energia de ching. A energia sexual é uma forma especial que os taoistas chamam chi ou prana. Ela é suficientemente poderosa para recriar um organismo humano completo. É estimado que no tempo de vida de um homem saudável seja produzido sêmen suficiente para gerar 1 trilhão de vidas humanas.[22]

Quando essa energia é ativada, todos os sentidos são aumentados, e homens e mulheres sentem a energia sexual como poder ou paixão. O esperma e as células de ovo começam a vibrar e a criar um campo ampliado de energia magnética sexual. A maioria de nós já sentiu isso. Na primavera, quando a Mãe Natureza está enviando a energia de criação, essas células e energias sexuais ressoam com ela e ampliam seu campo energético.

Quando a saúde está boa, a energia sexual está sempre se regenerando para que a usemos. Nos ensinamentos taoistas, a energia sexual e a produção de células consomem de 25 a 40 por cento da energia natural absorvida por meio de comida, sol, Terra, ar e outros sistemas sutis. Cada órgão e glândula contribui com nutrientes e energia de seus CEOSs para produzir a semente sexual. Em homens, em particular, a perda excessiva de sêmen exaure todo o sistema corpóreo de seus mais preciosos nutrientes. Apesar de os homens serem o foco dessa preocupação, o autor, em sua prática clínica, encontrou uma correlação íntima entre a saúde das mulheres, seu nível de energia sexual e sua fertilidade. Uma mulher fisicamente exaurida, sempre reclama de baixa energia sexual e apresenta dificuldade para engravidar.

A relação sexual entre duas pessoas apaixonadas, especialmente se não houver perda excessiva de sêmen, é uma maneira poderosa de repor e equilibrar a energia sexual. Há muitos livros sobre o assunto. O livro *Os segredos taoistas do amor*, de Mantak Chia e Michael Winn, é particularmente esclarecedor sobre esse assunto. É importante aumentar o nosso ching, ou energia sexual, pois ela pode ser transformada em energia criativa e espiritual. Na cultura freudiana-reichiana, a consciência da transformação da energia sexual em trabalho criativo, e mesmo em energia espiritual, também foi estabelecido. Os taoistas ensinam que a energia do esperma está sutilmente misturada ao prana ou chi dos órgãos vitais, e aperfeiçoado em energia espiritual. A energia sexual é considerada uma ligação intermediária entre as energias biológicas naturais e a energia espiritual. Essa energia está sempre sendo transformada automática e voluntariamente em energia criativa e espiritual. Os iogues também ensinam que a continência sexual ajuda o poder de evolução da Kundalini. Pela minha experiência, há certos momentos no desdobramento da Kundalini em que isso é mais importante do que em outros momentos. O processo de desdobramento da Kundalini normalmente informa as pessoas, automaticamente, quando é a hora correta para ser celibatário. A repressão sexual autoimposta, como as praticadas por diversos grupos como os monges, os hindus e os cristãos, renunciantes de ioga e casais excessivamente disciplinados, buscando um caminho espiritual, pode bloquear o desdobramento espiritual física, emocional, psíquica e mentalmente. Em muitos casais que se impuseram essa disciplina, como uma prática externa, ela causou estresse e desequilíbrio no relacionamento, o que acaba fazendo que gastem mais energia do que poderiam ganhar. Em monges, padres e renunciantes, a repressão sexual muitas vezes causa desequilíbrio de personalidade e uma atividade sexual hipócrita. Muitas histórias relatadas em jornais e processos jurídicos sofridos pela Igreja Católica têm enfatizado esse ponto.

Existe um modo de manter o fluxo natural da energia do Amor nos níveis espiritual, mental, emocional e físico sem causar problemas de repressão ou desequilíbrio sexual. A maneira é abandonar os falsos conceitos sobre como as coisas deveriam ou não ser, incluindo a questão do celibato. Uma pesquisa realizada por Jack Kornfield descobriu que, de 54 mestres de diferentes tradições, 39 tinham relações sexuais regularmente.[23] O santo moderno Sri Ramana Maharshi destacou para os discípulos que, apesar do celibato ser uma ajuda, o ponto fundamental é onde a mente está focada. Ele ensinava que o celibato real é viver em Deus; é viver na consciência do êxtase do EU. O assunto principal é onde a mente está focada. Ele fazia piadas dizendo que um monge que vivia na floresta, pensando estar casado, não é diferente de uma pessoa casada idealizando ser um monge celibatário.[24] Se o conceito do celibato é certo ou errado, essa não é a questão. Qualquer caminho que ajude a manter a mente em nosso próprio EU transcendente é o ponto. O celibato, para pessoas que são muito indisciplinadas na vida sexual, pode ser uma prática que as ajudará a ganhar certo controle na vida espiritual e pessoal. Há momentos, no desdobramento da energia Kundalini, em que é melhor ser temporariamente celibatário. Isso não é tanto uma prática conceitual, mas sim uma sintonia com os nossos próprios fluxos e necessidades energéticas.

O caminho para uma pessoa que tenha um parceiro é a moderação. O excesso de indulgência na vida sexual pode exaurir ou desequilibrar as energias corpóreas. A outra palavra-chave é equilíbrio. Tendo em vista as diferentes necessidades individuais, algumas pessoas ficam desequilibradas com uma atividade sexual muito limitada. Para alguns casais, uma frequente troca de energia sexual pode equilibrar cada indivíduo e todos os níveis do relacionamento. Os alquimistas medievais e as tradições cabalísticas enfatizam a importância do casamento, pois a união sexual cria um ciclo cósmico completo, que ajuda a manter o equilíbrio energético e espiritual do aspirante. Uma troca equilibrada de energia sexual entre dois parceiros envolvidos espiritualmente pode ser uma maneira poderosa de comunhão com Deus. Tanto o homem como a mulher se energizarão com essa troca divina. Algumas abordagens taoistas ou tântricas que permitem a troca de energia sexual e Amor entre duas pessoas, e ainda assim conservam o sêmen, podem ser o caminho do meio necessário ao equilíbrio. Nos ensinamentos taoistas, essas práticas são feitas como uma expressão de Amor entre duas pessoas, em um relacionamento amoroso de longo prazo, em vez de uma técnica sexual para aumentar a energia espiritual.

A principal diferença entre a energia sexual e a energia natural, como a do alimento e a da luz solar, é que a energia sexual é criada e armazenada no nosso corpo. Podemos acioná-la a qualquer momento. A energia sexual é uma energia mais aperfeiçoada, porque é produzida no nosso sistema, e é mais fácil absorvê-la e utilizá-la do que as fontes de energia natural, que precisam primeiro ser assimiladas no sistema energético. Na transmutação e no refinamento da energia sexual em energia espiritual, o caminho parece ser da energia do esperma e do ovo para a energia meridiana que a leva para os chacras. Esses a refinam e a transferem para a energia Kundalini que se move no sushumna.

Energia dos Campos Geomagnéticos da Terra

A energia do campo eletromagnético da Terra é outra fonte de entrada de energia em nosso sistema energético. Em geral, ela é absorvida pelos pés. Os taoistas descrevem um ponto na sola, perto do centro superior do pé, chamado yung-chuany, através do qual essa energia é especificamente absorvida. Deitar no chão pode ser uma maneira de se recarregar. Nas tradições essênias e taoistas, as forças da Terra são consideradas como forças reequilibradoras das forças celestes. O yung-chuany representa as raízes da Árvore da Vida penetrando na força da terra, ou forças yang, com os seus galhos estendidos para os céus, ou forças yin.

A ligação com a Terra tem um efeito importante de aterramento. A pessoas cuja força Kundalini parece forte demais, o autor recomenda trabalhar na terra. Durante a meditação, no entanto, é melhor ter um isolamento, como um forro de lã entre nós e a Terra, ou a energia gerada na meditação será sugada para o interior da Terra. Recentemente, cientistas têm observado uma pulsação eletromagnética na Terra, chamada de ressonância Schuman, que pulsa a 7,83 hertz por segundo. A Nasa descobriu que quando os equipamentos de pulsação eletromagnética, que recriam essa ressonância Schuman, eram instalados em espaçonaves, os astronautas adoeciam menos. Algumas pessoas sentem que uma das causas do *jet lag** é que voamos muito rapidamente através do campo magnético da Terra. As pesquisas que usam aparelhos de pulsação de ressonância Shuman, para criar uma pulsação magnética constante em viagens aéreas, constataram que eles diminuem a incidência de *jet lag*. O autor procura passar certo tempo, diariamente, fazendo exercício descalço na terra. É uma força da natureza da qual poderíamos obter benefícios se tivéssemos mais conhecimentos. Por exemplo, um trabalho russo recente a respeito de energias geomagnéticas mostrou que o crescimento das crianças varia de acordo com a área geomagnética na qual elas vivem.[25] É possível que as forças geomagnéticas tenham mais efeito sobre a nossa energia do que podemos imaginar.

---

* Perturbação das funções biológicas, principalmente do sono, em decorrência de mudanças do fuso horário em longas viagens de avião. (N.E.)

O Nutriente mais Denso e Saboroso

Apesar do alimento físico ser o nutriente mais denso e suprir apenas 10 por cento de nossas necessidades energéticas, ele ocupa muito de nosso interesse. Antes de ler este livro, o leitor pode ter pensado que era o único nutriente. Nós temos brincado com nossos conceitos sobre alimentação há milhares de anos. No paradigma da Nutrição Espiritual, é importante assegurar que o alimento que comemos dê apoio à vida espiritual.

Resumo – Capítulo 15

1. O nutriente supremo é a força Divina ou energia cósmica.
2. Um fundamento do paradigma holístico é que nutriente é o que absorvemos na totalidade do nosso corpo-mente-espírito em vários dos diferentes níveis de densidade de energia, que se precipitaram da energia cósmica pura.
3. Energia cósmica pura é um nutriente fundamental que todos absorvemos em nosso sistema através do chacra da coroa. À medida que o nosso corpo se transforma espiritualmente, nós nos abrimos mais essa energia pura.
4. Regularmente, o nosso sistema decompõe a energia cósmica pura em sete espectros de energia, através dos sete corpos sutis. Desta maneira, a frequência correta de energia é direcionada a cada um dos sete chacras, que são os principais portais de absorção e que são energizados pela energia cósmica condensada.
5. A luz solar é a forma menos densa de energia cósmica em nosso universo material. Ela é absorvida principalmente através dos olhos e da pele.
6. A "vitamina O" (oxigênio) é necessária para o apoio básico ao nosso corpo físico.
7. A energia sexual é absorvida na troca amorosa entre duas pessoas.
8. As forças geomagnéticas compreendem uma fonte de energia pouco entendida, que entra principalmente através de nossos pés, ou por qualquer outro contato direto com a terra. Elas nos ajudam a ficar aterrados. As variações de densidades dos campos geomagnéticos da terra têm alguns efeitos desconhecidos sobre nós. A forma mais densa e saborosa de energia que absorvemos são os nossos alimentos. Isso é o que chamávamos de nutrição antes de ler este livro.

– 16 –

ALIMENTO PARA UMA MENTE SILENCIOSA

"Nossas escolhas alimentares refletem continuamente a harmonia entre nós mesmos, o mundo, toda a criação e o Divino."

Doutor Gabriel Cousens, no livro Conscious Eating

Quando perguntaram a Ramana Maharshi, um dos mais famosos e realizados sábios da Índia moderna, qual era o mais importante auxílio para a meditação, ele respondeu que era uma alimentação puramente vegetariana. Ele citava o antigo Chandogya Upanishad D II 26.2: "Quando a comida é pura, a mente é pura; quando a mente é pura, a concentração é mais constante; quando a concentração é alcançada, podemos afrouxar todos os nós do coração que nos aprisionam".[1] A tradição iogue ensina, como foi enfatizado pelo Chandogya Upanishad, que "A mente é feita de alimento". Também afirma que o alimento que ingerimos é dividido em três partes: a parte mais grossa se torna excremento, a parte mediana se torna carne, e a essência mais sutil se torna a mente. Portanto, não podemos ignorar o papel do alimento na consciência, mesmo se estivermos iluminados como Ramana Maharshi. Ramana Maharshi cita em seu livro, *Be As You Are* [Seja como você é]: "De todas as regras restritivas, aquela que se relaciona à ingestão de comida sátvica em quantidades moderadas é a melhor; observando essa regra, a qualidade sátvica da mente aumentará, e isso será útil para se autoquestionar".[2] O vegetarianismo é um dos pilares principais para a purificação da mente. Faz parte da antiga sabedoria, que também é conhecida como Sanatana Darma, um caminho natural para a Iluminação, ou Darma Ioga. E sua importância continua nos tempos atuais.

A ioga e a cabala são caminhos espirituais que oferecem modelos para a compreensão da melhor nutrição para a vida espiritual. Tradicionalmente, a ioga é ensinada como sendo aquilo "que une", e é mais comumente definida como "união com o Divino". O objetivo da cabala profética, assim como a ioga, é o Deveikut ou a fusão com Deus. Elas são caminhos completos para alcançar a consciência superior. Para esse propósito exaltado, a ioga requer o controle e o silenciar da mente, não apenas que se desenvolva a flexibilidade corporal, ou que se construa e se movimente o prana. Na cabala, nós vamos além da mente para o Chochma (a apreciação direta da realidade subjetiva não dual de Deus). Não é fácil de controlar a mente, como todos sabemos pelas constantes correntes de atividade mental. A mente pode ficar em silêncio mais facilmente quando é pura, clara e cheia de energia. De outra forma, ela naturalmente cai no padrão normal de perturbação.

E também não podemos olhar para a mente de forma isolada. A mente e o corpo estão organicamente inter-relacionados, e a condição corporal influencia muito o modo como pensamos. Portanto, a ioga inclui a purificação do corpo físico como um auxílio para a purificação da mente. A enorme energia requerida para essa transformação interna é fornecida pelo prana, através do qual podemos acessar camadas mais profundas de vitalidade, com várias técnicas de pranayama (respiração). O fundamento da ioga é a purificação ou desintoxicação do corpo, da mente e do prana. Embora a cabala esteja mais voltada para a purificação da mente, ela reconhece a necessidade de um corpo saudável. O grande mestre hassídico Israel Baal Shem Tov, que viveu no início do século XVIII, é citado em Tzava'at Harivash: "Quando o corpo adoece, a alma também se enfraquece e não somos capazes de rezar corretamente, mesmo quando livres de pecados". Portanto, você "deve guardar a saúde do seu corpo com muito cuidado".[3] Moisés Maimônides, o grande médico, rabino e filósofo do século XII, disse: "É impossível entender a sabedoria e meditar sobre ela quando estamos doentes [...] o bem-estar da alma só pode ser alcançado após obtermos o bem-estar do corpo".[4] Um ensinamento profundo sobre a importância da saúde corpórea no caminho espiritual vem do rabino Yose, sábio Mishna da antiguidade, que dizia: "Deixe todas as suas boas ações serem para o propósito do Paraíso". Pirkei Avos 2:17, texto hebreu muito respeitado, conclui que tudo o que comemos, e a forma como vivemos, são para o propósito do Paraíso. Afirma ainda que a principal orientação desta pessoa para uma alimentação para a vida espiritual é: comemos para aumentar a Comunhão com o Divino. Esse ensinamento é uma linguagem atual, que se alinha com os ensinamentos do rabino cabalista e médico Moisés Maimônides, que, no seu texto *Hilchos De'os*, afirma:

"Devemos evitar o que prejudica o corpo, e nos acostumarmos com o que ajuda o corpo a ser mais saudável e forte".[5] Na linguagem antiga, Moisés Maimônides destaca que precisamos de um corpo saudável para ter energia para nos direcionar aos Caminhos do Divino. Em Provérbios, lemos: "O homem amável faz bem à sua alma" (Provérbios, 11, 17). Esse ensinamento antigo pode ser interpretado como o que as pessoas boas fazem para elas mesmas, em termos de alimentação e estilo de vida, e que dá poder a elas para que tenham saúde, força e recursos para dar aos outros. O ensinamento básico da Nutrição Espiritual é comer e viver de uma maneira a aumentar e sustentar a Comunhão com o Divino por pelo menos o tempo necessário que leva para estarmos Liberados.

Patanjali, nos Sutras Iogues, a compilação clássica da antiga escola de ioga, define ioga como chittaa vritti nirodha. Chitta se refere à mente em um sentido mais amplo e inclui os aspectos subconscientes, conscientes e superconscientes da mente. Está intimamente conectado com o prana que é o aspecto energético do chitta. Vritti se refere às atividades mentais de todos os tipos, do nível físico ao espiritual, do sono profundo à percepção sensorial. Nirodha significa inibir, reduzir, resolver, controlar ou eliminar. A prática de ioga nos ajuda a reduzir os nossos pensamentos perturbados e controlar as atividades mentais mesmo em um nível subconsciente de sono e sonho. Para alcançar esse estágio, é necessária uma extraordinária concentração, disciplina e trabalho em todos os três níveis de corpo, prana e mente, que pode levar anos ou vidas para se realizar. Desta perspectiva, a melhor alimentação para a vida espiritual é aquela que aquieta os vrittis (atividades da mente). Esse mesmo princípio é verdadeiro para mover de Binah (consciência do EU SOU) para Chochma (a consciência não dual do EU SOU AQUELE). Consciência EU SOU é um estado do Ser; um sentido sutil do eu do ego. EU SOU AQUELE é quando todo o sentido de existência individual desaparece, e ficamos completamente identificados com o todo.

Desse ponto de vista, a ioga tem dois estágios. O primeiro é a purificação do corpo, do prana e da mente para criar uma mente sátvica, ou clara. O estágio um é o desenvolvimento do sattva. Na cabala, ele é chamado kedusha ou o sagrado. O estágio dois é a transcendência do sattva para a realização do EU. No entanto, apenas a mente sátvica, ou pura, é considerada capaz de realizar o EU mais elevado (Atmã ou Purusha) ou Ein Sof, de maneira duradoura. Nos ensinamentos iogues ou cabalísticos, é considerado raro, se não impossível, alcançar o segundo estágio de ioga, ou Deveikut, sem ter alcançado a maestria do primeiro estágio. É fácil de entender conceitualmente o estado de autorrealização, a apreciação direta do EU SOU AQUELE, na qual percebemos que não somos o complexo corpo-mente-EU SOU, e que nunca houve falta de União com o Absoluto. Apesar de não ser raro ter um lampejo disso, ser capaz de viver nesse estado é a coisa mais difícil para todos os seres humanos. A autorrealização duradoura é alcançada por uma pessoa entre muitos milhões. Poucos possuem a consciência sátvica, ou sagrada, capaz de manter uma autorrealização duradoura, apesar de ser isso o que somos. Acordar é uma coisa, permanecer desperto é outra.

A iluminação é o despertar para a Unidade Eterna do que Era, É e sempre Será. É a Verdade imutável, eterna e natural da consciência não dual do Ein Sof, ou Paramatman. Em outras palavras, nunca houve nem há nada a se alcançar.... Nós sempre fomos isso o tempo todo. O propósito do estilo de vida da Nutrição Espiritual é despertar para o EU SOU AQUELE... ao oceano cósmico anterior ao jogo da consciência. É para nos ajudar a soltar a ilusão que somos iogues ou cabalistas buscando atingir a União com Deus. Assim como com os ensinamentos do autor sobre alimentação viva ("se não está quebrado não o conserte"). A União nunca foi quebrada, portanto ela não necessita ser consertada ou alcançada. Não precisamos mais viver como um peixe procurando água.

A maioria de nós não tem consciência do processo de disciplina necessário para purificar a mente. Isso pode ser diferente da Graça e do esforço sutil para transcender a mente, que não requer, por si, qualquer prática especial ou técnica complicada. Alguns pensam que podemos simplesmente saltar para dentro de um estado de Autorrealização e que não precisamos lidar com o nosso prana, com um corpo cheio de toxinas ou uma mente pesada devido a desejos sensoriais. Aqueles que descrevem a ioga como um caminho sem caminho, que não requer regras, estão corretos se forem capazes de ignorar o primeiro estágio da ioga: a criação de uma maneira de Ser sátvica estável. Na Índia clássica, diziam que apenas em casos extremamente raros o discípulo era capaz de pular as práticas preliminares e ir direto para a Autorrealização (anupaya). Na tradição cabalística, espera-se que aqueles que entram na prática já estejam casados e vivendo em um estado cada vez maior de santidade, como precondição. Shimon Bar Yochai passou onze anos meditando em uma caverna. Rabbi Yitzchak Luria (o Ari), o místico do século XVI, considerado a maior fonte de compreensão cabalística moderna, passou seis anos meditando com o seu mestre espiritual e sete anos meditando e estudando em silêncio, voltando para casa somente no Shabat, no processo de se tornar Deveikut (fundido em Deus). É uma cruel e enganadora ilusão que nós ocidentais – educados em uma cultura de sexo, materialismo e ego, apaixonados pelas imagens e projeções de nossas mentes de realidade virtual – possamos entrar nesse estado permanente e não dual. Pode ser conveniente pensar que podemos eliminar qualquer disciplina física e mental, e nos sentirmos Autorrealizados em um instante, mas isso é como acreditar que vamos ganhar na loteria, desistir do trabalho e esperar o cheque gordo!

A vida que produz um estado interno quieto sátvico / kedusha (de santidade), da mente e do corpo, é bem definida nos textos iogues como uma vida baseada em meditação, cânticos, pranayama, serviço, devoção, austeridade, não violência, asanas (posturas de ioga) e uma dieta sátvica (vegetariana). A mesma coisa é verdadeira na cabala, mas com mais ênfase no Sagrado, através de orações e mitzvot (prática de boas ações que nos harmonizam com Deus e atraem a Luz). Estas são consideradas maneiras preliminares de vida, para criarmos e nos mantermos em um estado sagrado sátvico, que é o fundamento necessário para a Autorrealização.

Uma visão sinergética de nutrição é parte do que significa viver uma vida sátvica integrada, harmônica e de paz no planeta. O corpo, as emoções, a mente, o espírito e até mesmo as expressões hereditárias são afetadas significativamente pelo que comemos. As entradas sensoriais de numerosos objetos, o retorno dos órgãos motores, e outros sensores no corpo, nos perturbam de diversas maneiras, consciente e inconscientemente. A terminologia iogue para essa condição perturbada de consciência é vyutthita chitta, ou mente perturbada (literalmente "provocada"). A maioria de nós que vem para a ioga, da cultura moderna de sensação e estimulação física, emocional e mental, está naturalmente numa condição de vyutthita. Samahita chitta é a mente concentrada (senhora de si) na qual o corpo, os sentidos, o prana e a mente funcionam em harmonia. Um estilo de vida sátvico ou sagrado, que inclui alimentação vegetariana, meditação, uma vida equilibrada, amorosa, não violenta e de paz (ahimsa), um meio de vida correto e o servir, cria um estado de samahita chitta.

A alimentação Sátvica

Para entender a alimentação sátvica, nos ajuda olharmos para as descrições clássicas da alimentação sátvica. *Hatha Yoga Pradipika* (seção 58), o principal livro clássico de hata ioga, recomenda evitar "álcool, peixe, carnes, coalhadas, leite desnatado, frutas vermelhas, óleo, bolos, assa-fétida e alho". Também relaciona as comidas boas para a ioga: grãos, trigo, arroz, cevada, leite, ghee, manteiga, mel, gengibre seco, pepino, vegetais de folhas finas, garam verde (um tempero indiano) e água pura. As comidas sátvicas, de acordo com o Bhagavad-Gita XSLL.8, são os alimentos apreciados por pessoas sátvicas, que promovem longevidade, bondade, força, saúde, felicidade e prazer, e são suculentas, ricas, nutritivas e agradáveis. Outras partes do *Mahabharata*, de onde vem o Gita, enfatizam a importância de não se comer carne.

Devido à qualidade da produção alimentar e às técnicas de preparação nos tempos atuais, é importante estender a definição de alimentos sátvicos. O equivalente à alimentação sátvica tradicional hoje em dia consiste de frutas naturais, integrais e orgânicas, vegetais, sementes, nozes e grãos. Uma alimentação sátvica moderna enfatiza os alimentos plantados em harmonia com a natureza, por fazendeiros orgânicos, em bons solos, amadurecidos naturalmente e preparados com uma atitude de Amor. Esses alimentos transportam prana e consciência mais elevados. Não incluem *junk food* (comida de baixo valor nutritivo), nem alimentos excessivamente condimentados ou salgados, frituras, farinha branca, açúcar branco e outras formas de comida que estimulam de maneira não natural o seu açúcar sanguíneo, ou a sua mente. Ela evita carnes, peixes, ovos, álcool, bebidas com alto teor de cafeína e, muitas vezes, alho e cebola. Ela é cuidadosa, mas não necessariamente exclusiva de laticínios (ver "O lugar dos laticínios" no Capítulo 17). Não inclui comidas geneticamente modificadas, irradiadas e aquecidas ou preparadas em micro-ondas, alimentos que foram cozidos mais de 24 horas antes de serem consumidos ou comida passada. A maioria das comidas rápidas e preparadas em restaurantes está fora desse guia. O melhor é o alimento natural, orgânico, cozido e preparado em casa, com Amor e consciência, ou em restaurantes orgânicos baseados em tais ideias.

A Dieta e a Mente

No aiurveda, está estabelecido que certos alimentos afetam as qualidades da mente de modos particulares. Essas qualidades ou estados da mente estão latentes em todos. No aiurveda, elas estão divididas em três categorias, chamadas gunas. Todos que estão em um corpo físico estão sujeitos às forças sutis das três gunas, que são chamadas sátvicas, rajásicas e tamásicas. Um estado de mente sátvico é claro, harmonioso e está em paz. É típico de um aspirante espiritual que vive puramente. O estado rajásico é ativo, inquieto, mundano e agressivo – o estado mental dos guerreiros e altos executivos. O estado tamásico é letárgico, impulsivo, cruel, e moral e fisicamente degenerado. Ele é típico do estereótipo de uma pessoa drogada ou de um ladrão.

A alimentação influencia o nosso estado mental e o nosso estado mental influencia a escolha da alimentação. Os membros de classes guerreiras tradicionais faziam uma alimentação rajásica, pois ela estimulava a mente e o corpo para que ficassem com uma atitude semelhante à que se tem na guerra. Os aspirantes espirituais escolhem uma dieta sátvica como modo de vida. Consciente ou inconscientemente, as pessoas tendem a escolher a alimentação que reforça e reflete seus próprios estados mentais e espirituais de consciência. A escolha de uma dieta sátvica pode refletir o estado de harmonia de uma pessoa, ou pode refletir o desejo da pessoa de se influenciar para ficar naquele estado, pela escolha de tais alimentos. A falácia de seguir uma alimentação sátvica para criar um estado mental desejado é que ela pode se tornar uma religião de soberba, que deixa o aspirante na cilada de seus próprios conceitos. O objetivo da vida espiritual não é se ajustar a certa forma conceitual ou modo de vida. É simplesmente Ser. No estado de Ser, criamos um espaço saudável para a evolução de uma dieta individualizada, que é a melhor espiritualmente para aquele momento. No aiurveda, os alimentos também têm três qualidades de densidade: uma qualidade sutil refinada, que constrói a mente; uma qualidade menos refinada, que constrói o corpo; e uma qualidade mais grosseira, que é principalmente matéria descartável.

Alimentos Sátvicos

Alimentos que têm altas quantidades dessa qualidade mais sutil são chamados sátvicos. São considerados alimentos puros, pois mantêm o complexo corpo-mente-espírito equilibrado, limpo, harmonioso e forte. Uma dieta sátvica nos ajuda a seguir interiormente em direção ao Eu. Os alimentos são fáceis de ingerir, e sua ingestão não resulta em acúmulo de toxinas no sistema. Sua ingestão ajuda a manter a mente em paz. Esses alimentos dão energia aos CEOSs, em vez de drenar a energia deles para a assimilação. Suas energias harmônicas e equilibradas nos são transmitidas. A experiência de uma dieta sátvica nos dá força interna, harmonia, paz e equilíbrio. No sistema aiurvédico, as comidas sátvicas tradicionais incluem todas as frutas, vegetais, alimentos verdes comestíveis, grãos, gramas, feijões, leite, leite semidesnatado, mel e pequenas quantidades de arroz ou pão. Na época atual, ela é completamente vegana.

Para o nosso corpo ocidental, uma alimentação sátvica significa pelo menos 80 por cento de comida bioativa e biogênica (ver Capítulo 20) e 20 por cento de comidas bioestáticas ou cozidas, com o mínimo possível de condimentos estimulantes. Essa alimentação inclui brotos verdes, legumes e grãos, alimentos verdes não maduros e gramas, frutas frescas e vegetais, sementes e nozes cruas, imersas ou não em água, e coco. Ela deve ser 100 por cento orgânica, plantada e preparada com Amor.

Alimentos Rajásicos

Os alimentos rajásicos são mais estimulantes para o sistema nervoso. Ao comê-los, nossa energia aumenta imediatamente. Café, chá, tabaco, carnes frescas e grandes quantidades de temperos, como alho e cebola, são exemplos de alimentos rajásicos. Esses alimentos nos energizam para as atividades mundanas, mas essa energização nem sempre acontece da maneira mais equilibrada e clara. Uma alimentação rajásica faz com que a mente vá para o exterior. Esses alimentos nos estimulam a ficarmos ocupados e ativos, mas a atividade pode se transformar em agitação e excitação. Com eles, nossa mente e nosso corpo excedem seu limite. Se isso ocorre durante um longo período, ficaremos desequilibrados, e a doença começará a se manifestar. Um exemplo dessa situação é a pessoa viciada em café, que precisa cada vez mais de café para se sentir estimulada a realizar o trabalho. Com o tempo, ela vai ficando fisicamente exausta, até que, mesmo com o café, não adiantará mais. A hipoglicemia, que discutiremos no Capítulo 27, é um resultado típico de um desequilíbrio rajásico, especialmente com o excesso de consumo de café e açúcar. Os alimentos rajásicos tendem a estimular o corpo e a mente para um modo de vida mais competitivo, guerreiro, sensual e em busca de prazer. Nos sistemas de casta tradicional, os brâmanes, que eram sacerdotes, professores e buscadores espirituais, eram proibidos de comer alimentos rajásicos. Essa era a alimentação dos reis e guerreiros. Os alimentos rajásicos incluem algumas comidas biogênicas e bioativas (ver Capítulo 20), mas também incluem carne e muitas especiarias, alimentos cozidos com molhos ricos e gordurosos. Essa alimentação inclui manteiga, queijo, óleos, alimentos fritos, bolos, açúcar e ovos. Os estímulos ao paladar proporcionados por esses alimentos tendem a nos afastar de nossos instintos internos, levando-nos facilmente a desequilíbrios, como comer em excesso, e vícios em café e açúcar. Com o tempo, essa alimentação enfraquece a saúde e provoca desequilíbrios degenerativos crônicos.

Alimentos Tamásicos

Os alimentos tamásicos são alimentos envelhecidos, deteriorados, decompostos, estragados, cozidos em excesso, sobras cozidas ou aquecidas novamente, geneticamente modificados (GMOs), irradiados, feitos em micro-ondas (ver Capítulo 30) e outras formas de comidas processadas. A esses alimentos processados são adicionados produtos químicos como conservantes, pesticidas, fungicidas, adoçantes, corantes artificiais, sulfitos, nitritos e outros produtos químicos similares. As comidas tamásicas criam um véu de ignorância e uma energia de preguiça e decadência. Todos os *fast-food* (alimentos de preparo rápido, como em lanchonetes, por exemplo), tão populares hoje em dia, estão nessa categoria, assim como o álcool, que é um alimento fermentado e decomposto, e todas as outras drogas. Qualquer alimento feito com carne que não seja totalmente fresca é tamásico; isso inclui a maioria das carnes que encontramos em supermercados. Apenas os animais selvagens, mortos recentemente, e peixes, são considerados rajásicos. Os alimentos tamásicos não têm força vital sobrando. Os seus CEOSs foram rompidos; eles possuem pouquíssima qualidade e muito desperdício. Eles nos fornecem produtos de quebra química tóxica, que afetam o funcionamento da mente e irritam o sistema nervoso. Por roubarem energia dos CEOSs para serem digeridos e assimilados, diminuem a nossa força vital. Esses alimentos nos levam, mais rapidamente do que as comidas rajásicas, a doenças degenerativas crônicas. Eles tendem a trazer à tona as piores características psicológicas, por causa do estado irritável, letárgico e degenerado que criam em nós. Em algum momento da vida, a maioria de nós comeu alimentos tamásicos em excesso e se sentiu sujo e intoxicado. Esse é o estado tamásico, o estado no qual é extremamente difícil meditar ou estar em harmonia com o EU, ou o meio ambiente. Basta uma avaliação rápida da alimentação americana popular para saber que se trata de uma alimentação altamente tamásica, por isso, os Estados Unidos ocupam o 21º lugar em expectativa de vida entre as nações industrializadas.[6] A alimentação tamásica pode estar também contribuindo para a característica moral degenerada da sociedade.

Os Efeitos das Deficiências Alimentares Específicas e os Excessos sobre a Mente

A mente e o sistema nervoso são, especificamente, afetados por certas deficiências de vitaminas. Por exemplo, a deficiência de tiamina resulta em beribéri, que causa dano nervoso periférico e dano a certos centros cerebrais, causando desorientação, confusão mental e uma forma de andar desequilibrada. A deficiência de vitamina B_3 ou niacina tem sido associada à pelagra cerebral, com sintomas semelhantes à esquizofrenia. Nos primeiros trabalhos dos doutores Hoffer e Osmond, eles mostraram que certa porcentagem das pessoas diagnosticadas com esquizofrenia superou seus sintomas com altas doses de niacina. Isso indica a importância de nutrientes nas funções mentais.[7] Outros pesquisadores descobriram que doses altas de vitamina B_6, B_{12}, E e C, podem melhorar a função mental em algumas pessoas. Duas novas especialidades – a medicina ortomolecular e a psiquiatria ortomolecular – estão se desenvolvendo como resultado dessas descobertas.[8] O doutor Carl Pfeiffer, ph.D., em seu livro *Mental and Elemental Nutrients* [Nutrientes fundamentais e saúde mental], mostra o papel das deficiências minerais, como a deficiência de zinco, manganês, cromo e molibdênio, e o excesso de cobre, ferro, cádmio, chumbo e mercúrio na função mental desorganizada.[9] Foi constatado que concentrações corpóreas de metais tóxicos podem causar hiperatividade e retardo mental.[10, 11] O ponto a considerar aqui é que os nutrientes, em excesso ou em deficiência, podem afetar as funções mentais.

A função mental também pode ser afetada pelo que hoje chamamos de alergias cerebrais. Normalmente, pensamos que as alergias causam apenas um certo inchaço, nariz escorrendo, olhos vermelhos, mas um novo campo médico, chamado ecologia clínica, tem mostrado que o funcionamento mental de algumas pessoas pode ser rompido pelos alimentos que elas comem e pelos poluentes que respiram. Os sintomas incluem depressão aguda ou crônica, síndrome de tensão-fadiga, disfunção cerebral mínima, agitação, ansiedade, insônia, hiperatividade, crises de comportamentos inapropriados, medo, pânico, sentimentos irreais, mudanças de personalidade, esquizofrenia, psicoses, alucinações e incapacidade de concentração[12]. Se tivermos consciência de nossas reações internas aos alimentos, seremos capazes de evitar os sintomas das alergias alimentares. O livro *5-Day Allergy Relief System* [Sistema de alívio de alergia em 5 dias] inclui uma boa discussão sobre como detectar e tratar alergias alimentares[13].

Por causa do nosso estilo de vida e de nosso estado mental em desarmonia, o nosso corpo atinge um estado de desequilíbrio que pode se manifestar como alergia alimentar ou deficiência de vitaminas e minerais. Por exemplo, com uma vida estressada, queimamos muita vitamina B, que precisa ser substituída em altas doses para manter o equilíbrio. A longo prazo, o uso de doses altas de vitamina B para dar conta desse estresse diário passa a ser um estímulo rajásico para o corpo, além de sua produção normal. Ele encobre a desarmonia essencial que está criando o desequilíbrio. Para alguns, o problema pode ser uma necessidade genética de doses altas de vitaminas, de acordo com os princípios da individualidade bioquímica. Mas, para muitos, esse não é o caso. Isso não significa que não devemos tomar doses altas de vitamina como um esforço imediato para reequilibrar e remediar a situação. Isso significa que precisamos observar as causas do desequilíbrio, fazer ajustes mais profundos no estilo de vida, aumentar o nosso tempo de meditação e fazer mudanças de alimentação, orientadas para a saúde, se for o caso. Dessa maneira, podemos continuar o nosso desdobramento espiritual de forma sólida.

Hipoglicemia

Como um nível glicêmico estável é ser importante para o funcionamento normal do cérebro e do sistema nervoso, a hipoglicemia que muitos dizem ser uma epidemia nos Estados Unidos é algo que precisa ser compreendido.[14] O autor tem observado, no tratamento de muitos meditadores, que quando a sua hipoglicemia era curada, a habilidade para meditar e a constância da meditação melhoravam. Quando o açúcar no sangue está estável, a mente e as emoções também ficam mais estáveis. Esse fato torna a hipoglicemia uma condição importante, da qual devemos estar conscientes (ver Capítulo 27 para mais informação).

Alimentação e Cultura

O historiador grego Heródoto, considerado o pai da história, afirmava que as culturas vegetarianas que comiam grãos ultrapassavam as culturas carnívoras na arte, na ciência e no desenvolvimento espiritual. Ele observou que nações carnívoras tendiam a ser guerreiras e se relacionavam umas com as outras movidas pela raiva, pela alienação e pelas paixões sensuais. Também comentava que as pessoas que comiam carne possuíam bravura e coragem.[15] Rudolf Steiner sentia que o progresso espiritual da humanidade dependia de um aumento progressivo do número de pessoas que seguiam uma nutrição vegetariana. Ele sentia que uma ênfase excessiva de nutrição animal, com o tempo, afastaria as pessoas do interesse da vida espiritual. Há uma hipótese de que um dos fatores que contribuíram para queda do Império Romano foi a prática decadente da glutonia. Talvez isso também fosse verdade na França antes da Revolução. Conta-se que um jantar aristocrático, servido na noite anterior à Revolução Francesa, teve nove rodadas de um tipo de carne preparada de 22 maneiras diferentes.[16] Quando sabemos que cerca de 34 milhões de americanos adultos são considerados obesos, nos damos conta de que há uma preocupação verdadeira em relação ao estado espiritual desse país.[17] Há algumas indicações de que, na Antiguidade, as pessoas que se dedicavam ao sacerdócio conheciam os efeitos de certas alimentações no desenvolvimento espiritual, e mantinham esses segredos para ter poder sobre as populações. Um resquício disso pode ser encontrado na Índia, onde os sacerdotes brâmanes comem separadamente das pessoas de outras castas. Isso significa que a alimentação de um grupo social afeta a consciência espiritual daquele grupo.

A Preparação da Comida e a Mente

O que comemos é mais do que nutrientes ou mesmo uma energia específica da comida. Nós também comemos o estado mental daqueles que plantaram, colheram e prepararam a comida, e daquele que está comendo o alimento. O alimento que é plantado com Amor, colhido com Amor, preparado com Amor e comido com Amor tem uma qualidade diferente do alimento que passa por esses estágios com uma consciência diferente em relação a ele. Para ilustrar, lembremos da história de um monge que vivia uma vida pura, pensava pensamentos puros e comia alimentos puros. Um rei, que tinha uma natureza muito gananciosa, desejou que o monge ficasse em sua corte. O monge concordou em ir por um período breve. Durante o tempo em que lá estava, no entanto, chegou a estação das monções, e o rei insistiu que o monge ficasse até o fim das monções. Durante esse tempo todo, o monge comeu a comida preparada pelo cozinheiro ganancioso do rei ganancioso. Com o tempo, a mente pura do monge começou a ser invadida por pensamentos gananciosos. Um dia, num impulso, ele roubou o colar de pérolas da rainha. Com a mente agitada por esse fato, ele insistiu que tinha de partir. Enquanto isso, o castelo inteiro estava em alvoroço por causa do colar roubado, mas, naturalmente, o monge não era um suspeito. Assim que voltou a comer a própria comida, preparada com pensamentos puros e Amor, a mente do monge começou a clarear. Após algumas semanas, ele começou a se questionar sobre o que estava fazendo com um colar de pérolas inútil. Quando ficou claro o que tinha acontecido com ele, decidiu devolvê-lo ao rei. O rei exigiu uma explicação. O monge, tendo retornado ao estado normal, sem medo, explicou que a comida que ele tinha comido no castelo, permeada pela consciência gananciosa do rei e preparada pelo cozinheiro ganancioso, tinha temporariamente infectado-o com a ganância. Assim que voltou a se alimentar com sua comida pura, preparada com Amor, sua mente se tornou sátvica novamente e ele devolveu o colar.

O alimento preparado com Amor e comido com Amor gera ainda mais Amor na pessoa que vai comê-lo. Se o alimento é preparado com Amor, e como uma oferenda a Deus, com a consciência de que a pessoa que prepara a comida, a pessoa que come o alimento e o alimento são um em Deus, a pessoa que come o alimento absorverá essa consciência. Nos ashrams de Muktananda, as pessoas que preparam a comida aprendem a cantar e a repetir o nome de Deus enquanto a preparam, de forma que não importa o que está sendo preparado, a comida é sempre saborosa e cheia de Amor. Isso também é verdadeiro no Tree of Life Cafe. O Amor programa a água nos alimentos vivos; é esse Amor, então, que absorvemos. No alimento cozido, a água é desidratada, e assim, ela transporta menos a vibração do Amor.

Quando o autor prepara a própria comida, ele vai ao jardim para ver o que está maduro e pelo que ele se sente atraído. Agradece à planta por alimentá-lo e a colhe com Amor, como uma oferenda a Deus. Uma vez que essa relação harmoniosa é feita com a natureza, o autor se inspira a fazer a refeição baseado em sua sensibilidade interna em relação à comida. Dessa maneira, sua relação com a comida, como interface com a natureza, é pessoal e cheia de Amor. O alimento não é anônimo. Em supermercados e nos restaurantes de comida rápida e alimentos congelados, irradiados, fritos, multiprocessados, o alimento perde suas raízes e a imagem de sua fonte, a Divina Mãe. O alimento vive no contexto das energias do Sol, vento, Terra, calor e chuva da Mãe Natureza. Como podemos honrar nossa Mãe, como dizem os Dez Mandamentos, se comermos as oferendas sem a consciência ativa de que o que estamos comendo vem de sua terra abundante e não da prateleira do supermercado ou do saco do restaurante delivery? É poderoso comer tudo com o sentimento de estar recebendo vida. Alimentar-se é uma forma de nos concentrarmos em todos os níveis da nutrição, que no fim das contas é Amor. O alimento é um recado de Amor do Divino.

Quando o alimento é servido de maneira anônima, como em um restaurante, podemos nos ligar à natureza e criar a imagem de nosso próprio jardim. Isso nos ajuda a nos relacionarmos de maneira amorosa com as oferendas da Mãe Natureza. Isso traz poesia para o alimento, o que o torna uma experiência consciente. O autor fez isso até em sua própria casa, onde comeu a vinte metros do jardim do qual ele tinha acabado de colher os vegetais frescos, e agora, no Tree of Life Cafe, ainda podemos ver o jardim quando comemos no pátio. Esse processo é uma bênção do alimento, de maneira a honrar a Mãe Natureza e a nossa relação harmoniosa com ela. Benzer a comida formalmente com Amor e dar Graças a Deus, cria a atmosfera para recebermos a Graça abundante que está na mesa. Ajuda-nos a receber as vibrações amorosas de cada ingrediente e do todo. Epicuro se tornou famoso como grande comedor, mas na verdade ele era um grande mestre espiritual. Um dia, um rei, tendo ouvido falar de suas extraordinárias refeições, foi visitar Epicuro. E ficou abismado ao encontrá-lo jantando pão e sal. Mas, ao sentar-se à mesa para a refeição, ele foi elevado pela consciência com a qual o alimento foi comido. No fim da refeição, o rei a tinha apreciado tanto, que ofereceu como presente a Epicuro qualquer coisa que quisesse. O rei recebeu outra lição quando Epicuro pediu apenas meio quilo de manteiga. Quando perguntou-lhe porque apenas isso, Epicuro respondeu: "Apenas Ser é suficiente – nada mais é necessário". A sua lição final para o rei era que uma boa refeição depende da pessoa que come e como ela celebra isso. Após a refeição, é muito poderoso fazer uma oração de agradecimento por ter sido nutrido pelo Criador.

Do Evangelho dos Essênios vem mais uma lição, a do valor de comer para alimentar o espírito.

> Pois o poder dos anjos de Deus entra em vós com a alimentação viva que o Senhor vos dá de sua mesa régia. E quando comerdes, tende acima de vós o anjo do ar e abaixo de vós o anjo da água. Respirai longa e profundamente em todas as refeições, para que o anjo do ar abençoe vossos repastos. E mastigai bem a comida com os vossos dentes, para que ela se transforme em água, e para que o anjo da água a transforme em sangue em vosso corpo. E comei devagar, como se fosse uma oração que fazeis ao senhor. Pois em verdade vos digo, o poder de Deus entrará em vós se comerdes desta maneira à mesa. Mas Satanás converte em pântano fumarento o corpo daquele sobre o qual ao anjos do ar e da água não descem em seus repastos. E o Senhor já não o tolera por mais tempo em sua mesa. Pois a mesa do Senhor é um altar, e quem come à mesa do Senhor está em um templo. Pois em verdade vos digo, o corpo do Filho do Homem se converterá em templo, e suas entranhas em altar se ele guardar os mandamentos de Deus. Por esse motivo, não ponhais nada no altar do Senhor quando vosso espírito estiver atormentado, nem penseis em ninguém com raiva no templo de Deus. E só entreis no santuário do Senhor quando sentirdes em vós mesmos o chamado de seus anjos, pois tudo o que comeis na tristeza, ou na cólera, ou sem desejo, torna-se veneno em vosso corpo. Pois o hálito de Satanás enodoa tudo isto. Ponde com alegria vossas oferendas sobre o altar de vosso corpo, e deixai que todos os maus pensamentos se despeçam de vós quando receberdes no corpo o poder vindo de Deus de Sua mesa.

A Abordagem da Nutrição Espiritual

A abordagem da Nutrição Espiritual ajuda-nos a desenvolver as qualidades mais elevadas de paz, Amor, compaixão e equanimidade. Ela enfatiza o aumento do prana e dos elementos sutis do ar e éter, que ajudam a abrir a mente e o coração e torná-los mais sensíveis. A própria natureza da mente são ar e éter e, portanto, a alimentação sátvica atua diretamente sobre ela. Essa maneira de comer e viver também reduz o peso do corpo e as toxinas, que normalmente são pesadas na natureza. Mas seguir esse caminho também requer que sigamos um estilo de vida espiritual, para sermos capazes de sustentá-lo. Devemos cultivar paz, perdão e compaixão, e evitarmos estresse, agitação emocional e conflito. Esse é o caminho dos Seis Fundamentos.

Vemos, portanto, que a consciência do corpo e da mente é tanto a causa como o resultado da alimentação. Comer, como atividade mais básica e habitual, define não apenas o corpo físico, mas também o estado emocional e as interações humanas, que normalmente se concentram em volta da mesa. À medida que progredimos espiritualmente, ganhamos mais sensibilidade, não apenas em relação ao sagrado, mas em relação ao alimento que também é sagrado. Necessitamos de alimento que tem prana, ojas e tejas equilibrados e elevados (ver Capítulo 25), assim como Amor, como ingrediente principal. Esta é a razão pela qual comer acompanhado, em uma circunstância espiritual, é uma das ações mais transformadoras e espirituais que podemos realizar.

Em resumo, a ciência sutil da Nutrição Espiritual é a arte de selecionar comida, comida esta que aumenta a força prânica para curar e purificar a mente e o corpo, construir tejas e proteger ojas. É uma alimentação que acalma e cria a libertação dos vrittis da mente. É uma alimentação que nos torna supercondutores do Divino. A dieta da Nutrição Espiritual é a disciplina alimentar para ajudar as práticas sátvicas-kedusha dos Seis Fundamentos, e para ajudar a nos estabilizar em satva ou no sagrado. É uma alimentação que purifica os seis koshas e energiza os 72 mil nadis, para que a força espiritualizante da Kundalini / Shekhinah possa se movimentar mais livremente, através deles, até que sejamos capazes de despertar para a consciência de que sempre fomos UM – nós sempre fomos livres.

Não podemos chegar até Deus através da comida, mas podemos usar o nosso alimento como parte do fundamento para despertar para a consciência do Absoluto. É mais difícil expandir a consciência se nos alimentamos de uma maneira inconsciente ou prejudicial. Uma alimentação sátvica ajuda a construir o veículo e a desenvolver e expandir a mente, para que, quando a Graça da percepção consciente da União descender, sejamos capazes de integrá-la em nossa consciência e corpo físico. Ela nos ajuda a transcender a identidade ilusória do complexo corpo-mente e da consciência do EU SOU, e a nos unirmos na consciência do EU SOU AQUELE. É a forma de comer que permite que o Absoluto que nós somos se expresse através do complexo corpo-mente-EU SOU como a revelação viva da totalidade da Luz de Deus.

Resumo – Capítulo 16

1. A alimentação afeta a vida espiritual de culturas inteiras, assim como de indivíduos.
2. No Aiurveda, há três classificações básicas de alimentação: sátvica, rajásica e tamásica. Elas afetam a mente, o corpo e o espírito de diferentes maneiras. A escolha espontânea de um tipo de alimentação em particular reflete o estado de Ser da pessoa.
3. Uma dieta sátvica é a que mais eleva espiritual e fisicamente. É a escolhida pela maioria das pessoas que estão no caminho espiritual. Ela nos leva para dentro, para o nosso EU.
4. A alimentação rajásica é estimulante e ativa, é a escolhida para realizar muitas atividades mundanas. É a alimentação do guerreiro ou dos altos executivos.
5. A alimentação tamásica é degenerada para o corpo, a mente e o espírito.
6. O excesso ou a deficiência de minerais e vitaminas podem afetar o funcionamento da mente e do corpo.
7. As alergias alimentares podem afetar o nosso estado mental e psicológico.
8. Uma glicemia equilibrada ajuda a habilidade de meditar.
9. Os pensamentos daqueles que colhem, preparam, servem e comem o alimento afetam a qualidade sutil do alimento e da pessoa que está comendo.
10. A comida anônima perdeu o contato com a natureza. Honrando nossa comida, como presente da Mãe Natureza, personalizamos a comida, de forma a restaurar a ligação com a natureza.

– 17 –

VEGANISMO É A CHAVE

Do ponto de vista bíblico, o veganismo (alimentação sem carne, laticínios e ovos) era a chave alimentar para uma vida espiritual, como podemos ver logo no início da Torá, em Gênesis: "Deus disse: 'Eis que vos dou toda erva de semente, que existe sobre toda a face da terra, e toda árvore que produz fruto com semente, para vos servirem de alimento' " (Gênesis, 1, 29). Dez gerações mais tarde, quando Noé estava deixando a arca após a grande inundação, não havia uma única planta que Noé pudesse comer, então, Deus disse: "Tudo que vive e se move vos servirá de comida. Entrego-vos tudo, como já vos dei os vegetais" (Gênesis, 9, 3). Isso não significava um comando para comer carne, ao contrário, tratava-se de um sinal para dispensá-la de imediato. Em Levítico, o mandamento diz que: "Esta é uma lei perpétua, válida para vossos descendentes, onde quer que habiteis. Não devereis comer nenhuma gordura ou sangue" (Levítico, 3, 17). Atualmente, esse é um bom conselho, pois a gordura das carnes está associada a muitas doenças degenerativas e é o principal local de armazenamento de pesticidas, herbicidas e outras toxinas ambientais que entram na cadeia alimentar. Antes de Noé, os dez primeiros patriarcas viveram uma média de 912 anos. Nas dez gerações entre Sem (filho de Noé) e Abraão, a expectativa média de vida caiu para 317 anos. Comer carne diminuiu a expectativa média de vida das pessoas em dois terços.

A mensagem de Deus para Adão foi clara: não matar e comer os animais. Com um dos Dez Mandamentos, "não matarás", alguns interpretaram que não deveríamos matar os animais para alimento. Isso certamente estava implícito nos ensinamentos dos essênios e de Jesus, citado no Evangelho Essênio da Paz, Livro Um. No entanto, por causa das instruções dadas a Noé, não podemos afirmar dogmaticamente que a mensagem do Torá dá uma instrução moral clara e completa, vinda de Deus, sobre ser ou não ser vegetariano. A mensagem original da mais completa harmonia está em Gênesis 1:29. É um guia para entender o mandamento "não matarás", no entanto, esta pode não ser uma interpretação agradável para todos. Além do mais, Deus deu aos hebreus o misterioso alimento cru, de alta energia espiritual, chamado maná, para apoiar as suas transições coletivas ao Deveikut.

Embora as práticas culturais não tenham criado as precondições para dar apoio aos ensinamentos cabalísticos sobre ser completamente vegetariano, o rabino Kook, um profundo cabalista e o primaz chefe rabino em Israel-Palestina, pouco antes da formação de Israel, era vegetariano e ensinava a importância disso. O rabino Shlomo Goren, o antigo rabino chefe asquenaze de Israel; o rabino asquenaze Sha'ar Yashuv Cohen, rabino chefe de Haifa; e o rabino David Rosen, ex-chefe rabino da Irlanda, eram vegetarianos radicais. A maior porcentagem de vegetarianos fora da Índia está em Israel. Jesus ensinava o vegetarianismo, e ele e todos os seus discípulos, conforme foi relatado no livro do autor *Conscious Eating*, eram vegetarianos. Outros importantes defensores judeus do vegetarianismo incluem o rabino Josef Albo, do século XIV, e os rabinos Mar Sutra e Elizer Bem Azariah, que viveram por volta da época de Jesus. Os essênios compunham uma seita mística judaica, que, segundo evidências, praticaram a alimentação viva já no século VI a.C. Há relatos na biografia de Pitágoras, matemático e grande mestre espiritual grego, de que ele estudou com os essênios no Monte Carmelo, no século VI a.C., e retornou iluminado. Depois disso, embora não esteja documentado conclusivamente, diz-se que ele ensinava a respeito da alimentação viva e que fazia com que seus estudantes jejuassem por quarenta dias, tomando água, para que a mente deles ficasse clara o suficiente para receber seus ensinamentos mais profundos.

Apesar do que se dizia de alguns mestres de ioga seculares, hoje se diz que não precisamos ser vegetarianos para praticar ioga. Buda expressou uma clara opinião a respeito disso no Sutra Shurangama: "Após o meu parinirvana (Iluminação), no kalpa (tempo, era) final, diferentes tipos de espíritos serão encontrados em todos os lugares, enganando as pessoas e ensinando a elas que podem comer carne e ainda assim alcançarem a Iluminação... Como pode um bhikshu (buscador) que espera se tornar um portador de outros, ele mesmo viver da carne de outros seres sencientes?"[1] Originariamente, o budismo era vegetariano e, de acordo com o Dalai Lama, deveria continuar sendo. É interessante notar que o Dalai Lama declarou publicamente ser vegetariano, e sugere o vegetarianismo ao seu povo. Essa declaração foi transmitida pela Rádio BBC, como parte dos esforços do Dalai Lama para evitar a abertura de redes de restaurantes de comida rápida no Tibete. O Sutra Ahaparinirvana resume tudo: "O consumo de carne extingue a semente da grande compaixão."[2]

A ciência do aiurveda também ensina que a comida é a base do corpo físico, que, por sua vez, é o suporte da mente. Uma alimentação correta, portanto, é a base da saúde física e mental, e um importante fundamento para a prática espiritual. É por essa razão que na maioria dos ashrams, templos e centros de ioga na Índia só é servida comida vegetariana.

O elemento mais importante para a abordagem da Nutrição Espiritual é o veganismo. As carnes (carne vermelha, peixes e aves) aumentam a frequência animal no corpo e trazem à tona tendências mais animalescas, como vibrações de raiva, luxúria, medo, agressividade e impulsos assassinos. A energia da alimentação baseada em carne acrescenta impurezas à mente e ao sistema nervoso. E comunica a energia da destruição às células e traz a energia da morte para o nosso campo áurico, reduzindo o fluxo do prana mais elevado no corpo. A vida das criaturas que comemos pesam no nosso corpo astral, com seus sentimentos negativos de medo e sofrimento no momento de sua morte.

Algumas pessoas afirmam que a carne é parte de sua dieta natural e que isso não interfere no desdobramento de suas naturezas mais elevadas. Sri Yukteswar, o guru de Paramahansa Yogananda, em seu livro *Holy Science* [Ciência sagrada], pergunta: "Pode a carne ser considerada o alimento natural de um homem quando tanto seus olhos quanto seu nariz é tão contrário a ela, a não ser que esteja coberta pelo sabor de especiarias, sal e açúcar? Por outro lado, como é agradável a fragrância de frutas, cuja simples visão nos faz ficar com água na boca"[3]. A carne cria um efeito tamásico (pesado e insensível) no corpo físico e na mente. Ela bloqueia os canais do corpo sutil, os 72 mil nadis, através dos quais a Kundalini precisa se mover livremente para fazer o seu trabalho espiritualizador, e tende a deixar a mente insensível. Até mesmo os historiadores ocidentais, como Heródoto, sugeriram que, além da violência e do crime, também a intolerância religiosa é mais comum entre as pessoas que comem carne. Muitos ensinamentos espirituais apoiam essa afirmação. O Manusmriti (5.49), antigo código de lei da Sociedade Hindu, afirma: "Considerando a origem da carne e a crueldade de confinar e abater seres sencientes, uma pessoa deveria abster-se de comer carne". Também afirma (6.60): "Quando não matamos nenhum ser vivo, nos tornamos aptos para a Libertação". O Veda Yajur (12.32) afirma: "Você não deve usar o seu corpo, dado por Deus, para matar as criaturas de Deus, sejam seres humanos, animais ou outra coisa qualquer".

A Alimentação Vegana e Ahimsa

O componente fundamental para se criar uma mente sátvica e sagrada é a prática do ahimsa – a não violência ou o não prejudicar. No livro *Ahimsa*, escrito por Nathaniel Altman, Buda diz: "Chamo de brâmane aquele que está livre da raiva e aquele que com alegria suporta a censura e mesmo os golpes e os grilhões infligidos sobre ele sem causa. Chamo de brâmane aquele que não abate nenhuma criatura, que não mata ou causa a morte de qualquer coisa viva".[4]

No Ocidente, a palavra ahimsa é traduzida como não violência, mas o princípio que literalmente significa "não prejudicar" tem um sentido mais amplo. Ahimsa envolve uma postura ativa para reduzir a quantidade de dano que está acontecendo no mundo, com uma compaixão dinâmica por tudo o que é vivo, e, nos tempos atuais, o planeta como um todo. Ahimsa é agir com uma identificação empática que nasce da reverência pela vida e que afeta todas as facetas de nossa existência. Isso envolve uma responsabilidade pessoal para trabalhar pelo bem-estar de todas as criaturas sencientes. Ahimsa é uma prática que se esforça para que haja cada vez menos desordem e dor no mundo, à medida que fazemos o melhor que podemos para viver cada vez mais em harmonia, compaixão e Amor. Desta forma, também diminuímos os vrittis (atividade de pensamento) da mente.

Um estilo de vida vegano (sem carne, ovos, laticínios, couro ou outros subprodutos de animais) cria ativamente seis aspectos de Ahimsa: 1) compaixão e não crueldade em relação aos animais; 2) preservação da Terra e ecologia; 3) alimentação dos famintos; 4) preservação da vida humana; 5) preservação da saúde pessoal; 6) paz inspiradora. Sem dúvida, toda vida envolve algum tipo dano às outras criaturas ou ao meio ambiente. Mesmo comer plantas representa o fim da vida da planta (esta é a razão pela qual alguns devotos radicais da não violência, como os jainistas, não comem vegetais com raiz, mas apenas frutas, sementes e grãos). Mas as plantas são as comidas naturais e estão em um nível mais baixo na cadeia alimentar do que as carnes, portanto, uma alimentação vegana funciona para reduzir a quantidade de dano em geral. Os animais criados para o consumo comeram milhares de plantas antes de ser abatidas. Pense em todo alimento que uma vaca deve consumir para o bife que comemos.

Quando comemos, estamos mordendo o planeta vivo. O que comemos é a consciência da Terra viva. Se nosso processo de alimentação não é baseado em Amor e compaixão, todas as nossas outras ações levam ao sofrimento. Anna, ou alimento, é o primeiro nome de Deus ou Brama em sânscrito. No ato de comer, estamos tomando parte do universo inteiro e demonstrando União com Deus e a Vida. Tudo no universo é alimento, portanto, o que comemos é Deus e, portanto, alimenta a alma. A consciência de que a comida afeta a mente não é propriedade apenas do ioga. Certa vez, o grande matemático e filósofo grego Pitágoras disse: "Enquanto os homens massacrarem os animais, eles se matarão uns aos outros. De fato, aquele que semeia a semente da morte e da dor não pode colher alegria e Amor".

O rabino do Talmude Moshe Bem Nachman, do século XI, afirmou a respeito da compaixão pelos animais que "a crueldade que se expande na alma do homem é bem conhecida para os abatedores de gado". Isaías afirma: "O mesmo que imola um touro, mata um homem" (Isaías, 66, 3). O líder quacre Thomas Tyron (1634-1703) dizia: "A violência de matar animais para o alimento se origina da mesma ira de matar humanos".

É difícil acreditar que podemos acabar com o crime, as guerras ou o ódio no mundo, enquanto matamos brutalmente os animais para nos alimentarmos, especialmente nesta era moderna, de cultivo mecanizado. O Mahabharata afirma: "O que comemos nesta vida nos come na vida após a morte". Não devemos esquecer a cadeia do carma:

- Compaixão e não crueldade com os animais estão relacionadas moral e espiritualmente com a paz no mundo. Matar um animal para alimento, mesmo um que foi criado por nós ou caçado, é um ato violento, o qual esquecemos no consumo de sua carne.
- Hoje, a crueldade se estende além da matança em massa de animais, ao sistemático tratamento antivida e anti-humano dos animais, do momento em que eles nascem até o momento em que são "colhidos", como se fossem um produto agrícola comercial.
- Os animais são privados do seu *habitat* e do seu ciclo de vida para servirem à indústria da carne. A matança individual de animais para servir de alimento é o primeiro passo desse processo cruel.
- O aspecto lucrativo de industrializar animais, como se fossem objetos inanimados e sem nenhum direito, sentimento ou alma, é o próximo passo na expansão da crueldade. O nível de crueldade com que animais, galinhas e peixes são tratados hoje nos deixa estarrecidos.
- Quando comemos esses animais, a nossa consciência absorve a vibração dessa crueldade e morte sem mesmo pensar no que estamos colocando dentro do nosso corpo, e encorajando em nosso próprio ambiente.

Elevando as Centelhas de Luz

Há um antigo ensinamento cabalístico que diz que quando um animal é abatido, de acordo com as leis divinamente ordenadas pelo shechitah, o animal passa do seu estado bestial para o domínio de uma vida consagrada ao serviço do Criador. Como o grande cabalista rabino Isaac Luria (o Ari) ensina: "Apenas um estudioso da Torá, que é temente a Deus e que come corretamente, pode elevar as centelhas do sagrado nos animais". O rabino Chaim Kramer, respeitado estudioso breslov, afirma em seus comentários no sagrado texto seminal hassídico, sobre os discursos da Torá do rabino Nachman, Likutei Moharan 37:2 que "quando uma pessoa come a carne de um animal no qual faltou o ritual correto no abatimento, ela ingere também os aspectos da matéria animal, escuridão, tolice, julgamentos, esquecimentos e morte".[5] Também os ensinamentos cabalísticos ensinam que, quando uma alma escura, que era anteriormente humana, reencarna como um animal, existe um perigo maior: se não formos sagrados o suficiente para elevarmos a alma escura da carne, ela poderá se prender ao comedor da carne e levar a sua alma para a escuridão.

De outra perspectiva, Yohassen Gershom, rabino hassídico vegetariano de Minnesota, após visitar um abatedouro moderno, destacou que, além da forma cruel como os animais são criados, nenhum schochtim pode manter um espírito sagrado enquanto centenas de animais são abatidos em massa e em condições tão cruéis. Em séculos anteriores, proferia-se uma oração com a sagrada intenção (kavanah) para os animais que eram criados com Amor antes de serem abatidos. Com a crueldade atual e o abatimento em massa, não pode haver um kavanah sério para a elevação das almas. Como o rabino Gershom declara, estamos agora com as panelas (klippah) cheias de carne sem santidade.

O rabino Yohassen Gershom declara ainda que, de acordo com o jornal online dos judeus vegetarianos da América do Norte, o elevar da centelha ao se comer animais é cumulativo e não se perpetua por toda a eternidade. Cada pessoa nasce com a missão de elevar certas centelhas e não outras. Ele destaca que, conforme nos aproximamos do tempo do Messias, o processo de elevar centelhas pelo consumo de carne está chegando ao fim. E pode ser a razão pela qual mais e mais pessoas se tornam vegetarianas e perdem seu gosto por carne – pois há menos necessidade, e não há mais as condições adequadas para elevar a centelha sagrada ou as almas escuras que comem carne.

Por causa das condições muito questionáveis para um shechitah sagrado e adequado, e os padrões sagrados necessários para tentar elevar as centelhas pelo consumo de carne, há um risco muito elevado, tanto espiritual quanto de saúde, para aqueles que escolhem continuar comendo carne se não forem estudiosos sagrados da Torá e se os antigos padrões de shechitah não forem mantidos. Conforme os sábios da Torá diziam: "É proibido para um camponês comer carne" (Talmude, Pesachim 49b). Na Gemora, uma parte do Talmud que discute o mishna ou primeira compilação da Torá oral, aprendemos que é proibido a uma pessoa que não aprendeu a Torá (am Ha Avetz) comer carne. A mensagem básica na Gemora é que, aquele que come carne para saciar um prazer físico, não libera as almas encarnadas que existem dentro da carne do animal. Sugere que aquele que não come carne por razões espirituais pode acabar prejudicando almas, e que o castigo, de acordo com a tradição oral, é "medida por medida" (isto é: o comedor pode encarnar num corpo animal no próximo ciclo).

O princípio, de acordo com a tradição cabalística, é que as almas humanas podem encarnar em qualquer forma de matéria, incluindo frutas ou vegetais. Assim, os veganos podem realizar o mitzvah (a boa ação) de liberar as almas dos vegetais. Quando realizamos o mitzvah usando a força acumulada pelo comer de vegetais, a alma caída presa no vegetal ascende com a energia do mitzva realizado em seu benefício.

Isso novamente esclarece o ponto que, apenas uma pequena, muito pequena porcentagem da população, que são os sábios da Torá, tem a responsabilidade de comer carne, mas somente se a carne for preparada adequadamente, pelo processo kosher. Como já destacamos, é quase impossível de se encontrar hoje a carne preparada de maneira adequada com um ritual. A conclusão óbvia espiritual é que, apenas os raros estudiosos da Torá, que têm acesso à rara e adequada preparação da carne, com ritual, deveriam comer carne. De acordo com esses ensinamentos, apenas um número muito pequeno de pessoas deveria comer carne, o restante deveria ser vegetariano.

Um estudante do rabino Nachman de Breslov, rabino hassídico desperto, que viveu de 1772 a 1810, estava pensando em se tornar um shochet e perguntou o que pensava sobre isso o rabino Nachman. A resposta do rabino Nachman está contida na lição 37 do Likutei Moharan, que explica que a alma do animal está presa ao sangue, e que o shochet tem de ter um verdadeiro kavanah, usando a faca para elevar as centelhas de forma adequada. Não fazer isso afeta não apenas o animal, mas o sustento de todo o povo judeu. O estudante decidiu seguir uma vocação diferente. É chegada a hora de se ter uma alimentação vegetariana e vegana para elevar a vibração da humanidade. A dieta vegetariana está associada com a chegada da Era Messiânica.

O vegetariano rabi Abraham Isaac Hacohen Kook, respeitado líder espiritual judeu e estudioso da Torá na primeira parte do século XX e primeiro rabino chefe do pré-estado de Israel, disse que a permissão para comer carne era apenas uma concessão temporária para as pessoas. Ele acreditava que era inconcebível que Deus pudesse desenhar um plano perfeito de harmonia para a humanidade e a Terra e achar que estaria perfeita alguns milhares de anos depois. O rabino Kook ensinava que o Gênesis, 9, 3 era uma concessão temporária, pois as pessoas tinham descido a um nível espiritual tão baixo, que precisavam se sentir superiores aos animais e se concentrar primeiro em melhorar seu relacionamento uns com os outros. Ele disse que o desejo da humanidade por carne era tão forte que, se isso lhes fosse negado, as pessoas poderiam até comer carne humana. Compreendendo isso, a permissão para abater animais foi uma forma de controlar o desejo por sangue. Ele interpretava a permissão para comer carne como uma medida temporária até que uma era mais iluminada fosse alcançada, e nós todos retornaríamos ao vegetarianismo.

Com a permissão de comer carne, animais e pessoas deixaram de viver em harmonia e paz. Foi uma mudança significativa no relacionamento do organismo humano com a ecologia do mundo.

Baseado na seguinte profecia de Isaías, não deixa de ser razoável assumir que na Era Messiânica, à qual ele se refere, todos iremos retornar à primeira lei de alimentação e seremos vegetarianos, que parece ser a prescrição original de uma alimentação para uma vida espiritual na Torá.

> Então o lobo habitará com o cordeiro
> E o leopardo se deitará com o cabrito.
> O bezerro, o leãozinho e o animal
> cevado estarão juntos
> e um menino os conduzirá...
> A vaca e o urso pastarão;
> juntos se deitarão os seus filhotes
> e o leão comerá palha como o boi. [...]
> Não se fará mal nem destruição
> Em todo o meu santo monte [...]
>
> (Isaías, 11, 6-9)

Alimentação Vegetariana e Saúde

A ioga ensina que a dieta vegetariana não é essencial apenas para a vida espiritual, mas também é a base de uma boa saúde. Sri Yukteswar afirma:

> Vários grãos, frutas, raízes e bebidas como leite e a água pura, expostos ao ar e ao sol, são decididamente os melhores alimentos naturais para o homem. Outros alimentos não são naturais para o homem. Misturado com o sangue, eles se acumulam nos órgãos excretores e outros que não estão adequadamente adaptados a eles. Quando não encontram seu caminho para fora, eles se assentam nas fissuras dos tecidos pela lei da gravitação, e, ao serem fermentados, produzem doenças físicas e mentais, levando, por fim, à morte prematura.[6]

Os animais podem ser nossos amigos, mas não serão se nós os comermos. Em Gênesis 9:3 ficamos sabendo que não devemos comer a gordura ou o sangue dos animais. O sangue é cheio de adrenalina por causa do medo que o animal sente à medida que ele e outros à sua volta são abatidos. Quando comemos a carne, absorvemos essa adrenalina associada ao medo. Essa energia adrenal de medo bloqueia o despertar do primeiro chacra, responsável pelo nosso sentimento de confiança, e estimula o nosso sistema de uma forma que é adversa à quietude interna da meditação.

As pessoas que comem carne correm um risco maior de ter infecções virais, bacterianas, fúngicas e parasíticas. A toxoplasmose é um exemplo. Temos ainda a doença da vaca louca (que surge quando se dá para animais vegetarianos carne infectada em sua alimentação). Vinte mil casos de infecção por *Escherichia coli* ocorrem a cada ano – desses, de 250 a 500 são fatais. Os casos de infecção por *Camphlobacter* e salmonela estão aumentando. As infecções por salmonela podem ser encontradas em 30 a 70 por cento das galinhas. As infecções por *Camphlobacter* são encontradas em 80 por cento das galinhas e em 90 por cento dos perus; essa bactéria causa infecções intestinais similares à salmonela. Em um estudo com macacos que foram alimentados com vacas com leucemia, 100 por cento deles desenvolveram leucemia após um ano. Isso pode explicar por que, na Dinamarca, com uma taxa alta de leucemia em vacas, também há uma taxa alta de leucemia em crianças.

A carne, que está no topo da cadeia alimentar, tem aproximadamente 15 vezes mais pesticidas e herbicidas do que a comida vegetal.[7] Os laticínios têm aproximadamente cinco vezes mais pesticidas e herbicidas do que a comida vegetariana.[8] Os peixes contêm altas quantidades de PCB tóxico,[9] uma das principais contaminações da água, devido ao fluxo de pesticidas. Os crustáceos acumulam cerca de 70 mil vezes a concentração de pesticidas e herbicidas da água.[10] Os peixes acumulam mais de 3 milhões de vezes o PCB presente na água na qual vivem.[11] Os PCBs são encontrados em 100 por cento das amostras de esperma humano.[12] E são considerados uma das principais razões para que a contagem média de esperma no homem americano seja 50 a 70 por cento do que era trinta anos atrás. Provavelmente, 15 a 25 por cento dos estudantes do sexo masculinos nas faculdades sejam estéreis comparado com 0,5 por cento há 35 anos.[13] Nós também temos problemas de intoxicação por mercúrio devido à ingestão de peixes.

Há também muitos outros problemas associados ao fato de se comer carne e produtos animais como leite e ovos. Por exemplo, o pediatra doutor Saenz relatou na edição de fevereiro de 1980 do *Puerto Rico Medical Association Journal* que uma epidemia de desenvolvimento sexual prematuro estava relacionada ao fato de se comer produtos animais ricos em hormônios. O segmento da população mais afetado são as crianças do sexo feminino, com mais de 1 ano. As crianças pequenas começam a desenvolver seios e úteros maduros, menstruação e outros sinais de puberdade. Isso está relacionado ao consumo de leite integral, carne de vaca e galinha, pois, para aumentar o peso dos animais, eles recebem estrogênio. Os médicos constataram que assim que esses alimentos são removidos da alimentação, os sintomas desaparecem rapidamente.[14]

Grandes quantidades de alimentos com proteína concentrada e carnes em geral não "queimam completamente", em parte por causa do conteúdo de nitrogênio. O nitrogênio é metabolizado em ácido úrico, que tem efeito tóxico quando depositado em excesso nos tecidos. O nosso corpo é capaz de excretar apenas 8 gramas de ácido úrico por dia, no entanto, meio quilo de carne deixa um resíduo de 18 gramas de ácido úrico.[15] Comer carne faz com que seja relativamente fácil acumular ácido úrico em excesso nos tecidos. Muitas pessoas gostam de carne porque ela estimula o ácido úrico, cuja estrutura é similar à da cafeína. A proteína da carne é também muito pobre em oxigênio. Uma alimentação rica em carne parece estar relacionada à ruptura da função mental e, em alguns casos, parece exacerbar ou causar esquizofrenia, de acordo com uma pesquisa do doutor Yuri Nikolayev, do Instituto de Psiquiatria de Moscou. Pesquisadores russos têm tido sucesso ao interromper sintomas de esquizofrenia com jejuns de água.[16] Quando as pessoas voltam a consumir muita carne, os sintomas de esquizofrenia em geral retornam.

A maioria dos efeitos tóxicos e degenerativos de uma alimentação rica em proteína vem da carne e não da proteína vegetal. As estatísticas mostram claramente que os vegetarianos sofrem menos doenças degenerativas e câncer, e têm vida mais longa que os não vegetarianos. Um estudo dos Adventistas do Sétimo Dia, que são o maior grupo de vegetarianos nos Estados Unidos, o índice de risco de câncer de cólon era de um vegetariano radical contra 2,7 comedores de carne.[17] Outro estudo comparando o índice de mortalidade por câncer de mama entre dois grupos de Adventistas do Sétimo Dia – vegetarianos e os que comiam carne mais de três vezes por semana – mostrou que os vegetarianos apresentaram metade do índice de mortalidade.[18] Os Adventistas do Sétimo Dia tinham 40 por cento menos doenças coronárias, um quarto do índice de mortalidade devido a doenças respiratórias, e um índice de mortalidade geral 50 a 70 por cento menor, quando comparados a não vegetarianos vivendo na mesma sociedade americana.[19] No mundo todo, os povos que vivem mais – burushos, búlgaros, todos da Índia Oriental, caucasianos russos e índios do Iucatã – são vegetarianos ou comem muito pouca carne.[20] Apenas 5 dos 154 búlgaros centenários comem carne regularmente.[21]

Os vegetarianos não só vivem mais e na realidade têm (de acordo com pelo menos dez pesquisas) mais resistência do que as pessoas que comem carne, como sofrem menos problemas de saúde do que os comedores de carne. De acordo com Heródoto, o grande historiador grego, as pessoas que mais viveram na história eram os pelegasianos, cuja alimentação viva incluía castanhas, sementes, frutas e vegetais. A idade média desse povo era de 200 anos. Isso é chamado de ahimsa pelo nosso próprio corpo. Comer carne aumenta significativamente as principais doenças crônicas, como doenças cardíacas, hipertensão, câncer, renais e osteoporose. O risco de câncer de cólon para quem come carne é quatro vezes maior do que para quem é vegetariano. De acordo com o *Journal of the American Medical Association* de 1971, as doenças cardíacas seriam reduzidas em 97 por cento se as pessoas se tornassem vegetarianas. As mulheres vegetarianas têm um quarto da taxa de câncer de mama do que as mulheres que comem carne. E têm um quinto do índice de osteoporose do que as mulheres que comem carne, e metade do índice de osteoporose do que homens que comem carne. Vinte e seis por cento das pessoas que comem carne têm pressão alta contra 2 por cento dos vegetarianos.

Os efeitos nocivos, para a saúde e o espírito, de uma alimentação baseada em carne foram ilustrados pelo Ser Iluminado, Swami Prakashananda Saraswati, em 1986, quando ele disse:

> Cada animal abatido para o consumo humano traz a dor da morte para o seu corpo. Pense nisso! O animal é morto com violência. Essa violência causa uma experiência de dor muito intensa ao morrer. Essa dor permanece na carne mesmo após esta ter sido preparada e cozida. Quando você come a carne, você come a dor. A dor fica presa no seu corpo, coração e mente. A violência e a dor que você consome também irão consumir você. Ela o consome para que você sinta a mesma dor em sua vida também.[22]

Alimentação Vegetariana e Tipo Sanguíneo

Atualmente, há quem afirme que pessoas de certo tipo sanguíneo necessitam de carne, pois esta faz parte de sua história ancestral. Apesar de o tipo sanguíneo ser um dos vários fatores que devam ser considerados, é errôneo basear a nossa alimentação nele como fator principal. Podemos encontrar pessoas altas e baixas, gordas e magras, com oxidação alta e baixa em todos os tipos sanguíneos. Isso significa que todas deveriam comer a mesma comida, considerando apenas o tipo sanguíneo? É evidente que há fatores mais importantes como estrutura, peso e condição orgânica de uma pessoa do que o tipo sanguíneo. Se a pessoa quiser seguir um caminho espiritual e praticar ioga e cabala, isso também deve ser considerado. E devemos nos lembrar de que não vivemos no mesmo tipo de casa ou fazemos o mesmo tipo de trabalho que os nossos ancestrais, portanto, seguir a alimentação deles não faz muito sentido.

Algumas pesquisas epidemiológicas realizadas por um médico, publicadas em *The Answer Is in Your Blood Type* [A resposta está no seu tipo sanguíneo], descobriram que as pessoas de sangue tipo A geralmente morrem de 16 a 20 anos mais cedo, de câncer e doenças coronárias, se não forem vegetarianas, comparadas com aquelas que são.[23] As de tipo AB segue na ordem de redução do tempo de vida se não forem vegetarianas, e depois vêm as de tipo B. As de tipos O vivem mais, quer fumem, bebam álcool ou comam carne. Isso não significa que criaram uma mente sátvica com uma alimentação cuja base é a carne. Sua expectativa de vida é de 86 anos, enquanto a expectativa de vida de uma pessoa do tipo A, que come carne, é de 61 anos, com uma alta porcentagem de morte devido a câncer ou doenças coronárias. Isso não significa que os tipos O necessitem comer carne. Há um pouco mais do que evidências pessoais que sugerem que alguns tipos O precisam de uma quantidade maior de proteína magra, no entanto, esta também pode vir de fontes veganas. É interessante notar que vários dos principais líderes no movimento da alimentação viva são tipo O, incluindo este autor. Quando, numa conferência vegana, surge a questão de quantos participantes são tipo O, observamos que a grande maioria dos veganos que obteve sucesso é do tipo O. Portanto, é óbvio que muitas pessoas do tipo O podem ter sucesso com uma alimentação vegana. Uma grande porcentagem de pessoas do tipo O, incluindo este autor, não precisa comer grandes quantidades de proteínas, pois sua oxidação é lenta.

Uma das líderes da antropologia dos tipos sanguíneos é Laura Powers, ph.D., que não é vegetariana. Ela sugere que a dieta *Eat Right for Your Type* [Coma certo para seu tipo] é "pura especulação".[24] Seus dados, descritos em

Conscious Eating, mostram a importância das lecitinas e do conhecimento do seu tipo sanguíneo. Alguns alimentos com lecitina, que criam uma espécie de reação ou ação alérgica, assim como uma transfusão de sangue errada, no organismo, podem ser prejudiciais. Evitando alimentos com lecitina podemos, definitivamente, melhorar a saúde. O conceito falso de que todos os seres humanos primitivos eram tipo O está sendo enfraquecido pelo trabalho do doutor Stephen Bailey, antropólogo nutricional da Universidade Tufts. Sua pesquisa mostra que uma variedade de tipos sanguíneos existia em animais, e não há nenhuma evidência antropológica de que todas as pessoas pré-históricas fossem apenas do tipo O.[25] A pesquisa do famoso paleontólogo Richard Leakey sugere que os Cro-Magnon, que viveram de 40 mil a 20 mil anos atrás, tinham uma dieta semelhante à dos chipanzés, que era principalmente vegetariana.[26] A pesquisa do doutor Steven Bailey e de Richard Leaky debilita significativamente a extravagante hipótese de *Eat Right for Your Type*.

O Lugar dos Laticínios

Antes da Revolução Industrial, a alimentação sátvica da Índia incluía laticínios. Isso também ocorria na tradição cabalística. Ser sátvico, no entanto, dependia da boa qualidade do leite das vacas, que eram criadas naturalmente. É muito difícil conseguir esses laticínios no mundo industrializado (apesar de algumas fazendas orgânicas fazerem um movimento nessa direção, e devem ser encorajadas em seus esforços). Um bom número de iogues da Índia descobriu, não surpreendentemente, que não consegue tomar leite nos Estados Unidos sem ficar doente! O aiurveda reconhece que os laticínios preparados a partir de vacas que não são bem tratadas aumentam o muco e as toxinas no sistema, e transformam o leite em veneno, invalidando os seus benefícios para a saúde. A fórmula é simples: o leite de uma vaca boa é puro *rasa*, ou plasma. O leite de uma vaca ruim é puro *ama*, ou toxina!

Na Índia, a vaca primeiro dá o leite ao seu bezerro. Somente o leite que sobra, que muitas vezes é uma quantidade grande, é destinado aos seres humanos. Hoje, nos Estados Unidos, apesar de haver leite cru orgânico em vários lugares, não é possível comprar esse leite que venha de uma vaca não confinada e alimentada com grama. A indústria dos laticínios, hoje em dia, tira os bezerros de suas mães e os abate. A vaca sabe que seu bezerro vai ser morto, e a sua aflição causa secreção de toxinas em seu leite. As vacas são maltratadas de muitas maneiras: confinadas em cubículos, ordenhadas por máquinas, produzidas através de inseminação artificial, geneticamente replanejadas para produzir mais leite do que é saudável para elas, e alimentadas com hormônios, antibióticos, grãos não orgânicos, peixes e partes de ovelhas e sabe-se lá o que mais. É verdadeiramente desprezível como tratamos esses animais, que são como a Mãe Natureza, ou a Mãe Divina, nas suas qualidades de cuidado e alimentação!

Além disso, ainda existe a possibilidade da doença da vaca louca, assim como o alto índice de pesticidas, herbicidas, hormônios e antibióticos no leite. Os resíduos químicos são absorvidos pelos tecidos das vacas, e até mesmo resíduos radioativos podem ser encontrados no leite. Três meses após o desastre de Chernobyl, houve um aumento de 900 por cento de mortalidade perinatal na área de Boston, nos Estados Unidos. Isso foi associado aos resíduos radioativos I_{131} de Chernobyl, que as vacas (incluindo as vacas orgânicas) estavam comendo na grama e que se concentrava no leite. As mulheres grávidas estavam tomando esse leite radioativo e destruindo a tireoide dos bebês e outras funções metabólicas deles. Os pesticidas e herbicidas têm concentrações 5,5 vezes maiores no leite do que em frutas e vegetais. A transmissão da doença da vaca louca não é clara. A edição de primavera de 2004 de *Friends of the Earth* [Amigos do planeta Terra] cita diversos estudos de autópsia que sugerem que de 3 a 13 por cento das pessoas diagnosticadas com mal de Alzheimer, na verdade, tinham a doença creutzfeldt-jacob (DCJ) (doença da vaca louca). Apesar de ser transmitida com mais força através do cérebro e do sistema neuronal, a pesquisa de *Friends of the Earth* sugere que a DCJ pode ser transmitida pela vaca consumindo-se menos de 1 grama de tecido doente de qualquer parte do animal. Embora a Food and Drug Administration (FDA) tenha estabelecido alguns controles em 1997, há significantes meios de evasão, como a permissão dos fazendeiros de alimentar o gado com sangue de vaca, apesar de a pesquisa ter mostrado que o sangue pode transmitir os príons da doença da vaca louca, e ainda é permitido às fazendas, na forma de fábricas, alimentarem os porcos e as aves com as sobras de gado abatido e as sobras destes animais abatidos, que foram alimentados com as sobras de gado, pode ser novamente alimento para o gado. O Centro de Controle e Prevenção de Doenças se recusa a relatar a DCJ como uma doença. Apenas uma empresa americana de abate quis testar todas as suas vacas, mas não obteve autorização do governo americano, mesmo depois de mais de quarenta países banirem a importação de carne dos Estados Unidos, e muitos deles não vão retirar essa proibição até que todo o gado norte-americano para abate seja testado. Em 2003, apenas 0,001 por cento do gado abatido nos Estados Unidos foi testado para a doença da vaca louca. Em todos os Estados Unidos também há relatos significantes de alce, veado e peixe "louco". *Friends of the Earth* sugere que pode haver pelo menos 120 mil casos de DCJ não informados nos Estados Unidos.

O leite de vaca pode servir como vetor para outras doenças. Um estudo na Dinamarca descobriu que havia uma correlação entre o aumento da incidência de leucemia em vacas e nas crianças que tomavam leite. Outro estudo mostrou que 100 por cento dos chimpanzés que beberam leite de vaca com leucemia, desenvolveram após um ano, leucemia. A essa mistura podemos acrescentar a engenharia genética, que altera o leite de maneira que ainda não compreendemos. O leite é pasteurizado e homogeneizado, enfraquecendo o seu prana ainda mais. Esse leite é comida degenerada, cheia de medo, dor da morte e aprisionamento. Há muito pouco prana no leite, muito pouco Amor, e pouca nutrição verdadeira. Portanto, os laticínios nem sempre são comida sátvica, em vez disso, é muito mais alimento tamásico, que reflete crueldade, dor e falta de consciência. Isso se reflete simbolicamente na quantidade de células de pus por litro de leite. De acordo com Robert Cohen da *NotMilk.com*, o leite da Flórida tem 633 milhões de células de pus (células de glóbulos brancos) por litro, índice mais alto do que em qualquer outro estado; Montana é o estado com a menor quantidade de células de pus por litro de leite, com 236 milhões de células de pus por litro. O leite disponível hoje, mesmo o leite cru de vacas orgânicas, é *ama* (tóxico); não *rasa* (puro). Ele perde prana, obstrui as nadis, e é rico em pesticidas, herbicidas, antibióticos, hormônios, iodo radioativo e vetores de doenças, incluindo príons da vaca louca. Isso o torna uma escolha inaceitável para uma vida saudável e espiritual.

A Diferença entre Nutrição Animal e Vegetal

A nutrição vegetal, quando compreendida como luz solar densificada, é muito diferente da nutrição animal. A luz solar, como radiação cósmica, estimula o corpo sutil energético da planta e ajuda a construir a sua estrutura com dióxido de carbono (CO_2) e água (H_2O), para formar ligações carbono-hidrogênio ativadas através do processo de fotossíntese, que armazena a energia da luz solar na forma de elétrons ativados. Entrando no nosso sistema, as plantas estimulam uma resposta ressonante da Luz Interna de nosso corpo sutil espiritual mais elevado, que diretamente recebe a transferência prânica da luz solar armazenada. Na medicina antroposófica, essa relação da luz da planta com o estímulo, a formação e a manutenção do sistema nervoso é importante para o desenvolvimento espiritual. Rudolf Steiner percebeu que essa luz externa era significativa, pois estimulava a Luz Interna como um processo espiritual.[27]

Quando os animais comem plantas, eles se beneficiam diretamente dessa liberação de energia luminosa nos seus sistemas. Essa luz constrói a força do sistemas nervoso e está relacionada com o corpo astral sutil ou personalidade. Quando a sua carne é comida pelos seres humanos, não apenas temos de superar as forças do sistema biomolecular do animal, mas também o sistema nervoso de um corpo astral mais forte. Isso sobrecarrega o desenvolvimento e a função do nosso sistema nervoso. Isso é ainda muito importante quando as pessoas têm doenças degenerativas do sistema nervoso. A dieta *do Swank*, pobre em gordura animal, para o tratamento de esclerose múltipla, uma doença degenerativa do sistema nervoso, é um exemplo da importância de se evitar ou minimizar a comida animal quando estamos tentando curar o sistema nervoso.[28] Assimilando a energia da planta diretamente, estimulamos as nossas forças de Luz Interna e o sistema nervoso. Absorvendo a energia da planta indiretamente, através de comidas de origem animal, perdemos o benefício desse estímulo. Conforme já destacamos, se não exercitarmos o sistema biológico, assim como os nossos músculos, ele enfraquece. Da mesma maneira, comendo produtos de origem animal, enfraquecemos o sistema nervoso de uma forma indireta. Esta é uma das principais diferenças entre a nutrição vegetal e animal. Com uma nutrição vegetal, passamos por todo o processo de estímulo e assimilação que a ingestão de alimentos de origem animal não nos permite realizar. Ingerir comida vegetariana requer mais Luz espiritual interna e poder de digestão. Ao longo de inúmeras gerações comendo muita carne, alguns indivíduos perderam esse poder e podem ter dificuldade de assimilar as forças das plantas vivas de uma alimentação vegetariana.

A Harmonia da Alimentação Vegetariana

Com a alimentação vegetariana, evitamos a desarmonia de matar animais. Os vegetais que comemos são tirados do solo em seus ciclos sazonais, em harmonia com a sua morte natural. As frutas são simplesmente o presente da luz solar, da planta viva, para nós. Há uma harmonia natural entre plantas e seres humanos. Elas absorvem o dióxido de carbono como produto da respiração e o convertem em oxigênio e carboidratos; desta maneira, compartilhamos um ciclo de vida biológico importante. Cada planta colorida, como alimento, é uma banda de espectro condensado, da cor da luz solar correspondente, para que absorvamos o equilíbrio dos nossos chacras, órgãos físicos, glândulas e sistema nervoso. Quando absorvemos um espectro completo durante o dia, nos beneficiamos ao ter todo o nosso sistema de chacras equilibrado energeticamente por nossos amigos vegetais. Este é o princípio da Dieta do Arco-Íris (ver Capítulo 26).

Max Bircher-Benner, médico europeu famoso no mundo todo, concluiu que quanto mais perto a comida está da energia natural do sol, mais alto serão seus níveis de valores nutricionais para o organismo humano.[29] O alimento vegetal está no topo da escala nutricional, e o alimento animal, na base.

Steiner esclarece outro aspecto da Nutrição Espiritual nos seus ensinamentos: o de que a nutrição vegetal liga a humanidade a forças cósmicas não reveladas inicialmente. Ele sentia que nada obscurece o sistema nervoso quando a nutrição vem do reino vegetal, e que é pela nutrição das plantas que a humanidade pode mergulhar nas inter-relações cósmicas, que levam as pessoas além das limitações restritas da personalidade mundana.[30]

O Impacto Ambiental de se Comer Carne

Nesta época de explosão demográfica, comer carne é um ataque ao mundo natural como um todo, e uma das principais causas da destruição e depredação ambiental. A terra necessária para plantar os grãos para a criação de animais consome 80 por cento de toda a terra usada para produção de grãos. A pecuária usa aproximadamente metade da água usada nos Estados Unidos e produz 20 vezes mais excremento do que a população humana, aumentando a poluição de nitrito e nitrato na água. Ela está nos aproximando da falta de água limpa. Usa-se de 60 a 100 vezes mais água para produzir meio quilo de carne do que para produzir meio quilo de trigo. Em essência, uma alimentação centrada na carne cria a necessidade de cerca de 18 mil litros por dia por comedor de carne, contra 1.200 litros por dia para um vegano (uma dieta sem carnes ou laticínios). No período de um ano, um vegano economiza 6 milhões de litros se comparado a uma pessoa que come carne e laticínios.

A destruição das florestas tropicais para o pasto e o efeito estufa resultante é outro exemplo dos efeitos deletérios de uma alimentação baseada em carne no nosso ecossistema. Um artigo no *Vegetarian Times* estima que a atual destruição das florestas tropicais cause a extinção de aproximadamente mil espécies por ano. Para cada hambúrguer de 100 gramas, 5,11 m^2 de floresta tropical são destruídos; 100 espécies são extintas a cada 2 bilhões de hambúrgueres vendidos. A erosão da terra, usada para a criação de animais, nos Estados Unidos, é responsável por 85 por cento dos mais de 160 mil km^2 de solo de superfície perdidos por ano. Uma alimentação vegana, por outro lado, ocupa 5 por cento da demanda do solo nos Estados Unidos.

A razão da produtividade por quilômetro quadrado, da criação de animais *versus* vegetarianismo, mostra uma tremenda disparidade. Por exemplo, 4 mil km^2 de terra podem produzir 10 mil quilos de batatas, mas pode apenas suportar a produção de 90 quilos de carne. Quatro mil km^2 de grãos fornecem 5 vezes mais proteína do que a proteína de carne criada nessa mesma área. Os legumes fornecem dez vezes mais proteínas por quilômetro quadrado, e os vegetais com folhas produzem 25 vezes mais proteínas do que 1 km^2 usado para criar carne. Os grãos usados para alimentar cem vacas alimentam 2 mil pessoas. Nem a terra, a água e a atmosfera, nem os animais e as populações humanas estão salvos da destruição intensiva de recursos, resultado de uma alimentação baseada na carne. Não podemos fugir do fato de que criar animais para corte e laticínio tem efeito devastador em todo o ecossistema.

Alimentação Vegetariana e a Desnutrição Mundial

O problema de saúde número 1 no mundo hoje é a desnutrição crônica. As Nações Unidas estimam que metade da população mundial sofra de desnutrição, e que de 700 a 900 milhões de pessoas estejam seriamente desnutridas. Vinte e cinco por cento das crianças no mundo sofrem pela falta de comida. Aproximadamente 42 mil crianças morrem de desnutrição a cada dia. Por ano, temos 15 milhões de crianças morrendo de desnutrição, ou seja, 25 por cento de todas as mortes no mundo. Nos últimos dez anos, mais pessoas morreram de desnutrição do que em todas as guerras, revoluções e assassinatos dos últimos 150 anos.

Aproximadamente 60 milhões de pessoas no planeta morrem de fome a cada ano. Esse problema está associado a fatores econômicos e políticos, e a desastres naturais, mas devemos lembrar o impacto da alimentação com base em carne sobre a água, a terra, a energia e outros recursos naturais. De acordo com o nutricionista doutor Gene Meyer, se as pessoas que comem carne nos Estados Unidos comessem 10 por cento menos carne, os recursos salvos seriam suficientes para alimentar quase 60 milhões de pessoas famintas. A criação de animais, nos Estados Unidos, regularmente consome grãos e soja suficientes para alimentar 5 vezes toda população estadunidense. Mais de 80 por cento dos grãos plantados nos Estados Unidos se destinam à criação de animais. Isso representa 80 por cento do milho e 95 por cento da aveia. Toda a população mundial de animais regularmente come o dobro das calorias de toda a população mundial humana. Pelo ciclo das proteínas através da carne, a conversão de proteína da carne está entre um décimo a um vigésimo do da proteína vegetal. Há perda de 100 por cento dos carboidratos complexos e 95 por cento de perda de calorias quando a proteína vegetal é reciclada através da criação de animais. Em essência, 14 veganos podem viver na terra que é necessária para um comedor de carne. Uma dieta de carne claramente não está em harmonia com a era ecológica e contribui seriamente para os problemas ambientais, que só podem aumentar nos anos vindouros, conforme a população mundial e a industrialização aumentam.

Alimentação Vegetariana e Crise Energética

A dieta vegetariana também ajuda a conservar a energia combustível do mundo e todos os recursos da matéria-prima. Para cada caloria que obtemos da carne, são necessárias 78 calorias de combustível fóssil. Grãos e feijões requerem aproximadamente 0,6-3,9 calorias de combustível para criarem a caloria de uma comida vegetariana. Em outras palavras, aproximadamente 20 vezes mais energia combustível fóssil é necessária para produzir uma caloria de carne, comparada com uma caloria de proteína vegetal. As matérias-primas necessárias para dar suporte à pecuária constituem um terço do valor de todas as matérias-primas consumidas nos Estados Unidos. A alimentação com base na carne é um estresse significante ao equilíbrio ecológico da Terra. As nações ricas dão mais comida para os animais que criam do que as pessoas na China e na Índia consomem diretamente. Dois terços das exportações agrícolas vão para alimentar os animais em vez de seres humanos. Se todas as pessoas fossem vegetarianas, seria possível dar quatro toneladas de grãos por ano para as pessoas famintas do mundo, e a população mundial poderia ser alimentada 7 vezes. Assim, o vegetarianismo pode ser visto como uma caridade, pois fornece alimento aos pobres e famintos de uma forma que apoia os princípios do ahimsa.

Kundalini e Alimentos de Origem Animal

A observação do autor no trabalho com a Kundalini e alimentação é que os alimentos à base de carne agem como "um lodo intenso" em relação à purificação e ao fluxo espiritualizante da Kundalini. Por causa desse efeito "lodo", em casos emergenciais raros, a carne pode ser usada com sucesso para diminuir a Kundalini quando as pessoas sentem que essa energia se tornou intensa demais para elas. Se queremos diminuir e neutralizar o processo espiritualizante da Kundalini com uma alimentação, a mais eficiente é à base de carne. No entanto, se queremos nos render ao processo de desdobramento, sem bloqueios da Kundalini, uma alimentação vegana é a mais apropriada.

Conclusão

A alimentação vegetariana é a alimentação espiritual básica da Torá. É a essência do compartilhar, pois permite que todos compartilhem mais os recursos da Terra. Ela traz paz ao mundo, pois estabelece hábitos e um relacionamento de paz com toda a natureza. Quando vivemos em compaixão com todas as criaturas de Deus, desenvolvemos hábitos que nos permitem demonstrar paz e compaixão pelos nossos semelhantes e pela ecologia viva do planeta. A alimentação vegetariana é o padrão nutricional da Torá. Assim como na tradição iogue, por causa da contaminação e intoxicação dos laticínios, a alimentação vegana é atualmente o padrão da Nutrição Espiritual da era da paz mundial.

Resumo – Capítulo 17

1. Por causa da licença de Deus para Noé comer animais, não podemos dogmaticamente dizer que a Bíblia nos dá o comando de ser vegetariano, como fez para Adão. Por causa da mensagem de Deus a Noé, o mandamento "não matarás" não pode afirmar a proibição de matar animais como alimento. A escolha é nossa. A mensagem original do Gênesis, 1, 29 é uma alimentação vegana e que espera por nós quando estivermos espiritualmente preparados.
2. As estatísticas mostram que os vegetarianos vivem mais e têm taxas mais baixas de doenças degenerativas crônicas como artrite, doenças coronárias e câncer.
3. A nutrição vegetal compreendida como luz solar densificada é diferente da nutrição animal.
4. A luz liberada pelas forças do alimento vegetal assimilado estimula uma Luz espiritual interna, o que intensifica o nosso crescimento espiritual.

5. Apesar de a maioria das pessoas poder se beneficiar de uma alimentação vegetariana completa, pode haver alguns que não têm mais geneticamente o poder digestivo de assimilar todos os seus nutrientes imediatamente. Esse processo de transição de reconstrução pode levar vários anos.
6. Uma dieta vegetariana cria mais harmonia, pois não temos que matar formas de vida que tenham sangue.
7. Há uma conexão de ciclo de vida sinergético de oxigênio e dióxido de carbono entre as plantas e os animais.
8. As plantas contêm um espectro completo do arco-íris, de luz solar condensada, para equilibrar nossos chacras e centros nervosos, glândulas e órgãos associados.
9. Há um perigo adicional ao se comer produtos de origem animal por causa de todos os hormônios, antibióticos, tranquilizantes e outros produtos químicos dados aos animais. Além disso, os animais estão no topo da cadeia alimentar tóxica, portanto, concentram as toxinas nos tecidos.
10. A carne animal age como um lodo intenso para o fluxo da Kundalini. Por causa disso, é um tratamento adicional para diminuir a energia da Kundalini.
11. A dieta vegana é hoje o padrão da Nutrição Espiritual da era vindoura de paz mundial.

– 18 –

ALIMENTAÇÃO RICA VERSUS ALIMENTAÇÃO POBRE EM PROTEÍNA

Fatos e Temores

A controvérsia alto teor de proteína *versus* baixo teor de proteína é uma questão que gera mais medo e confusão do que fatos. Para a nutrição, a abordagem da alta qualidade proteica foi inicialmente baseada em uma pesquisa alemã do século XIX, que afirmava que as pessoas necessitavam de, no mínimo, 120 gramas de proteína por dia. Essa forma de pensar continua até hoje, apesar de os nutricionistas considerarem atualmente que a necessidade gira em torno de 60-90 gramas de proteína por dia. A pesquisa feita por especialistas pelo mundo sugere que a necessidade real de proteína é mais próxima de 25-35 gramas e menos ainda na alimentação viva. Em programas de pesquisa diferentes, Ragnar Berg, renomado nutricionista sueco, e D. V. O. Siven, da Finlândia, concluíram que 30 gramas de proteína são suficientes para uma boa saúde.[1] O doutor Hegsted, da Universidade Harward, e o doutor Kuratsuen, do Japão, independentemente, descobriram que de 25-30 gramas são suficientes.[2] O doutor K. Eimer descobriu que quando os atletas reduziam a ingestão de proteína de 100 gramas de proteína animal para 50 gramas de proteína vegetal, o desempenho deles melhorava.[3] O doutor Chittenden, em um estudo completo com soldados e atletas, descobriu que 30-50 gramas de proteína por dia são suficientes para um desempenho físico excelente.[4]

É também interessante notar que a concentração proteica média no leite materno é de apenas 1,4 por cento, suficiente para suprir o organismo humano com todos os aminoácidos essenciais e as proteínas necessárias durante o período de mais rápido crescimento e desenvolvimento cerebral.[5] Os macacos, considerados mais fortes que os seres humanos, vivem de uma dieta de frutos que tem uma média de 0,2 a 2,2 por cento de proteínas, o equivalente à concentração proteica no leite materno humano. Esses fatos nos levam a questionar: de que quantidade de proteína nós realmente necessitamos?

Excesso de Proteína e Doenças Degenerativas

Em termos de combustão metabólica, o excesso de proteína na dieta não "queima de maneira limpa". Isso tem sido associado à criação de um sistema excessivamente ácido por causa do acúmulo de restos tóxicos de proteína metabólica, como ácido úrico e purina, nos tecidos. Airola destaca que o excesso de proteína "contribui para o desenvolvimento de muitas das mais comuns e sérias doenças, como artrite, problemas renais, piorreia, esquizofrenia, osteoporose, aterosclerose, doenças cardíacas e câncer", e que uma "alimentação de alta qualidade proteica causa envelhecimento precoce e reduz a expectativa de vida".[6] Uma dieta rica em proteína aumenta o ritmo do depósito de amiloide nas células. Amiloide é um subproduto do metabolismo da proteína, que é depositado nos tecidos conectivos e órgãos, o que tem sido associado à degeneração dos tecidos e órgãos e ao envelhecimento precoce.

Os russos têm tido alguns sucessos interessantes ao tratar a esquizofrenia com jejum e uma dieta vegetariana de baixo teor de proteína. Apesar de terem feito uma clara ligação entre uma dieta rica em proteína animal e certos tipos de esquizofrenia, a causa exata não está clara. Uma parte da disfunção cerebral pode estar relacionada a certas deficiências minerais e de vitaminas, causadas por uma dieta rica em proteína animal. A condição de esquizofrenia pode estar relacionada a deficiências de B_3, B_6 e magnésio, geradas por uma dieta rica em proteína animal.[7] Uma alimentação rica em proteína animal inclui vinte vezes mais fósforo do que cálcio, o que exaure o cálcio no sistema, tendo como resultado a osteoporose e a descalcificação dentária.[8] Esse dado sugere que a maioria das pessoas come excesso de proteína, e que esse excesso, especialmente se for proteína animal, é prejudicial à saúde.

A Doutrina Wendt

A doutrina Wendt, resultado de trinta anos de pesquisa de Wendt, Wendt e Wendt, uma família de médicos pesquisadores, foi reconhecida formalmente por cientistas nutricionais na Alemanha. Ela explica um dos principais fatores relacionando o excesso de consumo de proteína a algumas formas de doenças degenerativas crônicas.[9] Os Wendts provaram, com fotos de microscópio de elétrons, que o excesso de proteína obstrui a membrana basal – uma membrana de filtro localizada entre os capilares e as células, que ajuda a regular o fluxo de nutrientes e produtos de eliminação entre os capilares, as células e os fluidos nos tecidos em que penetram. Quanto maior for o excesso de proteína na alimentação, mais proteína se aloja na membrana basal, resultando em uma membrana mais grossa e com poros obstruídos. Isso dificulta que as proteínas, outros nutrientes e até mesmo o oxigênio atravessem a célula, e também dificulta que os produtos inúteis e de decomposição saiam da célula. Com o tempo, a membrana basal se torna tão obstruída pelo excesso de proteína, que as células da parede interna dos capilares começam a armazenar e secretar o excesso de proteína de formas insolúveis, os quais se acumulam na parte interna dos capilares e nas paredes das arteríolas, causando aterosclerose, hipertensão, diabetes, que se iniciam na fase adulta, e o que os Wendts chamam "degeneração de tecido capilarogênico", que é resultante das membranas basais obstruídas em todo o sistema. As membranas basais obstruídas produzem má nutrição celular e resultam em anóxia dos tecidos. De acordo com a hipótese do doutor Steven Levine, a anóxia é a causa de todas as doenças degenerativas.[10] A compreensão fundamental neste ponto é: o excesso de proteína na alimentação resulta em uma doença de armazenamento de proteína, que lentamente sufoca o sistema. É muito mais difícil meditar quando estamos sufocados no nível celular e a vitalidade do sistema está morrendo lentamente.

Os Wendts descobriram que todo esse processo pode ser revertido quando paramos a ingestão de toda a proteína animal por um período de um a três meses e com uma alimentação de baixo teor proteico. Eles destacam que as membranas basais de um feto são extremamente finas e porosas, portanto, os nutrientes podem atravessar facilmente as células, saindo delas ou entrando. Por não haver excesso de proteína no feto, eles acreditam que a membrana permite que todos os nutrientes entrem facilmente na célula. Segundo a hipótese deles, se um adulto tiver uma alimentação de baixa qualidade proteica ou fizer um jejum prolongado, ele alcançará a mesma porosidade, finura e permeabilidade da membrana basal de um feto. Isso permitiria uma excelente assimilação dos nutrientes nas células e a expulsão de produtos inúteis para fora dela. Garantiria o fluxo livre de energia no sistema e forneceria a energia metabólica necessária para meditar e ficar concentrado na Comunhão com o Divino.

Combinar Proteína é Desnecessário

Uma das práticas vegetarianas mais desnecessárias é a combinação de proteínas nas refeições. Esse conceito impreciso diz que o nosso sistema apenas utiliza a proteína em seu estado mais completo e que devemos comer todos os aminoácidos de uma vez para suprir o nosso sistema de modo que use as proteínas metabolicamente. Esse tipo de pensamento temeroso vem da ideia de que não armazenamos proteínas e aminoácidos. A doutrina Wendt prova que isso não é verdade. Pesquisas a respeito de indivíduos que jejuam de todo tipo de alimento mostram que a albumina sérica (*serum albumen*, uma medida da proteína no sistema) dessas pessoas permanece constante durante todo o período de jejum, apesar de não haver consumo de proteína.[11] A razão disso é a existência de um reservatório de aminoácidos, que continuamente envia aminoácidos livres ou complexos de proteína para onde eles são necessários no sistema.

No seu livro sobre fisiologia, o renomado fisiologista doutor Arthur Guyton descreve como esse reservatório de aminoácidos funciona. Ele afirma que, sob circunstâncias normais, todas as células contêm mais proteínas do que necessitam. Quando os aminoácidos são necessários em algum lugar do corpo, o excesso de proteínas nas células é reconvertido em blocos de construção de proteínas, chamados aminoácidos. Esses aminoácidos se difundem na corrente sanguínea e vão diretamente para as células que precisam deles, ou para o fígado, onde são transformados em novas proteínas e enviadas novamente para o sangue, para serem transportadas a locais apropriados. A combinação de alimentos para obter proteínas completas em uma refeição é completamente desnecessária por três razões: nosso sistema de equilíbrio aminoácido/proteína, nosso armazenamento proteico celular e o fluxo livre de aminoácidos na piscina de aminoácidos.

Há Proteína Suficiente nos Alimentos Veganos

O maior temor gerado pelos adeptos da carne e dos novos vegetarianos é o de não conseguir proteína suficiente. O problema real é exatamente o oposto: ingerimos proteínas em excesso. De acordo com o Instituto Max Planck para Pesquisa Nutricional na Alemanha, considerado por Paavo Airola como a mais respeitada e confiável organização de pesquisa nutricional no mundo, há muitas fontes de proteína vegetal superiores ou iguais às proteínas animais. O Instituto Max Planck descobriu que proteínas completamente vegetarianas, aquelas que contêm todos os aminoácidos essenciais, estão disponíveis em amêndoas, gergelim, abóboras e sementes de girassol, soja, trigo sarraceno e vegetais com folhas, e na maioria das frutas.[12] As frutas suprem aproximadamente a mesma porcentagem de proteínas completas que o leite materno.[13] Airola pensa que "é virtualmente impossível não obter proteína suficiente, contanto que você coma o suficiente de alimentos naturais não refinados".[14]

De 25 a 30 gramas de proteínas são mais do que suficientes para a nossa ingestão proteica. Se a proteína for ingerida na forma de alimento vivo ainda menos do que isso é necessário. Em muitos casos, conforme o nosso sistema muda com meditação, jejum, alimentação mais leve e o aumento de ingestão de alimento vivo, nossas membranas basais se tornam mais claras, mais porosas e mais finas, e assim a proteína que ingerimos entra na célula mais rapidamente. Com o bloqueio reduzido, mais quantidades da proteína que comemos passam através da membrana basal para as células, e assim a nossa necessidade proteica cai espontaneamente. Talvez, com o passar do tempo, poderemos descobrir que 1,4 por cento de proteína, equivalente à do leite materno, é tudo o que precisamos. Os limites inferiores não estão claramente estabelecidos no plano material para uma pessoa que está passando por uma metamorfose espiritual.

Proteína e Evolução Espiritual

O que se pode afirmar é que o excesso de proteína, de origem animal ou vegetal, diminui o fluxo da energia sutil no sistema e diminui a nossa capacidade como supercondutores. O excesso age como um lodo para a energia corpórea em geral, e especificamente para a energia Kundalini. De fato, quando a energia Kundalini se torna intensa demais para alguns indivíduos, o autor muitas vezes recomenda comer muita proteína vegetal, e, em raras ocasiões, até mesmo carne para diminuí-la. Essa suave mudança dietética funciona bem para as pessoas e é uma maneira de regular o fluxo da energia Kundalini.

O autor percebeu esse efeito de lodo pela primeira vez em 1972, quando se tornou vegetariano. Conforme minhas membranas basais começaram a clarear, sentia que, quando estava comendo castanhas e sementes em excesso, era para compensar uma alimentação vegetariana supostamente pobre em proteína. Quando fazia essa compensação de forma excessiva, se sentia intoxicado, com acidez, lento e era mais difícil se concentrar durante a meditação. Através de autoexperimentação, o autor encontrou a quantidade correta de ingestão de proteína para se sentir limpo e energizado. Com o decorrer dos anos, conforme suas membranas basais lentamente clarearam, diminuiu a ingestão de proteínas, baseado no sistema de retorno. O ponto é que não há regras. Com a auto-observação, à medida que nossa prática espiritual e nosso corpo mudam, é possível determinar quais são as nossas necessidades proteicas individuais. Uma ingestão de pouca proteína não é o objetivo, ou mesmo uma idealização. Comer o que nos ajuda a maximizar o fluxo de energia no corpo, a atividade da Kundalini e a experiência de nossa Comunhão com Deus são o propósito de uma alimentação apropriada, moderada e de pouca proteína.

As Necessidades de Proteínas são Individuais

O trabalho em *Conscious Eating* torna claro que algumas pessoas são geneticamente pessoas de oxidação rápida, ou têm metabolismo parassimpático, o que significa que necessitam de uma quantidade mais elevada da razão proteína/gordura para otimizar a produção energética na mitocôndria, onde o ATP, as moléculas de energia bioquímica, são produzidas. Outras pessoas têm geneticamente uma oxidação lenta, ou têm metabolismo simpático, o que significa que produzem a maior parte da energia bioquímica com uma alimentação de baixo teor proteico, rica em carboidrato e gordura moderada. Não há uma alimentação que seja única para todos. Em *Conscious Eating*, há um questionário para assegurar informações para se criar uma alimentação personalizada.

Resumo – Capítulo 18

1. Evidências científicas recentes sugerem que 25-30 gramas de proteína de qualidade são suficientes para uma boa saúde.
2. A ingestão excessiva de proteína está associada a muitas doenças degenerativas.
3. A doutrina Wendt mostra que o excesso de proteína obstrui as membranas basais dos capilares, não permitindo que o oxigênio e outros nutrientes possam passar para os tecidos e as células, resultando em anóxia, destruição de células e morte.

4. Com meditação, jejum e uma alimentação viva há uma gradual desintoxicação das membranas basais e, assim, assimilamos mais proteínas comendo menos. A nossa necessidade proteica diminui gradualmente.
5. Um excesso de proteína diminui o fluxo da energia espiritualizante da Kundalini e da energia do corpo em geral.
6. É de acordo com a nossa constituição individual que obteremos mais energia de uma dieta com um teor proteico mais baixo ou mais alto.

– 19 –

VITAMINA B_{12}

B_{12}

O trabalho na Tree of Life Foundation e todos os livros sobre nutrição do autor – *Nutrição espiritual e a dieta do arco-íris* (a edição anterior deste livro), *Conscious Eating* e *Rainbow Green Live-Food Cuisine* – ajudam a se sair bem quem deseja ser vegetariano e praticante da alimentação viva. Com esse objetivo, analisaremos cada tópico que se relacione com esse sucesso. Informações recentes inovadoras têm surgido, baseadas em novos estudos e técnicas, que pedem uma avaliação mais precisa do papel da vitamina B_{12} em uma dieta vegetariana. A questão da B_{12} é crítica para um modo de vida saudável, na prática da alimentação viva com sucesso.

Ela age como coenzima, cujo trabalho principal está relacionado ao processo de metilação, necessário para a produção de fosfatidilcolina, mielina, melatonina, catecolaminas, DNA, RNA, cisteína e de células de glóbulos vermelhos normais. Várias formas de B_{12} ativas funcionam como coenzimas no corpo: adenozilcobalamina, metilcobalamina, cianocobalamina (encontrada em suplementos e alimentos fortificados, pois é a forma mais estável da B_{12}) e hidroxocobalamina. Há muitas B_{12} análogas naturais nos alimentos, mas elas não funcionam como coenzimas ativas no corpo e podem, na verdade, bloquear a função de coenzima B_{12} ativa.

Compreendendo a absorção da B_{12}

A compreensão dos caminhos da absorção da B_{12} em seres humanos nos traz uma consideração adicional para o assunto B_{12}. Que se saiba, os únicos organismos que produzem a B_{12} são as bactérias, encontradas na água, no solo e no sistema digestório de animais e seres humanos (e, consequentemente, em seus tecidos ou no leite). A B_{12} não está no mel. Em carnes, ela está normalmente presa a uma proteína mensageira que faz transporte ou armazenamento. Nesse caso, quando ela alcança o estômago, os ácidos e as enzimas que são secretados no estômago liberam a B_{12} da proteína na qual ela estava presa, e ela então se prende a uma proteína específica, a proteína-R, que a transporta do estômago para o intestino delgado. O fator intrínseco (FI), uma proteína complexa que transporta a B_{12}, também é produzida no estômago. No intestino delgado, a B_{12} é separada da proteína-R via enzimas pancreáticas e se agrega ao fator intrínseco (FI). O FI a leva até o íleo, a última parte do intestino delgado, onde é absorvida por células receptoras especiais, designadas a receber os complexos cobalamina-FI. Esse complexo protege a B_{12} contra a degradação por bactérias e enzimas digestivas. E assegura que as células do íleo a absorvam com prioridade em relação às B_{12} análogas. A absorção de B_{12} pode também acontecer por difusão passiva, que é responsável por 1-3 por cento da B_{12} absorvida.

A B_{12} de suplementos não está ligada à proteína, portanto, não precisa passar por esse processo complicado. Quando grandes quantidades de B_{12} são ingeridas por suplementos, elas podem superar os defeitos do FI e ser absorvidas por difusão passiva. Ela pode ser absorvida via sublingual (debaixo da língua) em taxas mais altas do que na difusão passiva no íleo.

Em média, um não vegetariano armazena entre 2.000 e 3.000 microgramas (cuja abreviação é mcg) de B_{12} e perde aproximadamente 3 mcg por dia. Cerca de 60 por cento da quantidade total de B_{12} no organismo são armazenados no fígado e 30 por cento, no músculo.[1] O corpo tem um padrão circulatório especial entre o sistema digestório e o fígado. Através da bile, secretamos 1,4 mcg por dia de B_{12} no intestino delgado; pessoas saudáveis reabsorvem aproximadamente 0,7 mcg. As pesquisas sugerem que se uma pessoa tem baixa ingestão de B_{12} a sua taxa de absorção aumenta para atrair mais B_{12} para o sistema. No entanto, ainda há a possibilidade de uma perda lenta, dependendo da variação nesse tipo especial de processo circulatório, conhecido como circulação êntero-hepática, antes de desenvolvermos sintomas de deficiência de B_{12}.[2] Pequenas diferenças nessa circulação podem determinar quanto tempo levará antes de desenvolvermos uma deficiência de B_{12}.[3] Tudo isso ocorre acima do intestino grosso, e não tem nada a ver com o fato de o cólon estar limpo.

A Importância da B_{12}

Para compreender o significado desse assunto, precisamos entender um pouco da importância da B_{12} na alimentação. A B_{12} tem duas funções principais. A primeira é que a metilcobalamina é catalisada pela enzima síntase da metionina, para transformar a homocisteína em metionina. Quando essa enzima não está funcionando ou é deficiente, a homocisteína aumenta no nosso sistema. A homocisteína elevada também ocorre com deficiências de B_6 e ácido fólico. Algumas pesquisas recentes têm associado a homocisteína elevada a um potencial aumento de doenças cardíacas, deterioração das artérias e nervos, aumento de perda auditiva com a idade e 170 por cento de aumento da possibilidade de dois ou mais abortos no primeiro trimestre de gestação.[4] Outras condições associadas à homocisteína elevada são o mal de Alzheimer, defeitos no tubo neural e aumento da mortalidade. Quando há aumento na homocisteína, ela aparenta ser uma toxina de nervo ou uma toxina de vaso sanguíneo. A segunda função principal que a B_{12} assume é como uma coenzima, usando 5-desoxiadenosilcobalamina na enzima metilmalonil-CoA mutase, na conversão de metilmalonil-CoA para succinil-CoA. O succinil-CoA é parte da produção energética no nível mitocondrial nas células, que são as fábricas de energia das células e, portanto, do corpo inteiro. Essa é uma das razões pelas quais a deficiência de B_{12} pode levar a uma baixa de energia.

Um dos principais sintomas da deficiência de B_{12} e ácido fólico é a anemia macrocítica. O folato, também chamado de ácido fólico, é necessário para transformar o uracil em timidina, um bloco de construção essencial do DNA.[5] O DNA é necessário para a produção de novas células de glóbulos vermelhos e para a divisão celular dos glóbulos vermelhos. A B_{12} está envolvida nos caminhos que criam a metilcobalamina. Ela também produz uma forma de ácido fólico necessária para produzir o DNA. Portanto, se não há B_{12}, o ácido fólico pode se exaurir e diminuir a produção de DNA.

Medições Precisas de Níveis de B_{12}

Outra faceta da conversão de metilmalonil-CoA para succinil-CoA é que, quando a B_{12} não está disponível, o nível de metilmalonil-CoA aumenta e é convertido em ácido metilmalônico (AMM), que se acumula no sangue e na urina. *Como a B_{12} é a única coenzima necessária para esse caminho, o nível de AMM na urina tem sido considerado o melhor padrão indicador de deficiência de B_{12}*. Outras causas de ácido metilmalônico elevado são: defeitos genéticos, insuficiência renal, baixo volume sanguíneo, disbiose, gravidez e predisposição a hipotireoidismo. O teste de AMM é importante, pois a comunidade médica não considera mais os níveis séricos de B_{12} como medida precisa de sua quantidade apropriada. Em outras palavras, o nível sérico normal de B_{12} pode não significar que os níveis de B_{12} estão saudáveis. Precisamos de um teste de urina do AMM para realmente determinar a resposta. Esse é um ponto importante, pois quando o autor escreveu pela primeira vez sobre a B_{12}, em *Conscious Eating*, a determinação do teste AMM como padrão superior não tinha ainda ocorrido. Naquela época, algumas das afirmações do autor foram baseadas em pesquisas mundiais que usavam o nível sérico de B_{12}. O nível sérico de B_{12} de 200 pg/ml (pictogramas por mililitro) ou mais era considerado adequado. Como resultado desse novo padrão superior e do que sabemos a respeito do AMM e da homocisteína, há um consenso de que o nível sérico de B_{12} deve estar em torno de 340-405 pg. Em alguns casos, até 450 é necessário para manter um nível normal de homocisteína. Portanto, para se manter uma boa margem de segurança, um nível sérico de B_{12} menor que 450 pode ser considerado como indicativo de deficiência de B_{12}.

Deficiência de B_{12}

Uma variedade de sintomas de deficiência da B_{12} é importante para os veganos e para as pessoas que comem alimentos vivos. O primeiro é a baixa energia. Esta pode ser a razão pela qual algumas pessoas não se sentem bem com essa alimentação, além de não obter a proporção correta de proteína-carboidrato-gordura para o seu tipo constitucional. Há sintomas neurológicos específicos, frequentemente descritos como "degeneração combinada subaguda". Parte desse dano pode ser quase irreversível caso se torne crônico. Essa degeneração do sistema nervoso afeta os nervos periféricos e a espinha. Algumas das sensações neurológicas típicas incluem depressão, dormência e formigamento nas mãos e pés, nervosismo, paranoia, reflexos hiperativos, impotência, memória prejudicada e mudanças comportamentais. Esses sintomas de deficiência de B_{12} são compatíveis com os sofridos pelo famoso frugívoro Johnny Lovewisdom, que por pouco tempo liderou uma comunidade vegana no Equador. Ele sofria de fraqueza, paralisia parcial e, após alguns anos, foi incapaz de ficar em pé ou andar. Sintomas similares aconteceram em outra comunidade frugívora na Austrália, que também teve vida curta. Outros sintomas de deficiência de B_{12} incluem diarreia, febre, infecções frequentes nas vias aéreas superiores, infertilidade, língua ferida, aumento das membranas mucosas da boca, vagina e estômago, anemia macrocítica, baixa contagem de glóbulos brancos e plaquetas. Esses sintomas não devem ser confundidos com "crise de cura".

Duas das principais causas de danos nos nervos causados por deficiência de B_{12} são: 1) falta de metionina disponível para a conversão em S-adenosilmetionina (SAM), causando falta de SAM, necessário para a produção de fosfatidilcolina, que produz bainhas de mielina (revestimento para os nervos).[6]; 2) o acúmulo de propionil-CoA (uma molécula com 3 carbonos), que resulta da incapacidade de converter metilmalonil-CoA em succinil-CoA (4 carbonos), criando um excesso de ácidos graxos com uma cadeia de 15 e 17 carbonos, que são incorporados na estrutura dos nervos e alteram a sua função.[7] Algumas das causas de deficiência de B_{12} é a sua baixa ingestão e/ou absorção fraca, que normalmente vem pela perda do fator intrínseco e/ou falta de ácido estomacal.

Pesquisas consistentes na última década mostraram que veganos e praticantes da alimentação viva de ambos os sexos e de todas as idades têm um risco mais elevado de se tornarem deficientes em B_{12}.[8-21] Há mais de 15 estudos sobre veganos e mais 3 sobre praticantes da alimentação viva. O estudo mais impactante foi realizado por Dong e Scott em 83 indivíduos em uma conferência da Natural Hygiene Society. Dos praticantes da alimentação viva que não tinham suplementação de B_{12}, 92 por cento apresentavam deficiência. Essa possibilidade parece aumentar com o tempo em que se é vegano. Não há estudos que mostrem que os veganos não se tornem deficientes com o passar do tempo. Isso não significa que todos se tornem deficientes de B_{12} dentro de seis anos – pode ser que a deficiência não se revele por anos. Em 2000, um caso estudado por Bernstein[22] descreve um homem na faixa dos 80 anos que tinha sido vegano por 38 anos e relatava uma saúde excelente. Em um período de algumas semanas, no entanto, ele começou a se sentir estranho emocionalmente, deprimido, confuso e com incontinência, e perdeu as habilidades motoras de forma tão significativa, que quase não conseguia ficar em pé. Ele foi diagnosticado com demência senil. Mas, felizmente, foi testado para a B_{12} e descobriram que estava tão baixa, que não era nem detectável. Após uma injeção de B_{12}, ele conseguiu se sentar sem ajuda na manhã seguinte. A incontinência parou dentro de 48 horas e, em uma semana, seu estado mental retornou quase ao normal.

A deficiência de B_{12} é particularmente perigosa em recém-nascidos, especialmente bebês de mães praticantes da alimentação viva que estejam amamentando e que não tenham usado suplementos de B_{12}. Desde 1980, já houve 130 relatórios de sérias deficiências de B_{12} em bebês de mães veganas cuja alimentação principal era o leite materno, e cujas mães não tomavam suplementos com B_{12} para elas próprias ou para os bebês. A falta de B_{12} na alimentação da mãe causa uma severa falta de mielina no tecido nervoso.[23] A suplementação de B_{12} em bebês mostra um aumento rápido nos valores de B_{12}, mas a questão é se aparecerão problemas de desenvolvimento a longo prazo, mesmo que os valores de B_{12} voltem ao normal. Von Schenck, em uma revisão de 27 casos de deficiência de B_{12} em bebês, realizada em 1997, sugeriu que em muitos casos houve um dano permanente. Sete deles foram acompanhados por doze anos após o diagnóstico. Cinco destes sete apresentaram desenvolvimento neurológico anormal doze anos depois.[24] Mães veganas grávidas precisam de suplementação de B_{12} durante a gravidez e o período de amamentação. Em 1998, na Índia, Goraya relatou que muitos bebês amamentados no peito de camadas socioeconômicas baixas tinham deficiência de B_{12}. Alguns, mas não todos, responderam à terapia de B_{12}.[25] A conclusão é óbvia: prevenção é o conceito-chave. Em contraste com o armazenamento médio dos adultos, de 2.000-3.000 mcg de B_{12}, recém-nascidos de mães com B_{12} normal apresentam aproximadamente 25 mcg. Estudos mostram que o leite, durante a primeira semana de vida, não contém grandes quantidades de B_{12}.[26] O armazenamento de B_{12} nos bebês, no nascimento, é normalmente adequado para durar as primeiras semanas de vida.[27] Após esse período, eles precisam obtê-lo do leite materno ou de outras fontes. Se uma mãe vegana ou que come alimentos vivos já está deficiente de B_{12} durante a gravidez, o bebê poderá nascer com níveis seriamente baixos de B_{12} e desenvolver sinais clínicos de deficiência em duas semanas.[28] A pesquisa geral sugere que mesmo entre não vegetarianos a B_{12} pode ser insuficiente em bebês, e que talvez todas as mães que estejam amamentando devessem considerar a suplementação de B_{12} para si mesmas e para os seus bebês durante o período de amamentação. A falta de B_{12} na dieta da mãe durante a gravidez tem sido associada à falta de produção de mielina.[29] A deficiência de B_{12} em um bebê leva de 1 a 12 meses para se desenvolver. Ela, em geral, se manifesta como déficit de crescimento e falha na progressão do desenvolvimento. Os bebês são letárgicos, perdem a habilidade de usar os músculos adequadamente, têm tremores, e mesmo a sintonia sensorial diminui; eles também apresentam anemia macrocítica irregular.[30-31] Há algum questionamento de que apesar dos valores retornarem ao normal, as crianças com deficiência prolongada de B_{12}, antes de começar a suplementação, podem ter sofrido um desenvolvimento neurológico anormal.

Com o apoio de pelo menos um grande estudo no Reino Unido em 1988, que estudou 37 crianças veganas, temos a boa notícia de que houve desenvolvimento e crescimento normal em crianças que foram amamentadas por pelo menos seis meses com suplementação de B_{12}.[32] Outros estudos mostraram que jovens e adolescentes que receberam suplementos de B_{12} cresceram normalmente.[33-34]

Os adultos que foram vegetarianos sem suplementação de B_{12} por mais de seis anos normalmente apresentaram B_{12} mais baixa do que adultos não vegetarianos, em uma pesquisa geral. Em um estudo com adultos, feito por Crane et al.[35] em 1994, 81 por cento dos adultos veganos tinham B_{12} menor do que 200 pg, e 19 por cento desses 81 por cento tinham menos do que 100 pg. Isso corresponde à porcentagem de adultos que têm baixa em B_{12} na maioria dos estudos sobre veganos e pessoas que comem alimentos vivos. Na experiência clínica do autor, as pessoas que comem carne, assim como veganos e comedores de alimentos vivos, tendem a ter uma taxa de deficiência de B_{12} relativamente alta, apesar dos comedores de carne terem uma menor incidência. Entre vegetarianos e veganos, uma alta proporção está abaixo de 200 pg. Em um estudo, 62 por cento estavam abaixo de 200 pg e 19 por cento abaixo de 100 pg.[36] O estudo de 1982, relatado por Dong e Scott,[37] de praticantes da alimentação viva com 83 pessoas da Natural Hygiene Society, mostrou que 92 por cento dos veganos tinham B_{12} inferior a 200 pg, e 53 por cento tinham abaixo de 100 pg. A Organização Mundial da Saúde (OMS) considera deficiência de B_{12} o valor abaixo de 200 pg, usando o velho critério. As taxas de deficiência de B_{12} tendem a aumentar com o tempo em uma alimentação natural. Outro estudo, na Finlândia, em 1995, relatado por Rauma et al.,[38] examinou a condição da B_{12} de veganos com 100 por cento de alimentos vivos por um longo período de tempo e descobriu que 66 por cento deles tinham B_{12} mais baixa do que 200 pg. Um estudo feito em 2000, por Donaldson,[39] no centro Hallelujah Acres, onde há principalmente praticantes da alimentação viva, mas com alguma suplementação de B_{12} via levedura nutricional, mostrou que apenas 15 por cento das pessoas estavam abaixo de 200 pg, e nenhuma delas abaixo de 160 pg. A suplementação com levedura nutricional foi de 5 mcg de B_{12} vindos de uma colher de chá de Red Star Vegetarian Support. Estudos repetidos com veganos em diferentes regiões do mundo mostraram uma deficiência significativa de B_{12} em veganos que não recebiam suplementação de B_{12}, especialmente se eram veganos há seis anos ou mais. Alguns desses estudos foram: na Austrália, com pastores Adventistas do Sétimo Dia, feito por Hokin e Buttler, em 1995;[40] na Tailândia, em 1988, por Areekul et al.;[41] em 1980, em Israel, por Bar-Sella et al.;[42] por Tungtrongchitrat et al., em 1993,[43] por Crane et al., em 1994;[44] e na China, em 1988, por Wool et al.[45] Parece que houve um aumento na deficiência de B_{12} com o tempo. Quando os veganos tomaram suplemento de B_{12} não houve diferença significativa entre os níveis de B_{12} de veganos e não vegetarianos.[46-47] Isso também se confirma com idosos e ovolactovegetarianos suplementados com B_{12} *versus* não vegetarianos.[48-49]

Muitos não vegetarianos também têm pouca B_{12}, pois há muitos outros fatores que podem causar deficiência de B_{12}. Entre eles estão: absorção ou ingestão inadequada de proteína, calorias ou B_{12}; exposição à radiação; drogas e uma variedade de toxinas; ácido paraminosalicílico; álcool; tumores pancreáticos; deficiência do intestino delgado em contrair e movimentar a comida, associada ao aumento excessivo de bactérias; anticoncepcionais orais; infecções por fungos; doenças do fígado e dos rins, tabagismo; deficiência de ferro e B_6; e estresse mental.

B_{12} na Comida

Até agora, muitos de nós acreditávamos que a suplementação adicional para praticantes da alimentação viva com vegetais marinhos ou fórmulas probióticas era proteção suficiente contra a deficiência de B_{12}. Isso não parece ser o caso, de acordo com as pesquisas. Entre macrobióticos, principalmente os que cozinham o seu alimento, vemos uma alta porcentagem de crianças tendo retardo de crescimento devido à baixa ingestão de B_{12}. Muitos de nós achávamos que a espirulina, *Aphanizomenon flos-aquae* (AFA), e todos os vegetais marinhos tinham B_{12} ativa suficiente para evitar a deficiência de B_{12}. Embora a pesquisa não esteja completa, sabemos que, conforme foi destacado no livro *Conscious Eating*, essas substâncias têm B_{12} ativa para os seres humanos. O problema é que elas também têm uma quantidade significativa de B_{12} análoga, que compete com a B_{12} ativa para seres humanos. Essa quantidade análoga não foi medida nos estudos do autor apresentados em *Conscious Eating*. Usando a abordagem de excreção de AMM, que hoje é o padrão superior, a pesquisa mostrou que quando as pessoas usavam a alga japonesa *nori* crua e tostada a seco, a nori tostada a seco na realidade piorava a condição de AMM, o que significa que ela, na realidade, reduziu o nível de B_{12}. Portanto, nori tostada a seco pode possivelmente piorar a deficiência de B_{12}, mas crua parece manter o AMM no mesmo nível, significando que não prejudica a condição de B_{12}, mas a pesquisa mostrou que também não ajudava. Nenhuma comida das que foram testadas na Europa e nos Estados Unidos mostrou uma redução de AMM. As pesquisas precisam ser realizadas para responder a essa questão de maneira mais completa. O autor está esperançoso de que, no futuro, uma pesquisa de nível superior possa revelar um alimento vegano natural autêntico com B_{12}. A Vision Industries Inc. está interessada em fazer essa pesquisa de B_{12} com a AFA.

Muitas comidas veganas foram sugeridas como tendo a B_{12} ativa, mas poucas provam a capacidade de aumentar realmente os níveis de B_{12} ou de prevenir a sua perda.[50, 51, 52] A pesquisa mostrou, por exemplo, que o tempeh (soja fermentada) não supriu a B_{12} ativa para seres humanos. As pesquisas tanto nos Estados Unidos como na Holanda confirmaram isso.[53] Um trabalho realizado por Areekul et al. na Tailândia, em 1990,[54] mostrou que o tempeh de uma fonte específica da Tailândia tinha B_{12} análoga, mas que a soja fermentada não continha B_{12} e ainda *Klebsiella pneumoniae* foi isolada da cultura comercial ativa do tempeh. Outros alimentos, como cevada, xarope maltado, pão de massa azeda, salsinha, shitake, tofu, pasta de soja, tinham B_{12}, mas não pareciam alterar a condição da B_{12}. Arroz amazake, missô de cevada, missô, natto, missô de arroz, shoyu, tamari, umeboshi e uma variedade de nozes, sementes e grãos não continham nenhum elemento ou qualquer B_{12} análoga detectável. O estudo do autor, usando os mais recentes testes de padrão superior com o uso de bactérias de B_{12} ativas para determinar B_{12} ativa para seres humanos, mostrou, na verdade, que as algas arame, dulse, bodelha, kombu e wakame tinham valores significantes de B_{12} ativa para seres humanos; mas a pesquisa sugere que têm uma concentração análoga mais elevada, o que pode cancelar o seu efeito B_{12} nos seres humanos. Um estudo feito em 1991, por Miller, descobriu que a B_{12} sérica parecia não estar relacionada ao consumo de wakame, kombu e outros vegetais marinhos ou tempeh em crianças macrobióticas. Outros pesquisadores acreditam que é possível que a nori crua, não tostada a seco, possa ser uma fonte de B_{12} ativa. Outros estudos têm mostrado que a dulse tinha certa quantia de B_{12} análoga por porção.

Até que pesquisas sejam feitas para ver se esses alimentos realmente baixam os níveis de AMM, não podemos afirmar que só porque uma comida tem B_{12} ativa para seres humanos ela ajudará a evitar a deficiência de B_{12}, pois as análogas ativas não humanas podem estar bloqueando a B_{12} ativa para humanos. A mesma questão surge agora com a AFA, espirulina e clorela. Portanto, até que façamos realmente o teste AMM de urina destes e se verifique se o AMM foi afetado, é razoável comer esses alimentos. Mas não conte com eles para aumentar a sua B_{12} ativa.

Obtendo B_{12} de Forma Menos Saborosa

Há uma exceção à falta de B_{12} vegetariana, que é a produção de B_{12} pelas bactérias no nosso intestino grosso. Como essa B_{12} é produzida na área abaixo da qual a B_{12} é reabsorvida, ela não está disponível para a absorção. Algumas pessoas argumentam que muitas espécies de mamíferos inferiores não necessitam de B_{12}. Isso é verdade, pois muitas espécies que são animais basicamente vegetarianos comem as próprias fezes. Pesquisa em seres humanos também mostrou que se você comer as suas fezes obterá suficiente B_{12} (o autor não recomenda essa prática). O doutor Herbert conduziu uma pesquisa na Inglaterra, na qual veganos voluntários com deficiência de B_{12} documentada eram alimentados com extrações de B_{12} feitas de suas próprias fezes.[55] Isso curou as suas deficiências de B_{12}. Portanto, existe maneira vegana natural de fazê-lo. Pode não ser a maneira "mais saborosa", no entanto. A questão não é saber se temos ou não um intestino limpo. A bactéria produtora de B_{12} cresce nos intestinos, mas nós, seres humanos, normalmente não absorvemos a B_{12} do intestino grosso.

Algumas pessoas têm uma teoria de que comidas orgânicas, em várias regiões, melhorariam o teste de B_{12} reduzindo os níveis de AMM. Infelizmente, não há nenhuma pesquisa que comprove que comida orgânica, lavada ou não lavada, possa fazer alguma diferença para reduzir o AMM. Um estudo feito por Mozafar[56] em 1994 mostrou que quando B_{12} análogas eram colocadas no solo, com esterco humano ou de vaca, as plantas realmente as absorviam. Infelizmente, muitos solos nos Estados Unidos e no mundo são deficientes em B_{12}. Muitos animais, além de comer as próprias fezes, ingerem uma variedade de ovos, insetos, pequenos vertebrados ou solo. Por exemplo, os gorilas, que de todas as espécies são os mais próximos dos seres humanos veganos, comem insetos e, às vezes, as próprias fezes. Portanto, há maneiras de fazer isso para os veganos, mas, novamente, pode não ser algo muito agradável.

A Necessidade de Mais Pesquisa

O nível sérico de B_{12} do autor de 600 pg pode ter influenciado negativamente suas conclusões ao escrever o resumo de *Conscious Eating*, em 1990. O autor pode ter ficado nos 20 por cento dos veganos e praticantes da alimentação viva que não parecem ser afetados nos primeiros seis a dez anos. Sua preocupação maior é com os outros 80 por cento, que têm deficiência de B_{12}, e os aproximadamente 50 por cento cujos níveis de B_{12} caíram para menos de 100 pg no período de seis anos.

Essas conclusões gerais não estão finalizadas. Apesar de não haver pesquisa suficiente para provar que não há nenhuma comida vegana que aumente a B_{12} humana no sistema, há pesquisa suficiente para sugerir que a suplementação preventiva deve ser tomada para prevenir a deficiência de B_{12}. É possível que grandes quantidades de dulse, nori crua e da alga cocolitófora, também conhecida como *Pleurochritias cartera*, podem fornecer B_{12} ativa em níveis suficientes para seres humanos. Infelizmente esses alimentos não foram totalmente testados com o padrão superior. Foram necessários trinta anos para provar que fumar cigarros causava câncer, então, por que esperar trinta anos para descobrir?

Níveis Saudáveis de B_{12}

A próxima questão é qual o nível saudável de B_{12} sérica no sangue? A resposta é que um nível sérico de 340-405 pg mantém o nível de homocisteína dentro de um escopo normal, e que 450 pg dão uma cobertura ótima para quase todo mundo. Para uma diretriz geral, os seguintes níveis saudáveis podem ser de interesse. O nível sérico de homocisteína normal é de 2,2-13,2 micro-mol/litro. O AMM de urina normal para adultos é de 0,58-3,56 micro-mol/litro. O nível normal de B_{12} do leite materno é 180-300 pg por ml. O nível normal da urina em crianças é de 820-11.200 micro-mol/litro de AMM. O nível sérico de B_{12} normal em crianças é de 160-1.300 pg/ml.

Usando o teste AMM, o AMM elevado foi encontrado em sujeitos com B_{12} de até 486 pg. Esta é uma afirmação realmente importante, pois até esse momento a maioria dos estudos no mundo basicamente dizia que qualquer valor acima de 200 pg não era considerado deficiência. Esta foi uma das razões pela qual no livro *Conscious Eating* sugerimos que a B_{12} em muitos veganos e crudivoristas era normal baixo, mas ainda estava dentro do normal. Com o teste de urina AMM, os estudos mostram que sem suplemento de B_{12}, os veganos têm níveis de homocisteína mais elevados do que ovolactovegetarianos e não vegetarianos, o que significa que eles têm deficiência de B_{12}. A boa notícia, naturalmente, é que a suplementação de B_{12} reduzirá esses altos níveis de homocisteína, que voltarão ao normal.

Suplementação de B_{12}

A conclusão da pesquisa diz que *é razoavelmente seguro apostar que 80 por cento dos veganos e da população que come alimentos vivos em um período de seis a dez anos correm o risco de ter uma deficiência clínica ou subclínica de B_{12} e um aumento nos níveis de homocisteína*. Num período de 30 a 50 anos, essa proporção poderia alcançar 100 por cento. Uma porcentagem ainda mais elevada de recém-nascidos corre esse risco. Por causa dessa preocupação, particularmente para os praticantes da alimentação viva, companheiros do autor, e para os veganos, *é muito aconselhável tomar suplementos verdadeiramente ativos de B_{12} para seres humanos*, especialmente durante a gravidez e a amamentação. Há suplementos de B_{12} veganos que nos permitem ter um sucesso completo, sendo praticantes do veganismo ou da alimentação viva.

A recomendação geral do autor é que, se você tem sintomas de deficiência de B_{12}, comece com um injeção de 1.000 mcg, uma vez por semana, durante 1 a 2 meses, ou uma administração oral de 100 mcg por dia, por 4 a 8 semanas. Depois de 2 meses de suplementação oral, a dose pode ser reduzida à metade. Após um mês, ela pode até ser cortada pela metade novamente. A levedura Nutritional Red Star é um alimento fortificado com B_{12}, que corta significativamente a taxa de deficiência de B_{12} para 15 por cento em um estudo, mas, sendo uma levedura, pode ativar a infecção por cândida. A abordagem mais segura e saudável é de fazer a suplementação com um extrato vivo de B_{12}.

A arte da suplementação de B_{12} é relativamente simples. A necessidade mínima é de aproximadamente 6 microgramas por dia. Nós perdemos 3 mcg por dia. Na Tree of Life Foundation, temos um suplemento de B_{12} ativada, de alta ressonância celular, que tem 6 mcg por meia colher de chá. O autor recomenda meia colher de chá duas vezes ao dia, na água. Esta forma líquida é ideal para crianças. O autor sente que uma ingestão de área menor imita melhor a maneira como o corpo assimila a B_{12}. Mastigar um tablete de B_{12} ou deixá-lo dissolver na boca também é uma maneira simples. Crane et al., em 1994, sugere um tablete de 100 a 500 mcg pelo menos uma vez por semana, se o tablete for mastigado. Aqueles que mastigaram um tablete de 100 mcg uma vez por semana por 6 semanas tiveram o seu nível de B_{12}, de uma média abaixo da normal de 116, aumentado para mais de 291. Aqueles que o engoliram sem mastigar aumentaram de uma média de 123 para 139. Os suplementos de B_{12} feitos de cianocobalamina são prejudicados pela exposição prolongada à luz.[57] Por causa da vulnerabilidade dos fumantes em relação à cianocobalamina, pode-se usar uma suplementação oral com metilcobalamina (dibencozide) e adenosilcobalamina (coenzima B_{12}). A hidroxicobalamina também é uma boa forma de suplementação, mas normalmente é usada de forma injetável. Na Tree of Life Foundation, usamos essa forma de injeção. A pesquisa mostra que ela é retida no corpo mais que a cianocobalamina. A metilcobalamina e adenosilcobalamina requerem de 1.000-2.000 mcg por dia para uma suplementação adequada.

Outra questão relevante para a suplementação de B_{12} é saber o quanto ela é segura. O Instituto de Medicina ainda não estabeleceu um limite superior de segurança para a ingestão de B_{12}. Alguns pesquisadores sugerem que uma ingestão de 500-1.000 mcg por dia de B_{12} é completamente segura, e que a contribuição do cobalto e cianeto em 1.000 mcg de cianocobalamina é toxicologicamente insignificante.[58] No entanto, para pessoas com dificuldades metabólicas em relação ao cianeto, falha renal crônica e fumantes seria mais seguro usar outra forma que não a cianocobalamina. A razão disso é que essas circunstâncias podem ter afetado sua habilidade em desintoxicar-se de cianeto. Não há até o momento nenhuma evidência significativa de que a cianocobalamina seja prejudicial aos fumantes veganos. Essa é uma consideração mais teórica.

Algumas pessoas comem de acordo com a filosofia ou a crença do que acreditam ser natural. Isso pode causar problemas. Por exemplo, os judeus negros, um grupo de afro-americanos que migrou de Israel, têm níveis muito elevados de deficiência de B_{12} em bebês, com certa quantidade de mortes relacionada a essa deficiência, assim como deficiência de B_{12} em adultos. Eles não acreditavam em suplementos. Dados de um estudo de 1982 realizado por Shinwell e Gorodischer[59] mostraram que nos bebês amamentados por três meses e depois alimentados com leite de soja diluído, feito em casa, no período de três meses a um ano, uma porcentagem significativa tinha deficiências proteicas e também de zinco, B_{12} e anemia de ferro. Entre os 25 bebês nessa condição, 3 morreram ao chegar ao hospital e outros 5 morreram dentro de poucas horas, apesar do tratamento. Os níveis séricos estavam baixos em 9 dos 15 casos, e não eram detectáveis em 3. Este não é um bom exemplo de como queremos tratar as crianças. Podemos fazer as escolhas. Há uma teoria do que significa ser natural, mas também há uma teoria do que significa ser saudável.

O significado de ser bem-sucedido é ser completamente saudável, o que inclui não ter deficiência de B_{12} nem níveis elevados de homocisteína. É a opinião médica do autor, como médico holístico, nutricionista e vegano desde 1973, e adepto da alimentação viva desde 1983, e como pessoa comprometida em dar suporte a todos aqueles que escolhem uma alimentação viva praticada de forma saudável, que é mais inteligente incorporar algum suplemento de B_{12} em sua alimentação. É mais natural ser saudável do que ser qualquer coisa menos isso. Pode ser a primeira vez na história desde o Jardim do Éden que, como uma cultura, temos a capacidade de seguir de maneira saudável os ensinamentos veganos do Gênesis, 1, 29.

Resumo – Capítulo 19

1. A B_{12} é fundamental para uma boa saúde e bem-estar.
2. Aproximadamente 80 por cento das crianças e adultos praticantes da alimentação viva e veganos se tornam deficientes em B_{12} depois de seis a dez anos, se não tomarem suplementação de B_{12}.
3. Os bebês amamentados por mães que têm deficiência de B_{12} podem se tornar deficientes em até duas semanas e sofrer danos irreparáveis.
4. O autor recomenda enfaticamente suplementos de B_{12} para todos os praticantes do veganismo e da alimentação viva manter uma ótima saúde e bem-estar.

– 20 –

A LUZ DOS ALIMENTOS VIVOS

Alimentos Vivos

A Nutrição Espiritual é uma alimentação vegana espiritual especial, que tem por objetivo nos ajudar a transcender a consciência corporal, limpar os koshas, acalmar os vrittis da mente, limpar os nadis e expandir o prana. Por essa razão, a Nutrição Espiritual é mais disciplinada do que uma alimentação vegetariana regular, geralmente mais leve, e inclui jejum espiritual e a ingestão de alimentos vivos principalmente (raízes não cozidas, folhas, frutas, castanhas e sementes). Estes são os chamados alimentos dos rishis (sábios) ou dos antigos iogues, assim como a provável alimentação dos essênios.

Alimentos vivos são alimentos crus e não cozidos, alimentos naturalmente fermentados como o chucrute e o missô, comidas desidratadas nas quais a temperatura não excedeu 45 °C. São alimentos que têm as enzimas naturais intactas e não foram processados por irradiação, uso de pesticidas, nem foram colocados no micro-ondas, não possuem aditivos artificiais, não são geneticamente modificados ou cozidos (aquecidos acima de 45 °C através de fervura, cozimento, fritura, assados ou torrados etc.). Os alimentos vivos são ricas em prana e trazem a força do prana não apenas para o corpo, mas também para a mente, ajudando a purificar os 72 mil nadis e a expandir a consciência. Elas são os alimentos mais poderosos para aumentar o fluxo da energia Kundalini Shekhinah e limpar os nadis, através das quais a Kundalini Shekhinah flui no plano sutil. A alimentação kedusha-sátvica nos ajuda a sermos supercondutores de prana. À medida que o prana aumenta no nosso corpo, os nadis se abrem naturalmente, permitindo-nos a percepção mais profunda da Verdade e da realidade como Unidade.

A Integralidade da Alimentação Viva

A integralidade da alimentação viva significa que ela não apenas é produtora de saúde, mas não é reproduzível pela ciência, que tende a fragmentar a nutrição. A alimentação viva significa integralidade. É a integralidade holográfica da comida, o padrão energético completo da comida, que dá a ela outra qualidade e poder.

O cozimento e outras formas de processamento como o micro-ondas, a irradiação e a engenharia genética, destroem a qualidade e os componentes dos alimentos (e nós ainda não conhecemos completamente toda a extensão dessa destruição). Além de representar um risco, o cozimento também diminui significativamente a quantidade de nutrientes, vitaminas, minerais, proteínas, gorduras, ácidos orgânicos e outros fitonutrientes menos conhecidos como os bioflavonoides, que são componentes fundamentais para a ativação positiva da expressão dos genes. Por serem os fitonutrientes ativos nos alimentos vivos, eles têm um papel significativo na regulação dos genes. Uma alta porcentagem dos fitonutrientes é destruída quando as comidas são cozidas. É interessante notar que os fitonutrientes formam uma parte integral da Dieta do Arco-Íris (ver Capítulo 26).

Os Efeitos de Cozinhar Alimentos

Se devemos cozinhar os alimentos é um assunto controverso. Para muitos e mesmo para o autor até 1983, isso não era um problema, porque parece que é natural cozinhar a maioria dos alimentos. Algumas pessoas sugerem que tudo deve ser cozido, outras dizem que frutas e grãos devem ser cozidos, e outras ainda dizem que 100 por cento de comida crua é o caminho. Aplicando todos os níveis do paradigma da Nutrição Espiritual, incluindo o seu aspecto material, podemos obter alguma perspectiva sobre este assunto.

Precisamos examinar o efeito dos alimentos cozidos em nós mesmos e na comida. Durante o cozimento normal, as enzimas são destruídas, a forma ativa das vitaminas e dos minerais é parcialmente destruída, pesticidas e fungicidas se decompõem e formam compostos tóxicos e há um aumento de radicais livres. Cozinhar os alimentos também coagula 50 por cento das proteínas, de acordo com o Instituto Max Planck. Além disso, fato de se comer alimentos muito quentes pode, na verdade, romper as enzimas digestivas do revestimento da mucosa do estômago. Comer alimentos cozidos também causa um aumento imediato na contagem de glóbulos brancos.

A Importância das Enzimas Biologicamente Ativas na Alimentação

No plano físico, todos os nossos processos vitais dependem do funcionamento das enzimas. Elas são os agentes físicos da vida, importantes para a digestão, para a desintoxicação dos poluentes internos e a poluição ecológica externa, para o reparo do DNA, para a manutenção do nosso sistema imunológico e para todos os nossos processos metabólicos e regenerativos. Estima-se que haja de 75 mil a 100 mil sistemas enzimáticos diferentes no corpo.[1] A doutora Ann Wigmore chama a conservação das enzimas de segredo da vida.[2] O doutor Howell, pioneiro em trabalhos com as enzimas alimentares nos Estados Unidos, diz que a quantidade de enzimas que temos no corpo é equivalente ao que chamamos de energia vital ou vitalidade e acredita que o nosso nível enzimático é um indicativo da condição de saúde.[3] Há alguma evidência interessante associando a reserva enzimática com a longevidade e a vitalidade. Por exemplo, a amilase na saliva humana é trinta vezes mais abundante nas pessoas com cerca de 25 anos do que nas pessoas com média de idade de 81 anos. O nível enzimático total em besouros jovens é o dobro do encontrado em besouros mais velhos. As mosquinhas das frutas, os grilos e os ratos têm mais enzimas quando são jovens.[4] Depois de serem submetidas a doenças crônicas, o nível de enzimas dos seres humanos é exaurido.[5]

As comidas naturais cruas são repletas de enzimas ativas necessárias para a digestão. Elas são liberadas no momento em que começamos a mastigar e a quebrar as paredes celulares dos alimentos. Isso se parece com a descoberta de que carboidratos não processados, como os grãos ou a cana-de-açúcar crua, têm a quantidade correta de cromo que age como um cofator para a sua assimilação. Quando esses alimentos são processados comercialmente e se tornam produtos como farinha branca e açúcar branco, eles perdem grande parte do cromo, assim, para assimilar o cromo temos de retirá-lo do estoque do nosso organismo.[6] Com o tempo e com essa prática, o cromo diminui nos tecidos, assim como comer alimentos cozidos resulta em uma redução de enzimas.

Enzimas

As enzimas contêm o poder da vida. A alimentação viva ajuda a manter a qualidade e a quantidade da piscina enzimática e, assim, ajuda a promover a longevidade. As enzimas são proteínas vivas que direcionam a força vital para os nossos processos bioquímico e metabólico básicos. Elas até ajudam a consertar os nossos DNAs e RNAs. E transformam e armazenam energias no corpo, produzem hormônios ativos e participam dos seus ciclos produtores. Dissolvem as fibras e previnem a coagulação, têm efeitos anti-inflamatórios e analgésicos e podem prevenir edemas. Em *Conscious Eating*, explicamos como as enzimas podem ajudar a construir e a estimular o sistema imunológico, ajudar a curar o câncer, a esclerose múltipla, a artrite reumatoide e minimizar o efeito de ferimentos atléticos, diminuindo o tempo de recuperação. As enzimas, naturalmente, são necessárias para a digestão. As enzimas dos alimentos vivos provaram ter efeitos de antienvelhecimento, efeito de prolongamento de vida, efeitos antidegenerativos nas doenças e uma alta vitalidade no próprio alimento. Elas funcionam, juntamente com a estrutura celular, na mitocôndria celular no núcleo das células, que são as fábricas de energia do sistema. Algumas enzimas se movem mais livremente no organismo, pois são necessárias para a digestão ou no soro do sangue sendo carregadas para diferentes partes do corpo. Muitos desses sistemas enzimáticos móveis, particularmente as proteases, têm o objetivo de transferir proteínas na "alfaglobulina" do soro. A alfaglobulina transfere enzimas e outras moléculas de várias partes do corpo para regular todos os seus processos.

Quando processamos os alimentos ao aquecê-los a temperaturas superiores a 45 °C (ou ao fervê-los por 3 minutos), ocorre uma destruição de 100 por cento das enzimas.[7] As enzimas destruídas pelo cozimento são aquelas que pré-digerem a comida no parte superior do estômago ou na "enzima alimentar" nos primeiros 30 a 60 minutos do ciclo digestivo. Comer, principalmente alimentos vivos, aumenta a pré-digestão. Isso significa que necessitamos menos das nossas próprias enzimas digestivas (endógenas) do estômago, pâncreas, fígado e intestino delgado para completar o trabalho digestivo. Há evidências de que a quantidade de secreção enzimática endógena diminuirá ou aumentará dependendo de quanto ela for necessária.[8] Isso é importante devido ao que o doutor Howell chama de a "Lei de Secreção Adaptativa das Enzimas",[9] que significa que a energia enzimática vai para onde ela é necessária no corpo. O doutor Howell acredita que as enzimas representam certa quantidade de energia, assim como a quantidade real de moléculas enzimáticas. Se menos energia enzimática é necessária para a digestão, haverá mais disponível para aumentar outros processos corpóreos. Por exemplo, se estamos machucados ou doentes, sentimos uma diminuição do apetite, pois a necessidade principal da energia enzimática é para debelar a doença e fazer o conserto do corpo.

Um artigo no *Journal of Medical Hypothesis* estima que cada célula possui 90 milhões de grupos metil ao nascer.[10] Todo envelhecimento e degeneração física e mental, incluindo o câncer, são caracterizados por perda de grupos metil. A expressão dos oncogenes (genes causadores de câncer) e genes anticâncer está associada à perda de grupos metil no nível celular. A perda média é de 1.800 grupos de metil de DNA por célula por dia, limitando a duração da vida para 65 a 70 anos. Se a perda pudesse ser cortada para 1.200 grupos metil por célula por dia, a duração da vida poderia aumentar para 95 anos, pois o DNA funcionaria melhor. Quando cozinhamos o alimento, destruímos as proteases (enzimas proteolíticas), e isso faz com que seja necessário mais ácido clorídrico (HCl) na digestão. O ácido clorídrico betaína orgânico (trimetilglicina) é um doador importante de grupos metil. Portanto, cozinhar os alimentos indiretamente resulta em uma perda acelerada de grupos metil, pois menos HCl estará disponível para doar grupos metil, já que está sendo usado no processo digestivo. Portanto, o processo de degeneração (envelhecimento) é acelerado. Com a idade, o estresse e as doenças crônicas, o acúmulo de enzimas no nosso corpo diminui, pois as enzimas, tão críticas para a saúde, são usadas nessas situações. Conforme a piscina enzimática diminui com a idade, a habilidade de realizar tarefas para manter o corpo saudável também diminui. Quando a concentração de enzimas diminui no corpo, o processo de envelhecimento se acelera. É preciso lembrar que as enzimas são proteínas complexas produzidas pelo DNA. Assim, quando os genes de rejuvenescimento são ativados (como veremos no Capítulo 21), eles também ativam as enzimas para manter a saúde e o bem-estar. Uma forma de conservar o armazenamento de enzimas no corpo é comer alimentos vivos, pois as comidas em seu estado natural estão carregadas de enzimas, que são então transportadas pelo corpo para construir as reservas enzimáticas.

Comendo alimentos nos quais as enzimas não foram destruídas, mantemos uma entrada enzimática exógena contínua no sistema e, portanto, diminuímos a depleção endógena da energia enzimática. Há evidências fortes de que o excesso de enzimas liberadas pelos alimentos vivos, ou mesmo de suplementos enzimáticos, pode ser absorvido pelo sistema para aumentar o nosso conteúdo enzimático e energia. Dessa forma, a alimentação viva pode, na realidade, acrescentar energia enzimática e material no sistema. Há três principais métodos no plano físico para manter ou aumentar a energia enzimática no sistema: a alimentação viva, o acréscimo de enzimas na forma de suplementos e o jejum. O resultado da conservação e do aumento de energia enzimática na área digestiva é que mais energia enzimática estará disponível para a nossa vitalidade, desintoxicação corporal, função metabólica, dissolução de tecido cicatricial e depósitos cristalizados nos tecidos, digestão de tecidos graxos excessivos e regeneração. O aumento na vitalidade e saúde gera mais energia para ser empregada em nossa vida espiritual, e está mais disponível para ser transmutado em energia espiritual. Esta é uma das formas de como os alimentos vivos intensificam a vida espiritual. Apesar de certas doenças significarem um período de crescimento espiritual importante, a observação do autor mostra que pessoas com baixa vitalidade física têm menos energia disponível para o foco espiritual.

Uma das ilustrações mais intensas da importância da alimentação viva para a saúde e vitalidade é o estudo feito pelo doutor Francis Pottenger[11] – um estudo de dez anos com quatro gerações de 900 gatos. Metade dessa população recebeu como alimento carne e leite crus; a outra metade recebeu carne cozida e leite pasteurizado. Os gatos que receberam o alimento cozido desenvolveram doenças degenerativas similares àquelas encontradas na sociedade. A cada geração havia um aumento das anormalidades congênitas dos ossos e outros tipos, e uma diminuição na função imunológica e endócrina. Na terceira geração, os gatos alimentados apenas com comida cozida estavam estéreis e apresentavam muita deformação congênita. A conclusão foi que algumas qualidades sensíveis ao calor faltavam na carne cozida e no leite pasteurizado, e os únicos fatores que conhecemos que são completamente destruídos pela pasteurização são as enzimas ativas biologicamente. O estudo sugere que a ausência de enzimas no alimento cozido causou a diferença.

Na Nutrição Espiritual, cozinhar, congelar e irradiar são atos que destroem as estruturas físicas das enzimas e outros nutrientes, e rompe e desorganiza padrões de CEOSs etéreos. Para revitalizar esses nutrientes de modo que sejam absorvidos no sistema, os CEOSs devem ser reenergizados e reorganizados. Para fazer isso, a energia deve vir do nosso próprio sistema de CEOS geral. Retirar energia dos nossos CEOSs aumenta a entropia e o envelhecimento do nosso sistema. As enzimas representam pontos focais de vórtice de alta energia, em especial para trazer a energia dos CEOS para o plano físico, para todas as funções gerais, assim como para a transmutação biológica. Quanto mais sistemas enzimáticos viáveis nós temos, mais avenidas se abrem para nos energizarmos e nos revitalizarmos dessa forma. Apesar de não ser uma crença comum entre médicos alopatas nos Estados Unidos, a literatura mundial indica fortemente que as enzimas em forma completamente ativa podem ser absorvidas através do intestino delgado, principalmente através das placas de Peyer, e ir diretamente para o sangue. Alguns estudos sugerem que de 40 a 70 por cento das enzimas proteolíticas podem ser absorvidas dessa forma.

A Energia da Alimentação Viva

Uma enorme quantidade de energia extra está disponível nos alimentos vivos. Um dos estudos que mais demonstra isso foi feito na Rússia pelo doutor Israel Brekman.[12] A experiência foi simples. Ele alimentou os mesmos ratos com alimentos cozidos e alimentos vivos em épocas diferentes – a mesma comida, os mesmos ratos –, com a única diferença de a comida ser ou não cozida. Ele mediu a quantidade de energia e a resistência dos ratos quando eles comiam apenas alimentos vivos e quando comiam as mesmas quantidades de alimentos cozidos. Os ratos tinham três vezes mais energia e resistência com a alimentação viva do que quando comiam o alimento cozido. Se a nutrição fosse simplesmente uma questão de calorias, não deveria haver diferença na resistência e força entre comer alimento vivo ou alimento cozido. No entanto, houve claramente uma diferença no efeito. A razão disso é que as comidas não são simplesmente calorias. O paradigma da caloria, desenvolvido em 1789, está completamente ultrapassado, apesar de ainda ser usado nas ciências nutricionais.

As comidas têm nutrientes sutis, nutrientes gerais, energias elétricas, fitonutrientes, enzimas, vitaminas e minerais. O potencial elétrico para os tecidos e as células é o resultado direto da vida nas células. A alimentação viva aumenta o potencial elétrico em nas células, entre as células, na interface das membranas celulares e na interface das células com as cargas elétricas microcapilares. Quando as células têm potencial microelétrico adequado, elas têm o poder de se livrar de toxinas e manter a sua capacidade seletiva de trazer nutrientes apropriados, oxigênio e hidrogênio para dentro do seu núcleo, assim como para alimentar a mitocôndria. Isso ajuda a manter, reparar e ativar o DNA. O professor Hans Epinger, que foi diretor da Primeira Clínica Médica da Universidade de Viena, descobriu que a alimentação viva aumentava especificamente o potencial microelétrico do corpo. Descobriu ainda que a alimentação viva aumenta a capacidade seletiva das células, aumentando também os potenciais elétricos entre as células dos tecidos e as células capilares. Ele observou que a alimentação viva melhorava significativamente a excreção intra e extracelular de toxinas, assim como a absorção de nutrientes. Ele e seus colegas concluíram que o alimento vivo era o único capaz de restaurar o potencial microelétrico dos tecidos. Em suma, então, podemos dizer que restaurando o potencial elétrico das células, a alimentação viva rejuvenesce a força vital e a saúde do organismo.

Luz Viva

De outro ponto de vista, a fotografia Kirlian tem sido muito útil para validar a nossa compreensão do potencial bioelétrico dos alimentos. Diferentes pesquisadores têm verificado que um campo luminescente, um campo de radiação natural ao redor dos organismos vivos, toma a forma de uma descarga coronal que podemos ver com a fotografia Kirlian. A fotografia Kirlian mostra claramente que alimentos vivos têm um campo áurico e luminescente mais forte que alimentos cozidos. Algumas pesquisas até mostraram que uma pessoa que come comida de baixa qualidade, ou cozida, tem um campo muito menor do que quando muda para uma alimentação integralmente viva e natural. Isso nos leva a concluir que todos os organismos vivos são feitos de padrões de energia ressonante ou campos energéticos organizadores sutis (CEOS). Essa energia se reflete no funcionamento de cada célula, e o campo elétrico das células mantém a integridade do sistema biológico. Podemos pensar a respeito da luminescência elétrica na fotografia Kirlian como uma medida da força vital na célula. Quanto mais forte a força vital na célula, mais forte é a luminescência elétrica que podemos ver na fotografia Kirlian, ou seja, a luminescência elétrica representa a soma pictórica do potencial elétrico de cada célula. A conclusão óbvia é que quanto mais saudável for o potencial elétrico de cada célula nos tecidos, mais saudável nós seremos.

A médica, física, bioquímica e farmacologista doutora Joanna Budwig, da Alemanha, foi uma das primeiras pesquisadoras a combinar um conhecimento profundo de mecânica quântica e física com um conhecimento profundo da fisiologia e da bioquímica. Em sua elevada posição científica, ela concluiu que não apenas as comidas ricas em elétrons agem como doadores de elétrons de alta potência, mas que também agem como campos ressonantes solares no corpo para atrair, armazenar e conduzir a energia solar no nosso corpo. Segundo sua teoria, os fótons da luz do sol, que ela chama de "elétrons solares", são atraídos pelos elétrons semelhantes ao sol, ressonando em nosso próprio sistema biológico, especialmente na nuvem de elétrons de dupla ligação encontrada no sistema lipídico e nos ácidos graxos ômega-3, tais como os que obtemos da semente de linhaça. Esses elétrons da luz solar, chamados "elétrons-pi", têm a habilidade, na estrutura molecular, de atrair e ativar os fótons do sol. A doutora Budwig acredita que a energia que absorvemos desses fótons solares agem como um fator de antientropia, ou antienvelhecimento. Como resultado de sua teoria, ela acredita que os alimentos vivos, e particularmente a semente de linhaça, que contém três nuvens de elétrons altamente ativas nas duplas ligações, ajudam a trazer uma grande quantidade de elétrons-pi para o sistema. Por outro lado, pessoas que comem alimentos refinados, cozidos ou altamente processados diminuem a sua quantidade de elétrons solares que energizam o sistema e reduzem a energia abaixo da quantidade necessária para criar campos ressonantes solares altos em elétrons. A doutora Budwig acredita que as comidas processadas podem agir até como isolantes de um fluxo saudável de eletricidade. Em outras palavras, quanto mais elétrons solares nós absorvemos como resultado da ingestão de alimentos vivos pela alimentação, melhor poderemos ressoar, atrair e absorver elétrons solares em ressonância direta do sol e de outros sistemas solares.

A saúde e a consciência dependem da habilidade de atrair, armazenar e conduzir a energia dos elétrons. Quanto maior o nosso armazém de energia luminosa, maior o poder do nosso campo eletromagnético em geral, e consequentemente teremos mais energia disponível para a cura e manutenção de uma saúde ótima. Metaforicamente, um campo ressonante solar forte promove a revolução da humanidade para alcançar toda a nossa potencialidade como seres humanos (solares). A luz apoia a evolução; a falta de elétrons-pi no corpo atrasa a evolução.

Outra pesquisa muito interessante, discutida anteriormente neste livro, foi relatada pelo pesquisador alemão doutor F. A. Popp em 1984, em um trabalho chamado "Emissão de biofótons: nova evidência da coerência no DNA".[13] Ele destaca a existência de biofótons, um fenômeno energético de emissões de fótons ultrafracos nos sistemas vivos. O doutor Popp mostrou que o DNA é uma importante fonte de emissão de biofótons. Capaz de medir essa emissão com um aparelho que ele chamou de biofotômetro, ele descobriu que 97 por cento do DNA está associado à transmissão de biofótons e apenas 3 por cento está preenchido com informação genética. Talvez esta seja a função do que muitos chamam de DNA de baixa qualidade. As emissões de fótons ultrafracos de células vivas e organismos são diferentes do fenômeno da bioluminescência. O doutor Popp descobriu que as pessoas mais saudáveis têm quantidade mais elevada de emissão de biofótons, e que as pessoas doentes têm uma menor quantidade. A existência da emissão de biofótons é um aspecto importante para a compreensão da importância de se ter abundância de alimentos vivos na alimentação. Os biofótons são emitidos por uma variedade de formas de macromoléculas, incluindo enzimas, clorofila, hemoglobina, DNA e RNA. O doutor Popp descobriu que alimentos que geralmente emitem a maior quantidade de biofótons são os orgânicos vivos, selvagens.

O Efeito do Cozimento nas Vitaminas e em Outros Componentes Alimentares

Os resultados das pesquisas variam, mas a maioria dos pesquisadores indica que há pelo menos 50 por cento de perda de vitamina B nos alimentos cozidos. Algumas perdas, como a da tiamina, podem chegar a 96 por cento quando o alimento é fervido por tempo prolongado. As perdas de biotina podem chegar a 72 por cento, de ácido fólico até 97 por cento, de inositol até 95 por cento, e de vitamina C de 70 a 80 por cento.[14] Viktoras Kulvinskas estima que a destruição de nutrientes em geral, ou a perda da biodisponibilidade após o cozimento, é de aproximadamente 85 por cento.[15] Nessa mesma linha, o Instituto Max Planck para Fisiologia Nutricional, na Alemanha, verificou que as proteínas cozidas têm apenas 50 por cento de biodisponibilidade quando comparadas com proteínas não cozidas.[16] Em geral, pode-se dizer que cozinhar os alimentos coagula a forma mineral quelada da proteína bioativa (muda a sua estrutura molecular e assim elas não conseguem funcionar adequadamente), rompe a estrutura de RNA e DNA, e produz radicais livres em gorduras e proteínas.

No Livro I do Evangelho Essênio da Paz, de Szekely, é dito que Jesus afirmou: "Pois Eu vos digo verdadeiramente, vivam somente pelo fogo da vida, e não preparem vossos alimentos com o fogo da morte, que mata vossos alimentos, vosso corpo e também vossa alma".[17]

O cozimento também coagula os complexos minerais e de proteína bioativos e, portanto, rompe a absorção mineral. Os óleos para cozinhar destroem a maioria das gorduras nutritivas de que necessitamos, como as gorduras ômega-3; isso muitas vezes gera subprodutos carcinogênicos e mutagênicos. Acrescente-se a isso os possíveis efeitos mutagênicos dos alimentos irradiados e geneticamente modificados. Há outras mudanças, a maioria desconhecida, que ocorrem quando cozinhamos o alimento. Uma delas foi destacada por uma pesquisa da Universidade de Estocolmo, em cooperação com a Associação de Comida Natural da Suécia. Com ela, mostrou-se que o aquecimento dos alimentos ricos em carboidratos (batatas, arroz, cereais) cria um subproduto chamado acrilamida, que é um provável carcinogênico humano. A pesquisa descobriu que um saco de batatas fritas pode conter até 500 vezes mais acrilamida do que é permitido na água potável pela Organização Mundial da Saúde. As fritas vendidas nas cadeias de *fast food* na Suécia, como McDonald's e Burger King, mostraram 100 vezes o nível permitido pela Organização Mundial da Saúde em água potável. A acrilamida, que provoca tumores estomacais malignos e benignos, também causa danos ao sistema nervoso central e periférico. Comidas típicas que contêm altas quantidades de acrilamida incluem batatas cozidas, batatas fritas, biscoitos, pães e outros alimentos ricos em carboidrato.

O cozimento de alimentos nestes tempos modernos tem um perigo adicional. O doutor William Newsome, da Divisão de Pesquisa Alimentar do Departamento de Saúde e Bem-Estar do Canadá, Departamento de Segurança Química, descobriu que tomates cozidos com fungos tinham de 10 a 90 vezes mais ETU, um composto mutagênico causador de câncer, do que tomates crus da mesma plantação. Ele descobriu que os fungicidas EBDC se decompõem pelo calor e formam ETU. Ele relata que a quantidade de ETU em vegetais tratados quimicamente é 50 vezes maior nos vegetais cozidos do que nos mesmos vegetais servidos crus.[18] As implicações disso, com a enorme quantidade de alimentos tratados quimicamente que cozinhamos e consumimos, merecem ser consideradas.

Glóbulos Brancos Anormais mudam com a Comida Cozida

Em 1930, o doutor Paul Kouchakoff apresentou um trabalho no 1º Congresso Internacional de Microbiologia intitulado "A influência do cozimento de alimentos na fórmula sanguínea do ser humano". Nele, relatou que a alimentação viva não produzia leucocitose (um aumento não saudável no número de glóbulos brancos).[19] O que foi particularmente significativo nessa simples descoberta foi que, desde 1846, a leucocitose típica após a ingestão de alimentos cozidos foi considerada normal e classificada por Wirchow como "leucocitose digestiva" (um lindo exemplo de cientistas estudando a fisiologia normal do bater a cabeça). Na realidade fisiológica, comer alimentos cozidos cria uma resposta patológica no corpo. Quando os alimentos são cozidos, os campos energéticos não são capazes de ressoar imediatamente com o corpo, assim o corpo responde defensivamente até poder reorganizar os CEOSs da comida cozida a padrões com os quais ele pode ressoar e absorver. Kouchakoff também relata que se um alimento foi comercialmente processado e então cozido, não apenas o número de glóbulos brancos aumentava, mas havia uma mudança na proporção de diferentes tipos de células de glóbulos brancos entre si.

De acordo com Kouchakoff, a temperatura crítica para iniciar a leucocitose quando o alimento é aquecido é de aproximadamente 88 °C por trinta minutos. A temperatura mais alta que ele encontrou antes da ocorrência de leucocitose foi com figos a 96 °C. Curiosamente, a leucocitose necessitava de apenas 50 miligramas de alimento cozido para ser iniciada. Uma descoberta adicional que deve ser de interesse e de alívio para alguns, foi que se as pessoas comessem alimentos vivos com alimentos cozidos do mesmo tipo numa proporção de 50/50, a leucocitose não acontecia. Ele também descobriu que isso era verdade para uma mistura entre alimentos cozidos e vivos que não era a mesma, contanto que o ponto de mudança crítica de temperatura do alimento vivo fosse maior do que das comidas cozidas. Do ponto de vista do paradigma da Nutrição Espiritual, esses resultados podem ser explicados pelos CEOSs dos alimentos vivos transferindo suas energias, por ressonância, para reenergizar e organizar os CEOSs rompidos dos alimentos cozidos.

As Temperaturas dos Alimentos e as Funções do Corpo

Se o alimento que comemos estiver muito quente, ele pode, na verdade, romper os sistemas enzimáticos do nosso próprio muco gástrico, assim como ferir diretamente o muco gástrico. Um estudo relatado no *Lancet*, boletim médico britânico, mostrou que 15 por cento das pessoas testadas que beberam chá a 50 °C e 77 por cento das que beberam chá a temperaturas superiores a 58 °C tinham anormalidades enzimáticas gástricas.[20] O doutor McCluskey, em outro estudo relatado no *Lancet*, descobriu que a constante irritação da garganta e da língua por alimentos quentes, bebidas quentes e álcool estava associada ao aumento de câncer de garganta e língua.[21] Ele sugere que mergulhemos o nosso dedinho na bebida quente por 10 segundos. Se não ficar escaldado, então, podemos beber!

Outro extremo é aquele das bebidas geladas e alimentos frios, que podem diminuir a função enzimática e ação peristáltica. Temos a opção de sermos harmonicamente moderados, comendo e bebendo alimentos à temperatura ambiente ou a temperaturas não mais quentes do que Jesus chamava de "fogo da vida", que não é mais quente que as temperaturas da natureza. A harmonia é aceitar e se render ao projeto da natureza.

Um trecho do Livro I do Evangelho Essênio da Paz:

> E Jesus continuou: "Deus ordenou aos vossos maiores: Não matarás". Mas eu vos digo: "Não mateis nem homens, nem animais, nem o alimento que vai para a vossa

boca. Pois, se comerdes comida viva, a mesma vos vivificará, mas se matardes a vossa comida, a comida morta vos matará também. Pois a vida só vem da vida, e da morte só vem a morte. Tudo o que mata os vossos alimentos, mata-vos o corpo também. E tudo o que mata o vosso corpo também mata vossa alma. E o vosso corpo se torna o que são os vossos alimentos, como o vosso espírito se torna o que são os vossos pensamentos. Portanto, não comais coisa alguma que o fogo, a geada ou a água tenham destruído. Pois os alimentos queimados, congelados e apodrecidos também queimarão, congelarão e apodrecerão o vosso corpo. Não sejais como o agricultor néscio que semeou em suas terras sementes cozidas, congeladas e podres. Pois chegou o outono e seus campos não deram nada. E grande foi a sua aflição".

O Rejuvenescimento com Alimentação Viva

Apesar de já ter passado dos 60 anos, o peso do autor ainda é o mesmo de quarenta anos atrás, quando ainda estava no colegial. O poder do estilo de vida da alimentação viva, incluindo alimentos orgânicos, crus, veganos, ioga e meditação, tem naturalmente ativado seus genes antienvelhecimento. O autor testou essa tese fazendo uma variedade de atividades extenuantes, incluindo seiscentas flexões de braço, no seu aniversário de 60 anos e completando o ciclo da Dança do Sol de quatro anos, dos nativos americanos, no qual era o mais velho dos participantes. Completou três ciclos da Dança do Sol de quatro dias no deserto, sem comida e água. Nenhuma outra pessoa do grupo da Dança do Sol, de 52 pessoas, incluindo pessoas quarenta anos mais jovens, foi capaz de fazer isso. Esta foi uma evidência forte de que todo o estilo de vida de alimentação viva tinha criado uma expressão genética de rejuvenescimento altamente ativa e obviamente superior. No quarto ano do ciclo da Dança do Sol, por exemplo, o autor foi o único a ficar de pé do nascer ao pôr do sol durante quatro dias, e ainda estar preso à árvore da Dança do Sol. Há uma incrível força na alimentação e no estilo de vida de alimentação viva. A experiência pessoal do autor demonstra um aumento em força e flexibilidade, comparável a quando ele era capitão de um time de futebol americano que nunca foi derrotado na Faculdade Amherst. Naquela época, com 21 anos, o autor conseguia fazer no máximo setenta flexões. Estas são, na realidade, apenas histórias pessoais, mas estão sendo compartilhadas para mostrar a capacidade do poder regenerativo de uma alimentação viva individualizada que é vegana, orgânica, rica em minerais e pobre em açúcar, combinada com meditação, ioga e jejum espiritual periódico. Esta é uma alimentação ótima para ativar a expressão rejuvenescedora dos nossos genes. O autor, que vive com esse estilo de vida de alimentação viva há 25 anos, conhece pelo menos outras quarenta pessoas que alcançaram e sustentam um alto nível de energia e bem-estar com uma alimentação viva, a medida que a idade avança. Apesar de o ponto principal da vida ser EU SOU AQUELE, um corpo saudável, que pode sustentar práticas espirituais tais como a Dança do Sol dos nativos americanos e horas de meditação, certamente ajuda.

Portanto, a questão que permanece é: por que a alimentação viva nos dá o melhor efeito em termos de diminuir a ingestão calórica e maximizar a qualidade da ingestão alimentar? A matemática básica dos nutrientes nos ensina que, com alimentação viva, somos capazes de obter uma nutrição completa comendo de 50 a 80 por cento menos. O que isso significa é que quando as pessoas comem alimentos de baixa qualidade (*junk food*), elas não obtêm nutrição suficiente e têm de comer em excesso, às vezes duas vezes mais, para obter a mesma quantidade de nutrição que as pessoas que comem alimentos vivos. A pesquisa, nos últimos setenta anos, com todas as formas de mamíferos e outras formas de vida, mostra que quanto menos você come, mais tempo você vive. Uma pesquisa recente feita pelo doutor Stephen Spindler mostra que as restrições calóricas realmente ligam os genes antienvelhecimento. Isso será mais discutido no próximo capítulo. Portanto, esta é uma razão pela qual a alimentação viva é excelente para prolongar a vida e prevenir doenças degenerativas crônicas e para aumentar a energia, a vitalidade e a juventude. É uma maneira natural de se alcançar restrições calóricas sem a experiência da restrição.

Aplicação dos Princípios dos Alimentos Essênios

Uma das maiores experiências humanas da alimentação viva foi feita pelo doutor Edmond Bordeaux Szekely, que, por um período de 33 anos, orientou mais de 123.600 pessoas nessa alimentação, com o que ele chama de resultados impressionantes de benefícios de qualidade de saúde das pessoas, quando comparadas a grupos de controle.[22] Comentando os seus estudos, Szekely diz que estava no limiar dos grandes segredos bioquímicos da vida, que os essênios já conheciam há milhares de anos.

Do livro de Szekely, *Os essênios por Josefo e seus contemporâneos*, o autor foi capaz de extrair dois guias essênios básicos sobre preparação da comida e alimentação.[23] Estas são as chaves para os "grandes segredos essênios". O primeiro é que a alimentação era crua, viva, integral e natural. O segundo era que havia um lapso de tempo mínimo entre colher o alimento e comer. Isso se chama comer em harmonia com as leis da natureza. Os essênios estudavam intensamente e penetraram o significado das leis da natureza, e seus padrões de alimentação eram um resultado dessa compreensão. Não havia estocagem, processamento, congelamento, desidratação, irradiação ou enlatamento. O alimento era comido em sua forma completa e vital. Eles sabiam que, por um período de tempo após a colheita, o alimento vivo continha uma força vital vinda do seu contexto ambiental, da energia cósmica, solar e da terra. Com o tempo, através do processamento, essa força vital se dissipa. Os CEOSs perdem suas energias e seus padrões começam a se desorganizar. Nossos instrumentos modernos, aceitos cientificamente, não conseguem detectar essas sutis diferenças energéticas. Há instrumentos que podem medir as energias sutis, mas eles ainda não são aceitos pelos cientistas. Por causa das limitações de instrumentos, a energia real mensurável liberada da ligação carbono e hidrogênio dos alimentos vivos e integrais, e de alimentos processados, provavelmente seja a mesma em termos de calorias realmente produzidas. O nosso organismo obtém calorias, mas não vitalidade dos alimentos cozidos e processados. Os alimentos vivos crus constroem os nossos CEOS. A comida processada e cozida os exaure. Esta consideração a respeito dos CEOSs é a principal diferença entre o paradigma materialista-mecanicista e o paradigma da Nutrição Espiritual. A única medida que temos é a nossa sensibilidade subjetiva, como quando comemos uma cenoura suculenta crua, que acabou de ser tirada da horta, e a comparamos com uma cenoura cozida, ou com uma cenoura orgânica crua que já foi colhida há sete dias, vinda de uma loja de produtos naturais.

No processo de desenvolver a sua alimentação restauradora de saúde, o doutor Szekely desenvolveu uma forma de classificar os alimentos que, em termos do novo paradigma de nutrição, reflete a sua compreensão do alimento como tendo qualidades energéticas. Ele viu que apenas o paradigma materialista do alimento, como calorias, proteínas, gorduras e carboidratos, era muito limitador. Notou que havia quatro categorias de alimentos renovadores de células e geradores de vida. Chamou a primeira categoria de biogênicos.[24, 25] São os alimentos mais ricos em energia e geradores de vida. São produtores de alcalinidade e carregados de energia; ricos em enzimas, em proteínas pré-digeridas completas, minerais quelados, ácidos nucleicos, vitaminas, RNA, DNA e B_{12}. Ele descobriu que esses alimentos regeneram e revitalizam o organismo humano. Nessa categoria, temos todos os brotos – sementes e castanhas germinadas e hidratadas, grãos germinados, legumes, assim como a grama de trigo germinada e outras gramas comidas inteiras ou em sucos. Germinação não é um processo novo. Não apenas os essênios usavam essa técnica, mas a história da germinação volta há 3 mil anos a.C., na China, com o uso relatado de brotos de feijão. O processo de hidratação é usado porque ele ativa a protease, que neutraliza os inibidores enzimáticos, evitando que sementes, legumes e grãos germinem na hora errada.[26] A germinação e a produção de brotos aumentam o conteúdo enzimático de 6 a 20 vezes.[27] Os hormônios das plantas também são ativados e os fitatos são desvinculados, e há um grande aumento de atividade metabólica. Os amidos são decompostos em açúcares simples, as proteínas são pré-digeridas em aminoácidos livres facilmente assimiláveis e as gorduras são decompostas em ácidos graxos solúveis. O conteúdo de minerais e vitaminas aumenta com a germinação; esta foi uma das pistas originais do fenômeno da transmutação biológica. A vitamina B_6 aumenta em 500 por cento, a vitamina B_5 em 200 por cento, a B_2 em 1.300 por cento, a biotina em 50 por cento e o ácido fólico em 600 por cento.[28] Os alimentos biogênicos têm a capacidade de gerar um organismo totalmente novo. É a força vital desses alimentos que é transferida para as pessoas e ajuda na recuperação da saúde e regeneração.

A segunda categoria de alimentos do doutor Szekely são os alimentos bioativos.[29] Esses alimentos são capazes de sustentar e de aumentar ligeiramente uma força vital já saudável. Eles incluem vegetais e frutas crus, não processados e frescos.

A terceira categoria são os alimentos bioestáticos.[30] Estes não são nem sustentadores de vida, nem geradores de vida; eles diminuem a qualidade do funcionamento corporal. São alimentos que diminuem a vida e que lentamente aumentam o processo de envelhecimento. São os nossos alimentos cozidos e comidas que, apesar de cruas, não são mais frescas.

A quarta categoria é o que ele chama de alimentos biocídicos[31] ou destruidores de vida. São alimentos que passaram por muitos processos e refinamentos e estão cheios de aditivos e conservantes. Eles rapidamente quebram a função vital.

No paradigma nutricional, as comidas biogênicas aumentam a energia total dos CEOSs dos sistemas e, portanto, aumentam a organização dos CEOSs em todos os níveis. Isso resulta na reversão da entropia e do processo de envelhecimento. Alimentos bioativos trazem a sua própria qualidade de energia de CEOS para o sistema; suas energias são transportadas a um padrão de CEOS específico em nosso sistema para manter e lentamente energizar o padrão de CEOS do organismo. Os alimentos bioestáticos requerem que o organismo humano dê energia para reativar os CEOSs dos alimentos cozidos para que possam ser adequadamente assimilados. O resultado, com o passar do tempo, é uma lenta diminuição da energia total dos CEOS do organismo. Isso pode ser compensado por outras atividades energizantes dos CEOSs, como a meditação, mas será esta a melhor e a mais eficiente maneira de usar a energia dos nossos CEOS? As comidas biocídicas rompem e desenergizam os padrões de CEOSs, análogo ao estudo de Kouchakoff, no qual alimentos altamente processados não apenas causavam a leucocitose, mas mudavam o padrão celular dos glóbulos brancos.

A pesquisa de Brekman, descrita anteriormente, mostrou que os ratos que comeram alimentos vivos tinham três vezes mais resistência física.[32] Em seu estado integral, os alimentos vivos têm mais enzimas, energia bioelétrica, bioluminescência, elétrons bioativos, biofótons, fitonutrientes, padrões energéticos de CEOS mais elevados, assim como a energia de força vital, em geral.

Quando comemos alimentos vivos estamos consumindo a energia viva do planeta e mergulhando completamente na energia total da comida, como uma mensagem do Amor de Deus.

A alimentação ideal é individualizada, viva, orgânica, plantada no local, vegana, altamente mineralizada, de baixa glicemia, bem hidratada, de alimentos integrais preparados com Amor e comidos com consciência e gratidão.

A abordagem da Nutrição Espiritual não é uma alimentação; na verdade, é um modo de vida no qual vivemos autêntica e completamente em todos os níveis do nosso Ser.

Recomendações Gerais sobre Comida Crua *Versus* Cozida

Para o tratamento de doenças, Szekely, junto com Paavo Airola, Ann Wigmore, Viktoras Kulvinkas, David Wolfe e vários outros especialistas nutricionais recomendam uma alimentação 100 por cento viva. Quando uma pessoa tinha uma boa saúde em geral, Szekely, em seus estudos, descobriu que ela podia se manter bem comendo 25 por cento de alimentos biogênicos, 50 por cento de bioativos e de 10 a 25 por cento de comidas bioestáticas. Permitia essa concessão (10 a 25 por cento) de comida bioestática, mas observava que deveriam ser apenas tubérculos ligeiramente cozidos e vegetais duros.[33] Paavo Airola afirmou que uma alimentação 100 por cento viva seria a ideal, mas reconhecendo que seguir essa alimentação é difícil para a maioria das pessoas, ele recomenda uma razão de 80 por cento de alimentação viva e 20 por cento de alimentos cozidos como adequada para sustentar a saúde em geral, com um pouco menos de alimentos vivos em climas frios.[34] Viktoras Kulvinkas acha que uma alimentação 100 por cento vivos, consistindo de 50 por cento de alimentos biogênicos e 50 por cento de bioativos, fornecerá uma qualidade de saúde máxima, mas faz uma concessão para habitantes urbanos e outros em transição: alimentação 80 a 90 por cento viva e 10 a 20 por cento de raízes de vegetais cozidos proverão a manutenção da saúde.[35]

As conclusões do paradigma da Nutrição Espiritual, os ensinamentos dos essênios de se alimentar em harmonia com as leis da natureza, a mensagem de Jesus no Evangelho Essênio da Paz, a informação sobre a importância de não destruir enzimas com o cozimento, a perda da biodisponibilidade proteica com o cozimento dos alimentos, a perda de vitaminas e minerais, o perigo dos fungicidas e pesticidas se decompondo com o calor para formar compostos tóxicos, o aumento da produção de radicais livres e a observação do autor sobre os benefícios de uma alimentação primordialmente viva para a vida espiritual, evidenciam que a alimentação constituída pelo menos 80 por cento por alimentos vivos com 25 a 30 por cento de alimentos biogênicos é adequada para o apoio alimentar geral na vida espiritual.

Conclusão

Há uma mensagem óbvia aqui. À medida que nos aprofundamos na biofísica da alimentação viva, começamos a entender que elas têm a quantidade mais elevada de concentrados de nutrientes, a quantidade mais elevada de fitonutrientes, vitaminas, minerais, energia bioelétrica, água biologicamente ativa, elétrons-pi, biofótons e até os CEOSs mais estruturados. Em outras palavras, do aspecto físico e elétrico aos campos energéticos organizadores sutis, os alimentos vivos são superiores para a saúde e bem-estar quando comparadas com qualquer outro tipo de alimento. Não apenas nos permitem comer menos, mas ativam a nossa herança natural, que é a melhor ativação da expressão genética de rejuvenescimento.

Quando nos nutrimos com alimentos vivos, temos a alimentação mais potente disponível no planeta para a manutenção da saúde e do bem-estar, e para ativar o espírito. Os alimentos vivos, vistos desse ângulo, não apenas nos tornam seres superenergéticos no nível físico, mas supercondutores de energia elétrica e energia cósmica ou energia Kundalini Shekhinah. Desta maneira, ajudam a aumentar a sensibilidade para o Divino. A experiência clínica do autor nos últimos 35 anos, com milhares de pessoas de muitos grupos diferentes que se voltaram para a alimentação viva, é que, no geral, a resposta natural predominante é uma mudança para uma vida mais espiritual, qualquer que seja a tradição religiosa de cada um. A alimentação viva é um dos Seis Fundamentos para a Vida Espiritual e para a Iluminação Espiritual completa, em todos os níveis.

Resumo – Capítulo 20

1. Nas comidas cozidas, 100 por cento das enzimas são destruídas, de 70 a 85 por cento das vitaminas são destruídas, pesticidas e fungicidas se decompõem para formar componentes tóxicos, a proteína é 50 por cento menos assimilável por causa da coagulação e há um aumento da produção de radicais livres.
2. Todos os nossos processos de vida dependem da função enzimática. Quando as enzimas estão exauridas, a força vital e a saúde também estarão.
3. Comer alimentos cozidos causa leucocitose patogênica.
4. Se a comida estiver quente demais, pode romper as enzimas digestivas.
5. Quando o nível físico dos alimentos é rompido pelo cozimento, a energia e a organização dos CEOSs dos alimentos são parcialmente rompidas.
6. Os segredos essênios na preparação dos alimentos e no comer são: comer alimentos crus, vivos, integrais, frescos e naturais, e ter um tempo mínimo entre colher o alimento e comê-lo. Este é o princípio dos alimentos autênticos (ver Capítulo 30).
7. Os alimentos podem ser classificados em quatro categorias de acordo com a sua capacidade de renovação e regeneração celular: biogênicos (castanhas, sementes, grãos germinados e crus, e gramas), que são regeneradores celulares; bioativos (frutas e vegetais crus), que mantêm a energia celular em um alto nível; bioestáticos (cozidos, mas orgânicos), que criam uma lenta depleção da energia celular; e biocídicos (processados e adulterados), que são degenerativos celulares.
8. A recomendação geral para uma alimentação de manutenção da saúde e vida espiritual é: 80 por cento de alimento vivo e 20 por cento de alimentos cozidos, com 25 a 30 por cento de alimentos biogênicos na alimentação.

9. A recomendação para a recuperação da saúde e uma alimentação mais espiritualizante é a abordagem de 100 por cento de alimentação viva.
10. Um estilo de vida vegano que inclua a alimentação viva pode ser o mais potente para a saúde física, emocional e espiritual.

– 21 –

ALIMENTANDO OS NOSSOS GENES: A CHAVE PARA ENTENDER A ALIMENTAÇÃO VIVA

O ensinamento deste capítulo é que os alimentos que comemos ou não comemos se comunicam com os nossos genes – para o bem ou para o mal. Os alimentos não mudam o genótipo, que é a estrutura física dos genes, mas os alimentos que ingerimos mudam a maneira como as mensagens nos genes são expressas. Em outras palavras, as mensagens genéticas podem ser ligadas ou desligadas pela natureza de nossa alimentação. O que devemos compreender é como desligar as mensagens que resultam em doenças e ligar as mensagens que resultam em saúde e bem-estar.

Toda a informação genética é conhecida como genótipo e existe em cada célula do DNA. A expressão genética é chamada fenótipo – expressão fenotípica é a aparência e o comportamento humano mensurável, determinado pela genética. O foco deste capítulo é aprender como comer para criar uma melhor expressão fenotípica. O assunto é: os genes não criam as doenças, mas as doenças aumentam quando a alimentação e o estilo de vida alteram a expressão genética de forma a criar doenças.

Transcrição Genética e Expressão Fenotípica

Apesar de esta informação parecer relativamente nova, as pesquisas nesta área vêm ocorrendo desde o início dos anos 1980. De acordo com o livro *Inducible Gene Expression* [Expressão genética induzível], o conceito é que a regulagem transcricional é a estratégia-chave para afetar a produção de novas proteínas em resposta a estímulos internos. Sem se aprofundar demasiadamente em bioquímica e genética, digamos que a transcrição genética está associada à maneira com que os genes produzem novas enzimas e proteínas, e iniciam a síntese do RNA e RNAm. A transcrição genética governa a excreção dos genes – a expressão fenotípica. Alguns dos elementos que afetam a transcrição dos genes são chamados de proteínas ativadoras, que se ligam em sequências específicas a sequências de DNA curtas, conectadas aos genes. Esses locais de ligação são partes de unidades maiores de controle genético, chamados promotores ou ativadores. A ativação desses locais, que em seguida ativam o DNA, por fim ligam ou desligam os diferentes tipos de expressão genética. Esses transativadores são afetados pelos caminhos que participam em algum tipo de sinal que vem de fora das células para o protoplasma celular, e do protoplasma celular para o núcleo celular.

As pesquisas mostram que o estímulo extracelular – incluindo mudanças na temperatura, luz UV, espécies de oxigênios reativos, metais pesados, xenobióticos e os alimentos que ingerimos –, pode causar uma reação no DNA que criará novas proteínas, que são os esforços do corpo para lidar com o estresse extracelular. Os detalhes precisos da maneira como isso ocorre está além do escopo deste capítulo, que é simplesmente trazer para a consciência o conceito de que tudo o que comemos e o modo como vivemos afetam a expressão genética. No entanto, os detalhes são incríveis e quanto mais o autor entende isso, mais perplexo e encantado fica com a constituição da vida e, em particular, com a complexidade do organismo humano. Nas células, mecanismos moleculares para a sinalização e indução da expressão genética agem de forma a reprimir ou ativar a expressão.

Os pesquisadores estão estudando a temperatura do corpo por ser essa uma área bem interessante; um grupo de genes, os genes de choque de calor, são documentados.[1, 2, 3] Os estudos mostraram que a elevação da temperatura induz a síntese de novos polipeptídios. Conforme a temperatura aumenta, a transcrição muda para lidar com isso. Os genes de choque de calor aumentam as suas taxas de transcrições até cem vezes em questão de minutos. As proteínas de choque de calor são chamadas chaperones (acompanhantes). Chaperone é uma classe especial de proteínas que reorganiza a dobradura correta das proteínas. Também estão envolvidas com o processo de ajudar as células a "decidir se cometem suicídio". Basicamente, proteínas chaperones são parte do mecanismo biológico para regular a expressão genética. Altos níveis de chaperones tendem a diminuir a quantia de suicídios das células tóxicas e das células cancerígenas. Em outras palavras, níveis baixos de chaperones encorajam o suicídio de células tóxicas e das células cancerígenas. O jejum abaixa os níveis de chaperones. Essa reação da proteína de choque térmico pode ser disparada por estresses ambientais, estresses fisiológicos e até condições não estressantes, que incluem ciclos celulares e mecanismos de desenvolvimento. A célula tem a habilidade de sentir o tipo e a severidade do estresse e responder apropriadamente. Essa habilidade é refletida nos caminhos sobrepostos, quando essas ativações ocorrem nos genes sensíveis ao calor. Uma pesquisa feita por Blake et al. em 1991 mostrou que há até mesmo uma conexão direta entre a produção do hormônio adrenocorticotrópico (ACTH) na pituitária e a indução de um grupo de proteínas de sensores de calor no córtex interno das glândulas suprarrenais.

A questão aqui é a interconexão das respostas corporais, os diferentes órgãos e o sistema endócrino que responde. Os estímulos ambientais e as respostas também incluem citoquinas, ou fatores de crescimento, alta concentração de metais pesados, carcinogênicos químicos, promotores de tumor, radiação e luz solar. O DNA responde mudando o que chamamos de taxas de transcrição de genes celulares, que é mediado por caminhos de transdução de sinal para o núcleo, que especificamente regula a expressão dos genes, ligando-se às sequências do DNA, no que o autor descreveria como regiões promotoras. Portanto, o dano ao DNA, onde há subprodutos de dano ao DNA, na verdade, pode agir como um sinal básico para a célula iniciar a expressão do gene alterado. Apesar dos sinais extracelulares serem de curto prazo, algumas dessas respostas, na realidade, podem resultar em respostas duradoras do DNA. Isso se torna um potencial para a criação de doenças crônicas. Um exemplo disso poderia ser produtos de genes virais de uma infecção viral, ou a ativação vinda dos esteroides, e o que conhecemos hoje como receptores retinoicos durante o processo de cura da inflamação. Isso nos dá uma dica de como, em algumas pessoas, a resposta do processo anti-inflamatório normal de alguma forma não é desligado, mas continua e se torna uma doença crônica. Um dos fatores de transcrição de espectro mais largo é o NF-KB. Ele é um regulador muito importante de reações defensivas celulares para uma variedade de estímulos ambientais ameaçadores, incluindo ataques por vírus, bactéria, parasitas, ferimento físico, radiação, estresse oxidativo e ataques químicos. Os fatores de transcrição NF-KB ativos se expressam em muitos genes, não apenas em um, pois é um caminho múltiplo, cujo papel sinergético é crítico para proteger o organismo de todos os tipos de estresses. Essas proteínas, produzidas pela expressão genética, têm um amplo espectro de atividades: proteção antibacteriana e antiviral, reconhecimento de antígeno, adesão e migração celular, e até diferenciação e proliferação de glóbulos vermelhos. Elas até nos dão uma dica de como o vírus HIV funciona, pois esses vírus podem desviar NF-KBs suficientes para os seus próprios propósitos e minar todo o sistema de defesa do organismo. O NF-KB está presente em muitas células, mas o lugar mais importante em que se encontra é no sistema imunológico, particularmente nos monócitos, macrófagos, células B e células T. A luz ultravioleta, a radiação gama, os raios X, baixo teor de oxigênio, peróxido de hidrogênio e lipídios oxidados podem causar uma ativação do fator NF-KB.[4]

As pequenas moléculas lipofílicas, assim como partes da estrutura da vitamina A e esteroides, exercem diferentes efeitos sinergéticos durante o desenvolvimento dos organismos, diferenciação celular, e o que é conhecido como homeostase na fase adulta. Todos estes afetam novamente a expressão genética ou fenotípica. Um dos receptores chaves no DNA é chamado de receptor ativado da proliferação de peroxissomos (PPARs).[5, 6] Esses locais de receptores podem ser ativados por uma grande variedade de compostos que induzem a proliferação de peroxissomos. Os PPARs estão envolvidos em uma grande variedade de controles genéticos que afetam o metabolismo lipídico e as proteínas associadas. Eles são ativados por concentrações fisiológicas de ácidos graxos e proliferação de peroxissomos, incluindo herbicidas e plastificantes. Em outras palavras, os PPARs respondem a uma variedade de sinais, entre eles, uma variedade de drogas, xenobióticos, herbicidas, plasticidas, solventes e compostos industriais, ácidos graxos monoinsaturados e poli-insaturados, de cadeia longa e muito longa. Alguns desses ácidos graxos que afetam a ativação do PPAR incluem BTA, DHA, eicosapentaenoico (EPA), docosa-hexaenoico (DHA), ácido linolênico e ácido araquidônico. Os ácidos graxos monoinsaturados incluem o ácido oleico e erúcico. Os ácidos graxos saturados incluem o ácido caprílico e o acido mirístico.

A questão aqui, novamente, é que o corpo humano é um organismo incrível, que na verdade foi concebido para criar uma resposta fluídica a uma variedade de estímulos externos e nutrientes, com uma biologia e bioquímica complexas que afetam a expressão do DNA. Os alimentos que o corpo recebe, na verdade, estimulam a ativação dos PPARs. Os PPARs são uma parte fluídica do nosso sistema de defesa.[7] Acredita-se que a função deles seja muito importante no desenvolvimento dos primeiros estágios de vida, principalmente durante o desenvolvimento do metabolismo lipídico. Eles são afetados pelas mudanças na nutrição. A sua existência e função implicam que os ácidos graxos nutricionais agem como retinoides, esteroides ou hormônios da tireoide no controle da expressão dos genes. O que comemos (e a natureza das gorduras ingeridas) afeta a nossa expressão genética. A sutileza, quando falamos a respeito de interação nutriente-gene, é relatada na pesquisa descrita em *Inducible Gene Expression*, sugerindo que após a glicose ganhar o fósforo, num processo que chamamos de fosforilação, ela se torna glicose-6-fosfato e pode ativar a transcrição, para ajudar os genes glicólicos em um nível e os genes lipogênicos em outro. Esse fenômeno parece estar relacionado também com a insulina. O fato é que os ácidos graxos, através de uma sequência de caminho bioquímico bem definido no nível do DNA, participam com diferentes hormônios para regular a expressão genética em resposta direta à nossa alimentação. É possível que esses PPARs sejam um dos reguladores fundamentais na interação nutriente-gene. Sem se aprofundar na bioquímica, o autor está tentando esclarecer que o que comemos afeta não apenas os genes, mas também os caminhos bem definidos de como a interação da expressão gene-nutrientese manifesta. Isso é extremamente importante e reforça um ponto muito simples: o que comemos alimenta os nossos genes.

Os Metais e a Genética

Uma das coisas mais interessantes no nosso mundo poluído é a questão dos metais pesados e a intoxicação por eles. Dos trinta elementos conhecidos como essenciais para a vida, dezessete são metais.[8] Os metais pesados são estruturados e formam componentes catalíticos enzimáticos; agem até como transformadores de sinais para a ativação de diferentes expressões do DNA.[9] O melhor exemplo é o zinco. Foi o primeiro elemento a ser detectado e reconhecido (em 1869) como componente de uma enzima, a anidrase carbônica. Sabe-se que mais de trezentas enzimas usam o zinco para o funcionamento adequado.[10] As deficiências patológicas de zinco, como se pode ver em um distúrbio autossômico recessivo chamado acrodermatite enteropática, podem levar à morte; os doentes devem tomar altas doses orais de zinco. Algumas dessas enzimas as quais nos referimos estão envolvidas no metabolismo do DNA, assim como na polimerase do RNA, que novamente ativa e ajuda ou gera novas enzimas e proteínas do DNA.[11] Recentemente, foi descoberto que o zinco tem um papel importante como componente de proteínas que regula a polimerase do RNA em organismos multicelulares. Entre outros metais que são absolutamente essências à vida temos o cobalto, níquel, cobre e ferro.

Temos várias maneiras de trazer esses metais para o nosso sistema, incluindo sistemas específicos de transporte celular e sistemas de transporte geral. Há um gene especial que ajuda a eliminar os metais pesados, chamado metalotioneína (MT), descoberto em 1957. Existe uma variedade de genes MT: grupos de MT1 e MT2. Pesquisadores descobriram exatamente em quais cromossomos eles estão, incluindo o cromossomo 16. Há também vários pseudogenes, isto é, um grupo extremamente complexo de aminoácidos – eles possuem 61 aminoácidos, dos quais 20 são cisteínas. Estes operam muito com metais pesados em geral, mas principalmente com o zinco, cobre e cádmio. O importante aqui é que os organismos deficientes de genes MT induzíveis são muito mais vulneráveis à intoxicação por metais pesados do que os normais.[13] Os metais pesados ou fatores MT que induzem a síntese MT, a qual é a produção desta proteína específica do DNA, são múltiplos. Eles incluem o cádmio, o zinco, o cobre, o ouro, a prata, a cobalamina, o níquel e o bismuto. Entre os hormônios que induzem MT estão os glicocorticoides, a progesterona e o estrogênio. As catecolaminas que induzem MT incluem glucagon, angiotensina e adenosina. Os fatores de crescimento que induzem MT incluem insulina e IGF-1. As citocinas e os agentes inflamatórios como carragenina, dextrana, endotoxina, interleucina-1, interleucina-6, interferon-Y e fatores de necrose de tumor induzem a produção de MT. As vitaminas que induzem a sua produção incluem o ácido ascórbico e o retinoico. Os antibióticos e os agentes citotóxicos incluem hidrocarbonetos, etanol, isopropanol, formaldeído, ácidos graxos, butirato, clorofórmio, tetracloreto de carbono, uretano, EDTA e acetaminofeno. Até mesmo certas condições de estresse, incluindo fome, inflamação, laparotomia, raios X e ultravioleta, são indutores. Todos induzirão a síntese da metalotioneína. Em outras palavras, essa proteína geral serve para proteger o corpo não apenas de metais pesados, mas de toxinas de todos os tipos.

Essas estruturas metalotioneína (MT) são muito interessantes. Por exemplo, o MT se liga ao cádmio muito mais eficientemente do que se liga ao zinco. Os vários grupos de MT são uma parte importante da desintoxicação de metais pesados. Parece haver uma correlação definida entre a ativação dos genes MT e o aumento da habilidade de lidar com a toxicidade dos metais pesados. É importante compreender que o MT, por sua habilidade em se ligar ao zinco, pode, na verdade, moderar o controle de certos sistemas enzimáticos ou a polimerase do RNA, que usa o zinco. O que vemos aqui é que temos um sistema específico que nos ajuda a nos proteger contra os metais pesados e também protege a saúde dos nossos genes. Um suplemento apropriado de minerais tem um papel importante para a expressão dos genes e da função enzimática (ver Capítulo 28). A expressão do gene do MT é tão complicada que, muitas vezes, existe mais de uma função para manter a saúde geral de um organismo.

A Alimentação e a Expressão Genética

Muitas pesquisas têm demonstrado que o tipo de alimento que comemos também afeta uma expressão específica do DNA. Por exemplo, a ativação da produção de gordura e a síntese do ácido graxo acontecem com a mudança de uma alimentação de alto teor de gordura e baixo teor de carboidrato para uma alimentação de baixo teor de gordura e alto teor de carboidrato.[14] Ter uma alimentação rica em carboidrato é acompanhada por um aumento nos níveis de insulina circulatórios. Parece que níveis elevados de insulina aumentam a taxa de transcrição, que produz a síntese de ácidos graxos e ativa outros genes lipogênicos.[15, 16] A insulina tem um efeito poderoso na expressão genética. Os tratamentos com insulina resultam em um rápido aumento da síntese de ácidos graxos, RNAm e transcrição genética. Um estudo mostrou que em seis horas de administração de insulina, o DNA de animais foi induzido a criar um nível de produção que era observável em ratos que tinham passado previamente por jejum e cuja alimentação era pobre em gordura e rica em carboidrato.[17] Em outro estudo, descobriu-se que gorduras poli-insaturadas das famílias n-3 e n-6 suprimem os níveis hepáticos de RNAm de vários genes lipogênicos.[18] Esses ácidos graxos poli-insaturados funcionam no nível da produção de genes. Os pesquisadores também descobriram que eles exercem um efeito negativo em muitos genes na produção de ácidos graxos e podem até anular os efeitos estimuladores da insulina, dos carboidratos e dos hormônios da tireoide, na produção de gordura. Descobriu-se que os ácidos graxos poli-insaturados suprimem a expressão hepática dos genes. Verificou-se que o jejum aumenta os níveis de glucagon, e o glucagon parece agir no nível da expressão genética no sentido de regular para baixo a produção de gordura. Os hormônios da tireoide também agem no nível genético. Ratos que receberam uma administração de hormônios de tireoide por sete dias tiveram sua atividade de síntese de ácidos graxos dobrada[19], enquanto o hipotireoidismo reduziu a atividade de síntese de ácidos graxos hepáticos.[20]

Outro hormônio, a leptina, é uma proteína que libera especificamente tecidos gordurosos que vão para o hipotálamo e se ligam a receptores específicos que diminuem o apetite. Os pesquisadores descobriram que a administração de leptina em ratos que tinham uma alimentação rica em carboidrato e livre de gordura suprimiu a expressão do RNAm com várias enzimas lipogênicas. Parece estar no mesmo nível de supressão que o óleo de milho, que também suprimiu a expressão enzimática lipogênica, ao mesmo tempo que aumentou a expressão da leptina.[21] A pesquisa também mostra que o hormônio do crescimento diminui a síntese RNAm de ácidos graxos, diminuindo a transcrição genética e a estabilidade do RNAm.[22, 23] Também foi mostrado que a proteína dietética e diferentes minerais podem afetar a expressão genética da síntese de ácidos graxos. Outro exemplo do efeito dos nutrientes na expressão genética é a evidência que certos ácidos graxos, como os eicosanoides e as vitaminas, podem ativar os receptores intracelulares de maneira semelhante aos hormônios esteroides. Os genes, cujas expressões são ativadas pela insulina, muitas vezes são afetados negativamente por hormônios contrarreguladores, como os corticosteroides. Outro exemplo do princípio do papel da alimentação afetando a expressão genética é o efeito do jejum, o qual está associado ao aumento dos níveis circulatórios de corticosteroides e concentrações elevadas de 3'-5 AMP Cíclico, que criam um efeito na lipogênese em termos de expressão genética. Com estes exemplos, o autor está mostrando que fatores dietéticos se tornam moduladores importantes na expressão genética.

O Álcool e a Expressão Genética

O álcool cria alguns dos efeitos mais tóxicos na expressão genética. Aparentemente, afeta muito as expressões genéticas dentro do sistema nervoso central. Vários estudos têm mostrado que a exposição crônica ao álcool altera a expressão das unidades de gene NR1 e NR2. Estes afetam o hipocampo, uma área do cérebro na qual são observadas muitas mudanças das mensagens de subunidade dos receptores NMDA, do RNA mensageiro (RMAm) e proteínas. Os locais dos receptores NMDA são chamados ácidos glutamato-N--metil-D-aspartato. O quadro total da pesquisa sugere que o álcool afeta a regulação dos genes subunidade receptores NMDA, que podem contribuir para a hiperexcitabilidade do sistema nervoso central relacionado com a retirada do álcool. Há também evidências de que o uso agudo e crônico do álcool afeta o sistema receptor GABA.[24] Foi comprovado que genes subunidade receptores de $GABA_A$ (ácido gama-aminobutírico) estão associados ao álcool. O álcool afeta os locais da expressão genética subunidade receptora $GABA_A$ e várias regiões do cérebro, incluindo o córtex cerebral, o cerebelo e o hipocampo. Em outras palavras, a pesquisa mostra que expressões genéticas subunidade receptora $GABA_A$ são sensíveis à manipulação com álcool. O GABA está associado aos locais receptores de valium no cérebro (que também são ativados pela droga valium comumente usada), e é um sistema unitário supressor de neurotransmissores no cérebro para acalmar o sistema. O álcool também afeta a glicina, outro neurotransmissor inibidor no cérebro, que age em um grupo de receptores de estricnina (como no veneno).[25]

Mostrou-se também que o uso contínuo do álcool altera a expressão do número de receptores dopaminérgicos.[26] A pesquisa parece sugerir que há uma sensibilização dos dopaminérgicos após o consumo contínuo de álcool. Outras pesquisas mostraram que o álcool afeta a função do sistema serotonérgico.[27] Alguns genes humanos serotonérgicos são afetados pelo uso crônico do álcool.[28, 29] Até catorze diferentes locais receptores serotonérgicos podem ser afetados pelo álcool, tendo como resultado provável uma diminuição da função do sistema nervoso serotonérgico. Isso inclui uma diminuição no número e na densidade de receptores 5-hidroxitriptamina pós-sinápticos no córtex e hipocampo.[30] Apesar de haver muitos desses receptores no sistema noradrenérgico em relação ao álcool, parece haver um forte aumento na atividade do sistema noradrenérgico da haste cerebral.[31] A pesquisa também mostra que o etanol altera a expressão dos genes opioides.

O alcoolismo está associado a um nível baixo de endorfinas e, paradoxalmente, leva a pessoa a beber mais socialmente num esforço inútil de aumentar as endorfinas. Já foi mostrado que o uso constante do álcool cria uma regulação decrescente de 30 por cento e uma diminuição na densidade dos sistemas receptores de acetilcolina muscarínicos. O uso habitual de álcool parece também causar uma diminuição na densidade do receptor neurotensina e na afinidade da ligação.[32] O que é importante entender aqui é que enquanto temos uma diminuição nos locais receptores, temos uma diminuição da função genética do DNA que produz os locais receptores.

O álcool e outros alimentos claramente afetam a expressão de uma variedade de genes no sistema nervoso central. Outras pesquisas, usando análise de microchip de DNA para examinar a expressão genética no córtex cerebral frontal de alcoólatras, descobriram uma reprogramação seletiva dos genes relacionados à mielina, assim como mudanças nos genes do ciclo celular e vários genes neuronais.[33] O uso do álcool é enfatizado não apenas porque é tóxico, mas porque ele tem sido muito estudado para mostrar que a maneira como comemos afeta todos os aspectos da nossa expressão genética, incluindo a expressão genética no sistema nervoso central. O que comemos afeta a maneira como pensamos e nos sentimos, pois afeta os genes que regulam o modo como nós pensamos e sentimos.

Expressão Mitocondrial do DNA

Outro grupo de sistema genético é o DNA na mitocôndria, que é um grupo totalmente separado do núcleo da célula. O DNA na mitocôndria é determinado apenas pela mãe. Ele é significativamente mais sensível a estresse por radicais livres do que o DNA em um sistema nuclear e tem muito menos capacidade para se consertar.

A pesquisa mostra que esse DNA é afetado pelos alimentos que ingerimos. Por exemplo, a pesquisa descobriu que os genes com códigos mitocondriais são regulados pelo ácido retinoico, que é uma forma de vitamina A. Esses genes incluem a subunidade 5-NADH desidrogenase.[34] Outros nutrientes que parecem afetar o DNA mitocondrial incluem hormônios da tireoide, insulina, vitamina D e glicocorticoides. Há um indício seguro de que as vitaminas solúveis em gordura afetam a expressão genética do DNA mitocondrial.

As Vitaminas e a Expressão Genética

A vitamina D, também conhecida como 1-alfa 25(oh)2D3, regula muitos genes, incluindo a síntese de ATP, a produção de carbo-hidrase – genes que regulam a produção carbônica e de hidrase –, genes que regulam a produção de citocromo oxidase, citocromo B-gama interferon, proteína de choque térmico 70 (discutido anteriormente), interleucina-6, interleucina-1, interleucina-2 com palotiamina (discutido anteriormente), a produção de prolactina, a produção do hormônio paratireoide e cerca de trinta outras funções genéticas. É incrível ver a complexidade do corpo humano e compreender que apenas a vitamina D, e esta única forma de vitamina D, tem um efeito tão grande em tantos genes diferentes.

A pesquisa sobre a vitamina E é menos extensa do que sobre a vitamina D, mas mostra que os isômeros do tocoferol, como alfa e delta tocoferol, influenciam a expressão genética.[35] Os diferentes efeitos dos isômeros do tocoferol, na produção de células T, aparentam estar relacionados com a regulação da expressão genética. Evidências sugerem que a vitamina E é um importante regulador da transdução do sinal intracelular e, portanto, um importante regulador do revestimento genético expressivo. Parece que a maior parte do efeito da vitamina E está ligado através do seu controle de fatores de transcrição sensíveis à oxidação. A regulação da vitamina E dos genes afeta muitas funções biológicas, incluindo os sistemas vascular, nervoso, imunológico, assim como as doenças relacionadas à disfunção nesses sistemas. A importância da vitamina E em regular a expressão genética está intimamente relacionada com a importância dessa vitamina para saúde e a doença. Mais uma vez, o que comemos fala com os nossos genes.

Ligando os Nossos Genes

Agora que um fundamento científico foi estabelecido, podemos falar em termos mais gerais sobre o conceito total de comer e viver de uma forma que ativa os nossos genes saudáveis e desliga os nossos genes promotores de doença. *O principio é que o que comemos e também como vivemos e os estresses que criamos afetam diretamente a expressão genética.* As consequências dessa pesquisa genética detalhada são notáveis. Um dos elementos mais importantes deste capítulo é a afirmação de que temos o potencial, sob condições adequadas, de acessar a nossa informação genética a cada estágio de desenvolvimento, do embrião à fase adulta. A expressão genética de cada célula em nosso corpo é potencialmente acessível a qualquer hora. Isso significa que *com uma vida adequada, alimentação, jejum, estilo de vida, exercício e desenvolvimento emocional, mental e espiritual, temos a oportunidade de ativar os nossos genes de rejuvenescimento.*

Duas pesquisas em particular esclarecem esse ponto surpreendente. O doutor Ian Wilmut, em uma pesquisa completada em 1997, foi capaz de pegar uma célula madura do úbere de uma ovelha fêmea adulta e, a partir dessa célula madura, ele clonou a ovelha Dolly.[36] A sua pesquisa mostra que, sob condições corretas, podemos reverter a expressão genética de células adultas para a função celular embrionária. Isso significa que, em qualquer idade cronológica, temos o potencial de ligar uma expressão geneticamente mais jovem do que a que somos.

Outra pesquisa emocionante que apoia essa hipótese é o tratamento da anemia falciforme. Em 1949, o doutor Linus Pauling, que é realmente o pai da medicina molecular, e seu estudante graduado na Cal-Tech, Harvey Itano, publicaram um trabalho extraordinário a respeito da anemia falciforme.[37] Eles previram que, no futuro, seríamos capazes de modificar a expressão da anemia falciforme como uma doença genética.[38] A anemia falciforme, uma condição herdada que tem relação com uma mudança de aminoácido na estrutura da hemoglobina, faz com que a hemoglobina se deforme em adultos. Aproximadamente 6 por cento das crianças de ascendência africana, de acordo com a pesquisa original realizada pelo autor no Harlem em 1967, têm esse defeito genético. O que ocorre é que a hemoglobina falciforme se cristaliza na célula e, na verdade, faz com que a célula mude seu formato; certa quantidade da falcização das células penetra nos órgãos, danifica as células e danifica os órgãos nos quais essas células falciformes se agrupam. É adequado chamar a anemia falciforme de doença molecular. Em 1994, pesquisadores descobriram que duas substâncias na realidade fazem o que o doutor Pauling e o doutor Itano previram. Uma é a hidroxiureia e a outra, o butirato. As duas despertam o programa embriônico de uma hemoglobina normal em adultos e crianças com anemia falciforme. No útero, fetos com anemia falciforme têm a hemoglobina fetal normal; é apenas após o nascimento que a expressão genética, para produzir a hemoglobina adulta, emerge com o defeito do aminoácido. Quando a hidroxiureia ou o butirato são administrados, os adultos com anemia falciforme são capazes de ligar a produção de uma alta porcentagem de hemoglobina fetal – uma hemoglobina saudável não deformada – em seu sistema. Isso melhora os efeitos negativos da anemia falciforme. Esta é uma informação realmente notável.

O que estamos dizendo com estes dois exemplos é que, pela nossa alimentação, somos capazes de ligar a expressão fenotípica mais saudável do nosso material genético.

O estilo de vida e as emoções podem regular a expressão fenotípica – para mais ou para menos. É claro que isso é importante do ponto de vista espiritual. Cuidar do corpo, o foco da Nutrição Espiritual, é obter a melhor energia física e mental para desenvolver a sua vida espiritual. Quando as pessoas não cuidam de si mesmas, podem acabar acordando para a importância da vida espiritual porque seu corpo e seu estado mental (afetado pela função do cérebro) não estão fortes o suficiente para otimizar os seus objetivos espirituais. Com essa compreensão em mente, a importância de comer e viver de maneira a ativar os nossos genes nos seus potenciais fenotípicos mais saudáveis, nos dá a opção de manter a saúde por um longo período de tempo para aperfeiçoar a vida espiritual. *Nossos genes, por si mesmos, não levam a doenças como causa principal. Na maioria dos casos, a doença se manifesta quando as pessoas vivem e comem de uma forma que elas ligam a pior expressão fenotípica daquilo que podem ser. Isso se chama doença.*

Genes Polimórficos, Pluripotenciais e Alimentação Personalizada

Este importante conceito começa a emergir com a pesquisa feita no projeto do genoma humano, como foi delineado por Jerry Bishop e Michael Waldholz no livro *Genome*, que descreve esse avanço.[39] O projeto genoma humano esclarece que os genes são apenas uma parte da história. Mais importante do que a herança genética é a expressão fenotípica. Esta é a parte em que temos uma escolha. De acordo com Jeffrey Bland, no livro *Genetic*

Nutritioneering [Nutriengenharia genética], os cientistas começaram a acumular muitas evidências de que várias doenças, antes consideradas apenas como falta de sorte na seleção dos genes, realmente são causadas por uma alimentação pobre, que cria a expressão fenotípica mais pobre.[40]

Atualmente, os geriatras afirmam que 75 por cento *da saúde de uma pessoa acima de 40 anos depende do que ela faz para manter os seus genes saudáveis, e não dos genes propriamente ditos.* De acordo com o projeto do genoma humano, há mais de cem mil genes e 1,4 milhão de variações genéticas. Daí, surge um princípio completamente novo. Além de existirem muitos genes que podem ser afetados, os genes são polimórficos, o que significa que há ligeiras diferenças na estrutura e função dos diferentes genes entre as pessoas.[41] Como explicamos anteriormente, alguns genes são ativados com mais de um tipo de proteína específica, de forma que uma mensagem pode ser traduzida de acordo com um grupo de condições, e de uma forma diferente de acordo com outro grupo de condições. O princípio que está por trás disso é que os genes são pluripotenciais – eles são afetados por uma grande variedade de alimentos e produtos químicos diferentes.

Isso nos leva a outro ponto: apesar de haver pessoas com padrões genéticos ligeiramente diferentes, interpretá-los é extremamente complexo, de acordo com os atuais relatórios de pesquisa da Associação Médica Americana (AMA). A teoria é que, mesmo que um genoma individual seja revelado em um *microchip* pessoal, o modo como essa informação é interpretada, o significado e o valor dessa informação dependem do meio ambiente biológico no qual o genoma humano é expresso.[42] Sabendo que os nossos genes são polimórficos e pluripotenciais, ampliamos todo o conceito de cem mil genes em 23 conjuntos de cromossomos. Esses princípios são parte dos fundamentos do livro do autor *Conscious Eating,* que fala da importância de personalizar a alimentação de acordo com a constituição, o estilo de vida e, obviamente, a constituição genética de cada pessoa. Um dos líderes desta compreensão foi o bioquímico Roger Williams, que escreveu um livro brilhante nos anos 1950, chamado *Biochemical Individuality* [Individualidade bioquímica].[43] Os ensinamentos do livro *Conscious Eating*, assim os do livro *Nutrição evolutiva*, parafraseiam as conclusões da pesquisa de Williams de que *a nutrição é para indivíduos reais, não para uma pessoa "média" hipotética*. Assim, todos os valores diários recomendados (VDR), com os quais o governo procura regular a nossa saúde, assumindo que há algo como uma pessoa "média", criam uma grande confusão. Os níveis de VDR não prestam atenção à ciência que estabelece os princípios do polimorfismo pluripotencial genético do potencial humano.

Os conceitos de Williams nos anos 1950 estavam, sem dúvida, muito adiante das pesquisas que provaram a sua hipótese – de que não somos seres humanos estatísticos. *Somos seres humanos especiais diversificados, que operam nos princípios da individualidade biológica.* Este é o princípio compartilhado em *Conscious Eating* e *Rainbow Green Live-Food Cuisine*, em que é apresentado, em detalhes, como comer para melhorar a sua individualidade bioquímica particular. Não é realista para o propósito deste livro cobrir *todos* os detalhes; o autor simplesmente quer dar às pessoas alguma ideia sobre a extensão do apoio específico a esse conceito.

A Mente e as Emoções Afetam a Expressão Fenotípica

A história de Peter Pan nos leva para além do ponto de o que você come e como você se exercita. Quando J. M. Barrie, o criador de Peter Pan, passou pela experiência traumática da morte de seu irmão, ele desligou a sua expressão fenotípica. Com mais de 60 anos, quando morreu, tinha menos de 1 metro e meio de altura e nunca havia ultrapassado a puberdade física – na verdade, a história era sobre ele mesmo. *A questão importante aqui é que o nosso estado mental e emocional podem significativamente alterar a nossa expressão fenotípica.* J. M. Barrie viveu sob estresse e enfrentou o nanismo com o trauma emocional da morte do irmão. Além dessa reação extrema de fechar completamente o sistema hormonal e tornar-se um anão induzido pelo estresse, outros sinais de um padrão fenotípico pobre são comumente vistos pelo autor em seu consultório médico: energia debilitada, fadiga, estado emocional desequilibrado, perturbações do sono, dor crônica, incapacidade de perder peso.

Um dos aspectos que precisa ser continuamente esclarecido nessa discussão é que os exercícios que fazemos, o nosso estado emocional e o alimento que comemos, na verdade, não mudam o "disco rígido" dos nossos genes, mas mudam o padrão de *software* deles. A escolha do estilo de vida e da alimentação modifica o padrão do "disco rígido" dos genes. Apesar dos exemplos de alterações fortes que foram dados, como as anemias falciformes, normalmente muitas dessas mudanças ocorrem com o tempo, com um estilo de vida constantemente tóxico. Outra questão é que o que você come não muda as coisas completamente. Por exemplo, a pesquisa mostra que apenas de 30 a 50 por cento das pessoas com pressão alta têm o tipo de pressão alta que é sensível ao sal.[44] A pesquisa também sugere que apenas aproximadamente 50 por cento da variação dos níveis de colesterol sanguíneo, 36 por cento da variação de pressão arterial, e 20 por cento das ocorrências de câncer de ovário podem ser explicados pela genética; o resto é modificado pela nossa expressão genética.[45]

Como o que Comemos Afeta a Nossa Expressão Genética

O efeito da alimentação na nossa expressão genética é muito interessante; pode ser bastante profundo. Os pesquisadores descobriram que aminoácidos em proteínas vegetais, apesar de completas, são ligeiramente diferentes das proteínas animais, e oferecem certas vantagens sobre elas. A proteína vegetal afeta muitos aspectos do nosso metabolismo, incluindo a melhora da sensibilidade à insulina e a redução de reações tóxicas.[46] Apenas mudando o excesso de calorias na alimentação e melhorando a proporção de proteínas para carboidratos e gorduras de acordo com a sua constituição podem, na realidade, regular os níveis de açúcar no sangue.[47] Um dos componentes mais potentes do alimento, que afeta a expressão genética no nível molecular, são os fitonutrientes. A pesquisa sobre eles sustenta as descobertas em geral; por exemplo, 82 por cento dos 156 diferentes estudos publicados sobre alimentação descobriram que o consumo de frutas e vegetais ajuda a proteger contra o câncer.[48] As pessoas que comem mais frutas e vegetais têm a metade do risco de mortalidade por câncer do que as pessoas que não comem vegetais.

A alimentação que leva em conta uma grande quantidade de frutas e vegetais é muito rica em fitonutrientes, que inclui uma variedade de antioxidantes, carotenos, vitamina E, vitamina C, compostos fenólicos e terpenoides, que ligam os genes anticâncer e também os genes antienvelhecimento e anti-inflamatórios. Alguns dos fitonutrientes incluem: sulfetos alílicos (alil sulfetos) no alho e na cebola, estimuladores potentes das melhores expressões fenotípicas, com função antioxidante e desintoxicante; fitatos em grãos e legumes, que têm efeitos anticâncer; glucaratos, cítricos, grãos e tomates, que melhoram a expressão genética da desintoxicação; ligninas, na linhaça, que melhoram o metabolismo do estrogênio e da testosterona; isoflavonas, na soja, que aumentam a atividade do estrogênio e da testosterona; saponinas nos legumes, que têm qualidades anticâncer; indol, isotiocianatos e hidroxibutano em vegetais crucíferos, que melhoram a desintoxicação contra carcinogênicos; ácido elágico, nas uvas, framboesas, morangos e castanhas que melhoram a função antioxidante; e bioflavonoides, carotenoides e terpenoides, que reduzem a inflamação e melhoram a imunidade. Foi mostrado que essas substâncias, de acordo com o livro *Genetic Nutritioneering*, induzem especificamente genes anticâncer e ligam e desligam genes produtores de câncer. Uma das frutas fitonutrientes mais poderosas é a laranja, que tem mais de 170 fitoquímicos e 60 bioflavonoides. A combinação deles tem o efeito de, obviamente, modificar a expressão genética de uma maneira positiva, assim como de criar e aumentar a expressão antioxidante, anti-inflamatória, de inibir coágulos sanguíneos e de ativar a expressão e o aumento dos sistemas de desintoxicação. Há mais de vinte carotenoides na laranja, entre eles: luteína e zeaxantina (muito importante para a visão), critoxantina e betacaroteno. Estes também têm sido associados à diminuição da incidência da doença degenerativa macular. O limoneno, um nutriente de monoterpeno encontrado na toranja (*grapefruit*), ativa especificamente a expressão genética de uma enzima de desintoxicação chamada glutationa S-transferase. Essa enzima ajuda a proteger contra o câncer por desintoxicação de substâncias químicas produtoras de câncer. Outra substância importante é a família dos glucaratos, encontrados nas partes brancas da laranja e provavelmente na toranja. Os glucaratos parecem melhorar a nossa expressão genética, nos protegendo contra o câncer de mama. O autor reconhece o alho mais como um remédio e não necessariamente uma comida regular, pois foi mostrado em estudos de EEG que ele aumenta o desequilíbrio entre os lados direito e esquerdo do cérebro. O alho também tem uma variedade de fitoquímicos que moderam a expressão genética – principalmente os compostos de enxofre, que ajudam a baixar a pressão arterial e o colesterol e aumentam a imunidade.[48] A inflamação é certamente afetada por nossa expressão genética. O alimento anti-inflamatório favorito do autor é o gengibre; ele tem fitoquímicos ativos chamados gingerol, e é bastante eficiente no tratamento de artrite e de outros processos inflamatórios. Usado em conjunto com a curcumina*, melhora a expressão genética em relação à reação anti-inflamatória.[50, 51] A quercitina, flavonoide muito popular, encontrado na maçã, na cebola e no alho, ajuda a melhorar a expressão genética em relação a alergias e artrite.[52] Os bioflavonoides, dos quais a quercitina é um deles, são talvez alguns dos mais importantes modificadores de expressão genética, além de serem antioxidantes.

Essa discussão nos leva para do vinho, o chá preto e o chá verde chinês, que são muito ricos em bioflavonoides. O chá verde também contém uma

* Ou açafrão-da-terra, condimento extraído das raízes do cúrcuma, membro da família do gengibre. (N.T.)

classe de bioflavonoides chamada catequinas, que são antioxidantes particularmente fortes. O vinho tem muitos flavonoides e também tem uma quantidade de fenólicos, sendo os mais importantes o resveratrol e a quercitina, que alteram a expressão genética e melhoram a expressão fenotípica no sentido de proteger contra a formação de coágulos sanguíneos, como nas doenças cardíacas. O resveratrol também possui certas qualidades de antienvelhecimento que têm sido recentemente louvadas por imitar o efeito de restrição de calorias. No entanto, o vinho tinto tem a desvantagem de ser álcool. E o álcool tem muitos efeitos que desregulam e minam a expressão genética saudável, particularmente no sistema neurotransmissor, assim como em outros sistemas do corpo. O resveratrol, a quercitina e os bioflavonoides podem ser facilmente obtidos de outras substâncias além do vinho tinto. Fontes saudáveis de bioflavonoides incluem uva, cebola, alho e as partes internas brancas da casca de frutas cítricas. Os bioflavonoides também promovem a ativação da expressão genética das enzimas de desintoxicação fase II, no fígado. Os bioflavonoides são uma classe de fitonutrientes que contêm subclasses, incluindo isoflavonas, flavonas e flavonoides. Estes são antioxidantes muito importantes; afetam a modulação de hormônios, a proteção anti-inflamatória e a expressão genética das enzimas de desintoxicação.

As vitaminas e os minerais também afetam a expressão genética. As vitaminas B são particularmente importantes nisso, especialmente a B_6, B_{12} e o ácido fólico. Estas claramente modulam a atividade genética para nos proteger contra o câncer e as doenças cardíacas, como também melhoram as funções cerebrais. Os minerais, naturalmente, desempenham um papel importante ao afetar a nossa expressão fenotípica. O zinco é um dos mais importantes; ele está envolvido em mais de trezentas reações enzimáticas. O zinco é importante na função de crescimento, na função imunológica e no desenvolvimento hormonal.

Desintoxicação

A desintoxicação é um dos mais interessantes e importantes aspectos de como comemos de maneira a apoiar a expressão genética que nos protegerá contra o excesso de toxinas no meio ambiente. É muito comum as pessoas entrarem no consultório do autor e dizerem: "A minha alimentação é boa. Tudo o que como é bom. Por que estou tão intoxicado?" Bem, o autor tenta explicar que as pesquisas mostram que a real toxicidade está relacionada com o grau de eficiência do nosso sistema de desintoxicação. As pesquisas sugerem que a força de desintoxicação, em geral, varia de três a cinco vezes de pessoa para pessoa. Um estudo no Havaí[53] mostrou que o histórico de pessoas de várias etnias tinha aproximadamente uma diferença de 20 vezes na habilidade de desintoxicação de um indivíduo para outro. Essa é uma diferença impressionante. De acordo com os dados, quase um terço da variação está associado com a alimentação. O autor tenta tranquilizar as pessoas explicando que se uma pessoa é exposta ao mesmo nível de toxinas que uma outra, mas tem mais problemas, o que a pessoa deve fazer é trabalhar mais arduamente para criar uma expressão genética melhor, para ampliar a sua habilidade de desintoxicação. A chave é que enzimas de desintoxicação são controladas pelos genes.

Entre os nutrientes que desempenham um papel muito importante no sistema de desintoxicação estão a glicina, as vitaminas do complexo B, o ácido pantotênico (especialmente porque ele fortalece as glândulas suprarrenais), o cloro, a cisteína, o magnésio, o selênio, o zinco e a glutationa. Há também enzimas específicas importantes, uma das quais é a N-acetiltransferase. Um estudo[54] mostra que fumantes que têm uma função pobre de N-acetiltransferase têm um índice muito mais alto de câncer de mama. O câncer dos pulmões é muito mais frequente em fumantes que têm um nível baixo da enzima de desintoxicação chamada glutationa transferase.[55] Se você sabe disso e quer continuar fumando, então, a escolha é sua. Pelo menos saber que você tem algumas fraquezas significa que tem o potencial para fazer escolhas melhores. O aminoácido glicina representa um tipo de sucesso inesperado já que a maioria das pessoas não conhece o seu poder. Uma pesquisa nos anos 1930 descobriu que doses orais de até 3.000 miligramas de glicina melhoram muito a capacidade de desintoxicação do fígado e sua habilidade para se recuperar de doenças hepáticas.[56] Um dos fitoquímicos mais populares hoje em dia vem dos vegetais crucíferos*, que inclui a categoria de substâncias chamadas glucosinolatos: indol-3-carbinol, fenilisotiocianato e 3-hidroxibutano. Essas substâncias parecem ativar a expressão genética no sentido de criar enzimas de desintoxicação que eliminam carcinogênicos do sistema. Um estudo, por exemplo, mostra que a couve-de-bruxelas aumenta a expressão genética específica para a produção de glutationa S-transferase.[57] Isso parece estar relacionado a uma baixa incidência de câncer em geral, principalmente câncer do cólon, entre pessoas que comem vegetais crucíferos. No que diz respeito à desintoxicação, os bioflavonoides podem estar no topo

* Grupo de vegetais composto especialmente por couve, couve-flor, couve-de-bruxelas, brócolis e repolho. (N.T.)

da lista de fitoquímicos potentes que estimulam a expressão genética de criar funções de desintoxicação. Funcionam no que chamamos de enzimas fase 2 no sistema de desintoxicação, o qual tem conjuntos fase 1 e fase 2. Em particular, em relação à desintoxicação hepática, os bioflavonoides parecem ativar a desintoxicação fase 2.

Um conceito interessante é a ideia de uma sobrecarga de toxinas. Se alguém diz: "Eu saio e como comida não orgânica", o autor ensina que isso não é um problema se for uma eventualidade, mas comer continuamente alimentos não orgânicos é construir uma "carga tóxica". A questão toda é quanto nós podemos sobrecarregar a máquina de desintoxicação antes que ela quebre e perca a habilidade de desintoxicar câncer, substâncias químicas etc.

Portanto, temos aqui dois estágios: temos a habilidade de fortalecer a máquina, comendo certas comidas que ampliam o nosso sistema de desintoxicação, e temos a habilidade de minimizar as toxinas que entram no sistema.

Os Efeitos Antienvelhecimento da Expressão Genética

Começamos o capítulo com a questão de que temos o potencial para, através do que comemos, de como vivemos e de como pensamos, afetar a expressão genética dos nossos genes antienvelhecimento. Um artigo da revista *Science*, escrito pelo doutor Caleb Finch, professor do Andrus Gerontology Center (centro de gerontologia), da Universidade da Califórnia do Sul, esclarece mais essa questão. Ele conclui que a hereditariedade exerce um papel mínimo ao determinar uma duração de vida longa. O papel mais importante da longevidade está relacionado ao estilo de vida.[58] Uma parte importante do processo de antienvelhecimento é uma alimentação rica em antioxidantes – uma alimentação que tem um elevado índice de carotenoides, flavonoides, zinco, manganês, cobre e vitaminas E, C e A.

A edição especial da *Life Extension 2004* afirma que de acordo com os pesquisadores da Harvard Medical School e do Laboratório de Pesquisa Biomol, o fitonutriente resveratrol, que ativa os genes da sirtuína, ativa o "gene da longevidade" em leveduras aumentando em 70 por cento seu tempo de vida. Ele parece ativar um dos mesmos genes da restrição calórica (discutido no Capítulo 22). Esta pesquisa se repetiu em minhocas e moscas. Os seres humanos têm sua própria forma de genes da sirtuína. Ele funciona aumentando a taxa de desacetilação, que pode ser a razão pela qual existem pesquisas tão poderosas que mostram que o resveratrol não apenas previne o câncer, mas pode, na realidade, ser considerado um tratamento.[59] O resveratrol detém o câncer de várias maneiras: bloqueando os estrogênios e androgênios à modulação dos genes. Ele tem mostrado uma habilidade de bloquear a metástase óssea de 30 a 71 por cento.[60] O resveratrol parece moderar a reação inflamatória prejudicial ao corpo em relação a ferimentos do cérebro e da coluna vertebral. Foi mostrado que ele também protege em muitos níveis, incluindo no nível antioxidante, contra doenças dos vasos sanguíneos e do coração.

O resveratrol é classificado como um polifenol, que, por sua vez, é dividido em subclasses, como os flavonoides e as proantocianidinas. Ele é encontrado nas uvas orgânicas, nos pinheiros e em outras plantas como o *Polygonnum cuspidatum*. Esta extensão de informações sobre o resveratrol ajuda a esclarecer o papel dos fitonutrientes no controle genético e como antioxidantes. Quando cozinhamos a comida, muitas das ações desses fitonutrientes ficam comprometidas ou se perdem completamente. Os efeitos dos danos dos radicais livres são vistos em todo o corpo. Parece que os órgãos muito ricos em oxigenação, como o cérebro, o coração, o fígado, o trato gastrointestinal, os rins, o sistema imunológico, o sistema endócrino, os pulmões e o sangue são os que mais sofrem com o estresse dos antioxidantes.

Talvez o órgão, usando este termo de forma livre, mais afetado pelo estresse antioxidante seja a mitocôndria. Ela necessita de uma enorme quantidade de oxigênio para funcionar apropriadamente. A taxa de envelhecimento quase pode ser medida pela quantidade de oxigênio que a mitocôndria consegue receber. Nossos registros de saúde na Tree of Life Foundation se concentram em trazer o máximo de oxigênio para a mitocôndria. Associado ao suprimento de oxigênio e à produção de energia, está o fato de que a mitocôndria produz a maior parte dos radicais livres, como resultado do metabolismo energético. Ela é a fonte de energia metabólica no sistema. A mitocôndria tem um conjunto de DNA totalmente separado, que é herdado apenas da mãe. O DNA mitocondrial não parece ter o mecanismo para consertar a si mesmo; portanto, a única forma que temos de proteger o DNA mitocondrial, sua função e expressão, é ter um corpo rico em antioxidantes específicos para a proteção da mitocôndria. Estes incluem glutationa, ácido lipoico, coenzima Q10, superóxido dismutase e vitamina E. Esses nutrientes na alimentação ajudam a proteger a mitocôndria da destruição por radicais livres. Precisamos compreender que a mitocôndria não está apenas sujeita ao estresse oxidativo normal e ao dano por radicais livres devido à radiação, poluição e drogas, mas que também a alimentação tem um grande efeito nisso. Quando a mitocôndria não está funcionando bem, temos os sintomas de fadiga, pouca energia e dor crônica. O doutor Bruce Ames, responsável pelo Departamento de Bioquímica da Universidade da Califórnia, publicou uma pesquisa na qual sugere que o DNA mitocondrial é quinze vezes mais suscetível que o DNA nuclear no que se refere ao dano oxidativo por radicais livres.[61] A principal defesa que temos para a mitocôndria é uma alta ingestão de antioxidantes. De certa forma, podemos dizer que os oxidantes de radicais livres, que são normalmente produzidos na mitocôndria como resultado da redução da proteção antioxidante, servem para regular a expressão genética para baixo no DNA nuclear. Se eles não são destruídos pelos antioxidantes, podem gerar uma alteração na expressão genética das mensagens do cromossomo que se formam no núcleo.[62] Essa afirmação sobre a interação entre o DNA mitocondrial e o DNA nuclear é muito importante. As substâncias que alteram a expressão genética no nível mitocondrial de uma maneira negativa incluem os superóxidos, o oxigênio singlete, os radicais hidroxila e peróxido de hidrogênio. Felizmente, os antioxidantes têm um papel importante no que diz respeito a ativar a sintase antioxidante. Os antioxidantes têm, portanto, o papel de proteger a expressão genética.[63] As espécies de oxigênios reativos normais, gerados na mitocôndria, têm sido associadas a uma variedade de doenças crônicas, incluindo doenças cardíacas, câncer e mal de Alzheimer.

A função mitocondrial não está apenas relacionada às funções musculares e energéticas, mas muito relacionada também ao funcionamento cerebral adequado. Evidências indicam que a inflamação no cérebro e as toxinas tendem causar uma quebra da produção energética mitocondrial nas células do cérebro, o que faz com que as células morram. O termo para essa morte celular é apoptose. Um dos principais caminhos para a morte é quando as células não são capazes de manter suas funções; elas encolhem, tornam-se desidratadas, perdem a produção energética correta na mitocôndria e não são capazes de eliminar o excesso de oxidantes na mitocôndria; tudo isso contribui para a morte celular.[64] Um dos melhores antioxidantes para o cérebro é a vitamina E, um complexo de tocotrienóis e tocoferóis alfa-beta-teta-delta-epsilon. Os tocotrienóis e tocoferóis podem ser os inibidores mais potentes do estresse oxidativo mitocondrial no cérebro.[65] Outros antioxidantes fundamentais para proteger o cérebro incluem a vitamina C, os bioflavonoides, a coenzima Q10 e o ácido alfalipoico.

Práticas Nutricionais para o Rejuvenescimento

Agora que sabemos que aquilo que comemos e aquilo que não comemos afetam a expressão genética e, portanto, o nosso rejuvenescimento, estamos prontos para explorar as melhores práticas nutricionais que, na verdade, irão ligar as expressões genéticas de rejuvenescimento. Segundo a experiência do autor, há quatro principais práticas de alimentação que aumentam muito o processo de rejuvenescimento – comer menos (restrição calórica), veganismo, alimentação viva e jejum espiritual. Nos próximos capítulos, iremos explorar essas práticas relacionadas à expressão genética e além dela.

Resumo – Capítulo 21

1. A pesquisa do genoma humano nos mostra que há mais de 1,4 milhão de variações genéticas no genoma humano, com mais de 100 mil genes.
2. Em cada estágio de desenvolvimento – do embrião aos mais idosos –, toda a informação genética está codificada nos tipos de genes e é acessível a qualquer célula, em qualquer estágio, como uma expressão fenotípica potencial. Portanto, temos o potencial de ativar a expressão fenotípica mais elevada em qualquer idade.
3. Nossos genes não necessariamente criam a doença. A doença surge quando o estilo de vida, a alimentação e o estresse mental ativam a expressão genética de envelhecimento.
4. Os genes são tanto polimórficos como pluripotenciais na população humana. Portanto, eles podem agir de várias maneiras, de acordo com as diferentes pressões ambientais internas e externas.
5. A expressão genética é afetada pela alimentação, pelo estilo de vida e pelos estresses ambientais. Entre as causas estão o movimento, o alimento, a respiração, o estresse, a vida emocional e espiritual
6. Os primeiros sintomas de expressão genética disfuncional ou alterada incluem distúrbios do sono, emoções desequilibradas, baixa energia e fadiga. Estes são os marcadores da expressão genética disfuncional.
7. O que comemos fala com os nossos genes, quer ligando o gene de rejuvenescimento, quer ligando o gene de envelhecimento.
8. O alimento não muda os nossos genes físicos ou as mensagens que estão inseridas em nossos genes; o que o alimento faz é mudar a maneira como essa mensagem é expressa.

– 22 –

COMA POUCO!

Nunca há comida suficiente para alimentar uma alma faminta.
Gabriel

A Importância de Comer Pouco

A regra mais importante da Nutrição Espiritual é comer pouco!

Moisés Maimônides (1135-1204 d.C.), rabino, médico e um dos mais célebres de todos os curadores judeus, ensinava que "comer demais é como um veneno mortal para qualquer constituição, e é a causa principal de todas as doenças".[1] Sai Baba de Shirdi, importante santo hindu muçulmano do começo do século XX, aconselhava: "Coma de maneira simples e pouco". Paavo Airola ensinava que "comer pouco sistematicamente é o segredo número um da saúde e da longevidade. Comer demais, por outro lado, mesmo que sejam alimentos saudáveis, é uma das principais causas de doenças e envelhecimento prematuro".[2] Jesus, no Evangelho Essênio da Paz dizia:

> Quando você comer, nunca coma até ficar cheio. Fuja das tentações de Satã e ouça as vozes dos Anjos de Deus. Pois Satã e seu poder tentam você a sempre comer mais e mais. Mas viva pelo espírito e resista aos desejos do corpo. E o seu jejum é sempre prazeroso perante os olhos dos Anjos de Deus. Portanto, dê atenção a quanto você tem comido e a quando estiver satisfeito, e aí sempre coma um terço menos [3].

A consciência do próprio autor em comer pouco aumentou enquanto atuava como médico na Índia. Aos domingos, costumava haver um festival e, com a mesma regularidade, todas as segundas, terças e quartas-feiras as pessoas apareciam com diarreia e disenteria. Apresentavam fraqueza e desconforto, seus afazeres eram interrompidos e tinham dificuldades para meditar, resultado de suas doenças. Um antigo provérbio árabe diz que "comendo, ficamos doentes; digerindo, ficamos saudáveis". Se estivermos fracos demais para assimilar as forças e os organismos em nosso alimento, eles nos dominam. As pessoas que comiam muito pouco naqueles festivais normalmente não ficavam doentes, pois havia menos comida, menos bactéria e forças parasíticas para superar. Este é um dos segredos para não ficarmos doente quando viajamos.

Uma das razões mais práticas para comer pouco é que é difícil meditar se a nossa energia ainda estiver envolvida com a ingestão do alimento. Isso é especialmente verdade se queremos acordar cedo de manhã para meditar e comemos demais na noite anterior. O que o autor descobriu foi que mesmo quando ele estava num ciclo de meditação de seis horas por dia, contanto que comesse menos da comida disponível (vegetais cozidos e *chapatis*, um pão achatado), a sua energia para meditação não se exauria. Essa regra é a primeira de todos os conselhos sobre alimentação. Isso não significa que podemos fazer uma alimentação comendo pouca comida de baixa qualidade (*junk food*) sem exaurir a nossa energia. Se alimentos orgânicos, integrais, crus, estiverem disponíveis, eles ainda são a escolha para aperfeiçoar a nossa alimentação tendo em vista uma vida espiritual.

Pessoas Famosas que Comiam Pouco

O doutor Pelletier, em sua pesquisa sobre longevidade, descobriu que as culturas nas quais as pessoas tinham vida mais longa e saudável – os nativos da região da Vilcabamba no Equador, os hunzas do Paquistão Ocidental, os índios Tarahumara do Norte do México, e os russos da região de Abkasian – comiam alimentos pobres em proteína e ricos em carboidrato natural, que continha aproximadamente metade da quantidade de proteína que os americanos comem e apenas de 50 a 60 por cento do total de calorias.[4] Airola esclarece esse ponto em *How to Get Well* [Como ficar bem] dizendo que nunca vemos um obeso com mais de 100 anos de idade.

Há muitos casos históricos dos benefícios de se comer pouco para a saúde e a longevidade. São Paulo, o eremita, viveu até os 113 anos comendo somente tâmaras e bebendo apenas água. Thomas Carn, nascido em Londres em 1588, viveu até os 207 anos, e um certo senhor Jenkins, nascido em Yorkshire, na Inglaterra, viveu de 1500 a 1670; ambos não comiam o desjejum, bebiam leite cru ou manteiga com mel e frutas no almoço (Carn talvez comesse pão também), e os dois tomavam leite cru ou comiam fruta no jantar. A condessa francesa Catherine Desmond, que viveu até a idade de 145, comia apenas frutas.

Uma das pessoas mais famosas que comia pouco foi Luigi Cornaro, um nobre de Veneza, que pertencia ao ministério do papa e viveu de 1464 até 1566. Até os 40 anos, ele comia até se fartar. Foi atendido pelo padre doutor Benedito, que o aconselhou nas artes do viver natural e comer pouco. Dali em diante, ele simplificou a sua alimentação para cerca de 330 g de comida e aproximadamente 400 ml de líquido por dia, nunca se desviando do ato de comer pouco. Dizem que ele afirmou "uma só palavra é suficiente para o sábio". Uma exceção no seu programa de alimentação foi quando, aos 78 anos, a sua família insistiu que ele aumentasse sua ingestão de comida. Aumentou, então, a ingestão de alimentos em 56 g e adoeceu em seguida. Depois disso, ele reduziu para 227 g de comida e 325 ml de líquido por dia, até morrer aos 102 anos. Os seus escritos a respeito de comer pouco podem ser resumidos em duas afirmações: "Quanto menos eu comia, melhor eu me sentia" e "Não nos saciarmos com comida é a ciência da saúde".[5] Szekely destaca que Luigi Cornaro é um elo na transmissão dos ensinamentos essênios.[6] Essa transmissão veio com a tradução de são Jerônimo dos Evangelhos Essênios da Paz, de Constantino, o africano, que estudou esses textos no monastério em Monte Cassino, e ensinava os modos naturais essênios na Escola de Medicina de Salerno, onde o padre doutor Benedito foi treinado. Uma parte dos ensinamentos essênios foi a ênfase de Cornaro na prática da sobriedade, que ele compartilhava com todos, incluindo o papa, que se tornou seu aluno. Sobriedade, a arte de comer com moderação, pode ser resumida em duas simples diretrizes: primeiro, evitar comer mais do que o nosso sistema pode digerir e assimilar com facilidade; e segundo, evitar comidas e bebidas que estejam em discordância com o nosso estômago. Sobriedade significa prestar atenção à quantidade e à qualidade dos alimentos que comemos. Na prática, significa deixar a mesa enquanto ainda queremos comer e beber mais. Um antigo provérbio diz: "Sair da mesa após comer uma refeição substanciosa é mais importante do que aquilo que comemos".

Evidências Científicas *para a* Restrição Calórica e o Rejuvenescimento

A duração máxima de vida, que é diferente de duração média de vida, é a medida daqueles que vivem mais em qualquer espécie. Duração máxima de vida é o limite externo do potencial de duração de vida e nos leva a compreender a como ligar os genes de rejuvenescimento e reverter o processo de envelhecimento; não é simplesmente ter uma duração longa de vida saudável e normal. É importante notar que em todas as pesquisas de restrição calórica descritas aqui, os animais, em geral, eram mais joviais, vigorosos e energéticos quando comparados aos demais animais normais, e não apresentavam nenhuma ou quase nenhuma doença degenerativa crônica. Também é importante notar que uma variedade de espécies mamíferas parece conseguir ligar os genes de rejuvenescimento e prolongar a vida. Portanto, é razoável estabelecer a hipótese de que esse efeito também acontece em seres humanos. Não há uma única instância, na história da medicina, que efeitos de um espectro tão amplo, em uma variedade de animais, não pudessem ser demonstrados como sendo similares nos humanos. Naturalmente, os estudos duplamente cegos em seres humanos são um pouco mais difícil, e assim temos de nos basear em alguns exemplos históricos dos quais já falamos.

O doutor McKay, da Universidade Cornell, descobriu nos anos 1930 que o tempo de vida de ratos dobrava quando a ingestão alimentar deles era reduzida pela metade. Os ratos com restrição calórica não apenas viviam mais, mas eram mais saudáveis e joviais comparados com os ratos do grupo de controle. Ele descobriu que os ratos do grupo de controle, que tinham uma alimentação normal, do tipo "comam quanto puderem", ficavam fracos e debilitados enquanto vivam o tempo normal de vida, que era aproximadamente 32 meses (o equivalente à idade de 95 anos em seres humanos). Os ratos que tinham restrições calóricas, com 32 meses de idade ainda estavam vivazes, joviais e vigorosos; um deles viveu 1.456 dias (praticamente 50 meses, correspondendo aos 150 anos de idade nos seres humanos). Quando essa pesquisa foi repetida nos anos 1960, no Instituto Morris H. Ross, os ratos com restrição calórica viveram até 1.800 dias, ou o equivalente a cerca de 180 anos de idade em seres humanos.[7]

Nos anos 1970, uma pesquisa avançada foi feita pelo doutor Roy Walford e o doutor Richard Weindruch, no Centro Médico da UCLA, onde descobriram que mesmo uma restrição gradual de calorias em ratos de meia idade aumentava a duração de vida em até 60 por cento.

O professor Huxley prolongou a vida de minhocas em 19 vezes a vida média delas, fazendo com que periodicamente comessem cada vez menos.[8] A pesquisa também mostrou que comer menos aumenta o tempo de vida de moscas de frutas, pulgas-d'água e trutas.[9]

Um dos pontos mais interessantes da pesquisa de Walford e Weindruch é que ela mostrou que camundongos de meia-idade com uma alimentação com restrição calórica podem obter resultados significativos de antienvelhecimento. Em outras palavras, *não importa em que idade você começa; você ainda pode ligar a expressão genética rejuvenescedora.*

O próximo avanço significativo no trabalho de antienvelhecimento começou nos anos 1990, com o doutor Richard Weindruch e o doutor Thomas Prolla, na Universidade de Wisconsin. Usando a tecnologia genética com microchip de DNA, uma técnica que pode medir a expressão de milhares de genes de uma só vez, eles estudaram a expressão genética de camundongos, ratos, macacos e seres humanos. Weindruch e Prolla estudaram os perfis genéticos em músculos de camundongos com alimentação normal e de camundongos com restrição calórica, e observaram grandes mudanças na expressão entre os dois grupos. Os resultados foram publicados na reconhecida revista *Science*. Essa é realmente a primeira vez na história em que cientistas puderam estudar a expressão genética. Eles descobriram que a expressão genética era significativamente alterada pela restrição calórica de uma forma que parecia diminuir o processo de envelhecimento. Weindruch e Prolla compararam camundongos de 5 e 30 meses de idade que foram alimentados normalmente e com restrição calórica. Suas experiências com os camundongos mais velhos mostraram uma diferença significativa na expressão genética da idade quando eles estavam com restrição calórica. Evidenciaram que a restrição calórica de longo prazo realmente diminuía o processo de envelhecimento.[10]

O doutor Stephen R. Spindler, professor de bioquímica da Universidade da Califórnia, em Riverside, usando tecnologia genética, estudou a expressão de 11 mil genes no fígado de camundongos jovens, alimentados normalmente e com restrição calórica. Spindler descobriu que 60 por cento das mudanças relacionadas à idade na expressão genética de camundongos com restrição calórica ocorriam apenas poucas semanas após começarem a alimentação de restrição calórica. Essa é uma descoberta significativa, pois indica que mesmo levando anos para os efeitos totais das restrições calóricas se expressarem, o perfil genético para o antienvelhecimento se desenvolve rapidamente quando você restringe a alimentação. Spindler descobriu que a restrição calórica produzia um perfil genético de antienvelhecimento e era capaz de reverter a maioria das mudanças degenerativas relacionadas à idade que aparecem na expressão genética. Ele descobriu um aumento de quatro vezes na expressão de seus genes de rejuvenescimento com uma restrição calórica de curto prazo, e um aumento de 2,5 vezes na expressão de genes de rejuvenescimento em restrições calóricas de longo prazo. Ele obteve em seus experimentos 95 por cento de reprodutibilidade.

Spindler notou que a restrição calórica, além de evitar a deterioração ou mudança genética gradual no tempo de vida do animal, revertia a maioria das mudanças de envelhecimento em um período de tempo curto. A sua pesquisa com os camundongos durou apenas um mês. Em outro grupo de pesquisas, ele descobriu que a mais rápida mudança no perfil de envelhecimento genético para o antienvelhecimento ocorria em animais mais velhos, assim como nos jovens e nos de meia-idade. Enfatizando a questão que Weindruch e Prolla consideraram anteriormente, não importa a idade em que você começa, a restrição calórica parece ligar a expressão dos genes de rejuvenescimento e desligar a expressão dos genes de envelhecimento. Temos a memória completa de toda a nossa expressão genética em todos os cromossomos; tudo o que temos a fazer é apertar o botão certo para obter a expressão saudável. Essa descoberta sugere (apesar de ser demasiado cedo para dizer "provar") que a restrição calórica pode potencialmente reverter o envelhecimento e prolongar a duração de vida em animais mais velhos e, portanto, em seres humanos também. *A pesquisa de Spindler é talvez a primeira a mostrar que a restrição calórica pode, na verdade, ligar os genes de rejuvenescimento e literalmente reverter o processo de envelhecimento*. A pesquisa anterior media as mudanças fisiológicas do envelhecimento que podiam ser diminuídas pela restrição calórica. Uma parte importante da pesquisa de Spindler é que a restrição calórica de curto prazo pode ligar a maioria dos genes de antienvelhecimento. Sua impressão, de uma recente entrevista na revista *Life Extension*, é que se as pessoas eliminassem 5 quilos, independentemente do seu peso antes de iniciar a dieta, muitos dos seus parâmetros fisiológicos de saúde iriam melhorar. Ele descobriu o que já tinha sido afirmado: a perda de peso melhora a sensibilidade da insulina, melhora a glicose sanguínea, diminui os níveis de insulina no sangue, diminui o batimento cardíaco e melhora a pressão arterial. E também notou o potencial efeito anticâncer.

Sua pesquisa indicou que a restrição calórica é proapoptótica, significando que ela promove a autodestruição de células danificadas ou produtoras de câncer. Spindler, assim como outros, percebe que este efeito próapoptótico se deve ao fato de a restrição calórica diminuir a quantidade de proteínas chaperones (acompanhantes). A restrição calórica diminui o nível de chaperones e cria mais morte celular e, particularmente, mais morte celular para células disfuncionais, potencialmente cancerosas ou de mutação. Se tivermos um alto nível de chaperones, o que tende a acontecer com a idade, as células estão menos aptas a cometer suicídio, apesar de tenderem a permanecer danificadas ou mutadas, podendo secretar substâncias prejudiciais aos tecidos ou mesmo se tornarem cancerosas.

Spindler também descobriu, particularmente com animais mais velhos, um aumento associado à expressão genética que cria um efeito anti-inflamatório. O efeito de estresse inflamatório, assim como do estresse fisiológico, parece acontecer mais com a idade. Ele descobriu que uma quantia significante dessa expressão genética, inflamada e estressada, diminuía com a restrição calórica.

Em resumo, os resultados de Spindler, conforme publicado nos Procedimentos da Academia Nacional de Ciências, basicamente mostrou: *1) não importa qual a sua idade, você ainda pode obter os efeitos de antienvelhecimento com restrição calórica; 2) os efeitos de antienvelhecimento podem ocorrer rapidamente com uma alimentação de baixa caloria; 3) apenas quatro semanas de restrição calórica em camundongos parecia parcialmente restaurar a habilidade do fígado de metabolizar drogas para se desintoxicar; 4) a restrição calórica parecia rapidamente diminuir a quantidade de inflamação e estresse, mesmo em animais mais velhos.*[11]

Um trabalho feito pelo doutor Berger, descrito em seu livro *Forever Young* [Eternamente jovem], descreve outra forma de descoberta do princípio de antienvelhecimento ou de rejuvenescimento. Ele descobriu que se as pessoas, através da restrição calórica, mantivessem um peso aproximadamente 20 por cento menor do que o considerado normal, poderíamos alcançar o efeito de restrição calórica e, portanto, uma maior longevidade e bem-estar.[12] Essa abordagem simplificada se afasta da contagem de calorias, e é a abordagem que o autor frequentemente recomenda às pessoas.

Até esse momento, o único efeito específico de antienvelhecimento que foi demonstrado repetidamente em todos os tipos de sistemas vivos é que a restrição calórica consistentemente diminui o envelhecimento em todas as variedades de animais, incluindo várias espécies mamíferas. A pesquisa mostra que isso resulta não apenas em uma duração de vida mais longa, mas também abaixa a pressão arterial, reduz os anticorpos autodestrutivos que atacam o cérebro, reduz a perda de células do sistema nervoso central, fortalece o sistema imunológico, diminui o processo geral de envelhecimento, abaixa o colesterol, diminui o índice de doenças cardíacas, reduz a perda de oxigênio muscular, melhora a função muscular, reduz o dano por radicais livres ao tecido corpóreo, ajuda a estabilizar o açúcar no sangue em diabete iniciada na fase adulta (e na pesquisa clínica do autor até reverte a síndrome X) e ajuda o corpo a funcionar em eficiência metabólica máxima.

A Arte da Nutrição Espiritual

A arte da Nutrição Espiritual é consumir a quantidade exata de comida e bebida para suprir a necessidade individual. Isso significa consumir exatamente o que é necessário para assimilar a energia e as estruturas biomoleculares necessárias para manter o nosso corpo como um cristal humano aperfeiçoado. É comer de modo a apoiar completamente a nossa transmutação em um supercondutor da energia espiritualizante da Kundalini. É comer de forma que melhor nos permita atrair, conduzir, armazenar e transmitir a energia cósmica que entra no nosso sistema.

Na parte II deste livro, estamos explorando as diretrizes qualitativas para realizar isso. O tamanho das porções é pessoal, determinado apenas pelo método de tentativa e erro. Nós nos tornamos tanto pesquisadores como pesquisados, uma abordagem que ajuda a desenvolver uma sensibilidade interna para as reais necessidades energéticas e biomoleculares. Com a meditação e o jejum, o nosso corpo continuamente se transforma. Quanto mais nos purificamos no nível corpo-mente-espírito, mais energia cósmica é capaz de entrar no nosso sistema e, assim, precisamos de menos energia da natureza vinda do nosso alimento. Com os jejuns e as alimentações mais leves, as membranas basais ficam mais claras e mais porosas. À medida que isso acontece, os nutrientes que ingerimos chegam às células mais facilmente e, portanto, precisamos de menos comida para obter a mesma quantia de nutrição biomolecular. Isso é totalmente diferente do conceito de alimentação mínima ou progressivamente diminuir a ingestão de alimentos em um esforço matemático obsessivo para alcançar o mínimo. Isso é uma prática de mortificação e de privação, que não leva necessariamente a um crescimento espiritual. Não tem o mesmo efeito que a abordagem, altamente intuitiva, de comer as quantias mais apropriadas para estimular ao máximo a nossa evolução espiritual.

Resumo – Capítulo 22

1. A regra mais importante na nutrição é comer pouco.
2. Os estudos culturais humanos, as histórias de casos e os estudos animais mostraram que comer pouco prolonga o ciclo de vida.
3. Não nos saciarmos com comida é a ciência da saúde.
4. A arte da Nutrição Espiritual é estar sintonizado com as nossas necessidades internas e a nossa vida externa, de maneira que saibamos a quantia exata de alimentos que devemos comer. Para isso, devemos estar sintonizados com as mudanças sutis que ocorrem com o passar do tempo e ajustar a alimentação de acordo a elas.

JEJUM ESPIRITUAL

Jejum Espiritual – O Elixir da Nutrição Espiritual

O jejum espiritual é outra força poderosa na Nutrição Espiritual. Jejuar pelo menos sete dias com sucos verdes, como fazemos nos Retiros de Jejum Espiritual na Tree of Life Foundation, é a maneira mais poderosa de nos alimentarmos para nos tornarmos um supercondutor para o Divino. Realizado em um contexto espiritual completo, o jejum acalma os vrittis da mente, purifica os koshas, limpa os nadis e estabelece as precondições para o despertar da Kundalini. Em nossos jejuns espirituais, há uma intensa experiência dos Seis Fundamentos, e toda a limpeza dos koshas é acelerada. Como resultado, aproximadamente 90 por cento das pessoas que mergulham no elixir de elevado prana do jejum espiritual na Tree of Life Foundation passam pela experiência do despertar da Kundalini Shekhinah. Ela requer uma energia prática autossuficiente para que a Graça de Shaktipat / S'micha l'shefa / Haniha desperte-a. Os jejuns espirituais são a quintessência do que a Nutrição Espiritual pode ser. Esta é a razão pela qual o Tree of Life Rejuvenation Center se tornou o que muitas pessoas consideram o principal centro de jejum espiritual no mundo.

O jejum, praticado como uma disciplina essencial para atingir o verdadeiro conhecimento, tem a sua história nas práticas espirituais em quase todas as religiões. Sócrates, Platão, os filósofos neoplatônicos e os estoicos, como Epiteto e Plotino, usavam o jejum para purificar o espírito, para melhor perceber a Verdade. Sócrates e Platão praticavam o jejum de dez dias.[1]

Pitágoras, o grande matemático, praticava jejuns de quarenta dias.[2] O jejum é usado em religiões como no judaísmo, cristianismo, hinduísmo, islamismo e budismo com diferentes propósitos – penitência, conciliação, um rito preparatório para iniciações e casamentos, lamentações, para desenvolver poderes mágicos, purificação, saúde e desenvolvimento espiritual. Em hebreu, a palavra para jejum é *tsoum*, que significa a abstinência voluntária de comida com um propósito religioso. Esta é uma boa definição de jejum espiritual.

O jejum mais importante para os judeus é a abstinência de comida e água no dia que a Torá designa como o Dia do Perdão (Yom Kippur). O jejum foi designado para a penitência dos pecados, e há jejuns de devoção designados para as segundas e quintas-feiras. Eles eram feitos para agradar a Deus, afastar punições e buscar os favores de Deus. Os mais famosos, na tradição judaica, são os jejuns de quarenta dias de Moisés e de Elias. Daniel, o profeta, jejuou na preparação para receber as suas revelações. Ester e todo o povo judeu, na Pérsia, jejuaram pelo livramento da destruição física. Dizem que Judite jejuou todos os dias de sua vida (Judite, 8, 6). Com exceção desses jejuns famosos, a maioria dos jejuns judeus foi prescrita como parte do cumprimento da Torá, até que os judeus alexandrinos desenvolveram a filosofia de que os desejos do corpo interferiam na espiritualidade e que o jejum ajudava a liberar energias mentais do nível material para o nível espiritual.

Os essênios, que eram ascetas esotéricos, e as comunidades judaicas estudiosas que viviam próximas do Egito e do mar Morto e que foram os autores dos Pergaminhos do mar Morto usavam o jejum como uma abordagem importante para purificar o corpo e aumentar a sua Comunhão com Deus. Dizem que o profeta Elias fundou a comunidade dos essênios, no Monte Carmelo. O nome *essênio* significa "aquele que espera Aquele que virá". Eles eram profetas muito conhecidos e grandes curadores. Essênio também significa curador ou terapeuta, e seus membros eram muitas vezes chamados de *therapeutae.* Muitos deles viviam mais de 120 anos.[3] O grupo interno principal dos essênios jejuava por quarenta dias uma vez por ano.[4] Há relatos contando que Jesus foi educado em uma comunidade essênia no Egito, após escapar de Herodes, o Grande. Ele levou os ensinamentos do jejum para seus discípulos através de sua própria prática de jejum de quarenta dias, e outras referências ao jejum para purificação e cura do corpo e da alma. Ele ensinou no Evangelho Essênio da Paz, Livro I, que:

> [...] a palavra e o poder de Deus não vos penetram porque todas as espécies de abominações têm sua morada em vosso corpo e em vosso espírito; pois o corpo é o templo do espírito e o espírito é o templo de Deus. Purificai, portanto, o templo

> para que o Senhor do templo o habite e ocupe um lugar digno nele... Renovai-vos e jejuai. Pois em verdade vos digo, Satanás e suas pragas só podem ser expulsos pelo jejum e pela oração. [Também em Marcos, 9, 29] Vai e jejuai sozinho... O Deus vivo verá e grande será vossa recompensa. E jejuai até que Belzebu e todos os seus espíritos maléficos vos deixem, e todos os anjos de nossa Mãe venham e vos sirvam [harmonia com a natureza]. Pois em verdade vos digo, exceto que jejueis, vós nunca sereis livres do poder de Satã e todas as doenças que vêm de Satã. Jejuai e rezai fervorosamente, buscando o poder do Deus vivo para a vossa cura.[5]

Dois séculos depois, os primeiros cristãos praticaram várias formas de jejum, voluntárias e prescritas, sem uma forma definida ou regras. Os principais jejuns eram o jejum Pascal e os jejuns das quartas e sextas-feiras. De 200 a 500 d.C., a prática do jejum vinha como disciplina eclesiástica. No processo de jejuns organizados, como no judaísmo, o jejum perdeu o seu caráter de prática voluntária, apesar de, em ambas as religiões, a tradição do jejum voluntário chegou até os tempos modernos. Conta-se que Baal Shem Tov, o mestre hassídico, jejuava durante a semana e comia apenas no *Sabbath*, durante um longo período. O mestre hassídico, rabino Nachman, jejuava de *Sabbath* a *Sabbath* até dezoito vezes por ano.[6] De acordo com o Concílio II do Vaticano, a Igreja hoje apenas exerce a autoridade eclesiástica sobre o jejum cerimonial. Ela encoraja o jejum voluntário como prática espiritual legítima, mas escolheu não exercer a autoridade sobre aspectos específicos das práticas de jejum individual. Há monges cristãos que voluntariamente jejuam como prática espiritual, assim como na prática de Mateus, o Pobre, da Igreja Ortodoxa Copta (egípcia), e nas ordens monásticas dos cistercienses, carmelitas e cartusianos.

No hinduísmo, o jejum é praticado com a ideia de União com Deus, assim como para satisfazer as prescrições religiosas. Os *Upanishads*, parte das escrituras sagradas da Índia, se referem ao jejum como um meio de União com Deus. No hinduísmo, o jejum é usado para penitência antes do casamento, antes de iniciações religiosas, para receber uma bênção ou um favor de Deus e nas lua nova e cheia. O uso do jejum na tradição hindu é similar ao seu uso na tradição judaico-cristã, sendo considerado penitência, um tempo de lembrança e de honrar eventos importantes, e para o sacrifício e União com Deus.

Jejum para Estimular a Vida Espiritual

O jejum permite que o organismo se volte para a assimilação da energia prática em vez da energia bioquímica. Ao acelerar a purificação do corpo, isso permite ao corpo físico se tornar o melhor condutor da energia Kundalini. Dessa forma, a alimentação dos chacras e dos corpos sutis melhora, e fica mais fácil para o prana cósmico entrar no corpo e aumentar a possibilidade do despertar da Kundalini Shakti. Além de nos tornar mais saudáveis, a remoção das toxinas do sistema remove os bloqueios do corpo e, portanto, estimula o movimento de toda a energia no sistema, assim como a força espiritualizante da Kundalini. Com os jejuns repetidos, também nos tornamos canais mais limpos para a assimilação da energia cósmica em nosso sistema. E também aumentamos a sensibilidade ao movimento da Kundalini. Quanto mais estivermos em contato com a sensação da Força de Deus, fica mais fácil se motivar para viver de maneira a continuar a estimular o seu desenvolvimento.

Apesar de ser formalmente definida como uma abstinência completa de alimento e água, o jejum, em um contexto maior, significa abster-se do que é tóxico para a mente, o corpo e a alma. Uma maneira de compreender isso é que o jejum é a eliminação das toxinas físicas, emocionais e mentais do nosso organismo, e não é simplesmente cortar ou deter a ingestão de alimentos. Jejuar com propósitos espirituais geralmente envolve um grau de isolamento das responsabilidades mundanas. Pode significar silêncio completo e isolamento social durante o jejum, que pode ser uma grande revitalização para aqueles de nós que têm externalizado a sua energia. Gandhi costumava ter um dia de silêncio por semana. O jejum ajuda a manifestar um equilíbrio saudável do corpo, mente e espírito e, portanto, desperta o conhecimento do Deus interno como Amor.

Após os primeiros dias de jejum, nosso apetite geralmente diminui e o nosso apego à comida também diminui. Isso liberta a mente para colocar mais energia na consciência de nosso Ser Divino em vez de em nosso apetite. No jejum, a conexão íntima entre desejos corporais e instintivos é diminuída, permitindo-nos estar livres dos desejos físicos do corpo. Nesse estado de renúncia, a mente fica livre para se fundir a estados superiores de Comunhão com Deus. O jejum não é feito para causar sofrimento ao corpo, pois, na prática, o corpo também está se tornando mais saudável com o jejum. Ele é feito porque, até que alcancemos certo nível de Comunhão Espiritual, os desejos do complexo corpo-mente são muitas vezes mais fortes do que o desejo de Comunhão com Deus. Quanto mais podemos ter a experiência da libertação desses desejos corporais com a prática do jejum, fica mais fácil manter essa liberdade quando não estamos jejuando. Jesus aludiu a esse poder quando disse: "Esta espécie de demônio não se pode expulsar senão pela oração." (Marcos, 9, 29). Para Mateus, o Pobre, monge copta moderno que alcançou um alto grau de desenvolvimento espiritual e que atua como o pai espiritual no Monastério de São Macarius, no deserto de Scete, essa afirmação significa que a oração e o jejum são capazes de expulsar Satã (toxinas, doenças e desejos do corpo) da carne.[7] O jejum se torna uma maneira de renunciar à "atração da carne" e de entrar na Iluminação do corpo total no êxtase da Comunhão com Deus, sentido em cada célula cintilante. Dessa maneira, o jejum é um ato de Amor.

É bastante significativo que o primeiro ato de Jesus após o seu batismo tenha sido iniciar um jejum de quarenta dias no deserto sem alimento nem água. O ato do batismo concede plenitude ao espírito, e plenitude espiritual concede, através do jejum, vitória sobre os desejos corpóreos. Este é o ensinamento completo do jejum de quarenta dias de Jesus. A libertação dos desejos corpóreos e mundanos torna possível a fusão no contentamento, na plenitude e no amor da Comunhão com Deus. Essa sequência de batismo, plenitude do espírito, jejum, vitória sobre os desejos corpóreos e Comunhão com Deus é o modo de vida que Jesus ensinou com a própria prática de vida.

O ato de jejuar, principalmente o jejum de quarenta dias, é um sacrifício místico do corpo. Combinado com a meditação, que em um nível é um sacrifício da mente, o jejum se torna um sacrifício místico do ego, do corpo e da mente. Na Tree of Life Foundation, ensinamos o jejum espiritual como um processo místico de morte e renascimento. Esse é o segredo do jejum espiritual. Os nossos programas incluem sistemas de desintoxicação não invasivos, que minimizam as crises de desintoxicação e cura, ioga, duas meditações por dia, incluindo Shaktipat e Satsang diários, e um Processo de Ponto Zero orientado de morte e renascimento místicos.

Há uma diferença significativa entre jejum e jejum espiritual. Apesar de as pessoas perderem peso, se limparem e se purificarem, o jejum espiritual começa com uma intenção espiritual e termina com uma experiência mais profunda da verdade de quem somos. Quando a mente se aquieta, ficamos presentes e, através do silêncio, nos movemos em direção à Presença Divina. Dessa forma, começamos a acessar o nosso corpo de Luz, através do qual acessamos o nosso corpo cósmico – como a consciência do EU SOU AQUELE. Jesus disse: "[...] mas quem perder a vida por amor de mim, esse a salvará" (Lucas, 9, 24). Em seu próprio jejum, Jesus sacrificou o corpo misticamente e mostrou a disposição de fazer o sacrifício final na cruz. O seu sacrifício não foi involuntário. O seu valor é que era uma oferenda livre para Deus, simbolizada pela oferenda de seu corpo aos seus discípulos com o pão e o vinho como seu sangue. Através do jejum de quarenta dias e da Última Ceia, ele foi voluntariamente crucificado, antes da oferenda final do seu ego-vontade completo para Deus.

A oferenda do ego no jejum requer que alcancemos o nível que Abraão alcançou quando levantou as mãos para sacrificar o filho Isaac seguindo o comando de Deus. Era um sacrifício parcial, com apenas o levantar da mão, mas foi com intenção total. Assim como Abraão, não podemos oferecer nada além de nós mesmos quando jejuamos. Não podemos oferecer dinheiro, boas ações ou palavras de renúncia – nada pode substituir o jejum. Ele requer que renunciemos ao nosso complexo corpo-mente-ego. O jejum espiritual, dessa forma interna, supera o ego e nos transforma no Divino. É o sacrifício místico do corpo, conforme foi exemplificado por Moisés, Elias e Jesus. Jejuar com essa compreensão nos leva a aceitar a morte do corpo físico e a superar o nosso medo da morte. Este é o significado do jejum espiritual. Não é destinado à saúde, apesar de melhorá-la muito. É para completar o sacrifício do nosso apego ao ego. O jejum espiritual começa com um sentimento de Comunhão com Deus e termina com um sentimento mais profundo dessa Comunhão.

Jejum – A Maneira Suprema de Reativar a Expressão Genética de Rejuvenescimento

O jejum, e principalmente o jejum espiritual, que diminui o estresse físico provocado pelo excesso de comida juntamente com os estresses emocional, psicológico, espiritual e ambiental, é uma ótima maneira de ativar os genes do rejuvenescimento. Trata-se de uma forma acelerada de restrição calórica, e seus resultados estão completamente sintonizados com as descobertas da pesquisa de restrição calórica do doutor Spindler e com as descobertas de outros pesquisadores (ver Capítulo 22). A primeira ideia do autor quanto a ativar a expressão genética do rejuvenescimento começou com as suas observações, em 1988, com a transformação que viu nas pessoas durante os primeiros retiros de jejum espiritual. Agora, isso é visto sempre durante os retiros de jejum espiritual transformador de sete dias que ocorre o ano todo no Tree of Life Rejuvenation Center, assim como em pessoas que fazem jejuns de quarenta dias e até mais longos, chegando a 85 dias. O que ele observou foi que as pessoas tinham a experiência de um rejuvenescimento radical. As pessoas com casos sérios de pressão alta – em alguns casos chegando a 200/110 mmHg – conseguiam dentro de uma semana (embora às vezes levasse duas ou três semanas), sem medicação, retornar a uma pressão arterial normal. Após o jejum, a pressão dessas pessoas parecia aumentar em cerca de cinco pontos acima do que se constatava durante o jejum e se estabilizava nesse patamar. Como cientista, a curiosidade do autor foi despertada, e o resultado foi uma variedade de teorias para explicar por que isso ocorria. O autor viu que um grupo de pessoas foi capaz de começar a reverter significativamente processos como doenças degenerativas crônicas, dor crônica, fadiga, depressão, ansiedade, distúrbios digestivos e síndrome X (ver Capítulo 27). Isso não acontece sempre nos jejuns de sete dias, mas parece ocorrer na maioria dos casos. Casos mais dramáticos também acontecem, como o de uma pessoa que esteve hospitalizada durante cinco anos em um hospital psiquiátrico de Boston, que, ao deixar o hospital, estava com sobrepeso de 40 quilos, letárgica e quase incapaz de andar. Num período de três semanas, a sua depressão melhorou drasticamente e ela ficou contente e cheia de energia. Conforme os sintomas dela se dissolveram em seu ciclo de jejum de setenta dias, ela ficou linda, saudável, a mulher jovem que sempre foi e não necessitou mais de nenhuma medicação psicotrópica. Este e outros exemplos geraram algumas questões muito interessantes. Uma forma de explicar esses resultados surgiu quando o doutor Jeffrey Bland pessoalmente apresentou seu extraordinário livro, *Genetic Nutritioneering* [Nutriengenharia genética], para o autor. Assim que viu o livro, tudo o que estava acontecendo pareceu óbvio para o autor: *pelo processo de jejum, as pessoas estavam ligando os seus genes de rejuvenescimento e reprogramando-os para um estágio anterior de sua expressão genética, recuperando a saúde*. Tornou-se claro que não apenas o que comemos, mas também o que não comemos, conversa com os nossos genes. Esse avanço mudou a maneira como o autor pensa a respeito da cura e apoia esse processo muito antigo que retrocede a 5 mil anos.

A Fisiologia do Jejum

No nível físico do jejum, há muitas técnicas e abordagens. O objetivo aqui é apresentar um quadro geral para a compreensão do processo de jejum. A definição de jejum varia. Pode significar qualquer coisa, desde um jejum seco, que é a abstinência de toda comida e água, até o jejum de sucos frescos ou de comidas de um nível menos denso do que estávamos comendo. Por exemplo, para um comedor de carne, um jejum desse último tipo seria uma dieta vegetariana. Outra maneira de jejuar é se abster daquilo que é tóxico para o corpo e a mente, e, consequentemente, eliminar toxinas do sistema. A fisiologia do jejum favorece as células saudáveis. Outra definição de jejum inclui qualquer processo que inicia a autólise, durante a qual as células que funcionam mal são destruídas, primeiro, no processo de jejum e, depois, os componentes celulares são decompostos e remetabolizados. Isso normalmente começa após três dias de jejum de água ou suco, que é o significado clássico do jejum, comparado a algo como um "jejum de espirulina", ou outros tipos de jejuns de comidas. Estes não são realmente jejuns. Nós paramos de jejuar quando a eliminação de produtos desnecessários está completa, e a autólise acaba com as células não saudáveis e começa a destruir as células saudáveis. Este ponto é normalmente indicado pelo retorno do apetite e pelo desaparecimento da camada branca da língua.

O funcionamento saudável do corpo começa se deteriorar quando o processo normal de regeneração e construção celular se tornam mais lentos do que a decomposição de células não saudáveis no corpo. Isso, normalmente, está relacionado com o acúmulo de toxinas nos tecidos e nas células até um ponto que interfere com a própria nutrição e reconstrução de células. A doutrina Wendt, de excesso de ingestão de proteína, o que causa a doença de armazenamento de proteína pelo bloqueio da membrana basal, é uma clara descrição de como isso funciona. Quando as membranas basais estão obstruídas, os nutrientes, incluindo o oxigênio, não conseguem chegar às células, e os produtos que devem ser eliminados não podem se difundir para fora das células, de volta para a corrente sanguínea capilar. O resultado é que as células começam a funcionar mal e a se degenerar. Com o excesso de toxicidade e nutrientes insuficientes, o processo de crescimento de novas células diminui. Quando as células se degeneram mais rapidamente do que as novas células se regeneram, temos a experiência do envelhecimento e da doença. Nas nações industrializadas, as pessoas morrem muito mais por causa do excesso de nutrição do que por falta dela. O jejum ajuda a limpar as membranas basais para que os nutrientes possam começar a chegar às células, e um crescimento de células novas possa ser estimulado. As proteínas das células decompostas são remetabolizadas e usadas para construir novas células durante o jejum, assim mesmo, sem a ingestão de proteína exógena para a construção celular, as células se regeneram.

Durante o jejum, o sistema de eliminação do corpo – a pele, os pulmões, o fígado, os rins e os intestinos – se torna mais ativo. Como o corpo não está gastando energia, digerindo e eliminando toxinas frescas no sistema, ele é capaz de direcionar toda a sua energia para a eliminação de toxinas acumuladas e produtos de eliminação. A liberação aumentada é normalmente evidenciada pelo mau hálito, odor corporal, urina escura, aumento da secreção da mucosa e conteúdo do intestino com cheiro um pouco desagradável. Por causa da energia extra, liberada pelo descanso do sistema digestivo, e por causa da desintoxicação e dos minerais frescos obtidos do jejum de sucos, o jejum tem efeito normalizante para o equilíbrio bioquímico e mineral nos tecidos, e é um tonificador do sistema nervoso.

Talvez, seja o método de cura mais antigo conhecido. É muito bom para reequilibrar os problemas causados quando se come em excesso. Em 1986, o Comitê de Monitoramento de Nutrição Conjunta do Congresso Americano relatou que 28 por cento dos americanos (32 milhões), entre 25 e 74 anos, pesavam demais, incluindo 11,7 milhões de pessoas que estavam seriamente acima do peso. Jejum, por essa única razão, já é importante. O jejum tem sido usado, ao longo da história, para a cura. Grandes médicos como Hipócrates, Galeno e Paracelso o prescreviam. Nos Estados Unidos, por causa da influência de terapias medicamentosas usadas para curar e por causa de mudanças básicas na sociedade altamente tecnológica, com a compreensão dos processos simples da natureza, o uso do jejum praticamente desapareceu. Na Europa, isso aconteceu menos. Na Suécia e na Alemanha, há centenas de clínicas de jejum. No Sanatório Buchinger, em Bad Pyrmont, na Alemanha, onde o autor estudou, mais de 80 mil jejuns foram supervisionados.[8]

Quando Jejuar e Não Jejuar

O jejum intencional, por breves períodos de tempo, como de sete a dez dias, é considerado completamente seguro por muitos especialistas. Em algumas experiências em hospitais suecos, os pacientes jejuavam até 55 dias sem nenhuma dificuldade.[9] Paavo Airola afirma que um jejum de água de até quarenta dias e um jejum de sucos de até cem dias é geralmente considerado seguro por especialistas médicos de jejum na Europa.[10] Os jejuns terapêuticos, de 14 a 21 dias, são considerados comuns em clínicas de jejum europeias.[11]

Se temos qualquer tipo de doença séria ou uma doença aguda ou crônica, o jejum é altamente recomendado, com a supervisão de um profissional de saúde que tenha conhecimentos sobre a ciência do jejum. Não devem jejuar as pessoas que têm uma constituição forte vata dosha (ver Capítulo 24), os que são muito sensíveis a mudanças da vida, os que perdem peso facilmente e não conseguem recuperá-lo facilmente, com doenças degenerativas, com as quais estejam sofrendo má nutrição ou emaciação extrema, ou as pessoas com doenças que definham. Se, nessas condições, essas pessoas insistirem no jejum, a supervisão de um profissional de saúde experiente é obrigatória. Em geral, as mulheres grávidas e lactentes, pessoas que não alcançaram maturidade física completa e as que estão cinco quilos ou mais abaixo do peso não devem jejuar. Também não devem jejuar pessoas que operam maquinário pesado, realizando tarefas mecânicas perigosas, e até mesmo quem precisa dirigir muito. Durante um jejum, a mente e o corpo ficam mais calmos e lentos, o que pode afetar a segurança requerida por essas tarefas.

É melhor não interromper um jejum no meio de uma crise de desintoxicação, mas atravessá-la com delicadeza, ajudando o nosso sistema de eliminação com técnicas como enema, escovação da pele, massagem no pé, para estimular os órgãos a eliminarem. É importante interromper um jejum se uma condição mental ou extremamente nervosa se manifestar, ou a pessoa começar a entrar em um ciclo de febre alta. Essas ocorrências não são usuais.

Orientações Gerais para o Jejum

Um dos aspectos mais importantes do jejum é ativar todos os canais de eliminação para as toxinas que estão saindo do sistema. Sugerimos as seguintes orientações:

- Faça um enema pelo menos uma vez por dia. Algumas clínicas recomendam até três enemas por dia. A limpeza do cólon durante o jejum também é excelente.
- Escove a pele por três a cinco minutos, uma vez ou duas por dia e, em seguida, tome um banho esfregando a pele para remover o excesso de células mortas e tirar mais toxinas do sistema.
- Tome bastante sol e faça exercícios de respiração profunda para ajudar a desintoxicar a pele e os pulmões.
- Faça exercícios moderados durante o jejum, para ajudar a ativar o sistema para eliminar as toxinas. Isso pode incluir uma caminhada de 30 a 60 minutos, natação, dança sagrada ou 16 minutos por dia em uma cama elástica.
- Pratique ioga e um exercício geral diariamente para movimentar o sistema linfático.
- Faça saunas curtas para aumentar a transpiração, pois, isso ajuda o processo de desintoxicação.
- Abstenha-se de atividade sexual, para conservar as energias de cura e regeneração.
- Use essências florais e elixir de gemas preciosas durante o jejum, para ajudar a equilibrar e sintonizar os corpos sutis e os chacras e para despertar os chacras. Eles podem aumentar a harmonia do complexo corpo-mente-espírito durante o jejum. A erva-férrea, a

espada-de-prata, a papaia, o lótus, a safira-estrela e o quartzo parecem ser os melhores preparos. A erva-férrea ajuda no processo natural de absorção do prana durante o jejum. A espada-de-prata equilibra os corpos sutis e o chacra do coração. A papaia é excelente para o equilíbrio emocional e sexual, e nos permite entrar no campo espiritual mais facilmente. O lótus estimula a sintonia e o equilíbrio em todos os níveis de nosso Ser, e é extraordinário para o jejum e a meditação. A safira-estrela ativa todos os chacras, especialmente o chacra da coroa, e estimula especificamente a abertura espiritual durante o jejum. O quartzo remove os pensamentos negativos e gera calma emocional.[12, 13, 14] Beba água taquionizada todos os dias, para dar apoio aos canais de eliminação do fígado e dos rins.
- Raspe a língua, todos os dias, para remover as suas toxinas.

O jejum só deve ser interrompido com cuidado e consciência. Durante o jejum, o sistema digestório suspende o seu funcionamento, que deve ser recomeçado com cuidado. No final do jejum, o corpo absorve tudo muito mais facilmente, então, o que recolocamos no nosso corpo deve ser o que realmente queremos para reconstruí-lo. O final do jejum é uma excelente oportunidade para nos reorganizarmos em torno de uma nova alimentação. A proporção de um dia de interrupção de jejum para cada três dias de jejum é uma orientação ampla, apesar de o corpo de cada pessoa ser diferente, e isso precisa ser personalizado. Devemos levar, no mínimo, três dias para sair de um jejum que durou de 7 a 21 dias. O autor recomenda parar o jejum, de manhã, com sucos cítricos para estimular o fluxo de sucos gástricos, e usar certas ervas, como gengibre e anis, para aumentar a velocidade do processo de eliminação de gases tóxicos do sistema, e ativar a válvula píbrica na parte de baixo do estômago. Os acidófilos são úteis para repor a flora intestinal, que está esgotada por causa dos enemas. A trifala é útil para restaurar o movimento peristáltico do intestino.

Tipos de Jejum

O livro de Airola enfatiza a importâncias de sucos de vegetais e frutas, mais um caldo alcalinizante especial, como a melhor maneira de jejuar terapeuticamente e para o rejuvenescimento. Ele destaca que essa é a abordagem usada na Europa, em todas as clínicas de jejum. Kulvinskas é mais focado no jejum de água, para a purificação e transmutação do corpo. Ambos estão corretos. Há diferentes níveis e propósitos para jejuar. O conceito de diferentes níveis de jejum é também um reconhecimento de que jejuar, de maneira demasiadamente severa, aumenta a possibilidade de uma crise de cura mais desconfortável, das toxinas que são liberadas. Um jejum não desintoxica completamente e cura o corpo. Usualmente, o processo de purificação requer anos. Como o objetivo da vida espiritual não é ver quão rapidamente desintoxicamos, escolher o jejum mais heroico primeiro não é sempre a melhor coisa.

Na Tree of Life Foundation, usamos principalmente sucos verdes diluídos com água. Algumas pessoas, com permissão especial, podem fazer jejuns de água por breves períodos de tempo. Na preparação de um jejum de suco ou água, podemos praticar certos níveis de desintoxicação:

Nível 1: As pessoas que comem carne podem abster-se dela por uma semana, duas vezes por ano.

Nível 2: As pessoas com dietas de carne vermelha podem jejuar três dias, uma vez por mês, ou duas vezes por ano por sete dias. Este jejum pode ser uma mistura de frutas, vegetais e sucos.

Nível 3: As pessoas que fazem uma dieta lactovegetariana podem seguir o mesmo padrão do nível 2, mas usar apenas jejuns de sucos e vegetais.

Nível 4: As pessoas que fazem uma dieta vegetariana, e que estão usando o jejum como prática espiritual, podem seguir o padrão de quatro jejuns de sete a dez dias por ano.

Esses jejuns devem ser feitos, de preferência, com sucos de vegetais verdes. A Tree of Life Foundation não usa mais sucos de frutas, pois elas agravam a condição de hipoglicemia e cândida.

No nível 4, introduzimos o uso do jejum, da meditação e das orações como parte de um caminho espiritual, em vez de simplesmente a manutenção fisiológica do corpo. É importante entender a diferença. É também importante ter consciência da possibilidade de o nosso corpo se tornar puro demais em uma sociedade tóxica. Quanto mais limpas as membranas basais se tornam, mais sensíveis nos tornamos ao nosso ambiente poluído, pois as toxinas podem se mover diretamente pelos nossos sistemas. Um pouco de muco no sistema, por exemplo, pode evitar que fiquemos tão vulneráveis à poluição. Se alcançarmos um ponto de pureza em que ficamos muito vulneráveis, não seremos capazes de funcionar eficientemente, no plano físico, para servir à vontade de Deus neste planeta. À medida que alcançamos esse equilíbrio, o importante é pensar em uma alimentação que mantenha o nível de pureza e integridade fisiológica para que a prática do jejum, que em um nível físico deve compensar o excesso de comida e a toxicidade do nosso planeta, possa ser descontinuada gradualmente como uma ferramenta para a desintoxicação. Se não sobrecarregarmos o sistema, com uma alimentação minimamente correta, o corpo pode se livrar de quase todas as toxinas e manter uma saúde boa. Uma vez que esse equilíbrio seja alcançado, o jejum espiritual, em vez de ser um jejum purificador, se torna o jejum principal quando nos sentirmos atraídos a jejuar, como parte de nossa vida espiritual. O autor sente que, pelo menos dois jejuns espirituais por ano, de sete dias cada um, é uma excelente prática para a manutenção do corpo, da mente e da alma.

Jejum Espiritual de Quarenta Dias

O jejum espiritual de quarenta dias foi concebido para incrementar a vida espiritual e transmutar o corpo. Embora as pessoas façam jejuns terapêuticos com essa duração, ou até mais longos, o contexto e o significado são diferentes. Quando Jesus, Elias e Moisés jejuaram por quarenta dias, sem comida nem água, eles não estavam fazendo isso em prol de sua saúde física. Um foco predominava: a Comunhão com Deus. Essa é a orientação do jejum espiritual de quarenta dias. É nesse jejum que podemos confrontar a morte diretamente e, então, oferecer o nosso corpo, mente e ego a Deus. Os outros jejuns purificadores ajudam na preparação para esse jejum. Mesmo assim, é melhor se preparar comendo apenas frutas e vegetais por pelo menos uma semana antes de jejuar, e fazer uma limpeza do cólon. O formato geral desse jejum pode ser tão extremo como um jejum seco, sem comida e água; apesar disso, pode ser muito rigoroso para a maioria das pessoas que fazem o primeiro jejum de quarenta dias. O autor recomenda iniciar o jejum com suco e fazer uma transição para a água.

Nos primeiros vinte dias, ocorre a maior parte da desintoxicação – essa é a hora de enfatizar a desintoxicação física. Um exercício moderado é bom. Na segunda parte dos quarenta dias, recomenda-se exercício leve. Durante esse tempo, grandes estados emocionais tóxicos são liberados e é importante ser dirigido por alguém que tenha familiaridade com esse tipo de jejum espiritual. Os últimos três a cinco dias do jejum são os mais críticos, pois o nosso estado está mais límpido e as impressões absorvidas, nesse período, ficam profundamente impressas no sistema corpo-mente. É melhor passar esse tempo em isolamento total, de preferência na natureza.

A cada jejum de quarenta dias, a parte com água do jejum se torna mais longa e a parte do suco verde se torna mais curta. Conta-se que muitos do círculo interno dos essênios faziam um jejum de quarenta dias por ano, acompanhado de meditação e abstenção das atividades mundanas para maximizar o foco em Deus. Após cinco anos de jejuns de quarenta dias e vivendo de frutas e vegetais, com meditação e outras práticas espirituais, 1 por cento dos essênios era capaz de jejuar de prana, assim como fizeram Jesus, Elias e Moisés.[15] Viver de prana não é o nosso objetivo, mas, pelo processo gradual de jejum espiritual e meditação, o corpo se transforma em um perfeito supercondutor de prana, de maneira que nenhuma outra forma de nutrição é necessária.

Fazer jejuns de suco e água por quarenta dias a cada ano requer um acompanhante espiritual muito experiente e muita experiência em jejum. Deve ser feito com muito cuidado. Para todos os jejuns dos quais falamos, é mais seguro ter a supervisão de um profissional de saúde holístico experiente.

Experiência Pessoal com o Jejum Espiritual de Quarenta Dias

O jejum espiritual de quarenta dias foi muito profundo para esta pessoa, pois não tinha nenhuma ideia do que era esperado do jejum, a não ser o aumento da Comunhão com o Amor Divino. E ele foi realizado com certa curiosidade e uma sensação clara de um direcionamento interior para fazê-lo. Criar o tempo e o espaço para ele ocorrer, no meio do trabalho intenso de saúde e das responsabilidades familiares, foi uma das primeiras tarefas deste jejum espiritual. O processo inteiro de jejum, incluindo o tempo para terminá-lo, levou pouco mais de dois meses. Ele terminou com três dias de água destilada, pois o jejum era um tempo de retiro e meditação e, quando o autor toma água por mais de três dias, a energia para a meditação tende a cair.

A energia, após as duas primeiras semanas de desintoxicação, se tornou alta e estável. Foi fácil estender o tempo de meditação sentado. Após os primeiros vinte dias, a energia desta pessoa começou a se voltar cada vez mais para o interior. Nas outras duas semanas, as horas de meditação gradualmente aumentaram até chegar a nove horas por dia. Durante esse tempo, o autor fez longas caminhadas para tonificar o corpo. O estado de Comunhão com Deus, consciência da Unidade, não dualidade, harmonia e Amor pareciam estar se aproximando cada vez mais da consciência desperta. O corpo se tornava, sem dúvida, um supercondutor melhor. Esta pessoa podia sentir a energia pulsando durante o dia. Em torno do trigésimo quinto dia, tornou-se consciente do fluxo do que é chamado de néctar interno (amrita) na ioga, no sistema psicoespiritual. Fisiologicamente, é provável que isso se relacione com a liberação de endorfinas, do fluxo de prana aumentado no sistema. Esse néctar parecia aumentar o nível de êxtase ainda mais. É uma forma de nutrição interna.

Os últimos três dias com água foram o ponto de mudança crítico no jejum. Longe de casa, passou esse tempo em silêncio total, em um retiro isolado na montanha. Para surpresa do autor, foi relativamente fácil meditar nove horas por dia, que é mais do que o autor tinha meditado antes. Às vezes, quatro horas de meditação contínua passavam como se fossem alguns minutos. A mente ficou sem pensamentos e, na meditação, ela simplesmente se dissolvia na Luz de Deus durante horas. Não havia corpo, nem desejos, nem pensamentos, nem mente. Apenas Deus, comunhão de amor inquebrantável com Deus, por horas. Ficou claro que os essênios sabiam o que estavam fazendo. Nesses últimos três dias de meditação, apenas um vago sentido da consciência, sem forma do EU SOU, permanecia como o último resquício de identidade. Esta pessoa se tornou um nódulo Divino nesta Comunhão. Quer estivesse meditando formalmente ou apenas Sendo, o Amor existia com a única consciência. Apenas Ser era o suficiente. As flores floriam, a luz irradiava E EU ERA AQUELE.

Durante o tempo da fusão da mente na Luz, em meditação, o prana cósmico parecia penetrar até o DNA microcósmico das células. Era um sentimento total de ressonância Unitária com o cosmo. O chacra da coroa parecia completamente desperto e ativado. O fluxo de energia dentro dele, que tinha aumentado nos dezoito meses anteriores, estava entrando no topo da cabeça desta pessoa em uma incrível pulsação sem pulso. A coroa toda tornou-se um vórtice de energia, ligando esta pessoa com a dança do cosmo. Desde então, ele nunca diminuiu. Esses três dias marcaram a abertura completa do chacra da coroa. Durante esses três dias, esta pessoa bebeu pouquíssima água, pois este prana e a luz solar se tornaram os principais alimentos. Não havia nenhuma preocupação para manter o protocolo do jejum, e sem ter de beber ou de movimentar os intestinos fazia com que o autor descansasse como uma massa extática Divina. É possível que, se isso continuasse por mais de três dias, podia ter deixado o corpo permanentemente. Essa maravilhosa Comunhão Amorosa com Deus era tão forte que a morte do corpo parecia completamente secundária. Isso era uma não confrontação com a morte. Na transcendência, a morte é uma piada. Não há morte para o Eu Transcendente; o corpo pode morrer, mas nós não somos o corpo ou mesmo a mente. Pensar que somos a personalidade e o corpo é um caso de falsa identidade.

Muitas revelações espirituais e compreensões se cristalizaram durante esse período. Ficou claro que Deus tinha dado o presente de três dias de Transcendência. Três dias de moksha completo. Estava claro que estar deitado como uma massa transcendente e Divino, ressoando como o cosmo, em comunhão inquebrantável com Deus, não era o papel desta pessoa nesta peça teatral do mundo. Ser uma pessoa livre é ser a Vontade de Deus, em vez de estar em um estado específico, mesmo que este estado seja a Transcendência extática direta da Comunhão Total. O complexo corpo-mente foi tão transmutado por esse jejum de quarenta dias, que, após alguns dias de jejum e retiro, a qualquer momento, é possível entrar em um estado sustentado do Divino, transcendente de moksha. O que existe, como tarefa mundana, é realizado em uma consciência transcendente, viva, intuitiva, sólida da Unidade, harmonia, e estado de Unidade do mundo, como EU SOU AQUELE. Simultaneamente à consciência de Unidade, acontece um confortável reconhecimento da aparente dualidade na qual todos vivemos. A motivação para esse jejum se revelou uma sintonia com a Vontade de Deus em vez de um objetivo abstrato. O autor não tem condições se recomendar que se faça ou não um jejum como esse por ano como uma prática espiritual regular. E isso se deve porque à falta de experiência em jejuns repetidos de quarenta dias e à falta de outra pessoa com informação atualizada a respeito desses jejuns. A experiência obtida desse jejum muito provavelmente está relacionada a muitos anos de meditação e disciplina espiritual. Este relato não significa que, ao jejuar por quarenta dias, teremos imediatamente experiências transcendentes ou estaremos sustentados em moksha.

Em 1995, esta pessoa teve a intuição de fazer um jejum de água de 21 dias. Foi outra experiência profunda que levou a uma experiência visionária de YHWH* por 12 horas no vigésimo primeiro dia. Após essa poderosa iniciação no mantra, ele se tornou o próprio mantra desperto e ativo para Shaktipat/S'micha l'shefa. Os quatro princípios essênios básicos modernos, aceitos por todos os grupos essênios nos Estados Unidos, também foram recebidos por esta pessoa.

Para fornecer uma compreensão mais profunda do jejum, o último livro da série nutricional do autor será sobre o jejum espiritual.

---

* As quatro consoantes do nome hebraico antigo de Deus (Yahweh), conhecidas como tetragrama.

Resumo – Capítulo 23

1. O jejum tem a sua história nas observações religiosas e espirituais de quase todas as religiões do mundo. Uma grande parte se encontra na tradição judaico-cristã, conforme exemplificado por Moisés, Elias e Jesus. O jejum e a meditação eram as práticas espirituais das comunidades místicas essênio-judaicas, nas quais Jesus teria vivido.
2. O jejum, em seu sentido mais estrito, é a abstinência completa de comida e água. Em um contexto mais amplo, significa abster-se daquilo que é tóxico para a mente, o corpo e o espírito. O jejum também pode significar abster-se dos níveis mais densos da nossa dieta, como jejuar de carne para uma pessoa carnívora ou de laticínios para um lactovegetariano.
3. O jejum permite que o nosso corpo se volte para a absorção de densidades mais sutis da energia cósmica em vez de se voltar para a densa energia biomolecular da comida.
4. Aumentando a quantidade de prana cósmico que entra no corpo, o jejum facilita a possibilidade de se alcançar a energia crítica necessária para despertar a Kundalini. O aumento no prana cósmico também aumenta a energia de uma Kundalini já desperta.
5. Acelerando a purificação do corpo, o jejum permite que a força espiritualizante da Kundalini opere mais completamente na transformação do corpo.
6. O jejum nos ajuda a superar a ação dos desejos materiais na mente e facilita que a mente se una em estados mais elevados de Comunhão com Deus.
7. O ato de jejuar, principalmente o jejum espiritual de quarenta dias com meditação, é um sacrifício místico do corpo e da mente para Deus. É a morte mística do ego.
8. A fisiologia normal do jejum se baseia na excreção de toxinas e na autólise das células mortas e degeneradas. A autólise não ocorre nas células saudáveis até que todas as células mortas e degeneradas sejam destruídas. O tempo normal para parar o jejum é quando esse primeiro passo se completou.
9. Durante o jejum, devemos dar atenção extra ao suporte dos sistemas de eliminação do corpo como a pele, os rins, o fígado, os intestinos e os pulmões.

10. Os especialistas em jejum acreditam que jejuns intencionais de sete a dez dias são completamente seguros. Os jejuns terapêuticos de catorze a vinte e um dias são a norma nas clínicas europeias.
11. As mulheres grávidas e lactentes, as pessoas que estejam mais de cinco quilos abaixo do peso, doenças degenerativas que as fazem sofrer, má nutrição severa e doenças desgastantes não devem jejuar.
12. Demos as orientações gerais para os jejuns de limpeza e para o jejum espiritual, juntamente com a programação recomendada.
13. Há uma diferença entre jejuar como apoio para a vida espiritual e jejuar como prática espiritual ativa.
14. O jejum espiritual de quarenta dias foi discutido, mencionando-se a experiência do autor nesse tipo de jejum, assim como o jejum de água de 21 dias.
15. O jejum, especialmente o jejum espiritual, e uma alimentação viva, com um estilo de vida que inclui ioga e meditação, são as formas mais poderosas e naturais de ativar os genes de antienvelhecimento.

– 24 –
O SISTEMA AIURVÉDICO TRIDOSHA

A alimentação viva de Nutrição Espiritual é qualitativamente diferente da alimentação aiurvédica clássica, que tem como objetivo principal equilibrar os doshas para prevenir e curar doenças. Apesar de a medicina aiurvédica clássica normalmente não recomendar uma alimentação 100 por cento viva, podemos empregar os seus princípios para criar uma alimentação de Nutrição Espiritual personalizada e que seja eficiente.

Definição de Tridosha

Podemos usar muitos pontos de vista para nos orientar na escolha da alimentação. O sistema tridosha da ciência da aiurvédica é particularmente útil para nos ajudar a manter a consciência em nutrição como uma interação entre as forças do alimento e as nossas próprias forças dinâmicas. De acordo com o aiurveda, os cinco elementos básicos da criação – ar, água, fogo, terra e éter – se manifestam no complexo psicossomático humano como as três essências doshas: vata, kapha e pitta. Todos nós nascemos com uma combinação constitucional dos três. Eles governam todos os aspectos biológicos e psicológicos. Quando estamos em equilíbrio, eles mantêm o corpo em um estado fisiológico saudável. Se os doshas se desequilibram, o resultado pode variar de um sentimento sutil de desarmonia no complexo corpo-mente ao desenvolvimento de doenças.

Quando um dosha predomina como a força constitucional ou se desequilibra mais facilmente, diz-se que a pessoa tem a constituição daquele dosha. A palavra dosha significa aquilo que é tirado do equilíbrio. Quando uma pessoa é descrita como sendo de uma constituição específica de dosha, isso significa que aquele é o dosha que mais facilmente se desequilibra naquela pessoa. Há sete tipos básicos constitucionais: kapha, vata, pitta, vata-pitta, pitta-kapha, kapha-vata e kapha-pitta-vata. Há variações sutis dos diferentes tipos constitucionais. Ter uma ideia de qual é o nosso tipo constitucional nos ajuda a fazer escolhas sobre os alimentos que comemos, quando comemos e de como mudar a alimentação conforme as estações climáticas. O propósito deste capítulo é dar informações suficientes sobre o sistema tridosha para que possamos começar a identificar a nossa constituição particular como uma chave para organizar a nossa alimentação.

O Dosha Vata

O dosha vata é traduzido como ar ou vento, ou éter no sistema grego. É o princípio do movimento no corpo e a energia que governa os movimentos biológicos no corpo. É formado por dois dos cinco elementos: éter e ar. Vata regula a respiração, todos os movimentos dos músculos e tecidos, o músculo cardíaco, e todos os movimentos biológicos intra e extracelulares, incluindo cada movimento dos impulsos nervosos.

As pessoas de constituição vata são geralmente magras, com peito achatado, e com tendões e veias aparentes. Tendem a ter pele seca e rachada. São muito criativas e têm mente ativa, alerta e agitada. Movimentam-se e falam rapidamente, mas também se cansam com facilidade. São rápidas para captar as coisas mentalmente. Sua força de vontade é fraca e tendem a sair do centro com facilidade. Elas não são estáveis mentalmente e tendem a ser nervosas, ansiosas e medrosas. Seu arquétipo animal é coelho, cachorro, rato, bode, camelo ou o corvo.[1]

Quando há um desequilíbrio de vata, ele é reconhecido no nível psicológico na forma de nervosismo, medo, ansiedade, insônia, dor, tremores e espasmos. Um desequilíbrio vata pode também se manifestar por meio de pele áspera, artrites, emagrecimento, inflexibilidade, constipação, secura, sede, insônia, excesso de sensibilidade e excitabilidade e dor física. Há uma tendência a desordens no intestino grosso, como: excesso de gases, dor na parte inferior das costas, ciático, paralisia e neuralgia. As personalidades vata são afetadas adversamente pelo frio, vento, tempestade e tempo chuvoso, que podem diretamente desequilibrar o seu sistema nervoso. Por exemplo, o autor uma vez ajudou uma pessoa de constituição vata predominante a eliminar a sua insônia desligando o ventilador à noite. O vento do ventilador estava causando um desequilíbrio de vata. Em geral, qualquer coisa que causa excesso, como um exercício extenuante ou trabalho mental, alimentação extrema, pesar, raiva, supressão das necessidades naturais, condições de tempo severas ou qualquer prática levada ao extremo, causará um desequilíbrio em um vata.

As pessoas vata apreciam os sabores doce, salgado e ácido. Elas se desequilibram com comidas amargas, adstringentes (secas) ou picantes. Óleo de semente de gergelim na pele, um pouco de óleo na comida e um ambiente estável, calmo, relaxante ajudam a trazer o dosha vata de volta ao equilíbrio.

No Capítulo 25, discutiremos como equilibrar o excesso de prana e vata que pode surgir na alimentação viva; nesse capítulo, teremos uma discussão mais aprofundada sobre o vata. O principal entendimento sobre o vata é aprender como equilibrar o estilo de vida. A ideia é acalmar e relaxar o vata e o prana sem buscar, de maneira reativa, antídotos tamásicos como drogas, álcool e maconha ou se alimentar de carne. A resposta a essa situação está na consciência de que, conforme caminhamos para uma alimentação viva, devemos prestar mais atenção ao aumento do prana e à possibilidade de desequilíbrio de vata. A forma mais óbvia de prevenir excesso de prana e vata é ir lentamente e respeitar as mudanças pelas quais o seu corpo está passando. Muitas pessoas, no caminho espiritual, especialmente quando aderem à alimentação viva, tendem a ir rápido demais, e tentam alcançar os 100 por cento antes que o seu corpo e psique estejam preparados. O resultado é um aumento real da energia, mas, na maioria das vezes, mais energia do que as pessoas podem lidar de forma equilibrada. Também existe a possibilidade de uma grande liberação de toxinas emocionais se formos para uma alimentação 100 por cento viva muito rapidamente. Isso pode tornar a viagem turbulenta. A principal prevenção para o desequilíbrio vata e o excesso de prana é ir devagar e suavemente, com certa doçura nos movimentos, na alimentação e em relação a nós mesmos. Trata-se mais de uma gentileza em vez de rigidez. Isso inclui evitar a tendência de se exercitar demais e ultrapassar os limites. O excesso de práticas de pranayama pode levar a desequilíbrios, porque o pranayama não tem discernimento – ele apenas aumenta o prana. Se o seu corpo já estiver passando por um aumento de prana devido à alimentação, o excesso de pranayama pode aumentar o prana além do que o corpo está preparado para lidar. O segredo é estar em paz consigo mesmo: evitar excesso de exercícios, excesso de esforços, excesso de compromissos, horários irregulares e falta de sono – que deve ser de sete a oito horas por noite. Todas essas práticas simples tendem a equilibrar o prana e o vata. Quando o prana aumenta e a Kundalini é despertada, há a tendência de queimar ojas (força vital) mais rapidamente do que estamos preparados. Uma das razões por que o autor sugere enfaticamente os Seis Fundamentos é que eles constroem ojas e, com uma alimentação adequada, também fortalecem as suprarrenais para que, em geral, possamos construir as estruturas internas dos nadis e nos prepararmos para lidar com o aumento de alimentos vivos entrando no sistema.

Um dos princípios fundamentais deste assunto é comer de uma forma que equilibre o vata. O vata se equilibra com alimentos que tendem ao paladar doce. Não necessariamente um doce de alto valor glicêmico. Pode ser uma fruta de valor glicêmico baixo, como frutas vermelhas e cerejas ou alimentos batidos no liquidificador que são oleosos e cremosos, com sabor adocicado. Muitos desses alimentos ricos em ojas e calmantes do vata incluem: pólen de abelhas; alimentos vivos ricos em gordura como abacates ou nozes e sementes hidratadas; grãos hidratados ou germinados; vegetais verdes misturados e ligeiramente aquecidos; sopas cruas e vegetais mistos. Todos devem estar em temperatura ambiente. Ervas que acrescentam certa quantidade de calor ao sistema são úteis para equilibrar o vata, entre elas gengibre; especiarias doces como cardamomo, erva-doce e canela; assa-fétida e cominho. A ideia aqui é que essas ervas tendem a minimizar os gases e inchaços, e são ligeiramente aquecedoras e equilibram especificamente o vata. É aceitável um pouco de especiarias picantes como pimenta-de-caiena. Os alimentos caseiramente processados são muito úteis, assim como manteigas de nozes cruas, tahine e óleos como o de gergelim e outros óleos aquecedores. Os vegetais doces como beterraba e cenoura (não o suco, mas os vegetais inteiros) são bons. Os vegetais doces e com água incluem: aspargo, pepino, dulse (alga vermelha), gengibre, hijiki, kelp (bodelha), kombu e todos os vegetais marinhos, quiabo, batata-doce e brotos (um pouco funciona bem para equilibrar o vata). Finalmente, alguns grãos, particularmente a cevada e o arroz selvagem, podem ser incluídos. Se a alimentação não for 100 por cento viva, o trigo é considerado um grão doce, que pode ser equilibrante, mas com ele há o aumento do risco de alergias e cândida. O autor sugere que nos mantenhamos afastados de feijões, pois tendem a criar gases e, portanto, agravar o vata, mas homus, por exemplo, pode ser equilibrante para o vata em pequenas quantidades. As sementes e castanhas hidratadas, particularmente na forma de molhos de castanhas e sementes, e leites de castanhas e sementes são excelentes para equilibrar o vata. O paladar que define o vata é o doce, pois ele satisfaz e acalma o sistema. O sistema aiurvédico ensina que a doçura é o sabor que está mais próximo dos deuses. O sabor salgado adiciona um pouco de calor. Os alimentos ácidos adicionam um toque de acidez, que ajuda a equilibrar alguns aspectos. Um cardápio morno, oleoso, doce, salgado, aquoso, "cremoso" e em forma de sopa irá ajudar a equilibrar, relaxar e acalmar o vata.

Os alimentos que agravam o vata incluem alimentos frios, bebidas gaseificadas, água gelada, excesso de alimentos desidratados, saladas com molhos leves, mas o vata pode obter um amplo espectro de vegetais e saladas, particularmente se combinados com alimentos com alto teor de gorduras (óleos) como o abacate, sementes e nozes hidratadas, molhos de saladas preparados com sementes ou castanhas. Os vegetais que tendem a produzir gases como os da família brássica (a família do repolho), e mesmo os da família das solanáceas* devem ser ingeridos com moderação e com uma atitude de experimentação, para ver se somos negativamente afetados por eles. O excesso de fibra deve ser minimizado ou misturado com sopas cruas. Se sentirmos necessidade do poder de cura do repolho, um pouco de repolho fermentado na forma de chucrute (*sauerkraut*) ou o *Kimchi* pode ser útil. Frutas de valor glicêmico baixo a moderado, incluindo frutas vermelhas, abacates, tomates, peras e molho de maçã podem ser úteis para equilibrar, pois possuem certa quantidade de doçura. Excesso de frutas secas tende a desequilibrar, pois são doces demais e sua secura agrava o vata. Alimentos adstringentes, como caqui não maduro e romã devem ser ingeridos com moderação. Maçãs e peras podem ter um ligeiro efeito secante, mas podem ser neutras no seu efeito sobre o vata se ingeridas com especiarias quentes, como gengibre e canela. As frutas que parecem ser as mais equilibrantes para o vata são damasco, abacate, frutas vermelhas, cereja, coco, figo, frutas cítricas, melão, nectarina e ameixa. Classicamente, algumas frutas de alto valor glicêmico, como banana e melão, são recomendadas, mas o autor não as recomenda regularmente.

Entre as atividades que agravam o vata estão excesso de exercícios, uso de drogas, prática de ioga ou práticas espirituais forçadas, excesso de pranayama e falta de sono. Uma vez que compreendemos os princípios de como acalmar o vata – com uma vida moderada e confortável, modesta e em paz em termos de estresse, combinada com uma cozinha doce, salgada, oleosa, aquosa e em forma de sopa, e não mover o corpo mais rápido do que é confortável, com a transição para os alimentos vivos –, temos a melhor prevenção. Para o autor, a melhor alimentação é 100 por cento viva, mas as pessoas que estão em um caminho espiritual precisam ser mo-

* Tomate, batata, tabaco, entre outros. (N. T.)

deradas ao tentar alcançar essa meta como forma de vida, e estarão bem servidas se estabilizando em 80 por cento, e tentando alcançar certo grau de equilíbrio nesse patamar, por algum tempo, antes de prosseguirem para níveis mais intensos de alimentação. Com essa prática de moderação, poderíamos ver muito mais pessoas sendo bem-sucedidas na alimentação viva. Uma pequena porcentagem de pessoas, por causa de suas tendências psicológicas viciantes, precisa de uma alimentação 100 por cento viva para obter sucesso, e elas devem escolher esta abordagem como alternativa número um. Se você chegar a 80 por cento, o que muitas pessoas conseguem fazer, você pode se sair bem com a alimentação viva com uma grande chance de minimizar os desequilíbrios por excesso de prana e vata. Embora os ensinamentos clássicos do aiurveda da Índia não recomendem uma alimentação 100 por cento viva para vatas, ao aplicar os princípios aiurvédicos para equilibrar o vata e o uso do espectro completo e delicioso da alimentação viva, o autor tem visto centenas de vatas se saírem bem. A chave para isso é perceber que a alimentação viva na Índia significava principalmente folhas verdes, frutas, castanhas e sementes, e não a incrível variedade de vitaminas, bebidas de espirulina, leite de castanhas e sementes, sementes e castanhas hidratadas, molhos de sementes para salada, alimentos batidos e processados, vegetais marinhos e pólen de abelha, que criam uma poderosa alimentação viva que equilibra o vata.

O Dosha Pitta

O dosha pitta é traduzido como fogo e é percebido como a energia de calor do corpo. É a força que governa o metabolismo. Ele afeta a digestão, a assimilação e a temperatura. É formado pelos elementos água e fogo.

Aqueles que são predominantemente pitta se caracterizam por digestão forte, grande apetite por comida e bebida, temperatura do corpo elevada e intolerância ao calor e ao sol. Têm transpiração abundante, estrutura e força moderadas, odor corpóreo forte, pele acobreada com sardas, verrugas e cabelos pretos. A pele é oleosa e há uma tendência de o cabelo ficar grisalho prematuramente. As mãos e os pés são geralmente quentes. Desejam bebidas frias e alimentos doces, adstringentes e amargos. Psicologicamente, pessoas com um dosha pitta predominante têm boa compreensão e inteligência. Não se estressam no trabalho. São, no entanto, ambiciosos. Têm tendência à vaidade, intolerância, orgulho, agressividade, teimosia, ódio, raiva e ciúmes. Sua característica se assemelha ao arquétipo do tigre, gato, macaco, coruja ou urso.[2]

O verão e o calor do meio-dia agravam o dosha pitta. Na Índia, durante o verão, essas eram as pessoas que sofriam de resfriados, palpitações cardíacas, prostração devido ao calor, problemas de pele como urticária e erupções devido ao calor, e um sentir-se mal em geral devido ao calor. O filho do autor, que é predominantemente dosha pitta, ficava completamente bem em todas as estações na Índia, até chegar o verão. Nos primeiros dias com temperatura entre 38 e 48 graus, ele ficava doente, exausto e com erupções pelo corpo todo, e quase não conseguia frequentar a escola. Assim que começava a estação das monções, mais refrescante, sua saúde voltava ao normal. Outros sinais de agravamento de pitta são acidez, desmaios, transpiração excessiva, agitação e muita sede, desejo por substâncias frias, palidez e, em casos extremos, delírio. Outras causas para o desarranjo de pitta são emoções de raiva, pesar ou medo; excesso de atividade física; digestão inadequada ou sistema ácido; excesso de alimentos picantes, ácidos, salgados ou secos; excesso de sementes de mostarda, óleo de gergelim e linhaça, peixe, carneiro, caules de vegetais de folhas verdes e vinho. Os alimentos de sabor doce, adstringente e amargo ajudam a reequilibrar o pitta, assim como banhos frios e a luz da lua.

O Dosha Kapha

O princípio kapha pode ser traduzido como água biológica. Considera-se que é formado pelos elementos terra e água. Kapha governa a força biológica, o vigor, a estabilidade e a resistência natural dos tecidos. Lubrifica as articulações, umedece a pele, dá energia aos pulmões e ao coração, ajuda a curar ferimentos e preenche os espaços no corpo – razão pela qual as pessoas kapha tendem a ficar acima do peso. O kapha se manifesta como muco no peito, garganta, nariz, nos seios da face, boca, articulações e citoplasma.

Os indivíduos de constituição kapha têm o corpo bem desenvolvido e o tipo de constituição física do estereótipo dos jogadores de futebol americano. As pessoas kapha têm digestão lenta, que se torna ainda mais lenta com alimentos oleosos ou gordurosos. Elas se dão bem com alimentos picantes, amargos e adstringentes, que as deixam em equilíbrio. Perdem o equilíbrio com comidas doces (que frequentemente desejam), azedas e salgadas. As frutas excessivamente doces também podem causar um desarranjo. A única exceção a isso é o mel, que é considerado o principal antídoto dietético para o desequilíbrio de kapha. Todos os laticínios, com exceção de alguns produtos do leite de cabra, tendem a causar desarranjos no kapha. O leite de cabra tem qualidades levemente adstringentes, que ajudam a minimizar o desequilíbrio kapha. São pessoas que, geralmente, não têm muita sede e não precisam beber os oito copos de líquido por dia, o que é supostamente saudável para todos.

Exercício é muito importante para indivíduos kapha. Eles têm um desempenho pobre se não fizerem exercícios regularmente ou se tirarem um cochilo durante o dia. Foi um alívio para o autor descobrir que sua constituição física, predominantemente kapha, era a causa de sua necessidade de exercícios, não se sentir bem após sonecas durante o dia e ter digestão lenta que se tornava ainda mais lenta com óleos.

Tolerância, calma, perdão e amor são características predominantemente kapha. Também são caracterizadas como pessoas íntegras, generosas, constantes nas amizades, estáveis na mente, entusiásticas e compreensivas, que falam de forma intencional e comedida. Têm tendência à ganância, ao apego, à inveja, à possessividade. Intelectualmente, podem ser lentas na compreensão, mas, uma vez que captam um conceito, o retêm bem. Seus arquétipos animais simbólicos são touro, leão, elefante, cavalo, ou o jogador de linha do futebol americano (na faculdade o autor era um jogador de linha). As constituições kapha saem do equilíbrio em climas frios e úmidos. Por exemplo, durante o primeiro ano do autor na Índia, o nariz nunca escorria, mas meia hora após sair do avião, no clima úmido e frio de Londres, começava a escorrer. As pessoas kapha se beneficiam mais de alimentação sem muco. Exercício, jejum e calor também são tratamentos importantes para pessoas com constituição dosha kapha. Os sintomas de desarranjo de kapha são sensação de peso, sonolência, constipação, coceira, doenças da pele, torpor, preguiça, depressão e excesso de produção de muco.

Os *Doshas* e os Ciclos

As estações, a hora do dia e a idade também são forças que afetam o equilíbrio dos doshas. Do nascimento à adolescência, o dosha predominante é o kapha. Ele governa o crescimento. A manifestação mais óbvia disso é a tendência a resfriados frequentes e nariz escorrendo, que podemos ver nas crianças pequenas. Da adolescência até os 60 anos, o pitta tende a predominar, depois há uma tendência a problemas vata, como artrite, secura da pele, tremores, emagrecimento e perda de memória. Conforme ficamos mais velhos, não importa qual a nossa constituição, precisamos mudar a alimentação e o estilo de vida para nos ajustar ao poder crescente do dosha vata no complexo corpo-mente (ver figura a seguir).

A predominância dos doshas de acordo com os estágios dos ciclos da vida

No ciclo diário, as forças kapha predominam em todos nós do nascer do Sol até as 10 horas da manhã. Por disso, as pessoas com uma constituição kapha forte se desequilibram mais facilmente nesses horários e se dão bem evitando laticínios pela manhã, fazendo um desjejum leve ou não comendo nada. Das 10 horas da manhã às 14 horas, o pitta predomina. Esta é uma hora muito boa para comer, especialmente para pessoas kapha. No entanto, em um dia de calor, quem tem desarranjos ou constituição pitta deve se alimentar levemente, pois o pitta se agrava em torno do meio-dia, quando o Sol está mais quente. Das 14 horas até o pôr do Sol, o vata predomina. Os desequilíbrios de vata são frequentemente sentidos, como fadiga e inchaço, no fim da tarde. O kapha começa a predominar novamente do pôr do Sol até as 22 horas. Por isso, é melhor para todos e, particularmente, para pessoas kapha, comer aproximadamente uma hora antes do pôr do Sol. Se comermos muito tarde, o fogo digestivo diminuído associado com o kapha pode não ser suficiente para digerir bem a comida. O resultado é um aumento imediato de toxinas, que pode resultar em distúrbio no sono e dificuldade de levantar cedo de manhã para meditar. Pitta se torna mais ativo entre 22 horas e 2 horas da manhã, e vata predomina das 2 horas da madrugada até o nascer do Sol. Vata cria movimento e leveza e ajuda as pessoas a acordarem. Esta também é uma boa hora para meditar (ver a figura a seguir).

O ciclo de cada estação pode agravar um dosha específico. Se tivermos consciência das mudanças sazonais na energia dos doshas, somos capazes de mudar a alimentação para manter os doshas equilibrados. Esta prática saudável de comer de acordo com as estações não é específica do aiurveda. O doutor Elson Haas, no livro *Staying Healthy with the Seasons* [Manter-se saudável nas estações], descreveu essa abordagem do ponto de vista da acupuntura.[3] Nos equinócios, 21 de março e 23 de setembro, e nos solstícios, 21 de junho e

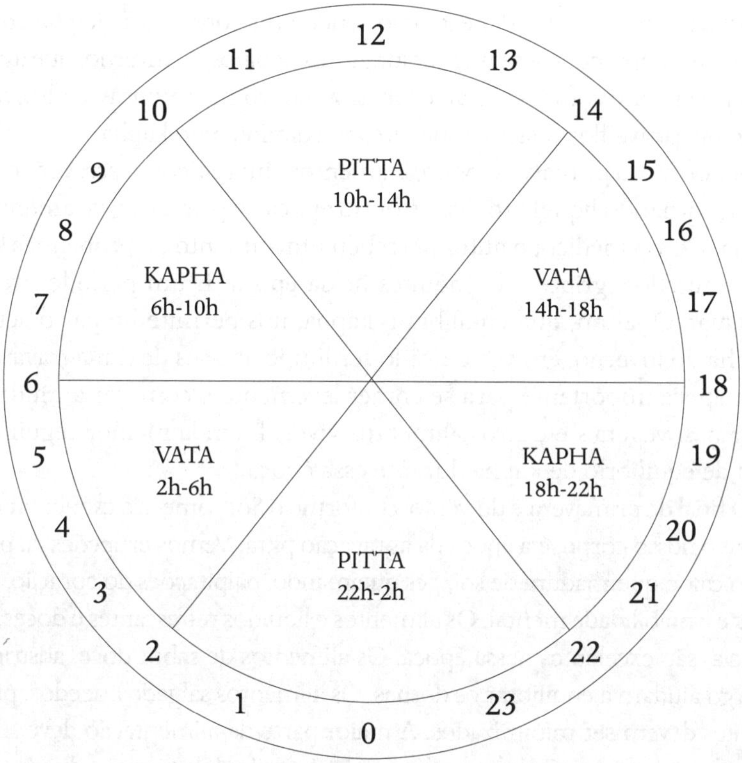

A predominância dos doshas de acordo com a hora do dia

22 de dezembro, as pessoas estão mais vulneráveis a desequilíbrios de saúde. Nesses períodos, uma boa e harmônica prática preventiva é comer levemente e fazer um esforço extra para manter o estilo de vida e o dosha em equilíbrio.

No outono, temos a época dos ventos, uma preparação para o inverno caracterizada pela queda de temperatura. Nesse período, o vata tende a se agravar. É importante minimizar a exposição ao vento e ao frio. Podemos começar a aumentar a ingestão de alimentos que têm sabor mais adocicado, azedo (ácido) e salgado, e aumentar a ingestão de arroz, trigo, cevada, aveias e alimentos oleosos.

No frio úmido do inverno, o kapha é o dosha que mais provavelmente se agravará. É a época dos problemas de muco, como resfriados, congestão e bronquite. E também é a época de comer menos alimentos gordurosos, laticínios e alimentos de sabor doce, salgado ou azedo. A exceção é uma quantidade moderada de mel, que diminui o kapha. Esta é a época para comer alimentos mais secos, amargos, picantes, quentes e adstringentes, manter um programa de exercícios e não cochilar durante o dia. Por exemplo, tendo uma constituição kapha predominante, o autor aprendeu a se manter longe dos pepinos no inverno, que agravam o kapha, e preferiu comer vegetais e folhas verdes como cenouras, endro, rabanete, repolho, couve-flor, alface e espinafre, que diminuem o kapha.

No início da primavera, os ensinamentos aiurvédicos descrevem o kapha como se tornando liquefeito. Essa é outra época de pico de agravamento para o kapha. Como médico, o autor percebeu um aumento de problemas kapha, como resfriados, gripes e bronquites nessa época. É um período excelente para jejuar. O jejum, que equilibra o kapha, nos permite limpar o acúmulo de kapha do inverno, em vez de vê-lo ser limpo através de seu agravamento. É uma época importante para se comer levemente e começar a mudar para mais frutas, vegetais e outros alimentos vivos. É ainda melhor seguir o programa de equilíbrio de kapha durante essa época.

O final da primavera e do verão, conforme o Sol começa a esquentar e secar a terra e o nosso corpo, é a época da agravação pitta. Vemos erupções na pele devido ao calor, queimadura de sol, pés queimando, palpitações do coração, pés inchados e irritabilidade mental. Os alimentos e líquidos refrescantes e doces, como melancia, são excelentes nessa época. Os alimentos de sabor doce, adstringente e amargo ajudam a equilibrar os doshas. Os alimentos salgados, azedos, picantes e quentes devem ser minimizados. A maior parte da alimentação deve ser viva, com ênfase nas frutas. Os banhos frios, a diminuição da exposição direta à luz do Sol das 10 horas da manhã às 14 horas e evitar o excesso de esforço físico ajudam a minimizar a agravação de pitta (figura a seguir).

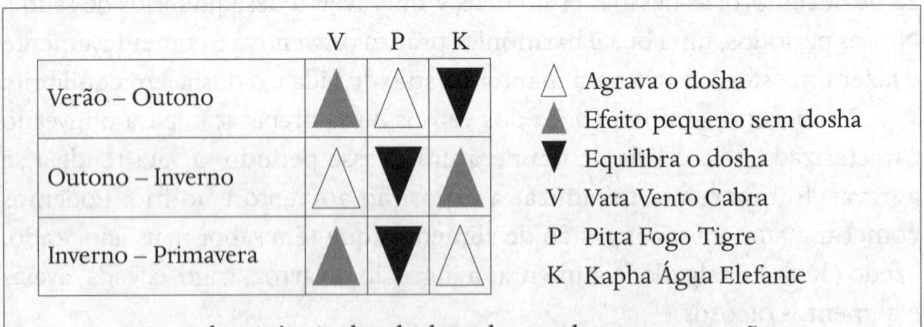

A predominância dos doshas, de acordo com as estações

Não Há uma Alimentação Única para Todos

A ciência descritiva dos doshas ilustra um ponto essencial a respeito da nutrição: *não há uma alimentação única para todos em um tempo específico, nem uma alimentação que possa ser feita durante o ano todo por uma pessoa.* As pessoas de constituição kapha terão suas características agravadas com uma alimentação com muito arroz integral e sal. As pessoas de constituição vata ficam mais ligadas à terra com uma alimentação de arroz integral e alimentos salgados. Algumas pessoas vata podem tolerar um pouco de laticínios, enquanto uma pessoa kapha pode se congestionar com laticínios. Existem alimentos que todas as pessoas deveriam evitar, por exemplo, os doces processados e concentrados, como o açúcar branco, que é claramente venenoso para o corpo e a mente. Aqueles com uma constituição pitta ficam mais exacerbados com o mel. No entanto, os que têm uma constituição kapha se equilibram com o mel. Por um longo período, o autor evitou todos os doces, incluindo o mel. Em 1984, de manhã, quando o kapha tende a agravar, o autor, comeu meia colher de chá de mel, como experiência, e sentiu uma diferença positiva sutil. No entanto, por causa dos seus ensinamentos no livro *Rainbow Green Live-Food Cuisine*, não recomendamos o uso regular de mel para equilibrar o kapha, nem ele usa mais o mel.

A arte da seleção de alimentos é se tornar sensível aos alimentos que ajudam a manter o equilíbrio dosha entre as tendências internas de constituição dosha e os efeitos ambientais e cíclicos da natureza nos doshas. O que foi apresentado aqui são os arquétipos doshas simples. Na realidade, somos uma mistura dos três doshas. Às vezes, um único dosha predomina, já em outras épocas dois doshas são mais ativos, com um deles sendo levemente mais forte do que o outro. Por exemplo, o autor é kapha-pitta. Às vezes, os três doshas têm a mesma força. A isso nos referimos como sendo tridosha. Em qualquer caso, não importa a combinação, nós todos somos afetados por mudanças cíclicas e precisamos prestar atenção a isso.

Os Seis Sabores e as Seis Qualidades dos Alimentos

As refeições preparadas da forma aiurvédica normalmente contêm diferentes porcentagens de todos os seis sabores, pois dizem que os seis juntos geram uma energia harmônica e um equilíbrio de nutrientes. Os seis sabores são: doce (leite, mel, arroz, pães, manteiga); azedo (limão e iogurte); salgado (sal); picante (comidas picantes, gengibre, pimenta-de-caiena e cominho); amargo (espinafre e outras folhas verdes) e adstringente (feijões e lentilhas). Como podemos ver na figura a seguir, as energias associadas aos diferentes sabores agravam ou equilibram os doshas em padrões específicos.

	V	P	K
Doce	▼	▼	△
Azedo	▼	△	△
Salgado	▼	△	△

	V	P	K
Picante	△	△	▼
Amargo	△	▼	▼
Adstringente	△	▼	▼

Os seis sabores dos alimentos e os doshas

Também há seis principais qualidades de alimentos a considerar: pesados (queijo, iogurte e trigo); leves (cevada, milho, espinafre e maçãs); oleosos (laticínios, comidas gordurosas e óleos); secos (cevada, milho, batatas e feijões); alimentos e bebidas quentes; alimentos e bebidas frios. A figura a seguir mostra o efeito das qualidades dos alimentos nos doshas.

	V	P	K
Pesado	▼	▼	△
Oleoso	▼	▼	△
Quente	▼	△	▼

	V	P	K
Leve	△	△	▼
Seco	△	△	▼
Frio	△	▼	

As seis qualidades dos alimentos e os doshas

Durante anos, médicos aiurvédicos desenvolveram uma lista de alimentos e tipos de comidas de acordo com a forma como eles exacerbam ou equilibram os doshas. A tabela, nas páginas seguintes, é uma lista levemente modificada, extraída do excelente livro do doutor Vasant Lad, intitulado, *Ayurveda: The Science of Self-Healing* [Aiurveda: a ciência da autocura].[4]

Perspectivas do Sistema Aiurvédico Tridosha

Para chegarmos à melhor alimentação para a vida espiritual, devemos estar sintonizados com as nossas próprias necessidades constitucionais, diurnas, sazonais e de trabalho prático. Isso significa criar uma harmonia entre as nossas necessidades internas e o jogo externo da natureza. Significa não desistir de nossas intuições e de nosso poder de analisar as alimentações da moda como sendo "a resposta", os programas de alimentação feitos por computador ou qualquer sistema de alimentação que afirme ser o único para a saúde, ou até mesmo a lista aiurvédica dos alimentos corretos para os nossos doshas. Nenhum sistema único, incluindo o aiurveda, é 100 por cento preciso. Por exemplo, o doutor Rudolf Ballentine, que usa a aiurvédica em sua abordagem, percebe que a aplicação do sistema é apenas 80 por cento precisa.[5]

Orientações alimentares para os tipos constitucionais básicos

Nota: As orientações fornecidas nesta tabela são gerais. Podem ser necessários ajustes específicos de acordo com as necessidades individuais, por exemplo, no caso de alergias alimentares, força do fogo digestivo, estação do ano e grau de agravação ou predominância de dosha.

(+ significa que agrava o dosha, – significa que equilibra o dosha)

Vata		Pitta		Kapha	
+	–	+	–	+	–
		FRUTAS			
Frutas secas	**Frutas doces**	**Frutas azedas**	**Frutas doces**	**Frutas doces/ azedas**	Damasco
Maçã	Damasco	Damasco	Maçã		Frutas vermelhas
Pera	Abacate	Frutas vermelhas	Abacate	Maçã	Cereja
Caqui	Banana	Banana	Coco	Abacate	Figo (seco)
Romã	Frutas vermelhas	Cereja	Figo	Banana	Manga
Melancia	Cereja	Toranja (grapefruit)	Uva (escura)	Coco	Pêssego
	Coco	Uva verde	Manga	Figo (fresco)	Pera
	Figo (fresco)	Limão-siciliano	Melão	Toranja (grapefruit)	Caqui
	Toranja (grapefruit)	Laranja (azeda)	Laranja (doce)	Uva	Romã
	Uva	Papaia	Pera	Limão-siciliano	Ameixa
	Limão-siciliano	Pêssego	Abacaxi (doce)	Melão	Uva-passa
	Manga	Abacaxi (azedo)	Ameixa (doce)	Laranja	
	Melão	Caqui	Romã	Papaia	
	Laranja	Ameixa (azeda)	Ameixa seca	Abacaxi	
	Papaia		Uva-passa	Ameixa	
	Pêssego				
	Abacaxi				
	Ameixa				

Orientações alimentares para os tipos constitucionais básicos

Vata +	Vata –	Pitta +	Pitta –	Kapha +	Kapha –
VEGETAIS					
Brócolis Couve-de-bruxelas Repolho Couve-flor Salsão Berinjela Folhas verdes* Alface* Cogumelo Cebola (crua) Salsinha* Ervilha Pimentão Batata (branca) Espinafre* Brotos* Tomate	Aspargo Beterraba Cenoura Pepino Alho Vagem Quiabo (cozido) Cebola (cozida) Batata-doce Rabanete Abobrinha	**Vegetais picantes** Beterraba Cenoura Berinjela Alho Cebola Pimenta (forte) Rabanete Espinafre Tomate	**Vegetais doces/ amargos** Aspargo Brócolis Couve-de-bruxelas Repolho Couve-flor Salsão Vagem Folhas verdes Cogumelo Quiabo Ervilha Salsinha Pimentão verde Batata Brotos Abobrinha	**Vegetais doces/ suculentos** Pepino Batata-doce Tomate Abobrinha	**Vegetais picantes/ amargo** Aspargo Beterraba Brócolis Couve-de-bruxelas Repolho Cenoura Couve-flor Salsão Berinjela Folhas verdes Alface Cogumelo Quiabo Cebola Salsinha Ervilha Pimentão Batata (branca) Rabanete Espinafre Brotos
*Estes vegetais podem ser consumidos com moderação com molhos oleosos.					
GRÃOS					
Cevada Trigo-sarraceno Milho Painço Aveias (secas) Centeio	Aveias (cozidas) Arroz Trigo	Trigo-sarraceno Milho Painço Aveias (secas) Arroz (integral) Centeio	Cevada Aveia (cozida) Arroz (basmati) Arroz (branco) Trigo	Aveia (cozida) Arroz (integral) Arroz (branco) Trigo	Cevada Milho Painço Aveia (seca) Arroz (basmati, pouca quantidade) Centeio
ALIMENTOS DE ORIGEM ANIMAL					
Carneiro Porco Coelho Animais selvagens (caças)	Carne de vaca Frango (branco) Ovos (fritos ou mexidos) Frutos do mar Peru (parte mais clara)	Carne de vaca Ovos (gema) Carneiro Porco Frutos do mar	Frango (parte mais clara) Ovos (brancos) Coelho Camarão (pouco) Peru (parte mais clara) Animais selvagens (caças)	Carne de vaca Carneiro Porco Frutos do mar	Frango (parte escura) Ovos (mexidos) Coelho Camarão Peru (parte escura) Animais selvagens (caças)
LEGUMES					
Nenhum legume exceto feijão azuki, tofu e lentilhas pretas e vermelhas		Todos os legumes exceto lentilhas		Todos os legumes são bons, com exceção de feijão comum, soja, lentilhas pretas, feijão azuki	

Orientações alimentares para os tipos constitucionais básicos		
Vata	Pitta	Kapha
+ –	+ –	+ –
CASTANHAS		
Todas as castanhas moderadamente Castanhas hidratadas	Quantidades mínimas, exceto coco Castanhas hidratadas moderadamente	Castanhas (bem pouco) Castanhas hidratadas moderadamente
SEMENTES		
Todas as sementes moderadamente Sementes hidratadas	Quantidades mínimas de sementes, exceto de girassol e abóbora Sementes hidratadas e germinadas moderadamente	Quantidades mínimas de sementes, exceto de girassol e abóbora Sementes hidratadas e germinadas moderadamente
ADOÇANTES		
Adoçantes moderadamente, exceto açúcar branco	Adoçantes moderadamente, exceto melados e mel	Quantidade mínima de adoçantes, exceto mel
CONDIMENTOS		
Todos os condimentos são bons	Apenas coentro, canela, cardamomo, erva-doce, cúrcuma e um pouco de pimenta-do-reino	Todos os condimentos são bons, com exceção do sal
LATICÍNIOS		
Todos os laticínios com moderação	Leitelho Queijo Creme de leite azedo Iogurte Manteiga (sem sal) Queijo cottage Leite de cabra Ghee Leite	Apenas ghee e leite de cabra
ÓLEOS		
Todos os óleos são bons	Amêndoa Milho Cártamo Gergelim Coco Azeite de oliva Girassol Soja	Apenas óleo de amêndoa, milho e cártamo em pequenas quantidades

Equilíbrio Energético com Ervas

A ciência aiurvédica observou que os alimentos e as ervas têm qualidades energéticas específicas, que nos são sugeridas pela natureza dos seus sabores. Na abordagem da alimentação viva do autor, ele acrescentou algumas ervas para manter o equilíbrio dosha durante os ciclos anuais. Por exemplo, tendo uma constituição predominantemente kapha, ele usa gengibre, cardamomo, pimenta-de-caiena e cominho como equilibradores do dosha kapha principalmente no inverno, quando o calor é necessário. As pessoas predominantemente vata podem incluir na sua alimentação, em épocas apropriadas, a energia da canela, do cardamomo, do cominho, do gengibre, do sal marinho, do cravo-da-índia, da mostarda e do alcaçuz em sua alimentação. As pessoas pitta devem evitar especiarias, exceto canela, coentro e endro. O uso de ervas desta maneira reafirma o princípio de que cada comida tem a própria essência energética. O foco único da nutrição ocidental, classificando os alimentos apenas como carboidratos, proteínas e gorduras, aumenta a sensação de separação com o alimento e a desarmonia com a natureza.

Resumo – Capítulo 24

1. O sistema tridosha oferece uma alimentação harmônica para a vida espiritual, ajudando-nos a identificar a nossa mistura de constituição dosha em kapha, pitta e vata.
2. A nutrição está preocupada com a interação dinâmica das forças dos alimentos com as forças dinâmicas do nosso próprio corpo.
3. Para equilibrar as forças vata e prana elevados da alimentação viva, é melhor seguir as práticas de pacificação de vata, fazendo uma transição lenta, moderada, doce, salgada e azeda, em vez de uma alimentação 100 por cento viva imediatamente.
4. Podemos nos organizar e mudar a nossa alimentação de acordo com as mudanças energéticas de dosha nos ciclos sazonais, diários e na nossa própria vida.
5. Usando a energia de diferentes ervas para equilibrar o nosso dosha, acrescentamos uma dimensão útil à alimentação viva.
6. As ervas reafirmam o princípio de que cada comida tem própria essência energética.
7. Mesmo que tenha um dosha vata desequilibrado, é relativamente fácil para uma pessoa se dar bem com uma alimentação viva planejada.

– 25 –
REVELAÇÕES AIURVÉDICAS DA ALIMENTAÇÃO VIVA

Para claramente apreciar a abordagem aiurvédica que a alimentação viva nos oferece, precisamos desenvolver uma compreensão dos níveis sutis dos três doshas – kapha, pitta e vata –, que são chamados de as três essências vitais. Para vata, a essência vital é chamada prana; para pitta, é chamada de tejas; e para kapha é chamada de ojas. Os doshas precisam ser equilibrados para melhorar e prevenir doenças. Esses níveis de energia sutil – prana, tejas e ojas – têm a ver com maximizar o potencial espiritual e de saúde. Neste contexto, eles são energias mais conectadas aos corpos sutis e causais.

Na realidade, o equilíbrio adequado e a energização dessas essências vitais criam uma força vital positiva. Prana, um termo com o qual a maioria das pessoas está familiarizada, pode ser considerado a energia de força vital básica da vida. Também é entendido como a energia sutil do ar e do éter, que é, em um sentido, a energia orientadora que está por trás das funções psicofisiológicas e da coordenação de respirar, dos sentidos e da mente. Também é a força motriz por trás dos estados espirituais mais profundos da consciência. Tejas é irradiação interna ou fogo interno. Está profundamente associado ao fogo da Kundalini. De acordo com David Frawley, em *Yoga and Ayurveda* [Ioga e aiurveda], em um nível interno, tejas energiza e governa a capacidade de percepção mais elevada.[1] Ojas é a energia sutil da água e da terra. É a força vital energética armazenada no corpo, ou vigor primordial. Envolve a integridade e a energia armazenada da proteína, da gordura e dos fluidos reprodutivos, assim como a massa de tecido bruta saudável. A quantidade de ojas que uma pessoa tem está relacionada à resistência física, sexual, mental e espiritual dessa pessoa.

Na verdade, conforme embarcamos na jornada da Nutrição Espiritual, prana, tejas e ojas precisam ser equilibrados. Nossos fundamentos físicos e sutilmente físicos, assim como o equilíbrio, dependem da força de ojas. Tejas é o calor e a energia luminosa do ojas. Prana é a energia que irradia de ojas depois de ter sido incendiado por tejas. Tejas também pode ser compreendido como o fogo do Divino, ou Kundalini. O termo energia Shekhinah também pode ser usado, mas, neste capítulo, para que tudo fique bem claro, usaremos o termo Kundalini.

O sistema dos nadis, que é o sistema nervoso sutil, interpenetra todas as camadas dos koshas e leva a energia espiritual para dentro deles. Os nadis têm ojas como camada interna e são os condutores para tejas e prana. Também se interconectam para criar os chacras. De certa forma, os nadis estão metaforicamente sintonizados com os ojas. Quando há suficiente ojas, eles são incendiados pelo fogo sutil da energia de tejas ou da Kundalini. Conforme o tejas se move através dos nadis, cria o calor espiritual que as pessoas frequentemente sentem quando a Kundalini é desperta. A queima do ojas pelo tejas ativa e amplia a energia do prana. Se não temos ojas suficiente, o fogo da Kundalini, metaforicamente e na realidade, pode queimar os nadis. O prana, assim como o vento que sopra o fogo, também aumenta a chama do tejas queimando o ojas. Isso se torna significativo quando falamos a respeito da Nutrição Espiritual, pois se não temos ojas suficiente, que é metaforicamente similar à madeira no fogo, e apenas aumentamos o prana com alimentos vivos, purificantes, asanas e pranayama, criamos um fogo tão forte que ele rapidamente queima todas as madeiras do ojas. O resultado é um possível dano ao sistema nervoso sutil, ou nadis, que tinha sido protegido anteriormente pela forração lubrificante do ojas. Uma vez que o ojas se queima, o fogo pode queimar os nadis em seguida, portanto, na Nutrição Espiritual, enfatizamos os *alimentos vivos que sustentam e constroem ojas.*

A tarefa, portanto, para aspirantes espirituais, é aumentar todas as três forças – prana, tejas e ojas – de uma maneira equilibrada, para que possamos ter o máximo de energia espiritual, o que nos ajudará a alcançar o nosso potencial espiritual mais elevado e não exaurir o ojas.

Os Seis Fundamentos da Vida Espiritual, adequadamente aplicados, protegem o ojas e constroem prana e tejas. Como já explicamos, o tejas é o fogo interno, que na realidade é a energia Kundalini na forma ativa e não ativa. A Kundalini é um fogo interno, uma forma de energia elétrica ou raio nos níveis sutis. O prana, o vento que sopra o fogo, vem principalmente do pranayama, da alimentação viva, de asanas e de outros tipos de práticas de energia elevada. O ponto aqui que não é tão óbvio é proteger e construir ojas para que, assim que o prana e o tejas aumentarem, não queimemos ojas.

O ojas é sustentado e aumentado com uma alimentação pura e pelo que é chamado viver de acordo com o darma. Viver de acordo com o darma, descrito nas grandes escrituras, é o fundamento número quatro dos Seis Fundamentos. Nesse fundamento, temos os yamas e niyamas da ioga, as Dez Falas da Torá, o conceito de viver de uma maneira sagrada das escrituras cabalísticas, o Caminho dos Oito Estágios do budismo e o caminho da Medicina do Búfalo Branco dos nativos americanos. Essa santidade também está relacionada a uma mente equilibrada, emoções equilibradas e sentidos que estão todos voltados para uma coisa: Deus e o sentir o deleite de Deus em todas as coisas.

Construir ojas com uma alimentação de alimentos vivos requer uma grande ênfase em leites de castanhas e sementes; castanhas e sementes; vegetais suculentos e oleosos como o abacate; frutas com baixo índice glicêmico, principalmente frutas vermelhas como gojis; e outros alimentos com uma leve doçura no sabor, como maçãs, cenouras, cocos e grãos germinados. Gojis e pólen de abelha não são apenas ricos em antioxidantes, mas extremamente rejuvenescedores. Os alimentos oleosos, cremosos e com a cremosidade de sopa, como as vitaminas, são bons para construir ojas.

Para construir ojas, é importante aumentar a ingestão de ácidos graxos ômega-3. Muitas pessoas, ao fazer uma alimentação pobre em gordura, de limpeza e alimentação viva, acabam com os ácidos graxos ômega-3. A falta de ácidos graxos de cadeia curta, média e longa enfraquece o sistema nervoso físico e esvazia o ojas. A beldroega, uma erva que cresce em quase todos os lugares, tem um teor elevado de ácidos graxos ômega-3 de cadeia longa, particularmente EPA. Uma pesquisa recente, feita pelo doutor Timohir Lelas, de Zagreb, por meio do processo de análise tribo-mecânica, verificou a existência de EPA (ácido eico-sapentanoico) e DHA (ácido decosahexaenoico) em *Aphanizomenon flos-aquae* (AFA, também conhecido como a alga do lago Klamath). Uma pesquisa citada na *Primordial Food* sugere que o AFA não apenas tem EPA e DHA, mas que, provavelmente por causa de seu alto nível de ácido alfalinolênico, aumenta o DHA e o EPA no sangue de ratos a um nível ainda maior do que o esperado pelo DHA e EPA no AFA simplesmente. Em outras palavras, o AFA amplia os níveis de EPA e DHA no sangue. O ródio e o irídio monoatômicos também foram encontrados no AFA.[2] Estas são as únicas fontes veganas que temos de EPA. O AFA cresce em quase todos os lugares. O DHA, outro importante ácido graxo ômega-3 de cadeia longa, especialmente para a função cerebral, pode ser encontrado em uma alga dourada, assim como no AFA. Um extrato de DHA da alga dourada está disponível na Tree of Life Foundation. A semente de linhaça e de cânhamo fornecem a maioria dos ácidos graxos ômega-3 de cadeia curta. O óleo de coco é excelente para construir ojas, assim como as sementes de cânhamo e as macadâmias. O óleo de coco aumenta a conversão de ácidos graxos ômega-3 de cadeia curta para cadeia longa em 3 a 6 por cento.

Certas ervas tônicas, em geral, e particularmente a ashwagandha, a shatavari, o ginseng e o alcaçuz, são boas para o ojas. Isso é o que a aiurveda chama de ervas produtoras de soma.

A espirulina e a clorela – ricas em proteínas e ácidos graxos (como o ácido gamalinolênico, cujo teor é mais elevado no leite materno, o segundo mais elevado na espirulina e o terceiro mais elevado nas sementes de cânhamo), os sulfolipídeos, os minerais e as vitaminas – são ambas tridóshicas (equilibram todos os doshas) e são excelentes construtores de ojas.

O pólen da abelha, como o sêmen do reino vegetal, é um alimento incrível para construir ojas. É constituído de 20 por cento de proteína (grama por grama, ele tem de cinco a sete vezes mais proteína do que a carne, os ovos ou o queijo), 15 por cento de óleos e lecitinas construtores do cérebro, tem 63 minerais e a maioria das vitaminas B, tem vitaminas C e E, ácidos nucleicos, 5 mil enzimas e coenzimas e ácidos graxos essenciais. De acordo com a pesquisa feita pelo doutor Eric Erickson, da Universidade de Wisconsin, o pólen produz uma carga elétrica positiva. Quando as abelhas deixam a colmeia, elas têm uma carga negativa ou neutra; ao retornar com o pólen, têm uma carga de até 1,5 volts e o seu pólen está carregado. O botânico russo Nicolai Tsitsin descobriu que, entre as pessoas que viviam mais de 125 anos na Rússia, muitas eram apicultoras cujo alimento principal era o pólen da abelha.[3] Muitas pesquisas russas têm mostrado que o pólen de abelha tem poderes regenerativos e de antienvelhecimento muito fortes. É o alimento biogênico supremo e a força pró-criativa do mundo vegetal.

Beber bastante água estruturada, com sais minerais completos não aquecidos, na forma iônica, ajuda a construir ojas e a prevenir a desidratação. A energia dos cristais ajuda a estruturar a água (ver Capítulo 29 a respeito de água estruturada viva).

Também há algumas práticas físicas que ajudam a construir ojas. Elas incluem banho de óleo, isto é, passar óleo no corpo todo. Outra prática é fazer um banho de óleo, seguido de um banho quente de cinco a dez minutos, e então repetir o banho de óleo. Basti (enemas com óleo, com ou sem ervas) é uma forma excelente de construir ojas e diminuir o excesso de vata. As ervas que reduzem o excesso de vata ajudam a proteger o ojas. As seguintes ervas podem ser usadas como basti: jatamansi, brahmi, pétala de rosas e camomila. Ashwagandha, alcaçuz e shatavari também podem ser usados no basti. O autor tem obtido muito sucesso com o uso de basti com clientes em jejuns curtos e longos para acalmar os agravamentos vata que podem ocorrer. Uma das maneiras mais poderosas de equilibrar vata e construir ojas é o antigo tratamento rejuvenescedor e desintoxicante aiurvédico de sete dias chamado *Pancha Carma*. Pelo que sabemos, a Tree of Life Foundation oferece o único programa Pancha Carma de alimento vivo no mundo, algo que temos feito desde 1996.

Proteger o ojas pelo controle da energia sexual pode ser muito importante. Isso não significa necessariamente celibato; significa o uso apropriado da energia sexual. As pessoas podem proteger o ojas com o uso de certas técnicas taoístas como a retenção de sêmen. Está muito claro que a perda excessiva de sêmen ou mesmo a sexualidade excessiva, mesmo que você esteja mantendo o seu sêmen, pode exaurir o ojas. Um sinal clássico de ojas baixo é fraqueza ou fadiga imediatamente e/ou por vários dias após a ejaculação. Em tais casos, é aconselhável abster-se de atividades sexuais até que o ojas esteja restabelecido. Poderosas ervas yin e yang construtoras dos rins têm sido muito úteis para isso. Alguns ensinam que a exaustão pode também ocorrer nas mulheres. Em 35 anos de experiência clínica do autor, nenhuma mulher citou isso como sendo um problema de saúde. Talvez a exaustão feminina aconteça em um nível mais sutil. A literatura mundial sugere que a atividade sexual pode prolongar a vida, portanto, não há necessidade de ser celibatário do ponto de vista da saúde e longevidade. No periódico *The Lancet*, um grande estudo foi relatado para mostrar que homens com idade de 45 a 59 anos que faziam sexo de duas a três vezes por semana tinham uma mortalidade 50 por cento menor. Descobertas similares foram feitas em um estudo na Virgínia. Os estudos sobre a longevidade para mulheres foram menos dramáticos, mas sugerem algum benefício de longevidade assim como a melhora dos sintomas da menopausa.

É bastante interessante que os cânticos da bhakti ioga (a ioga do Amor Divino), que é também o caminho tântrico, e na cabala é a experiência da luz, ou o Divino sagrado em todas as coisas (azamara), tem um papel importante para manter e construir ojas. O sono adequado também protege o ojas. Infelizmente, no movimento da nutrição viva, há uma glorificação da necessidade de se dormir pouco. Pode ser verdade que os adeptos da alimentação viva necessitem dormir menos, mas não significa que isso protege o ojas. Muitas pessoas sofrem de ojas exaurido simplesmente porque trabalham demais e não dormem o suficiente. Dormir o suficiente é muito importante para construir ojas. Estudos recentes mostram que sem dormir o suficiente as pessoas têm significativamente menos serotonina no sistema nervoso, o que pode ser considerado a parte ojas do sistema neurotransmissor. A serotonina cria uma rede de segurança neuroendócrina contra o estresse e o calor, o que é, *grosso modo*, semelhante ao papel do ojas. O sono é essencial para um caminho espiritual, e o importante é deitar e levantar cedo. Necessitamos, em média, de sete a oito horas de sono por noite. Nos Estados Unidos, mais de cem milhões de pessoas sofrem de privação do sono.[4]

Outro aspecto de viver de maneira sagrada para se construir ojas é o que os iogues chamariam de controle dos sentidos (pratyahara); isso significa evitar a maioria das formas de mídia de massa, principalmente televisão, e também evitar o uso do computador em excesso. Um jejum de TV envolve uma técnica não muito sutil de desconectar a TV. Essa é uma das melhores atitudes que podemos ter para construir ojas. A TV está recheada de atividades que se movem para fora, e isso é um dos principais construtores do medo e da ansiedade. Por causa disso, a TV, assim como as drogas que estimulam a adrenalina, queima ojas. O uso excessivo do que chamamos de órgãos motores, como o excesso de falar, também exaure o ojas.

O excesso de trabalho, o excesso de restrições, o excesso de brincadeiras e o excesso de estresse exaurem o ojas. Construir e manter ojas significa levar uma vida de moderação. Isso é difícil para as pessoas mais jovens entenderem, pois têm muitos ojas para queimar. Para muitas pessoas, o caminho espiritual é longo, e queremos que nosso ojas dure e que seja regenerativo.

As Drogas

As drogas consomem o ojas e desarranjam o prana e o tejas. Uma droga que tipicamente consome ojas é a maconha; entre as demais estão cogumelos psicodélicos, LSD, ecstasy, cocaína, heroína, anfetaminas e quetaminas. Um dos problemas mais sérios associados a essas drogas farmacêuticas e a ervas é o efeito hiperestimulante das concentrações de serotonina através de uma variedade de mecanismos que criam a destruição neuronal devido a um excesso de serotonina oxidada. Na forma oxidada, a serotonina é neurotóxica. Um sistema serotonérgico saudável age como um sistema neuroquímico antiestresse, mantendo o equilíbrio, a vitalidade, a força interna e uma sensação de bem-estar. Por essa razão, o autor considera o sistema de serotonina uma parte funcional de nosso ojas e bem-estar emocional geral. Quando esse sistema está esgotado, o ojas também está.

Existem muitas evidências sobre a neurotoxicidade da cocaína, das anfetaminas, do ecstasy (MDMA) e Redux (uma droga semelhante ao Prozac).[5]

Drogas como o ecstasy e o LSD podem não apenas aumentar a serotonina, mas também a adrenalina e a dopamina.[6] Clinicamente, o autor consegue detectar os danos fisiológicos várias semanas após alguém ter tomado ecstasy. Alguns estudos de laboratório com animais a respeito dos efeitos neuronais de Redux mostram que ele destrói as ramificações dos neurônios da serotonina, chamadas de axônios.[7] Em alguns casos, estudos com os animais mostraram neurotoxicidade quando as drogas eram administradas por apenas alguns dias em doses que os humanos absorvem em um ano.[8] Se o dano não for muito severo, os neurônios fazem brotar novos ramos.[9] Os organismos dos animais ainda conseguiam funcionar, apesar da destruição. O cérebro tem uma tremenda capacidade e reserva, mas os neurocientistas sugerem que os efeitos de um dano significativo podem não aparecer até uma idade bem avançada, quando as reservas neuronais do cérebro já estiverem esgotadas.[10] Algumas pesquisas sobre o Redux, realizadas pela doutora Vina McCann do Instituto Nacional de Saúde Mental, publicadas no *Journal of the American Medical Association*, sugerem que a neurotoxicidade depende tanto da dose como da duração. O Redux é sempre comparado ao ecstasy, assim como ao Prozac, sendo que ambos aumentam a serotonina significativamente. Outros estudos sobre o ecstasy mostram que quando os neurônios de serotonina danificados brotam, formando novos ramos, há uma religação cerebral "anormal", que não segue os padrões cerebrais originais.[11] Alguns dos estudos com o ecstasy, no entanto, foram considerados inválidos, pois os pesquisadores usaram anfetaminas no lugar de ecstasy. Todavia, os relatórios clínicos dos sintomas médicos de usuários de ecstasy confirmam as preocupações e as advertências do autor a respeito do uso dessa droga. Avisar sobre o seu potencial perigo, portanto, é tão válido quanto os avisos sobre os perigos e a toxicidade do cigarro, o que trinta anos de pesquisas comprovaram conclusivamente. Altas quantidades de serotonina nas sinapses dos neurônios podem se oxidar facilmente para formar neurotoxinas serotonérgicas.[12] Infelizmente, as pesquisas de longo prazo sobre essas drogas individualmente ainda não são em número suficiente para fazer afirmações definitivas, mas é razoável assumir que o uso crônico, ou doses altas de uma única vez, pode causar danos cerebrais pelo menos aos neurônios serotonérgicos, e um decréscimo concomitante na produção normal de serotonina e a ruptura de axônios de neurônios.

Alguns sintomas clínicos são vistos no uso crônico de LSD, ecstasy, quetamina, cogumelos psicodélicos e maconha. Muitas pessoas, durante vários anos, "queimaram" seu ojas e outras funções cerebrais com essas drogas. Os sintomas incluem confusão emocional, perda de memória, perda de força vital, exaustão das suprarrenais e do fígado, depressão depois de se consumir a droga, psicose e uma ruptura e desorganização do fluxo da Kundalini. A Kundalini também pode ser rompida com a ayahuasca. Algumas pessoas aparentam não ser afetadas pelo uso dessas drogas no curto prazo, mas o risco grande e desnecessário continua existindo para muitos usuários de droga vulneráveis. Os mais vulneráveis são os de constituição vata, os desequilibrados no vata, os que foram diagnosticados previamente com condições mentais de desequilíbrio, têm um sistema de nadis sensível ou estão desidratados. Uma das subespecialidades do autor é observar esse tipo de dano, como uma forma de apoiar a vida espiritual, alegria e felicidade de pessoas.

A vida espiritual fornecida por uma alimentação e um estilo de vida de prana elevado nos conduz ao guna sátvico de brilho, à alta claridade e à Luz do Divino. Para algumas pessoas, essa intensidade nos níveis espiritual, psicológico e emocional pode ser intensa demais. A maconha, o peiote e outras drogas que criam um estado mais tamásico, ou de dormência, deprimem o efeito sátvico da alimentação viva. Na ioga, tamas é caracterizado pelo véu da ignorância, preguiça, falta de disciplina e falta de força de vontade. O uso de maconha, nesse contexto, pode ser considerado como forma de deprimir o prana. Há maneiras muito mais seguras e melhores para diminuir o vata, o prana e o sattva. Isso não significa que não possamos obter algumas visões ou revelações dessas drogas, mas o seu uso para fins psicodélicos é o que no aiurveda chamamos de sattva em tamas, e o uso de psicodélicos por um longo período pode nos manter na fenomenologia dos planos astrais, retardando o desenvolvimento espiritual nos planos mais elevados da Kundalini, autorrealização e fusão com Deus. O autor não nega que as drogas psicodélicas sejam um catalisador espiritual poderoso e uma abertura de portas para muitos neste planeta, para suas primeiras experiências espirituais além do plano tridimensional da assim chamada "vida normal". A questão é: o buscador escolhe ficar parado na porta ou atravessá-la? O uso apropriado dessas drogas em cerimônias é uma conversa comum, mas é raro na prática. O uso de "drogas de consciência", produzidas a partir de ervas ou sintéticas, não é o caminho da "medicina" dos essênios ou dos cabalistas. Seu uso crônico ou a longo prazo tem grande probabilidade de ser prejudicial.

Nesse estágio limitado da pesquisa, a ayahuasca não parece apresentar problemas consistentes com seu uso a curto prazo ou crônico a longo prazo.[13] É importante ter em mente o Caso 1 estudado no Capítulo 4 – a pessoa que tomou ayahuasca depois que sua Kundalini foi desperta e sofreu graves desequilíbrios. Algumas pessoas sentem que obtêm benefícios do uso cerimonial, ocasional ou de uma única vez nos estágios iniciais do caminho espiritual. Muitos que foram introduzidos na vida espiritual pelo uso de drogas podem ficar presos à ilusão de se aprofundarem nesse caminho com o uso repetido. O autor não conhece nenhum Ser Realizado que apoie o uso de drogas para a autorrealização, de época nenhuma. Isso não significa que a ayahuasca, tomada em seu ambiente natural, no Amazonas, sob direção xamânica tradicional, não seja eficiente para ajudar pessoas a se livrarem de desequilíbrios emocionais e mentais, ou para ajudar as pessoas a se relacionarem com a energia da Mãe Gaia. A ayahuasca é principalmente usada pelos xamãs como parte de uma cerimônia de cura espiritual. O mais importante, no entanto, é que você não precisa de nenhuma dependência de drogas para criar esses efeitos ou curas. Há muitos meditadores, incluindo esta pessoa, que têm obtido tais experiências e ensinamentos diariamente, após o despertar da Kundalini. Pensar que você necessita de drogas para ter esse tipo de experiência cria a ilusão de dependência e limita a liberdade de seguirmos na direção do sagrado caminhar entre B'lee mah e Mah na vida comum. Não precisamos de alucinógenos para sentir o silencioso encanto da "normalidade desperta" que pode ser sentido como resultado de viver os Seis Fundamentos. Uma vez que a Kundalini esteja desperta, o êxtase não causal, a paz não causal, o contentamento de vida não causal que é a nossa herança, estarão sempre disponíveis. O efeito não se "desgasta", não há nenhuma "viagem" da qual voltar e não há efeitos colaterais. A normalidade desperta é o nosso estado natural. Ela não depende de nada além de nós, ou de qualquer coisa que precisemos ingerir. A liberdade é independente de qualquer condição externa. Tudo o que precisamos é estar no silêncio, que nos permite transcender as limitações da mente e do cérebro. As drogas nos confinam na química do cérebro e nas emoções e, portanto, sob um aspecto mais amplo, nos limitam. A vida desperta trata de estar presente de uma forma especial neste mundo. Este é o verdadeiro milagre. Não é o mundo fenomenológico limitado das drogas, é o real show da vida conforme dançamos na Presença Divina, e o mundo todo se torna vivo e compartilha este caminhar sagrado com você. Sai Baba de Shirdi, grande avadhuta e Ser Divinamente Consciente, era tão onipresente que levava em média uma hora para andar 50 metros. Será que temos que viajar para algum lugar do mundo e tomar drogas para nos sentirmos vivos? Será que isso tem algo a ver com libertação? Não estamos questionando se as drogas, sintéticas ou orgânicas, são perigosas ou se a sua relação risco-benefício é elevada, ou se são um caminho válido, a questão é para onde esse caminho leva? Para quem elas significaram o benefício de uma porta aberta, será que são um caminho que leva à libertação completa, ou talvez apenas até a porta? *Drogas, assim como o ego do complexo mente-corpo que elas estimulam, devem ser abandonadas se queremos trilhar o caminho completo até o Nada. Aqueles que dançam no EU SOU AQUELE não precisam de suportes.*

Quando introduzidos a outras formas de construção de consciência espiritual, como meditação e ioga, o uso de drogas sempre diminui significativamente, pois o buscador encontra caminhos potencialmente menos tóxicos e que dão mais sustentação. À medida que as pessoas amadurecem espiritualmente e têm uma experiência crescente de contentamento não causal, paz e a alegria de uma vida sátvica, as drogas aos poucos deixam de ser consideradas um meio de se desenvolver espiritualmente. Uma vez que a Kundalini esteja desperta e que provamos o gosto do néctar da vida sátvica, estabelecendo um fundamento espiritual, o uso de drogas simplesmente perde a importância. A grande maioria dos Seres Autorrealizados reconhecidos no Ocidente e no Oriente não recomenda drogas como parte de um caminho espiritual profundo para a libertação. As drogas estimulam principalmente a fenomenologia das experiências e revelações do plano astral, que não é o objetivo da libertação.

Uma vez que a Kundalini esteja desperta, o autor recomenda que não se use drogas ou práticas iogues rígidas, que forçam a Kundalini e interferem no delicado processo que foi ativado. Basta apoiar o desdobramento da Kundalini com os Seis Fundamentos. O Sagrado Feminino tem um padrão de desdobramento divino próprio, ao qual é melhor respeitar e se render. É um padrão feminino de rendição e não o caminho masculino de se ajustar a uma forma preestabelecida, ou de forçar com técnicas ou drogas. O caminho da Kundalini é suave e pacífico, e sabe como nos ajudar com os bloqueios, em seu próprio desdobramento especial. As pessoas que têm dificuldade com a Kundalini são tipicamente pessoas que tentaram forçar o desdobramento com drogas, pranayama excessivo ou outras práticas extremas, ou que tinham perturbações mentais preexistentes. Além disso, o autor não viu ninguém ter dificuldade, desde que mantivessem os fundamentos da prática espiritual. A questão do uso de drogas e a autorrealização é algo que quem busca a libertação espiritual precisa considerar seriamente.

Outra substância tamásica e rajásica (ativadora) e alimento que pode ser usado consciente ou inconscientemente para deprimir o prana, o tejas e a atividade da Kundalini em geral é a carne. Os laticínios, hoje em dia, por causa de sua toxicidade, também se enquadram nessa categoria, apesar de historicamente terem sido considerados uma comida sátvica. A Nutrição Espiritual trata dos níveis mais profundos da paz. Uma possibilidade é fazermos a transição para a alimentação viva e um estilo de vida sátvico de forma gradual e suave, que permita ao sistema psicoespiritual se sentir equilibrado e confortável, para que não precisemos contrabalançar o aumento de sattva e prana ou equilibrar o excesso de vata.

Ojas, Tejas e Prana na Alimentação Viva

Conforme começamos a compreender os níveis sutis de kapha, pitta e vata se manifestando como ojas, tejas e prana, começamos também a compreender por que a alimentação viva tem a maior quantidade de ojas, tejas e prana. O vata e o prana têm a ver com a essência da força da vida, assim como com o oxigênio. Conforme destacou David Frawley, estudioso védico e aiurvédico, considerado um autêntico professor dos Vedas, o tradicional texto iogue enfatiza a alimentação viva.[14] É a alimentação dos antigos Rishis, que compreendiam que os alimentos vivos tinham o prana mais elevado e que o prana ajudava a expandir a consciência.[15] Como foi mostrado no livro *Conscious Eating*, os alimentos vivos têm mais energia de força vital ou prana. O campo prânico está associado com a bioluminescência, mostrado nos estudos de fotografia Kirlian.[16]

O princípio do tejas é a essência do fogo ou fogo sutil, que chamaríamos de eletricidade que está na comida, o que traduziríamos como a quantidade de enzimas. O tejas diminui significativamente quando o alimento é cozido, pois o poder metabólico do alimento, associado ao tejas, está nas enzimas. Estas são completamente destruídas quando cozinhamos o alimento por mais de três minutos. Como foi destacado no livro *Conscious Eating*, os alimentos vivos têm energia elétrica muito mais elevada e também enzimas, que são tejas. Os alimentos vivos também têm as energias biofotônicas mais elevadas.[17] Estas são as radiações sutis do alimento vivo. Os potenciais elétricos são claramente mais elevados na alimentação viva,[18] e ela é uma fonte poderosa de elétrons. Isso se rompe e é reduzido quando o alimento é cozido. Portanto, está claro que os alimentos vivos têm mais tejas.

O ojas está relacionado à água e ao elemento terra, ou ao que poderíamos metaforicamente chamar de o néctar lubrificante da água e da terra. Nesse sentido, o ojas mantém a integridade dos nadis sutis como canais de energia para tejas e prana. O processo de cozinhar destrói a qualidade estrutural da água e rompe a sua estrutura interna no alimento. Quanto mais estruturada estiver a água, maior será a sua habilidade de manter a energia no corpo. A água estruturada é importante para manter a estrutura sutil do DNA. Cozinhar também altera a estrutura de proteínas e gorduras, que fazem parte do ojas. O Instituto Max Planck, na Alemanha, descobriu que 50 por cento das proteínas são coaguladas quando cozidas.[19] Portanto, quando cozinhamos o alimento, diminuímos o seu ojas.

Todos os tipos de alimentos vivos têm geralmente mais prana, tejas e ojas e, portanto, são mais eficientes para favorecer a vida espiritual. A alimentação viva típica, primeiro, constrói o prana, depois, o tejas e ojas. A Kundalini é o principal construtor e ativador do tejas. As comidas verdes, como a grama de trigo e brotos, são extraordinários construtores de prana. Certos alimentos vivos, por outro lado, como o pólen de abelha, a espirulina e o coco são excepcionais para construir ojas. A ideia de um excelente equilíbrio energético é acrescentar os superalimentos, de ojas elevado, aos alimentos vivos para que a alimentação viva construa firmemente o ojas e o prana. Essa perspectiva especial nos permite uma descoberta sobre o aiurveda, explicando por que os antigos mestres espirituais, conhecidos como Rishis, assim como os mestres taoístas, tendiam a comer não apenas alimentos veganos, mas vivos, com ênfase em comidas silvestres, ervas e alimentos com soma elevado.

Resolvendo as Possíveis Dificuldades da Alimentação Viva

Uma dieta como esta, baseada na alimentação viva, se não for feita com muito cuidado, como já explicamos, pode desequilibrar o vata, o humor biológico ar-éter. Os desequilíbrios de vata incluem a tendência a ficar muito aéreo. A ansiedade, a depressão e outras formas de desequilíbrio emocionais também são sintomas de desarranjo de vata, assim como pele seca, exaustão e gases. Devemos, então, ter cuidado para manter o vata em equilíbrio enquanto buscamos essa forma de nos alimentarmos. O desequilíbrio vata pode aumentar os distúrbios digestivos e diminuir o fogo digestivo. Comendo uma alimentação com ojas elevado e aumentando o fogo digestivo com ervas como gengibre, pimenta-de-caiena, canela, manjericão e fórmulas aiurvédicas como triketu e agnitundi, tais distúrbios digestivos são minimizados.

O maior engano na alimentação viva é comer demais. Cozinhar o alimento destrói metade de suas proteínas, de 70 a 80 por cento de seus nutrientes e perto de 100 por cento de muitos de seus fitonutrientes. Por isso, precisamos apenas de metade dos alimentos vivos para obter a mesma quantidade de nutrição e, com isso, gerar muito menos estresse digestivo. Com o tempo, o fogo do sistema se constrói para ir ao encontro do poder digestivo necessário para os alimentos vivos. Outro fator é que a alimentação viva aumenta muito o processo de desintoxicação física e emocional, de modo que quando as pessoas passam rapidamente para uma alimentação cujo teor de alimentos vivos é muito elevado, elas podem sofrer uma crise de cura, causada pela desintoxicação. Por essa razão, é melhor fazer a transição, ou seja, passar a ter uma alimentação viva, mais lentamente, em uma velocidade com a qual o corpo possa lidar de maneira confortável. Muitas vezes, as pessoas usam comidas mortas para suprimir as emoções nos espaços mortos no corpo. A alimentação viva coloca vida nesses espaços e trás à tona as emoções. Ir ao encontro dos alimentos vivos rápido demais pode trazer à tona muitas emoções para ser encaradas de uma só vez. Por isso, é melhor fazer a transição lentamente.

Não é nenhuma surpresa que algumas pessoas, especialmente tipos vata hipersensíveis ou magros, tenham dificuldades com o veganismo, que as fazem ficar sem chão ou com falta de energia. Às vezes, tentam ser veganos e não conseguem, então, voltam a comer carne, que, a curto prazo, faz com que se sintam melhor e lhes dá mais energia. O que acontece, nesses casos, é que as pessoas não sabem ser veganos conscientes, pois isso requer conhecimento da combinação dos alimentos e do preparo de alimentos vivos. Enquanto podemos ser um comedor de carne inconsciente, o veganismo requer muita consciência para que dê certo. A maioria das pessoas se frustra com o veganismo porque não possui conhecimentos nutricionais adequados, e não porque o corpo não esteja preparado para esse tipo de alimentação. Elas se dão mal por não ingerirem as comidas veganas necessárias para seu tipo de corpo ou que sejam da estação.

Este problema pode ser resolvido de modo que nenhuma desculpa fisiológica impeça você de incorporar esta maneira de se alimentar em sua vida espiritual. Os livros do autor, *Conscious Eating* e *Rainbow Green Live-Food Cuisine,* estabelecem em detalhes os princípios científicos e aiurvédicos para se criar uma alimentação viva, orgânica, de prana elevado, e bem hidratada, de maneira eficiente. Cada um de nós é um indivíduo bioquimicamente diferente e deve selecionar a alimentação que melhor se adéqua ao próprio corpo e mente em particular. Isso inclui uma alimentação que equilibra os doshas (kapha, pitta, vata) e melhora a força digestiva, ou agni, conforme descrito no aiurveda. Mas a alimentação precisa também ser ajustada para pessoas que têm oxidação rápida ou lenta, se elas são parassimpáticas ou simpáticas, assim como ao clima, ao trabalho, às responsabilidades mundanas e ao nível de desintoxicação pelo qual precisamos passar em um determinado tempo. É possível para qualquer um, qualquer que seja sua constituição ou condição, ter sucesso não apenas como vegano, mas também praticando um modo de vida de alimentação viva, vegana e orgânica. Isso requer informação correta de como fazê-lo, assim como fazer da alimentação e da prática espiritual não apenas uma corrida rápida até a geladeira ou até o restaurante! Em geral, as pessoas com constituição vata precisam comer comida morna (não cozida), processada em forma de sopa, levemente doce, salgada (sais iônicos mineralizados completos) e alimentos de sabor azedo, e fazer uma alimentação rica ou pobre em proteínas, de acordo com suas necessidades constitucionais.

No passado, comer carne era necessário por causa das restrições ambientais e da falta de disponibilidade de comida vegana, por exemplo, as pessoas que viviam em lugares de clima frio ou de grandes altitudes onde a comida vegana não era regularmente disponível. A tecnologia para criar uma alimentação sátvica, principalmente de alimentação viva, com sucesso, não estava disponível, portanto algumas pessoas sofriam apenas por tentar ser veganas. Equilibrar o vata e obter a proteína apropriada, com índice alto ou baixo, é fácil de fazer em uma alimentação viva. Agora podemos aprender como equilibrar todos esses fatores e, para isso, não importa qual seja a nossa constituição psicofisiológica. Uma das causas da dificuldade do veganismo é a deficiência de B_{12}, que até 80 por cento dos veganos e dos praticantes da alimentação viva podem desenvolver imediatamente ou com o passar do tempo. Desse assunto, tratamos no Capítulo 19. A deficiência de B_{12} muitas vezes leva as pessoas a comerem carne. A solução é simples: basta tomar um suplemento de B_{12} vegano. Isso é muito mais funcional do que absorver a energia da morte ou de carnes nos nossos nadis, chacras e koshas. Para alguns, a baixa de zinco pode ser um problema. Isso pode ser compensado pela adição de sementes de abóbora à alimentação. Adicionando uma a três colheres de sopa de sementes de linhaça, moídas na hora, ajuda a construir o ômega-3. A mesma coisa vale para as sementes de cânhamo, beldroega comum e a alga do lago Klamath. A conversão para ácidos graxos, ômega-3 de cadeia longa da linhaça ou da semente de cânhamo é ampliada por uma colher de sopa de óleo de coco por dia, de uma taxa de conversão de 1 a 3 por cento até 6 por cento. Concentrados de alga dourada fornecem grandes quantidades de DHA, e a beldroega comum fornece EPA ômega-3 de cadeia longa. A alga do lago Klamath fornece tanto EPA como DHA.

A Importância de um Fundamento Espiritual na Alimentação Viva

Uma vez que compreendemos os princípios aiurvédicos básicos, temos uma imensa compreensão de como nos darmos bem com a Nutrição Espiritual através da alimentação viva, assim como os antigos Rishis. Eles viveram em um contexto que protegia o ojas e acalmava os vrittis da mente. Os vrittis latentes da mente podem ser ativados potencialmente pelo aumento de prana em uma alimentação viva. Esta é a razão pela qual é mais fácil passar de forma lenta e constante para uma alimentação viva, de modo a permitir que se lide com as emoções que possam surgir. Muitos homens e mulheres no movimento de alimentação viva construíram um prana tremendo, mas, por não estarem protegidos pelo equilíbrio dos Seis Fundamentos, tendem a ser aéreos, distraídos e estarem desequilibrados em sua vida física, emocional, psicossexual e espiritual. Eles podem fazer uma meditação profunda aqui ou ali, fazer atividades físicas, fazer sexo com várias outras pessoas, enfatizarem o fato de não necessitarem de muito sono ou serem *workaholics* (trabalhar em demasia). Parecem não saber o que fazer com a sua energia, exceto usá-la o mais rapidamente possível. Esta forma de vida, quase sempre, acaba consumindo todo o ojas.

Simplesmente aumentar o prana não é realmente a perspectiva completa na compreensão da Nutrição Espiritual. Precisamos equilibrar o prana no sentido de saber para onde ele está sendo direcionado. Na realidade, uma alimentação 100 por cento viva sem os Seis Fundamentos é como um adolescente que ganha um carro esporte muito sofisticado, mas não sabe dirigir. Isso é um ensinamento importante principalmente para as pessoas que estão trilhando este caminho no sentido de colherem os benefícios do seu poder, eficácia e aumento da vida espiritual. Aumentar o prana sem um contexto espiritual maior não leva necessariamente à espiritualidade. Por exemplo, ser flexível na hata ioga ou comer comidas 100 por cento vivas não necessariamente faz de você uma pessoa espiritualizada. O que ocorre com as pessoas que praticam hata ioga, cujo foco é principalmente físico, é que elas aumentam a possibilidade de terem o ego inflado, pois se tornam egoidentificadas com o poder, a aparência e a flexibilidade do seu corpo. É apenas no contexto total da antiga prática de ashtanga ioga completa, a ioga de oito membros (não deve ser confundida com a prática da hata ioga chamada ashtanga ioga) que ela se manifesta em termos de vida espiritual. Os oito membros são os yamas (o que se deve fazer), niyamas (o que não se deve fazer), asana (posições da ioga), pranayama (respiração), pratyahara (afastamento dos sentidos), dharana (concentração), dhyana (meditação) e samadhi (ir para o silêncio além da mente). Necessitamos de um contexto de práticas espirituais para nos concentrarmos na energia desse aumento de prana. Apesar de não podermos chegar a Deus por meio da comida, neste contexto completo, a alimentação viva é a mais poderosa para a vida espiritual. É interessante notar que Shrii Shrii Ananda Murti, um dos poucos seres realizados nos tempos modernos, que estava no nível de moksha, recomendava a alimentação viva como parte de seus ensinamentos dos nove segredos da longevidade.[20]

Na tradição iogue indiana, em geral, sabe-se que os asanas ajudam a abrir os nadis. Como já foi destacado, os nadis não apenas interligam os koshas, mas são os canais pelos quais a Kundalini flui e se cruzam para formar os chacras. Entre outras razões, fazemos asanas para abrir os nadis e para construir prana. Portanto, o que comemos irá mais prontamente para os nadis e fluirá para os chacras e os koshas. A energia de morte associada à carne entra nos nadis e é transportada até os níveis mais profundos dos chacras e koshas. Por causa dessa associação entre asanas e abertura dos nadis, é razoável presumir que se você não for pelo menos vegetariano e começar a praticar asanas e ter seus nadis abertos, a energia da morte e as toxinas sutis da carne, do peixe e do frango se moverão mais rapidamente para os nadis, chacras e koshas, causando ruptura, bloqueios e permeando até os níveis mais sutis e profundos com a dor e a tristeza da morte.[21] À medida que compreendemos as sutilezas do significado espiritual dos asanas de ioga, começamos a compreender que o propósito mais profundo do asana não é apenas desenvolver força, flexibilidade, relaxamento, respiração rítmica e habilidade de se sentar para meditar, mas sim abrir os nadis, reequilibrar os chacras, acalmar os vrittis da mente associados com os chacras, equilibrar as glândulas endócrinas e os plexos do sistema nervoso associado aos chacras, energizar e mover o prana ou Kundalini ativada pelo sistema, aumentar o fluxo do prana através dos nadis para purificar e energizar os koshas e expandir a consciência. Por isso tudo, este autor recomenda enfaticamente que qualquer pessoa que esteja seriamente interessada em ioga como prática espiritual pense em seguir uma alimentação sátvica, uma alimentação que seja pelo menos 80 por cento viva, orgânica, com baixo teor de glicemia, com muita água (lembre-se que a água está relacionada à construção de ojas) e altamente mineralizada, preparada com Amor.

Resumo – Capítulo 25

1. Os princípios aiurvédicos sutis nos dão ideias úteis para aperfeiçoar o efeito da alimentação viva.
2. A chave é que a alimentação viva não apenas constrói prana e tejas, mas também deve ser usada para construir e sustentar ojas.
3. Sustentar o ojas, em parte, pode ser alcançado evitando-se exauri-lo por meio de drogas, práticas e atividades excessivas.
4. Os alimentos vivos são ricos em prana, tejas e ojas
5. Quando fazemos asanas de ioga, o que comemos flui mais rapidamente para os nadis e as camadas mais profundas dos koshas. Comer carne quando fazemos asanas traz a energia da morte para os nadis e koshas.
6. Obtemos mais sucesso com a alimentação viva quando os princípios aiurvédicos são seguidos.

– 26 –

A DIETA DO ARCO-ÍRIS

O Conceito da Dieta do Arco-Íris

As vibrações dos alimentos são, primeiro, absorvidas visualmente. A cor e o arranjo da comida criam certa prontidão mental e fisiológica. Por exemplo, dependendo do tipo de alimento que nos é mostrado, o conteúdo e a concentração de nossa saliva mudam. Esse efeito é produzido pelas nossas reações conscientes ao aroma e sabor da comida. Dependendo de que qualidade de comida necessitamos, tornamo-nos consciente e inconscientemente atraídos aos sabores, cheiros e cores dos diferentes alimentos. É ao significado das cores dos alimentos que a consciência da Dieta do Arco-Íris se refere principalmente.

A consciência da Dieta do Arco-Íris começa com a aceitação de que tudo vem de Deus e é nutrido pela força de Deus. Essa força tem sido descrita como OM, prana universal, consciência universal, força cósmica e estado de energia virtual. É a vibração primordial da qual todas as coisas foram criadas. Tudo, incluindo o nosso alimento, tem um sistema natural de harmonia em relação a essa vibração primordial. Na harmonia do sistema da Dieta do Arco-Íris, todas as comidas têm um alinhamento vibracional com os sete chacras principais e suas cores, e essas cores refletem o espectro do arco-íris.

Os Quatro Princípios Essenciais da Dieta do Arco-Íris

Aqui estão os quatro principais princípios da Dieta do Arco-Íris:

- Cada alimento, de acordo com a sua cor externa, que é a sua superfície de reflexão, pode ser relacionado com a energia e a cor específicas de um chacra em particular.
- Os alimentos de cores diferentes são específicos para energizar, equilibrar e curar seus chacras de cores relacionadas.
- Cada alimento de determinada cor energiza, limpa, constrói, cura e reequilibra as glândulas, os órgãos e os centros nervosos associados ao seu chacra, que tem uma cor a ele relacionada.
- O objetivo da Dieta do Arco-Íris é ajudar a equilibrar, num ciclo diário regular, cada chacra individualmente, seus órgãos, glândulas e plexos nervosos associados, e o sistema de chacra como um todo.

Se pensarmos no alimento vegetal como luz solar colorida e condensada, podemos começar a obter uma melhor compreensão do conceito da Dieta do Arco-Íris. Ela não se aplica a alimentos com carne, que principalmente estimulam o primeiro chacra. Também não se aplica às cores de alimentos irradiados, colocados em micro-ondas, congelados, de preparação rápida (*fast-food*) e à comida de baixa qualidade (*junk food*). Uma bala vermelha não equivale a uma maçã vermelha. No plano material, a comida é a principal interface entre a natureza e nós, e as cores dos alimentos são as mensagens ou dicas da natureza sobre a energia e o conteúdo biomolecular dos alimentos, de cor específica, que ela nos dá. Através do novo paradigma da Nutrição Espiritual, chegamos ao conceito de que a comida é energia na forma material. A cor dos alimentos é fundamental para o seu padrão energético e para a forma como seus nutrientes biomoleculares se ligarão às células específicas e aos tecidos do nosso corpo. A cor do alimento é a sua assinatura. Ao nos tornarmos mais sensíveis aos esforços da natureza para se comunicar conosco através de suas lindas cores, começamos a desenvolver uma sensibilidade às cores dos alimentos, em particular, por quais alimentos somos atraídos num dia específico, como explicação para as energias dos alimentos e nutrientes de que necessitamos para equilibrar o corpo. A Dieta do Arco-Íris é um reconhecimento do esforço da natureza em se comunicar conosco. Também é uma forma de usar o significado dessa informação de maneira organizada para nos beneficiarmos regularmente em nossa ingestão diária de alimento.

Usando o sinal autonômico vascular (VAS, sigla em inglês para *vascular autonomic signal*), uma técnica para medir o efeito de campos energéticos sutis nos sistemas biológicos e etéricos do corpo, o autor foi capaz de apoiar a sua impressão intuitiva de que as cores do arco-íris dos alimentos da natureza se relacionam com as cores harmônicas do arco-íris dos nossos chacras. O VAS, um pulso desenvolvido pelo pai da acupuntura auricular, o doutor Paul Nogier, é uma resposta do músculo liso dos vasos sanguíneos, mediados pela região do hipotálamo. Sua função é relativamente independente dos centros cerebrais de controle voluntário e, portanto, é menos afetado pela subjetividade do que os sistemas populares de teste do corpo, como o teste muscular da cinesiologia. Quando um campo de energia de uma substância é bom para o corpo, o VAS é positivo e acontece um aumento no tônus da parede arterial. Esse aumento foi rotulado pelo doutor Nogier como sinal autonômico vascular. Basicamente, isso significa que acontece uma mudança no pulso arterial VAS quando um campo de energia positivo entra no campo energético do corpo.

Cada comida tem uma frequência energética e um campo de ressonância específicos, que descrevemos como a manifestação do vórtice de seus CEOSs. O campo energético do corpo e os campos energéticos de ressonância do vórtice específico de cada chacra são sensíveis aos campos das substâncias vivas colocadas em sua proximidade. Sua reação pode ser medida instantaneamente pelo VAS. O doutor Lawrence Bagley observa que é uma técnica simples colocar uma substância como ervas, alimento, droga ou sal celular no campo corpóreo e observar a resposta VAS.

Colocando alimentos de várias cores sobre cada chacra, o autor foi capaz de determinar quais cores eram mais ativadoras de cada chacra. Uma correspondência direta foi descoberta entre as cores dos alimentos e os chacras – comidas vermelhas para o chacra vermelho ou da base, alimentos cor de laranja para o chacra sexual ou cor de laranja, e assim por diante. Cada alimento alcançou um pico na intensidade da resposta VAS no chacra ressonante de cor específica. O alimento também mostrou um VAS positivo, apesar de menos marcante, no chacra acima e abaixo do seu chacra de cor ressonante específica. Essa descoberta interessante corrobora as afirmações anteriores de que os chacras estão relacionados como um sistema total. Também sugere que alimentos de diferentes tonalidades afetarão o sistema de maneira ligeiramente diferente. Além do mais, o fenômeno do espectro é mais geral em vez de limitado à frequência exata da cor básica para cada chacra. Devido ao fato de que o autor já estava testando mentalmente os conceitos da Dieta do Arco--Íris e muitas pesquisas foram feitas para sugerir que, mesmo em estudos duplo-cegos, a mente das pessoas e do experimentador podem afetar o seu resultado, não se pode dizer que a abordagem VAS prova o conceito da Dieta do Arco-íris, mas ela nos dá certo respaldo para a "correção" intuitiva dessa abordagem. Esse fato também dá ao leitor outra ferramenta importante para a compreensão da relação entre o nosso alimento e o nosso corpo, para que possamos desenvolver a nossa própria alimentação personalizada.

Os alimentos de cores diferentes agem especificamente para energizar e equilibrar os seus chacras com seu código de cor específico. Alimentando-se com a Dieta do Arco-Íris de forma padronizada, como será descrito na próxima seção, vemos um equilíbrio harmônico regular de todos os chacras, como um sistema único. A cura com as cores dos chacras e seus sistemas relacionados não é uma abordagem nova. Ela era usada na Era de Ouro da Grécia, nos templos de cura de luz e cores em Heliópolis, assim como no antigo Egito, na China e na Índia.[1] Nos Estados Unidos, o livro do doutor Edwin Babbitt, *The Principles of Light and Color* [Os princípios de luz e cor],[2] e o trabalho clássico mais recente do doutor John Ott, *Health and Light* [Saúde e luz],[3] estabeleceram os fundamentos dos princípios da terapia da cor nesse país. A pesquisa do doutor Wurtman de emitir um feixe cor de laranja nos olhos de um coelho mostrou estímulo da função ovariana do coelho, a qual está relacionada com a cor laranja do segundo chacra. Durante séculos, o tratamento com cores é feito através de diferentes veículos de transporte de luz, incluindo a água carregada com luz solar através de um filtro colorido, luz solar direta ou outros tratamentos de fontes de luz através de um filtro colorido no corpo ou dentro nos olhos, uso de metais e gemas coloridas e, naturalmente, alimentos coloridos. Os alimentos coloridos são usados para o tratamento de pessoas portadoras de diferentes enfermidades. Por exemplo, o alimento vermelho é usado para pessoas com baixa vitalidade, que está de acordo com a baixa energia do primeiro chacra. Os alimentos vermelhos também são usados para tratar pessoas com anemia ou deficiência de vitalidade sanguínea, o que também está associado ao primeiro chacra. Na Dieta do Arco-Íris, no entanto, o foco não está na terapia de cor como um tratamento para doenças, mas como uma forma natural, através de nossa alimentação diária, de equilibrar e tonificar o corpo, os chacras individuais e o sistema de chacras como uma unidade. É para a manutenção da saúde em todos os níveis.

Cada alimento está relacionado a um chacra específico em termos de energização, cura, limpeza, construção e reequilíbrio das glândulas, órgãos e centros nervosos, o que é diferente de cura de chacras com luzes coloridas, que basicamente os equilibra e energiza. Por exemplo, a rosa-mosqueta, que é vermelha e, portanto, particularmente importante para o primeiro chacra, tem alto teor de vitamina C. A vitamina C é importante para construir e manter o tecido conjuntivo, que necessitamos para locomoção, tônus do músculo cardíaco, função dos ligamentos, integridade dos vasos sanguíneos e função das suprarrenais. As suprarrenais, que impulsionam a resposta de luta ou fuga, têm a quantidade mais elevada de vitamina C no corpo. O nosso sistema muscular fornece a locomoção para a sobrevivência. O primeiro chacra, de cor vermelha, está ligado a esses órgãos de sobrevivência e sistemas glandulares. Outro exemplo são as folhas verdes, que têm o código do chacra do coração. Elas possuem um alto teor de cálcio, magnésio e potássio, muito importantes para o funcionamento do coração.

A Aplicação da Dieta do Arco-Íris

Equilíbrio é a palavra-chave da Dieta do Arco-Íris. A aplicação da alimentação se baseia na ideia de que todos os chacras, apesar de terem índices vibratórios e tipos de consciência diferentes, são gerados de forma semelhante. Todos eles devem ser nutridos. A Dieta do Arco-Íris pede um espectro completo de alimentos para um espectro completo de chacras durante um espectro do dia.

A manhã começa com os três primeiros chacras: vermelho, laranja e amarelo-dourado. Meio-dia é a hora do terceiro, quarto e quinto chacra: amarelo-dourado, verde e azul. O fim da tarde é do quinto ao sétimo chacra: azul, índigo, violeta-roxo e branco ou dourado. Essa sequência se harmoniza com o padrão geral para despertar os chacras. O estímulo e o equilíbrio diários dos chacras pelo uso de alimentos de cores apropriadas mantêm o equilíbrio tão importante para a vida espiritual. Se tentarmos apenas estimular e carregar os chacras "superiores" durante um longo período, é possível que fiquemos sutilmente fora do centro.

Há exceções a esse padrão de espectro. Uma delas é o uso de alimentos de uma cor única por um período limitado de tempo para energizar um chacra especificamente enfraquecido e os seus órgãos, glândulas e centros nervosos associados. Também há períodos em que queremos gentilmente ativar um chacra específico por um breve período, comendo alimentos que estimularão aquele chacra.

A Dieta do Arco-Íris não é uma técnica para a Iluminação. É apenas um sistema de apoio para ajudar no desdobramento espiritual centrado e harmônico. É a abordagem da nutrição da pessoa como um todo e de todos os chacras. É um princípio de organização e um nível de consciência alimentar para nos ajudar a desenvolver a nossa própria alimentação para a vida espiritual. Os princípios da Dieta do Arco-Íris são apropriados para qualquer nível de ingestão de vegetais, frutas, castanhas, sementes e grãos. Nessa alimentação, comidas brancas, que representam o espectro completo do Arco-Íris, podem ser usadas em qualquer refeição. Os alimentos brancos incluem vegetais como a couve-flor e o nabo. Apesar do código de cor não se aplicar às carnes, podemos ser vegetarianos de transição, ovolactovegetarianos (a cor da casca do ovo é o código), lactovegetarianos, veganos ou frugívoros, e os princípios da Dieta do Arco-Íris ainda serão muito funcionais.

Vamos dar uma olhada nas ideias básicas da Dieta do Arco-Íris e nos horários das refeições.

De manhã

Deve-se comer alimentos vermelhos, laranja e amarelo-dourados para dar apoio ao primeiro, segundo e terceiro chacras. Isso inclui frutas como maçã, laranja e banana. Frutas são bons limpadores e ajudam a digestão não realizada da noite anterior. As cores douradas também incluem os grãos dourados e marrons, como o trigo, arroz, milho, trigo-sarraceno, aveia e centeio.

A cor amarelo-dourada inclui a maioria das castanhas e sementes, como gergelim, girassol, abóbora e amêndoas. Assim que as castanhas e as sementes começam a germinar pela hidratação, o efeito delas no corpo se torna alcalino e elas combinam bem com as frutas. De manhã, as castanhas hidratadas e as sementes são particularmente boas para pessoas com desequilíbrio do açúcar no sangue.

Ao meio-dia

Deve-se comer alimentos amarelo-dourados, verdes e azuis para ativar o terceiro, quarto e quinto chacra. A cor predominante para a refeição do meio-dia é o verde. Essa é a hora de comer saladas e outros vegetais – brotos, abacate, alface e folhas verde-escuras. Também podemos comer refeições de frutas com maçã verde, melancia, ou frutas de outras cores, do terceiro ao quinto chacras. Apesar de a principal cor ser o verde, isso não significa que pequenas quantidades de alimentos de outras cores, como tomate, não possam ser incluídas. As cenouras, que pertencem ao espectro laranja-dourado, também são bastante adequadas.

Fim da tarde

Os alimentos de cores azul, índigo, roxo, dourado e branco ativam o quinto, sexto e sétimo chacra. O dourado está incluído no fim de tarde, pois o roxo e o dourado são complementos, e o chacra da coroa está associado à luz dourada, assim como à roxa. As principais cores da refeição do fim da tarde são roxo, branco e dourado. Quando se levanta cedo para meditar, os jantares leves, feitos antes do pôr do Sol, são os mais apropriados. Entre os alimentos comuns roxos no reino vegetal encontramos berinjela, repolho-roxo, dulse (alga vermelha) e beterraba. Rudolf Steiner dizia que a beterraba estimula a função mente-cérebro e age como excelente purificador do sangue. Podemos também incluir algumas folhas verdes e brotos. Os alimentos dourados incluem grãos dourados como trigo, arroz, painço e aveia. Nesse horário, também se encaixam as castanhas douradas e sementes como girassol, semente de abóbora, castanha de caju (crua), gergelim e amêndoas.

Não demos a relação de alimentos para as cores da manhã e do meio dia porque são fáceis de encontrar. Também é importante não ficar restrito a esses alimentos e fazer disso uma obsessão religiosa, portanto, as relações foram minimizadas. O espectro azul-índigo-roxo não vem à nossa mente tão prontamente, por isso, incluímos alguns desses alimentos.

Alimentos dourado-brancos

Grãos: diferentes variedades de trigo, centeio, aveia, cevada, milho, arroz, sorgo, triticale, painço e quinoa.

Frutas: tâmara, maçã dourada, damasco, toranja (grapefruit), pera dourada, laranja kinkan, ameixa-amarela, óleo de palma, banana-prata, fruta-pão, melão-cantalupo, manga, papaia e abacaxi.

Castanhas e sementes: girassol, gergelim, soja, avelã, amêndoa, noz, noz-pecã, pistache, castanha-do-pará, macadâmia e semente de abóbora.

Leguminosas: lentilha, feijão-fradinho e grão-de-bico.

Vegetais: abóbora dourada, couve-flor, jicama, aspargo branco, rabanete branco, nabo, abóbora-cheirosa.

Ervas: canela, raiz-forte, cominho, coentro, endro, cebola espanhola, cebola branca ou amarela, cebolinha-capim, alho-poró, cebolinha, chalota, alho e gengibre.

Alimentos roxos

Grãos: milho roxo e amaranto.

Frutas: uva-do-monte, mirtilo, cereja escura, figo preto, todas as variedades de ameixas roxas e uvas-passas, todas as variedades de amora, todas as variedades de uvas roxas, maracujá, baga de sabugueiro e cacau.

Leguminosas: feijão roxo, feijão-da-índia, vagens de baunilha, vagens roxas.

Vegetais: berinjela, repolho roxo, beterraba, brócolis roxo, rabanete, nabo, aspargo roxo, dulse, nori, arame, hijiki, e muitos vegetais marinhos roxos, couve-marinha, broto de bambu roxo, pétalas de alcachofra, batata-roxa, azeitona, castanha da água, tupinambo e batata-doce roxa.

Ervas: flores de malva, manjericão, alecrim, sálvia, betônica, tomilho, flor de maracujá selvagem, manjerona, pimenta preta, cardo-de-santa-maria e cebola roxa.

Alimentos azuis

Grãos: milho azul.

Frutas: ameixa azul, mirtilo, uva-do-monte e uvas cabernet.

Ervas: flores de chicória, borragem, hissopo, flores de verônica americana e amor-perfeito.

Fitonutrientes

Os fitonutrientes podem ser ingeridos em um espectro do arco-íris. Incluímos aqui uma relação com as qualidades do arco-íris dos fitonutrientes. Não é uma relação completa, mas certamente abre espaço para a imaginação. É importante notar que algumas plantas mudam de cor à medida que amadurecem. O abacaxi é um exemplo; em seus primeiros estágios, o teste VAS é mais ativo para a vibração verde do chacra do coração. Quando vai ficando mais dourado, o teste fica mais positivo para a vibração dourada do chacra da coroa. A cor da casca no momento em que a planta é ingerida é a

Fitonutrientes e a Dieta do Arco-Íris		
Cores	Fitonutrientes	Alimentos
Vermelho	resveratrol, ácido elágico, licopeno, quercitina	tomate, pimentão vermelho, toranja (grapefruit), cereja, framboesa, uvas vermelhas, morango, maçã vermelha, melancia
Laranja	carotenoides	cenoura, pimentão, abóbora, inhame, batata-doce, abóbora--moranga, damasco, melão--cantalupo, manga, laranja
Amarelo	flavonoides, limoneno	frutas cítricas, limão, toranja (grapefruit), laranja, pimentão amarelo, pêssego, nectarina, pera, abacaxi
Verde	indol-3-carbinol, tiocianatos, zeaxantinas, sulfurafanos, isotiocianatos, luteína	tudo o que for verde, rúcula, alface, couve, salsinha, agrião, acelga, mostarda, brócolis, repolho, couve-de-bruxelas, acelga chinesa
Azul/Índigo	mirtilo, antocianinos	mirtilo, uva, ameixa, uva-do--monte
Púrpura	licopeno, terpenos, antocianinos	framboesa, amora-preta, uva, morango, ameixa, berinjela,
Branco	alil sulfetos, quercitina, isotiocianatos	couve-flor, repolho, cebolinha, rabanete, alho-poró, cebolinha--verde, alho, chalota, cebola

chave principal para o seu uso. Algumas cores não se ajustam exatamente às cores primárias de um chacra específico, mas são uma combinação de cores, ou caem em um espectro médio entre duas cores de chacra. Por exemplo, as sementes de gergelim e de girassol têm a resposta VAS mais forte entre o segundo e terceiro chacra e no chacra da coroa. Essas descobertas indicam uma transição gradual do espectro de cores entre os chacras. Usando o sistema VAS é possível selecionar nutrientes baseados na localização das 32 vértebras da espinha e seus órgãos, glândulas e chacras associados. Tal sistema, no entanto, não tem a clareza simples que a Dieta do Arco-Íris oferece.

A Dieta do Arco-Íris é uma abordagem simples e natural em relação à nutrição que se concentra no ciclo de 24 horas. É fácil comer frutas de baixo e moderado índice glicêmico e algumas sementes e castanhas hidratadas e moídas de manhã, uma salada verde no almoço, e uma salada de beterraba ou dulse, ou uma sopa para o jantar. Para pessoas que comem apenas uma ou duas refeições por dia, seria bom criar um ciclo do Arco-Íris com as cores nos lanchinhos. Com o ciclo de uma refeição por dia e sem lanchinhos para acrescentar as outras cores da alimentação, é bom confiar na sua intuição de quais grupos de chacra necessitam de mais equilíbrio. Em alguns dias, certas cores aparecerão e, em outros, poderemos querer algo que não tem nada a ver com aquelas cores.

Para uma pessoa que faz duas refeições por dia, a mesma ideia é válida. Se não houver um lanchinho para obter as cores do espectro, então podemos desenvolver um espectro de ciclo durante um período de dois dias. Comer alimentos baseado em suas cores é como comer uma cor específica do Sol. Eles nos aproximam das forças da natureza.

Resumo – Capítulo 26

1. Tudo tem um sistema natural harmônico em relação à vibração primordial da energia cósmica. Isso inclui o nosso alimento.
2. Todos os alimentos têm uma harmonia vibracional com os sete chacras principais e glândulas, órgãos e centros nervosos associados aos chacras de cores relacionadas.
3. Cada alimento, de acordo com a sua cor externa, pode ser relacionado com a cor específica e energia do chacra da mesma cor.
4. Cada alimento está relacionado a um chacra específico quanto à energização, limpeza, construção e reequilíbrio das glândulas, dos órgãos e dos centros nervosos associados ao chacra específico.
5. A Dieta do Arco-Íris usa todo o espectro de cores dos alimentos
6. A Dieta do Arco-Íris é um princípio organizador para nos ajudar a desenvolver a nossa própria alimentação para uma vida espiritual. Ela pode ser aplicada de maneira útil a qualquer nível de ingestão de frutas, vegetais, castanhas, sementes, grãos e laticínios.

– 27 –

ALIMENTAÇÃO COM BAIXO ÍNDICE GLICÊMICO

A extensiva pesquisa do autor nos últimos 35 anos confirmou que uma alimentação de baixo índice glicêmico é um dos componentes fundamentais para a boa saúde, melhor expressão genética, campo coloidal vivo saudável, níveis estáveis de açúcar no sangue e mente tranquila. Todos esses fatores favorecem o despertar espiritual. O propósito principal de uma alimentação de baixo índice glicêmico é prevenir que o "botão da autodecomposição" seja acionado. Conforme discutimos brevemente no Capítulo 6, os campos energéticos organizadores sutis, os CEOSs, os estresses ambientais negativos, a acidez e uma alimentação de alta glicemia criam mudanças pleomórficas mórbidas, de células saudáveis e protídeos para vírus, bactéria, levedos, mofo e fungos, que liberam microtoxinas que começam a quebrar os tecidos vivos. Esse processo de autodecomposição leva a doenças degenerativas crônicas.

Identificar um alimento como sendo de baixo ou elevado índice glicêmico é uma declaração sobre a rapidez com que esse alimento eleva o nível açúcar no sangue. Uma comida de baixo índice glicêmico é um alimento que eleva lentamente o açúcar no sangue e tem um efeito geral mínimo nos níveis do açúcar no sangue. Um alimento de elevado índice glicêmico converte mais rapidamente o açúcar e cria uma elevação significativa do açúcar no sangue. Os alimentos típicos de elevado índice glicêmico incluem pão branco, batata branca e açúcar branco. Entre os exemplos de alimentos de baixa glicemia estão a maioria dos vegetais de folhas verdes. A determinação do índice glicêmico dos alimentos requer uma série de sofisticadas medições sanguíneas de glicose durante algum tempo depois que um determinado alimento foi consumido. O efeito médio do alimento nas pessoas, de acordo com os testes, é quantificado, e o alimento é então classificado por seu índice glicêmico. O índice glicêmico indica o efeito glicêmico do alimento na maioria das pessoas.

Uma dieta com alto índice glicêmico, além de ativar o processo de "autodegeneração" que leva a doenças degenerativas, pode apresentar muitos efeitos potencialmente danosos à saúde. Uma das doenças crônicas mais sérias é o diabetes, que já alcançou proporções epidêmicas em todas as faixas etárias da população. De acordo com o Centro de Controle e Prevenção de Doenças, houve uma elevação de 33 por cento no diabetes na década de 1990. Há 17 milhões de casos de diabetes nos Estados Unidos. De 5 a 10 por cento desses são do Tipo I.

O diabetes do Tipo I é normalmente caracterizado por se iniciar muito cedo e incluir a destruição de células beta do pâncreas, que produzem a insulina. Isso pode ter uma base genética. Algumas teorias sugerem que pode estar relacionado a uma alergia a laticínios, que cria anticorpos para a célula beta. Pode até ser causado pela aflatoxina, uma micotoxina liberada pela cândida, e outras infecções por fungos. Talvez haja causas múltiplas. O diabetes do Tipo II é principalmente causado pelo excesso crônico de ingestão de açúcar branco. Esse excesso causa uma exaustão na produção de insulina do sistema e também cria resistência à insulina. O diabetes do tipo II é relativamente fácil de ser curado com a Fase 1 da Culinária Viva do Arco-Íris e algumas ervas específicas. Para os nativos americanos, esse processo de cura também tem tido o apoio de alimentos indígenas de insulina elevada.

O diabetes é uma das principais causas das doenças cardíacas e renais, cegueira, amputação de membros, e é a sexta causa de morte nos Estados Unidos, responsável por 210 mil óbitos por ano. Estima-se que 16 milhões de pessoas sofram de pré-diabetes.

A relação a seguir mostra os possíveis problemas que podem surgir de uma alimentação de com elevado índice glicêmico. Os itens marcados com um asterisco (*) foram compilados e relacionados pela doutora Nancy Appleton ph.D., autora do Livro *Lick the Sugar Habit* [Derrote o açúcar], e publicados no *Health Freedom News*, em junho de 1994.

Hipoglicemia
* Asma
Exaustão e desequilíbrio dos neurotransmissores
* Dor de cabeça tipo enxaqueca
Ansiedade
* Aterosclerose
Depressão
* Gastrite e úlceras duodenais

Aumento de 275 por cento de ocorrência de TPM
* Doença periodontal
Aumento nos triglicérides
* Alcoolismo
Síndrome X
* Interferência na absorção de proteína
Obesidade
* Estômago ácido
Diabetes
* Aumento do colesterol
* Elevação das lipoproteínas de baixa densidade (LDL, o colesterol "ruim")
* Redução das lipoproteínas de alta densidade (HDL, o colesterol "bom")
Resistência à insulina
* Artrite
Hipertensão
Aumento de inflamação nas prostaglandinas
* Catarata
Candidíase e outras infecções por fungos
* Diminuição no funcionamento das enzimas
Perda de cálcio dentário como resultado do cálcio ser tirado do sangue e dos ossos normais pelo açúcar que se combina com ele
* Câncer de mama, ovário, intestinos, próstata e reto
Aumento de AGEs ou complexos proteicos glicosilados que aceleram o envelhecimento
* Aumento de risco da doença de Crohn e colite ulcerativa
Hiperatividade, ansiedade, dificuldade de concentração e mau humor em crianças
* Resposta de glicose e insulina elevada em usuários de anticoncepcionais orais
* Má absorção em pessoas com doença funcional do intestino
* Envelhecimento da pele devido a mudanças na estrutura do colágeno
Deficiência de cromo
* Estrutura do DNA enfraquecida
Diminuição na secreção do hormônio de crescimento
* Eczema em crianças
Doença cardíaca
* Aumento de radicais livres na corrente sanguínea

Enfraquecimento do sistema imunológico
* Enfisema
* Apendicite
* Hemorroidas
* Dano renal
* Desorganização dos minerais no corpo
* Níveis de glicose e insulina elevados em jejum
* Interferência na absorção de cálcio e magnésio
* Níveis de adrenalina elevados em crianças
* Varizes
* Pedras na vesícula
* Cáries dentárias
* Esclerose múltipla
* Deficiência de cobre
* Visão enfraquecida
* Osteoporose
* Saliva ácida
* Sonolência e atividade diminuída em crianças
* Estrutura da proteína alterada
* Alergias alimentares

Uma alimentação de baixo índice glicêmico ajuda a criar um terreno biológico saudável, prevenindo e revertendo a autodecomposição e a candidíase. No contexto da Nutrição Espiritual, é importante dar uma breve visão geral da relevância de uma alimentação de baixo índice glicêmico, que usa bem pouco as frutas de alto índice glicêmico, os carboidratos refinados e os vegetais com amidos cozidos. A Fase 1 da Culinária Viva do Arco-Íris contém os teores mais elevados de alimentos de baixa glicemia e, portanto, acelera o desligamento do "botão de autodecomposição". Ela contém principalmente castanhas cruas, sementes, vegetais, óleos e algas. Por causa do estresse do ambiente moderno e das escolhas nutricionais pobres feitas até então, a Fase 1 é apropriada para quase todos nos primeiros três meses. Algumas pessoas que estejam passando por um processo de autodecomposição suave podem começar com a Fase 1,5, que inclui pouquíssimas frutas de baixo teor glicêmico, condimentos de baixo teor glicêmico e alimentos fermentados. Uma vez que "o botão de autodecomposição" seja desligado, podemos passar para a Fase 2, que é a alimentação de manutenção. Ela inclui frutas de glicemia moderada e vegetais crus de alto teor glicêmico. Também é importante notar que alimentos de baixo teor glicêmico tendem a ser ricos em minerais. A tabela a seguir delineia os alimentos apropriados para cada fase da Culinária Viva do Arco-Íris. Além do mais, para manter o seu terreno biológico, os CEOSs e o campo coloidal vivo no melhor estado energético possível, há muitas comidas que devem ser evitadas, que estão relacionadas na última coluna da tabela.

Tabela alimentar da *Culinária Viva do Arco-Íris*				
Fase 1	Fase 1.5	Fase 2	Fase 2 - uso mínimo	Alimentos a evitar
Maioria dos vegetais (exceto aqueles listados em outros lugares) **Todos os vegetais marinhos** **Frutos** Tomate Abacate Pepino Pimentão vermelho Limão-siciliano Lima **Gorduras e óleos** Óleo de semente de linhaça Óleo de cânhamo Azeite de oliva Óleo de amêndoas Óleo de girassol Óleo (manteiga) de coco Abacate Nozes e sementes Polpa do coco **Superalimentos** Alga azul AFA (ou alga do lago Klamath) Alga azul-esverdeada Espirulina **Adoçantes** Estévia Xarope de yacon **Sal** do Himalaia	**Vegetais** Cenoura (crua, inteira) Beterraba (crua, inteira) Abóbora japonesa (crua) **Frutas** Toranja (grapefruit) Framboesa Mirtilo Morango Cereja Uva-do-monte (frescas, não adoçadas) Romã Gojis **Condimentos e adoçantes** Refeição mesquite de baixo teor glicêmico da Tree of Life Alfarroba crua **Superalimentos** Pólen de abelha **Grãos** Quinoa Trigo-sarraceno Painço Amaranto Trigo-vermelho **Alimentos fermentados** Vinagre de maçã Missô Chucrute Bebida probiótica	**Água de coco** (misturada a outros ingredientes) **Vegetais** Inhame cru Batata-doce (crua) Abóbora (crua) Couve-nabo (crua) **Frutas** Laranja Maçã Pera Pêssego Ameixa Amora **Sucos** Suco de Toranja (grapefruit) (diluído 50% com água) **Condimentos e adoçantes** Cacau cru Néctar de agave escuro	**Vegetais cozidos de glicemia moderada** Inhame (cozido) Batata-doce (cozida) Abóbora (cozida) Beterraba (cozida) Couve-nabo (cozida) Abóbora japonesa (cozida) Abobrinha (cozida) **Frutas com alta glicemia** Damasco Figo Uva Uva-passa Melão Manga Banana Papaia Abacaxi Kiwi Sapoti Lichia Tâmara **Frutas secas** **Suco de frutas cruas frescas** (50% diluído) Suco de cenoura (50% diluído) Suco de laranja (50% diluído) **Queijo com sementes** **Comidas orgânicas integrais cozidas** **Adoçantes** Néctar de agave leve	**Todos os alimentos processados** **Todos os produtos de origem animal** Carne Laticínios Ovos Mel Todos os grãos (exceto aqueles listados) Milho Batata branca Açúcar Álcool Café Cafeína Tabaco Óleos aquecidos (exceto óleo de coco) Molho de soja Levedo Levedo de cerveja Fermentos Cogumelos Amendoim Castanha de caju Semente de algodão Sucos engarrafados

Aqui, faremos algumas observações "mágicas" para as fases, que são dicas úteis para lembrar o que comer e o que não comer em cada uma:

- Fase 1 = simples – sem grãos, nada doce ou fermentado
- Fase 1,5 = inclui alimentos fermentados, grãos e frutas de baixo teor de açúcar
- Fase 2 = frutas de teor glicêmico mais alto, vegetais e água de coco
- Fase 1 = comer pequenas quantidades de frutas da Fase 1,5, ou vegetais em uma salada grande
- Fase 1,5 = comer pequenas quantidades de frutas da Fase 2 ou vegetais em uma salada grande
- Fase 2 = mínimo de frutas de alta glicemia, frutas secas, suco de frutas e suco de cenoura

Hipoglicemia

A hipoglicemia é um desequilíbrio do sistema endócrino que tem como resultado flutuações significativas do índice de açúcar no sangue. De acordo com Paavo Airola, uma queda do açúcar no sangue de 20 pontos em 30 minutos pode ser considerada hipoglicemia.[1] A taxa de queda do açúcar no sangue é mais importante do que o nível real de açúcar no sangue. Um nível de açúcar estável no sangue é importante para o funcionamento normal do cérebro e sistema nervoso. A hipoglicemia é considerada por muitos como epidêmica nos Estados Unidos.[2] Ao tratar de muitas pessoas que meditam, o autor tem observado que quando a hipoglicemia deles é curada, sua habilidade de meditar e a constância das suas meditações melhoram. Só isso torna a hipoglicemia uma condição importante, da qual devemos estar conscientes (ver Capítulo 16 para mais informações).

Normalmente, a causa da hipoglicemia é a desarmonia do sistema endócrino, principalmente as glândulas suprarrenais, o pâncreas, o fígado e a tireoide. O resultado da hipoglicemia é um desequilíbrio no açúcar sanguíneo, com significativas quedas no açúcar sanguíneo na função de principal combustível do cérebro e do resto do sistema nervoso central. As flutuações nos níveis de açúcar no sangue dificultam as funções mentais. Quando o açúcar no sangue cai repentinamente ou fica baixo demais ou irregular, desorganiza a função cerebral, enfraquecendo, geralmente, a meditação, o humor e a vida espiritual. A hipoglicemia pode se manifestar com uma variedade de sintomas, como fadiga crônica, exaustão, fraqueza, depressão, dores de cabeça, mudanças de humor inexplicáveis, ataques de ansiedade, dificuldades de concentração, confusão mental transitória e até alergias. A candidíase, que é estimulada por uma alimentação com alto teor de glicemia, também apresenta muitos desses sintomas. O problema é que apenas parte do universo médico reconhece que a hipoglicemia existe. Ela foi originalmente descrita em 1924 pelo doutor Seale Harris, o que lhe rendeu uma medalha de ouro da Associação Médica Americana (AMA) em 1949. Mas, em 1973, a AMA decidiu oficialmente que a hipoglicemia não era uma doença. Uma história interessante que ilustra bem essa confusão é a do doutor Steven Gyland. Ele desenvolveu os sintomas de hipoglicemia a tal ponto que teve de parar a sua prática médica. Em um esforço para diagnosticar o problema, ele foi examinado por catorze especialistas em três importantes clínicas médicas, incluindo a Clínica Mayo. Ninguém diagnosticou a hipoglicemia. Após três anos de sofrimento, impossibilitado de trabalhar e frequentando o consultório do psiquiatra, ele descobriu o trabalho original sobre hipoglicemia de Seale Harris. Então, se submeteu a uma alimentação hipoglicêmica e os sintomas desapareceram. Curioso, mas o médico que o examinou na Clínica Mayo afirmou publicamente não ter visto um único caso de hipoglicemia em 25 anos. Essa afirmação foi feita alguns anos após a sua tentativa de diagnosticar o problema do doutor Gyland. Se alguém não reconhece a existência da hipoglicemia, como é que pode diagnosticá-la? Como o doutor Gyland, muitos clientes vêm até o autor reclamando: "Consultei vários médicos. Todos os exames laboratoriais que fiz estão normais. Eles dizem que estou bem, mas eu me sinto péssimo". É difícil se interessar pela vida espiritual quando nos sentimos péssimos. Às vezes, essas pessoas apresentam alguma forma de hipoglicemia como parte de seu desequilíbrio.

Classicamente, o teste de tolerância à glicose de 5 horas é considerado o procedimento para o diagnóstico da hipoglicemia, no entanto, alguns médicos ortomoleculares descobriram que esse teste pode dar alguns falsos resultados normais. Algumas pessoas podem desenvolver sintomas de hipoglicemia durante o teste, mas ter uma curva normal de tolerância de glicose. Parece que algumas pessoas são muito sensíveis às mudanças do índice de açúcar no sangue, enquanto outras podem ter mudanças fortes e não apresentarem sintomas. A dica para esse fato pode ser encontrada no livro do doutor Roger William, *Biochemical Individuality* [Individualidade bioquímica], que enfatiza que temos sensibilidades biológicas diferentes.[3] O diagnóstico de hipoglicemia requer julgamento clínico. No trabalho do autor, um teste de tolerância de glicose de cinco horas juntamente com métodos de testes mais sutis como o diagnóstico de pulso da acupuntura, o teste eletrodiagnóstico e várias formas de teste muscular ajudam a confirmar o diagnóstico e têm dado resultados confiáveis.

Causas da Hipoglicemia Reativa

Para compreender a hipoglicemia é preciso entender que ela não é uma doença. É um sintoma de desequilíbrio fisiológico do sistema que se manifesta como índice baixo ou irregular de açúcar no sangue. Pode ser causada por uma reação alérgica (a qualquer substância, mas, em geral, ao açúcar branco), alguma forma de distúrbio da glândula endócrina, ou mesmo uma deficiência nutricional de cromo, zinco, ácido pantatênico, magnésio, potássio ou vitamina B_6. Algumas condições severas como tumores pancreáticos, doença de Addison e tumores da pituitária e cerebrais são causas, mas não são causas da hipoglicemia reativa, que é o nosso foco.

Para o autor, a forma mais frequente de hipoglicemia reativa é o desequilíbrio endocrinológico manifestado grosseiramente ou sutilmente. É um desequilíbrio do metabolismo da glicose ao ser regulado pela pituitária, tireoide, pâncreas, suprarrenais, fígado e outras glândulas endócrinas. Uma versão simplificada da dinâmica do equilíbrio endócrino e da hipoglicemia nos dará uma compreensão do significado da hipoglicemia. Quando comemos açúcar branco e outros doces, o açúcar no sangue se eleva rapidamente. Se o sistema endócrino estiver equilibrado, ele pode compensar isso abaixando levemente o açúcar no sangue através de uma secreção de insulina cuidadosamente programada, para modular os níveis de glicose. Se ele secreta insulina demais, as suprarrenais e o fígado saudáveis liberam mais glicose para compensar a sua queda excessiva. Se o sistema endócrino não estiver em equilíbrio, não é capaz de compensar o estresse excessivo que o açúcar gera, o açúcar no sangue cai demais e sentimos os sintomas. Isso não significa apenas um distúrbio do pâncreas, de secreção excessiva de insulina. A hipoglicemia não é simplesmente o oposto do diabetes. Muitas vezes, o pâncreas é normal e alguma outra parte do sistema endócrino está fora de equilíbrio. É importante entender que, assim como os chacras, as glândulas funcionam como um só sistema. Podem ser as suprarrenais, a tireoide, a pituitária, os ovários, o fígado, o pâncreas ou uma combinação deles. É importante entender isso, pois as glândulas endócrinas refletem o equilíbrio do sistema de chacras. Em alguns casos de hipoglicemia, os corpos sutis se desequilibram de tal maneira que a pessoa sofre de fenômenos psíquicos incomuns e, frequentemente, assustadores. Com o tratamento da hipoglicemia, os chacras se reequilibram e a vulnerabilidade psíquica e o desconforto desaparecem.

Em um estudo feito pelo autor com cem pessoas de 1975 a 1976, relatado no *Hypoglycemia: A Better Approach* [Hipoglicemia: uma abordagem mais ampla], escrito pelo doutor Paavo Airola, apenas 20 por cento dos casos apresentavam exclusivamente desequilíbrio do pâncreas. Outros 36 por cento das pessoas com sintomas de hipoglicemia tinham desequilíbrio do pâncreas associado a outros desequilíbrios endócrinos. Os desequilíbrios das suprarrenais, exclusivamente, causaram 25 por cento da hipoglicemia e mais 36 por cento tinham desequilíbrios das suprarrenais associados com desequilíbrios endócrinos. Em 6 por cento apenas, a tireoide estava fora de equilíbrio e em 21 por cento das vezes isso ocorreu em combinação com outros órgãos. A pituitária, os ovários e o fígado estavam em desequilíbrio apenas em combinação com outros órgãos endócrinos. Uma disfunção do fígado é frequentemente a causa principal da hipoglicemia em alcoólatras ou pessoas com hepatite, no entanto, não havia alcoólatras nesse estudo.

Uma maneira útil de compreender o nível epidêmico da hipoglicemia nos Estados Unidos é pensar nela como o sistema endócrino e o sistema de chacras estando fora de sintonia. A alta incidência de hipoglicemia é outro indicador da importância de todo o sistema de chacras estar energeticamente equilibrado. Estresses crônicos da vida, que tendem a desequilibrar o sistema de chacras e limitar a quantidade de energia cósmica que recarrega os chacras, podem desencadear a hipoglicemia. O autor já viu quinze a vinte casos de estresse repentino, como um acidente de carro ou até mesmo o nascimento de uma criança, precipitarem a hipoglicemia em pessoas que já estavam à beira de um desequilíbrio endócrino e de chacras. Em pessoas que estejam levando uma vida sátvica harmoniosa e tendo uma alimentação sátvica saudável, há mais resistência aos estresses repentinos ou mesmo a alguns estresses prolongados, no entanto, as pessoas que vivem à beira de seus recursos são mais vulneráveis a ter o sistema endócrino e os chacras desequilibrados pelos estresses repentinos.

Outra peça do quebra-cabeça da hipoglicemia é o conceito de sensibilidade variável às mudanças de açúcar no sangue. O doutor Buckley, psiquiatra e pesquisador clínico, descobriu que há receptores sensíveis à glicose no centro cerebral hipotalâmico; estes agem como um sistema de feedback para um centro de ansiedade específico no cérebro, chamado de *locus coeruleus*.[4] Quando o açúcar no sangue cai abaixo de certo ponto, os centros receptores de glicose não conseguem controlar adequadamente o centro de ansiedade no *locus coeruleus*. Isso resulta em sintomas de ansiedade que são típicos, agitação mental, física, medo, aumento nos batimentos cardíacos e irritabilidade. O grau de sensibilidade biológica nesse receptor de glicose é a chave do quanto cada indivíduo pode ser sensível a quedas na glicose sanguínea. O fator determinante dessa sensibilidade parece ser a predisposição genética. Uma hipersensibilidade às alterações de glicose no sangue associada a um comportamento irregular pode estar relacionada ao número cada vez maior de pessoas que sofrem de ansiedade inexplicável e ataques de pânico.

A Causa da Hipoglicemia Epidêmica

A questão que permanece é, afinal, o que causa a hipoglicemia, que vários relatórios pressupõem ser uma epidemia que afeta pelo menos 10 por cento das pessoas nos Estados Unidos?[5] E a evidência de epidemia de hipoglicemia está aumentando. Por exemplo, o doutor Michael Lesser relatou que 67 por cento de seus pacientes psiquiátricos sofriam de hipoglicemia.[6] Em um estudo numa população de militares, descobriu-se que 25 por cento dos 5 mil chamados militares saudáveis tinham açúcar sanguíneo consistente com o diagnóstico de hipoglicemia.[7] A causa para esse fenômeno na magnitude de 24 milhões de pessoas provavelmente não é apenas uma deficiência de vitaminas ou alergia alimentar; provavelmente, seja um estilo de vida estressante, que vai além dos limites, e uma alimentação tamásica, rica em açúcar branco e outros estimulantes que desequilibram o sistema. A hipoglicemia é o resultado de viver o sonho americano, de ser cada vez mais rápido, de querer coisas maiores e melhores, e um estilo de vida agressivo e altamente competitivo que está em desarmonia com o nosso Eu Interior e a Mãe Natureza. Para alimentar esse estilo de vida, comemos alimentos processados e muitos alimentos com açúcar branco, produtores de energia instantânea. Para aliviar a dor desse estilo de vida e nos energizarmos temporariamente, usamos álcool, café, cigarro, doces e drogas estimulantes. Cada americano consome, por ano, cerca de 60 quilos de açúcar branco; esse açúcar está escondido nos alimentos ou é ingerido diretamente no café.[8] Paavo Airola uma vez descreveu isso como uma "loucura nutricional; nada menos que um ato de suicídio nacional, não intencional".[9] O nosso corpo não foi projetado para metabolizar continuamente essa alta ingestão de açúcar refinado. A pressão dessa repetida ingestão elevada de açúcar, tão normal quanto bater a cabeça na parede, com o tempo leva à dor de cabeça em razão de um distúrbio metabólico que conhecemos como hipoglicemia. Outras substâncias importantes relacionadas com esse desequilíbrio hiperglicêmico são o café, o álcool e o cigarro. O café e outras substâncias que contêm cafeína, como o chá preto, as bebidas tipo coca-cola, os compostos de aspirina e os compostos semelhantes à cafeína no chocolate, causam um excesso de estímulo das glândulas suprarrenais que, então, liberam substâncias de adrenalina, que estimulam o fígado a liberar o excesso de glicose no sangue. Isso gera um rápido aumento no açúcar sanguíneo, em um padrão semelhante à ingestão do açúcar branco. O álcool, particularmente nos licores doces e no vinho, contribui para a hipoglicemia. Estima-se que 70 por cento dos alcoólatras são hipoglicêmicos. A maioria não percebe isso, mas os estudos mostram que a glicose no sangue também aumenta após fumar um cigarro. Todas essas toxinas agem diretamente no desequilíbrio do sistema endócrino.

Apesar de a hipoglicemia resultar de múltiplas causas, a principal causa epidêmica é o estilo de vida estressado e desarmônico, uma alimentação tamásica rica em carboidratos refinados, açúcar, café, álcool e cigarro. É por essa razão que os pesquisadores descobriram que o comportamento de muitos infratores juvenis melhora quando eles passam a receber uma alimentação adequada para a hipoglicemia. Por exemplo, um estudo descobriu que 82 por cento de 106 jovens em liberdade vigiada sofriam de hipoglicemia. Quando passaram a receber uma alimentação correta, quase todos melhoraram significativamente suas funções sociais.[10] Vários estudos mostram que a hipoglicemia altera o nosso comportamento mental e social em relação à tendência tamásica, emocional, mental e moral de um comportamento antissocial, violento e irregular.[11, 12] O estilo de vida e a alimentação que dão origem à hipoglicemia são as primeiras coisas que as pessoas interessadas em Nutrição Espiritual deveriam pensar em mudar.

O Tratamento da Hipoglicemia

Com tratamento dietético e homeopático apropriado, com cerca de seis pequenas refeições por dia, e uma alimentação rica ou pobre em proteína (dependendo da nossa constituição), sem doces nem frutas doces, as pessoas se curam rapidamente. As pessoas que têm oxidação rápida ou são parassimpáticas (veja o livro *Conscious Eating*) precisam de uma porcentagem mais elevada de proteína. A melhor alimentação para a hipoglicemia é a Fase 1 da Culinária Viva do Arco-Íris de três a seis meses; ela foi pensada para sustentar a constituição individual. Para as pessoas que apresentam dificuldades com uma alimentação rica em carboidratos naturais, o autor recomenda que aumentem a ingestão de castanhas e sementes germinadas, que agem como proteínas pré-digeridas e ajudam a equilibrar o açúcar no sangue. Isso pode ser feito na forma de molhos de sementes ou simplesmente hidratando as castanhas e sementes. Quanto mais alimentos vivos a alimentação contiver, mais rápida será a cura. No estudo do autor de 1975 a 1976, de cem casos, 53 por cento das pessoas tiveram um alívio completo dos sintomas em três semanas, e 74 por cento tiveram ausência de todos os sintomas após um mês com o uso de ervas, homeopatia e suplementos. Os outros 26 por cento levaram de um a quatro meses para alcançar a cura completa. Todos esses casos permaneceram livres de sintomas ao manter uma alimentação regular, mas saudável, verificando os resultados entre dois e quatro meses. Apenas com a alimentação, a cura levou uma média de seis meses a um ano.

A cura da hipoglicemia significa não apenas ter uma ausência completa de sintomas, mas a capacidade de voltar a comer apenas duas ou três vezes por dia, e comer frutas doces, frutas secas e até um pouco de mel na alimentação, em certas ocasiões, sem nenhum retorno dos sintomas hiperglicêmicos. Para a cura ser continuada, algumas mudanças básicas no estilo de vida, com uma harmonia maior conosco e com a natureza, são necessárias. Precisamos passar a ter uma alimentação e um estilo de vida mais sátvico para sustentar uma cura real e aumentar o nosso desenvolvimento espiritual.

Hipoglicemia, Meditação e Kundalini

O autor observou que a meditação requer um combustível extra de glicose no sangue. Muitas pessoas parecem ter o desejo por doces aumentado após começarem a meditar. A glicose é um dos nutrientes mais eficientes para carregar e transferir prana no sistema. O erro que os meditadores frequentemente cometem é buscar mais glicose para o sistema comendo alimentos processados e refinados, sobrecarregados com açúcar branco, que é um alimento tamásico que desequilibra o corpo, levando à hipoglicemia e a uma grande variedade de outras doenças. As Fases 1; 1,5 ou 2 da Culinária Viva do Arco-Íris, como já foram descritas, com castanhas e sementes hidratadas, vegetais e frutas de glicemia média para baixa, fornecerão uma liberação gradual de glicose na corrente sanguínea, sem os altos e baixos causados pelo açúcar branco. Essas fases da alimentação preservam a saúde de uma forma muito melhor do que comer açúcar branco. O autor tem tido a oportunidade de tratar certo número de monges e outros aspirantes espirituais envolvidos em práticas espirituais intensas que desenvolveram hipoglicemia, pois eles não compreenderam este simples ponto. Em quase todos aqueles que seguiram o programa de tratamento para hipoglicemia houve um aumento na habilidade de concentração. Também foi relatada uma melhora na constância da experiência de meditação. Um estado emocional mais constante, desperto e consciente também foi verificado. Uma vez curadas, essas pessoas eram capazes de parar com os lanchinhos entre as refeições e retornar a uma alimentação normal, porém mais sátvica. Elas conseguiram incorporar frutas doces ocasionalmente na alimentação sem o retorno da hipoglicemia.

Quando a Kundalini está desperta, ocorre um pouco mais de liberação de energia prânica do que pode ser confortável para a pessoa. Um dos principais tratamentos para acalmar a energia Kundalini é comer um pouco de mel. A teoria do autor para isso é que a capacidade da glicose de absorver e transmitir prana permite que ela aja como um "amortecedor de energia prânica" no sistema. A Kundalini, quando inicialmente desperta, parece exigir muito das reservas de glicose à medida que ativa e energiza espiritualmente a pessoa. Se um indivíduo não tem reservas suficientes de carboidratos, o mel fornece glicose extra para manter o sistema nervoso temporariamente em equilíbrio.

Diabetes e Expressão Genética

Por causa da má alimentação e do excesso de açúcar e carboidratos refinados, estamos presenciando uma epidemia de diabetes nos Estados Unidos. As pesquisas mostram que, quando o açúcar branco é introduzido em uma cultura, em vinte anos haverá um surto de diabetes. Nos Estados Unidos, essa alimentação foi ampliada e está atingindo grandes proporções. A chave para compreender este processo é a influência hormonal da insulina, que tem um efeito tremendo na expressão genética. Além de controlar a quantidade de açúcar no sangue que vai para os músculos, ela tem uma grande comunicação com os genes. E afeta uma grande variedade de hormônios em funções metabólicas, incluindo até o estrogênio nas mulheres, a maneira como o corpo usa as calorias e deposita glicose no sistema na produção de gordura.[13] Está claro que o mau controle da insulina influencia a expressão genética de tal forma que transforma o metabolismo em armazenamento de gordura para calorias em vez de uma efetiva utilização para armazenamento de energia. Isso se manifesta mais claramente no que o autor considera uma manifestação clássica de como comer de forma a nos dar a expressão fenotípica mais baixa de nossos genes, que é a síndrome X. Muitos médicos pensavam que a melhor maneira de tratar o diabetes era apenas prescrever a insulina, mas hoje começamos a entender que o diabetes Tipo II não tem tanto a ver com a insulina, mas sim com a insensibilidade à insulina. Isso é conhecido como resistência à insulina.

A síndrome X foi descrita pela primeira vez pelo doutor George Reaven, professor emérito do Departamento de Medicina da Universidade de Stanford. Entre as características da síndrome X, estão a resistência à insulina – um dos seus sintomas principais, níveis elevados de insulina no sangue e mudança do metabolismo para o armazenamento de gordura, que resulta em aumento de peso e em aumento de gordura corporal. Não importa o que a pessoa coma. À medida que a gordura corporal aumenta, paradoxalmente, a resistência à insulina também aumenta. O que afeta a insulina são muitos outros hormônios que agem no nível genético, entre eles, o fator de crescimento de insulina (IGF-1), o hormônio de crescimento humano, o cortisol, a somatostatina, a serotonina, a noradrenalina e a leptina.

Quais são as chaves que regulam esses hormônios? A harmonia (estresse mínimo), boa alimentação, exercícios físicos, baixa ingestão de açúcar e ambiente saudável.[14] Na Tree of Life Foundation, já curamos vários casos de síndrome X com o jejum. Uma alimentação de baixo índice glicêmico e com exercícios é provavelmente a abordagem mais importante para reajustar e ativar a sensibilidade adequada à insulina no nível dos genes. Esta é a Fase 1 da alimentação de que tratamos antes. As pesquisas mostram que os alimentos ricos em carboidratos não refinados e completos são muito pobres em açúcar, o que significa que eles têm um índice glicêmico baixo e parecem ser o melhor para restaurar o açúcar sanguíneo em insulina, versus aqueles que são altos em açúcar e gorduras.[15] Os vegetais que possuem o chamado amido resistente parecem ter um efeito ainda melhor no controle do diabetes e resistência à insulina. De forma bastante interessante, os carboidratos que comemos – se eles forem de baixo índice glicêmico (principalmente vegetais) – parecem ter a expressão, energia e função mais positivas. Os carboidratos de baixo índice glicêmico influenciam a regulação da expressão genética, pois afetam a secreção da insulina, o glucagon e outros hormônios sinalizadores das células.[16] Outro aspecto da alimentação que parece ser importante para melhorar a sensibilidade à insulina é que ela é rica em fibras. Novamente, essa alimentação rica em fibras é rica em vegetais, com certa quantidade de frutas; inclui vegetais crucíferos, cenouras, maçãs, amêndoas e alimentos ricos em fibras dietéticas. Os jejuns de suco verde são excelentes para reverter a síndrome X, mas não os jejuns com sucos de frutas. O lado negativo de fazer sucos de frutas é que você perde a fibra e concentra o açúcar da fruta, o que resulta em um aumento no nível de açúcar no sangue.

Contrariando a literatura popular, as pesquisas recentes sugerem que não é apenas excesso de carboidrato que pode aumentar a insulina. Uma alta ingestão de proteína também pode aumentar a resistência à insulina. Uma pesquisa feita pelo doutor Gene Stiller, ph.D., descobriu que uma alimentação rica em proteínas pode na realidade aumentar a resistência à insulina e não diminuí-la.[17] A pesquisa da equipe do doutor Stiller descobriu que, quando as pessoas consumiam uma alimentação rica em proteínas, a sua liberação de insulina, na realidade, era maior do que quando consumiam uma quantidade igual de alimentos ricos em carboidratos. Interessante, naturalmente, é o ponto que foi abordado nos livros *Conscious Eating* e *Rainbow Green Life*

Food Cuisine, ou seja, que todos devem ter uma alimentação personalizada, que é a melhor para cada um. Como já destacamos, as proteínas vegetais e os alimentos não refinados, ricos em carboidratos, que são de baixo índice glicêmico, parecem ser mais eficientes do que uma alimentação com alimentos refinados, de alto índice glicêmico e rica em gordura. Os vegetais não refinados e os grãos têm certa quantidade de fibras solúveis e insolúveis, que também reduzem a resposta à insulina. Os alimentos ricos em cromo, vanádio e magnésio, como vegetais de raízes e grãos integrais, diminuem a sensibilidade à insulina.

Outro aspecto do controle da insulina e do açúcar no sangue diz respeito ao estresse oxidativo. A combinação de uma alta taxa de açúcar no sangue e desequilíbrio de insulina resulta na formação de uma combinação de proteína-glicose chamada proteína glicosilada. Essas proteínas criam ligações cruzadas e danos nos tecidos, que degradam muitas de suas funções. Elas foram chamadas de produtos finais da glicosilação avançada (AGEs). A pesquisa mostra que quanto mais AGEs se acumula no corpo, mais corremos o risco de termos um aumento no índice de envelhecimento.[18] Os AGEs também envenenam as funções mitocondriais, que causam estresse oxidativo.[19]

Há uma variação do quanto respondemos bem à insulina e ao açúcar no sangue e de como podemos mediar isso. A melhor defesa, naturalmente, é modificar a alimentação e nos protegermos com uma alimentação de baixo teor glicêmico, fazendo bastante exercícios físicos e minimizando a quantidade de estresse e toxinas que entram no nosso sistema, incluindo o álcool e outras drogas psicoativas. Definitivamente, há um aumento de resistência à insulina relacionado a um aumento da suscetibilidade genética, alimentação pobre, estresse excessivo, falta de exercício e exposição a uma variedade de toxinas e drogas de todos os tipos. Quanto mais estresse oxidativo criamos na mitocôndria, mais danificamos os nossos órgãos e menos somos capazes de lidar com o estresse orgânico, particularmente nos rins, no coração, no cérebro, nos olhos e nas articulações. Vale a pena fazer uma verificação de resistência à insulina. Ela é indutivamente diagnosticada na prática médica da Tree of Life Foundation através de um teste de tolerância à glicose de 5 horas, que mostra a resposta à insulina.

Uma alimentação de baixo índice glicêmico é a prevenção e o tratamento mais importante para a hipoglicemia e o diabetes. Outros fatores preventivos importantes e de cura incluem uma ingestão moderada de gorduras e exercícios moderados. Entre os minerais e as vitaminas particularmente importantes para a cura da resistência à insulina estão selênio, cobre, zinco, cromo, magnésio e vanádio. Quantidades adequadas de B_{12} também são importantes para proteger o sistema nervoso contra sintomas que ocorrem com a resistência à insulina. A L-arginina (um aminoácido) parece ser importante para as pessoas que têm AGEs e radicais livres de envelhecimento. Um estudo recente no Departamento de Medicina da Universidade de Viena mostrou que um grama de L-arginina, tomado duas vezes ao dia por pessoas com estresse oxidativo devido ao controle fraco do açúcar sanguíneo, produz uma diminuição significativa do estresse oxidativo. A L-arginina parece reduzir a quantidade de dano ao DNA. Alguém que tenha tendência à obesidade, a alergias, a problemas de artrite, à degeneração da visão, à função mental deteriorada e ao aumento da taxa de doenças cardíacas e renais, precisa prestar atenção. Precisamos nos comunicar positivamente com os nossos genes, controlando o açúcar no sangue e a insulina, com uma alimentação de baixo índice glicêmico, exercícios e um estilo de vida e ambiente que nos permitam viver com tranquilidade.

Resumo – Capítulo 27

1. A causa da hipoglicemia epidêmica é nosso modo de vida sem harmonia, estressante, com uma alimentação tamásica excessivamente rica em açúcar branco.
2. Uma alimentação de baixo teor glicêmico é a chave para a prevenção e o tratamento do diabetes, da hipoglicemia, do processo de "autodecomposição" e de uma variedade de doenças crônicas.
3. A hipoglicemia pode afetar de maneira adversa o fluxo da Kundalini e a manutenção de um estado constante de meditação.
4. Os alimentos sugeridos na Fase 1 da Culinária Viva do Arco-Íris são o melhor tratamento, e as Fases 1,5 e 2 são as melhores para a manutenção.

– 28 –
MINERAIS – FREQUÊNCIAS DE LUZ

Os minerais são um dos grandes segredos da Nutrição Espiritual. Eles são frequências de luz, frequências de informação e frequências de criação para o mundo material no universo em que vivemos. A Terra é feita de minerais. O nosso corpo é feito de minerais. Eles ativam todos os catalisadores para as reações enzimáticas do corpo. Ativam as vitaminas e todas as estruturas orgânicas. E são, realmente, a base de todas as estruturas celulares e dos órgãos do organismo. Os minerais são construtores do sistema. São índices de frequência do sistema. No entanto, não são necessariamente produtores de energia. O corpo humano é composto totalmente de minerais e água. A molécula da água age como um solvente poderoso, absorvendo nutrientes e conduzindo as partículas que serão eliminadas. Sem os minerais essenciais e os oligoelementos*, não poderíamos sobreviver.

Do total de 90 minerais, cerca de 23 deles são essenciais; desses, 16 são minerais principais e 7 são secundários. Estes são necessários para que o corpo funcione da melhor maneira possível. Os oligoelementos, assim como os minerais principais, precisam ser modificados no sistema por formas iônicas solúveis em água. Em 1936, o Senado dos Estados Unidos declarou: "Noventa e nove por cento do povo americano tem deficiência de minerais, e uma deficiência grave de um dos minerais mais importantes pode resultar em doença".[1] Hoje, muitos anos depois, nos sujeitamos a uma comida de baixa qualidade, a alimentos tratados com pesticidas e

* Os oligoelementos (microminerais) são elementos químicos essenciais para os seres vivos, encontrados geralmente em baixa concentração no organismo. (N. E.)

herbicidas, que vão ao micro-ondas, e a um solo cada vez mais deficiente em minerais. De 1936 para cá, a situação só piorou. Por essas razões, quase todo mundo precisa de suplementos minerais, quer sigam uma alimentação vegana quer comam carne. O doutor Linus Pauling, vencedor de dois prêmios Nobel, disse que "na origem de toda doença, todo distúrbio e todo mal, está uma deficiência de minerais".[2]

Para um mineral ser utilizado no nível intracelular, ele deve estar no tamanho de angstrom (isto é, tão infinitesimal que será medido em unidades de angstroms), e essas partículas têm de ser completamente solúveis em água. É apenas a forma iônica, ou no nível angstrom, que pode entrar nas células e ativar a estrutura do DNA adequado para incitar as frequências que orientam o funcionamento do corpo. Um angstrom (nome que homenageia Johan Angstrom) é um milésimo de um mícron e um milionésimo de metro. Essa informação significa que quase todos os suplementos minerais disponíveis são maiores que o mícron. Isso pode ser um pouco confuso, mas pense da seguinte forma: as partículas de tamanho de um mícron ou maiores serão absorvidas pelo sangue, mas são grandes demais para serem absorvidas pela célula e pelo núcleo. Essas formas maiores ficam na corrente sanguínea e, ao longo do tempo, se depositam em vários locais nos tecidos. As partículas de tamanho angstrom percorrem as células e, se o corpo não necessita delas, ele simplesmente as elimina, sem nenhum acúmulo de minerais, o que poderia intoxicar os tecidos.

Observamos que as raízes das plantas foram feitas para decompor o solo e utilizar e absorver partículas minerais do tamanho angstrom – isso é o que elas fazem. Com a ajuda do ácido fúlvico no material de húmus, as plantas são capazes de absorver os minerais e decompô-los em tamanho angstrom para seu próprio uso. Uma vez que entendemos isso, compreendemos que os vegetais que comemos transferem minerais de tamanho angstrom do solo para nós. Eles não absorvem partículas de tamanhos maiores, pois não conseguem assimilá-las. Os minerais de tamanho angstrom são a chave para a melhor absorção mineral possível. Leva aproximadamente doze anos para o solo se tornar deficiente em oligoelementos, ou minerais de tamanho angstrom. O excesso de minerais de tamanho mícron ou maiores pode causar vários problemas. O paradoxo, difícil de compreender, é que, enquanto os tecidos estão de certa forma cheios de minerais, as células têm falta de minerais de tamanho angstrom. Essa é uma das razões pela qual usamos os produtos de sal (do Himalaia ou sal do mar Celta) para o nosso corpo, com resultados impressionantes, pois seu tamanho iônico é o angstrom. Se o sal não estiver na forma iônica, não somos capazes de absorver os seus minerais. O sal de cozinha (cloreto de sódio), assim como qualquer sal aquecido, tem uma ligação covalente. Ele não está disponível para uso no corpo e pode causar um acúmulo tóxico. Isso também pode se aplicar aos sais que secam ao sol. O processo de secagem ao sol, assim como muitas outras formas de aquecimento, faz com que os elétrons não estejam disponíveis e que os íons formem ligações mais estreitas, o que os torna inacessíveis para assimilação. Se o sal cria uma sensação de sabor ou de hidratação na boca, ele ainda está iônico. Se seca a boca, isso sugere que se converteu a forma covalente, menos assimilável. Apesar de formas minerais maiores, ou sais de ligação covalente, possam nos ajudar inicialmente em um nível, com o tempo, eles podem provocar um acúmulo de excesso tóxico. Paradoxalmente, uma das maneiras mais eficientes de tirar esses minerais acumulados é fornecendo o mesmo mineral em tamanho angstrom. Os minerais em tamanho angstrom agem como blocos de construção para as mais de 6 mil diferentes enzimas, para o melhor funcionamento no organismo. Se não tivermos os minerais adequados para as enzimas funcionarem nos órgãos específicos em que são necessárias, de certa forma, também não teremos os materiais para a construção celular para reparar e regenerar os nossos tecidos. Por exemplo, no diabetes, por causa de todos os alimentos processados que comemos, criamos uma deficiência de cromo, pois o cromo parece que se perde na ingestão de alimentos processados. Quando ingerimos muito carboidrato e precisamos de cromo para ajudar a metabolizar o açúcar e fazer com que a insulina funcione corretamente, somos forçados a consumir nossas reservas de cromo e, consequentemente, ficamos deficientes em cromo. Como comemos alimentos de baixa qualidade ou alimentos que vêm de solos esgotados e tratados com fertilizantes sintéticos, na verdade, não somos capazes de metabolizar os açúcares e os carboidratos apropriadamente. A isso se soma uma condição diabética. Não é à toa que houve um aumento de 33 por cento em diabetes nos últimos dez anos e uma previsão de 29 milhões de pessoas com essa doença até o ano 2050. Estima-se que 16 milhões de pessoas hoje em dia tenham pré-diabetes.[3]

Na verdade, os minerais nos levam à própria formação da vida. Todas as qualidades de saúde, tanto positivas como negativas, têm origem na falta de minerais. Para que obtenhamos uma mineralização adequada, os minerais precisam estar no tamanho angstrom, isto é, 0,001 mícron. Eles precisam estar ligados ao hidrogênio covalente, na água, que os levará para dentro da célula. É no nível intracelular que essa ação ocorre. Quando os minerais alcançam o núcleo e a mitocôndria da célula, há uma transmutação no nível celular que ativa o DNA. O núcleo e a mitocôndria são os centros energéticos e criativos da célula. A mitocôndria também tem uma forma específica de DNA, que é diferente do DNA nuclear. Os minerais ativam os DNAs primordiais e ativam, tanto intracelular como extracelularmente, as comunicações eletromagnéticas que organizam o sistema e comunicam as atividades que devem ser feitas. Algumas das frequências de DNA são recebidas pela parede celular. Os minerais e, em particular, o complexo mineral desenvolvido pelo doutor Tru Ott, chamado Ultimatium™, que é uma combinação de metais do grupo da platina, ativam pequenos cordões de DNA presos a complexos de cromossomos maiores. Esses pequenos fios torcidos de DNA são como antenas do DNA. Eles também precisam de moléculas de irídio, que é o elemento chave no Ultimatium™, para enviar a comunicação eletromagnética apropriada e para reconhecer e curar as frequências e estruturas do DNA. Os minerais são necessários, portanto, para todos os níveis de comunicação intra e extracelular que emanam do DNA e para o conserto do DNA.

Exaustão Mineral em Alimentos Vegetais

Existem necessidades minerais específicas para a nutrição celular. O mineral número 1 é o oxigênio. Ele é a conexão da simbiose entre os reinos animal e vegetal. É óbvio que o cálcio é necessário para a produção óssea e o funcionamento da glândula paratireoide. O iodo é necessário para o funcionamento da tireoide. O ferro é necessário para a produção de hemoglobina, e assim por diante. A generalização é que todas as doenças se originam do enfraquecimento do organismo e das subsequentes infecções parasíticas (vírus, bactérias, fungos, parasitas intestinais). Uma mineralização adequada nos protege contra esses processos de enfermidade pelo fortalecimento do terreno biológico. Um dos problemas que começamos a ter, já no início dos anos 1920, são as doenças das plantas que se originaram do esgotamento do solo. Por exemplo, uma mancha cinza na aveia indica deficiência de manganês, ou a doença roseta em árvores frutíferas devido à deficiência de zinco. A questão é que as plantas necessitam de nutrição adequada, e quando não a obtêm, ficam expostas a doenças – assim como os seres humanos. Para uma vida vegetal saudável, o milho precisa de algo em torno de 48 minerais, e o trigo e a aveia utilizam mais ou menos 36 minerais. A soja, a maçã, a pera e o pêssego tiram mais de 30 elementos do solo. A maioria dos vegetais, incluindo ervilha, batata, tomate, cenoura e alface requerem mais de 25 elementos do solo. Uma terra usada repetidamente, que não é regenerada, se esgota. Como resultado, os alimentos que crescem nela também ficam esgotados e, portanto, os seres humanos e animais que comem esses alimentos também ficam esgotados. Em suma, podemos dizer que o solo dos Estados Unidos, e provavelmente o solo da maior parte do mundo, já foi muito usado e está sendo menos nutrido. Como resultado, temos plantas doentes, assim como animais. Esse é resultado de não substituir os elementos que foram extraídos durante o ciclo de crescimento. A isso chamamos de lei de exaustão do solo. Esse desequilíbrio é ampliado pela criação de uma fartura de alimentos resultante da alta tecnologia, tirando mais energia e minerais do solo do que ele pode oferecer. O ciclo piora com o solo se tornando ainda mais esgotado de oligoelementos, e os animais com falta de essências vitais para sua saúde. A chuva, que era nossa amiga, e de muitas formas ainda é, se torna também um problema, pois carrega mais elementos do solo para o mar. Esse aumento da exaustão do solo cria plantas doentes e exauridas, animais doentes e exauridos, e seres humanos doentes e exauridos. De acordo com o livro *Sea Energy Agriculture* [Agricultura da energia marinha], a Austrália perde aproximadamente 2,5 toneladas da camada superficial do solo por quilômetro quadrado, a Europa perde 48 toneladas por quilômetro quadrado e, em termos mundiais, perdemos 4 bilhões de toneladas de material dissolvido, que os rios carregam para o mar a cada ano. Os elementos solúveis são lavados primeiro pela água da chuva. É por essa razão que o cloreto de sódio é tão escasso na terra e tão abundante no mar.

A Solução da Água do Mar

Qual é a solução para podermos ter plantas saudáveis novamente e, portanto, termos seres humanos bem nutridos? A água do mar é a mais antiga solução de água na Terra, e talvez a ideal fisiologicamente para remineralizar o solo.

Uma das pesquisas mais excitantes a respeito de minerais foi realizada pelo doutor Maynard Murray e descrito no seu livro *Sea Energy Agriculture*. O doutor Murray era um médico que realmente queria conhecer a essência do que é a saúde. A tese de Murray, de 1976, era: "A vida é elétrica [...] Não pode haver vida sem a transferência de energia elétrica". De acordo com o doutor Murray, o centro de gravidade da vida está nos oceanos, local de reposição de minerais da terra, dissolvidos e levados para a bacia de depósito da natureza, via riachos, tanto acima como abaixo do solo. Sua pesquisa mostrou que precisamos da chave correta para abrir os acúmulos ricos em oligoelementos. Cada célula é uma pequena bateria que emite uma corrente. Sem a corrente elétrica, as células não podem realmente funcionar e com o tempo morrerão. Murray destacou que a vida começou no mar. O sangue humano é composto de aproximadamente 25 por cento de água do mar, e praticamente 85 por cento da vida na Terra vem do mar e vivem nele. O trabalho de Murray era usar os minerais do mar que, somados, chegam a noventa oligoelementos. Ele usou uma mistura de água do mar diluída em pomares, pastos e jardins. No livro, ele destacou: "É possível construir uma imunidade a infecções por vírus, fungos e estafilococos, nas plantas. Quando plantamos milho, trigo, aveia etc. com os sólidos marinhos e nutrimos os animais, vemos mudanças". Usando uma pesquisa animal com espécies criadas para desenvolver câncer e que recebeu alimentos plantados com sólidos marinhos, ele relatou que a primeira geração reduziu a debilidade de 97 por cento para 55 por cento, uma queda significativa. "A cada geração, os alimentos de sólidos marinhos incorporam resistência ao câncer." As plantas sólidas marinhas de Murray diminuíram significativamente um tipo de câncer em camundongos. Quando essas plantas de sólidos marinhos eram dadas para galinhas geneticamente programadas para desenvolver leucose e ratos criados para desenvolver artrites, verificou-se uma redução significante desses problemas quando os alimentos com os quais eles se alimentavam eram produzidos com sólidos marinhos. Isso pressagiou o princípio de comunicação com os nossos genes, discutido no Capítulo 21. O doutor Murray chegou à conclusão espantosa de que o trabalho na agricultura tem que ser o começo da medicina preventiva. Usamos a agricultura da água do mar na Tree of Life Foundation para plantar os nossos próprios "alimentos autênticos". Incluímos os procedimentos refinados do doutor Murray através da contribuição do seu sucessor, Don Jansen.

O doutor Murray começou a sua pesquisa em 1936, quando tentou determinar quais elementos do mar eram o segredo para ajudar a vida vegetal. Começou, então, com hidroponia, cobrindo todas as plantas com uma solução líquida, controlando assim que elementos estariam presentes no desenvolvimento dos nutrientes das plantas em sua experiência. A sua experiência produziu resultados incríveis. Hoje, já foi provado conclusivamente, com base em seu trabalho, que a proporção de oligoelementos e elementos presentes na água do mar é excelente para a saúde e o crescimento tanto de plantas marinhas como terrestres. Em 1954, ele fez uma experiência controlada com milho, aveia e soja, plantando 4 hectares de alimentos controlados e plantados com sólidos marinhos. Os alimentos plantados com soluções de sólidos marinhos também foram dados aos animais na proporção de quatro partes de milho, duas partes de aveia e uma parte de soja. Algumas observações interessantes foram feitas. Não apenas eram as plantas com sólidos marinhos mais saudáveis do que as plantas do grupo de controle, mas seus efeitos na fisiologia e patologia dos animais alimentados com elas foram incríveis. As galinhas, os porcos e o gado alimentados com grãos de sais marinhos se desenvolviam mais rapidamente do que os animais dos grupos de controle, e todos resistiam mais a doenças do que os do grupo de controle. Esses animais resistiram a doenças comuns às suas espécies muito melhor do que os animais do grupo de controle. A experiência mostrou que porcos alimentados com alimentos de sólidos marinhos passavam os benefícios de saúde para a segunda geração.

As experiências do doutor Murray e as baseadas em seu trabalho mostram que assim que, a água do mar seca com a evaporação, ela deixa sólidos marinhos, que podem ser usados para fertilizar a terra. Ele usou 250 a 1.500 quilos para aproximadamente 4.000 metros quadrados. O doutor Murray descobriu que, a não ser que ocorresse uma lavagem séria devido à chuva, uma única aplicação daquela quantidade duraria 4 ou 5 anos, e as plantam cresciam muito bem. Outras pesquisas mostram que podemos diluir os sólidos marinhos em água fresca para criar soluções diluídas contendo de 1.000 a 8.000 partes por milhão de sólidos marinhos para que os resultados sejam positivos. Sabemos que o cloreto de sódio em um concentrado de água do mar puro, na verdade, matará a vida vegetal na terra; no entanto, isso não ocorre em diluição.

Em 1940, o doutor Murray fez uma experiência interessante com pessegueiros. Cada árvore, alternadamente, foi usada para testes experimentais que empregavam 600 centímetros cúbicos de água do mar em 0,09 metro quadrado, aplicados da base das árvores até a borda da folhagem, para cobrir as principais áreas de nutrição. Cada segunda e quarta árvore foram designadas como grupo de controle e não recebiam essas aplicações. Todas as árvores foram pulverizadas com begomovírus. Aquelas com água marinha permaneceram livres do vírus e deram frutos normais. As do grupo de controle não apenas contraíram o vírus, como a sua produção de pêssegos reduziu drasticamente. O período de observação do teste durou três anos, apesar da pulverização com o vírus ter ocorrido apenas no primeiro ano. As árvores do grupo de controle contraíram o begomovírus a cada ano e, finalmente, morreram; já as árvores com água do mar mantiveram a resistência durante o período de teste de três anos.

Uma experiência semelhante foi feita com nabos: metade era do grupo de controle e a outra metade nutrida com a água do mar. A área da plantação com a água do mar foi fertilizada com 600 centímetros cúbicos de água do mar por 0,09 metro quadrado de solo. Bactérias estafilococos, associadas com a podridão central nos nabos, foram misturadas ao solo, na área total. Depois de os nabos terem germinado e as folhas aparecerem no solo, as folhas do grupo de controle e do grupo experimental foram pulverizadas com a mesma bactéria. Todos os nabos com a água do mar cresceram normalmente e se tornaram nabos saudáveis, sem evidência do apodrecimento. Já os do grupo de controle contraíram a podridão causada por estafilococos e morreram.

O doutor Murray conduziu uma experiência semelhante com tomates plantados hidroponicamente. Ele usou uma base com sal marinho, na qual a base de hidroponia experimental recebeu 55 quilos de sal marinho para cada 22.500 litros de uma mistura de solução de água, enquanto que a base do grupo de controle usou a solução hidropônica tradicional. Ambas as bases eram irrigadas três vezes ao dia. O vírus mosaico do tabaco, letal para as plantas e os tomates, foi pulverizado em todas as plantas. As plantas experimentais não contraíram a doença, mas todas as do grupo de controle morreram do vírus mosaico do tabaco.

Existe um paralelo em estudos animais quanto à resistência a doenças. Os animais alimentados com vegetais cultivados com sólidos marinhos eram muito mais resistentes a doenças. Por exemplo, em uma experiência trabalhou-se com camundongos C3H, uma cepa de camundongos criados de forma que as fêmeas desenvolvam câncer de mama e morram disso. Os camundongos tinham dois meses de idade quando a experiência começou. A expectativa de vida dessa cepa de fêmeas era de nove meses. Cada grupo tinha duzentos camundongos C3H. Aqueles que receberam alimentos do grupo de controle viveram uma vida normal com média de 8 meses e 7 dias. Os camundongos do grupo experimental, alimentados com comida plantada em solo fertilizado com sólidos marinhos, viveram até que foram sacrificados aos dezesseis meses. Os camundongos alimentados com vegetais sólidos marinhos produziram dez ninhadas, contra a expectativa de duas a três ninhadas para os camundongos do grupo de controle. Nenhum camundongo C3H do grupo experimental desenvolveu câncer de mama. Esta é uma afirmação muito forte.

Outra experiência foi feita com ratos Spraque Dally. Eles foram divididos em dois grupos: o grupo de controle com 25 ratos e o grupo experimental com 25 ratos. Os ratos do grupo de controle foram alimentados com alimento normal. Os ratos do grupo experimental receberam alimento fertilizado com sólidos marinhos. Ambos os grupos foram injetados com câncer (carcinossarcoma de Jensen), que é 100 por cento letal. Todos os ratos do grupo de controle morreram de câncer dentro de 21 dias; nenhum dos ratos alimentados com alimentos plantados em áreas com sólidos marinhos morreu de câncer no período de quarenta dias. Dezesseis viveram cinco meses até que foram sacrificados, verificando-se que não desenvolveram câncer. Portanto, essa experiência mostrou a resistência contra o câncer em uma alta porcentagem de ratos alimentados com sólidos marinhos.

Em outra experiência, o carcinossarcoma de Jensen foi injetado em 56 ratos do grupo de controle e 56 ratos do grupo experimental. Todos os 56 ratos do grupo de controle morreram dentro de 23 dias; dos ratos do grupo experimental, dois tiveram câncer, mas foi absorvido e desapareceu. Quatro dos 56 ratos do grupo experimental morreram de câncer, e os outros 52 foram sacrificados noventa dias depois, sem nenhuma evidência de tecido canceroso. Isso é altamente significativo. Todos esses estudos sugerem que a resistência à doença aumenta quando o alimento plantado em um solo fertilizado com sólidos marinhos é consumido.

Outra experiência foi realizada com 24 coelhos. Doze foram alimentados com alimentos plantados com sólidos marinhos. Os outros doze, do grupo de controle, receberam uma alimentação rica em colesterol por seis meses. O grupo de controle desenvolveu endurecimento das artérias, e todos morreram dentro de dez meses. O grupo experimental não desenvolveu endurecimento das artérias.

Outra experiência, feita com uma raça de ratos que desenvolvia doenças nos olhos, mostrou que os dez que comiam alimentos plantados com sólidos marinhos não mostraram deterioração dos olhos e tiveram cinco ninhadas. Os do grupo de controle morreram de doença dos olhos secundária. O que vemos nesses resultados é que os animais criados com alimentos altamente mineralizados absorveram a mineralização apropriada, criando uma expressão ótima que os protegeu da doença.

Apesar dessa experiência útil ser baseada em estudos com animais e de os relatórios dessas pesquisas terem sido feitos há mais de cinquenta anos, isso não significa que o autor apoia o uso de animais em experiências.

É interessante notar que todos os animais terrestres desenvolvem arteriosclerose, no entanto, os animais marinhos nunca foram diagnosticados com isso. As trutas de água fresca desenvolvem câncer terminal do fígado com a idade de 5 anos, no entanto, o câncer nunca é encontrado em trutas do mar. Parece que as criaturas do mar têm menos doenças. A baleia pode ser a criatura mais saudável do planeta; ela não parece nem mesmo mostrar os efeitos do envelhecimento. É interessante notar que algumas criaturas marinhas nunca param de crescer. Parece não haver doença crônica entre peixes, ou é mínima, comparada com o que vemos na terra. A diferença entre a vida terrestre e marinha parece estar relacionada à cadeia alimentar superior no mar e um grau de mineralização da cadeia de alimentos no mar. Em resumo, a mineralização adequada no nível intracelular é fundamental para a saúde. A alimentação atual não tem nutrientes suficientes, de uma forma adequada, para criar uma mineralização intracelular completa. O resultado é que as forças vitais das células se enfraquecem. As células estarão sujeitas, consequentemente, a invasões externas por bactéria, vírus, fungos e outras forças parasíticas.

Assim como ocorre com os animais, ocorre com as plantas. Testes de campo foram feitos em Dakota do Sul, Wisconsin, Illinois, Ohio, Pensilvânia, Massachusetts e Flórida. Todos os resultados de campo eram essencialmente os mesmos. Não importa o tipo de solo usado, a produção era a mesma ou maior nos solos fertilizados com água do mar, ou sólidos marinhos completos. Os animais alimentados com plantas fertilizadas com sólidos marinhos eram consistentemente mais resistentes a doenças do que o grupo de controle. As frutas e os vegetais de jardim, nutridos com sólidos marinhos, eram superiores no sabor. Em geral, os produtos plantados com sólidos marinhos parecem ser maiores e mais saborosos do que os plantados em solo comum.

A mensagem é clara: *um corpo altamente mineralizado é mais resistente a doenças e ao envelhecimento*. As plantas cultivadas até o amadurecimento sem os minerais adequados tendem a se compensar. Quando ingerimos plantas não saudáveis, não obtemos uma nutrição adequada. Isso nos leva de volta ao conceito do nosso terreno biológico interno. Uma fraqueza do nosso terreno biológico permite que parasitas como vírus, bactérias e fungos aproveitem e invadam o nosso sistema. O que estamos vendo hoje é que a maioria das plantas requer de 35 a 40 elementos. Os fertilizantes normalmente não lhes dão mais do que doze minerais. A maioria dos fertilizantes comerciais fornece no máximo seis minerais. Comer alimentos de solos esgotados de minerais enfraquece o nosso terreno interno e, portanto, mina a nossa saúde.

Na Tree of Life Foundation, a solução para uma agricultura excelente é o inovador programa de cultivo vegano, que atualmente inclui elementos do trabalho do doutor Murray e Don Jansen a respeito de solos altamente mineralizados. Nenhum produto animal é usado em nenhum nível de nossos métodos agrícolas. A nossa abordagem tem despertado muito interesse e hoje temos cursos e programas de aprendizado em cultivo vegano.

Alimentos com Alto Teor de Minerais Resultam em Seres Humanos Saudáveis

Enquanto os sólidos marinhos funcionam perfeitamente para as plantas, para os seres humanos funcionam de forma diferente. Para nós, os elementos precisam ser ligados a algum tipo de carbono em plantas verdes e convertidos em minerais de tamanho angstrom. À medida que compreendemos como a natureza funciona, compreendemos que o papel das plantas é converter os elementos inorgânicos em componentes orgânicos e criar minerais de tamanho angstrom que podem então ser absorvidos intracelularmente pelos seres humanos. A implicação desses estudos sobre a água do mar é que se formos capazes de restaurar o conteúdo mineral dos alimentos, poderemos reduzir significativamente o índice de doenças, especialmente das doenças crônicas. Apesar de as doenças serem mais complicadas do que isso, existe a possibilidade de termos vida mais saudável com base nos alimentos saudáveis e altamente mineralizados.

Quando trilhamos o caminho do estudo da natureza, compreendemos o que o doutor William Albrecht, um dos principais estudiosos do solo dos Estados Unidos, diz: "podemos pensar que a agricultura possa se tornar um procedimento industrial, mas a verdade é que ela é um procedimento biológico".[4] Precisamos imitar a natureza em nosso trabalho e não achar que somos mais espertos que ela. Forçar continuamente alguns produtos químicos com fertilizantes de alta concentração perturba o equilíbrio da nutrição. É por essa razão que toda a abordagem de pesticidas e herbicidas não funciona; não coincide com a natureza. A lei natural é: quanto mais mineralizado estiver o solo, mais saudáveis e mais resistentes a doenças serão as plantas. Os indivíduos mais saudáveis são aqueles que comem plantas altamente mineralizadas.

Os Minerais e a Bioquímica da Humanidade

Agora que podemos avaliar a importância da mineralização no plano dos noventa minerais, que é a quantidade máxima de minerais disponíveis na natureza, é útil pensar a respeito dos minerais como a chave para compreendermos a bioquímica da humanidade. Em parte, esse processo tem relação com a energia. Os minerais transportam as vibrações de toda a vida. Eles são as vibrações holísticas da criação. Assim como as gemas são feitas de minerais, nós, seres humanos, também somos. Apenas somos um pouco mais complexos. Os ossos e dentes são feitos de cálcio e fósforo; a pele e o cabelo são feitos de silício. O ferro é um elemento importante para o sangue. Quando há falta de certos minerais, os órgãos e tecidos corporais correspondentes, que eles energeticamente sustentam, se danificam, se debilitam e se tornam vulneráveis ao processo de doenças. Precisamos de nossas parceiras, as plantas, para processar os minerais no tamanho angstrom, para que possamos absorvê-los intracelularmente. A forma principal de ingerir minerais é através de plantas altamente mineralizadas. Com a ajuda da luz do Sol, elas retiram minerais básicos da terra, do ar e da água, e os tornam assimiláveis nos níveis angstrom. Do ponto de vista mineral, todas as condições de enfermidades começam com uma deficiência mineral ou com uma substância tóxica que entra no nosso corpo. Isso não nega o ponto de vista holístico de que os aspectos espirituais e emocionais têm um papel. Está muito claro que as deficiências minerais podem ser geradas por excesso de estresse e desequilíbrio espiritual. Cada mineral tem uma taxa vibratória que sustenta diferentes aspectos da consciência e da presença espiritual, como os chacras e os sistemas de órgãos. Somos seres alquímicos vivos, que transformam a cor (conforme explicado na *Culinária viva do arco-íris*) e a vibração do ar, terra, água e sol em prana. Essa energia ou alquimia é o que permite que a vibração dos minerais se tornem os blocos de construção da nossa manifestação vibracional e física. Cada mineral tem uma personalidade e função química em particular que, através de sua vibração, ativa as funções vitais dos tecidos, das células e dos órgãos de uma maneira específica.

É difícil dizer quais minerais são mais importantes, mas cálcio, iodo, sódio, silício, oxigênio, fósforo e magnésio parecem ser os sete minerais mais importantes. Como membros de uma equipe, você precisa de cada mineral para que o sistema total funcione. Uma pesquisa relatada pelo doutor Bernard Jensen e realizada pelo químico alemão Koenig[5] nos informa o peso real de cada mineral em um corpo humano de 70 quilos. O aspecto importante a compreender é que, de acordo com a nossa constituição genética, algumas pessoas têm um pouco mais de um elemento, em particular, do que de outros, e é isso o que torna sua constituição diferente.

Entre os minerais encontrados nos músculos, estão potássio, magnésio, cloro, manganês, cálcio, fósforo e selênio. Nos cabelos e unhas, temos silício, ferro, enxofre, zinco e cloro. Na pele, os minerais mais elevados são silício, enxofre, sódio, manganês e cobre. No sistema cerebral e nervoso, os minerais mais elevados são fósforo, magnésio, potássio, sódio, iodo, enxofre, silício, cálcio e manganês. No coração, temos magnésio, ferro, potássio, cálcio e fósforo. No sangue, os minerais-chave são ferro, cobre, zinco, sódio, potássio e cálcio. Nos vasos sanguíneos, magnésio, silício e enxofre. O baço é rico em ferro, cobre, cloro, sódio, potássio e magnésio. Os minerais mais elevados no fígado são zinco, selênio, enxofre, ferro, potássio e magnésio. Já nos rins, os minerais mais elevados são potássio, cloro, flúor, manganês, magnésio, cálcio, ferro e silício. Nos pulmões, temos fósforo, manganês e silício. No trato gastrintestinal, sódio, potássio, cloro, flúor, iodo, cálcio e ferro. Os minerais-chave na bexiga são silício e flúor. O ouvido interno requer magnésio, flúor, ferro e cloro. Os minerais-chave do olho são enxofre e cloro. A pituitária tem alto teor de iodo, fósforo, enxofre e manganês. A pineal é rica em fósforo, enxofre e manganês. A medula adrenal é muito rica em fósforo, enxofre, manganês e iodo. O córtex adrenal, em cálcio, flúor, ferro e silício. A tireoide e o hipotálamo são elevados em sódio, potássio, cloro, magnésio e iodo. As células beta do pâncreas são elevadas em zinco, manganês, potássio e cromo. A próstata é rica em zinco, silício e magnésio. Os testículos são elevados em silício, manganês, magnésio, fósforo e zinco.

Os principais minerais (encontrados em concentrações elevadas nos tecidos humanos) e os oligoelementos têm a sua própria história e energia. Muito dessa interessante informação veio do livro clássico do doutor Don Jensen, *The Chemistry of Man* [A química do homem].

A tabela na página a seguir mostra os minerais encontrados nos órgãos do corpo humano. Depois dela, falaremos de alguns desses minerais, que têm um impacto mais importante no funcionamento humano.

Cálcio

O cálcio é um dos minerais fundamentais para a saúde. É o mineral alcalinizante da estrutura e solidez. Tem uma poderosa atração pelo oxigênio, assim como pelo enxofre, silício e carbono. Em uma pessoa de 70 quilos, o cálcio representa pouco mais de um quilo e meio no seu corpo. É responsável pela solidez e pelo movimento. É essencial para que se possa caminhar, fazer atividades físicas e mentais. Sem cálcio suficiente no corpo, acabamos com problemas dentários e um metabolismo ósseo pobre. Seu papel no corpo é parecido com o seu papel no solo: é importante para a digestão, um grande alcalinizador e promove o crescimento e a vitalidade. Também ajuda o mecanismo de coagulação a prevenir hemorragias. Age para acalmar os nervos, neutralizar a acidez estomacal e proteger contra o esgotamento nervoso. Ajuda a fortalecer as paredes das artérias e veias. Os músculos requerem quantidades apropriadas de cálcio para funcionarem corretamente. O cálcio dá solidez ao corpo, essencial durante a gravidez para o crescimento do feto. Ajuda a curar ferimentos e cicatrizes, previne o escorbuto (junto com a vitamina C), repara a cartilagem, relaxa os nervos e protege contra tuberculose, raquitismo, asma e febre do feno. Constrói e mantém as estruturas ósseas e dentária. Proporciona vitalidade e resistência. Certa quantidade de cálcio age como amortecedor no sistema, criando alcalinidade. Também parece que o cálcio e a glicose se atraem. Quanto mais açúcar consumirmos, mais o cálcio se liga à glicose e se precipita para fora da solução em nossos fluidos e sangue

Como cada fundamento afeta os koshas																
	Cálcio	**Cloro**	**Cromo**	**Cobre**	**Flúor**	**Iodo**	**Ferro**	**Magnésio**	**Manganês**	**Fósforo**	**Potássio**	**Selênio**	**Silício**	**Sódio**	**Enxofre**	**Zinco**
Córtex adrenal	X				X		X	X					X			X
Medula adrenal	X					X			X	X					X	
Bexiga					X								X			
Sangue	X			X			X				X			X		X
Vasos sanguíneos								X					X		X	
Sistema cerebral e nervoso	X					X		X	X	X	X		X	X	X	
Olhos		X													X	
Trato gastrintestinal	X	X			X	X	X				X			X		
Cabelos e unhas		X					X						X		X	X
Coração	X						X	X		X	X					
Ouvido interno		X					X	X								
Hipotálamo		X				X		X			X			X		
Rins	X	X			X		X	X	X		X		X			
Fígado		X					X	X			X	X			X	X
Pulmões									X	X			X			
Músculos	X	X						X	X	X	X	X				
Pâncreas			X						X		X					X
Pineal									X	X					X	
Pituitária						X			X	X					X	
Próstata								X					X			X
Pele				X					X				X	X	X	
Baço		X		X			X	X			X			X		
Testículos								X	X	X			X			X
Tireoide		X				X		X			X			X		

extracelular. Dessa forma, o excesso de açúcar corrói os dentes, contribui para a acidez estomacal e rouba do corpo o seu cálcio essencial. No nível mental, o cálcio tem um efeito muito positivo na função cerebral. Ele estimula as qualidades de amor e compaixão, expansividade do intelecto e o poder de concentração.

Para o cálcio ser utilizado apropriadamente, precisamos também de alimentos ricos em sódio e cloro. Quando há um desequilíbrio de cálcio em relação ao sódio, há uma tendência ao endurecimento geral do corpo, conhecido como calcificação. Portanto, o excesso de cálcio ou a deficiência de sódio podem criar a precipitação do cálcio nos tecidos.

O cálcio não apenas constrói a nossa estrutura óssea física e cartilagem, mas também é útil para relaxar os músculos e prevenir espasmos musculares. É importante para o fluxo da energia elétrica no sistema e se combina com o fosfato, intra e extracelularmente, para formar um composto alcalino – o fosfato de cálcio. O cálcio iônico é um mineral de transporte extremamente importante para conduzir outros nutrientes para dentro da célula. Os laticínios e o sal de cozinha podem levar a perdas de cálcio do corpo, e uma série de pesquisas mostra claramente que a alta ingestão de forma errada do cálcio, como no leite, está relacionada a altas taxas de osteoporose. Os Estados Unidos têm a ingestão média mais elevada de cálcio por pessoa e a taxa mais elevada de osteoporose no mundo. A razão disso é que estamos obtendo o cálcio de fontes erradas e comendo e vivendo de maneira a minar o cálcio do metabolismo.

A deficiência de cálcio mina o poder da memória e tende a gerar egoísmo, falta de caridade e qualidades antissociais sutis na personalidade. A deficiência de cálcio pode também causar depressão, melancolia, confusão mental e uma sensação de vazio na cabeça, assim como o amolecimento dos ossos e dentes fracos e cariados. A deficiência desse mineral se apresenta com sintomas de fraqueza, medo, indecisão, falta de força de vontade, tendência à hemorragia, câimbras nas panturrilhas, fadiga nas veias, problemas digestivos, ossos moles, raquitismo, escorbuto e tuberculose. Até 32 por cento do cálcio é destruído em alimentos aquecidos acima de 65 °C. Entre os alimentos ricos em cálcio estão sementes de gergelim, dulse (alga vermelha), *Irish moss* (alga marinha), bodelha (alga marinha) e folhas verdes, a maioria das sementes, castanhas e grãos.

Carbono

O elemento carbono é conhecido como o construtor do corpo. Ele traz criatividade e é encontrado em todos os carboidratos. Dá suporte a todos os sistemas energéticos vitais. É essencial para o funcionamento dos músculos e todo o seu metabolismo. É básico no nascimento e na morte da célula e é a chave de todas as funções protoplasmáticas. O excesso de carbono, que, em essência, é o excesso de carboidratos, se manifesta na forma de obesidade e preguiça, baixo estímulo sexual, excesso de ácido, pressão alta, cistos, furúnculos, diabetes e desequilíbrios do sistema hepático. A deficiência de carboidrato no corpo gera emagrecimento, melancolia e negatividade.

Essencialmente, o carbono é o elemento principal do crescimento. Combinado com o oxigênio, ele cria calor, crescimento e gera o ácido carbônico. É o elemento básico da estrutura da parede celular e de toda a produção energética metabólica. Está presente na maioria dos amidos, açúcares e gorduras.

Cloro

O cloro, em sua forma de alimento saudável, em vez da forma comercial de sal de cozinha, está presente nos processos digestivos e nas secreções glandulares. Uma de suas principais funções é como limpador no corpo. A deficiência de cloro contribuirá para uma lentidão do fígado e inchaço linfático e glandular. O corpo humano contém cerca de 21 gramas de cloro. Ele se liga ao potássio para funcionar no sistema muscular e proporcionar tônus aos centros motores. Pode também ajudar a excitar o sistema sexual. O cloro ajuda a sustentar a função celular sanguínea e é importante na formação do ácido clorídrico. É um limpador da linfa, além de aumentar o movimento peristáltico e a circulação. O cloro ajuda a curar doenças do sangue, distúrbios nervosos, função muscular fraca, inflamação da pele, congestão linfática e fígado congestionado.

O excesso de cloro no sistema pode criar a perda de nitrogênio, hidrogênio, oxigênio, carbono, enxofre, fósforo, gorduras e açúcares. O resultado é a tendência ao emagrecimento. O excesso de cloro também diminui a atividade cerebral, deprime os reflexos, abaixa a pressão sanguínea, causa dificuldades respiratórias e deprime as funções da pele. No nível mental, a deficiência de cloro se apresenta como tristeza, baixa autoestima e baixa autoconfiança. Também pode gerar falta de vontade do espírito. No nível físico, temos um fígado lento e inchaço linfático. Na deficiência de ácido clorídrico, temos a formação de gases devido à fermentação dos alimentos.

O cloro está mais concentrado no sangue, na linfa e no pâncreas (fluido pancreático). Ele ajuda a lutar contra os vírus e bactérias. Os alimentos que têm bastante cloro elevado incluem aspargo, abacate, feijão, amora, castanha-do-pará, couve-de-bruxelas, repolho, cenoura, couve-flor, salsão, coco, pepino, folhas verdes de dente-de-leão, tâmara, berinjela, raiz-forte, couve, bodelha, couve-rábano, alface, manga, aveia, ervilha, abacaxi, uva-passa, chucrute, espinafre, morango, semente de girassol, batata-doce, tomate, nabo, agrião e melancia. Uma alimentação vegana tende a levar o cloro para fora do sistema; portanto, é importante trazer muitos sais de cloro e sódio para o sistema por meio dos alimentos e dos sais naturais como o sal do mar Celta, o sal do Himalaia, o sal Krystal™ ou o sal Real™.

O cloro natural em nossos vegetais não é o mesmo que o cloro adicionado à água. Na Primeira Guerra Mundial, o cloro era conhecido como gás mostarda. Ele é obviamente um veneno. Tem sido relacionado aos distúrbios digestivos crônicos, acne, psoríase, seborreia e eczema. O cloro também se combina com substâncias orgânicas na água e forma trialometanos, que são carcinogênicos. Em 1995, um estudo realizado no Canadá mostrou que uma exposição à água clorada por muito tempo causa um aumento de 34 por cento de câncer do cólon e da bexiga. Uma pesquisa realizada pelo Instituto Nacional da Ciência de Saúde e pela Universidade de Shizuoka descobriu que substâncias orgânicas naturais, como a soja, as frutas e o chá preto ou verde, reagem com a água da torneira para formar compostos causadores de câncer. O doutor Riddle, do Laboratório Kemysts, relata que o cloro e os subprodutos da cloração estão relacionados ao câncer de bexiga, fígado, reto e cólon; assim como às doenças do coração, à anemia, à pressão alta e às alergias.[6]

É interessante notar que o aumento de arteriosclerose e ataques cardíacos está associado à prática da cloração da água. De acordo com dados compilados pelo doutor Tru Ott, esse aumento de doenças do coração apareceu somente em países que cloravam a água, não em países que não adotaram essa prática. Uma forte associação entre doenças cardíacas e água clorada foi feita pelo doutor Price, nos Estados Unidos. Ele colocou cinquenta galinhas bebendo água clorada e cinquenta galinhas bebendo água não clorada. Sete meses depois, 95 por cento das galinhas que tinham bebido a água clorada desenvolveram arteriosclerose, e nenhuma das galinhas do outro grupo teve arteriosclerose. A água clorada também foi associada ao aumento da taxa de abortos naturais e casos de hipotireoidismo, assim como alergias, asma, problemas respiratórios e destruição da proteína. Os subprodutos da cloração incluem o clorofórmio, que causa formação excessiva de radicais livres, oxidação do colesterol e é carcinogênico. O ácido dicloroacético (DCA) é outro subproduto da cloração, que tem sido associado à alteração do metabolismo do colesterol e câncer hepático. O MX, outro ácido clorado, causa mutações genéticas que podem levar ao câncer. Não apenas beber água clorada é um problema. Absorvemos de seis a cem vezes mais cloro debaixo do chuveiro do que bebendo a mesma água. Se a água for clorada, a forma mais básica de lidar com isso é usar filtros de cloro para o chuveiro, de baixo custo, e filtrar a água que você bebe.

Os princípios da Nutrição Espiritual pedem que se evite comer ou beber qualquer coisa tóxica para o nosso corpo e mente. Isso inclui a água clorada.

Flúor

O flúor é conhecido como o elemento da estrutura, beleza e juventude. É encontrado no sistema estrutural do corpo e no esmalte dos dentes. É bom para preservar os ossos e também ajuda a resistir às forças da doença, embelezar o corpo, fortalecer os tendões e soldar ossos. Funciona muito bem em combinação com o cálcio adequado. O flúor é armazenado no baço, nas estruturas oculares e nos tecidos elásticos. Influencia os tecidos internos mais profundos. Um dos órgãos mais importantes que ele afeta é o baço, que necessita de flúor para funcionar. O cálcio se combina com o flúor para produzir o fluoreto de cálcio, um composto da longevidade. As pessoas têm muito flúor natural nos sistemas, o que mantém os ossos duros, os dentes fortes e ajuda a nos proteger contra vírus e bactérias. Uma razão pela qual os praticantes da alimentação viva têm um sistema imunológico um pouco mais forte é que eles não destroem o flúor dos alimentos pelo aquecimento. O flúor tem qualidades de cimento nos ossos, atua na construção do cabelo, na formação dos dentes e na integridade das meninges, unhas e na parte interna dos ossos, além das partes internas da parede dos seios da face. Também é um purificador, desinfeta e cria resistência à doença. É um elemento que ajuda a criar beleza e juventude. De certa forma, o flúor nos ajuda a preservar os corpos contra o envelhecimento.

O excesso de flúor no sistema pode criar medo, inflamar e aumentar a artéria esplênica. Pode criar gás e palpitação cardíaca. A deficiência de flúor pode causar preocupação, indiferença, estresse, dificuldade de levantar de manhã, funcionamento mental lento, fraqueza nas estruturas da córnea, unhas, barba e superfícies brilhantes de todas as estruturas. Pode também estar associada a cáries, ossos enfraquecidos e esclerose no cérebro. Tende a ser associada a enfraquecimento da visão, dificuldade de raciocínio, fraturas que demoram a se curar, pálpebras inchadas e desejo por comidas gordurosas.

Encontrado em frutas cruas e vegetais, quando exposto ao calor, tende a ser destruído. É um elemento instável. Quando cozinhamos, aquecemos ou usamos o vapor, o flúor tende a evaporar. As fontes mais elevadas deste elemento são marmelo verde, vegetais marinhos, abacate, feijão-fradinho, couve-de-bruxelas, repolho, sementes de cominho, couve-flor, tâmara, alho, folhas verdes em geral, baga de junípero, erva-cidreira, alcaçuz, espinafre-da--nova-zelândia, salsinha, repolho-do-mar, alface-do-mar, espinafre e tomate.

O fluoreto de sódio, usado para fluoretar a água, não é a mesma coisa que o flúor natural. O flúor natural é encontrado na natureza como cálcio fluorfosfato. Natural, o flúor ajuda a construir ossos e dentes saudáveis. É um sal orgânico comestível. Já o fluoreto de sódio é um veneno. Dean Burk, químico emérito do Instituto Americano do Câncer, afirmou: "O flúor causa mais morte por câncer em seres humanos e mais rapidamente do que qualquer outro produto químico".[7] Cerca de três gramas de fluoreto de sódio pode causar a morte. O fluoreto de sódio usado na água fornecida às residências, além de não proteger os dentes, é um produto industrial venenoso, que vem da produção do alumínio. Os sintomas de envenenamento por fluoreto de sódio estão relacionados na *U.S. Pharmacopedia* de 1983, incluindo fezes semelhantes a piche, vômito com sangue, diarreia, desmaio, náusea, dores e câimbras estomacais, excesso de salivação, erupções cutâneas, rigidez, perda de peso, manchas nos dentes, aumento de fraturas do quadril e morte. Em Kizilcaoren, na Turquia, onde a água da vila continha 5.4 ppm (partes por milhão) de fluoreto de sódio, índice elevadíssimo, todos os habitantes sofriam de envelhecimento precoce. Todas as pessoas com mais de 7 anos de idade tinham descoloração dos dentes e os adultos quase não tinham mais dentes. Cada membro da vila tinha alguma forma de doença dos ossos. De acordo com *How to Fight Cancer & Win* [Como lutar contra o câncer e vencer], cientistas do Centro de Pesquisa Seibersdorf, na Áustria, mostraram que mesmo 1 ppm de fluoreto de sódio enfraquece o sistema de reparar o DNA do sistema imunológico. Outros estudos mostraram que 1 ppm pode causar dano significativo aos cromossomos em plantas, animais e seres humanos e aumenta proporcionalmente conforme a quantidade de fluoreto de sódio aumenta. Na Faculdade Nippon de Odontologia, do Japão, os pesquisadores constataram que o nível de flúor na água dos Estados Unidos, que é 1 ppm, pode transformar células normais em células cancerígenas. O Instituto Americano do Câncer, em 1963, mostrou que mesmo pequenos níveis de fluoreto de sódio aumentam a incidência de tumores melanocíticos de 12 por cento a 100 por cento. Os cientistas poloneses mostraram que mesmo 0,6 ppm de fluoreto de sódio pode causar dano aos cromossomos.

De acordo com o Índice Merck, o fluoreto de sódio é um veneno para ratos e baratas. Mas é um dos ingredientes básicos do Prozac e do gás sarin. Nem o fluoreto de sódio nem o fluoreto de estanho, usados na maioria dos cremes dentais, é seguro. Muitas pesquisas realizadas nos últimos cinquenta anos mostram que o fluoreto de sódio encurta a vida, aumenta a incidência de câncer, cria distúrbios mentais e, literalmente, torna os seres humanos estúpidos, dóceis e subservientes. É estranho que não haja um estudo objetivo, duplo-cego, que relacione o fluoreto de sódio aos dentes saudáveis. E sabe quem pensou em colocar o fluoreto de sódio na água? Os nazistas, que conscientemente o usavam nos campos de concentração para o controle populacional geral. Não era para ajudar os dentes das pessoas, mas para esterilizar os prisioneiros, destruir sua capacidade mental e eliminar sua vontade de resistir. De acordo com Charles Perkins, químico e pesquisador, que passou vinte anos pesquisando o flúor: "Qualquer pessoa que bebe água fluoretada artificialmente, por um período de um ano ou mais, nunca mais será a mesma pessoa mental ou fisicamente".[8] De acordo com o doutor Tru Ott, o fluoreto de sódio inibe mais de cem importantes funções enzimáticas do corpo e está associado a 50 mil mortes por câncer por ano. O número de mortes em áreas com água fluoretada, de acordo com o Centro de Controle e Prevenção de Doenças (CDC), é 5 por cento maior do que em áreas não fluoradas. Ele é tão mortal que, em 1979, um dentista foi processado pela morte de uma criança de 3 anos, que engoliu um bochecho de flúor. O fluoreto de sódio não está apenas na água, mas também na Coca Cola Diet, na quantidade de 2,96 ppm, e em 42 por cento dos sucos de frutas instantâneos.[9] A razão provável disso é que eles estão usando água fluoretada no lugar em que se localizam as fábricas.

Uma parte importante da Nutrição Espiritual é não beber nem comer nada que possa enfraquecer a saúde física, mental ou a sua força de vontade espiritual. É por essa razão que o autor está reforçando esse ponto, sobre evitar todo o fluoreto de sódio.

Hidrogênio

O hidrogênio é considerado o elemento da hidratação. É encontrado em secreções, tecidos moles, soro do sangue, linfa, cérebro, pulmões, todos os órgãos glandulares, fígado, rins, baço, pâncreas e músculos. Previne inflamações, promove a transferência de nutrientes através das membranas celulares, umedece as superfícies do pulmão para a transferência do oxigênio e ajuda a regular a temperatura do corpo. Sem hidrogênio, o sangue não consegue fluir bem e as toxinas não podem ser removidas do sistema. Um ser humano de 70 quilos tem aproximadamente 7 quilos de hidrogênio. As concentrações mais elevadas estão nas glândulas linfáticas, no fígado, no sangue, nos rins, no baço, no pâncreas, na bexiga e na transpiração. O hidrogênio é muito importante para o processo de digestão, assimilação e eliminação. Ele é vital como transportador de nutrientes através das membranas celulares. Podemos pensar no hidrogênio como exercendo um efeito suave no corpo, mente e alma. A água é um dos principais transportadores de hidrogênio. Os sintomas de excesso de hidrogênio são inchaço, edema, retenção de água sob a pele e entre as articulações, mãos inchadas, uma sensação geral de inchaço no sistema, pescoço rígido e dormência. As pessoas com excesso de hidrogênio têm baixa energia. Os alimentos que transportam o cloro podem ajudar a reduzir a tendência a edemas, por exemplo, os alimentos alcalinizantes. Comer alimentos com alto teor de potássio ajuda a reverter o excesso de hidrogênio.

Podemos pensar na deficiência de hidrogênio como sendo algo semelhante à desidratação. Quando uma pessoa está desidratada, o cérebro não funciona tão bem, o sistema fica irritado, o sistema linfático e todo o metabolismo se tornam lentos e começam a se desligar, as inflamações são frequentes. O cérebro, literalmente, encolhe e a pessoa envelhece. As articulações podem inflamar. Os sintomas de deficiência de hidrogênio podem ser: desidratação e emagrecimento, câimbras, desejo por comida salgada e, em geral, pele seca e enrugada. Os níveis adequados de hidrogênio no corpo ajudam a equilibrar e acalmar o sistema nervoso, umedecer os tecidos, transportar nutrientes, ajudam na eliminação, diminuem a inflamação e regulam a temperatura.

Os alimentos com alto teor de hidrogênio são os que transportam umidade e cujo pH da água fique abaixo de 7,2, ou seja, frutas cítricas, sucos de frutas e vegetais, damasco, aspargo, amora e suco de amora, mirtilo e suco de mirtilo, brócolis, couve-de-bruxelas, repolho, cenoura, suco de cenoura e salsão, acelga, cereja e suco de cereja, couve-rábano, alface, manga, papaia, pêssego, abacaxi, ameixa, abóbora, chucrute, espinafre, morango, tomate e suco de tomate, nabo, agrião e melancia.

Iodo

O iodo é um mineral metabólico, muito importante para a tireoide e para várias glândulas diferentes, além das funções cerebrais. Previne o bócio e ajuda no metabolismo celular. É muito importante para a assimilação de minerais essenciais, como cálcio, silício, cloro e flúor. Também é importante para o funcionamento cerebral e o metabolismo dos dentes e ossos. É encontrado em altas concentrações no baço, no sangue, na saliva, na transpiração e nas lágrimas. O excesso de iodo traz sintomas de nervosismo e ansiedade, olhos saltados e hipersensibilidade ao tato. Seus sintomas psicológicos são medo do futuro, excesso de sensibilidade e tremor nervoso. Os sinais de deficiência de iodo podem também incluir nervosismo, mas com aumento no colesterol, ganho de peso, agitação, lentidão mental, metabolismo lento, medo, bócio, expressão desajeitada, muito muco e problemas do coração e pulmão. Os alimentos mais ricos em iodo são alga vermelha e bodelha. Todos os vegetais marinhos basicamente contêm todos os minerais do mar, sendo uma boa fonte de oligoelementos em geral.

O iodo parece funcionar como monitor ou controlador do metabolismo do cálcio. É um dos minerais-chave. O iodo tem a mais alta frequência de todos os minerais essenciais da natureza. Ele sustenta o sistema enzimático, que ajuda o funcionamento de certos hormônios da tireoide, e participa da regulação das taxas metabólicas celulares. Pode ser útil na proteção contra câncer de mama. É importante para o desenvolvimento físico e mental normal das crianças por causa da importância de uma tireoide normal no desenvolvimento e crescimento infantil. A falta de iodo também pode estar associada ao crescimento retardado das crianças, desenvolvimento ósseo fraco, problemas dentários e lento funcionamento mental. Em 1915, até 90 por cento da população americana era considerada carente de iodo. O iodo parece ser um dos minerais que se desgasta pelo estresse, portanto, a ansiedade, tensão e depressão fazem o iodo necessário. Além disso, age como limpador do corpo e protege o cérebro, destruindo as toxinas do sangue antes que cheguem ao cérebro, e aumenta a assimilação de sais para o metabolismo normal. Por ser solúvel em água, o iodo funciona com a linfa, percorre cada célula do corpo, funciona como desinfetante, equilibra o metabolismo e gera equilíbrio elétrico do organismo.

É melhor pensar a respeito dos minerais em padrões sinergéticos. O iodo é um bom exemplo disso, pois esses elementos-chave funcionam em padrões, para fazer com que os órgãos e os tecidos funcionem da melhor forma possível. O padrão é apenas um pouco diferente para cada pessoa. Um exemplo disso é a catarata, que parece estar relacionada ao cálcio que mudou de padrão por causa da falta de iodo. O iodo também funciona em relação ao fósforo para ativar a claridade mental. A alga vermelha parece ser uma melhor escolha para suprir a necessidade de iodo do que a bodelha, pois tem um pouco mais de manganês, que é um elemento importante para o funcionamento do iodo no sistema. Além da bodelha e da alga vermelha, as comidas que têm alto teor de iodo são aspargo, mirtilo, couve-de-bruxelas, cardamomo, cenoura, mandioquinha, salsa, cebolinha, coco, pepino, berinjela, alho, pimentão verde, couve, alface, folhas de mostarda, quiabo, aveia, cebola, batata, couve-nabo, todos os vegetais marinhos, espinafre, abóbora-japonesa, morango, acelga, tomate e melancia.

Ferro

O ferro é o mineral-chave da vitalidade, juntamente com o oxigênio. Eles atuam em parceria. Sem ferro, não conseguimos absorver oxigênio para a hemoglobina. Junto com o oxigênio, o ferro no corpo humano constrói vitalidade, magnetismo e otimismo. Melhora a circulação, a digestão, a eliminação, a transpiração e a oxidação dos tecidos. Também age como construtor do sistema imunológico contra resfriados. Uma doença significativa de excesso de ferro é a hemocromatose, cujos sintomas ameaçam a vida, resultado do acúmulo de ferro em tecidos do coração, cérebro e fígado. A hemocromatose pode ser letal se não for diagnosticada adequadamente. Ela é o resultado de um defeito genético. Os sinais de deficiência de ferro, que ocorrem mais quando as mulheres estão menstruando, assim como em idosos, incluem depressão e melancolia, baixa oxigenação, baixa vitalidade do sistema nervoso e do cérebro, suscetibilidade a resfriados, pressão baixa, anemia, funcionamento mental fraco, memória fraca e fala debilitada.

Aproximadamente 57 por cento dos comedores de carne são deficientes em ferro.[10] A vitamina C, especialmente a vitamina C completa, aumenta a assimilação do ferro. A vitamina C em frutas e vegetais naturalmente aumenta a absorção do ferro. Isso pode explicar por que os vegetarianos têm menos deficiência de ferro do que as pessoas que comem carne.

Os alimentos mais ricos em ferro são alga vermelha, bodelha, *Irish moss*, cereja escura, folhas verdes, amora, uva-passa e espinafre. Talvez o alimento mais rico em ferro, no entanto, seja a clorofila. Os pesquisadores descobriram que quando as pessoas estão anêmicas, altas quantidades de clorofila podem tratar a anemia. Isso ocorre possivelmente porque a estrutura de magnésio na clorofila é exatamente a mesma que a da hemoglobina, com a única diferença de que há ferro em vez de magnésio. A teoria do autor é que há uma transmutação bioquímica, por meio da teoria de transmutação enzimática do doutor Kervan, na qual o manganês é convertido em ferro. A quantidade total de ferro no corpo humano é de aproximadamente 3,25 gramas. O ferro é absorvido no duodeno, no intestino delgado, e depois o ácido clorídrico no estômago se combina com o ferro para formar o cloreto de ferro. Aparentemente, o ferro é mais rapidamente assimilado de frutas vivas e sucos de vegetais do que de alimentos sólidos. O ferro dos sucos é mantido no duodeno por tempo suficiente para que seja absorvido, enquanto que o ferro em alimentos sólidos passa pelo duodeno antes que possa ser absorvido. Além da hemoglobina, ele é encontrado em sucos gástricos, linfa, bile, pigmento do olho, cabelo e pele. Uma alimentação rica em ferro, enxofre, potássio, cálcio e fósforo fornece os minerais que podem ativar o cérebro biologicamente alterado e trazê-lo de volta ao normal. As pessoas com deficiência de ferro têm aparência pálida e seca, e parecem menos saudáveis. Se houver ferro suficiente no sistema, haverá um brilho sanguíneo, que mostra a riqueza de ferro no sistema. Há também um aumento na energia e na vitalidade, associado ao aumento da beleza e ao magnetismo. O ferro, naturalmente, está presente nos ímãs, portanto, gera certo magnetismo. David Wolfe, no livro *Eating for Beauty* [Comer para ficar belo], o considera um mineral da beleza.[11]

O ferro é cofator importante em vários tipos de enzimas e está associado ao funcionamento e à boa cognição mental. O ferro solúvel em água, na forma iônica, tende a aumentar a vitalidade, o bem-estar geral, a resistência às infecções e a estimular a energia.

Magnésio

O magnésio, o mineral relaxante, é um dos mais importantes. É importante para todos os músculos, para o funcionamento cardíaco e sistema digestivo. Sua deficiência está associada ao estado de estresse crônico e à diminuição do funcionamento das suprarrenais. Mais de 80 por cento da população tem deficiência de magnésio. Ele é muito importante no tratamento de todas as pessoas com exaustão crônica, exaustão das suprarrenais e depressão. E também para a otimização da função dos neurotransmissores.

Quase todas as pessoas atendidas na Tree of Life Foundation são deficientes em magnésio. Isso ocorre principalmente quando as pessoas estão passando por tensão, ansiedade, exaustão das suprarrenais, fadiga crônica, constipação e espasmos musculares. O magnésio é muito bom para câimbras e espasmos, especialmente quando se está jejuando. Ele ativa muitos sistemas enzimáticos e está envolvido com a produção de neurotransmissores. Ajuda a regular o controle de temperatura no corpo e é necessário para a síntese de proteínas. O magnésio é usado pela glândula pituitária como parte de sua regulação das funções da paratireoide, das suprarrenais e da tireoide. É um mineral-chave enzimático, usado em quase cem sistemas enzimáticos diferentes, no ciclo de Krebs e na produção de energia na mitocôndria das células. Muitas pessoas que sofrem de depressão têm deficiência de magnésio; portanto, ele é muitas vezes usado no tratamento da depressão. Não necessitamos de muito magnésio para conseguir um funcionamento adequado; temos aproximadamente 56 gramas de magnésio orgânico no organismo.

O magnésio é alcalinizante para o corpo e funciona como laxante natural. Na Tree of Life Foundation, nós o usamos regularmente com esses dois propósitos. Também ajuda a acalmar os nervos, melhorar a flexibilidade, particularmente dos músculos, nervos, ligamentos e articulações. Produz um efeito positivo nas mucosas, nos nervos em geral e nos nervos excretores e secretores. É bom para a insônia, assim como para resfriar o corpo. Neutraliza os ácidos no sistema e ajuda a alcalinizar o corpo (ou aumentar os níveis de pH), e relaxa e refresca o sistema nervoso e cerebral em geral.

O excesso de magnésio frequentemente se manifesta como diarreia; é como ampliar as qualidades sedativas comuns dele, portanto, começamos a ter sintomas de memória fraca, apatia do sistema nervoso central, lentidão de raciocínio e um funcionamento cerebral apático. Com a deficiência de magnésio, vemos um sistema nervoso hiperativo, câimbras, espasmos musculares, ansiedade, apreensão, preocupação excessiva com o trabalho, tremores na cabeça, voz trêmula e uma sensação de desespero, assim como depressão. Também pode haver rigidez muscular no pescoço e nos ombros no fim da tarde. Com o tempo, uma deficiência crônica de magnésio cria uma inflamação dos nervos excessivamente ativa, rompe a função mental, mina a ambição e faz com que a personalidade se torne dispersa e errática. As mulheres que têm deficiência de magnésio podem ter problemas menstruais. Um dos principais tratamentos para problemas menstruais é magnésio e vitamina B_6. Um sintoma interessante é que a fumaça de tabaco é extremamente irritante e debilitante para uma pessoa que tenha deficiência de magnésio. Ódio, ciúmes, ressentimentos, amargura, hostilidade e ganância tendem a criar uma deficiência de magnésio. Esses sintomas quase sempre melhoram quando se administra magnésio à pessoa. O magnésio está em sinergia com o cálcio. É a combinação de cálcio e magnésio que ajuda a manter ossos, dentes e tecidos saudáveis. Ele ativa o crescimento celular, melhora a elasticidade da célula e relaxa o sistema nervoso. Também nos ajuda a nos sentirmos mais jovens, perder peso e está associado ao aumento da libido. Combinado com o cálcio, produz um resultado de antienvelhecimento e até ajuda a proteger a pele.

As castanhas, os grãos integrais, o arroz não parboilizado e o gérmen de trigo possuem um alto teor de magnésio. Geralmente, os alimentos ricos em magnésio incluem maçã, damasco, abacate, folhas de beterraba, frutas vermelhas, noz-pecã, castanha-do-pará, repolho, coco, folhas de confrei, figo, algas vermelhas, endívia, folhas verdes, espinafre, centeio, nozes, agrião e milho amarelo.

Manganês

Um elemento importante, mas menos conhecido, é o manganês. Algumas pesquisas sugerem que ele é o elemento do amor maternal, uma vez que os animais com deficiência em manganês não têm muita empatia ou ligação com a sua cria. Falando de modo geral, o manganês é um elemento do cérebro e um suave alimento para os nervos. Ajuda a desenvolver um sistema nervoso forte e coordena os nossos pensamentos. É também encontrado no revestimento interno do coração. Ele é, quase sempre, armazenado em combinação com a lecitina. De certa forma, seu funcionamento é muito similar ao do ferro. O trabalho do doutor Kervan mostra que ele se converterá em ferro (o manganês, em certo nível, participa da regulação do metabolismo do ferro, pois se converte em ferro). O manganês e o ferro maximizam a criação de um sangue rico em ferro. Por si só, o manganês ajuda a transportar o oxigênio dos pulmões para as células. Ele é importante para os sistemas enzimáticos do esqueleto e protege seres humanos e animais contra a impotência, os defeitos posturais e estruturais do esqueleto, dificuldades pancreáticas, renais e hepáticas. Pode ajudar as pessoas a terem controle neuromuscular em casos de miastenia grave, esclerose múltipla e disquinésias tardias. Auxilia a elasticidade e o fortalecimento dos ligamentos e músculos. Também parece ter um efeito no sistema digestório; além de influenciar o revestimento interno intestinal, o revestimento interno dos dutos biliares e as passagens dos dutos da vesícula biliar e do fígado. Foi demonstrado que ele ajuda os ossos, tecidos duros e discos, sendo particularmente bom para o reparo e fortalecimento de discos deslocados. O manganês apoia o funcionamento da enzima superóxido dismutase (SOD), um sistema antioxidante muito importante para o organismo, principalmente importante contra a radiação. Ele não é apenas um oligoelemento, mas foi demonstrado que catalisa a formação da tiroxina (um hormônio da tireoide). Esse elemento é essencial para o desenvolvimento ósseo, uma variedade de reações enzimáticas, o metabolismo da gordura, síntese da proteína e produção celular. Ele pode estimular os neurotransmissores para uma melhor tolerância à glicose. O manganês é necessário para que o corpo possa utilizar da melhor forma possível as moléculas de proteína e carboidrato. Funciona em conjunção com o selênio para dissolver e eliminar ácidos graxos, o colesterol prejudicial e dar apoio à síntese das células dos glóbulos vermelhos no fígado e nos rins. É auxiliar na cura da arteriosclerose e dos distúrbios cardíacos, na redução do colesterol, no crescimento saudável do pâncreas e na melhora da visão.

O autor começou a usar o manganês pela primeira vez em 1970, para o tratamento de disquinésia tardia, um efeito colateral de medicações antipsicóticas e dos inibidores seletivos da recaptação da serotonina (SSRIs), como o Prozac. Ele é um dos poucos minerais que parece ter efeito nas disquinésias tardias – uma condição às vezes irreversível, que se manifesta como uma contração facial incomum, o movimento de rolar remédios com os dedos, a dificuldade de ficar sentado quieto e uma síndrome geral de "pernas agitadas", que se manifesta pelo corpo todo.

É muito raro uma pessoa apresentar excesso de manganês; uma deficiência é muito mais comum e está associada a um crescimento fraco e reprodução prejudicada, assim como a depósitos de cálcio no ouvido interno, que podem levar à síndrome de Down. A deficiência de manganês tem sido associada com características de vingança, maldade e personalidade sádica. Um dos aspectos psicológicos interessantes da deficiência desse mineral é a aversão ao trabalho físico e, principalmente, trabalho mental. Além disso, a força de vontade é fraca, a mente não está atenta ao presente e a habilidade de tomar decisões é bastante limitada. Uma pessoa com deficiência de manganês pode ficar irritada facilmente, é impaciente, brava e briguenta. Alguns sintomas de paranoia também tendem a se desenvolver. Dúvida, confusão, indecisão, ambivalência e sensação de estar sobrecarregado parecem inquietar uma pessoa com deficiência de manganês. Outros sinais são condições que pioram à noite: muita queimação e transpiração, dor de cabeça devido à movimentação, glândulas inchadas, depressão, aversão ao toque, aversão ao trabalho, impaciência, ansiedade, pesadelos e estalos das juntas. Sem manganês, de acordo com o doutor Jensen, o cérebro na verdade encolhe, como ocorre com os ossos, a medula óssea e o revestimento interno de muitos sistemas de órgãos.[12] Os fluidos sinoviais nas articulações secam e, portanto, adquirimos ossos e articulações que fraturam e rangem.

Nesses casos, o tratamento não é apenas ingerir manganês, mas inclui o aumento de silício, cloro, sódio, potássio, ferro e magnésio.

Em resumo, o principal efeito do manganês é ajudar o sistema neurológico. A sua ajuda coordena os pensamentos e as ações, cria habilidade para o pensamento claro e objetivo, e produz uma capacidade de recuperação em geral. Ele melhora a memória, potencializa o poder intelectual e abre o coração.

Em nossa alimentação diária, por ser desvitalizada, o suprimento de manganês é pequeno. Ele é abundante em castanhas, sementes, grãos e folhas verdes, assim como nos sais naturais. Os alimentos mais ricos em manganês são amêndoa, mirtilo, cardamomo, salsão, noz-inglesa e pinhão.

Nitrogênio

O nitrogênio é um elemento interessante, pois existe em equilíbrio com o oxigênio. O oxigênio tem uma qualidade explosiva e radical, enquanto o nitrogênio é mais contido. Se o nitrogênio substituísse o oxigênio, morreríamos sufocados. E se fosse removido do ar, queimaríamos, devido ao oxigênio. Portanto, é parte de um equilíbrio que traz a vida. Há um pouco mais de um quilo e meio de nitrogênio no organismo. É o elemento crítico da proteína. Quando falamos a respeito do nitrogênio, estamos de certa forma falando mais da proteína. No organismo, o nitrogênio está em albuminas, compostos de proteína, agentes alcaloides, amônia e seus produtos de decomposição. Em combinação com o hidrogênio, oxigênio e carbono, o nitrogênio é necessário para se ter poder, força e dar vitalidade a todos os órgãos. No sistema muscular, a miosina, que é a proteína principal no músculo, é composta de 17 por cento de nitrogênio.

As pessoas com excesso de nitrogênio tendem a baixa geração de calor, tecidos moles, compleição morena e, muitas vezes, uma oxidação problemática, e têm uma tendência a problemas do sistema nervoso. Também se manifesta como letargia, sono profundo, inchaço glandular, dentes moles e uma cura lenta de machucados, fraturas e ossos. Nessas pessoas, o fígado, os rins e os intestinos estão sobrecarregados e os ossos e as articulações são suscetíveis a ferimentos. Tendem a ter estados de inconsciência, melancolia, medos e ansiedades. Também sofrem de esquecimentos significativos, sonolência, resfriados e gripes. Em geral, a imunidade é deficiente e o corpo é bastante ácido. Mentalmente, as pessoas com excesso de nitrogênio tendem a ficar em choque devido ao medo, pesar, falhas, operações e acidentes, pois seus nervos estão muito desequilibrados, e elas explodem com facilidade. As pessoas com baixa desse elemento tendem a comer carne em excesso, como resultado da autotoxemia, que enfraquece os sistemas emocional, físico e imunológico.

As pessoas com deficiência de nitrogênio tendem a ser inovadoras; tendem a ter erupção cutânea e um comportamento compulsivo, são impacientes e rápidas para julgar e agir. Suas depressões são intensas e o seu tato é mínimo. Essas pessoas tendem a ter baixa vitalidade e estados emocional e mental irregulares. Para tratá-las, não basta aumentar a proteína; elas precisam de certa quantidade de nitrogênio livre, disponível em uma atmosfera rica em nitrogênio. Qualquer lugar com baixa altitude e muita vegetação encoraja a melhora do metabolismo do nitrogênio e baixa a retenção de nitrogênio no corpo. Os sinais de sua deficiência são fraqueza, dormência, fraqueza muscular, fadiga, esquecimento, falta de energia sexual, hipocondria, falta de vontade de trabalhar, tendões que racham e fraqueza cerebral. Os alimentos ricos desse elemento incluem todos os alimentos proteicos, especiarias, castanhas em geral, amêndoa, feijão, lentilha, pinhão, ervilha seca, espirulina, clorela e algas em geral.

Oxigênio

O oxigênio é a vida que anima a festa. Sem oxigênio, não haveria festa. Ele fortalece todos os nossos sistemas – metabolismo, funcionamento mental, regeneração celular, vitalidade e antienvelhecimento. É o elemento do entusiasmo, da jovialidade. Se houver excesso de oxigênio, tendemos a ter excesso de características como otimismo demasiado e expansividade. Essas pessoas tendem a ser levadas pelos sentimentos e instintos, pois o cérebro está superestimulado. Na sua deficiência, por outro lado, temos pessoas nervosas, teimosas, hipersensíveis e têm mais manifestações de infecções bacterianas e por fungos, assim como câncer. O câncer é mais ativo quando há baixa de oxigênio na atmosfera, perto de 12 por cento, pois as células cancerígenas são anaeróbicas. O baixo teor de oxigênio produz diminuição das funções cerebrais, congestão, sangramento e um declínio da sexualidade. Uma das razões que levam as pessoas a adormecer no avião é que o oxigênio da cabine é equivalente a uma altitude de 2.500 metros. Felizmente, o oxigênio na cabine do piloto é de concentração mais elevada. Além da glicose, ele é um dos principais elementos para o funcionamento energético eficiente do cérebro. Quando sua concentração é baixa, os sentidos da visão, do tato e da audição diminuem; o processo de senilidade é acelerado, o intelecto e o funcionamento mental diminuem. O oxigênio é necessário para a mitocôndria produzir energia. A pessoa com baixa de oxigênio normalmente tem baixa energia e uma maior taxa de envelhecimento. Essas pessoas tendem a se tornar mais teimosas e hipersensíveis com o funcionamento fraco da mitocôndria no cérebro e nas células do corpo;

há diminuição da memória e as emoções ficam desequilibradas. Isso pode resultar em depressão, com intenso desejo de estar nas montanhas, colinas e oceanos. Também pode resultar em necessidade de reclusão.

O resultado final é que é muito importante respirar e fazer exercícios de pranayama (exercícios de respiração). De acordo com alguns estudos, por volta dos 70 anos, você pode perder até 50 por cento da sua capacidade pulmonar. É muito importante perceber se isso acontece, no entanto, isso não se aplica a pessoas que fazem exercícios respiratórios regularmente. Na Tree of Life Foundation enfatizamos o aumento da oxigenação no nível mitocondrial, com várias técnicas de oxigenação não invasivas. Oxigenação e manutenção dos níveis de ferro podem, significativamente, diminuir o processo de envelhecimento e senilidade.

Temos oxigênio em todos os alimentos e, geralmente, ele é atraído pelo sangue por causa do ferro; portanto, os alimentos ricos em ferro são particularmente importantes para conduzir o oxigênio para o sistema. Outros minerais que ativam o oxigênio são cálcio, potássio e iodo.

Os alimentos ricos em oxigênio incluem tônicos de ferro, castanhas, sementes e clorofila líquida. As frutas e os vegetais, em geral, também são bons, especialmente na forma de sucos. Os alimentos ricos em oxigênio incluem beterraba, mirtilo, cenoura, figo, uva, pimentão verde, raiz forte, alho-poró, folhas de mostarda, nozes, sementes, azeitona madura, cebola, uva-passa, vegetais marinhos, espinafre, tomate e suco de tomate. Todas as folhas verdes possuem alto teor de oxigênio, especialmente as frutas e os vegetais aquosos.

Fósforo

Do ponto de vista espiritual, o fósforo está entre os sete minerais mais importantes para o autor. Ele é o mineral da iluminação. Fósforo, do grego, significa "portador de luz". Está ligado às percepções psíquicas, tendências idealistas, humanitarismo e filantropia. E também com as funções subjetivas do cérebro e com o sistema sensorial cerebral físico – paladar, tato, olfato. O fósforo tem também muito a ver com a inteligência. Através da história, o fósforo tem sido sinônimo de inteligência e é visto como mineral que ajuda a relacionar a alma com a matéria. É absolutamente essencial para a vida espiritual. Para o cérebro, precisa ser absorvido do ambiente na forma de lecitina; diferentemente do fósforo para a construção dos ossos. Os alimentos vegetarianos, ricos em fósforo e lecitina, são a soja e o pólen, que tem de 15 a 20 por cento de lecitina. De acordo com a literatura científica, o processo real do pensamento queima o fósforo; portanto, aqueles que estão pensando ou meditando muito necessitam de uma ingestão muito maior de fósforo. O fósforo parece ser usado no estudo, na memorização, na leitura, no funcionamento intelectual, na visualização e na compreensão. A cada pensamento que temos usamos fósforo. Os intelectuais precisam ingerir muito fósforo na forma de lecitina, pois as atividades de todos os neurônios requerem fósforo. Isso significa que pessoas que fazem muito trabalho mental, trabalho de escritório, estudantes, cientistas, meditadores e também mulheres grávidas precisam de um nível mais elevado de fósforo na alimentação.

Um dos princípios nutricionais que as pessoas não captam é que os minerais, assim como as vitaminas, são literalmente usados até o fim. Por exemplo, as pessoas sob muito estresse usarão quantidades enormes de B_{12} se esse momento for comparado com outras épocas de sua vida, quando precisavam de muito menos B_{12} porque estavam em um ambiente livre de estresse. A mesma coisa acontece com os minerais, como o fósforo e o magnésio. A atividade mental intensa, de qualquer tipo, requer imensas quantidades de fósforo. Ele também é usado na telepatia, na percepção extrassensorial e nos sonhos, assim como nos desequilíbrios mentais como as obsessões, ilusões e alucinações.

O fósforo é necessário para o desenvolvimento ósseo e a formação do sêmen. Na forma de fosfato de cálcio, ajuda a construir e reparar os ossos. Também auxilia a produção de DNA e RNA e na produção de ATP (trifosfato de adenosina), que é a principal forma de armazenamento de energia no nível biomolecular. É útil para a produção de células de glóbulos brancos e para a regulagem metabólica. Algumas pessoas percebem que o fósforo, como um portador de luz, está associado à força da aura em volta das pessoas. É ativado pelo cálcio e pelo silício. Deve-se ter, em média, 1 quilo de fósforo no corpo para que sua ação seja mais eficiente.

O fósforo é encontrado em excesso nas pessoas que tomam refrigerantes. O excesso de fósforo pode gerar um desequilíbrio em pessoas cujo trabalho envolva mais idealismo do que praticidade. As pessoas com excesso de fósforo gastam dinheiro excessivamente, são afetadas pela autossugestão, têm uma mente que funciona o tempo todo, são excessivamente excitáveis e têm dificuldade para tomar decisões, fazer julgamentos práticos, ter concentração e força de vontade.

Com o estresse da vida e os solos esgotados, os minerais estão desaparecendo ainda mais de nossa alimentação. A fraqueza é um dos principais sintomas de deficiência de fósforo. Com a deficiência, há uma sensação de estar a ponto de desmaiar, falta de energia sexual, pouco apetite ou fome significativa e o desejo de bebidas frias. Aparecem dores nevrálgicas intensas e uma fraqueza geral no sistema hepático e no funcionamento cerebral. As pessoas com deficiência de fósforo tendem a ter enxaquecas, sensibilidade à luz, hemorragia pulmonar, dores de cabeça frontais e dores nas têmporas. Sentem obrigação emocional, paranoia, medo, fraqueza, incapacidade e muitos tremores. Essas pessoas são pouco confiantes e então geram amor e compaixão para compensar. Há um aumento geral de medo e ansiedade, e medo do futuro.

Os alimentos ricos em fósforo incluem amêndoas, lentilha, cenoura, castanhas de caju, milho, algas vermelhas, bodelha, aveia, azeitona, semente de abóbora, abóbora japonesa, farelo de arroz, semente de gergelim, soja, semente de girassol, nozes, farelo de trigo e gérmen de trigo. O pólen, que tem de 15 a 20 por cento de lecitina, pode ser a fonte vegetariana de lecitinas mais potente, suficiente para suprir todas as necessidades de lecitina do corpo. É considerado o sêmen do reino vegetal, nos preenche com a força vital energética da natureza. Isso é importante, pois o fósforo dos vegetais tende a ser principalmente para os ossos, e o fósforo da lecitina é específico para o funcionamento cerebral. Ele melhora a saúde física e mental, a eliminação, a respiração, a circulação, a habilidade de se recuperar, as funções sexuais, a eficiência dos músculos, a função cardíaca, o oxigênio no sangue e a taxa interna de oxidação. Em geral, o pólen é curativo, se expande no sistema nervoso e tem sido associado aos alimentos da longevidade e considerado o "alimentos dos deuses" há milhares de anos.

Potássio

O potássio é o mineral do "bem-estar". Tem relação com as secreções, o desempenho cerebral, o funcionamento celular, a alcalinização do sangue, a condução da membrana celular, o crescimento do cabelo, a atividade da pele, a função de coagulação sanguínea da fibrina, a coordenação muscular, a resistência ao calor, a memorização e a eletricidade do corpo. É importante para o funcionamento normal do coração, principalmente para a atividade dos nervos ou do ritmo do coração. Ajuda no funcionamento da pituitária e no tratamento de algumas depressões. Os minerais mais importantes para proteger as funções cardíacas contra os ataques cardíacos são o magnésio, o potássio e o zinco. O potássio também funciona como um analgésico e é importante para o funcionamento cerebral.

O corpo humano tem de 80 a 110 gramas de potássio; as pessoas musculosas têm mais potássio no corpo. É bom para os atletas ou as pessoas que fazem exercícios físicos repetitivos de longo prazo, ou trabalho braçal. Devido ao fato de ter uma grande afinidade com o oxigênio, o potássio aumenta a oxigenação dos tecidos. Uma das coisas mais importantes a respeito do potássio é que ele pode aliviar edemas, ajudando a tirar o sódio do organismo. O potássio e o sódio trabalham em conjunto – quando há excesso de sódio, adicionar potássio tende a reequilibrar o sistema e a eliminar sódio. Assim, o potássio age como diurético, pois o sódio leva a água com ele. Também estimula os rins e, consequentemente, age como diurético natural. Os compostos de potássio agem para estimular todos os tipos de fluidos, linfa e canais de desintoxicação.

Entre os sinais de deficiência de potássio no nível mental está o medo, principalmente o medo da solidão e da morte. As pessoas com deficiência de potássio frequentemente se sentem ansiosas. Uma exaustão de potássio a longo prazo está associada a depressão, crimes violentos e até mesmo suicídio. Alguns sintomas peculiares de deficiência de potássio incluem perturbação do sono, sonhos vívidos e vibração nos ouvidos. As pessoas com deficiência de potássio têm muito apetite e têm uma sede que não é satisfeita pela água, e uma hipersensibilidade ao tato. Elas perdem a ambição; se tornam muito sensíveis às mudanças de tempo. A baixa de potássio pode diminuir a quantidade total de oxigênio nos tecidos, pois o potássio atrai o oxigênio de forma muito ativa. Ele é muito importante no sistema nervoso autônomo, no sistema muscular, incluindo os músculos voluntários e involuntários, e no metabolismo do açúcar. A deficiência de potássio contribui significativamente para doenças cardíacas, fadiga crônica e fraca capacidade de concentração, e pode resultar em mau funcionamento da pituitária e das suprarrenais.

O excesso de potássio pode causar confusão de pensamentos, padrões de pensamento confusos, redução dos reflexos e até depressão. Pode também neutralizar alguns ácidos estomacais.

O potássio funciona em sinergia dinâmica com o sódio. Essa sinergia é importante para todas as células do corpo manterem e restaurarem a membrana celular normal, a osmose e a polarização elétrica através da membrana celular. O potássio é importante para todo o metabolismo energético, assim como para os impulsos nervosos, que têm a ver com conseguir impulsionar os nervos rapidamente, com a polarização e repolarização do potencial elétrico através das membranas. O sódio atua junto com o potássio como uma bomba de osmose no sentido de mover as moléculas de hidrogênio e oxigênio para dentro e fora das células. Esse processo é importante para criar energia e contribui para as reações químicas celulares. Nele, o potássio permanece principalmente dentro da célula, no fluido intracelular, enquanto o sódio trabalha na parte de fora, no fluido extracelular. Eles mantêm um equilíbrio dinâmico. Se qualquer um dos minerais estiver fora de equilíbrio, a permeabilidade e a eletricidade da célula ficam comprometidas, e a habilidade das células para absorver nutrientes e excretar materiais de eliminação fica limitada. O potássio alcaliniza o fluido intracelular. O sal de cozinha comum tira o equilíbrio potássio-sódio, especialmente quando é comido com uma grande quantidade de carnes e queijos e sem a ingestão de frutas e vegetais crus, que são as principais fontes de potássio.

Os alimentos ricos em potássio incluem azeitonas pretas secas ao sol, dulse (alga vermelha), bodelha, *Irish moss* e todas as folhas verdes amargas. O agrião é um dos alimentos mais ricos em potássio.

Silício

O silício é encontrado na natureza como sílica, que é o cálcio silício. Como elemento da beleza, ele traz brilho, resistência e maciez à pele, aos cabelos e às unhas. Também é essencial para toda a transmissão de neurônios, na forma de impulsos elétricos. Ele age como uma conexão entre o sistema cardiovascular e o sistema nervoso. As pessoas com nível adequado de silício não apenas tendem a ter pele, cabelos e unhas bonitos, mas também têm certo tipo de beleza nos movimentos, certo charme e uma personalidade carismática. Além de protetor da pele, o silício é um agente de isolamento. É um dos minerais mais importantes para o tecido conjuntivo, os cabelos, os ligamentos, os pulmões, os nódulos linfáticos, os músculos, as unhas, a pele, os dentes e os tendões.

Além do seu poder de beleza, o seu poder na forma de energia de cristal ao sistema, o que nos faz ter alguns *insights* adicionais. O silício está ligado à consciência. Quanto mais silício temos, melhor o fluxo radiante e energético do cristal humano que nós somos. Após muitos anos de uso da sílica gel taquionizado, feito de cavalinha, o autor está impressionado com o seu poder de nos ajudar a nos tornarmos cristais taquionizados, funcionando principalmente por meio dos sistemas circulatório e linfático. A sílica gel taquionizado é um construtor básico, é útil para quem tem deficiência de silício. O silício é muito importante para a flexibilidade e a elasticidade e, portanto, é um bom suporte para a prática das artes marciais, asanas de ioga e atletismo. Os tecidos musculares contêm pelo menos 2 por cento de silício.[13] Também é útil para fortalecer dentes e mandíbulas e para prevenir cáries. O silício é um elemento de ligamento e também ajuda no fluxo de eletricidade e em outras formas de movimentos energéticos do corpo. É necessário para a gordura da pele e para o funcionamento e a força de basicamente o tecido conjuntivo. As concentrações mais altas de silício estão nos cabelos e nas unhas.

A proporção entre silício e cálcio é importante. Quanto maior for essa proporção, mais joviais seremos. Com a idade, o cálcio começa a se tornar mais alto em relação ao silício. O silício também controla, juntamente com o iodo e o sódio, como o cálcio é usado no sistema. Uma pessoa de 70 quilos contém aproximadamente 42 gramas de silício. Ele torna o corpo alcalino. Em parceria com o enxofre, deixa os cabelos e as unhas saudáveis. Também melhora a sensação de bem-estar e o apetite. As articulações ficam mais flexíveis, a visão melhora, as varizes diminuem, a compleição melhora, e o cabelo se torna mais abundante e brilhante quando o silício é acrescentado ao sistema, portanto, podemos pensar nele como um mineral muito bom para combater o envelhecimento. Ele também está associado a taxas reduzidas de câncer. Dores crônicas tendem a sarar quando há silício suficiente.

O excesso de silício pode se manifestar como um intelecto superativo, com tendência de a mente dominar as emoções. Tende ainda a tornar as pessoas excessivamente confiantes. Um sintoma peculiar do excesso de silício é o desejo pelo sol e a vontade de estar nas montanhas e colinas.

A deficiência de silício se manifesta como sensibilidade a emoções, picadas de insetos, barulho e conversa em tom muito alto. Tem-se uma sensibilidade aguda nos ouvidos. Também tende a apresentar sintomas de preocupação excessiva pela ética e princípios. A falta de silício nos ossos e nas articulações resulta em inchaço do tecido conjuntivo, estalos nas juntas e tendência à degeneração. Com a deficiência, os ligamentos ficam fracos, as manipulações quiropráticas não se efetivam, há um aumento de cáries dentárias, visão fraca e falta de funcionamento mental. De acordo com o doutor Jensen, as vacinas são, em geral, prejudiciais para as crianças que têm deficiência de silício.[14] Outros sintomas da deficiência de silício incluem sangramento, zumbido nos ouvidos, impressionabilidade e credulidade intelectual e sonolência alternando com insônia. Os distúrbios emocionais associados à falta de silício incluem a esquizofrenia e a neurose. A deficiência de silício está associada ao desejo por tabaco e drogas.

A maioria dos carboidratos refinados perdeu o silício. Entre os alimentos mais ricos em silício estão cevada, broto de bambu, bodelha, aveia. As comidas ricas em silício incluem raiz de bardana, pepino, casca de pepino, a casca dos pimentões, cavalinha, folhas de cânhamo, orégano, urtiga, espinafre, rabanete, alface e a pele de tomate, assim como a seiva do bambu. A seiva do bambu tem o conteúdo mais elevado de silício do que qualquer outro alimento do nosso planeta. Castanhas, sementes, grãos e cereais têm alto teor de silício. Semente de linhaça, de girassol e de gergelim são fontes especialmente boas. Outras fontes gerais básicas incluem alfafa, maçã, damasco, aspargo, cevada, feijão, beterraba e suas folhas, repolho, cenoura, couve-flor, salsão, cereja, milho, folhas de dente-de-leão, tâmara, figo, folhas verdes em geral, raiz forte, couve-rábano, painço, nectarina, cebola, romã, uva-passa, abóbora, arroz integral, arroz selvagem, espinafre, sementes germinadas, morango, tomate, nabos, melancia, farelo de trigo, gérmen de trigo e trigo integral.

Sódio

O sódio é o elemento da fluidez. Ele nos mantém flexíveis, ágeis, ativos e úteis. Equilibra o corpo de muitas maneiras, mantendo o cálcio e o magnésio em solução. A habilidade do sódio de manter o cálcio em solução nas articulações mantém as juntas e os ligamentos flexíveis e ajuda a prevenir a artrite. Nos nervos, o equilíbrio sódio-potássio é necessário para o movimento dos impulsos elétricos. Um terço do sódio do corpo está armazenado nos ossos.[15] O sistema linfático possui um alto teor de sódio, e o baço é considerado o órgão de sódio. No sangue, o sódio regula o equilíbrio dos fluidos. Em combinação com o ferro e o cloro, torna o sangue salgado e ajuda a gerar eletromagnetismo. Ao regular as concentrações de sódio, o corpo também regula os níveis de água e hidratação em vários tecidos. O sódio é armazenado na parede do estômago; ele tem o importante papel de neutralizar o excesso de ácido estomacal. O poder de neutralização do sódio nas paredes do estômago e dos intestinos evita que esses órgãos sejam destruídos pelo ácido clorídrico e pelas enzimas dos sucos digestivos. Também ajuda a dissolver o muco no estômago e neutraliza as bactérias desse órgão e do trato intestinal. Ele basicamente produz um meio alcalino que inibe o crescimento de bactérias patogênicas. Parece alimentar e ativar as bactérias saudáveis dos intestinos. Geralmente, influencia o metabolismo do cálcio no sangue e também das secreções da medula oblonga em geral, as glândulas de secreção, o trato gastrintestinal, as membranas cerebrais, o estômago, as paredes intestinais, o baço e o pâncreas e o metabolismo da albumina. O sódio é necessário para o bom funcionamento do baço, dos intestinos, das secreções gástricas, do sangue e das secreções intestinais. Quantidades adequadas de sódio, ferro, potássio, silício e cloro no corpo aumentam a sensação de fluidez e de beleza no sistema. O sódio não apenas gera beleza, maciez e graça, mas também melhora a memória, favorece a longevidade e estimula o rejuvenescimento. Um adulto normal, pesando 70 quilos, tem aproximadamente 86 gramas de sódio no corpo.

Com o excesso de sódio, o humor pode variar, pode haver certo grau de congestão no corpo, o funcionamento da bile e a secreção de sucos pancreáticos podem reduzir. Os problemas de excesso de alcalinidade podem acontecer com qualquer alimento que apresente alto teor de sódio, fosfato, potássio, magnésio ou silício. Isso não ocorre com muita frequência, pois a maioria das pessoas tem o sistema ácido demais.

Sintomas comuns de deficiência de sódio são melancolia, depressão, discussão, sensação de sistema nervoso inflamado ou aquecido demais, falhas de memória, com habilidades intelectuais fracas. Às vezes, as pessoas podem ficar apáticas, desmotivadas, com dificuldades para estudar ou se concentrar. No fim da tarde ou à noite, essas pessoas tendem a sentir medo. Em seus sonhos aparecem violência, cobras, tempestades, inundações, morte e destruição; com frequência, essas pessoas acordam entre 1h e 5h da manhã. E também podem ter ansiedade, medo, agitação e ataques histéricos.

Fisicamente, essas pessoas podem ter uma digestão difícil e emagrecer muito. Isso é mais frequente em pessoas que moram em lugares de clima seco e quente, onde a perda de sódio tem taxas mais elevadas. Uma alimentação rica em sódio, combinada com frutas ricas em enxofre, realmente ajuda o trato intestinal, a digestão e o movimento peristáltico; também melhora o funcionamento do fígado, do pâncreas, da pele, dos órgãos sexuais, do sistema nervoso e do cérebro. A perda de sódio tende a criar a precipitação do cálcio: os ossos ficam duros, as articulações ficam fracas e rígidas e os ligamentos se tornam secos e contraídos. Com base no mesmo princípio, quando os músculos oculares perdem a elasticidade por causa do baixo teor de sódio, a visão pode diminuir, as pálpebras podem ter contraturas, arder e enfraquecerem. Os sintomas clássicos de deficiência de sódio incluem voz enfraquecida, rouquidão, rigidez nas articulações, glândulas cervicais amolecidas, secreções de muco inadequadas, quadris e ombros duros e os sintomas mentais já mencionados. As pessoas deficientes em sódio também perdem a força muscular, eficiência e coordenação.

Na verdade, para muitas funções corpóreas, o organismo não pode usar sal de cozinha covalente e inorgânico, mas precisa do sódio dos alimentos ou de fontes de tamanho angstrom. O cloreto de sódio ou sal parcialmente purificado se torna tóxico ao sistema quando exposto ao calor, pois se converte de uma ligação iônica a uma ligação covalente. As melhores fontes de sódio elementar são as fontes de sal subterrâneas, tal como o Real Salt™ e o sal do Himalaia, que contêm aproximadamente 82 minerais. Na forma iônica, eles têm um gosto quase doce e saboroso, e produzem saliva. Quando se tornam covalentes, normalmente têm gosto amargo e produzem uma sensação de secura. Os alimentos ricos em sódio incluem maçã, damasco, aspargo, beterraba, todas as folhas verdes, repolho, cenoura, salsão (uma das melhores fontes), coco, couve, folhas de dente-de-leão, tâmara, algas vermelhas, figo, raiz forte, *Irish moss*, lentilha, folhas de mostarda, quiabo (muito rico), azeitona preta, sementes de gergelim, espinafre-da-nova-zelândia, morango, sementes de girassol e nabo.

Enxofre

O enxofre é o elemento fogo de pitta. Ele afeta significativamente as funções cerebrais, em conjunção com o fósforo e o manganês. Os ensinamentos metafísicos a respeito do enxofre dizem que ele estimula a conexão entre a alma e o corpo. Ele harmoniza e integra os pensamentos e as emoções com a expressão da alma. Ajuda a ligar a alma da humanidade e a alma individual com o corpo e o mundo material. Em contraste com o fósforo, que é principalmente necessário para os fenômenos psíquicos e o pensamento, o enxofre é o ímã comunicativo para o pensamento e a ação. Talvez o enxofre seja mais relacionado à inteligência da alma e à conexão sensorial entre a mente mais elevada e o mundo tridimensional. Além de afetar a mente e a ligação da mente superior, ou mente supercausal, com o mundo material, o enxofre tem uma importante atuação no fígado e na promoção das secreções biológicas. Parece ser necessário para um protoplasma saudável. Também é importante para o funcionamento saudável dos nervos e o controle da temperatura corporal. Traz maciez aos tecidos, ajuda no estresse e na asma, artrite, inflamação e constipação. Algumas pesquisas sugerem que um alto conteúdo de enxofre nos tecidos pode acelerar a recuperação atlética em 75 por cento, especialmente com o uso de MSM (metilsulfonilmetano, que também ajuda na hipoglicemia e no diabetes).[16] A deficiência tem sido associada a câimbras musculares, dores nas costas, inflamação e problemas musculares em geral. O enxofre ajuda a acalmar a mente. Ele melhora a habilidade de concentração. Devora os radicais livres e, portanto, é bom para alergias a alimentos e pólens. Os ácidos aminossulfúricos, tais como a metionina, cisteína, cistina e taurina ajudam a nos proteger dos efeitos negativos da radiação e dos metais pesados. Eles são usados em vários programas de desintoxicação. O enxofre minimiza a acidez no estômago, cura úlceras, ajuda na hipersensibilidade a medicamentos e melhora a habilidade do corpo de produzir insulina. Ele constrói o sistema imunológico.

O enxofre é um mineral importante para a saúde e o bem-estar em geral. Uma pessoa de 70 quilos contém aproximadamente 110 gramas de enxofre. Ele traz vitalidade ao sistema e elasticidade a todos os tecidos conjuntivos, ajudando a construir o colágeno no sistema. É um dos minerais da beleza, junto com o cloro, sódio, ferro, e silício. David Wolfe considera o enxofre o mineral base para toda a beleza.[17] É essencial para a formação dos cabelos, das unhas e da pele. Por essa razão, podemos dizer que alimentos ricos em enxofre são basicamente alimentos promotores de beleza. Mesmo a pureza do nosso cabelo depende da quantidade de enxofre que temos no sistema. Quanto mais enxofre, mais vermelho e claro é o cabelo. Ele também cria mais cabelos encaracolados. O enxofre é necessário para a síntese do colágeno. Ele ajuda a pele, os cabelos e as unhas a não se tornarem rígidos e quebradiços. Na homeopatia, é usado para problemas de pele e tem claramente um efeito poderoso de limpeza de certas doenças de pele, promovendo o seu reparo. Um dos melhores alimentos para isso é o MSM, em combinação com a vitamina C. O MSM pode ajudar na cicatrização e a desfazer ligações cruzadas, associadas ao envelhecimento. O enxofre é um dos quatro elementos-chave – junto com a vitamina C, cobre e zinco – para que as células funcionem bem e a pele pareça mais jovem. Ele necessita da vitamina C para ativá-lo. Dessa forma, como todos os minerais, o enxofre funciona em sinergia e equilíbrio adequados. Apesar das fontes quentes de água mineral ricas em enxofre serem boas para a beleza da pele, os banhos excessivos nessas fontes podem causar outros desequilíbrios. De acordo com o doutor Bernard Jensen, o excesso de enxofre inorgânico das piscinas de enxofre pode resultar em anemia e desequilíbrios do sistema nervoso, e podem até causar atrofia dos órgãos vitais. Há uma diferença entre o enxofre que obtemos do alimento e o enxofre das águas ou medicamentos sulforosos.

O excesso de enxofre pode causar desequilíbrio no sistema nervoso, com mudanças de humor e vários desequilíbrios emocionais; intensifica as emoções, mas, pela manhã, esse excesso pode criar depressão e lentidão. Os sinais de excesso incluem irritabilidade do sistema, mudanças, depressão e lentidão pela manhã. O excesso, particularmente através do sulfito de hidrogênio dos alimentos com excesso de enxofre, pode resultar em autotoxicidade.

A deficiência de enxofre pode estar relacionada à instabilidade do açúcar do sangue, uma vez que o enxofre é parte da molécula de insulina. Por essa razão, na Tree of Life Foundation, receitamos MSM para combater a hipoglicemia e o diabetes. As deficiências de enxofre podem produzir irritabilidade, histeria, todo tipo de desequilíbrio emocional e desejo por chocolate, doces e cerveja. Também há um desejo intenso por saladas, folhas verdes, vegetais com alto teor de magnésio, frutas vermelhas, frutas, doces, chá preto e pratos cremosos e ricos em amido. A deficiência também produz um desejo peculiar por ar fresco. Entre as emoções causadas por deficiência de enxofre estão excesso de orgulho e sensibilidade, sentimentos antissociais, força de vontade fraca e uma mente que funciona mais rápido do que a pessoa consegue verbalizar. As emoções variam de depressão pela manhã à felicidade ao anoitecer, e a tendência à ira, seguida de remorso. Outros sintomas também incluem um desejo pelo misticismo e pela beleza, experiências de grandes mudanças na temperatura corpórea e uma aversão a levantar cedo.

No nível físico, pode haver uma baixa da energia cardíaca, hipersensibilidade da bexiga com urinação frequente, câimbras uterinas, anemia e menstruação irregular. As pessoas com deficiência em enxofre sentem dores que queimam e têm uma sensação de secura no corpo.

O tratamento para a deficiência de enxofre inclui alimentos com alto teor de enxofre, assim como alimentos com elevado teor de magnésio, nitrogênio, ferro, sódio, manganês, potássio, silício, cloro, iodo, cálcio e gorduras com alto teor de fósforo. O ar frio, muita atividade ao ar livre e principalmente viver em lugares cuja altitude fique entre 600 e 1.200 metros também ajuda. Os alimentos com conteúdo mais elevado de enxofre incluem rúcula, couve, repolho, couve-flor, raiz-forte, couve-de-bruxelas e agrião. Outras boas fontes de enxofre são alcachofra, aspargo, abacate, pólen, cassis, castanha-do-pará, brócolis, cenoura, salsão, chicória, pimenta-malagueta, milho, pepino, endro, figo, avelã, alho, sementes de cânhamo, couve-rábano, alface, feijão-de-lima, folhas de mostarda, mostarda, aveia, quiabo, cebola, ervilha, batata, sementes de abóbora, rabanete, soja, espinafre, tomilho, tomate, nabo e folhas de nabo. Os alimentos ricos em sulfolipídios incluem espirulina, clorela, *Aphanazomenon flos-aquae* (AFA). Nos alimentos, a desidratação e o calor acabam com o enxofre. Uma das maneiras possíveis de o sistema receber enxofre, além do enxofre no tamanho angstrom, são o dimetilsulfóxido (DMSO) e o dióxido de cloro (MMS).

Muitas pessoas acreditam que comer alimentos ricos em enxofre pode causar gases e inchaço, e certa quantidade de fogo excessivo no sistema. Por essa razão, é bom combinar alimentos com enxofre com os vegetais marinhos ou alimentos ricos em gordura, incluindo castanhas e sementes, que equilibram a energia pungente do enxofre. Os vegetais marinhos têm muito potássio e sódio, que tendem a equilibrar o enxofre no sistema. Comer alimentos ricos em enxofre com alimentos ricos em gordura, como abacate ou castanhas e sementes, cria um equilíbrio energético interessante, especialmente com vegetais crucíferos e cebola, alho e pimentas.

Zinco

O zinco é muito importante no funcionamento do pâncreas, assim como na função genital masculina, especialmente na próstata, onde ocorre em maior porcentagem, a produção de esperma e, inclusive, o desenvolvimento genital. É elevado nos órgãos sexuais e na tireoide. Ocorre em alta porcentagem nos rins, nos cabelos, nas unhas, nos glóbulos vermelhos, nos músculos, nos olhos, no fígado, na aorta, no pâncreas, no baço, nos ovários, nos testículos, no pulmão, no cérebro e nas suprarrenais. É importante no tratamento do diabetes, pois está relacionado com a formação de insulina. Juntamente com o cromo, ajuda a manter os níveis adequados de açúcar no sangue. Algumas pessoas acham o zinco útil no tratamento da artrite reumatoide.[18] O zinco também é importante na cura da arteriosclerose, junto com o cobre e o germânio, na cura de ferimentos das artérias, e para a cura dos ossos e ferimentos. Pode ser usado no tratamento de congestão linfática. Ele também funciona de forma sinergética com a vitamina A e o enxofre para formar cabelos fortes. É importante para a visão noturna, assim como para o olfato e o paladar. Ajuda principalmente o funcionamento cerebral e a melhorar a memória e os processos mentais. Pessoas que sofrem de alcoolismo precisam consumir mais zinco, pois o álcool tende a expulsar este mineral do sistema. Ele é importante para a divisão, o reparo e o crescimento celular normal. É necessário para a síntese de DNA. Várias das enzimas dependentes do zinco estão envolvidas no metabolismo de ácidos nucleicos, incluindo a polimerase do RNA.[19] O zinco é uma parte importante das proteínas que regulam a atividade de certas polimerases de RNA. Esses componentes são chamados de fatores de transcrição do tipo dedos de zinco e são parte de fatores estruturais que se ligam a sequências regulatórias de DNA. O zinco também é necessário para a síntese do ácido nucleico. Seu impacto maior ocorre nos hormônios sexuais, nos hormônios do timo, na insulina e nos hormônios do crescimento. O resultado geral é que o crescimento e o desenvolvimento normal da energia e dos órgãos sexuais como parte de um sistema reprodutor maior dependem do zinco. Ele é muito elevado no leite materno nas primeiras duas semanas de amamentação; o fígado de um bebê recém-nascido contém três vezes mais zinco do que o de um adulto, sugerindo a sua importância para o desenvolvimento.

O zinco pode ser o mais importante antioxidante conhecido. Ele afeta mais do que trezentas enzimas.[20] Age nos sistemas enzimáticos necessários para a decomposição do colágeno velho e a síntese do novo colágeno. Ajuda na formação de pele saudável e na construção de novo colágeno. É necessário para produzir a beleza da pele. É por isso que ele é muito útil no tratamento de queimaduras. Pode até ajudar a reparar o DNA. Uma quantidade normal de zinco nos protege contra rugas, estrias durante a gravidez e sinais de envelhecimento. É um mineral que faz parte de pelo menos 25 sistemas enzimáticos nos sistemas digestório, metabólico e respiratório. Ele afeta também a digestão de carboidratos e o metabolismo do fósforo. O zinco é absorvido no íleo, no duodeno e no intestino delgado. Não mata vírus e bactérias, mas evita que eles se reproduzam, portanto, é útil para o sistema imunológico. Dissolve-se rapidamente e se movimenta com os fluidos corpóreos, principalmente a saliva e as secreções nasais. Por causa disso, o zinco forma uma incrível linha de defesa contra infecções. Na saliva, por exemplo, ajuda a deter o crescimento de bactérias na boca, que produzem ácidos prejudiciais e destruidores do esmalte dos dentes. Por isso, níveis saudáveis de zinco estão associados a menos cáries nos dentes e menos odores corporais, pois ele elimina as bactérias.

O corpo contém aproximadamente 1,8 gramas de zinco. Trata-se de um dos dezessete minerais essenciais para a vida.[21] Entre os outros estão o cobalto, o níquel, o cobre e o ferro. O zinco, quase sempre, necessita da vitamina A como cofator.

O cálcio e o ácido fítico competem com o zinco. Este é um problema que às vezes temos com os grãos, que são fontes elevadas de cálcio e ácido fítico. O zinco também compete com o cádmio. Parte do tratamento para a toxicidade de cádmio é aumentar a quantidade de zinco.

Os sintomas de deficiência de zinco incluem fadiga com um aumento de infecções e ferimentos. Pode causar nanismo e desenvolvimento sexual tardio. As mães com deficiência de zinco tendem a ter bebês menores e com o cérebro menor do que o normal. A deficiência de zinco está associada a diferentes tipos de problemas de nascença, como a síndrome de Down, espinha bífida e pé torto congênito. Está ainda associada ao Alzheimer, à paranoia, ao diabetes, à TPM, à depressão, à infertilidade, ao herpes, à acne, à obesidade, ao alcoolismo, à pressão alta, aos problemas de tireoide, à perda de cabelo, ao câncer de próstata e a várias dificuldades dos olhos, incluindo cataratas. A deficiência de zinco pode resultar em lentidão na recuperação da saúde.

Sua origem pode ser um alto consumo de álcool. Os vegetarianos tendem a ter zinco um pouco baixo, mas o consumo de frutas, vegetais e sementes em altas quantidades cria uma proteção significante contra a deficiência desse mineral. Aproximadamente 60 por cento dos adultos acima de 60 anos apresentam deficiência em zinco.[22]

Boas fontes de zinco incluem sementes de papoula, sementes de abóbora, noz-pecã, castanha de caju, pinhão, macadâmia, sementes de girassol, sementes de gergelim, beterraba e coco.

Cobalto

O cobalto é um elemento que faz parte do complexo B_{12}. Muitas das enzimas do corpo são estimuladas por ele. É encontrado nos glóbulos vermelhos e no plasma, assim como nos rins, no fígado, no pâncreas e no baço. Seu excesso pode afetar a função tireoide, causando o bócio. Uma boa fonte é o cobalto de tamanho angstrom.

Cobre

O cobre parece estar envolvido em todos os tecidos do corpo. Muitas enzimas necessárias para o metabolismo e anabolismo usam o cobre. A tirosina se converte em melanina com o cobre. Ele também age no metabolismo da proteína e nas recuperação da saúde em geral. É importante na formação do RNA e está envolvido com o ferro para a formação do útero; também é importante para a construção do tecido conjuntivo e da cartilagem para ativar a enzima lisil-oxidase, necessária para o processo de construção. Ajuda a nos proteger contra problemas articulatórios, vasos sanguíneos rompidos e telangiectasia, que é uma dilatação anormal dos vasos sanguíneos. Esses são sintomas de colágeno fraco. O cobre também ajuda a evitar que o cabelo fique grisalho.

Esse é um dos minerais mais importantes para a proteger contra infecções parasíticas. Descobriu-se que o cobre pode matar quase todos os parasitas microscópicos. Há milhares de diferentes parasitas que prejudicam a saúde. Doses muito elevadas ou muito rápidas de cobre podem ter um efeito colateral do tipo "morte lenta", pois o cobre pode causar uma crise de cura conforme os parasitas usam as toxinas como mecanismo de defesa antes de serem mortos. Isso depende do número e dos diferentes tipos de parasitas que estejam no sistema. À medida que os parasitas morrem, também liberam toxinas, especialmente amônia, que pode causar sintomas como gripe. O cobre de tamanho angstrom não é tóxico, e este é o que deve ser usado. De acordo com o doutor Tru Ott, uma maneira de começar uma limpeza parasitária com o cobre é usar meio conta-gotas de cobre por alguns dias, então, aumentar para um conta-gotas inteiro, e então dois conta-gotas por dia durante um mês. Você pode fazer isso duas vezes por ano. Veja outra forma um pouco mais sofisticada de realizar essa limpeza em quatro semanas: na primeira semana, comece com meio conta-gotas na primeira noite, um conta-gotas na segunda noite, 1,5 conta-gotas na terceira noite e assim por diante até chegar a três conta-gotas por dia. Na segunda e terceira semana, tome 1,5 conta-gotas por dia, e na quarta semana, tome meio conta-gotas por dia, por uma semana. Repita o ciclo três vezes ou até que toda evidência de infecção parasítica tenha desaparecido.[23] Junto com o cobre, o molibdênio faz parte da limpeza parasitária, usando meio conta-gotas em aproximadamente 280 ml de água por dia. Além disso, 2 conta-gotas de prata de manhã e no fim da tarde, e 2 conta-gotas de zinco de manhã ajudam essa limpeza. Uma boa limpeza dos intestinos também é apropriada para livrá-los de parasitas. Tome o cobre sozinho, com pelo menos 30 minutos de intervalo entre os outros e 1 hora de intervalo do zinco e do molibdênio.

O cobre pode ter um efeito contrário ou destrutivo sobre a vitamina C no organismo. O excesso de cobre no sistema pode causar paranoia, doença de Wilson e depósitos no fígado, no cérebro, nos rins e nas córnea. As melhores fontes de cobre são cereais de grãos integrais, amêndoas, vegetais de folhas verdes e leguminosas (vagens).

Germânio

O germânio é um mineral de ligação do oxigênio especial. Ele leva muito mais oxigênio para o sistema, assim como ajuda a desintoxicar de poluentes. Algumas pessoas têm até afirmado que ele é bom para o tratamento de câncer. Às vezes, a necessidade de germânio se mostra nos tratamentos de diabetes, pressão alta e insuficiência cardíaca, por sua habilidade em levar oxigênio para o sistema.

Boas fontes de germânio incluem alho, ginseng, *Aloe vera* (babosa), confrei, clorela e todos os alimentos com alto teor de clorofila.

Selênio

O selênio é um mineral extremamente importante como antioxidante, exercendo papel fundamental no sistema antioxidante da glutationa. É um dos principais componentes da enzima glutationa peroxidase, um antioxidante que protege as membranas celulares da oxidação por radicais livres, em que a maior parte do dano tende a ocorrer. Também é necessário em várias funções, incluindo o desenvolvimento e a proteção das lentes do olho e a proteção contra cataratas. A glutationa peroxidase ajuda a proteger as lentes contra o dano causado por radicais livres. De uma forma importante, a glutationa peroxidase ajuda a desintoxicar pensamentos.

O selênio e a vitamina E funcionam de maneira sinergética atuando no crescimento normal e na fertilidade. Juntos, atuam na elasticidade dos tecidos e previnem a oxidação de ácidos graxos poli-insaturados.

O selênio protege contra muitas doenças crônicas, incluindo as doenças cardíacas. Parece que em regiões onde a ingestão de selênio é baixa, as taxas de mortalidade devido à hipertensão e ao derrame são 300 por cento mais altas do que em áreas com selênio elevado. Algumas pesquisas têm demonstrado que a pressão arterial em animais pode ser tratada com selênio.

O selênio é um dos elementos mais importantes na proteção contra o câncer. As pesquisas mostram, por exemplo, que as pessoas que ingeriram níveis adequados de selênio tiveram menor probabilidade a desenvolver câncer do que aquelas que receberam o placebo.[24] Algumas pessoas afirmam que as taxas de câncer em geral podem ser reduzidas em até 70 por cento ao se tomar 200 microgramas de selênio por dia. O Instituto Americano do Câncer concorda com essa projeção.[25] As mulheres japonesas, que consomem de 250 a 350 miligramas por dia de selênio, têm 20 por cento da taxa de câncer de mama, comparadas às mulheres americanas. Um estudo realizado no Arizona mostrou que um grupo que tomou 200 miligramas por dia durante sete anos teve 42 por cento menos câncer do que o grupo de controle.[26] Ele se liga com as moléculas instáveis nas células e nos protege contra danos maiores, que podem gerar o câncer.

O selênio também está associado à melhora da imunidade. Uma pesquisa realizada em Bruxelas mostrou que ingerir 100 microgramas de selênio por dia melhora o sistema imunológico geral em 80 por cento.[27]

Os músculos contêm alguns traços de selênio, assim como o fígado e os rins. O excesso de selênio pode causar perda de cabelo, dermatite e fraqueza muscular. Já a deficiência contribui para o envelhecimento e taxas mais elevadas de câncer, pressão alta e infertilidade; também tem sido associada a anemia, manchas de idade, manchas de fígado, fadiga, fraqueza muscular, fibrose cística, batimento cardíaco irregular, mal de Parkinson, alta mortalidade infantil e síndrome de morte súbita em bebês. As fontes alimentares de selênio incluem o pólen de abelha, sal do Himalaia, brócolis, tomate, cebola, aspargo, castanha e grãos integrais plantados em solo com grau elevado de selênio. O selênio de tamanho angstrom pode ser a fonte mais consistente.

Molibdênio

O molibdênio é o oligoelemento menos conhecido. O molibdênio ativa a vitamina C, por isso, os alimentos que têm vitamina C precisam dele. O molibdênio pode proteger contra as cáries; funciona como um agente enzimático e tem um papel importante no metabolismo do ferro e do nitrogênio. Promove a função celular saudável. Algumas pesquisas demonstram que o molibdênio pode ter efeitos similares aos do Viagra, sem os efeitos colaterais, mas pode levar vários meses para manifestar o efeito erétil.[28]

Sua deficiência tem sido associada com uma maior incidência de câncer.[29] No tamanho angstrom, o molibdênio pode ser a melhor fonte, pois não é comumente encontrado nos alimentos.

Vanádio

O vanádio é outro oligoelemento. Ele parece evitar que o açúcar do sangue suba demais. Assim, atua na absorção do açúcar do sangue no sistema muscular e protege contra o colesterol elevado, especialmente contra o acúmulo de colesterol no sistema nervoso central. Na Tree of Life Foundation, usamos o vanádio para ajudar na resistência à insulina e no diabetes do tipo II. Bodelha e vegetais são boas fontes de vanádio.

Boro

O boro é o quinto elemento da tabela periódica. Ele é essencial para a assimilação do cálcio e do magnésio no organismo, e um cofator no funcionamento da vitamina D. Uma vez que a vitamina D é ativada pela luz solar, ela precisa passar pelo processo enzimático que a transforma em sua forma mais ativa. Esses processos enzimáticos requerem boro, o mineral-chave para a proteção contra a osteoporose. Atua no sistema imunológico e tem um efeito anti-inflamatório.

É um micronutriente conhecido por promover a densidade óssea, mas novas pesquisas têm despertado o interesse sobre esse mineral, pois têm demonstrado que ele reduz o tamanho de tumores da próstata, abaixa o PSA (antígeno específico da próstata) e ajuda a prevenir o câncer de próstata. Outras pesquisas mostram que o boro pode aliviar a dor nas articulações e preservar a função cognitiva do cérebro. Uma pesquisa muito interessante, realizada por Zhang et al., mostrou que em um estudo sobre o tratamento do câncer de próstata, os homens que tomaram as quantidades mais elevadas de boro tinham 64 por cento menos probabilidade de desenvolver esse câncer, comparados com homens que tomaram a quantia mínima.[30] Eles constataram que quanto mais se consumisse alimentos ricos em boro, menor seria o risco de um diagnóstico de câncer de próstata. Em um estudo publicado pela Associação Americana para Pesquisa do Câncer, Gallardo-Wiliams et al. descobriram que camundongos com tumores já ativos que ingeriram altos níveis de boro tiveram os tumores reduzidos em 38 por cento.[31] O PSA caiu até 88,6 por cento.

Os efeitos tradicionais do boro no metabolismo do osso têm sido mais entendidos, uma vez que o boro é de importância vital na função do cálcio e magnésio e no metabolismo ósseo. O efeito principal do boro é a habilidade de reduzir a perda de cálcio e de magnésio pela urina – cerca de 3 miligramas de boro por dia nos protege contra essas perdas. Ele aumenta os níveis de cálcio ionizado. Sua função é preservar o equilíbrio cálcio-magnésio em situações de estresse nutricional.[32] As pesquisas também demonstraram que há níveis elevados de plasma, cálcio ionizado, beta estradiol e testosterona.[33] O boro parece integrar o metabolismo ósseo e a vitamina D.[34] Basicamente, o efeito do boro de aumentar o cálcio plasmático pode ser devido à habilidade de intensificar o efeito da vitamina D.[35]

Uma das descobertas mais recentes é que o boro parece atuar nos aspectos inflamatórios da artrite. A pesquisa demonstrou que o boro parece inibir a ciclo-oxigenase (COX) e a lipoxigenase (LOX). Essa pesquisa mais recente mostra que essas enzimas têm um efeito importante na ativação da inflamação. Sua habilidade de inibir aquelas enzimas dá ao boro propriedades anti-inflamatórias. Além de inibir essas enzimas, o boro também inibe o COX2 e a prostaglandina E2 (PGE2), suprimindo o fator nuclear kappa beta (NF kappa B), que é uma citocina pró-inflamatória.[36] Esta é uma evidência de que, nos lugares com níveis baixos de boro no solo, as pessoas têm mais artrite, em comparação com as áreas com níveis mais elevados de boro no solo. Em áreas do mundo onde a ingestão de boro pela alimentação é de 1 miligrama (1.000 micrograma) ou menos por dia, a incidência de artrite é de 20 a 70 por cento, enquanto onde a ingestão de boro é de 3 a 10 miligramas, a incidência de artrite cai para de 0 a 10 por cento.[37] Em um estudo feito para tratamento de artrite, 50 por cento das pessoas que receberam 6 miligramas por dia de boro notaram uma diminuição na dor ao se movimentarem.[38] Um dos efeitos mais incríveis do boro ocorre no funcionamento cerebral. À medida que os pesquisadores começam a compreender que a inflamação no cérebro parece estar associada com as citocinas pro-inflamatórias e as enzimas COX2 e LOX, eles estão descobrindo que o boro atua nos processos anti-inflamatórios do cérebro; ele também aumenta a capacidade cognitiva e talvez até diminua o progresso do mal de Alzheimer.[39] Parece também aumentar a habilidade das pessoas em realizar tanto tarefas cognitivas como psicomotoras. As pessoas com uma alimentação deficiente em boro eram menos funcionais e o EEG delas era até diferente.[40]

Os níveis de 3 a 10 miligramas de boro por dia são totalmente seguros. Uma pesquisa feita em 1904 sugeriu que 500 miligramas de boro por dia criaram sintomas, o que é consideravelmente mais elevado do que qualquer coisa que os seres humanos possam ingerir. Outra pesquisa mostrou que o ácido bórico pode causar perda de vitamina B_2.[41] Devemos manter uma boa ingestão de vitamina B se tomarmos altas doses de boro.

O boro é encontrado em frutas não cítricas, tais como abacate, maçã, pera, ameixa, uva, em castanhas e leguminosas. As necessidades humanas de boro podem ser de 9 a 12 miligramas por dia, embora 3 miligramas por dia seja considerados uma dose razoável.

Cromo

O propósito mais conhecido do cromo é para o equilíbrio do açúcar no sangue. O cromo e o vanádio funcionam no metabolismo da glicose, ativando as enzimas associadas à criação do fator de tolerância à glicose. O cromo atua nas enzimas que fazem parte do metabolismo da glicose para a formação de energia, a produção de ácidos graxos e a formação do colesterol. A função da insulina é intensificada pelo cromo. O vanádio cria uma sinergia com o cromo para ajudar a regular a função dos vasos sanguíneos, reduzir os níveis da hipercolesterolemia e baixar o açúcar no sangue. O cromo também afeta a nossa proteína e a síntese do RNA.[42]

Na Tree of Life Foundation, o cromo é usado por muitas pessoas que são hiperglicêmicas, sofrem de fadiga crônica, são pré-diabéticas e têm diabetes tipo II. Boas fontes de cromo incluem cravo-da-índia, grãos integrais, frutas e vegetais.

Prata

Já foi demonstrado que a prata mata mais de seiscentos tipos de vírus e bactérias. Nesse sentido, trata-se de um antibiótico de amplo espectro. A prata tem certa carga de frequência que destrói os parasitas anaeróbicos, mas não as bactérias saudáveis normais no corpo, que são principalmente aeróbicas. Algumas pessoas relatam que a prata na corrente sanguínea aumenta a velocidade do processo de cura de fraturas em 40 por cento. Às vezes, pessoas com dores musculares, dores em geral e dores nas costas melhoram com prata, provavelmente porque as dores estão associadas a infecções por bactérias ou vírus no fluido da espinha, que os antibióticos tradicionais ou a prata coloidal não conseguem alcançar.

O zinco e a prata formam um tipo sinergético poderoso, como um sistema imunológico secundário. A prata também é eficiente no controle de verrugas. No tamanho angstrom, é a sua melhor fonte.

Ouro

O ouro está associado à melhora da função cerebral, tem um efeito antidepressivo e ajuda no combate ao desespero, medo, vícios do álcool e drogas, melancolia, depressão de inverno, problemas circulatórios, fogachos, suores noturnos e ferimentos por perfuração. É um dos melhores remédios para promover o sono profundo e períodos de sonhos, e melhora o sono REM. É incrível como dois conta-gotas de ouro tamanho angstrom ao deitar ajudam muitas pessoas, especialmente os idosos, a dormirem a noite toda. O ouro é um amálgama puro, o que significa que ele se acopla a todos os elementos. No tamanho angstrom, é usado pelo corpo para reparar danos do DNA e, consequentemente, diminuir o processo de envelhecimento. Tem sido demonstrado que o ouro colabora em muitas funções glandulares. Algumas pesquisas sugerem que, nas crianças que recebem suplementos de ouro iônico, a função de QI melhora e elas têm uma curva de aprendizagem melhor. A melhor fonte é o ouro no tamanho angstrom.

Lítio

O lítio é um sal mineral que tem sido associado ao tratamento do transtorno bipolar com uma dose mínima de 900 mg por dia, como carbonato de lítio. Nesse nível, no entanto, é associado a um estado mental embotado, tonturas, sonolência, diarreia, náusea, sede excessiva, tremores, ganho de peso, gosto metálico na boca e hipotireoidismo. As águas com lítio são conhecidas desde o século II d.C. e são usadas no tratamento da mania e da depressão. As pesquisas sugerem que em distúrbios bipolares há uma perda de material cerebral, incluindo a região do hipocampo. Uma pesquisa recente sugere que o ouro pode ser útil, na verdade, em doses menores, para o funcionamento cerebral. Há evidência limitada de que possa afetar a produção de serotonina e norepinefrina no cérebro. Outras evidências sugerem que ele pode inibir a enzima inositol-monofosfatase e outras enzimas associadas à neuromodulação dos neurotransmissores. Há uma evidência crescente que o lítio pode fornecer alguma proteção contra doenças neurodegenerativas, incluindo Alzheimer.[43]

A razão pela qual o lítio é intrigante é que ele pode estar associado com a proteção contra a neurotoxicidade das placas beta-amiloides e emaranhados neurofibrilares,[44] que contribuem para a morte dos neurônios. Em estudos com camundongos, o lítio inibiu a ação de uma enzima chamada glicogênio sintase quinase 3 alfa, reduzindo a produção da proteína beta amiloide em 40 a 78 por cento.[45] Também foi descoberto que o lítio diminui a morte neuronal devido à excitotoxicidade induzida pelo glutamato,[46] o qual tem sido associado a doenças neurodegenerativas, incluindo a demência. Para isso, estimula a formação da proteína protetora, chamada fator neurotrófico derivado do cérebro (BDNF), que desenvolve e mantém neurônios saudáveis. O lítio parece estar associado à neurogênese, o crescimento de novos neurônios. Em um estudo, pesquisadores descobriram um aumento de 25 por cento no número de células divisoras na região do hipocampo do cérebro, o que é uma forte indicação de neurogênese. Também tem sido associado à produção da proteína linfoma de célula-B 2 (bcl-2), que é um promotor do crescimento de células cerebrais novas. Em um estudo realizado com pessoas com distúrbio bipolar, o lítio aumentou em média 3 por cento a massa cinzenta após um mês de tratamento com lítio em 80 por cento dos pacientes.[47] No tamanho angstrom, é a sua melhor fonte.

Platina

A platina tem revelado um tratamento mais eficiente contra o câncer do que o ouro. É excelente para se livrar de dores de cabeça, TPM, pés frios e sensibilidade em geral. Também está associada com o bem-estar e a longevidade. Pode ajudar a melhorar o sono e a qualidade dos sonhos, e tem sido associada a maiores níveis energéticos.

Para que a platina e o ouro não sejam tóxicos, devem ser tomados no tamanho angstrom, que é a sua melhor fonte.

Irídio 77

Como já foi afirmado, os minerais são frequências de luz. O irídio é uma frequência que nos liga ao campo vivo do cosmo. É parte de uma classe especial de minerais conhecidos como minerais *monoatômicos*. Eles nos levam a um diferente nível de uso de minerais e sua compreensão, e nos remetem há milhares de anos, à época da civilização suméria. Esses minerais são encontrados em certos solos, especialmente naqueles em que os meteoritos caíram, e estão associados a solos vulcânicos de até 60 milhões de anos atrás. Alguns desses solos chegam a ter 6 por cento de conteúdo de minerais monoatômicos.

Os alimentos e as ervas ricos em elementos monoatômicos incluem uva, *Aloe vera*, cacau, cenouras, chá *Essiac* (os principais ingredientes incluem azedinha e ruibarbo), *Sanguinaria canadensis*, alga azul-esverdeada e erva-de-são-joão. Outra fonte rica de elementos monoatômicos é o Ultimatium™, pó ou extrato líquido feito pelo doutor Tru Ott.[48] As pessoas também eram capazes de extrair elementos monoatômicos da água do mar já no tempo dos essênios.

O que é um mineral monoatômico? Sem nos aprofundarmos muito em bioquímica, precisamos nos lembrar que há três estados da matéria: gasoso, líquido e sólido. Os sólidos que têm estruturas em forma de treliça, um microagrupamento de um complexo de átomos, são os chamados metais. Outra fase dos sólidos tem qualidades do tipo cerâmico; estes são os supercondutores não metálicos e são os minerais monoatômicos. Em 1989, um físico nuclear descobriu que átomos de alguns minerais monoatômicos existem em microagrupamentos. A maioria desses microagrupamentos é encontrada com o grupo de transição de metais preciosos chamados de MGP (metais do grupo platina). Eles podem passar do estado metal para um estado monoatômico. Se houver mais do que um número específico desses átomos em um microagrupamento, eles formam uma treliça com propriedades metálicas. Os microagrupamentos com menos do que um número crítico de átomos apenas se agregarão e se tornarão monoatômicos com propriedades cerâmicas. Os átomos monoatômicos não são mantidos em posição pelo compartilhamento de elétrons, como nas estruturas metálicas. Por exemplo, para o paládio, o número crítico é de 9 átomos. Se o número de átomos for

9 ou menos, o paládio será monoatômico; se for 10 ou mais, o paládio terá a formação em treliça e agirá como um metal. Os elétrons de valência na camada externa do elemento na forma monoatômica não estão disponíveis para reações químicas. Por isso, não podem ser identificados pelos meios bioquímicos normais.

Uma das qualidades especiais dos elementos monoatômicos é que eles se tornam supercondutores à temperatura ambiente. Um dos ensinamentos da Nutrição Espiritual é que temos que nos transformar em supercondutores. Os elementos-chave dos quais estamos falando são chamados elementos de transição; entre eles estão: rutênio 44, ródio 45, paládio 46, prata 47, ósmio 76, irídio 77, platina 78 e ouro 79 (o número que aparece depois de cada elemento representa o seu peso atômico). Estes são os elementos que fazem parte do grupo MGP (metais do grupo platina). Eles compõem uma fase completamente nova da matéria, e estamos apenas começando a compreendê-los. Suas propriedades incluem a ação como supercondutores à temperatura ambiente e levitação. Por serem supercondutores, tendem a equilibrar o campo magnético da Terra, que lhes dá o poder de levitação. Essa pode ser uma dica de como, em tempos antigos, algumas civilizações tinham a habilidade de usar esses elementos para fazer com que rochas de 80 toneladas usadas na construção de pirâmides e outras maravilhas arquitetônicas levitassem. Os elementos monoatômicos não têm uma gravidade específica, pois o seu peso varia muito com a temperatura e o ambiente magnético. Eles tendem a transmutar. O núcleo normal, em forma de treliça, está disposto em forma esférica e tem uma forte força nuclear que o mantém redondo. Os núcleos dos elementos monoatômicos são apenas órbitas externas parcialmente preenchidas e se tornam mais alongados na forma, pois há a falta do que chamamos interação dipolar entre o núcleo e os elétrons, e com um núcleo circulante. Essa deformidade aumenta a distância entre as partículas, enfraquece a grande força nuclear e permite uma repulsão eletromagnética entre os prótons, assim, o núcleo pode se tornar mais estável. Se a deformidade criar uma razão de dois para um, esse núcleo se torna superdeformado e cria fissão. É possível que alguns monoatômicos não tenham um núcleo superdeformado. O estado de fácil transmutação é um dos poderes do núcleo dos elementos monoatômicos. A qualidade de pó branco felpudo dos átomos monoatômicos se deve ao fato de que eles não são mantidos no lugar pela estrutura rígida em forma de treliça vista nos metais. A gravidade específica do irídio metálico é de aproximadamente 22; a gravidade específica do irídio monoatômico é de aproximadamente 3, portanto, ele tem um sétimo da densidade.

Entre as afirmações feitas no *Livro Egípcio dos Mortos* a respeito dos minerais monoatômicos estão restauração da juventude e vitalidade, ativação do terceiro olho, ligação com os portais de outras dimensões, habilidade de ver através do passado e do futuro, levitação e possibilidade de ascensão. *Sir* Lawrence Gardener, em seu livro *The Lost Secrets of the Sacred Ark* [Os segredos perdidos da arca sagrada], fala sobre o seu uso ser reconhecido por diferentes sábios da história, já na época da Lemúria, para levitação, transmutação e teletransporte. Atualmente, os cientistas e físicos falam do material monoatômico como matéria "exótica". Muitos nomes lhes foram dados ao longo da história. Na Mesopotâmia, foram chamados de *shem-na-na*, que, de certa forma, lembra o que conhecemos como maná, na Torá. O termo egípcio é *mfkzt*. Os gregos os consideravam um presente do paraíso, e os alquimistas medievais, como Paracelso, o chamavam de pedra filosofal. Para os gregos, eles tinham o poder de aumentar a Comunhão com o Divino, o poder de levitação e o poder de *electrikus*. Na mitologia grega, estava no centro da busca pelo velocino de ouro. Hórus, como o deus egípcio dos mortos do submundo, está de alguma forma relacionado a isso, pois o pó branco simboliza a lágrima de ouro dos seus olhos. As Tábuas de Esmeralda de Thot, descobertas em uma cova na América do Sul, se referem ao pó branco e às profecias associadas a ele, dizendo que ele desapareceria da Terra e seria restaurado em uma época crítica da história. Irídio significa iridescente ou arco-íris; é conhecido como a palavra íris, significando arco-íris. Na Torá, o arco-íris é o símbolo de ligação entre Noé e Deus após o dilúvio, mas talvez tenha outros significados. Os egípcios cultuavam Ísis, a base do arco-íris, onde nos antigos templos transformavam o ouro no pó branco do irídio. *Mfkzt* é mencionado nas escrituras sagradas dos textos das pirâmides egípcias, escritas durante o período da quinta dinastia da pirâmide do rei Enaasx, em Saqqara. O autor, sua companheira Shanti e o sensitivo especialista Kevin Ryerson levaram várias pessoas em peregrinações essênias até lá. O maná era usado de maneira a permitir que o rei vivesse para sempre com os deuses. Era chamado de Campo de Mfkzt. O alquimista Eirenaeus Philalethes, conhecido filósofo britânico que produziu um trabalho em 1667 chamado *Secrets Revealed* [Segredos revelados], no qual discutiu os segredos da pedra filosofal, destacou que não se tratava de transmutar um metal básico em ouro, mas sim de transmutar ouro em um ouro superior, ao seu nível mais elevado de pureza e poder. Pelo que entendemos hoje, isso provavelmente significava transmutar ouro em irídio, que é o nível mais elevado do maná. Esta é a verdadeira pedra filosofal. No século XV, o alquimista francês Nicholas Flanel escreveu em seu último testamento, em 22 de novembro de 1316, que, quando o metal estava perfeitamente seco, ele produzia um pó fino de ouro, que era a pedra filosofal. Na época, não tinham a tecnologia científica para compreender que, quando estavam transmutando o ouro alquimicamente, ele se tornava irídio. O cabalista Jacob Boeheme falava sobre o 77, que é o número atômico do irídio; 77 é o número total de nomes Divinos. Há 72 nomes de Deus, mais cinco nomes que pertencem ao espírito de Deus. Não é obviamente uma coincidência que o irídio de alta velocidade tenha três órbitas de elétrons – cinco no núcleo, sessenta entrando e doze no anel externo, somando 72 mais 5 ou 77. Esse poder de luz é mencionado em vários textos sagrados. No Japão, ele é mencionado na religião xintoísta e na linhagem de sangue do imperador. Os kahunas do Havaí falam de *mannahuna*, os guardadores do maná. As várias ilhas montanhosas havaianas, como Mauna Lua e Mauna Kea, eram associadas ao sagrado shem-na-na, do místico continente da Lemúria. Na Irlanda, ele também é mencionado, considerado e relacionado ao mito dos Leprechauns. Falam sobre o irídio como um mineral arco-íris, e é isso o que ele é na verdade. Ele possui todas as cores do arco-íris. Alexandre, o Grande, pode tê-lo usado para fazer uma viagem metafísica a um lugar chamado o Reino de Ahura Mazda, o deus persa da luz. Ele teve uma missão visionária após a ingestão de um pó branco misterioso formado do metal. Esse pó misterioso era chamado de pedra paradisíaca encantada. O irídio monoatômico, ou maná, é encontrado na história de muitas culturas. Indo além da física moderna e de tentativas de descrever o irídio monoatômico, a história nos mostra que a antiga realeza de muitas culturas usava esse pó branco para nutrir o corpo de luz. Essa é a Nutrição Espiritual em seu nível mais elevado. Ele também é muito bom para a saúde do corpo físico.

Na *Modern Science*, em maio de 1994, Miguel Alcudierre afirma: "Hoje, sabemos que é possível modificar o espaço-tempo de forma a nos permitir viajar a uma velocidade arbitrariamente enorme pela pura expansão local do espaço-tempo atrás de uma espaçonave e uma contração oposta na frente dela – um movimento mais rápido do que a velocidade da luz, reminiscente da dobra espacial da ficção científica".[49] Isso depende apenas do uso desses minerais monoatômicos. O físico Alcudierre chamava esse metal de "matéria exótica" e dizia que ele vem do grupo da platina. Ele também é descrito como uma matéria com a propriedade de ter uma densidade de energia iônica negativa, o que é diferente da matéria física, e que tem uma densidade de energia iônica positiva. Em maio de 1995, em um número da *Scientific American*, um artigo chamado *"The Electric Gene"* [O gene elétrico] relatou que os elementos do grupo platina (MGP) foram examinados para verificar os seus efeitos no DNA humano. O artigo relata que quando certos elementos

MGPs se ligam naturalmente a cada final de um cordão curto de DNA (esses cordões curtos são como antenas no DNA maior), os cordões se tornam dez mil vezes mais condutores. Na verdade, os MGPs tornam os DNAs supercondutores. A hélice dupla do DNA se torna um eixo altamente condutor e o DNA torna-se uma molécula altamente condutora. *The Platinum Metal Review*, uma revista especializada, tem consistentemente publicado artigos a respeito do uso da platina, do irídio e de outros MGPs no tratamento do câncer. O significado disso é que quando o DNA de uma célula normal é alterado pela energia do câncer, ele começa a produzir células anormais de câncer. Essa distorção do DNA pode ser revertida pelo uso dos MGPs. Eles ressoam com o DNA defeituoso e criam uma ressonância de cura que ajuda o DNA a se reverter à forma adequada. Esse tratamento obviamente não envolve nenhuma cirurgia, radiação ou quimioterapia; ele simplesmente envolve a reestruturação do DNA para sua estrutura normal. Esse é um dos tópicos da Nutrição Espiritual: reajustar o DNA à sua expressão fenotípica mais elevada. Apesar de não ter se tornado pública, uma pesquisa feita por Bristol, Myers e Squibb descobriu que os átomos de rutênio interagem com o DNA, corrigindo a má-formação nas células cancerígenas.[51] Assim, os metais de platina monoatômicos são capazes de se comunicar de alguma maneira com o DNA e as células, de forma a reestruturar o DNA e fazê-lo voltar à sua estrutura normal. Os pesquisadores descobriram que o irídio e o ródio também têm propriedades de antienvelhecimento e que esses compostos de platina também interagem com o DNA para reprogramá-lo para que retome o seu estado normal. Também é sabido que os metais de ouro e platina nos estados monoatômicos de alto spin (movimento rotatório) podem ativar o sistema glandular endócrino de forma a aumentar a consciência, percepção e abertura a novos níveis de percepção.

Os elementos monoatômicos afetam principalmente a glândula pineal, aumentando a produção de melatonina, e a glândula pituitária, aumentando a produção de serotonina e ativando os DNAs (de baixa qualidade) do corpo e, portanto, ativando potencialmente as partes não utilizadas do cérebro. Os pesquisadores mostraram que 5 por cento do cérebro, por peso seco, é composto de MGPs e, consequentemente, por esses elementos monoatômicos supercondutores. Pode-se teorizar que os MGPs oferecem aos seres humanos o poder de ativar ainda mais o nosso corpo de luz. O laboratório de bioquímica da Defesa Aérea Naval Americana descobriu que cada um dos 70 trilhões de células do corpo humano se comunica com as outras por transmissão supercondutora. Descobriram também que uma substância especial parecia ser a base da comunicação celular e que essa substância era o pó branco, o irídio monoatômico ou maná. Pode ser que o irídio monoatômico seja de certa forma o maestro de uma orquestra de 70 trilhões de componentes.

Um estudo publicado sobre o uso medicinal do pó branco pelas companhias farmacêuticas mostra que ele tem propriedades antivirais, antibactericidas e anticancerígenas.[52] Podemos teorizar que ele apresenta esses efeitos porque reativa as vibrações mais saudáveis do DNA e, portanto, fortalece o sistema imunológico contra vírus, bactérias e câncer. Do ponto de vista celular, quando o DNA está desequilibrado, significa que ele está distorcido e não consegue se replicar corretamente. A habilidade da célula de absorver a luz e as energias curativas através do DNA fica bloqueada. Os genes especializados, chamados proto-oncogenes, que carregam os padrões eletromagnéticos que especificam a composição das proteínas e incentivam o crescimento celular e a replicação saudável de proteínas para o sistema imunológico, são rompidos. O resultado é que esses proto-oncogenes, sob estresse, transmutam-se em oncogenes, que são os genes carcinogênicos ou ativadores do câncer. De acordo com o doutor Tru Ott, mais de cinquenta pesquisas independentes diferentes mostraram que o grupo da platina monoatômica de alto spin se prende aos cordões de DNA dos cromossomos específicos no DNA específico na célula. Esses fragmentos de DNA de cadeia curta aumentam muito o fluxo da energia supercondutora. Em essência, o grupo da platina monoatômica, particularmente o irídio, transforma o DNA em um receptor cósmico da energia dos elétrons e, portanto, corrige o sistema. A importância de trazer elétrons para o sistema é a razão pela qual o enxofre enfatiza a importância da água como uma doadora de elétrons, assim como os minerais em geral. O fluxo cósmico de elétrons para dentro do DNA ajuda a restaurar rapidamente os oncogenes de volta a proto-oncogenes normais, ou em estado de equilíbrio. Esta é uma abordagem totalmente diferente a respeito do câncer e da saúde, pois não estamos destruindo nenhuma célula; nós as estamos restaurando para sua forma saudável e correta. Esta é a base do aspecto curativo da Nutrição Espiritual, que é de alimentar-se para reequilibrar os nossos genes. Uma vez que o fluxo de elétrons para a célula esteja restaurado, outros estados de doença crônica podem melhorar, pois o DNA está operando em seu nível mais elevado. Os efeitos gerais dos MGPs incluem estimular as glândulas pineal e pituitária, que secretam mais de trinta hormônios diferentes e afetam a formação das ondas cerebrais. Os MGPs podem reparar os DNAs danificados de mais de cem estados de enfermidades diferentes, aumentando o fluxo de elétrons para o DNA e aumentando a comunicação intracelular.

O doutor Ott percebeu um melhor equilíbrio em sua própria aura, também chamada campo Meisner, com uso do pó branco. A exploração pessoal do autor com o irídio (maná) tem lhe proporcionado um aumento na sensibilidade psíquica e uma sensação de ter mais uma lâmpada de luz acesa no sistema. Uma vez, durante uma meditação de dez horas e meia, o autor se percebeu fisicamente andando fora do próprio corpo por quatro horas. Essa experiência de forma consciente nunca tinha acontecido e nem por tão longo tempo. Geralmente, as pessoas descrevem uma sensação de bem-estar, claridade mental e basicamente a abertura e visão do sexto chacra. É melhor pensar a respeito do irídio não como uma droga, mas como um suplemento tomado em pequenas quantidades ao longo do tempo, para lentamente abrir o terceiro olho. Com algumas exceções, uma dose única pode não ter muito efeito, exceto se tomada durante uma intensa cerimônia.

Muitas informações a respeito desses incríveis avanços foram compartilhadas com o autor pelo doutor Tru Ott, que descobriu um mineral contendo altas quantidades de irídio. Submetendo-o a alguns processos alquímicos, o doutor Tru Ott conseguiu produzir o pó branco do irídio – a pedra filosofal. Atualmente, isso está disponível nas cerimônias sagradas. Nós o usamos na Dança Espiritual do Búfalo Branco e outras cerimônias. A ligação pessoal do autor é através de sua linhagem de sangue com a Irmandade Levita, de 3.400 anos atrás. É possível que o pão que Abraão recebeu no simbólico doar do pão de Melchizedek tenha sido o pó branco. Isso pode ser apenas simbólico ou pode ser muito mais. Bethlehem* significa casa do pão. O autor não acredita que os antigos místicos estavam apenas pensando a respeito do pão quando falaram sobre isso. No pai-nosso, há o pedido de dar-nos o pão nosso de cada dia. Precisamos pensar sobre isso mais do que como sendo apenas o pão material, mas o "pão da presença", conforme sugerido em Samuel, 21, 6. Nesse contexto, ele era conhecido em Êxodo, 25, 30 até 35, 13 e 39, 36, Números, 4, 7 e Samuel, 21, 1-7 como o "pão da proposição" (pão da presença). Em Êxodo, 25, 9-31, afirma-se que o "pão da presença" foi feito por Bezaleel, no Monte Horeb. Bezaleel não era padeiro; ele era um ourives místico escolhido por Yah para conduzir a construção da Arca. O "pão da presença" era para ser comido com o franquincenso. Acredita-se que no uso histórico do maná o franquincenso ampliava o seu uso. Precisamos compreender, conforme destacado pelo doutor Immanuel Velikovsky, psicólogo e filósofo judeu, em seu livro *Ages in Chaos* [Eras em caos], que o "pão da presença" obviamente não era farinha branca, mas prata e ouro.[53] Em Levítico, 24, 5-7, é dito que Bezaleel está limpando o pão com franquincenso. Nas épocas egípcias, particularmente no Templo de Karnak que visitamos em nosso Tour

* Belém. (N. T.)

de Odisseia Essênia, existem alguns objetos em forma de cone feitos de algo que parece ouro, mas a sua descrição é de "pão branco". O "pão da presença" é também chamado "alimento shefa". Shefa, em hebraico, significa energia espiritual descendendo da presença Divina. Em Êxodo, 16, 15, quando os hebreus perguntaram o que era o maná: "E Moisés disse a eles, este é o pão que o Senhor deu para vocês comerem", o maná está sendo descrito como sendo branco, parecendo semente, com o gosto doce como o mel (Êxodo, 16, 31). O *Livro Egípcio dos Mortos*, que talvez seja o livro mais antigo do mundo, o descreve como o "pão da presença". Ele destaca que o faraó, buscando Iluminação na morte, comia o maná, ou mfkzt, antes de passar para além da vida. Há descrições contínuas de faraós ingerindo o maná desde 2180 a.C. Também era conhecido como "o pó da projeção", pelo qual era possível transmutar a ignorância humana básica em um lingote de ouro espiritual. Em Coríntios, 10, 3, o maná é mencionado como alimento espiritual, e em João, 16, 31-41, como o verdadeiro sangue da Eucaristia. No Apocalipse, diz-se que: "Àquele que vencer, darei do maná escondido, eu darei uma pedrinha branca com um nome novo escrito, que ninguém conhece senão quem o receber" (Apocalipse, 2, 17).

Lawrence Gardener sugere em seu livro *The Lost Secrets of the Sacred Ark* [Os segredos perdidos da arca sagrada] que a Arca da Aliança era uma bateria, entre outras coisas. Foi construída como uma bateria para fornecer energia para a transformação do ouro em maná. Ele procura verificar como o rei Salomão usou a arca para fazer o pó branco sagrado para a transformação e que a arca não se perdeu na sua época, mas continuou por muitas gerações até a época do rei Hezekiah. A ideia das baterias, como as conhecemos hoje, na realidade já era usada em tempos muito antigos. A "bateria iraquiana", também conhecida como a bateria de Bagdá, tem milhares de anos. Ela foi encontrada em 1938 pelo arqueólogo alemão Wilhelm König em um pote de argila que tinha 2.240 anos, no Museu Nacional do Iraque. Ela foi atribuída a Parthiens e era, na realidade, uma bateria. Só precisava de um pouco de vinagre para funcionar. Uma bateria semelhante foi construída em 1957, e a revista *Science Digest* relatou que funcionava. Portanto, a ideia de que a arca era uma bateria não é nova, pois a bateria não foi inventada pelo conde Alessandro Volta, mas bem antes, na época dos antigos sumérios. Também há a figura de uma dessas baterias no Templo de Hathor, em Dendera, no Egito. Uma interpretação da arca, naquela época, que é o máximo no tempo que podemos voltar, é que tinha uma incrível força de energia que obviamente queimava as pessoas. Era usada em batalhas e para levitar, mas possivelmente também foi usada por Moisés em seu trabalho alquímico para fazer ouro. Lawrence Gardener enfatiza essa ideia em seu livro.

Isso nos leva de volta aos princípios da Nutrição Espiritual. Na época anterior à era egípcia, sabia-se que um dos aspectos do indivíduo era o que chamavam de corpo de Luz, ou o que os egípcios chamavam de *ka*. Sabiam que tanto o corpo material como o corpo de Luz precisavam ser alimentados, e o melhor alimento era o shem-an-na. O maná estimula especificamente a glândula pineal. Podemos pensar na glândula pineal como a estrutura física que nos liga à Verdade Eterna. É o órgão da percepção interna, aquele que nos ajuda a nos elevarmos acima da limitação da compreensão mundana. Na tradição iogue, a pineal está relacionada ao sexto chacra. É o terceiro olho metafórico, no qual todas as visões se tornam Uma. A glândula pituitária, que também é estimulada pelo shem-an-na, é um receptor cósmico. Ela canaliza as frequências selecionadas através das secreções hormonais para a glândula pineal, que as amplifica e as envia para todo o corpo.[54] A glândula pineal, neste contexto, tem controle sobre o que será, ou não será, transmitido para o resto do corpo e sobre o que afetará a consciência. Podemos imaginar a pineal como tendo grânulos, como um cristal em um aparelho receptor. Talvez o que esteja sendo ativado pelo shem-an-na, ou maná, sejam esses grânulos. É interessante, como médico, perceber que o Caduceu de Hermes tem duas asas, representando o lado direito e esquerdo do cérebro, e uma pilastra central simbolizando o sushumna, através do qual a Kundalini desperta viaja. As duas serpentes representam ida e pingala, e no centro está uma bola de Luz, que representa a glândula pineal e a fusão de Shakti e Shiva Naquele que está no alto. Esse equilíbrio de duas asas, duas serpentes e a pineal central é conhecido em alguns círculos iogues como o cisne, ou paramahansa. As três colunas (duas serpentes e o poste central) também representam as três colunas da Tree of Life Foundation. É o símbolo que representa o Ser completamente Desperto. O símbolo do cisne também remete aos Cavalheiros Medievais do Cisne, representando as mais elevadas consciências do Santo Graal, como Sir Percival e Lohengrin. Na câmara dos reis, dentro do sarcófago dos reis, este autor meditou e teve a experiência de passar para outras dimensões por um pequeno buraco no espaço (buraco de minhoca). Relatos, de acordo com *The Lost Secrets of the Sacred Arc*, confirmam que a câmara do rei parece ter sido concebida como um supercondutor que transportava o faraó para outras dimensões. Outra pesquisa sugere que o maná, ou shem-an-na, era de fato parte da câmara do rei. De acordo com os primeiros exploradores das pirâmides que no século IX entraram na câmara do rei, havia ali uma camada de uma substância misteriosa que era um pó branco. Isso não aconteceu por acaso. As pesquisas sugerem que o rei Salomão tinha redescoberto como fazer o pó branco e que o maná estava nas câmaras dos templos do Grande Templo. No templo de Serabit el Khadim, foram encontrados 25 quilos de maná. Uma informação histórica sugere que o maná foi transportado de lá para o Grande Templo de Salomão. A arca e o maná pareciam associados, e ambos foram "perdidos" a certa altura dos acontecimentos. Os relatos históricos sobre sua presença no Primeiro Templo existiam já na época do rei Hezekiah e do neto rei Josias. Então, antes que Nabucodonosor viesse invadir e destruir tudo, o maná foi escondido. O que o autor achou muito peculiar foi que, depois disso (na época do rei Herodes), parece que os essênios foram a fonte do maná. Isso significa que os essênios de Qumran sabiam como fazê-lo. Uma pesquisa parece sugerir que o mar Morto continha ouro natural de alta qualidade em alguns de seus aquedutos e que as precipitações do mar Morto contêm 7 por cento de ouro no estado monoatômico, com 30 por cento de magnésio. Parece então que os essênios possuíam um método pelo qual conseguiam tirar o ouro monoatômico do ouro convencional que eles retiravam da água e transformá-lo em uma forma monoatômica de irídio – o maná. Talvez tenham aprendido essa técnica com seus irmãos essênios, os chamados *therapeutae* egípcios, os quais tinham conexão com o Templo de Karnak no Egito. Isso é particularmente interessante para o autor, sendo um ancião essênio. O doutor Tru Ott pode ser um essênio, por causa de sua compreensão espiritual, suas compreensões a respeito da água e dos minerais, e por nos presentear com esta informação.

Desde os tempos antigos, o maná é uma história interessante. A produção desse ouro já existia no tempo de Hathor, no Templo em Dendera, ao norte de Luxor no Egito. O Templo de Hathor existe há 4.500 anos. O mfkzt, encontrado nas paredes do Templo de Hathor, sugere que eles já o produziam naquela época. Veio da Suméria, daí para os egípcios, daí para Melchezidek. Abraão recebeu "a pedra flor" (sempre associada aos honrados) de Melchezidek. Então, a passou através de Moisés para a Casa Levita, supervisionado pelo sacerdote de Zadok. Ela foi reativada pelas comunidades essênias e está sendo reativada atualmente pelos essênios contemporâneos. O autor agradece muito ao doutor Tru Ott por nos trazer novamente esta informação e o maná, para a nossa cerimônia sagrada. O "pão da presença" é o alimento da aliança dos "honrados" (espiritualmente forte, sagrado e desperto – não o sentido moralista que veio a ter). Este é o verdadeiro significado da Nutrição Espiritual. Busquemos o alimento que nos transforme em supercondutores completos da força cósmica, literal e figurativamente. O maná é a substância brilhante de Deus. É a essência mineral da Nutrição Espiritual.

Conclusão

Um aspecto importante a respeito de todos os minerais é que eles são frequências de consciência, frequências de luz e frequências de informação necessárias para a vida espiritual.

Certos minerais têm um papel mais explícito nos aspectos físicos, emocionais, mentais e espirituais da vida espiritual. O mineral mais importante para a vida espiritual é o maná, ou irídio, especificamente designado para expandir a consciência e abrir a pituitária e pineal para a consciência do sexto chacra. Depois do irídio, o fósforo é o mineral mais importante para a meditação. Depois do fósforo, vem o enxofre, que estimula a ligação entre a alma e o corpo material e nos harmoniza e integra os nossos pensamentos, emoções e espírito com a expressão material. O enxofre está mais relacionado que o fósforo à inteligência da alma. Funciona em conjunto com o manganês. O manganês tem sido associado ao amor e à compaixão. O enxofre não apenas apoia a expansão da consciência, mas está envolvido e é de certa forma conhecido como o mineral da beleza e da flexibilidade, junto com o cloro, o ferro e a sílica. O sódio também é um mineral muito importante para a flexibilidade e o funcionamento adequado dos tecidos e das articulações, assim como o silício e o cloro. O oxigênio e o ferro ajudam a construir o prana físico. O iodo, que é mais importante para o quinto chacra (o chacra da garganta), é o mediador do metabolismo em geral. O sódio, como um elemento fluido, ajuda a nos manter ágeis e ativos e dá apoio para que o cálcio e magnésio fiquem em solução no corpo, minimizando a rigidez. O magnésio é o mineral do relaxamento e ajuda a nos proteger contra espasmos musculares e tensão e ansiedade. O cálcio nos ajuda com a estrutura e está relacionado ao magnésio para prevenir espasmos e câimbras musculares.

Os níveis adequados de todos os minerais são importantes para uma boa vida espiritual. Os minerais, do nível físico da ioga até os níveis mentais e espirituais, que o autor acredita serem os mais importantes para a vida espiritual são irídio, fósforo, enxofre, manganês, silício, sódio, ferro, oxigênio, potássio, cloro, iodo, magnésio e cálcio. O ideal é estar mineralizado em todos os níveis da vida, para nos abrirmos a todas as frequências de consciência e para que possamos transcender as limitações e identificações com a mente.

Resumo – Capítulo 28

1. Os minerais são um dos profundos segredos da Nutrição Espiritual.
2. Eles são frequências de luz, frequências de informação, frequências de consciência e frequências de potencial.
3. Os minerais nos levam à própria formação da vida.
4. Todas as qualidades de saúde, positivas e negativas, podem ser relacionadas ao fato de termos minerais suficientes ou em falta.
5. Não há vida sem a transferência de energia elétrica.
6. As pesquisas mostram que os minerais são essenciais para a vida das plantas e, portanto, essenciais para a vida humana. O papel das plantas é convertê-los em minerais iônicos ou de tamanho angstrom, para que os seres humanos possam absorvê-los.
7. O maná é o supremo mineral alquímico; é a pedra filosofal. É o mineral mais poderoso para a transformação da consciência.

– 29 –
ÁGUA VIVA

O Mistério da Água

A água é a substância básica da vida. Sem ela, a vida não existiria. Então, qual é o mistério da água? Qual é o mistério da química da vida? Qualquer agricultor pode responder a essa pergunta, pois, mesmo em um solo rico, sem a umidade adequada, as sementes nunca germinarão sem hidratação adequada. A função da água é levar hidrogênio natural ativo para a célula, para que ela possa se hidratar, assim como o núcleo do DNA. Hidratação significa elétrons doadores de hidrogênio. Esse é o segredo da água. Quando compreendemos esse princípio, escolher a melhor água é uma tarefa muito simples. Outra função da água é o seu papel como solvente universal para eliminar toxinas do corpo e das células. Ela também age como comunicador harmônico através de sua estrutura, para que as células possam se comunicar entre si e intracelularmente, através das frequências padronizadas que a água é capaz de transmitir.

A água, H_2O, é composta de dois elementos críticos para a vida: hidrogênio e oxigênio. A molécula de hidrogênio compõe 97 por cento do universo. Por que a molécula de hidrogênio, que está carregada para doar elétrons, é tão importante? Porque a química da vida depende do fluxo dos elétrons. O prêmio Nobel Szent-Györgyi expressou isso de forma simples: "Toda vida depende de um pequeno fluxo de elétrons do Sol". Esses elétrons são armazenados na água, nos alimentos vivos e no elemento monoatômico quase mágico, chamado irídio. Como já foi discutido, o irídio monoatômico nos torna condutores cósmicos de elétrons livres. São os elétrons livres que estabelecem, mantêm e criam vida, assim como criam toda a energia que acontece intracelularmente, extracelularmente e em qualquer nível do corpo. Na verdade, a chave para compreender a nutrição é o fluxo de elétrons. Os alimentos vivos têm mais elétrons do que qualquer comida. A água, com pH igual a 7,2 ou menor, tem hidrogênio natural ativo biologicamente e, portanto, mais elétrons.

O segredo da química da vida é o fluxo de elétrons doadores de hidrogênio e como esse fluxo afeta todos os processos intracelulares. O DNA precisa da energia dos elétrons da água para que possa ser restaurado. O fluxo de hidrogênio para dentro das células, vindo da água natural, ajuda a conduzir o oxigênio para a célula na forma de H_2O. O fluxo de hidrogênio, que é doador de elétrons, ativa o sistema oxidativo do citocromo na mitocôndria da célula para produzir ATP. O ATP é a fonte da energia biológica. Os princípios da transmutação biológica descobertos pelo doutor Luis Kervan, discutidos no Capítulo 13, se baseiam no fluxo de hidrogênio e, portanto, de elétrons. Ao compreendermos esse princípio, ou seja, de que água está relacionada com a hidratação (hidra) e que o hidrogênio que ela conduz para o sistema libera elétrons para o sistema, para que todos os sistemas energéticos funcionem, podemos compreender os princípios da água. A água que é rica em hidrogênio e, portanto, em elétrons, funciona como poderoso antioxidante. Nesse contexto, ela é o antioxidante universal.

A água *natural* é rica em doação de hidrogênio, como podemos ver na água pura da chuva. Ao ser destilada, seu hidrogênio natural é liberado e, assim, as células são hidratadas. Os sólidos totais dissolvidos (STD) nos informam a quantidade de minerais e outras frequências na água – pesticidas, herbicidas etc. Desconsiderando a questão da contaminação da água e nos concentrando nos minerais contidos nela, podemos compreender a pesquisa do doutor Tru Ott, que o autor reconhece por suas visões a respeito da água, que ele tão gentilmente compartilhou conosco. Sua pesquisa parece indicar que se o STD é maior que 50 PPM (partes por milhão; também comumente expresso como mg/l – miligramas por litro); esses sólidos dissolvidos interagem e capturam os elétrons de forma que não possam ser usados para se transferirem para as nossas células. Em um STD de 200 ou mais, temos apenas uma disponibilidade mínima de hidrogênios e elétrons livres. A água com STD de 200 ou mais normalmente tende a ser alcalina. Com STD de 50 ou menos, os íons idôneos se formam, resultando em H_3O; isto é, uma produção de hidrogênio doador de elétron mais ativo. Essa informação mostra que a água mais natural e curadora é a água doadora de mais hidrogênio – a água que tem maior quantidade de elétrons. A água destilada "madura" é excelente, pois é a água mais doadora de hidrogênio. A água madura é a água destilada reestruturada de forma altamente energética. O processo de maturação da água será delineado mais adiante neste capítulo. A água destilada que não é madura é uma água agressiva. É o solvente natural mais poderoso do planeta e extrairá toxinas de metais pesados, mas pode também remover minerais muito necessários para o nosso corpo. Ela não tem a potência, energia vital ou a segurança da água madura.

Isso posto, podemos começar a entender por que certas bebidas não são condutoras para as nossas produções de elétrons. Por exemplo, as bebidas cafeinadas ligam-se ao hidrogênio e, portanto, evitam a hidratação de forma parecida à ligação do monóxido de carbono (CO) com a hemoglobina, e, consequentemente, não permitem o funcionamento do oxigênio. As bebidas gaseificadas criam uma situação semelhante, pois provocam uma acidez química que não é o hidrogênio natural e prendem o hidrogênio. Elas criam também uma falsa acidez, dando origem ao ácido carbônico. O resultado é que não se pode simplesmente adicionar ácido clorídrico ou outros ácidos à água e esperar que o resultado seja água hidratada. Os produtos químicos adicionados à água não criam, necessariamente, um hidrogênio natural nela. Os chás de ervas podem ser uma bebida nutricional, mas não são necessariamente uma bebida hidratante, pois têm um alto STD e os íons e elétrons de hidrogênio estão ligados. Isso não significa que os chás sejam ruins; significa apenas que não são hidratantes. Eles servem para efeitos nutricionais e herbais, não para a hidratação. Esse é um ponto importante a ser esclarecido. Por exemplo, os sucos vivos são muito bons porque têm muitos minerais e são hidratantes. Mas não são necessariamente tão hidratantes quanto a água destilada madura.

Em contraste com os ácidos químicos, existem os ácidos naturais – limão-siciliano, limão, vinagre de maçã e toranja (grapefruit) –, que são muito ricos em hidrogênios naturais doadores de elétrons. Eles acidificam o citoplasma celular ao redor do núcleo da célula. Fora da célula, no fluido extracelular, temos alcalinidade, e dentro da célula, no citoplasma, temos acidez. Essa polaridade entre a parte externa e interna da célula é normal e saudável; é isso o que move a pressão osmótica e cria um gradiente elétrico. O pH da saliva mede o pH extracelular e se tornará alcalino quando ingerimos algo como vinagre de maçã, pois o vinagre torna os fluidos extracelulares alcalinos, uma vez que está doando seus hidrogênios para a célula e, assim, o protoplasma intracelular se torna mais ácido.

A hidratação, que requer um STD de 200 ou menos, é muito mais eficiente quando a água tem um STD de 50 ou menos. A água saudável aumenta a alcalinidade do fluido extracelular e aumenta a acidez do fluido intracelular.

Uma das maiores causas do mau funcionamento do DNA é a desidratação, que significa a falta de íons de hidrogênio. O DNA deficiente em hidrogênio está mais apto a sofrer mutações e, portanto, causar câncer. Ele precisa de uma produção alta de elétrons para se replicar com precisão. Se as células estão desidratadas, elas são incapazes de suprir a demanda de elétrons do DNA. Os cordões de DNA são ácidos nucleicos e, portanto, inseparavelmente ligados às moléculas de hidrogênio e água ácida (repositória de hidrogênio). Quando nos intoxicamos, criamos uma fome de H_2, pois a toxicidade se acumula nas células e o diferencial elétrico nelas se enfraquece. O resultado é que o oxigênio não pode entrar com a água ativada, pois não há hidrogênio com elétrons suficientes dentro da célula para atrair o oxigênio.

A discussão ácido-base tem vários paradoxos, no entanto, os ácidos naturais e os alimentos produtores de alcalinidade criam um aumento de hidrogênio no ambiente intracelular, também conhecido como citoplasma. É o citoplasma que usa o íon de hidrogênio para a hidratação. A água alcalina também tem hidrogênio, mas menos elétrons e, assim, forma um íon hidroxila, um poderoso radical livre, que, em essência, oxida o sistema. A oxidação aumenta o envelhecimento e a degeneração. Em outras palavras, os íons hidroxila da água alcalina são tomadores de elétrons, e não doadores. A água alcalina, no entanto, pode trazer uma sensação de energia, pois, à medida que as células são destruídas pela oxidação dos radicais livres, elas emitem energia. Infelizmente, esta é uma energia de curto prazo, razão pela qual algumas pesquisas no Japão sugerem que há efeitos deletérios, de longo prazo, quando bebemos água alcalina, especialmente água com pH igual a 8,5 ou maior. O importante aqui é não se confundir a respeito da palavra *alcalino*. A água alcalina não é nossa amiga. A água ácida naturalmente purificada é nossa amiga, e cria um fluido extracelular alcalino e intracelular ácido. Conforme o hidrogênio se move intracelularmente, traz consigo oxigênio, aumentando a respiração dentro da célula e também da mitocôndria. A mitocôndria necessita do oxigênio para funcionar adequadamente.

É importante compreender a diferença entre acidez intracelular e extracelular. Os alimentos produtores de ácidos, como as carnes, alcalinizam o citoplasma e, na realidade, privam o DNA dos íons de hidrogênio de que ele precisa para se replicar. A carne acidifica o fluido extracelular e alcaliniza o fluido intracelular, que é exatamente a direção oposta da qual queremos ir. Quando as pessoas (em geral, as que sofrem de algum tipo de câncer) são informadas de que estão muito ácidas (usando a palavra "ácida" da maneira mais comum), isso se refere à acidez do fluido extracelular e não ao fluido intracelular.

Uma pesquisa feita por Phelps e Kokoshinegg[1] sugere que as temperaturas nas quais a água é mais bem estruturada e carrega a maior quantidade de informação parecem se dar em certos pontos ou "janelas". A janela mais conhecida é a de 4 °C; outra janela é a 37,5 °C, que é basicamente a temperatura do corpo.[2] Algumas pessoas sugerem que é melhor deixar a água fora de casa durante a noite, para que ela se reestruture na luz da lua e nas temperaturas frescas da noite. Isso é o que o autor faz. É um processo alquímico simples e bonito. Algumas pessoas, principalmente as que têm uma constituição kapha, sofrem um pouco de estresse quando bebem água fria, portanto, a temperatura de 37,5 °C, aproximadamente a temperatura corporal, é para elas uma água potável confortável e rica em energia estruturada.

Muitas vezes, as pessoas têm fluidos extracelulares esgotados de minerais. A maneira mais barata de remediar isso é com os sais iônicos, tais como o sal do Himalaia, do mar Celta, Krystal ou Real. Esses sais não são aquecidos e têm ligação iônica. Todos os sais aquecidos adquirem uma ligação covalente; esse sal é difícil para o corpo absorver intracelularmente.

Agora que entendemos os princípios básicos da água, vamos olhar para ela de uma perspectiva mais ampla. Cada função do corpo humano está relacionada ao fluxo osmótico da água, dentro e entre as células. O conceito de fluxo osmótico significa que a energia se move de pontos de alta concentração iônica a pontos de baixa concentração, através da membrana energizada e é uma das maneiras principais como as coisas se movem em um sistema biológico. É um dos métodos principais de transporte de minerais e nutrientes no nível celular. Também é a forma pela qual as toxinas são removidas das células. Os benefícios da água são alcançados se o corpo receber água madura, pura, em uma base consistente. A água pura é um grande doador natural de hidrogênio, com pH igual a 7,2 ou menor. Com a idade, o corpo desidrata se não for regularmente suprido com água madura, rica em elétrons e pura. O trabalho realizado pelo doutor F. Batmanghelidj, descrito no livro *Your Body's Many Cries for Water* [Os muitos apelos do seu corpo por água], mostra que a razão da água dentro da célula para a água fora dela muda de 1,1 para 0,8 com a idade.[3] À medida que a água dentro da célula diminui, a concentração mineral das células diminui também, o que significa que começamos a desmineralizar, ao mesmo tempo que as células começam a se desidratar. Junto com esse processo, a sensação de sede diminui, ou seja, o corpo não nos alerta de que estamos desidratando. A única forma de reverter ou prevenir esse processo é fazer o óbvio: beber pelo menos 2 litros de água pura a cada dia. A razão intracelular para extracelular permanece 1,1 se permanecemos hidratados. Isso significa que mesmo que não sintamos sede é importante beber água. Beber pode, na realidade, nos fazer sentir mais sede. Uma vez tendo compreendido os princípios da água, fica mais claro que água gaseificada, cafeína, refrigerantes, café, cerveja e álcool, na verdade, nos desidratam. Eles roubam os hidrogênios úteis das células e, consequentemente, nos desidratam intracelularmente.

As Funções da Água

O corpo humano adulto é constituído de aproximadamente dois terços de água – 50 por cento do nosso peso corpóreo. No útero, o corpo do feto é constituído de aproximadamente 90 por cento de água. O corpo de um bebê é cerca de 75-80 por cento água. Se não nos hidratarmos adequadamente com H_2O, o nosso conteúdo de água pode cair para até 40-50 por cento com a idade. Um dos principais componentes comuns no corpo é a água. A gordura é 20 por cento água, o sangue é 80 por cento água, os ossos são 25 por cento, os rins são 80 por cento, o fígado 70 por cento, o músculo 75 por cento, a pele 70 por cento e o cérebro 85 por cento. Isso é muito importante, principalmente quando percebemos que 85 por cento do cérebro é água, e que quando o cérebro começa a desidratar, os neurônios desidratam e encolhem. Isso contribui significativamente para a senilidade.

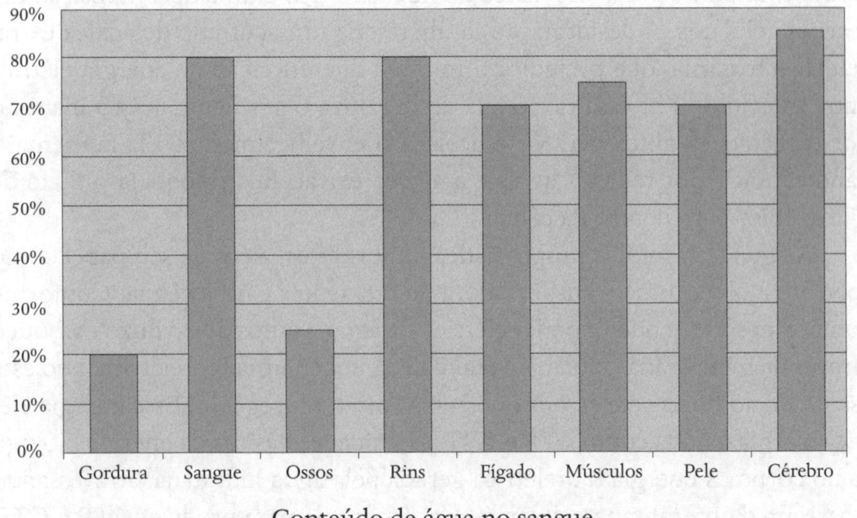

Conteúdo de água no sangue

A água tem muitas funções importantes no corpo, além de seu papel de solvente e transportador de substâncias. O fluxo de elétrons extracelulares para dentro da célula ativa uma importante cadeia de reações bioquímicas. Por exemplo, essas reações bioquímicas estimulam as sementes a germinarem, o que, por sua vez, gera uma bioquímica de cura ativa no corpo, o que faz com que nos sintamos felizes e saudáveis.

A água age como solvente universal e é, em parte, como ela produz a vida no planeta. A habilidade da água em agir como solvente é o que faz a nutrição funcionar para todas as substâncias vivas. As plantas absorvem nutrientes quando são regadas, assim como a água dissolve os nutrientes para que possam entrar na corrente sanguínea. Essa é a informação básica, mas se torna mais clara conforme as pesquisas demonstram que a água age como um meio que transfere e retransmite as minúsculas frequências de informação do DNA de uma célula para outra. Se a água está poluída, significa que o que está entrando em nosso organismo está poluído com um conjunto de frequências negativas, tais como pesticidas e herbicidas, e a água, na verdade, não pode retransmitir a informação intracelular e extracelular de forma precisa. Portanto, se estamos consumindo água contaminada, ela não apenas traz venenos, mas também bloqueia informações adequadas das frequências extra e intracelularmente, do e para o DNA.

Quando age como solvente, ela tem um conteúdo elétrico e mineral que ajuda a regular todas as funções no corpo. Isso se rompe a desidratação e os elementos tóxicos que bloqueiam a transferência da informação. Esse distúrbio causa uma perda específica do fluxo elétrico e uma decomposição das reações celulares. A desidratação também cria um acúmulo de acidez extracelular e toxemia, que prejudicam muito a diferenciação de energia elétrica entre as células. Por essa razão, ela desorganiza o gradiente, leva à inanição por oxigênio, danifica o DNA e acelera o envelhecimento. Ela aumenta o dano causado por radicais livres e a acidez extracelular bloqueia o fluxo de hidrogênios para dentro da célula.

A água tem muitas propriedades importantes, além de seu papel como solvente e como uma transportadora de nutrientes para a célula. Conforme começamos a entender o poder elétrico da água, vemos que o fluxo osmótico através da membrana celular, na realidade, gera energia hidrelétrica. Isso está associado ao fluxo de elétrons que entra com o hidrogênio. Essa energia elétrica é armazenada como ATP e GTP, as unidades básicas da energia biológica no corpo. A energia hidrelétrica gerada pela água hidratada, atravessando a barreira da membrana celular, é também usada para produzir ATP e GTP. A água tem, de certa forma, qualidades adesivas sutis que ajudam na ligação e estabilização das estruturas da membrana celular – ela cola as estruturas sólidas da membrana celular. Também tem um papel hidrolítico e é importante em todas as reações químicas no organismo que dependem dela. Essas são as chamadas reações hidrolíticas. É nesse papel que ela ajuda a dissolver e a liberar certos produtos químicos no sistema, o que permite o crescimento das sementes. Quando as sementes são regadas, a água ativa os processos por meio do seu papel hidrolítico.

Uma qualidade maravilhosa da água é o seu papel como antioxidante. Os seus poderes antioxidantes alcançam todos os compartimentos de água, ou seja, o corpo inteiro. A elevada carga de elétrons da água saudável leva elétrons para dentro do sistema e, assim, eles são capazes de destruir a atividade dos radicais livres. A água rica em elétrons neutraliza o efeito negativo dos radicais livres, que desejam elétrons e acabam tirando-os das membranas celulares, fazendo com que se desorganizem e, consequentemente, acelerando o processo de envelhecimento. A água é, em essência, não apenas um solvente universal, mas também um antioxidante universal.

Os Perigos da Desidratação

Nos neurônios, a água transporta neurotransmissores para os terminais nervosos para uso da transmissão neural. Esses caminhos da água existem nos neurônios e são chamados de microtúbulos. Quando as células do cérebro estão desidratadas, os microtúbulos ficam bloqueados. As proteínas e enzimas funcionam mais eficientemente na água que tem uma quantidade mínima de viscosidade. Isso é particularmente verdade para os locais receptores nas membranas celulares. Quando esses locais receptores, que são formações moleculares tridimensionais, estão desidratados, a água desenvolve mais viscosidade e as proteínas e enzimas não são capazes de funcionar no mesmo nível de eficiência, tanto dentro quanto fora da célula. Dessa forma, o poder solvente da água regula todas as atividades metabólicas do corpo.

Quando compreendemos esses princípios, começamos a entender melhor o que chamamos de sintomas de desidratação. Um dos sintomas é a dispepsia, também conhecida como dor de estômago. Isso acontece porque as células do revestimento interno do estômago precisam ser hidratadas e lavadas entre as refeições, para se livrarem dos ácidos e desenvolverem certo nível de alcalinidade. Quando estamos desidratados ou não bebemos antes das refeições, isso provoca um estreitamento da zona de amortecimento das membranas celulares do estômago e ela não protege como deveria o estômago da acidez que é naturalmente secretada. Outro sintoma de desidratação é a dor reumatoide (ou dor artrítica), relacionada a qualquer tipo de dor articular, pois as articulações são lubrificadas com a água. A água cria um pequeno filme aquoso que ajuda a lubrificar a interface das articulações. Com a desidratação, esse filme lubrificado de água evapora e as articulações ficam raspando umas nas outras. A dor nas costas, principalmente na parte inferior das costas, e no ciático, são frequentemente o resultado de discos intervertebrais desidratados. Esses discos normalmente criam um espaço acolchoado entre as vértebras, pela capacidade de água que eles podem manter. Quando os discos estão desidratados, 75 por cento do peso da parte superior do corpo, que eles amortecem, começa a pesar nos espaços intervertebrais e a fazer pressão nos nervos intervertebrais. Isso acaba causando espasmos musculares. A dor ciática pode ser um sinal importante de desidratação. Normalmente, alguns dias após a reidratação, a pressão nos nervos começa a aliviar. O alívio da dor ciática, por exemplo, pode acontecer dentro de uma hora depois que a reidratação ocorre. Dor no coração ou angina é outro sintoma. Quando o corpo está desidratado, o fluxo sanguíneo para o coração é reduzido. Dores de cabeça, acúmulo tóxico e vasos sanguíneos contraídos são outras consequências, assim como língua seca e constipação. Uma das principais causas de morte em aviões é a desidratação, que causa coágulos nas pernas que podem migrar para os pulmões como embolia pulmonar.

Algumas fontes científicas estimam que 75 por cento dos americanos estão cronicamente desidratados. Em 37 por cento dos americanos, o mecanismo de sede é tão fraco, devido à desidratação, que ele é confundido com fome. De fato, uma das melhores maneiras de perder peso é beber água quando você está com fome. Um copo de água ao deitar pode diminuir as crises de fome do meio da noite para quase 100 por cento das pessoas que fazem dieta. Essa atitude trata a desidratação e chega à causa do apetite excessivo, que confunde o mecanismo da sede pela fome. A ruptura do sistema metabólico do corpo é tão significante quando estamos desidratados que mesmo em um estado de desidratação leve o metabolismo diminuirá em até 3 por cento. A desidratação é provavelmente a principal causa da fadiga que se sente durante o dia. Uma queda de 2 por cento de água no corpo pode desidratar tão significativamente os neurônios e a passagem dos neurotransmissores na função cerebral que podemos ficar atordoados, desenvolver dificuldades de memória de curto prazo, ter dificuldades com matemática básica e perder o foco na tela do computador. Isso com uma queda de 2 por cento! Um copo de água pode reverter significativamente alguns dos processos da desidratação.

Um estudo da Universidade de Washington mostrou que ao beber 5 copos de água por dia diminui-se o risco de câncer de cólon em 35 por cento, o risco de câncer de mama em 79 por cento e o risco de câncer da bexiga em 50 por cento. Essa é uma constatação significativa acerca da importância da água. A desidratação é algo que pode acontecer com a idade, portanto, um dos principais tratamentos antienvelhecimento é beber aproximadamente de 2 litros por dia para uma pessoa de 70 quilos.

Os Melhores Tipos de Água para Beber

Quando a água flui através da membrana celular, ela cria uma energia hidrelétrica. À medida que atravessa a membrana, gera um diferencial elétrico na membrana celular. Na realidade, o movimento da água saudável para dentro do sistema energiza todo o sistema. A transmissão de energia não é apenas dos íons de hidrogênio atravessando a barreira da membrana celular, mas também dos minerais e eletrólitos na água. Embora a ideia principal de beber água não considere o conteúdo mineral, pois podemos adicionar minerais de várias maneiras, é importante lembrar que muitas vezes a água de alto conteúdo mineral (alto STD*) contém carbonatos, nitratos, nitritos, THMs (trialometanos), resíduos de pesticidas e outros fatores contaminantes que não são bons para o nosso sistema. Eletrificar a água pode, na verdade, ativar esses poluentes mortais.

Nos Estados Unidos, de 20 a 40 por cento da água engarrafada é na realidade água de torneira (conforme afirma o Conselho de Defesa dos Recursos Naturais), por isso, essa pode não ser uma escolha tão boa como o rótulo sugere. A água dos filtros de carvão ativado pode variar de sem importância a excelente.

Os filtros de osmose reversa são bons; eles não tiram necessariamente todos os STDs ou destroem os padrões tóxicos da água como a destilação, mas são a segunda melhor opção, depois da água destilada madura, porque abaixam os níveis de STD da água filtrada por osmose reversa para menos de 200. Um STD de 100 é bom, e de 50 é excelente. Isso otimiza a qualidade de saúde da água. As desvantagens da osmose reversa são que as membranas de filtração necessitam de cuidados e o processo desperdiça muita água e não é tão bom quanto a destilação na remoção de arsênico, nitritos, nitratos, THMs e fluoretos.

* STD: Sólidos totais dissolvidos em um líquido. (N.E.)

O Significado Cósmico da Água

Para quem fez o ciclo de quatro anos da Dança do Sol dos Nativos Americanos, no qual se fica sem água e comida por quatro dias no calor do deserto, a água adquire um novo significado. Desenvolve-se uma apreciação muito, muito forte da água como a fonte da vida. Foi durante a Dança do Sol que o desejo de compreender o segredo da água definitivamente se desenvolveu. Em essência, a água é como a presença Divina em criaturas vivas. Ela vibra em toda vida como o sangue da natureza que tem muitas formas: um copo de água, os vastos oceanos, riachos turbulentos da montanha ou até o sangue do nosso corpo. Água e vida são sinônimas. Apesar de ter papéis diferentes, uma única essência permanece – mover-se como um jogo da consciência. Simbolicamente, a água pode ser considerada o movimento da consciência no planeta. É o fundamento da vida na Terra e ressoa em constante harmonia com o universo, mantendo a energia do sol e das estrelas, a energia lunar e as energias da Terra. Nesse processo, as propriedades da água mudam. Dependendo do tipo de energia que ela absorve e carrega, ela pode ser benéfica ou prejudicial às pessoas, deixando-as saudáveis ou doentes. Ela pode emitir energia positiva ou negativa, energia que cura ou adoece. Alguns, como o grande médico medieval Paracelso, mostraram os efeitos extremamente importantes da água para a cura. Durante milênios, a água tem sido curadora. O mistério de cura do *mikvah* (tanque de purificação espiritual) existe há séculos, desde antes de João Batista, o famoso mestre essênio que usou o rio Jordão como um *mikvah* e popularizou a prática de forma a incorporá-la na tradição cristã como o batismo. Esses usos da água para cura mostram os seus poderes transformadores para limpar vibrações negativas ou carmas e reequilibrar o nosso sistema. Grandes pesquisadores da água, como Viktor Schauberger e Johann Grander, estabeleceram uma compreensão da água em três partes que esclarecem a sua importância: 1) a água é um transportador de informação, tanto de energia como de vibração específica; 2) a água retém essa informação; através da destilação, temos a habilidade de apagar essa informação; 3) a água pode transferir informação. Johann Grander, o inventor da Água Grander, estabeleceu uma técnica ou sistema muito importante, que não apenas produz uma nova informação, mas apaga toda a informação prejudicial que está na água.

Está muito claro que a água é um transportador de informação tanto no nível físico como no intuitivo, especialmente a água estruturada. Mesmo que as verdadeiras moléculas da substância não estejam na água, como aprendemos na homeopatia, ela ainda pode carregar uma vibração positiva ou negativa dessas substâncias. Por exemplo, se filtrarmos todo o cloro e o flúor, venenosos para o sistema, a estrutura da água ainda mantém as vibrações desses elementos. Enquanto as mensagens na água não forem apagadas, elas podem funcionar de maneira negativa. As abordagens como a destilação ou a tecnologia da água Grander parecem ser capazes de apagar toda a informação negativa da água, que inclui a informação negativa de pesticidas, herbicidas, cloro, flúor e bactérias patogênicas que imprimiram suas vibrações na água. Assim como com a tecnologia Grander, precisamos estabelecer uma vibração saudável. Essa vibração saudável é a razão pela qual a água destilada madura e a água Grander têm tido tanto sucesso em levar saúde para pessoas. A informação de vibração saudável transportada na água não é apenas para o corpo humano, mas, na verdade, pode ajudar a transformar a informação da água em pequeno lagos, lagoas e rios, e trazer de volta o sistema de informação saudável, que fará com que essas águas contaminadas e mortas voltem à vida. Essa compreensão antiga e recente sobre a água também foi colocada em um gráfico, por Massaru Emoto, no livro *The Hidden Messages of Water* [As mensagens ocultas da água]. Ele descobriu que a água saudável, doadora de vida e curadora, produz uma formação de cristais hexagonais, enquanto a água patológica não cristaliza, tal como a água clorada, ou produzir cristais parcialmente deformados.

Para aprofundar a apreciação cósmica da água em relação aos seres humanos, precisamos conhecer um pouco mais sobre a química da água. O que precisamos compreender é que os dois hidrogênios e um oxigênio da água criam o que é conhecido como dipolo – o polo positivo sendo os átomos de hidrogênio e o polo negativo sendo o átomo de oxigênio. Apesar de a molécula ser eletronicamente neutra, a molécula da água tem uma estrutura interna que é, de certa forma, polar. É por isso que a molécula de água é chamada de bipolar. Esse efeito permite que as moléculas da água se conectem umas às outras através das ligações de hidrogênio. Uma pesquisa mostrou que normalmente a camada de hidratação da água, ou água estruturada, tem de 300 a 400 moléculas de água ligadas por meio das ligações de hidrogênio. Essa estrutura é crítica para a vida humana, pois é assim que a energia é transportada. Então, não podemos dizer que a fórmula da água é H_2O. Na verdade, ela é uma molécula muito grande, única, H_2O vezes 400. O peso molecular da água não é 18, mas provavelmente fique próximo de 7.200. Em seu estado líquido, ela é uma supermolécula. Se fosse simplesmente uma única molécula chamada H_2O, estaria no estado gasoso. Essa é a física básica da água. Por causa das ligações de hidrogênio que ligam as moléculas entre si, a água se apresenta na natureza na forma líquida. Quando a fervemos, ela age como um corpo estranho no sistema, porque o corpo não consegue reconhecê-la. As moléculas estão muito desorganizadas. Esta foi a conclusão do trabalho que Paul Kouchakoff realizou em 1930.[4] A água saudável e limpa, na forma de supermolécula, comunica as vibrações físicas de todo o cosmo, assim como as vibrações espirituais, do ponto de vista místico.

Na água, os minerais se tornam íons e as moléculas de água agem, de certa forma, como um isolante ao redor deles. Quanto mais minerais, maior a variedade de informações que temos. A informação na água significa frequência vibracional. O autor teve a honra de trabalhar com o grande pesquisador de cristais, Marcel Vogel, que provou com seus instrumentos científicos que podemos enviar amor para a água e criar um padrão de frequência. Podemos também enviar ódio para a água e criar outro padrão. Isso foi validado por imagens no livro *The Hidden Messages of Water*. A água carrega emoções e consciência. E também carrega a informação dos pesticidas, herbicidas e de várias toxinas que colocamos no ambiente. Quanto mais informação dissonante houver na água, mais confusa se tornará a informação, que é protegida pela camada de molécula da água que alguns chamam de "envelope de hidratação". Os químicos chamam o número de moléculas que rodeiam um íon de "número de hidratação". Quanto maior o STD, menos clara será a informação.

Um teste feito por Engler e Kokoshinegg, em 1988, revelou que a água, além de ter uma memória estrutural, também tem uma variabilidade estrutural.[5] Por causa disso, ela pode armazenar informações por um longo período. Por exemplo, se uma gota de água atravessa o ar como uma gota de chuva e passa por um ambiente poluído, ela captará a energia da água poluída, seja por dióxido de enxofre seja por nitratos. Ao alcançar um rio, levará essa informação e introduzirá a vibração da poluição no rio. Essa informação é uma das bases da homeopatia: nós a dinamizamos, nós a diluímos 1:10 ou 1:100 e a potencializamos. Ativamos a energia percutindo-a, o que aumenta a comunicação da energia. A diluição e a ativação das águas dos rios podem imitar o procedimento homeopático e amplificar a toxicidade da água poluída.

Aquecer a água gera caos porque a água fica menos estruturada. Por estar menos estruturada, sua habilidade de transferir informação diminui e sua memória se apaga parcialmente. O corpo, na sua forma mais profunda de funcionar, tem a habilidade de selecionar e se proteger contra energias vibracionais negativas, incluindo a água que emite vibrações negativas. Isso era muito claro para Samuel Hahnemann, o fundador da homeopatia, quando falava sobre as doenças como uma alteração de informação ocorrendo em um nível muito sutil.

Em resumo, a água: 1) consegue transportar tanto informação positiva quanto negativa; 2) tem memória; 3) sua memória pode ser apagada; e 4) pode transferir informação vibracional. Dessas revelações, podemos compreender, em outro nível, como preparar a água potável, assim como a importância de a água ser preparada adequadamente para que não absorvamos todas as vibrações negativas do ambiente.

Abençoando a Água

Nos ensinamentos cabalísticos, a água é a Luz de Deus se manifestando no plano físico. Nesse contexto, a poluição da água como fenômeno mundial representa tanto uma crise física como espiritual. A poluição externa da água nos oceanos, lagos e rios espelha a poluição espiritual e física interna, assim como a crise espiritual global.

Durante milhares de anos, os cabalistas usam a água pura para limpeza física e espiritual. Esse é o mistério da cerimônia *mikvah* de purificação da água, que normalmente ocorre em um útero cósmico – um tanque de água corrente sagrada ou um riacho limpo. Os cabalistas usam essa cerimônia há milhares de anos. Ela nos coloca em contato com a força de todas as águas naturais e todos os *mikvahs* do planeta. Em tempos mais modernos, o *mikvah* se tornou famoso por meio de João Batista, no rio Jordão (nós, na verdade, fizemos um *mikvah* no rio Jordão em nosso Tour de Odisseia Essênia). A essência cósmica e metafísica da água age como solvente cósmico para limpar as impurezas físicas, emocionais, mentais e espirituais. Os cabalistas ensinam que a água pode curar, rejuvenescer e até ter o segredo da imortalidade. Infelizmente, o sangue derramado durante séculos de guerras, a perseguição religiosa e a poluição ambiental dos sistemas corporativos e econômicos baseados na ganância, vêm rompendo os poderes espirituais da água.

Um dos 72 nomes místicos e antigos de Deus, *VAV MEM BET*, tem o poder de restaurar a água ao seu estado Divino original. A escolha do autor em transmitir o poder desse nome sagrado, que normalmente só é transmitido para os essênios e estudantes cabalistas, é movido pela crise mundial de poluição física e espiritual. Esse é um poderoso mantra usado para purificar a água. Quanto mais as pessoas usarem esse mantra, mais oportunidades terão de criar um campo mórfico do sagrado, que será levado ao poder da água, através da natureza, e ressoará em cada ser vivo. Embora os cabalistas tenham um mantra específico para a energização da água, qualquer intenção de Amor funciona. Isso também é verdade em relação aos alimentos. Como foi explicado no livro *Conscious Eating*, os alimentos vivos contêm água estruturada, que podem manter melhor a vibração da intenção, enquanto a comida cozida é desidratada e a água que sobra após o cozimento foi desorganizada pelo calor. Portanto, abençoe a água e a comida com seu Amor e apreciação pelo Divino. Essa é a essência da Nutrição Espiritual. Essa é a essência do preparo dos alimentos e também do preparo da água. A essência física fundamental é a água. Portanto, o abençoar com VAV MEM BET e o abençoar da água com Amor e gratidão vibram em algum nível em todos os seres vivos.

O brilhante trabalho realizado por Massaru Emoto, publicado em *The Hidden Messages of Water*, fundamenta essa abordagem de forma muito gráfica.[6] Suas fotografias da cristalização da água saudável mostram que a água se torna uma mensagem espiritual do cosmo, que é Amor e gratidão. Essa pesquisa com fotografias mostra como a água está relacionada à vibração fundamental da alma humana. Quanto mais usamos a água dessa maneira cósmica, mais participamos da cura coletiva do planeta. Em tradições africanas, se há energia de fogo em demasia (guerra, ódio, ganância, violência) em uma comunidade, a água é usada para trazer o equilíbrio. O poder de cura cósmico da água é conhecido em quase todas as culturas.

A água é o espelho físico da alma; ela reflete o que está na alma das pessoas e a expressão da alma. Por exemplo, a água que foi exposta a grandes obras da música clássica formou lindos cristais, mas, ao ser exposta ao rock pesado, ficou tão desorganizada que não podia nem mesmo tomar formas cristalinas. Emoto concluiu de seus quadros que, quando se formam cristais geométricos, a água está harmonizada com as frequências curativas da natureza e com a própria vida. Ele descobriu que não se formam cristais quando a água está poluída, caso da água com cloro da torneira. Em quase todas as cidades do mundo, a água não cristaliza por essa razão. Exposta à bênção e às formas de pensamento de Amor e gratidão, ela forma lindos hexágonos cristalinos. Isso também é verdade para águas não poluídas, encontradas em áreas intocadas da natureza. Quando purificamos e abençoamos a água, a água forma forças de vida belíssimas na forma de cristais hexagonais fluindo pelo nosso corpo, abençoando cada célula e ampliando as energias saudáveis da nossa alma. Essa bênção é circular pois quanto mais pura é a nossa energia de alma, mais doce é o gosto da água, e mais energeticamente nutritiva ela se torna. Com base na antiga compreensão cabalística de que somos uma Única alma mundial, quando abençoamos a água de forma consciente e sentida no coração, enviamos mensagens de paz, Amor e gratidão, que estão relacionadas com a água celular em todas as pessoas e na natureza. Ao ressoarmos com a nossa água madura, ressoamos com a água em todos os lugares e, nesse processo, ressoamos com todas as almas e a própria alma do planeta. Estamos gerando um campo morfogênico que une o mundo como Uma alma, conhecendo a sua Unidade como a Presença Divina.

Água Madura, Reestruturada e de Alta Vibração

Se estudarmos a natureza, veremos que os rios, de certa forma, se auto-organizam e se recarregam energeticamente por meio de movimentos rotatórios. Nesse processo, a água, como solvente universal, se mistura com quase todos os elementos ou os atrai. O hidrogênio, o principal ingrediente da água, está em 97 por cento das moléculas encontradas em todos os universos. Antes de a sociedade perder a habilidade de sentir as energias sutis, a água era vista como uma parte central dos rituais sagrados xamânicos, como no *mikvah* da tradição essênia, judaica e cabalista. A ideia de beber água sagrada ao se visitar um oráculo ou santuário é parte de muitas culturas, assim como a mitologia antiga da deusa da Suméria, Inanna, que tinha um vaso no lugar do coração, do qual águas maravilhosas fluíam. A ideia de ir a centros de água sagrada que foram abençoadas para curas parece existir em muitas culturas. O doutor Viktor Shauberger (1885-1958), austríaco que trabalhou como guarda florestal (e quem, supomos, tinha muito tempo para estar na natureza e pensar a respeito dela), é considerado o avô da compreensão da água na Era Moderna. Copiando a natureza, o doutor Schauberger desenvolveu um nível completamente novo de tecnologia da água, chamado tecnologia de implosão. Ele compreendia as formas da natureza e então as copiava. Schauberger ensinou que a água é uma substância viva e rítmica. Também ensinou que a água precisa ser "maturada". A água no estado maduro, altamente energético, fornece tudo o que é necessário para a vida. Se as vibrações dela estiverem desequilibradas e, de certa forma, imaturas ou poluídas, a água pode estar doente e causar danos aos peixes, às plantas, aos animais e aos seres humanos. Seguindo o pensamento de Schauberger, podemos compreender que, quando acalmamos a água com o processo de represamento, engarrafando-a ou cozinhando-a, ela começa a se deteriorar e perder a sua estrutura. Ela se torna bruta, degenerada e, portanto, nos é potencialmente prejudicial.

A água mais estruturada é a água em movimento, densa a 4 °C ou 37,5 °C. Schauberger preferia a temperatura a 4 °C como sendo a melhor. Os rios selvagens têm essa qualidade. Eles são frios, têm rotação e formam sua própria homeostase ou equilíbrio. Quando represamos um rio, bloqueamos o seu fluxo de energia. Devido à falta de sabedoria, desenvolvemos projetos de engenharia de curta visão, que cortam florestas, criam represas e mexem indevidamente com o sistema circulatório do nosso planeta. O resultado, naturalmente, é desequilíbrio, o que cria enchentes, secas e problemas climáticos extremos.

O nosso corpo também imita a natureza. Em maio de 1998, um artigo no jornal *Daily Mole*, da Inglaterra, relatou que cientistas médicos, em conjunto com engenheiros aeronáuticos, no Imperial College, em Londres,[7] observaram que o sangue gira conforme ele corre em nas artérias. Em outras palavras, a natureza até desenhou o próprio sistema hídrico com vórtices e giros internos nas artérias para imitar e recriar as energias de vórtice. Esse sistema de vórtices sai do equilíbrio e é destruído quando o fluxo é bloqueado pelo acúmulo de colesterol e calcificação nas artérias. Uma das observações mais interessantes do doutor Schauberger foi que as qualidades sutis da água afetam emocional, mental e até espiritualmente os seres humanos. Dependendo da água, ela pode aumentar a sensação de bem-estar ou trazer a sensação de deterioração, não apenas individualmente, mas na sociedade como um todo.

Conforme ficou provado pelo doutor Thomas Narvaez, existe um certo fator de energia que ele chama de "fator vitalidade". Ele pode aumentar ou diminuir na água.[8] Esta é outra forma de dizer o que as pessoas já sabem há milhares de anos: além de afetar o corpo, os pensamentos afetam também os corpos materiais e emocionais à nossa volta. A água não apenas carrega a emoção no sentido de informação de frequência, mas como relatado pelo doutor William Tiller, professor emérito do Departamento de Ciências Materiais de Stanford, e seu copesquisador, Walter Dibble Jr., a água é realmente multidimensional. O doutor Tiller descobriu que a água pode agir como um transdutor de energia dos domínios da frequência sutil ao plano material. Isso significa que a água é capaz de transferir prana. A água rica em prana transferirá energia para aqueles que a bebem. Um trabalho realizado pelo doutor Glen Rein também valida a ideia de que energia não eletromagnética – em outras palavras, prana – pode ser armazenada na água e, mais tarde, comunicar-se com células vivas para restabelecer a saúde e fortalecer a energia. A água curativa é rica em prana, é estruturada, tem energia positiva, em contraste à água doente, cheia de poluentes físicos, pesticidas etc., junto com pensamentos negativos, mecanizados de forma a minimizar o prana.

Começamos a compreender a importância da água madura. Ela carrega emoções e pensamentos, assim como prana. Quando maturamos a água, ampliamos as emoções positivas, os pensamentos positivos e o prana. Outro modo de dizer isso é que, um sistema de águas pobres, de certa forma, compromete a memória líquida, assim como as funções da água como transdutor de energia de reinos mais elevados que descem até o reino tridimensional. Um exemplo negativo disso é uma pesquisa feita pelo doutor Schweitzer, que documentou a observação de que, quando compramos água em garrafas plásticas que foram expostas à luz fluorescente, nossos lábios secam e racham. Em outras palavras, a luz fluorescente nas garrafas plásticas muda a estrutura da água de forma que ela, na realidade, se torna tóxica para nós.

Parte da compreensão da maturação é entender o processo desenvolvido por Viktor Schauberger, ou seja, a tecnologia de implosão. Para entendê-la, temos de entender um pouco do oposto, isto é, a tecnologia de explosão. A tecnologia de explosão é como usualmente acessamos ou convertemos a energia armazenada em recursos naturais para aquecer o nosso lar, dirigir o nosso carro e produzir eletricidade. A tecnologia de explosão é como fazemos a combustão da gasolina para dirigir um carro. Explodimos átomos para criar energia atômica. Isso é certamente perigoso e dispendioso, assim como ineficiente, pois perdemos a maior parte da energia química armazenada no combustível nesse processo de conversão. A maior parte da energia é perdida através de resistência de fricção, que gera muito calor. A tecnologia de implosão é diferente, pois se baseia na energia de vórtice – a mesma energia de vórtice descrita em outras partes deste livro – e na reversão do fluxo do vórtice. De certo modo, é um processo de sucção, que faz com que a matéria se mova para dentro, em uma forma de vórtice espiral. Ela imita a maneira como a natureza trabalha com a energia. E também imita uma banheira, na qual a água desce pelo ralo em forma de espiral. Isso é energia de vórtice. A nossa localização na rotação da Terra determinará a direção de rotação desses vórtices. Isso recebe o nome de Efeito Coriolis. As características dos vórtices são: por fora, eles se movem lentamente; no centro, se movem mais rapidamente. A ação do vórtice aumenta a energia presente.

Várias experiências (doutor Franz Popel, da Universidade Técnica de Stuttgart, na Alemanha, em 1952; Alexandersson, em 1966; Coats, em 1996) confirmaram a ideia da implosão.[9] A energia de vórtice causa uma queda na temperatura e um aumento na densidade. O movimento de vórtice é o segredo para manter a água saudável e livre de doenças. Esta é a razão pela qual observamos na natureza que a água é rotatória, faz movimentos sinuosos, se move e bate nos obstáculos. Essa força sugadora não é gerada apenas na água, mas nos tornados, furacões, redemoinhos e assim por diante. Ela pode construir energias muito fortes. A natureza não tem muitas formas retas, e esses vórtices e espirais ajudam a reduzir a resistência ao fluxo das coisas.

O Processo de Maturação da Água

Agora, vamos discutir o processo de "maturação" da água. O primeiro passo é destilar a água (mesmo que ela já tenha passado por osmose reversa ou passado por um filtro de carvão). As pesquisas mostram que, ao ser destilada, a memória da água é destilada. A água destilada é como água da chuva que foi aquecida e desestruturada. Por causa do aquecimento da água, a maioria das frequências de possíveis produtos químicos tóxicos é destruída. A água destilada tem a menor quantidade de frequências tóxicas do que qualquer outra água. Ela é o que Viktor Schauberger chama de "água imatura".

O segundo passo é reestruturar (maturar) a água para trazê-la a um estado de máxima vitalidade e estruturá-la para que ela tenha novas frequências saudáveis. Viktor Schauberger sugere que coloquemos a água em um recipiente opaco oval. O autor sugere usar barro (brilhante ou não brilhante) ou vidro (de preferência vidro opaco), em vez de plástico ou metal, que não são energeticamente tão apropriados. O formato oval é eficiente, pois não tem tantos cantos e frestas, nos quais poderia ocorrer uma estagnação energética. Mas também pode ser usada uma vasilha de vidro em formato cilíndrico.

Como próximo passo, o autor sugere adicionar 12 gotas de Active Ionic Minerals™ a cada 4 litros de água destilada. O Active Ionic Minerals™ inclui o ácido fúlvico, que funciona na natureza de forma a ajudar as plantas a absorverem minerais do solo no nível angstrom, que os seres humanos podem usar. Devemos adicionar o suficiente para criar um excelente STD de 50 – 12 gotas para 4 litros. O componente mineral imita mais de perto a contribuição energética do solo da margem do rio para a água. Também ajuda a agregar a água e a construir a sua carga elétrica. Como alternativa, podemos também usar um pitada (uma colherzinha) de sal iônico não refinado, retirado dos depósitos de sal de antigos leitos oceânicos, como o sal do Himalaia (chamado Krystal Salt™) ou o sal do mar Celta. Essa quantidade mínima de minerais deixa o STD ligeiramente abaixo de 50 e ajuda a tornar a água uma condutora ativa de elétrons e com hidrônio (hidrogênio elevado). Os minerais a 50 STD criam, ativam e maximizam a doação de elétrons para o corpo. Eles devem ser de tamanho angstrom para que sejam absorvidos intracelularmente. Os sais do Himalaia são minerais iônicos existentes em tamanho angstrom ou menor, e são prontamente assimilados no sistema. As 12 gotas de Active Ionic Minerals™ (ou a pitada de sal) dão certa polaridade e energia elétrica para a água, mantendo o STD total abaixo de 50, que é suficiente para ativar as energias bioelétricas, antioxidantes e forças vitais, sem comprometer a habilidade das moléculas de hidrogênio da água de liberar energia de elétron.

Precisamos nos lembrar de que a melhor maneira de obtermos os minerais não é através da água, mas sim da comida. O papel da água é trazer hidrogênios para o sistema a fim de hidratá-lo intracelularmente, eliminar toxinas e amplificar o processo osmótico. Quando o hidrogênio entra, as toxinas saem.

O próximo passo no processo de reestruturação é adicionar 25 gotas de Crystal Energy™. Criado pelo doutor Flanagan, o Crystal Energy™ é na realidade um agrupamento de microcristais físicos, que reestruturam a água de seu estado neutro a uma forma altamente estruturada.

Nesse ponto, devemos mexer rapidamente a água com uma colher de madeira com cabo bem comprido, até que seja criado um vórtice na água por alguns segundos, então, abruptamente, mexer na direção oposta. E, então, mudar de direção novamente. Esse movimento abrupto cria um certo caos, que imita a água na natureza batendo nas rochas. A criação de um vórtice na água a energiza, de modo a colocar tanto energia prânica como eletromagnética na água que bebemos. A convecção do movimento em espiral mantém o líquido fresco.

Agora que a água está reestruturada, o próximo passo é abençoá-la e dar-lhe as energias etéricas mais elevadas. Isso dá à água uma nova memória de cura, preenchendo-a com prana e energia elevada, ajudando a apagar qualquer memória tóxica possível que tenha restado. A bênção da água pode ser algo simples, como colocar as mãos no recipiente e dizer: "Eu abençoo esta água". A água, então, lhe dará o que você precisa para as suas necessidades físicas, emocionais, mentais e espirituais mais elevadas. Como já discutimos, os cabalistas abençoavam a água com VAV MEM BET. Abençoar com Amor e gratidão, da sua própria maneira, sempre funciona bem. As bênçãos criam frequências curadoras na água, que então são ampliadas pela estrutura, pelo prana, pela energia elétrica e pela energia biomagnética da água. Esse é o segredo de criar uma água viva e madura.

Em seguida, deixamos a água madura fora de casa por aproximadamente 8 horas durante a noite, quando o frescor noturno a esfria para níveis mais concentrados e ela é nutrida pela luz da lua e pelas energias da Terra. Viktor Schauberger recomenda mantê-la fora do alcance da luz do sol, para que não perca a sua energia. Após maturar durante a noite, a água deve ser armazenada sobre um Tachyon Silica Disk™, que lhe dá mais energia e faz com que a energia do táquion do cosmos passe para a água. Podemos armazenar a água na geladeira ou em um lugar fresco, longe do sol.

Isso pode dar um pouco de trabalho, mas esta cerimônia da água colocará você em contato com a natureza de uma maneira profunda e significativa. Há energizadores de vórtice mecânicos, que podem criar vórtices. Apesar de ajudar as pessoas que não querem ou não conseguem realizar essa cerimônia, eles, em geral, são caros e não são de fato necessários.

O processo de transformar água imatura em água madura, de prana elevado, viva e estruturada, tem como objetivo imitar a natureza em seu estado puro. A água destilada, que é livre de padrões, é como a chuva caindo nos rios, em que os vórtices giratórios e as curvas sugam a energia prânica e a água do rio é mineralizada no seu curso. Então, a abençoamos, como os antigos que purificavam e curavam a si próprios nas águas, como a experiência da Graça de Yah. Com a água fora de casa durante a noite, os raios da lua, das estrelas e da Terra a energizam ainda mais com o prana e as forças da natureza.

Este é o segredo sagrado da água cultivada, madura e estruturada. Este é o segredo da natureza. Este é o segredo de como as culturas místicas funcionavam em relação às maravilhas da natureza neste planeta. À medida que realizamos este processo de maturação da água, além de cultivarmos a água, também cultivamos a nós mesmos para as formas mais elevadas de Ser e viver, em um mundo que honra o Divino presente da vida, e que nos coloca em uma relação correta com ela. Esse processo nos ajuda a participar de nosso próprio processo de cura e beber as nossas próprias bênçãos.

Resumo do Processo de Maturação da Água

1. Destile a água.
2. Coloque a água destilada em uma vasilha de barro opaca, ou de vidro, em formato oval ou cilíndrico.
3. Adicione 25 gotas de Crystal Energy™ e 12 gotas de Active Ionic Minerals™.
4. Mexa a água várias vezes em uma direção e, então, na direção contrária, mudando bruscamente de uma direção para outra.
5. Coloque as mãos na vasilha e abençoe a água.
6. Deixe a vasilha com a água fora de casa, durante a noite, recebendo os raios da lua e das estrelas.
7. Mantenha a água longe da luz solar.
8. Armazene em um lugar fresco, sobre um Tachyon Silica Disk™.
9. Para quem gosta de abordagens esotéricas, se houver um lugar predileto no planeta com o qual queira se conectar, coloque uma pedrinha desse lugar dentro da vasilha e ela emitirá a vibração desse lugar dentro da água.

Resumo – Capítulo 29

1. A água com pH igual a 7,2 ou menor é um transportador de íons de hidrogênio, que são capazes de transferir eletricidade para o corpo vivo, para seus efeitos curadores.
2. A água alcalina transporta íons hidroxila, que são radicais livres. Estes, a longo prazo, destroem as células.
3. Sólidos totais dissolvidos (STD) de 200 é o mínimo que precisamos para uma água saudável; o melhor é STD de 50, no qual íons hidrônio, que são H_3O, são produzidos. Eles nos dão ainda mais eletricidade.
4. A água carrega tanto a informação estrutural como física dos pesticidas, herbicidas, cloro, flúor etc. A melhor maneira de liberar os padrões da água de uma forma eficiente é através da destilação, que não apenas remove fisicamente as contaminações, mas também destrói a memória da água, para que ela não aja como um remédio negativo sobre nós.
5. A água está mais estruturada a 4 °C ou 37,5 °C. No estado estruturado, que também é o estado biológico em nossas células, ela mantém a memória, o prana e as bênçãos. Maturar a água nos dá a habilidade de apagar a informação negativa e inserir informação positiva. Este é o segredo de muitas "águas mágicas", disponíveis hoje em dia. Uma técnica simples de fazer isso para que o nosso sistema receba água madura saudável é a destilação, seguida de reestruturação com Active Ionic Minerals™, Crystal Energy™, movimentos de vórtice, bênção e descanso ao ar livre durante a noite. A água cultivada madura está cheia de Amor, gratidão e vibrações de cura.
6. A água é uma grande comunicadora de consciência. O que bebemos afeta a nossa consciência e o nosso estado físico, emocional e mental. Se quisermos que o nosso estado físico, emocional e mental opere no nível mais puro, é útil beber água de alta vibração, que é tão pura quanto gostaríamos que a mente fosse. Bebendo água preenchida com Amor, gratidão e energias curadoras, criamos um campo ressonante mórfico, que cria Amor e cura em outras pessoas, e em todos os corpos de água no planeta.
7. As águas curadoras são águas altamente prânicas, bem-estruturadas, com energia positiva, reflexo energético e transmissoras da alma individual, planetária e cósmica.
8. Sem água não haveria vida nesse planeta. A água saudável traz vida e eleva o espírito. Ela é o reflexo da maravilha da alma planetária. Águas poluídas trazem doença e miséria. Elas também são um reflexo da alma planetária.

– 30 –

COMA OS ALIMENTOS AUTENTICAMENTE ORGÂNICOS

As comidas orgânicas são produzidas sem o uso de organismos geneticamente modificados (OGM) ou produtos químicos tóxicos. Os métodos de produção orgânica são muito superiores à agricultura comercial, com base em produtos químicos, para produzir alimentos com nutrição máxima. Os alimentos cultivados organicamente são mais ricos em minerais e vitaminas, apresentam mais sabor, maior durabilidade para armazenamento, conteúdo antioxidante e fitoquímico superior, além de CEOSs mais organizados e fortes.

As pesquisas mostram que os alimentos selvagens (alimentos colhidos de plantas selvagens) têm o conteúdo nutricional mais elevado. Depois deles, vêm os alimentos orgânicos e, por último, os alimentos plantados convencionalmente. O Departamento de Agricultura dos Estados Unidos (USDA) publica, periodicamente, dados do conteúdo nutricional dos alimentos. Historicamente, desde os anos 1940, esses dados têm mostrado declínio do conteúdo nutricional médio dos alimentos. O trigo, por exemplo, costumava ter um conteúdo proteico de 19 por cento nos anos 1940, mas hoje a média é de aproximadamente de 12 por cento. A mesma tendência ocorre com as frutas frescas, os vegetais e outros alimentos. Esse declínio do conteúdo nutricional, mesmo nos alimentos frescos e integrais, é acompanhado por perdas adicionais devido ao processamento e ao cozimento. Parece haver uma forte correlação entre o início desta tendência de declínio no conteúdo nutricional dos alimentos e a introdução e a dependência cada vez maior de fertilizantes químicos, pesticidas, cultivo profundo, manipulação genética e outras práticas da agricultura convencional. Essas práticas têm sido bem documentadas, levando a um declínio na qualidade do solo, perda do solo de superfície e fertilidade. Uma evidência adicional da relação entre as práticas convencionais e o declínio no conteúdo nutricional dos alimentos é o fato de que, no que se refere ao peso de alimentos frescos – uma maneira crítica de olhar para a nutrição segundo os consumidores de alimentos crus –, os alimentos orgânicos têm aproximadamente o dobro de conteúdo mineral e vitaminas do que os alimentos convencionais. No que se refere ao peso seco, essa diferença em qualidade nutricional é menos óbvia, portanto, os cientistas tendem a usar a comparação de peso seco para sustentar as suas afirmações de que os alimentos cultivados com a ajuda de produtos químicos não são estatisticamente diferentes dos alimentos orgânicos. No entanto, isso obscurece o fato de que o alimento é um nutriente vivo e energia de força vital, enquanto as cinzas de comidas são resíduos queimados e não alimento. Os seres humanos foram estruturados biologicamente para consumir comida!

A produção de alimentos orgânicos tem um papel fundamental na recuperação da saúde do nosso mundo. Seu foco é tirar os produtos químicos tóxicos da agricultura. Os agricultores de produtos orgânicos estão realizando um serviço extremamente valioso para a sociedade com os seus esforços em reformar os métodos de produção de alimentos a fim de se adequarem melhor à natureza, a proteger o meio ambiente e a saúde.

Alimentos Autênticos

Indo além do foco de eliminar os produtos químicos e os OGMs dos alimentos, a produção de *comida autêntica* se concentra em intensificar a qualidade biológica dos alimentos. Portanto, estamos falando de um novo grupo de conceitos que não ditam o que não deveríamos fazer para o alimento ser considerado "orgânico". O alimento autêntico tem a ver com o que podemos fazer para adicionar energia ao alimento e ao solo através de amor e devoção na sua produção. Isso nos permite absorver a energia mais elevada do nosso alimento, que é a forma principal de obtermos energia neste planeta. O alimento autêntico eleva a comida a um novo nível e nova qualidade.

O termo *autêntico* se relaciona com agricultores mais preocupados com a qualidade do que com a produção em massa, mesmo sendo orgânico. Ele identifica alimentos orgânicos e frescos produzidos por produtores locais que desejam se concentrar no que estão fazendo em vez de se concentrar no que não estão fazendo. O conceito de autêntico vai direto aos fundamentos de como o alimento era oferecido no passado. Esses princípios são:

- Todo alimento é produzido pelos produtores que o vendem.
- Vegetais e frutas frescas são produzidos em um raio de 80 a 240 quilômetros do lugar da venda final.
- Os grãos armazenados e as sementes são produzidos em um raio de 500 quilômetros da venda final.
- Os campos dos produtores e as estufas estão abertos para inspeção a qualquer hora, e os clientes podem ser os que certificam a própria comida.
- Todas as práticas de agricultura usadas na propriedade que vende "autênticos" são escolhidas para produzir alimentos de qualidade vibracional e nutricional mais elevada.
- Os solos são nutridos de modo natural, com matéria orgânica derivada da propriedade, minerais e partículas de compostagem.
- Esterco e cobertura vegetal são incluídos nas rotações de plantações de base ampla para manter a biodiversidade.
- Esse tipo de cultivo envolve uma filosofia de pragas positivas em vez de pragas negativas, reconhecendo que as pragas aparecem quando há um desequilíbrio e que devemos corrigir a causa do problema em vez de tratar os sintomas. Essa é a abordagem holística da agricultura. Os objetivos são, naturalmente, plantas e colheitas saudáveis e vigorosas, dotadas com o poder inerente de resistir às pragas.
- A terra de uma propriedade autêntica é uma zona livre de organismos modificados geneticamente.

A definição de cultivo autêntico obviamente enfatiza os alimentos orgânicos, frescos, plantados pelos produtores/vendedores do local – conceitos que não são fáceis para o agronegócio adotar. Isso sustenta a saúde do ecossistema, do nosso corpo e da economia local. Como muitos de nós não têm acesso a comidas autênticas na sociedade contemporânea, uma solução é plantar o próprio alimento. Para a maioria das pessoas, nesse ponto, é apropriado pelo menos mudar e comprar a comida orgânica de sua loja de produtos naturais local. Embora a comida autêntica esteja além da linha divisória da comida orgânica, o movimento orgânico tem um papel muito importante na cura do planeta. É de importância suprema que todas as pessoas comam 100 por cento de alimentos orgânicos.

Solo Vivo

O suprimento de alimentos do mundo todo depende da qualidade do solo. O solo de superfície é a base para a cadeia alimentar, especialmente de uma alimentação vegana. As plantas que comemos recebem a sua nutrição do solo. Portanto, se o solo estiver esgotado pelo uso excessivo de produtos químicos e estiver envenenado por eles, o conteúdo nutricional das plantas que comemos padecerá. Se a força vital e os nutrientes das plantas estiverem exauridos, nós também ficaremos exauridos. Por outro lado, solos vivos, ricos em microrganismos, com CEOSs fortes, produzirão plantas totalmente condutoras do prana cósmico. Comer esses vegetais harmoniza e fortalece os nossos CEOSs e a nossa saúde em geral.

A não ser que prestemos atenção à harmonia com o solo da superfície, nós, seres humanos, criados do pó da Terra, voltaremos muito mais cedo para pessoalmente refertilizá-la.

A Praga dos Pesticidas

Atualmente, mais de 20 por cento dos pesticidas registrados nos Estados Unidos estão relacionados ao câncer, defeitos congênitos, danos de desenvolvimento e também do sistema nervoso central.

Precisamos compreender que os pesticidas foram feitos para matar criaturas vivas, e nós, seres humanos, somos criaturas vivas. O movimento da agricultura orgânica é um dos elementos mais importantes que temos para começar a retificar a destruição do solo, a taxa muito alta de câncer em crianças e adultos e o envenenamento literal do planeta. As únicas pessoas que se beneficiam dessa poluição são as corporações, que lucram diretamente da venda de produtos químicos, e indiretamente do sofrimento dos outros.

Algumas pesquisas mostraram que quando crianças recebem uma alimentação orgânica, há um índice de cura de 50 por cento da hiperatividade. Isso não é surpreendente, pois a maioria dos pesticidas e herbicidas são neurotoxinas, e os sistemas nervosos em desenvolvimento são mais vulneráveis aos venenos que afetam o sistema nervoso e cerebral. Mais de 12 mil crianças nos Estados Unidos são diagnosticadas com câncer todos os anos. O câncer é hoje a segunda causa principal de morte em crianças abaixo dos 15 anos, depois do suicídio.

Não se ouvia falar de índices elevados de câncer em crianças antes da era dos pesticidas, herbicidas e alimentos geneticamente modificados.

Um dos efeitos mais significativos de uma alimentação vegana orgânica é o seu incrível benefício à saúde e o fato de parar o envenenamento crônico devido à ingestão de pesticidas. A não ser que comamos vegetais e frutas orgânicas, estamos continuamente expostos aos pesticidas. Um dos mais importantes efeitos patológicos dessas toxinas, além de incitar o câncer, são os níveis variantes de neurotoxicidade do cérebro e do resto do sistema nervoso. Esses têm sintomas mais sutis, assim como o enfraquecimento do funcionamento e da claridade mental, concentração fraca e, o autor acredita, hiperatividade e distúrbio de déficit de atenção (DDA). Algumas pesquisas recentes associam um índice mais elevado do mal de Parkinson, uma doença do sistema nervoso, às pessoas com histórico de exposição a pesticidas mais elevado, portanto, temos realmente uma evidência muito sugestiva de que o uso de pesticidas e herbicidas realmente afeta as funções mentais e a fisiologia cerebral, incluído o aumento de incidência de Parkinson. Isso não é exatamente uma surpresa quando se percebe que os pesticidas são estruturados da mesma forma que as neurotoxinas. Será que nos surpreende pensar que somos biologicamente semelhantes às pestes que estamos tentando eliminar? O nosso sistema nervoso é mais sofisticado e pode levar mais tempo para se envenenar, mas ainda assim isso acontece.

Os cientistas podem fingir e discernir níveis "seguros" para um produto químico específico, mas de fato não há níveis "seguros". Certas categorias de produtos químicos perigosos, como os que causam câncer e rompem o sistema nervoso e a função hormonal, precisam ser imediatamente descontinuados se quisermos sobreviver como espécie.

A observação incrível é que os pesticidas não alcançam o seu propósito designado, no entanto, nós ainda estamos dispostos a arriscar a vida para usá-los. O doutor David Pimentel, da Universidade Cornell, entomologista e um dos principais especialistas em agricultura do mundo, estima que mais de quinhentas espécies de insetos sejam atualmente resistentes a pesticidas. Não é por acaso que o número de plantações destruídas por insetos quase dobrou durante os últimos quarenta anos, apesar do aumento de quase dez vezes na quantidade da toxicidade dos inseticidas.

Mesmo na relação custo-benefício *versus* saúde, o uso de pesticidas fica no lado negativo das contas. De acordo com o doutor Pimentel, os pesticidas custam para a nação 8 bilhões de dólares anualmente em gastos com saúde pública, isso sem mencionar as perdas imensuráveis em descontaminação da água, do solo, a morte dos peixes, pássaros e animais domésticos.

Em resumo, os pesticidas podem afetar todos os organismos vivos. Os seres humanos não são exceção. Os efeitos mais prejudiciais dos pesticidas, herbicidas e fungicidas incluem câncer, distúrbios do sistema nervoso, defeitos de nascença, alterações do DNA; problemas de fígado, rins, pulmões e sistema reprodutor; e uma ruptura geral dos ciclos ecológicos no planeta. O uso de pesticidas é um dos principais problemas de saúde pública no mundo. Ele não apenas leva a doenças, mas destrói diretamente a força vital do solo. E reflete uma consciência que está completamente fora de contato com as leis da natureza.

Proteção Contra a Quimicalização do Alimento

Temos o poder de nos recusarmos a consumir o que é prejudicial para a saúde e para o planeta. Como há muito pouco controle real e monitoramento pelo governo dos Estados Unidos ou pelas indústrias químicas, a responsabilidade pela nossa saúde está nas nossas mãos, como sempre esteve. Então, vamos colocar o nosso dinheiro onde está a nossa boca. Compre produtos orgânicos sempre que possível.

Ao comprar produtos orgânicos não ajudamos apenas a evitar o envenenamento por pesticidas, mas também apoiamos os agricultores orgânicos que estão reconstruindo o solo. Quanto mais agricultores orgânicos existirem, mais barato pagaremos pelos produtos orgânicos. De acordo com um estudo da Universidade Tufts, os produtos orgânicos têm aproximadamente 88 por cento mais nutrientes do que os alimentos cultivados comercialmente. Outro estudo sugere que os alimentos orgânicos têm uma porcentagem ainda mais elevada de nutrientes do que os alimentos cultivados comercialmente. Isso significa que ao comprarmos verduras e frutas orgânicas, realmente obtemos mais pelo nosso dinheiro e para a nossa saúde.

A boa notícia é que muitas pessoas estão atentas a isso. O total de produtos orgânicos vendidos cresceu numa razão de 20 por cento ao ano nos últimos anos, e muitos supermercados hoje vendem produtos orgânicos. Apoie essa mudança positiva dos supermercados e compre alimentos orgânicos.

Temos o poder de restaurar o mundo para nos sintonizarmos com a harmonia de cura do universo. Vamos fazê-lo!

Alimentos Modificados Geneticamente – *"Em time que está ganhando não se mexe"*

Os alimentos geneticamente modificados (GM) são uma ameaça mais contundente ao sutil ecossistema mundial do que os próprios pesticidas e herbicidas. John Hagelin, físico quântico vencedor de prêmios e candidato a presidente do Natural Law Party, declarou: "Quando os engenheiros genéticos desconsideram os limites genéticos estabelecidos pelas leis naturais, correm o risco de destruir a nossa enciclopédia genética, comprometendo a riqueza da nossa biodiversidade, criando uma sopa genética. O que isso significa para o futuro do ecossistema ninguém sabe". O doutor John Fagan, biólogo molecular reconhecido internacionalmente e ex-engenheiro genético, disse:

> Hoje, estamos vivendo uma época muito delicada, reminiscente do nascimento da era nuclear, quando a humanidade estava no limiar de uma nova tecnologia. Ninguém sabia que o poder nuclear nos colocaria à beira da aniquilação e que o planeta ficaria cheio de lixo radioativo altamente tóxico. Estávamos tão emocionados com o poder da nova descoberta que saltamos cegamente e sem precaução para a frente. Hoje, a situação com a engenharia genética talvez seja ainda mais grave, pois essa tecnologia age no protótipo da própria vida.

Quando você não sabe o que está fazendo e insiste em se intrometer, pode gerar muita destruição. Há um antigo ditado que diz: "Em time que está ganhando não se mexe".

Mais de dois terços dos alimentos que estão nas prateleiras dos supermercados contêm ingredientes geneticamente modificados. Em 1996-1997, havia 19 produtos geneticamente modificados no mercado, hoje, são mais de trinta. Com certeza, esses ingredientes não foram testados adequadamente nos impactos que podem causar à saúde. Os perigos dos alimentos GM – também conhecidos como OGMs, isto é, organismos geneticamente modificados – são múltiplos.

Uma vez que um gene é inserido em um organismo, ele pode causar efeitos colaterais imprevisíveis. As mutações e os efeitos colaterais podem fazer com que os alimentos GMs contenham toxinas e alergênicos e ainda valores nutricionais reduzidos. Esses alimentos têm o potencial de danificar o ecossistema, prejudicar a vida selvagem e mudar o habitat. As espécies animais e vegetais se desenvolveram durante milhões de anos; introduzir espécies geneticamente modificadas perturba o equilíbrio delicado da ecologia.

A poluição genética talvez nunca possa ser totalmente limpa.

O uso de plantas GMs aumenta a poluição por pesticidas, dos alimentos e dos reservatórios de água. Aproximadamente, 57 por cento das pesquisas feitas por companhias de biotecnologia são feitas para apoiar o desenvolvimento de plantas que possam tolerar quantidades maiores de herbicidas.

Os alimentos GMs podem causar mudanças imprevisíveis e permanentes na natureza do nosso alimento. O problema essencial é que as estruturas genéticas das plantas e dos animais têm nutrido os seres humanos há milhares de anos. Como a engenharia genética está longe de ser uma ciência exata, as novas estruturas genéticas de uma planta podem fazer surgir proteínas incomuns, que poderão realmente causar problemas para a saúde.

Os alimentos GMs podem não ter elementos nutricionais importantes ou apresentar alterações na proporção dos nutrientes. A engenharia genética pode, acidental ou intencionalmente, remover ou desativar substâncias no alimento que os engenheiros considerem indesejáveis. A comida modificada, ou a substância que estiver faltando, pode ter qualidades que nós ainda não compreendemos.

O uso de alimentos GMs resulta em uma redução na eficiência dos antibióticos. É comum, hoje em dia, na engenharia genética, introduzir antibióticos nos genes, como um marcador, para indicar que o organismo foi modificado com sucesso. Esses marcadores genéticos têm o potencial de criar mutações bacterianas resistentes aos antibióticos e, portanto, de minar a eficiência dos tais antibióticos.

Os efeitos prejudiciais podem passar anos sem serem descobertos, ou seja, não temos ideia do que pode potencialmente acontecer ao introduzirmos alimentos GMs na alimentação. Não há estudos de longo prazo que comprovem a segurança de alimentos alterados geneticamente.

Os OGMs podem ter um impacto ecológico negativo e imprevisível. Por exemplo, algumas bactérias geneticamente modificadas pareciam ser de alguma forma úteis, mas pesquisadores independentes descobriram que elas eram capazes de tornar a terra infértil. Se não é óbvio, deveria ser – não podemos prever o efeito de um novo microrganismo para a ecologia e o meio ambiente.

Os alimentos GMs podem criar níveis mais novos e elevados de toxinas no ambiente. Muitas plantas produzem uma variedade de componentes tóxicos aos seres humanos ou que alteram a qualidade do alimento. Falando de forma geral, esses elementos tóxicos não causam problemas nos níveis normalmente encontrados nas plantas, a não ser que consumamos essas plantas em grandes quantidades. A prática de combinar espécies animais e vegetais em alimentos modificados pode criar novos e imprevisíveis níveis de toxinas. Até o FDA* e o EPA*, hoje, classificam como inseticidas certas cepas de milho e batata modificadas para produzir toxinas que matarão os insetos. Essas plantas não são mais nem classificadas como vegetais!

Um dos maiores problemas com plantas modificadas geneticamente é a suposta habilidade de tolerar quantidades ilimitadas de pesticidas. Nos anos 1960, a "revolução verde" criou inicialmente uma grande produção de alimentos, mas, com o tempo, surgiram problemas mais sérios. Com o uso em larga escala de sementes de alta produtividade, níveis mais elevados de fertilizantes e pesticidas precisavam ser usados. Ambas as ações são custosas, ecologicamente devastadoras e prejudiciais à saúde dos trabalhadores das fazendas. O uso agressivo de uma produção de monocultura destruiu a diversidade de ecossistemas, afetou as variedades tradicionais das plantações e levou à perda permanente da biodiversidade. Por causa da necessidade de irrigação cada vez maior e do uso das reservas de águas do solo de forma mais rápida do que podem ser repostas, desenvolveu-se um problema de erosão do solo. Então, alguns anos depois, essas plantas "resistentes a doenças" começaram a se infectar. Desde a revolução verde (nos últimos quarenta anos), o uso de pesticidas em alguns lugares teve um aumento de quase dez vezes e as plantações destruídas por insetos quase dobraram. Há hoje mais de quinhentas espécies de insetos resistentes aos pesticidas.

Essas plantas, por serem cultivadas comercialmente, têm menos nutrientes. Alguns estudos encontraram uma redução de QI de até 10 pontos na geração das crianças nutridas com os alimentos da "revolução verde". As plantas geneticamente modificadas – por estarem tão fortemente condicionadas à abordagem da monocultura, fertilizantes químicos, herbicidas e pesticidas – provavelmente causarão um aumento em todos os problemas de saúde mental e saúde geral associados à "revolução verde" e, possivelmente, em uma escala mais séria e maior, pois o agrupamento genético terá sido rompido.

A possibilidade de perigo ao comer alimentos GMs e/ou alimentos que contêm substâncias modificadas geneticamente foi destacada pela pesquisa do doutor Árpad Pasztai, cientista do Instituto de Pesquisa Rowett, em Aberdeen, Escócia. Ele alimentou ratos com batatas modificadas geneticamente e os animais desenvolveram cérebro, fígado e coração menores e um sistema imuno-

* Food and Drug Administration: órgão governamental dos Estados Unidos que controla os alimentos. (N.E.)

* Environmental Protection Agency: agência do governo dos Estados Unidos responsável por proteger a saúde dos seres humanos e o meio ambiente. (N.E.)

lógico mais fraco. Alguns ratos mostraram significativo encolhimento cerebral significativo apenas dez dias comendo essas batatas. Esses são os dados mais significativos dos perigos para a saúde dos OGMs – e um aviso sinistro.

Relações públicas, entusiastas dos alimentos GMs, falam sobre a importância de "alimentar os famintos do mundo". Essa é uma piada cruel. As plantas GMs são feitas principalmente para alimentar os animais de criação, e não para servir de nutrição para as pessoas. Ao contrário dos discursos dos relações públicas corporativas sobre produzir mais por hectare, por exemplo, de soja modificada geneticamente, na realidade, a produção é 4 por cento menor do que a das variedades convencionais, de acordo com pesquisa feita pelo professor e agrônomo Ed Oplinger, da Universidade Wisconsin. Seu estudo levou em conta a produção de soja em doze estados americanos. Outros estudos com a soja transgênica da Monsanto mostraram uma produtividade 10 por cento menor se comparada com as variedades convencionais.

Parte do argumento contra alimentos modificados geneticamente e a favor de tornar-se orgânico é a importância de preservar sementes herdadas tradicionalmente, que contêm a genética original. As sementes herdadas tradicionalmente também funcionam em um nível energético mais profundo da alma. Elas carregam toda a história do povo e da terra. Nutrem a alma e fortalecem a nossa ligação com a terra. São cultivadas para nutrir as pessoas, não para fazer dinheiro. Esta compreensão xamânica, baseada na Terra, contrasta grandemente com a intenção das corporações de engenharia genética.

Por que o mundo corporativo empurra uma tecnologia que cria saúde debilitada, perigo para a ecologia mundial, não alimenta os pobres e famintos do mundo e, na realidade, é menos produtiva economicamente por hectare? Robert T. Frailey, quando era copresidente do setor agrícola da Monsanto, declarou: "Na verdade, é uma consolidação de toda a cadeia alimentar".[1] Os alimentos geneticamente modificados são criados não por causa de fatores de saúde ou produtividade, mas porque são patenteáveis e dão às corporações internacionais uma oportunidade de tentar controlar a cadeia alimentar e a população mundial, que dependerá dela para seu sustento.

Alimentos Irradiados – Outra Bioameaça

Os alimentos irradiados são uma ameaça biológica. Irradiar alimentos desorganiza completamente o campo energético – isso também é verdade para os alimentos que vão ao micro-ondas. Apesar de afirmarem que a irradiação mata todas as bactérias que infectam, a *E. coli*, a bactéria mais citada no argumento do uso da irradiação alimentar, evoluiu para novas formas que são resistentes à irradiação. Em outros casos, as irradiações não nos livram das toxinas que as bactérias produzem. O botulismo é um desses casos em que a toxina produzida é pior que a própria bactéria.

Não há evidência sólida que mostre que comer alimento irradiado seja seguro, mas existem evidências que mostram que esse alimento apresenta perigos específicos. O alimento é irradiado com raios gama. Esses raios decompõem a estrutura molecular do alimento e criam radicais livres, que, por sua vez, reagem com o alimento para formar novas substâncias químicas, chamadas "produtos radiolíticos". Alguns desses produtos são o formaldeído, benzeno, ácido fórmico e quinonas, reconhecidamente prejudiciais à saúde. Em uma experiência, por exemplo, os níveis de benzeno, um carcinogênico conhecido, eram sete vezes mais altos na carne irradiada do que na carne não irradiada. Alguns desses produtos radiolíticos são específicos do processo de irradiação e não são identificados ou testados adequadamente para determinar a sua toxicidade.

Irradiar alimentos destrói de 20 a 80 por cento das vitaminas, incluindo as vitaminas A, B_2, B_3, B_6, B_{12}, ácido fólico, C, E e K. Os aminoácidos e ácidos graxos essenciais também são destruídos. As enzimas, naturalmente, são destruídas, assim como os biofótons.

Além do mais, as fábricas de irradiação de alimentos não são seguras. Acidentes radioativos já aconteceram em algumas fábricas de irradiação de alimentos que existem nos Estados Unidos e ao redor do mundo.

Na tentativa de determinar o que fazer sobre a irradiação alimentar, o Food and Drugs Administration (FDA) revisou 441 estudos de toxicidade. A presidente encarregada de novos aditivos alimentares da FDA, doutora Márcia van Gemert, testemunhou que todos os 441 estudos tinham defeitos. O FDA, no entanto, determinou que pelo menos cinco estudos eram aceitáveis sob o padrão toxicológico de 1980. O Departamento de Medicina Preventiva e Saúde Comunitária da Faculdade de Medicina de Nova Jersey descobriu que dois desses estudos apresentavam falhas metodológicas. Em um dos cinco estudos, os animais alimentados com comida irradiada tiveram perda de peso e aumento de abortos espontâneos, possivelmente devido à deficiência de vitamina E, induzida pela irradiação. Os outros dois estudos usaram alimentos irradiados em níveis abaixo do aprovado pelo FDA, que é de 100 mil rads e, consequentemente, não podem ser usados para justificar cientificamente a irradiação de alimentos no nível que o FDA aprovou. No entanto, apesar de nenhum dos cinco estudos apoiarem o uso da irradiação alimentar, o FDA aprovou a irradiação de alimentos para o suprimento de comidas. Isso inclui vegetais, frutas, especiarias e uma variedade de carnes.

A intenção deste livro não é se concentrar no tema da irradiação alimentar, exceto para dizer que ela diminui significativamente a qualidade e a energia dos alimentos. Com a Nutrição Espiritual, que evita alimentos irradiados, podemos ter uma alimentação saudável, que dará sustento à nossa vida e à qualidade do nosso próprio DNA.

Tornando-se Orgânico

O envenenamento do ambiente global é uma ameaça que deve ser encarada diretamente. Se vamos enfrentar as práticas corporativas que ameaçam a saúde dos agricultores, das comunidades rurais, dos consumidores e do ecossistema, devemos votar com as nossas bocas. Recusando-nos a comer alimentos irradiados, alimentos cultivados para fins comerciais com pesticidas e herbicidas e alimentos modificados geneticamente, estamos enviando uma declaração muito clara para as corporações e para os governos, que são influenciados pelas doações corporativas. Estamos dizendo que nós, o público, não compraremos mais a sua história e a sua comida; não apoiaremos o envenenamento das plantas e de todas as criaturas vivas da Terra. Por essa razão, o autor não precisa enfatizar tanto a importância de se tornar 100 por cento orgânico (ou próximo disso) nas escolhas alimentares. No Tree of Life Cafe, garantimos uma alimentação viva e 100 por cento orgânica.

Não há caminhos mais curtos para a saúde e a felicidade que não seja seguir as leis naturais e espirituais da vida, para alcançarmos o melhor das nossas habilidades e conhecimentos no presente. A humanidade e todos os seres sensíveis são sustentados pela mesma Luz radiante do Universo, por dentro e por fora. Se quisermos estar em harmonia com essa Luz, à medida que ela nos atinge, através da interação natural com a terra, a água, o ar e o fogo, por meio do reino vegetal, então, é essencial escolher comida orgânica, produtos agrícolas autênticos, que são plantados na plenitude dessa Luz. Devemos ser muito cautelosos quando tentamos mexer indevidamente com a natureza.

Comendo alimentos autênticos orgânicos e integrais, da forma que a natureza nos deu, teremos uma maneira saudável de nos alimentar, que nos devolve a saúde, tanto para nós como para o planeta.

Resumo – Capítulo 30

1. Comer alimentos orgânicos e autênticos é uma forma poderosa de proteger a nossa saúde, a saúde dos nossos filhos e a saúde do planeta.
2. Os alimentos modificados geneticamente são um perigo para a saúde e para o equilíbrio ecológico do planeta.
3. Ao contrário da propaganda das relações públicas fraudulentas, as plantas modificadas geneticamente são menos produtivas por hectare do que as plantações orgânicas.

Nota: A informação apresentada neste capítulo é uma versão condensada do Capítulo 4 do livro *Rainbow Green Live-Food Cuisine* [Culinária Viva do Arco-Íris], escrito pelo doutor Gabriel Cousens.

– 31 –

UMA ABORDAGEM CONSCIENTE PARA UMA ALIMENTAÇÃO EVOLUCIONÁRIA

O Propósito da Alimentação

Planejar uma alimentação para nós mesmos requer clareza de propósito. Assim como um arquiteto não desenha um prédio sem saber qual será o objetivo desse prédio, transcender o devorar inconsciente do alimento também precisa de uma perspectiva do que queremos ao nos alimentarmos. Seis propósitos de alimentação foram desenvolvidos neste livro. Praticamos a Nutrição Espiritual para:

- Ajudar o nosso desdobramento espiritual no contexto dos Seis Fundamentos.
- Aumentar a nossa habilidade de assimilar, armazenar, conduzir e transmitir as mais altas energias evolucionárias cósmicas que estão atualmente sendo geradas no planeta, assim como a energia intensificada liberada pelo nosso próprio desenvolvimento espiritual, para que essas energias ativem e aumentem o nosso potencial energético para despertar a Kundalini, ou apoiar ainda mais a Kundalini já desperta. Esta age como uma força espiritualizante no nosso complexo corpo-mente-espírito.
- Manter, purificar e honrar o corpo como o aspecto físico do espírito e como um templo para o espírito, de forma a manter a mente clara e o corpo fisicamente capaz de lidar com as exigências do processo espiritual da Iluminação pessoal completa.
- Equilibrar os nossos chacras individuais, equilibrar os chacras como um sistema completo e diretamente o nosso processo de meditação.

- Usar o processo de desenvolvimento de uma dieta individualizada para a vida espiritual, que chamamos a arte da Nutrição Espiritual, como uma prática espiritual em si.
- Honrar e melhorar a alimentação como a principal interface entre nós e a natureza, pondo-nos em harmonia com a natureza e as suas leis universais e com os temas ecológicos da alimentação e da paz no nosso planeta.

Fundamentos da Abordagem da Nutrição Espiritual

Há vários aspectos nutricionais importantes na abordagem da Nutrição Espiritual que podem ser benéficos para quase todos. Revisando, eles são:

- Alimentos vivos – crus, integrais, não processados
- Veganismo – dieta livre de carnes, laticínios e ovos
- Comer menos – restrição calórica, que apoia a melhor expressão genética fenotípica
- Dieta sátvica sagrada – aquieta a mente
- Alimentos de baixa glicemia – redução de açúcares elevados
- Alimentos orgânicos – não contêm pesticidas químicos, herbicidas ou fertilizantes; não são geneticamente modificados ou irradiados
- Minerais elevados – obtêm as frequências de Luz necessárias
- Boa hidratação – alimentos ricos em hidrogênio, oferecidos pela água estruturada
- Individualizados para a nossa constituição
- Jejum espiritual – jejum de sucos verdes em um contexto de meditação e prática espiritual, várias vezes por ano

Alimentação personalizada

Há muitos fatores que afetam o desenvolvimento de uma alimentação personalizada: nossa constituição dosha, o princípio da bioquímica individual expresso pela oxidação rápida ou lenta, os tipos parassimpáticos ou simpáticos, as estações, o clima político e social, a idade, o quanto meditamos diariamente, o nível da energia Kundalini, o grau de atividade física, o nível de previsibilidade das necessidades diárias, o estado de digestão e saúde geral, o estágio atual de desintoxicação e a alimentação atual. É por essa razão que as dietas planejadas por computador têm um valor limitado. Há, no entanto, um sistema computadorizado biológico que é eficiente – um que nos dá as respostas em termos do nosso apetite, gostos, desejos e aversões alimentares, instintos, impulsos e intuição. É o computador da nossa própria sensibilidade interna. Assim como qualquer computador, temos de aprender a trabalhar com ele conscientemente. Nesse computador, todos os dados da nossa própria experiência em relação ao quê, quando, como e quanto comer é o mais importante. Não existe uma única alimentação que sirva para todos. Livros como este podem apenas ser diretrizes de por onde começar a nossa exploração pessoal. Para fazer isso de forma eficiente, precisamos nos tornar o nosso próprio laboratório, com nós mesmos como pesquisadores e como os sujeitos sendo pesquisados. Os livros *Conscious Eating* e *Rainbow Green Live-Food Cuisine* têm discussões detalhadas de como personalizar a alimentação.

Assim como em qualquer experiência, temos que limitar as variáveis para obtermos dados claros. Quatro variáveis básicas são: a hora que comemos, o ambiente no qual comemos, quanto comemos e o que comemos.

Horários regulares de refeições são importantes. A regularidade ajuda o corpo a ajustar a sua fisiologia a esses horários. Algumas pessoas recomendam não comer o desjejum, comer um almoço grande e um jantar médio. Outros, como certos grupos de budistas, dizem para não comer após as 16 horas. O autor uma vez conheceu um terapeuta francês que descobriu um sistema antigo que dizia que podíamos comer uma farta refeição pela manhã, outra farta refeição no almoço e teríamos uma excelente saúde, desde que não bebêssemos nem comêssemos nada após as 14 horas. Ele tinha centenas de casos para sustentar seu argumento. A maioria dos sistemas concorda que entre 12h e 14h é quando se deve comer a refeição principal, ou até mesmo a única refeição do dia. É a hora que o pitta, ou forças digestivas, são as mais fortes. O autor descobriu que se ele come mais do que um jantar mínimo, ou come quando já é muito tarde (uma hora após o pôr do Sol), é mais difícil acordar cedo pela manhã para fazer ioga, pranayama e meditação. Mas três ou quatro horas depois, quando ele terminou a meditação, seu corpo está faminto. A chave do horário é não ouvir os especialistas, mas aprender a comer quando se está com fome e beber quando se está com sede. O corolário para isso é evitar comer e beber quando não estamos com fome ou com sede. Temos que descobrir por nós mesmos quando e quanto comer em uma hora específica do dia. As recomendações gerais, de horário e quantidades, podem servir como o ponto de partida para experiências de auto-observação. Um ambiente emocional e mentalmente estável também é importante para obtermos uma informação clara. Não comer quando estamos emocionalmente perturbados, meditar diariamente antes das refeições e comer em um ambiente calmo e quieto ajudam os fatores emocionais que influenciam a digestão a se tornar consistentes.

O quanto comemos é outro fator nutricional importante, é uma parte da arte da Nutrição Espiritual que requer atenção específica. Não importa o que comemos, se for em excesso, não obteremos informação clara a respeito da comida em particular. É bom dar tempo para uma digestão completa entre as refeições, para que possamos observar o processo digestivo completo do alimento. A não ser que tenhamos hipoglicemia, é bom deixar um intervalo de quatro a cinco horas entre as refeições. O quanto a comida é boa vai além do gosto imediato. Ela precisa ser boa para nós no processo completo da digestão, assimilação, energização e excreção. Deve ser boa para nós o dia todo. Algumas mudanças de alimentação são decepcionantes, pois inicialmente nos fazem sentir bem, mas, após alguns meses, se tornam tóxicas para nós. Por exemplo, muitas pessoas se dão bem, no início, com uma dieta tradicional de perda de peso que recomenda alto teor de proteína e hipoglicemia, mas, muitas vezes, ligam para a Tree of Life Foundation pedindo ajuda para encontrar outra dieta, pois se sentem muito intoxicadas. Uma dieta a base de carne, apesar de prejudicial a longo prazo, pode também fazer com que nos sintamos bem inicialmente, pois o excesso de proteína reverte o desconfortável processo de desintoxicação pelo qual podemos estar passando, e o ácido úrico da carne, que tem uma estrutura similar ao da cafeína, pode agir como um estimulante temporário. Diziam que Gandhi, para observar os efeitos a longo prazo de cada mudança de alimentação, mudava a sua a cada quatro meses.

Os efeitos sensoriais que nos dão um retorno imediato sobre se estamos comendo a comida ou quantidade erradas são elementos básicos, como estômago cheio, gases e inchaço devido à putrefação e fermentação, aumento da produção de muco, lentidão mental e sensação de enervação (diminuição da energia nos nervos, levando à toxicidade). Os dados nesse nível não são sutis, contanto que estejamos dispostos a prestar atenção.

No nível de uma sensibilidade mais refinada para o desdobramento espiritual, alguns critérios adicionais são valiosos. É útil comer o que aumenta a experiência de Comunhão de Amor com Deus. Se a energia no nosso corpo está desimpedida pelo nosso padrão dietético para que possamos nos concentrar na Comunhão, então, estamos no caminho certo. Se estivermos comendo demais ou comendo alimentos errados, muita energia estará envolvida na digestão e assimilação dos alimentos. Isso tira a energia do nosso foco na Comunhão. Se a nossa Comunhão de Amor fica bloqueada antes, durante ou após as refeições, então, este é um sinal de que estamos no caminho errado. Se a nossa habilidade em sustentar a meditação estiver elevada, então, a alimentação nos é apropriada.

Se, enquanto preparamos e comemos o alimento, experimentamos maior harmonia com as forças da natureza, temos um sinal de uma alimentação correta. Se sentirmos que estamos nos tornando supercondutores da energia cósmica cada vez melhores, esse também é um sinal positivo. Se a nossa experiência do movimento da Kundalini no corpo estiver bloqueada, é um sinal de que precisamos reconsiderar o nosso programa. Em geral, se a nossa alimentação obstrui o fluxo da energia prana no corpo, quer a Kundalini esteja desperta ou não, de modo que nossa mente e nosso corpo se sintam lentos e sem clareza, de tal forma que não conseguimos nos concentrar no Divino, nossa alimentação precisa ser revista.

Autoconsciência e Alimentação Personalizada

Conforme a nossa consciência se expande, as necessidades físicas do nosso corpo mudam. É importante sermos capazes de sentir quando uma mudança na alimentação é necessária para mantermos a harmonia da nossa evolução espiritual. A intuição, guiada pelas mudanças sutis no nosso paladar, resposta a texturas, quantidade e apetite por diferentes tipos de comida, é a chave para isso. Requer que estejamos livres o suficiente para distinguir entre as necessidades imediatas e as respostas secundárias aos padrões habituais de comer, necessidades do ego e pressão dos companheiros. Essas decisões sobre comer menos ou de maneira diferente não têm a intenção de nos privar, mas de nos ensinar a comer em harmonia com o nosso desenvolvimento evolucionário. Esta é a arte da Nutrição Espiritual.

A arte da Nutrição Espiritual é o processo de autoanálise aplicado na exploração das diretrizes básicas discutidas neste livro e no contexto de uma vida espiritual plena. A criação de uma alimentação correta significa abandonar os padrões não funcionais de relacionamento com a comida. Para muitos de nós, a comida está associada a sugestões psicológicas, por exemplo, quando criança, o autor adorava a torta de cereja de sua mãe. Com o tempo, essa transferência alimentar ou apego psicológico a um alimento em particular, baseado em uma experiência prévia de associação psicológica, levou o autor a comer muitas tortas de cereja orgânica assadas que, de acordo com a sua reação empírica pós-ingestão, ele não devia comer. Por causa da reação negativa de sua experiência pós-ingestão e de sua consciência de que era uma transferência, o autor superou o desejo que tinha por tortas de cereja. Em termos mais nobres, ele transcendeu o desejo por (ou em casos diferentes, aversão a) um alimento com associação psicológica, e não é mais controlado por esse desejo. Através da autoanálise, somos capazes de observar os sinais que mostram uma base não nutricional. Dessa forma, nos tornamos mais conscientes das entradas sutis de informação, transferências emocionais alimentares e resultados pós-ingestão. Essa sintonia constante com as nossas necessidades energéticas e alimentares em geral nos permite mudar a alimentação de forma a ficarmos em harmonia com o nosso processo de desenvolvimento. Ela nos permite estarmos livres para reorganizá-la em cada estágio da evolução espiritual, para estimular melhores estados de saúde e consciência.

Algumas dessas mudanças na alimentação parecem acontecer espontaneamente, à medida que a nossa consciência se desenvolve. Essa ideia foi sugerida por uma pesquisa de 1986 que o autor fez em conjunto com a MHS Associates, que desenvolveu um programa chamado *Synchronicity, the Recognitions Experience* [Sincronicidade, a experiência dos reconhecimentos], que ajudava a expansão da consciência por meio de fitas de áudio programadas holograficamente. A pesquisa foi respondida por 110 pessoas que participaram do programa num período de três a dezoito meses. A principal descoberta foi a que 63 por cento dessas pessoas tinham consciência de fazer algum grau de mudança em relação a uma alimentação mais saudável. A maioria dessas mudanças parecia ser o afastamento das comidas de baixo valor nutritivo e de outros alimentos de categoria bioacidíferos, em direção a alimentos mais saudáveis, dentro de seu padrão de alimentação estabelecido. Oito por cento do grupo descreveu a maior mudança como sendo a diminuição na quantidade de comida ingerida e 7 por cento se tornaram vegetarianos. Antes de começar a experiência *Recognitions*, 47 por cento faziam uso de álcool, café ou tabaco. Nessa pesquisa, 35 por cento diminuíram o uso dessas toxinas. Na experiência, não houve nenhum ensino formal sobre alimentação. Essas pessoas não foram informadas antecipadamente que seria feito um estudo. A sensação do autor é que forças evolucionárias mais elevadas naturalmente nos atraem na direção da saúde. A arte da nutrição espiritual é o ato consciente de cooperar com essa transição natural.

A abordagem de uma alimentação correta, que envolve a autoanálise e o cultivo de uma autoconsciência artística, torna-se uma prática espiritual. É parte da habilidade da autoconsciência necessária para desenvolver uma vida correta, em harmonia com todas as nossas tarefas cotidianas como trabalho, lazer, família e responsabilidade social mundial.

O Fenômeno da Desintoxicação Transicional

Ao passarmos a ter uma alimentação mais saudável, as toxinas armazenadas no sistema começam a ser excretadas. Isso se chama desintoxicação. Como parte do nosso histórico nutricional e ambiental, pode-se dizer seguramente que todos nós temos algum grau de toxicidade. De uma maneira simplista, mas precisa, a desintoxicação pode ser entendida por meio da analogia da difusão. No processo de difusão, elementos passam de áreas de concentração mais elevada para áreas de concentração mais baixa. Os nutrientes e as toxinas fluem para o sistema sanguíneo e linfático a partir do trato intestinal. Se eles estiverem em concentrações mais elevadas do que as toxinas nas células, eles "se difundem" para dentro das células, e até se precipitam como cristais, ou se ligam a complexos proteicos intracelulares, que é o que a célula faz para tentar mantê-los fora de circulação. Quando diminuímos os nossos níveis de toxicidade com uma dieta de desintoxicação ou jejum, a concentração de difusão muda e há menos toxinas na corrente sanguínea do que dentro das células. O resultado é que as toxinas são retiradas das células, indo para o sistema linfático e para a corrente sanguínea. Isso corresponde essencialmente ao processo descrito pela Doutrina Wendt. As membranas basais, obstruídas com proteína, começam a se limpar quando diminuímos a proteína na alimentação. As toxinas que saem das células são excretadas do corpo pelos órgãos de eliminação (rins, pulmões, pele e intestinos).

Nesse processo de eliminação de toxinas, há tanta substância tóxica no sangue e na linfa, que podemos não nos sentir muito bem, ou cheirar muito bem. Muitas pessoas, se elas se desintoxicam rápido demais, têm uma crise de cura na qual aparentemente ficam doentes. A doença, conforme definida pelo doutor J. H. Tilden, é simplesmente uma crise de toxemia.[1] A crise normalmente ocorre quando a vitalidade do corpo alcança um ponto em que há energia suficiente para descartar as toxinas. A crise pode durar um ciclo de três dias ou pode continuar por semanas. A experiência clínica do autor é que se a pessoa se desintoxica lentamente durante anos em vez de tentar fazê-lo em poucos meses, o desconforto de uma forte crise de saúde é minimizado. A recuperação de uma crise de saúde é acelerada por enemas diários, bastante descanso, fluidos alcalinizantes como sucos de vegetais e manter uma atitude positiva. Quando a crise de cura passa, nos equilibramos em uma sensação de bem-estar relativa ao nível de dieta que estamos comendo. A cada novo estágio de pureza, sentimos um fluxo maior de energia, Amor e Luz em nosso sistema, e mais energia estará disponível para nos concentrarmos na consciência transcendental, tão importante para o desenvolvimento espiritual.

Apesar do foco aqui ser a alimentação, a chave para a toxemia é mais do que alimentação. O doutor Tilden destaca que qualquer hábito do corpo e da mente que diminui a energia dos nervos (enervação) resulta no acúmulo de toxinas. E isso ocorre porque a enervação diminui ou para o processo natural de desintoxicação do corpo e, portanto, resulta em acúmulo de toxinas no sistema.[2] Uma alimentação pobre é um dos principais estresses que o sistema sofre, mas, para realmente desintoxicarmos e criarmos uma saúde harmônica, precisamos desenvolver uma vida correta, que nos mantenha totalmente em Comunhão com o Divino. Um bom programa de desintoxicação envolve uma mudança de estilo de vida, que nos dá tempo para a meditação, o exercício, o descanso e os banhos de sol, o ar fresco e a felicidade. Todos esses fatores, mais uma alimentação apropriada, aumentam os CEOSs do corpo. Isso aumenta a energia dos nervos, que o doutor Tilden menciona e, assim sendo, o corpo se organiza melhor, pode funcionar apropriadamente e se desintoxicar naturalmente. Seguindo esse registro, na Tree of Life Foundation, criamos um programa de desintoxicação personalizado e especial. Ele combina aspectos do nosso programa de jejum espiritual em grupo com múltiplos tratamentos de desintoxicação não invasivos. Quando é seguido de um Processo Intensivo de Ponto Zero, de quatro dias, para a desintoxicação espiritual, mental e emocional, temos um excelente programa holístico de desintoxicação. Nesse contexto, o autor tem visto as crises de cura se reduzirem e a taxa de desintoxicação aumentar em 400 por cento, quando comparados com o jejum apenas (essa pesquisa foi feita com tecnologias de eletrodiagnóstico).

É importante entender que a produção de toxinas também é uma parte normal do metabolismo. Por exemplo, o exercício físico produz ácido láctico e o metabolismo de proteína produz ácido sulfúrico e fosfórico. Enquanto a mente e o corpo têm total vitalidade, esses venenos normais são eliminados prontamente, sem que haja acúmulo de toxinas. A ideia não é passar o tempo compulsivamente evitando toxinas, mas sim alcançar um equilíbrio corporal apropriado, no qual elas podem ser eliminadas assim que entram no sistema. Às vezes, nos adiantamos em relação ao nosso sistema e nos tornamos puros demais. Por exemplo, se as membranas basais se tornarem porosas como as de um bebê, e todas as proteínas estranhas, como as do ar poluído, passarem sem dificuldades para o nosso sistema e causarem reações de sensibilização, então, a nossa alimentação não estará correta; não importa o quanto ela seja pura. Se não somos capazes de realizar adequadamente as tarefas cotidianas ou somos reativos demais à poluição para sentir a Comunhão de Amor com o Divino, então, é importante abandonar os conceitos de pureza e fazer os ajustes necessários na alimentação. O objetivo principal é encontrar uma alimentação que melhor apoie o fluxo da energia espiritual em nosso sistema, a energia do Amor da Comunhão, e que ao mesmo tempo dê apoio às nossas tarefas no mundo. Na arte da Nutrição Espiritual, nossa preocupação não é com o ideal da alimentação mais pura, mas com a alimentação mais apropriada para a nossa situação de vida.

Alimentações de Transição

Aprender a comer a quantidade correta para energizar o sistema, para manter qualquer fluxo de energia cósmica que entra no sistema e manter o nosso presente nível de Comunhão de Amor com o Divino, é um princípio básico que se aplica a qualquer nível de alimentação. O estágio para começar a alimentação de transição é com o nosso padrão atual. A não ser que soframos de hipoglicemia, ajudaremos ao sistema digestório se reduzirmos as refeições a três por dia, com apenas sucos ou um pedaço de fruta ou vegetal ocasional entre as refeições. Mastigar bem os alimentos e criar uma atmosfera feliz e de paz, na qual comemos e digerimos o alimento de dez a quinze minutos após a refeição, melhora a digestão imediatamente.

Há vários estágios principais nas dietas de transição. Cada estágio pode levar apenas a uma estação de um ciclo anual ou pode levar muitos anos. É da responsabilidade de cada um de nós escolhermos o nosso próprio ritmo de transição. O autor usa a palavra *transição,* pois todos nós estamos em transição em todos os níveis das funções corpo-mente-espírito. A palavra transição cria a possibilidade de mudança contínua e consciente em nossas vidas. Ela mantém as portas abertas para a evolução.

Estágio I da Alimentação

Nesta fase, a transição significa se afastar de todas as comidas bioacidíferas. Significa parar de digerir os alimentos processados, irradiados, geneticamente modificados, adulterados, comidas rápidas (como as de lanchonete) e alimentos nutricionalmente pobres, como açúcar branco, pão branco, balas, refeições congeladas, doces, refrigerantes, café, qualquer carne não orgânica tratada com nitrito e nitratos, leite pasteurizado e queijos, produtos de padaria contendo óleos refinados, alimentos contendo aditivos e álcool. Este estágio inclui carnes vermelhas criadas organicamente, aves, peixes, vegetais, frutas, grãos, legumes, castanhas, sementes, ovos, laticínios não pasteurizados (crus). Isso significa uma mudança básica de uma dieta tamásica para alimentos orgânicos, naturais e integrais. É o momento de começar o ato consciente de combinar alimentos.

Este estágio leva tempo. Nele, precisamos descobrir e pensar a respeito do que foi colocado nos alimentos. Requer aprender onde comprar para obter comidas saudáveis. Podemos fazer jejum de todas as carnes por uma semana, duas vezes por ano.

Estágio II da Alimentação

Neste estágio, eliminamos todas as carnes vermelhas e começamos a acrescentar mais frutas e vegetais à alimentação, pois seus minerais alcalinizantes ajudam o sistema a começar a se reequilibrar e se desintoxicar da produção ácida das carnes vermelhas. Neste estágio, podemos jejuar com frutas, vegetais e seus sucos durante uma limpeza de sete dias, na primavera e no outono. Este estágio pode ser parte de uma transição de uma estação após o primeiro estágio, ou pode levar anos para ser feito.

Quando consideramos esta transição, é importante lembrar que alimentos de carne diminuem a ação espiritualizante da Kundalini no corpo.

Estágio III da Alimentação

Este é o primeiro estágio do vegetarianismo. Paramos completamente de comer qualquer carne vermelha, aves, peixes e qualquer outra espécie de frutos do mar, vida animal ou ovos. Embora os ovos sejam uma proteína mais leve do que as carnes, eles ainda têm a vibração animal. Eles são parte do passo de transição entre o estágio II e III. No estágio III, nos tornamos lactovegetarianos ou vegetarianos. Nossa alimentação inclui laticínios crus, frutas, grãos, legumes, castanhas, sementes, algas e vegetais. As duas alimentações mais conhecidas que se aproximam da parte inicial deste estágio são a macrobiótica e a lactovegetariana do doutor Paavo Airola, que é a alimentação básica de várias culturas ao redor do mundo, conhecidas pela saúde e pela longevidade. A dieta de Airola recomenda comer muitos grãos, castanhas, sementes, vegetais e frutas. Hoje ele provavelmente seria contra o uso de laticínios, por causa da possibilidade da doença da vaca louca, mas, antes, ele permitia um consumo mínimo de laticínios crus, cultivados de vacas orgânicas saudáveis. Ele sugere de uma a duas colheres de sopa de óleos prensados a frio, mais alguns suplementos alimentares como bodelha, leveduras, um pouco de mel não aquecido, minerais e suplementos orgânicos de baixa potência.[3]

A macrobiótica padrão, recomendada por Michio Kushi, sugere que cada refeição tenha 50 por cento de grãos cozidos; 5 por cento de sopa, preferivelmente missoshiro; 20-30 por cento de vegetais, com dois terços cozidos e um terço cru; e 10-15 por cento de favas cozidas e algas.[4] A macrobiótica enfatiza o equilíbrio 50/50 de energia de yin/yang do alimento. Essa é uma alimentação complexa e requer certo treino para dominar o sistema e cozinhar os alimentos corretamente. A principal diferença entre o macrobiótico padrão e a alimentação que o doutor Airola recomenda é que ele sugere 80 por cento de alimentos vivos e mais sementes e castanhas cruas. Ele também sugere apenas um tipo de grão por dia e alguns laticínios crus (nos Estados

Unidos, a qualidade dos laticínios é tão ruim que ele recomendava que as pessoas fossem veganas lá).[5]

No terceiro estágio, a consciência e o conhecimento a respeito de combinação de alimentos, alimentação de proteína alta ou baixa de acordo com a constituição, como preparar alimentos veganos e o tempo e a quantidade adequada de alimentos tornam-se mais refinados. É o estágio inicial da aprendizagem das habilidades da germinação e do significado dos alimentos rejuvenescedores. Este estágio refinado é principalmente uma mudança para 60-80 por cento de alimentos bioativos (crus) e alimentos biogênicos (geradores de vida), e 20-40 por cento de alimentos bioestáticos (aquecidos). Os alimentos cozidos são normalmente favas, grãos, e vegetais duros como brócolis e couve-flor. Os alimentos biogênicos – sementes, castanhas, legumes hidratados e germinados – constituem 20-30 por cento da alimentação. É um estágio de muita exploração sobre o que funciona e o que não funciona. Neste nível, podemos começar a fazer jejuns de sucos por sete dias, duas vezes ao ano. Para muitas pessoas, este estágio perdura por muito tempo, ou é uma alimentação escolhida como manutenção. Praticada na forma mais pura e refinada de 80 por cento de alimentos biogênicos e vivos e 20 por cento de alimentos bioestáticos, ela produzirá uma gradual desintoxicação ao longo dos anos, para que o corpo possa lentamente aumentar a sua habilidade de agir como supercondutor de energia cósmica, e sustentará e nutrirá a ação purificadora da Kundalini. É uma alimentação completamente adequada para apoiar a vida espiritual.

Estágio IV da Alimentação

Este estágio marca a diferença entre uma alimentação que nutre e ajuda o desenvolvimento espiritual e uma alimentação que acelera a nossa prontidão para o despertar da Kundalini, aumenta o poder espiritualizante da Kundalini quando esta já se encontra desperta e é uma forma intensa de prática espiritual por si só. A diferença entre os estágios III e IV é como a diferença entre caminhar, correr e outras formas de exercícios aeróbicos que fortalecem o tônus e mantêm o sistema cardiovascular, e um treinamento intensivo para campeonatos de atletismo universitários. A última parte do estágio IV é como treinar para as olimpíadas *versus* os campeonatos universitários. Somos atletas espirituais treinando e participando do evento de transformação da consciência planetária.

O estágio IV começa com uma alimentação completamente vegana, de grãos e alimentos bioativos, como sementes cruas, castanhas, vegetais e frutas. E à alimentação é acrescentada uma quantidade cada vez maior de alimentos geradores de vida, como todas as formas de grãos hidratados e germinados, incluindo trigo, sementes, castanhas, leguminosas germinadas e gramas como a grama do trigo. À medida que nos desintoxicamos e continuamos a expandir o yin de nossa consciência, vai acontecendo uma diminuição progressiva de grãos cozidos formadores de ácido yang, até desaparecerem da alimentação. Há um aumento progressivo na porcentagem de alimentos bioativos e biogênicos. Como os nutrientes são capazes de se passar facilmente para dentro das células, a quantidade total de alimentos que comemos diminuirá espontaneamente. A alimentação progride para aproximadamente 40-45 por cento de biogênicos, 55-60 por cento de crus e 5 por cento de vegetais duros, pouco cozidos. Isso é apenas uma média. Pode haver ocasiões em que são 100 por cento crus. Esta é a alimentação que servimos no Tree of Life Cafe. Cada um de nós deve encontrar o próprio equilíbrio em relação à porcentagem dos alimentos. O autor não é capaz de detectar em seus clientes uma diferença significativa entre uma alimentação 100 por cento viva e uma constituída 95 por cento por esses alimentos, em termos de energia do dia a dia e Comunhão de Amor. Pode haver uma diferença em termos de longevidade física, mas este não é o foco principal. Os 5 por cento nos dão certa flexibilidade social e nos ajudam a nos sentirmos menos restritos pela pureza conceitual de 100 por cento. Se se alimentar de 99-100 por cento de alimentos vivos for natural, fácil e pacífico, como é para o autor, então essa alimentação é excelente!

Nessa progressão, há uma quantidade cada vez maior de vegetais verdes e algumas frutas de baixa glicemia. Eles aumentam até aproximadamente 35-40 por cento da alimentação. Têm uma alta porcentagem, de 70-90 por cento, de água estruturada, que ajuda a dissolver toxinas e aumentar o transporte de nutrientes para as células. Os alimentos biogênicos são os mais oxigenados e, consequentemente, melhoram a saúde. Quanto mais suculenta a alimentação com vegetais e frutas, menos líquido temos de beber. O aumento de folhas verdes biogênicas, como a grama do trigo, trigo-sarraceno e folhas de girassol, é importante, pois elas podem conter a energia mais rejuvenescedora do planeta. Esta é a parte "universitária" da alimentação. Ela é altamente energizante e recuperadora dos nossos CEOSs. E criará uma saúde estável e excelente, aumentará a vitalidade para permitir que a experiência de Comunhão de Amor Divino seja mantida facilmente. Estimula a experiência total do corpo-mente-espírito no êxtase de Luz e Amor. Aumentando o fluxo do prana dentro e através do sistema, esta alimentação aumenta significativamente a possibilidade do nível de energia crítico para o despertar da Kundalini ser alcançado. Esta alimentação também acelera as ações purificadoras e espiritualizantes da Kundalini, uma vez que ela esteja desperta.

Ao contrário de outras alimentações, esta é muito simples de seguir. O autor chegou a ela após trinta anos de experimentação. O alimento vivo é um lembrete constante da nossa ligação com o planeta vivo e com os ciclos da natureza. Fazendo a alimentação da Nutrição Espiritual, a culinária viva do arco-íris, desde 1983, o corpo do autor se transformou em um supercondutor, suficiente para que o bloqueio no fluxo total de prana cósmico entrando e se movendo pelo sistema seja mínimo. Isso também parece ser verdade com outras pessoas que fazem esta alimentação. Embora o peso do autor seja menor do que quando era jogador de futebol americano, ele se estabilizou dentro de uma norma estabelecida pelas médias de altura e peso das companhias de seguro de vida, e é o mesmo peso de quando ele se formou no colegial. Em parte, a razão disso é que essa dieta fornece nutrientes mais do que suficientes, comparados com os valores mínimos recomendados (VMR), estabelecidos pelo Departamento de Agricultura dos Estados Unidos. A dieta de Hipócrates, da falecida Ann Wigmore, com ênfase em sucos verdes, outros sucos frescos e preparações de alimentos fermentados, foi comparada quanto aos nutrientes aos valores VMR. Ela descobriu que a sua alimentação de quase 100 por cento de alimentos vivos tinha seis vezes mais vitamina C, duas vezes mais vitaminas do complexo B, dez vezes mais vitamina A, sete vezes mais ferro, duas vezes o cálcio e uma quantidade de B_{12} igual àquela do VMR.[6] Do lado mais pesado, descobriu que ela conseguia suprir quase o dobro de proteína, mas com a metade da gordura. É importante lembrar que no nosso processo de transmutação, cada vez menos alimento físico é necessário para manter adequadamente o corpo físico, portanto, os valores VMR não são o foco da arte da Nutrição Espiritual. Seus dados não deixam dúvidas a respeito do fato de esta alimentação ser adequada para todos aqueles que ainda estão pensando em termos materialista-mecanicistas de nutrição.

O livro de Ann Wigmore, *The Hippocrates Diet*, e o livro de Viktoras Kulvinskas, *Survival into the Twenty First Centrury* [Sobrevivência no século XXI][7], dão detalhes e uma discussão clara de como preparar e plantar muitos dos alimentos biogênicos que foram mencionados aqui. O autor apoia o uso de sucos frescos e verdes, mas na vida de muitos de nós esse propósito está um passo adiante do que a maioria de nós está disposta a fazer regularmente. Apesar de serem bons para a saúde, não está claro que os sucos verdes são necessários para o nosso foco espiritual principal. Cuidadosamente, monitoradas e plantadas antes em uma cultura saudável, o preparo de sementes fermentadas é uma maneira adicional de se ter uma fonte de proteínas saborosas e facilmente assimiláveis. Aumentando a proteína e a gordura com queijos de sementes biogênicas, castanhas e sementes hidratadas, abacates e linhaça moída, podemos até aumentar o nosso peso. Aprender a ajustar esses nutrientes para manter um funcionamento físico excelente e força para as tarefas cotidianas é parte da arte da Nutrição Espiritual.

A parte "olímpica" do estágio IV inclui jejum espiritual de sete dias, de três a quatro vezes por ano. Pode também incluir pelo menos um jejum de quarenta dias em algum ponto da sua evolução. Conforme discutimos no Capítulo 23, há épocas em que aumentamos a meditação e o jejum, em relação às outras atividades do dia a dia. Esta é uma prática espiritual poderosa, que intensifica o processo de transformação. O jejum espiritual com aumento na meditação transforma de maneira mais eficiente o nosso sistema em um supercondutor para a Kundalini. Conforme alcançamos certo ponto de purificação, o programa de jejum não é mais feito com esse propósito. Seguindo a alimentação de 40 por cento de alimentos biogênicos e de 95-100 por cento de alimentos vivos, o corpo é capaz de se purificar a uma velocidade igual à produção de toxinas metabólicas internas e à exposição a poluição ambiental. Desse ponto em diante, começamos a usar o jejum para intensificar ainda mais o fluxo supercondutor da Kundalini e a transformação transcendente.

Suplementação

Os suplementos podem ser usados para ajudar a corrigir e prevenir deficiências, e para agir como uma proteção antioxidante contra a poluição. Em altas potências, eles podem funcionar como remédios, para estimular o restabelecimento da saúde, assim como para compensar o estresse da vida diária. Nos estágios I e II, as pessoas sempre usam multivitamínicos de alta potência para compensar a alimentação e um estilo de vida debilitados. Podemos usar alguns suplementos do estágio III, mas, nesse estágio, começamos a nos sintonizar com as sutilezas das vitaminas orgânicas *versus* sintéticas e a nossa própria harmonia interna. Quase todas as vitaminas são sintéticas. Uma maneira de reconhecer as poucas vitaminas naturais e minerais que existem no mercado é pelas baixas potências. Por exemplo, o complexo B natural normalmente não excede 10 miligramas de B_1, B_2 e B_6. Do ponto de vista teórico dos CEOSs, as vitaminas sintéticas têm estruturas cristalinas, assim como as vitaminas naturais, mas elas têm CEOSs fracos e se ligam com menor eficácia aos locais apropriados do corpo. Para se ligarem e agirem com eficácia no organismo, elas tomam a energia dos nossos próprios CEOSs. Inicialmente, podemos obter um efeito estimulante por causa das concentrações elevadas. Para alguns, esse efeito estimulante pode durar meses ou até mesmo anos. Se suplementos sintéticos de alta potência forem tomados por muito tempo, os CEOSs podem ficar exauridos e o sistema pode perder o equilíbrio. À medida que ficamos mais saudáveis, também precisamos cada vez menos de suplementos. Por essa razão, no estágio

III, recomenda-se minimizar a ingestão de suplementos sintéticos de alta potência e usar suplementos alimentares concentrados e alimentos que tenham altas quantidades de nutrientes, como a bodelha e a alga vermelha (dulse) para os minerais. A alga vermelha, por ter mais potássio do que a bodelha, ter menos sódio e ser roxa, é um bom aditivo para a refeição noturna. Se escolhermos usar a levedura, o que o autor não recomenda, é útil tomar 250 miligramas de cálcio para contrabalancear o fósforo elevado. A lecitina e a vitamina E são bem supridas por sementes, castanhas, favas germinadas e pólen de abelha. Sendo assim, não são necessárias como suplementos. Ao entrarmos no estágio IV, o aumento da habilidade do corpo em absorver nutrientes do alimento e a melhor qualidade dos alimentos nos permitem até diminuir a concentração de suplementos alimentares. Pode haver algum mineral ou vitamina que o nosso corpo, por causa de sua bioquímica individual, não esteja absorvendo adequadamente. Por exemplo, o autor precisa constantemente de magnésio. Precisamos observar bem se alguma deficiência de minerais ou vitaminas ocorre com a mudança de alimentação e com o jejum. Se você precisar de ajuda, seu médico holístico ou nutricionista pode determinar as deficiências. Até que mais pesquisas provem o contrário, o autor recomenda que todos os veganos tomem suplementos de B_{12}.

A chave para os suplementos nos estágios III e IV é que eles contenham a vibração viva dos nutrientes para que possam ter uma ressonância adequada para as nossas células vivas.

Um suplemento que o autor descobriu ser expansivo para a consciência é a alga azul-esverdeada, cientificamente conhecida como *Aphanazomenon flos-aquae* (AFA). Ela cresce nas águas altamente estruturadas e puras do lago Klamath, que vem de correntes subterrâneas. Tem um campo de CEOS extremamente elevado, que regenera as forças imunológicas da mente e do corpo. Em cerca de 70 a 80 por cento das pessoas que a utilizam, ela parece ativar especificamente as funções mente-cérebro. Atualmente, o autor está usando E3 Live (extrato de AFA) e *phycomin*, um extrato de E3 Live. Tem sido uma bênção para algumas pessoas que realizam um grande trabalho mental e que querem energia renovada para a meditação. O autor publicou um trabalho preliminar no *Journal of the Orthomolecular Medical Society*, relatando que a AFA reverteu parcialmente um caso de mal de Alzheimer e interrompeu a progressão de outro.[8] Provavelmente, seja por causa de sua capacidade de aumentar especificamente os CEOSs da mente e do cérebro. Esses suplementos podem ser usados nas fases de ajuste ao estágio IV. A AFA é a única fonte vegana para reconstruir e ativar o hipotálamo. Ela também contém e estimula a produção de DHA e EPA, que são ácidos graxos essenciais ômegas-3 de cadeia longa, necessários para que se tenha uma excelente saúde.

Perspectivas Finais

"[...] porque o reino de Deus não é comida nem bebida senão justiça, paz e alegria no Espírito Santo" (Romanos, 14, 17).

Nenhuma alimentação sem o contexto completo dos Seis Fundamentos dará frutos espirituais completos. Não podemos usar a alimentação como forma de chegar a Deus. Apesar de nossa abordagem ser esotérica, estamos lidando com um mecanismo prático e muito básico da vida – comer. A alimentação não é uma religião ou a busca pela Verdade; é simplesmente parte dos Seis Fundamentos. Eles são importantes para o desenvolvimento de uma alimentação correta e para sustentar a vida espiritual. Uma vez que isso tenha sido alcançado, assim como com qualquer fundamento, não precisamos mais nos concentrar nele. Ele se torna uma expressão da nossa consciência e uma maneira de Ser. Neste nível, a arte da Nutrição Espiritual de desenvolver uma alimentação correta é apropriada e incentivadora. No contexto das práticas da vida, é uma alimentação que abre as portas para o foco na harmonia e Comunhão de Amor com Deus. Uma saúde excelente não é o objetivo, mas o subproduto do objetivo. Para alguns de nós, Nutrição Espiritual é também uma prática de autoconsciência que aprofunda a nossa compreensão da vida correta. Para outros, é também uma prática espiritual poderosa de alimentação, jejum e meditação, que acelera o desdobramento espiritual, aumentando o prana cósmico que entra em todos os nossos corpos sutis e no corpo material. Conforme o prana universal aumenta dentro de nós, a consciência de nossa própria iluminação aumenta. A Nutrição Espiritual é uma abordagem da iluminação pessoal plena, que inclui a espiritualização do corpo, assim como da mente e do espírito.

Uma alimentação adequada é a expressão da sintonia natural com as Leis da Natureza, conforme se manifesta na Unidade com Deus. Quando estamos sintonizados com essas leis, a vida espiritual e a saúde estão apoiadas. Uma alimentação apropriada espiritualmente é tanto a causa quanto o resultado do nosso estado de Ser. Como a alimentação adequada é uma expressão do nosso Ser e estado de harmonia, ela se manifesta de forma menos apropriada se estiver sujeita a fórmulas externas de alimentação ou até mesmo de receitas culinárias. A única fórmula que precisamos seguir é a de uma aplicação inteligente e cuidadosa da arte da Nutrição Espiritual. A diretriz principal para desenvolvermos a alimentação é a nossa experiência interna da Kundalini ou, simplesmente, perceber que, enquanto comemos ou após comermos, o nosso complexo corpo-mente deve se sentir energizado e bem durante o dia todo. A alimentação abordada desta forma é um equilíbrio pessoal. Esta é a razão pela qual, neste livro, o autor deixou alguns pontos vagos a respeito dos detalhes da alimentação e se concentrou nos princípios.

A consciência transcendental direta da nossa natureza verdadeira como Luz, Amor e Verdade não dual de Deus suplanta qualquer prática de alimentação, estado de pureza ou consciência dietética. Na Torá e no Novo Testamento, o alimento era uma oferenda a Deus. Era um antigo símbolo da Comunhão com Deus: "Quer comais, quer bebais, quer façais qualquer outra coisa, fazei tudo para glória de Deus" (Coríntios, 10, 31). Portanto, quando estamos conscientes, vivemos como uma oferenda de Amor a Deus, e vivemos deste Amor como o alimento principal em nossa vida. Dessa forma, nos tornamos esse Amor e essa consciência da presença dual/não dual. Sem essa consciência, nunca haverá comida suficiente para alimentar uma alma faminta.

Resumo – Capítulo 31

1. Foram revistos os seis propósitos para desenvolver uma alimentação personalizada para a vida espiritual.
2. Foram listados dez aspectos benéficos da abordagem da Nutrição Espiritual.
3. Há tantos fatores importantes no nosso processo de desenvolver uma alimentação personalizada, que o único computador capaz de correlacioná-los é a nossa sensibilidade interna. Para usá-la eficientemente, precisamos nos tornar o nosso próprio laboratório.
4. Estabilizando os padrões dos horários em que comemos, o ambiente emocional e físico no qual comemos, quanto e o que comemos, podemos conscientemente começar o processo de autoconsciência e alimentação.
5. Nosso sistema de feedback, *grosso modo*, significa se sentir bem o dia todo após comer, ou sentir os efeitos nocivos de gases, inchaço e náusea de uma alimentação inadequada.
6. No nível mais sutil, se a Comunhão de Amor com o Divino estiver bloqueada, antes, durante e após as refeições, temos um feedback de que não estamos fazendo a alimentação correta.
7. A alimentação não é estática. Ela precisa se desenvolver de uma forma que apoie e mantenha a harmonia com a nossa evolução espiritual.
8. A arte da Nutrição Espiritual é o processo de autoanálise aplicado às diretrizes da Nutrição Espiritual no contexto de uma vida espiri-

tual plena dos Seis Fundamentos. A criação da alimentação correta envolve abandonar padrões não funcionais de relacionamento com a comida, como as transferências emocionais alimentares.

9. Algumas dessas mudanças de alimentação acontecem espontaneamente, conforme a nossa vida espiritual se desenvolve.
10. Uma alimentação com abordagem completa, que envolve a autoanálise e o cultivo da arte da autoconsciência, é por si só uma prática espiritual.
11. No processo de purificação da dieta, podemos passar por um processo de desintoxicação suave ou severo, dependendo do quanto rapidamente avançamos.
12. Aprender a comer a quantia correta de alimento para estar em harmonia com todos os níveis das nossas necessidades nutricionais e espirituais se aplica a qualquer estágio da alimentação.
13. Há quatro principais estágios de alimentação de transição.
14. O estágio I é a remoção de todos os alimentos bioacidíferos da alimentação. Ele inclui alimentos feitos de carne orgânica.
15. O estágio II é a remoção de todas as carnes vermelhas da alimentação.
16. O estágio III é uma alimentação vegetariana sem peixe, aves, frutos do mar ou ovos. Pode ser inicialmente lactovegetariana ou macrobiótica. No final do estágio III, chegamos a uma alimentação equivalente a 80 por cento de alimentos crus e a 20 por cento de alimentos cozidos, sendo que de 20 a 30 por cento da alimentação é composta de alimentos biogênicos. Essa alimentação é adequada e sustenta a vida espiritual.
17. O estágio IV é um nível de alimentação que tanto acelera o desenvolvimento espiritual como é uma prática espiritual por si meso. É uma alimentação 95-100 por cento viva, que é aproximadamente 40-45 por cento biogênica, 55-60 por cento composta de frutas e vegetais e até 5 por cento de vegetais cozidos. Ela envolve jejuar um dia por semana, ou três dias por mês, e quatro jejuns sazonais de sete a dez dias por ano.
18. Nenhuma alimentação sem o contexto de vida e irmandade corretas, Amor e meditação trará frutos espirituais.
19. A alimentação é uma expressão da nossa sintonia natural com as Leis da Natureza, conforme ela se manifesta na Unidade com Deus. Sintonizados com essas leis, sustentamos a vida espiritual e a saúde.
20. A alimentação é tanto a causa quanto o resultado do nosso estado de Ser.
21. Não podemos usar a alimentação como uma forma de chegar a Deus.

EPÍLOGO

No processo de escrever este livro, o autor percebeu que não estava escrevendo sobre Nutrição Espiritual ou o despertar e a evolução da Kundalini. Percebeu que este livro surgiu como parte de uma espiral ascendente da consciência planetária que está se preparando para fazer um salto quântico em direção a uma iluminação mundial em massa. Estamos nos transformando de seres com uma consciência autocentrada e disfuncional em seres com uma nova consciência global centrada na Comunhão de Amor Divino com Deus e na consciência de Unidade que todos neste planeta são um só corpo e no Eu do Todo. Estamos quase prontos para soltar os nossos padrões disfuncionais planetários e individuais de desperdício de comida e de fome mundial, de exploração de recursos e pobreza mundial, de violência individual e terrorismo mundial, e da alienação individual e das nações lutando contra nações. A fase histórica que enfatizava a salvação pessoal e a iluminação planetária está se fundindo em um novo período histórico de salvação e iluminação em massa, no qual temos a possibilidade de nos perceber como um grupo planetário unificado e perceber a nossa natureza Divina, coletiva e individual (que sempre fomos).

A Nutrição Espiritual é a planta arquitetônica de alguns dos processos evolucionários e de tecnologia consciente que podemos usar ou experimentar na nossa individualidade, ou até de forma coletiva. O processo transformador dos Seis Fundamentos para a Vida Espiritual na alegria da Comunhão com Deus é uma forma de deliberada e conscientemente escolher e cooperar com os métodos individuais e coletivos da evolução. É uma maneira de optar por estar em sincronia com a Vontade de Deus no processo evolutivo. Esses métodos não são novos. Eles sempre estiveram disponíveis, mas poucos os aproveitaram. A Graça de Deus sempre esteve neste planeta. Esses métodos ou ensinamentos são universais em sua aplicação e atemporais em sua sabedoria. Eram praticados pelos essênios vários séculos antes de Jesus (que foi treinado pelos essênios) e também pelos antigos egípcios. São praticados no Zend Avesta de Zaratustra, nos ensinamentos de Buda, de Maomé, de Lao Tzu, na ioga, no hinduísmo, na Torá e na cabala, pelos pitagóricos e pela Roda da Vida Tibetana. As leis universais de Deus e os padrões de evolução permanecem inalterados e são tão aplicáveis hoje como antes. Esses ensinamentos foram dados para acelerar a abertura das portas para os estados mais elevados de Consciência de Deus. A única diferença entre agora e então é que esses ensinamentos e processos transformadores estão começando agora a ser usados pelo público de forma coletiva. Este livro é um pequeno compartilhar de algumas dessas eternas e simples sabedorias. O autor escolheu compartilhar algumas de suas experiências transformadoras como parte de uma expressão mais detalhada e pessoal dos ensinamentos, para torná-los mais reais. Esses ensinamentos nos ajudam a nos desenvolvermos como pequenas unidades holográficas da Consciência de Deus, capazes de ressoar com a Consciência Cósmica em uma escala coletiva para elevar o planeta.

A cada estágio evolucionário há uma sinergia mais progressiva. Inicialmente, o átomo era atraído pelo átomo e a célula pela célula. Então, a Kundalini humana fundiu-se na unidade do chacra da coroa com a sincronização do cérebro esquerdo e direito e a consciência do masculino e feminino. Isso cria uma experiência mundial dualista / não dualista, na qual não há separação entre os seres humanos. É uma consciência que permite aos seres humanos se sentirem atraídos pelos seres humanos e os sistemas sociais sincronizados com sistemas sociais, como membros do mesmo Divino Corpo de Deus. Estamos prestes a dar um salto quântico por meio da sinergia social centrada no Amor da Consciência da Unidade. Este é o nosso destino. Este livro é um convite para que todos apreciem a celebração.

GLOSSÁRIO

Para ajudar o leitor na compreensão da terminologia apresentada neste glossário, a maioria dos termos foi marcada com (S) para sânscrito ou (H) para hebraico.

agni (S) – fogo sutil interno
água estruturada – água que está viva e tem alto grau de organização energética
Ahaparinirvana Sutra (S) – antiga escritura védica
ahimsa (S) – processo proativo de criar e sustentar paz em todos os níveis
Akasha (S) – espaço ou éter
ama (S) – toxina física na medicina aiurvédica
amrita (S) – néctar Divino; literalmente da lua ou néctar da imortalidade; também chamado soma
anandakanda (S) – espaço de êxtase no coração etéreo
anandamaya kosha (S) – camada de êxtase da mente; sexto kosha
anna (S) – alimento
annamaya kosha (S) – camada de alimento da mente; primeiro kosha
anupaya (S) – a prática do conhecimento direto
apana (S) – fluxo descendente do prana
artha (S) – prosperidade
árvore da vida (Tree of Life) – as dez energias sefiróticas
asana (S) – postura de ioga
Asee'Yah (H) – mundo físico na tradição cabalística
ashram (S) – local físico para estudo espiritual e evolução
Atik Yoman (H) – a avó; também "Face de Deus", Graça de Deus, o que não pode ser conhecido
atimanasa kosha (S) – camada da mente associada com a inspiração intuitiva; quarto kosha
Atmã (S) – o Eu Divino além do complexo corpo-mente-EU SOU
Atz'ilut (H) – quarto mundo na cabala; associado com a percepção direta de Deus
aura – campo energético composto por corpos sutis
autorrealização – conhecendo o EU SOU AQUELE; experiência da Verdade de quem você é, além do tempo, espaço e Ser

avadut (S) – Um Ser Liberto que vive livre, solto e quase sempre sozinho na floresta
avadut moksha (S) – um Ser completamente fundido em Deus
avatar (S) – um Ser Liberto que vem para o planeta para aumentar a consciência no nível coletivo
Aiurveda (S) – tradição terapêutica da Índia com mais de 5 mil anos; considerado o conhecimento completo de como viver a vida cotidiana em harmonia com a vida cósmica
azamara (H) – a prática de encontrar um ponto de Luz em todas as situações; ver o Divino em todas as coisas

B'lee mah (H) – o Nada
B'riYah (H) – segundo mundo na cabala; associado com o mundo dos anjos e demônios; o plano astral
Baal Sem Tov (H) – fundador do movimento hassídico na Europa, viveu de 1700 a 1760; grande santo xamânico
Bala Krishna (S) – expressão pueril do Divino
Bhagavad-Gita (S) – importante história espiritual épica da Índia
bhajan (S) – canto iogue de devoção
bhakti ioga (S) – ioga do Amor e devoção
bhikshu (S) – buscador espiritual
bija (S) – sons de sementes
binah (H) – uma das três energias sefiróticas elevadas; compreensão Divina
biocídico – destruidor da vida, alimentos processados cheios de aditivos e conservantes
bioativo – alimentos crus que dão suporte à vida
biogênico – alimentos crus de alta energia promotores de vida; especialmente brotos de folhas verdes, castanhas, legumes e folhas não maduras
bioestático – alimentos cozidos ou crus não frescos, que diminuem a vida
Brama (S) – Realidade Absoluta
bruhu – um xamã de nível mais baixo

Cabala (H) – caminho espiritual esotérico na tradição judaica de fusão com Deus; recebendo o Divino para compartilhar o Divino; cabala não é um livro, mas uma tradição de despertar
carma (S) – a lei da causa e efeito
chacra (S) – campo energético de vórtice, que relaciona o sistema de plexo nervoso e endócrino, assim como outros sistemas sutis
chacra Ajna (S) – sexto chacra; chacra da fronte ou do terceiro olho
chacra amrita (S) – outro nome para o soma chacra; fonte do néctar Divino
chacra Anuhata (S) – chacra do coração
chacra Manipura (S) – o chacra do plexo solar
chacra Muladhara (S) – chacra da base
chacra Sahasrara (S) – o chacra da coroa
chacra soma (S) – subchacra na parte inferior do Sahasrara; associado ao néctar Divino
chacra Svadhishthana (S) – chacra da garganta
Chandogya Upanishad (S) – uma das sessões dos Vedas
chandra (S) – lua
chashmal (H) – uma voz fraca silenciosa, muito ouvida durante a meditação ou no estado de oração
chavurah (H) – um grupo para apoiar a vida espiritual
Chaya-Yehida (H) – oscilação da consciência dual/não dual; autorrealização, libertação

chi – prana, energia
ching – energia sexual profundamente armazenada, no sistema chinês
chit Kundalini (S) – o segundo dos três granthis, associado ao coração etéreo
chitti (S) – consciência no nível mental
chitrini nadi (S) – o nadi da lua, localizado no nadi vajrini; que fica no nadi sushumna
chitta (S) – atividades da mente consciente e inconsciente
chittavahini (S) – nadis que são conectados ao fluxo de consciência e ao Eu
chitta vrittis nirodha (S) – aquietação da atividade mental
chochma (H) – uma das dez sefirot, associada com o conhecimento direto de Deus; conhecimento
coloide – suspensão de partículas de tamanhos iguais em solução; o tamanho máximo é de 0,001 mícron
complexo-corpo-mente-EU SOU – estrutura do ego relacionada ao tempo, espaço e Ser
consciência de chesed (H) – a consciência do Amor e do coração aberto
consciência do EU SOU – consciência testemunha, ligada ao sexto chacra; anterior à mente; anterior à autorrealização; onde tempo e espaço se dissolvem
consciência do EU SOU AQUELE – O Nada Eterno Absoluto; consciência de não Ser; onde o tempo, espaço e Ser se dissolvem; estado de Libertação
consciência de testemunha – habilidade de se afastar e ver o jogo do ego e se sentir separado dele; consciência do EU SOU
corpos sutis – corpos energéticos que circulam no corpo físico

darshan (S) – audiência com um mestre espiritual
Deveikut (H) – fusão com Deus; apegar-se a Deus
dez falas – a tradução correta do que se conhece por Dez Mandamentos
dharana (S) – concentração
darma (S) – viver correto, incluindo sustento correto e prática espiritual
dhatus (S) – sete tecidos no sistema aiurvédico
dhyana (S) – meditação
dosha (S) – energias psicofisiológicas que saem do equilíbrio como kapha, pitta e vata

Ein Sof (H) – o nível mais elevado do Absoluto, além da compreensão
ekadashi (S) – jejum seco, no décimo primeiro dia após a lua nova e cheia
Era messiânica – pertencente à vinda de um Messias; mil anos de paz no mundo
essênios (H) – seita judaica esotérica, orientada cabalisticamente
estado de energia virtual – local da energia do ponto zero
etérico – além da forma física
eyn-zu-lo-to (H) – Nada a não ser Deus

Ganeshpuri Ashram – o Ashram original de Swami Muktananda, cerca de 100 quilômetros de distância de Mumbai, na Índia
granthi (S) – nó energético sutil, associado com a regulação do fluxo da Kundalini
guna (S) – qualidades de consciência
guru (S) – mestre espiritual
guru interno – o Eu Divino interior
guru tattva (S) – o princípio do guru; o mundo é o guru

hagiya (H) – repetição de mantra
Haniha (H) – Shaktipat
hara (S) – centro energético abaixo do umbigo; foco das artes marciais de algumas religiões chinesas e japonesas
hassídico (H) – forma mística do judaísmo, iniciado por Baal Shem Tov
hata ioga (S) – a prática de asanas de ioga
hiranyamaya kosha (S) – a camada do êxtase da mente; sexto kosha
hishtavut (H) – equanimidade, desapego, vairagya, estar em consciência de testemunha enquanto mergulhamos completamente no jogo do mundo; ver o Divino em todas as coisas
hitbodedut (H) – reclusão do mundo; meditação
hrit pundarik (S) – o lótus do coração; o coração etéreo

ida (S) – um dos três nadis principais, associado à energia lunar ou yin
Indra – Deus hindu, cabeça de Devi
inédia – respiratorianismo
Iniciação Kundalini Shaktipat (S) – a descendência da Graça, através de um mestre espiritual de Kundalini desperta
Iniciação de Shaktipat (Iniciação de Shaktipat) (S) – o despertar da energia Kundalini através de um mestre espiritual Desperto, que se tornou um veículo da Graça
involução – a contração da energia Kundalini cósmica em Shakti Kundalini, armazenada na base da espinha, esperando ser desperta
ioga (yoga) (S) – o caminho da União / Libertação nas tradições hindus

jainismo (S) – antiga religião indiana com foco em ahimsa, ou não violência
jivanmukti (S) – Liberto enquanto no corpo
jnana ioga (S) – Ioga da mente

ka – palavra egípcia para corpo de Luz
Kadosh (H) – uma pessoa sagrada na tradição judaica; mais desenvolvido do que um tzadik
kama (S) – prazer
kamamaya kosha (S) – camada de prazer da mente; segundo kosha
kanda (S) – área fibrosa abaixo do chacra da base da qual a Kundalini emana
kapha (S) – o dosha da água-barro-muco
Kavanah (H) – intenção espiritual
kaya kalpa (S) – procedimento aiurvédico que reverte o envelhecimento
kedusha (H) – o sagrado
kehila (H) – comunidade espiritual
Keter (H) – uma das dez sefirot da Árvore da Vida; associada com a Vontade Divina
khor-lo – palavra tibetana para chacra
klipot (H) – capa de negatividade
Kmeshdara (S) – lorde Shiva, como lorde do princípio do desejo
Kmeshdari (S) – a forma da Kundalini, como Deusa do Desejo
kosha (S) – camadas do complexo corpo-mente
kriya (S) – movimentos espontâneos do corpo, da emoção, da mente ou do espírito quando a Kundalini é desperta

Kundalini (S) – força espiritualizante dentro de cada pessoa
Kundalini espiritual (S) – a forma cósmica da Kundalini
Kundalini mundana (S) – força vital da vida
Kundalini Shakti (S) – potencial de Kundalini, que reside na base da espinha, que se torna ativa como Kundalini desperta

latifa – palavra para chacra na tradição Sufi
lepton – uma partícula subatômica
Libertação – autorrealização; quando o prana e a consciência do EU SOU se tornam um na meditação; a fusão de Shiva e Shakti

Mah (H) – com; o Que (em justaposição ao Nada, ou sem o Que — B'lee mah)
Mahabharata (S) – história épica indiana em forma de poesia
Malchut (H) – uma das sete sefirot inferiores na Árvore da Vida; Reino de Deus
manas (S) – a mente emocional, sensorial e cognitiva
Maná (H) – alimento místico para elevar a consciência; ativa a glândula pineal e pituitária
mannahuna – protetores (guardadores) do maná, na tradição havaiana
manomaya kosha (S) – camada da mente associada com a função emocional, sensorial e cognitiva; terceiro kosha
manovahini nadis (S) – canais sutis associados ao fluxo das energias da mente
mantra (S) – palavra sagrada ou o nome de Deus, repetido pelos aspirantes espirituais
mantra chaitanya (S) – mantra desperto e energizado
Manusmriti (S) – antiga escritura iogue
maia (S) – a ilusão do mundo tridimensional; Maia Iluminado é a expansão do mundo como o Divino em cada forma
meridianos – circuitos de energias ou linhas usadas na acupuntura
merkaba (H) – alinhado com a Vontade Divina
mfkzt – termo egípcio para o maná
microzima – protídeos
mikvah (H) – piscina de purificação espiritual judaica
Mishna sage (H) – especialista na tradição oral do judaísmo
mitzvah (H) – ação boa ou sagrada, conforme descrito na Torá
mitzvot (H) – plural de mitzvah
mizmor (H) – cânticos que elevam a mente a focar em Deus
moksha (S) – nível mais completo de fusão em Deus e Libertação, fusão inquebrantável 100 por cento permanente
mukti (S) – Libertação; autorrealização
muon – partícula subatômica

nada (S) – sons Divinos
nadi (S) – canal sutil e oco, através do qual a energia da Kundalini se move; existem 72 mil nadis no corpo humano
nadi brama (S) – a nadi central no sushumna
neshama (H) – terceiro nível da alma; a alma individual
Netzah (H) – energia sefirótica associada à perseverança espiritual

nirvakalpa samadhi (S) – samadhi além do tempo, espaço e Ser; Nada existe; fusão em Deus
Nityananda (S) – o guru da Swami Muktananda
niyama (S) – atividade mental e física para evitar a vida espiritual; os "nãos" da conduta apropriada
Nukba (H) – a energia feminina ou Shekhinah, associada com a sefirot de Malchut

ojas (S) – energia de força vital da vida, e reserva de energia vital
"Om Na'mah Shivaya" (S) – mantra; o nome de Deus
ophanim (H) – incorporação física (posturas) das energias das letras hebraicas; também uma classe de anjos relacionada ao corpo, formas e ciclos

Pancha carma (S) – sistema aiurvédico de desintoxicação e rejuvenescimento
par'gawd (H) – fino véu que nos separa da Verdade; metaforicamente chamado de teto de vidro da consciência
para Kundalini (S) – o terceiro nó da regulação da Kundalini, entre o terceiro olho e o chacra da coroa
Paramatman (S) – a Realidade Absoluta; EU SOU AQUELE
Parinirvana – Iluminação
pingala (S) – nadi principal associado ao sol
píon – partícula subatômica
pitta (S) – o dosha do fogo
prajna pratihara (S) – crimes contra a sabedoria
prana (S) – força vital da vida
prana universal (S) – a força de vida cósmica
prana Kundalini (S) – o primeiro nó no sistema Kundalini, associado ao primeiro chacra
pranayama (S) – práticas de respiração iogue para aumentar o prana
pratyahara (S) – afastamento dos sentidos
príon – o menor nível de proteína que está vivo
processo do Ponto Zero – forma de ioga jnana ocidental ensinada por Gabriel
profecia – a experiência de fusão em Deus e deleite nessa experiência
protídeos – as menores unidades vivas no corpo
purusha (S) – espírito não dual

quipá (H) – boina

rahu (S) – um dos nódulos da lua
raja ioga (S) – a ioga da mente
rajasic (rajásico) (S) – um dos três gunas; associado a uma energia ativa extrovertida
Rama (S) – avatar associado à energia de Vishnu, o Sustentador
Rama Krishna Paramahamsa (S) – grande mestre espiritual, Ser Iluminado que viveu no fim do século XIX
Ramana Maharshi (S) – grande mestre espiritual e Ser Iluminado que viveu no século XX
randhra brama (S) – espaço de vazio entre o lado direito e esquerdo do cérebro
rasa (S) – força de vida ou "sucos"; plasma
reiki – sistema japonês de cura, desenvolvido pelo doutor Usui
respiratorianismo – sustentar a vida humana sem a ingestão de comida ou água
Rigveda (S) – uma das antigas escrituras da Índia

rishi (S) – antigo sábio indiano

S'micha l'shefa (H) – iniciação de Graça no sistema judaico-cabalista; sinônimo de Shaktipat
sadhana (S) – prática espiritual
sahaja samadhi (S) – experiência de Unidade estando em um estado desperto
Sai Baba de Shirdi (S) – um Ser Iluminado completamente fundido em Deus, que deixou seu corpo em 1918
samadhi (S) – estado de Êxtase, além da mente
samahita chitta (S) – uma mente calma e centrada
samana (S) – um dos cinco pranas, associado às energias digestivas
samskara (S) – impressão da mente
sanatana darma (S) – a maneira natural de vida que leva à Iluminação
Sanhedrin (H) – o equivalente a uma corte suprema espiritual; as sementes iniciadas com Moisés e manifestadas principalmente em Jerusalém
sangha (S) – grupo espiritual; irmandade correta
sankalpa samadhi (S) – estado de Unidade, durante a experiência da Luz; consciência sutil do EU SOU, além do tempo e espaço
Sânscrito (S) – antiga linguagem de fogo (espiritualmente ativadora) da Índia
satsang (S) – a experiência da Verdade na presença de um mestre espiritual desperto
sátvico(S) – um dos três gunas ou estados; um estado de sagrado que nos leva para dentro, para o Divino
sephiroth (H) – os dez centros de consciência da Árvore da Vida Cabalística
seva (S) – servir
Shabbat (H) – dia mais sagrado do ano, uma vez por semana; um período de descanso completo das atividades mundanas; começa sexta-feira à noite, ao pôr do Sol, e termina sábado à noite, ao pôr do Sol
Shakti (S) – energia d'AQUELE, expresso como a Mãe Divina de toda criação
shechitah (H) – rituais kosher sagrados e apropriados para a matança de animais e alimentos em geral
shefa (H) – uma cascata de energia espiritual cósmica
sheirut (H) – servir
Shekhinah (H) – nome hebreu para energia associada com o Sagrado Feminino; equivalente a Shakti
shem-an-na – um termo para o maná durante os tempos históricos da Lemúria
Shiva (S) – nome hindu para Consciência Cósmica; também associado com o Deus da transformação
Shiva samhita (S) – as escrituras sobre a Consciência Shiva
Shochet (H) – açougueiro kosher; o plural é shochtim
Shrii Shrii Ananda Murti (S) – santo que se fundiu a Deus, que deixou seu corpo em 1991; fundador de Ananda Marga
Shulhan Arukh (H) – a mesa posta; os "sins" e "nãos" codificados na tradição judaica
shukra (S) – energia sexual profunda; fluido e tecido reprodutivo
Shurangama Sutra (S) – texto budista
siddhis (S) – poderes milagrosos
soma (S) – o néctar Divino gotejando do soma chacra; também uma erva que promove longevidade
Sri Ganapati Satchidananda Swamiji – Ser vivo realizado em Deus e expressão da ioga Nada (música Divina), cuja base está em Mysore, na Índia

surya nadi (S) – o nadi do sol

sushumna (S) – o nadi central através do qual a Kundalini se move, localizado ao longo da parte interna da espinha, no corpo etéreo

svadharma (S) – modo de vida que nos leva a conhecer o EU SOU AQUELE, ou a Verdade

svarupa (S) – conhecer o nosso estado Verdadeiro

Swami Jnanananda (S) – discípulo de Swami Nityananda que se tornou fundido em Deus com mais de 90 anos de idade e que atingiu o moksha

Swami Muktananda (S) – o primeiro guru de Gabriel; Ser Iluminado que o agraciou com o Shaktipat

Swami Prakashananda Saraswati (S) – a primeira pessoa que foi reconhecida por Swami Muktananda como ser Iluminado, em 1969; o "tio" e segundo guru de Gabriel

táquion – energia que se move mais rápido que a velocidade da luz, um pouco antes de diminuir para a velocidade da luz

t'ai chi – prática chinesa que apoia e equilibra o chi e o prana

tamásico (S) – um dos três gunas ou estados; um estado associado com a inércia; o véu da ignorância; preguiça; comida de baixa qualidade

tantra – prática iogue de celebrar o Divino em todas as coisas

Tao Te Ching – texto clássico da tradição taoísta

Tefirot (H) – sefirot do equilíbrio perfeito; localizado no nível do coração etérico

tefila (H) – reza

teheru (H) – o vazio no sistema judaico-cabalista

tejas (S) – uma das três essências vitais no aiurveda, associada ao fogo sutil e eletricidade; o aspecto sutil de pitta

Tikkun Olam (H) – a cura do mundo

Torá (H) – os cinco livros de Moisés

triângulo de Ah Cah Tah (S) – visão de dentro do soma chacra (parte do chacra da coroa)

tridosha (S) – estado no qual todos os três doshas estão perfeitamente equilibrados, ou quando eles todos saem de equilíbrio muito facilmente

T'shukat Deveikut (H) – uma forma de fusão em Deus

tzadik (H) – um Ser santificado e justo na tradição judaica

Tzava'at Harivash (H) – livro contendo traduções para o inglês de alguns dos ensinamentos básicos de Baal Shem Tov, que ele pessoalmente escreveu

tzedaka (H) – caridade

udana (S) – prana móvel ascendente

urdhdareta (S) – ascensão do sêmen no sushumna

vairagya (S) – desapego

vajrini nadi (S) – nadi interno do sushumna associado ao sol; o nadi do relâmpago

vasana (S) – sulco profundo de forma de pensamento feito de vrittis repetidos; desequilibrado, impressão mental repetida

vata (S) – um dos estados psicofisiológicos ou doshas, no sistema aiurvédico; associado com ansiedade, medo e energias desequilibradas.

"Vav Mem Bet" (H) – mantra cabalista para abençoar a água

Vedas (S) – antigas escrituras hindus

vijnanamaya kosha (S) – a camada da mente associada a viveka e vairagya; mente causal; quinto kosha
Vishuddha chakra (S) – chacra da garganta
viveka (S) – sabedoria para saber distinguir entre o real e o irreal
vazio – além do tempo e espaço
vritti (S) – atividade específica da mente
vyana (S) – associado com a circulação
vyutthita chitta (S) – uma mente instável ou "provocada"

xamã – mestre ou curador/médico espiritual em uma cultura indígena

Yah (H) – o nome de Deus conectando o espírito de Deus como respiração
Yajur Veda (S) – uma das antigas escrituras védicas
yamas (S) – os "sins" da conduta apropriada na ioga
yang – energia que flui para fora, no sistema chinês de dualidade
yantra (S) – desenho espiritual simbólico e energizado
yechidut (H) – satsang ou sangha
Yetzirah (H) – o segundo nível dos quatro mundos (plano astral); associado aos anjos e demônios
YHWH (H) – "Yod Heh Wah Heh"; o nome mais sagrado de Deus na tradição judaica; o mantra da Libertação no Ocidente
yin – energias internas pacíficas, no sistema chinês de dualidade
Yoga chitta vritti nirodha (S) – "ioga é aquietar as atividades da mente"
yukta triveni (S) – três fluxos; o local abaixo do chacra da base em que o sushumna, ida e pingala começam; junção dos três nadis principais

Zeir Anpin (H) – o partzufim (Face de Deus) associado às seis energias sefirot inferiores, acima do Malchut
Zohar (H) – considerado o mais poderoso e sagrado texto cabalista

NOTAS

Parte I: Energia, Evolução e Anatomia Espiritual

Capítulo 1:
A Kundalini Mística e os Seis Fundamentos para a Vida Espiritual

1. Jung, Carl. *Psychological Commentary on Kundalini*. Nova York: Spring Publications, 1975 (Parte I) e 1976 (Parte II).
2. Krishna, G. *Kundalini: The Evolutionary Energy in Man*. Berkeley, CA: Shambhala, 1971.
3. Muktananda. *Kundalini: The Secret of Life*. Nova York: SYDA Foundation, 1979.
4. Ibid.
5. Katz, R. "Education for Transcendence: Lessons from the !Kung Zhu/Twasi", *Journal of Transpersonal Psychology*. Volume 2, 1973, pp. 136-155.
6. Luk, C. *The Secrets of Chinese Meditation*. Nova York: Samuel Weiser, 1972.
7. Rohrbach, P. *The Search for St. Thérèse*. Nova York: Dell, 1963.
8. Sannella, Lee. *Kundalini: Psychosis or Transcendence?* San Francisco: Sannella, 1976.
9. Ibid.
10. Ibid.
11. Ibid.
12. Muktananda. *Kundalini: The Secret of Life*. Nova York: SYDA Foundation, 1979.
13. Ibid.
14. Murphy, Michael and White, Rhea A. *The Psychic Side of Sports*. Menlo Park, CA: Addison-Wesley, 1978.

Capítulo 2: Evolução e Realização da Kundalini para a Libertação

1. Tirtha, Vishnu, Swami. *Devatma Shakti*. Darya Ganj, Delhi: Swami Shivom Tirth, 1974.
2. Muktananda. *Kundalini: The Secrets of Life*. Nova York: SYDA Foundation, 1979.
3. Tsu, Lao. *Tao Te Ching*. Traduzida por Gia-Fu Feng e Jane English, Nova York: Vintage Books, 1972.

4. Murthy, T. S. *Anantha Maharaj*. San Rafael, CA: The Dawn Horse Press, 1972.
5. Tirtha, Vishnu, Swami. Op. cit.
6. Singh, Renu Lal. *Right Life: Teachings of the Shivapuri Baba*. North Yorkshire, Inglaterra: Coombe Springs Press, 1984.
7. Nisargadatta, Maharaj. *I AM THAT*. Mumbai: Sudhakar S. Dikshit, 1976.
8. Winkler, Gershon. *Magic of the Ordinary*. Berkeley, CA: North Atlantic Books, 2003.
9. Kaplan, Aryeh. *Gems of Rabbi Nachman*. Jerusalém: Chaim Kramer, 1980.
10. Kapleau, Roshi. *The Three Pillars of Zen*. Garden City, NY: Anchor Books, 1980.

Capítulo 3: O Sistema de Chacras

1. Motoyama, Hiroshi. *Theories of the Chakras: Bridge to Higher Consciousness*. Madras, Índia/ Londres, Inglaterra: The Theosophical Publishing House, 1985.
2. Joy, W. Brugh. *Joy's Way*. Los Angeles: J.P. Tarcher, Inc., 1979.
3. Bagley, L. "New Method for Locating Acupuncture Points and Body Field Distortions", *American Journal of Acupuncture*. Vol. 12, no. 3, julho-setembro 1984, pp. 219-228.
4. Motoyama, Hiroshi. Op. cit.
5. Joy, W. Brugh. Op. cit.
6. Leadbeater, C.W. *The Chakras*. Wheation. IL: Theosopical Publishing House, 1980.
7. Motoyama, Hiroshi. Op. cit.
8. Joy, W. Brugh. *Joy's Way*. Los Angeles: J. P. Tarcher, Inc., 1979.
9. Colton, Ann Ree. *Kundalini West*. Glendale, CA: Arc Publishing, 1978.
10. Anandamurti, Shrii Shrii. *Discourses on Tantra, Vol. 1*. Calcutá, Índia: A'nanda Marga Publications, 1993.
11. Anandamurti, Shrii Shrii. *Ananda Margon Caryacarya*, 4ª ed. Calcutá, Índia: Krsnatmananda Avaduta, 1992.
12. Ranade, Subhash. *Natural Healing through Ayurveda*. Salt Lake City, UT: Passage Press, 1993.
13. Bahadur, Rai, Vasu, Shrisha Chandra. *Shiva Samhita*. Varanasi, Índia: Pilgrims Publishing, 2002.

Capítulo 4: Curando a Energia Kundalini Desequilibrada

1. Cousens, Gabriel. *Rainbow Green Live-Food Cuisine*. Berkeley, CA: North Atlantic Books, 2003.

Capítulo 6:
Campos Energéticos Organizadores Sutis, um Novo Conceito

1. Tompkins, Peter. *The Secret Life of Plants*. Nova York: Harper Perennial Publishing, 1989.
2. Vogel, Marcel. Personal communication, 1986.
3. Beardon, T. E. *The New Tesla Electromagnetics and the Secrets of Electrical Free Energy*. Millbrae, CA: Tesla Book Co., 1982.
4. Trombley, Adam. Personal communication, 1986.
5. Solicitação de um programa do Departamento de Defesa para FlY, 1986 AF 86-77.
6. Callahan, Philip. *Tuning into Nature*. Old Greenich, CT: Devin-Adair Press, 1975.
7. Wagner, David, Gabriel Cousens. *Tachyon Energy: A New Paradigm in Holistic Healing*. Berkeley, CA: North Atlantic Books, 1999.
8. Wall, Ernst. *The Physics of Tachyon*. Palm Harbor, FL: Hadronic Press, 1995.

9. Toben, Robert. *Space, Time, and Beyond*. Nova York: E.P. Dutton and Co., Inc., 1975.
10. Cousens, Gabriel. *Rainbow Green Live-Food Cuisine*. Berkeley, CA: North Atlantic Books, 2003.
11. Bearden, T. E. *Toward a New Electromagnetics, Part Ill: Clarifying the Vector Concept*. Millbrae, CA: Tesla Book Co., 1983.
12. Sheldrake, Rupert. *A New Science of Life*. Los Angeles: J. P. Tarcher, Inc., 1981.
13. Friedman, H. L., Krishman, C. Y., Jolicoeur, C. "Ionic Interactions in Water." *Ann. N. Y. Academy of Science*, 1972, no. 204, pp. 77-99.
14. Clegg, James. "Metabolism and the Intracellular Environment: The Vicinal Water Network Model", em *Cell Associated Water* (Drost-Hansen, W. and James Clegg, Eds.). Nova York: Academic Press, 1979, pp. 363-413.
15. Cope, Freeman. "Structured Water and Complexed Na+ and K+ in Biological Systems Water Structure at the Water-Polymer Interface." *Proceedings of American Chemical Society Symposium*, editado por H. H. Jellinek. Nova York: Plenum Press, 1972, pp. 14-17.
16. Ling, Gilbert. "Water Structure at the Water-Polymer Interface." *Proceedings of American Chemical Society Symposium*, editado por H. H. Jellinek. Nova York: Plenum Press, 1972, pp. 4-13.
17. Hansen, J. Yellin. "W. NMRand Infra Spectroscopic Studies of Stratum Corneum Hydration." *Proceedings of American Chemical Society Symposium*, editado por H. H. Jellinek. Nova York: Plenum Press, 1972, pp. 19-28.
18. Clegg, James. "Metabolism and the Intracellular Environment: The Vicinal Water Network Model", em *Cell Associated Water* (Drost-Hansen, W. and James Clegg, Eds.). Nova York: Academic Press, 1979, pp. 363-413.
19. Ibid.
20. Ibid.
21. Hazelwood, Carlton. "A View of the Significance and Understanding of the Physical Properties of Cell Associated Water", em *Cell Associated Water* (Drost-Hansen, W. and James Clegg, Eds.). Nova York: Academic Press, 1979, p. 165.
22. Mikesell, Norm. "Cellular Regeneration." *Psychic Research Newsletter*, 1985, pp. 1-10.
23. Ibid.
24. Bachechi, Orie. *When Light Touches Many Changes Take Place*. Albuquerque, NM: Kiva, Inc., 1984.
25. Ibid.

Capítulo 7: Anatomias Sutis

1. Master Charles, MSH Associates. Personal communication, 1986.

Capítulo 8: Fenômenos Biológicos Anômalos

1. Nisargadatta, Maharaj. *1 Am That*. Mumbai: Sudhakar S. Dikshit, 1976.
2. Hotema, Hilton. *Higher Consciousness*. Mokelumne Hill, CA: Health Research, 1962.
3. Yogananda, Paramahansa. *Autobiography of a Yogi*. Los Angeles: Self-Realization Fellowship, 1972.
4. Chia, Mantak, Winn, Michael. *Taoist Secrets of Love*. Nova York: Aurora Press, 1984.
5. Ibid.
6. Airola, Paavo. *Worldwide Secrets for Staying Young*. Phoenix, AZ: Health Plus, 1982.
7. Ibid.
8. Hotema, Hilton. *Higher Consciousness*. Mokelumne Hill, CA: Health Research, 1962.

9. Murthy, T. S. Anantha. *Maharaj.* San Rafael, CA: Dawn Horse Press, 1972.
10. Zevin, Rabbi S. Y. *A Treasury of Chassidic Tales.* Nova York: Mesorah, 1981.
11. Ibid.
12. Yogananda, Paramahansa. *Autobiography of a Yogi.* Los Angeles: Self-Realization Fellowship, 1972.
13. Ibid.
14. Ibid.
15. Ibid.
16. Ibid.
17. Ibid.
18. Burkus, J. *Terese Neumanaite.* Chicago: Suduvos Press, 1953.
19. Chia, Mantak, Winn, Michael. *Taoist Secrets of Love.* Nova York: Aurora Press, 1984.
20. Yogananda, Paramahansa. *Autobiography of a Yogi.* Los Angeles: Self-Realization Fellowship, 1972.
21. Manek, Hiran Ratan. De seu *site.*
22. Lo'ez, MeAm. *The Torah Anthology.* Nova York /Jerusalém: Maznaim, 1977.
23. Ibid.
24. Ibid.
25. Szekely, Edmond Bordeaux. *The Essenes by Josephus and His Contemporaries.* San Diego, CA: Sociedade Internacional Biogênica, 1981.
26. Murthy, T. S. Anantha. *Maharaj.* San Rafael, CA: Dawn Horse Press, 1972.
27. Ibid.
28. Airola, Paavo. *Worldwide Secrets for Staying Young.* Phoenix, AZ: Health Plus, 1982.
29. Ibid.
30. Wallace, R. K. "Effects of the TM and TM Sidhi Program on the Aging Process", *International Journal of Neuroscience,* 16(1), 1982, pp. 53-58.
31. Little, W. A. "Superconductivity at Room Temperature", *Scientific American,* 212(21), 1965.
32. Barr, Frank. "Melanin as Key Organizing Molecule", *Brain Mind Bulletin,* agosto de 1983, pp. 1-8.
33. McClare, C. W. F. "Resonance in Bioenergetics", *Annals of the New York Academy of Sciences,* 227, 1974, pp. 74-91.
34. Kervan, C.L. Abehsera, M. *Biological Transmutations.* Nova York: Swan Publishing Co., 1972
35. Yogananda, Paramahansa. *Autobiography of a Yogi.* Los Angeles: Self-Realization Fellowship, 1972.
36. Ibid.
37. *The Lost Books of the Bible and the Forgotten Books of Eden.* Nova York: World, 1972.

Capítulo 9: O Cristal Humano

1. Vogel, Marcel. Personal communication, 1986.
2. Rein, Glen. "Biological Crystals", apresentado no First International Crystal Congress, San Francisco, CA, junho de 1986.
3. Ibid.
4. Vogel, Marcel. Personal communication, 1986.
5. Basset, Andrew C. "Biophysical Principles Affecting Bone Structure", em *The Biochemistry and Physiology of Bone.* Nova York: Academic Press, 1971, pp. 1-76.

6. Basset, Andrew C. "Biological Significance of Piezoelectricity", *Calc. Tiss. Res.*, vol. l, 1968, pp. 252-272.
7. Basset, Andrew C. "Biophysical Principles Affecting Bone Structure", em *The Biochemistry and Physiology of Bone.* Nova York: Academic Press, 1971, pp.1-76.
8. Basset, Andrew C. "Biological Significance of Piezoelectricity", *Calc. Tiss Res.*, vol. l, 1968, pp. 252-272.
9. Ibid.
10. Bassett, L. S., Tzitzikalakis, G., Pawluk, R. J., e Bassett, C. A. L. "Prevention of Disuse Osteoporosis in the Rat by Means of Pulsing Electromagnetic Fields", em *Electrical Properties of Bone and Cartilage: Experimental Effects and Clinical Applications.* C. T. Brighton, J. Black, e S. R. Pollack, eds. Nova York: Grune and Stratton, 1979, pp. 605-630.
11. Bassett, C. A. L., et al. "Modification of Fracture Repair with Selected Pulsing Electromagnetic Fields", *The Journal of Bone and Joint Surgery,* vol. 64-A, no.6, julho de 1982, pp. 888-895.
12. Basset, Andrew C. "Biophysical Principles Affecting Bone Structure", em *The Biochemistry and Physiology of Bone.* Nova York: Academic Press, 1971, pp. 1-76.
13. Bassett, C. A. L. "Pulsing Electromagnetic Fields: A New Approach for Surgical Problems", em *Metabolic Surgery.* Henry Buchward, Richard L. Varcho, eds. Nova York: Grune and Stratton, 1978, pp. 255-306.
14. McClare, C. W. E. "Resonance in Bioenergetics", *Annals of the NY Academy of Sciences,* 227, 1974, pp. 74-91.
15. Johnson, J. E. e Porter, R. S., eds. *Liquid Crystals and Ordered Fluids.* Nova York: Plenum Press, 1970.
16. Miksell, Norman. "Structured Water: Its Healing Effects on the Diseased State", San Jose, CA: PRI, 1985, pp. 1-10.
17. Rapp, P. R. "An Atlas of Cellular Oscillators", *Journal Exp. Biol,* vol. 81, 1979, pp. 281-306.
18. Gurudas. *Gem Elixirs and Vibrational Healing,* vol. 1. Boulder, CO: Cassandra Press, 1985.

Capítulo 10: Assimilação Bioenergética

1. Steiner, Rudolf. *Agriculture: A Course of Eight Lectures.* Londres: Biodynamic Agricultural Association, 1977.
2. Vogel, Marcel. Personal communication, 1986.
3. Schmidt, Gerhard. *The Dynamics of Nutrition.* Providence, RI: Bio-Dynamic Literature, 1980.
4. Ibid.
5. Nisargadatta, Maharaj. *1 Am That.* Bombay: Sudhakar S. Dikshit, 1976.
6. Rein, Glen. "Biological Crystals", apresentado no First International Crystal Conference, San Francisco, CA, 1986.
7. Gurudas. *Gem Elixirs and Vibrational Healing,* vol. 1. Boulder, CO: Cassandra Press, 1985.
8. Basset, Andrew C. "Biophysical Principles Affecting Bone Structure", em *The Biochemistry and Physiology of Bone.* Nova York: Academic Press, 1971, pp. 1-76.
9. Basset, Andrew. "Biological Significance of Piezoelectricity", *Calc. Tiss. Res.,*vol. l, 1968, pp. 252-272.
10. Basset, Andrew C. "Biophysical Principles Affecting Bone Structure", em *The Biochemistry and Physiology of Bone.* Nova York: Academic Press, 1971, pp. 1-76.
11. Lipton, Bruce. "Liquid Crystal Consciousness: The Cellular Basis of Life", apresentado no First International Crystal Conference, San Francisco, CA, 1986.
12. Marshal, Robert. Personal communication. 2004.

Capítulo 11: A Química do Estresse e a Alquimia da Meditação

1. Hawkins, David, Pauling, Linus. *Orthomolecular Psychiatry – Treatment of Schizophrenia.* San Francisco: W. H. Freeman and Company, 1973.
2. Levine, Steve, Kidd, Paris. *Antioxidant Adaption: Its Role in Free Radical Pathology.* San Francisco: Biocurrents Press, 1985.
3. Ibid.
4. Ibid.
5. Ibid.
6. Ibid.
7. Ibid.
8. "Science, Consciousness and Aging", *Proceedings of the International Conference,* Alemanha: MERU, 1980, pp. 6-80.
9. Ibid.
10. Ibid.
11. Murthy, T. S. Anantha. *Maharaj.* San Rafael, CA: Dawn Horse Press, 1972.
12. Tsu, Lao. *Tao Te Ching.* Traduzida por Gia-Fu Feng e Jane English, Nova York: Vintage Books, 1972.
13. Hubbard, Barbara Marx. *Manual for Co-Creators of the Quantum Leap.* Gainesville, FL: New Visions, 1984.
14. Szekely, Edmond Bordeaux. *The Essenes by Josephus and His Contemporaries.* San Diego, CA: Sociedade Biogênica Internacional, 1981.
15. Hertz, O. R., Joseph, H. *Pirke Aboth.* New York: Benjamin House, Inc. 16. Kirschner, H. E. *Nature's Seven Doctors.* Riverside, CA: H. C. White Publications, 1972.
17. Ibid.
18. Ibid.
19. Ibid.
20. Singh, Renu La!. *Right Life: Teachings of the Shivapuri Baba.* Inglaterra: Coombe Springs Press, 1984.

Capítulo 12: Nutrição, Kundalini e Transcendência

1. Newbrough, John Ballou. *Oahspe.* Montrose, CO: Essenes of Kosmon, 1935.
2. Ibid.
3. Ibid.
4. Da Free, John. *The Dawn Horse Testament.* San Rafael, CA: Dawn Horse Press, 1985.

Parte II: O Paradigma da Nutrição Espiritual

Capítulo 13: A Necessidade de um Novo Paradigma Nutricional

1. Kervan, C. L. e Abehsera, M. *Biological Transmutations.* New York: Swan House Publishing Co., 1972.
2. Ibid.

3. Ott, Tru. Personal communication, 2004.
4. Kervan, C. L., Abehsera, M. *Biological Transmutations.* Nova York: Swan House Publishing Co., 1972.
5. Ibid.
6. Ibid.
7. Szent-Gyorgyi, Albert *Introduction to Submolecular Biology.* Londres: Academic Press, 1960.
8. Kervan C. L., Abehsera, M. *Biological Transmutations.* Nova York: Swan House Publishing Co., 1972.
9. Williams, Roger. *Biochemical Individuality.* Nova York: McGraw-Hill, 1998.
10. Kervan, C. L., Abehsera, M. *Biological Transmutations.* Nova York: Swan House Publishing Co., 1972.
11. Brewer, Richard e Hahn, Erwin. *Scientific American,* vol. 251, dezembro. 1984, pp. 50-57.
12. Kervan, C. L. e Abehsera, M. *Biological Transmutations.* Nova York: Swan House Publishing Co., 1972.

Capítulo 15: Nutrientes: Os Muitos e o Um

1. *The Lost Books of the Bible and the Forgotten Books of Eden.* Nova York: World, 1972.
2. Wurtman, Richard J. "The Effects of Light on the Human Body", *Scientific American,* vol. 233, no. 1, julho 1975, pp. 68-77.
3. Brody, Jane E. "Surprising Health Impact Discovered for Light", em *Science Times. The New York Times,* 13 de novembro de 1984.
4. Ibid.
5. Ibid.
6. Instituto Americano de Saúde Mental. *Biological Rhythms in Psychiatry and Medicine.*
7. Ibid.
8. Downing, John. Personal communication, 1986.
9. Wurtman, Richard J. "The Effects of Light on the Human Body", *Scientific American,* vol. 233, no.1, julho de 1975, pp. 68-77.
10. Instituto Americano de Saúde Mental. *Biological Rhythms in Psychiatry and Medicine,* pp. 120-132.
11. "Melanin as Key Organizing Molecule", *Brain Mind Bulletin,* vol. 8, no.12/13, julho/agosto de 1983, pp. 1-8.
12. Ibid.
13. Levine, Steven. "Oxygen, Bioelectricity and Life", *American Chiropractor,* julho de 1986, pp. 1-8.
14. Levine, Steven. "Oxygen Immunity, Cancer, and Candida", apresentado na Sociedade Americana de Medicina Ambiental. Clearwater, FL: outubro de 1986, pp. 1-10.
15. Babior, B. M. "The Role of Active Oxygen in Microbial Killing by Phagocytes" em *Pathology of Oxygen,* A. P. Antoe, ed. Nova York: Academic Press, 1982.
16. Levine, Steve e Kidd, Paris. *Antioxidant Adaption; Its Role in Free Radical Pathology.* San Francisco: Biocurrents Press, 1985.
17. Ibid.
18. Heritage, Ford. *Composition and Facts About Food.* Mokelumne Hill, CA: Health Research, 1968.
19. Kamen, Betty, "Vitamin O: The Oxygen Nutrient", *Let's Live,* vol. 54, no.7, jullho de 1986, pp. 1-8.
20. Kazuhiko, Asai. *Miracle Cure, Organic Germanium.* Japão: Japan Publications, Inc., 1980.
21. Ibid.
22. Chia, Mantak e Winn, Michael. *Taoist Secrets of Love.* Nova York: Aurora Press, 1984.

23. Kornfield, Jack. "The Sex Lives of Gurus", *The Yoga Journal*, vol. 63, julho/agosto de 1985, pp. 26, 27, 28 e 66.
24. *The Teachings of Bhagavan Sri Ramana Maharshi in His Own Words*. Arthur Osborne, ed. Madras, Índia: T. N. Venkataraman, 4ª ed., 1977.
25. Dubrov, A. P. *The Geomagnetic Field and Life*. Nova York: Plenum Press, 1978.

Capítulo 16: Alimento para uma Mente Silenciosa

1. Maharshi, Ramana. *Be As You Are*. Nova York: Penguin Books, 1985.
2. Ibid.
3. Schochet, Jacob Immanuel. *Tzava'at Harivash*. Brooklyn, NY: Kehot Publication Society, 1998.
4. Maimônides, Moisés. *Hilchos De'os* 3.3
5. Ibid.
6. *Health, United States*. Hayattsville, MD: Departamento de Saúde e Serviços Sociais Americano, 2003.
7. Hawkins, David and Pauling, Linus. *Orthmolecular Psychiatry*. San Francisco: W. H. Freeman and Company, 1973.
8. Ibid.
9. Pfeiffer, Carl C. *Mental and Elemental Nutrients*. New Canaan, CT: Keats Publishing, Inc., 1975.
10. Ibid.
11. *Diet Related to Killer Diseases, V.* Audiência perante o comitê de seleção em nutrição humana do senado americano, U.S.: 22 de junho de 1977.
12. Mandell, Marshall, Scanlon, Lynne Waller. *5-Day Allergy Relief System*. Nova York: Pocket Books, 1979.
13. Ibid.
14. Airola, Paavo. *Hypoglycemia: A Better Approach*. Phoenix, AZ: Health Plus, 1977.
15. Schmidt, Gerhard. *The Dynamics of Nutrition*. Providence, RI: Bio-Dynamic Literature, 1980.
16. Ibid.
17. Implicações da obesidade para a saúde, NIH Consens Statement Online. 11-13 de fevereiro de 1985 (9):1-7.

Capítulo 17: Veganismo é a Chave

1. Hua, Hsuan, Tradutor. *Shurangama Sutra*. Burlingame, CA: Buddhist Text Translation Society, 1ª ed., 2003.
2. Cousens, Gabriel. *Conscious Eating*. Berkeley, CA: North Atlantic Books, 2000.
3. Yukteswar, Sri. *Holy Science*. Los Angeles: Self Realization Fellowship Publishers, 7ª ed., 1990.
4. Altman, Nathaniel. *Ahimsa*. Wheaton, IL: Theosophical Publishing House, 1981.
5. Mykoff, Moshe (tradutor) e Chaim, Kramer. *Likutei Moharan*. Breslov Research Institute, Jerusalém, 1997, vol. 5.
6. Cousens, Gabriel. *Conscious Eating*. Berkeley, CA: North Atlantic Books, 2000.
7. Ibid.
8. Ibid.
9. Ibid.
10. Ibid.
11. Ibid.
12. Ibid.

13. Ibid.
14. Ibid.
15. Kulvinskas, Viktoras. *Survival into the 21st Century.* Woodstock Valley, CT/Fairfield, IA: 21st Century Publications, 1975.
16. Cott, Allan. *Fasting: The Ultimate Diet.* Toronto, Nova York, Londres, Sydney: Bantam Books, 1981.
17. Scharffenberg, John A. *Problems with Meat.* Santa Barbara, CA: Woodbridge Press, 1979.
18. Ibid.
19. Ibid.
20. Airola, Paavo. *Are You Confused?* Phoenix, AZ: Health Plus, Publishers, 1974.
21. Ibid.
22. Cousens, Gabriel. *Conscious Eating.* Berkeley, CA: North Atlantic Books, 2000.
23. Weissberg, Steven M., Christiano, Joseph, A.P.P.T. *The Answer Is in Your Blood Type.* Lake Mary, FL: Personal Nutrition USA, Inc., 1999.
24. Powers, Laura, Personal communication, 2000.
25. Barnard, Neal. *The Power of Your Plate.* Summertown, TN: Book Publishing Company, 1990.
26. "Eating According to Your Blood Type: A Bloody Bad Idea", *Tufts University Health and Nutrition Letter,* agosto de 1997.
27. Schmidt, Gerhard. *The Dynamics of Nutrition.* Providence, RI: Bio-Dynamic Literature, 1980.
28. Swank, Roy, Pullen, Mary-Helen. *The Multiple Sclerosis Diet Book.* Nova York: Doubleday and Company, Inc., 1977.
29. Schmidt, Gerhard. *The Dynamics of Nutrition.* Providence, RI: Bio-Dynamic Literature, 1980.
30. Ibid.

Capítulo 18: Alimentação Rica Versus Alimentação Pobre em Proteína

1. Airola, Paavo. *Are You Confused?* Phoenix, AZ: Health Plus, Publishers, 1974.
2. Ibid.
3. Ibid.
4. Ibid.
5. Kulvinskas, Viktoras. *Survival into the 21st Century.* Woodstock Valley, CT/Fairfield, IA: 21st Century Publications, 1975.
6. Airola, Paavo. *How to Get Well.* Phoenix, AZ: Health Plus, Publishers, 1974.
7. Ibid.
8. Ibid.
9. Wendt, L., Wendt, T., Wendt, A. "Protein Transport and Protein Storage in Etiology and Pathogenesis of Arteriosclerosis", *Ernahrungswiss.* Dietrich Steinkopff Verlag, 1975, pp. 1-38.
10. Levine, Stev, Kidd, Paris. *Antioxidant Adaption: Its Role in Free Radical Pathology.* San Francisco: Biocurrents Press, 1985.
11. Airola, Paavo. *Are You Confused?* Phoenix, AZ: Health Plus, Publishers, 1974.
12. Airola, Paavo. *How to Get Well.* Phoenix, AZ: Health Plus, Publishers, 1974.
13. Kulvinskas, Viktoras. *Survival into the 21st Century.* Woodstock Valley, CT/Fairfield, IA: 21st Century Publications, 1975.
14. Airola, Paavo. *Are You Confused?* Phoenix, AZ: Health Plus, Publishers, 1974.

Capítulo 19: Vitamina B_{12}

1. Messina, M. e Messina, V. *The Dietician's Guide to Vegetarian Diets.* Gaithersburg, MD: Aspen Publishers, Inc., 1996.
2. Donaldson, M. S. "Metabolic Vitamin B-12 Status on a Mostly Raw Vegan Diet with Follow-Up Using Tablets, Nutritional Yeast, or Probiotic Supplements", *Ann. Nutr. Metab.*, vol. 44, no. 5-6, 2000, pp. 229-34. E comunicação pessoal com o autor, 31 de janeiro de 2002.
3. Kuhne, T., Bubl, R. Baumgartner, R. "Maternal Vegan Diet Causing a Serious Infantile Neurological Disorder Due to Vitamin B_{12} Deficiency", *Eur. J. Pediatr.*, vol. 150, no. 3, jan. 1991, pp. 205-208.
4. Nelen, W. L., Blom, H. J., Steegers, E. A., denHeijer, M., and Eskes, T. K. "Hyperhomocysteinemia and Recurrent Early Pregnancy Loss: A Meta-Analysis", *Fertil. Steril.*, vol. 74, no. 6, dezembro de 2000, pp. 1196-1199.
5. Guyton, A. C. e Hall, J. E. *Textbook of Medical Physiology*, 9th ed. Philadelphia: W. B. Saunders, Co., 1996, pp. 845-847.
6. Grattan-Smith, P. J., Wilcken, B., Procopis, P. G., Wise, G. A. "The Neurological Syndrome of Infantile Cobalamin Deficiency: Developmental Regression and Involuntary Movements" *Mov. Disord.*, vol. 12, no. 1, janeiro de 1997, pp. 39-46.
7. von Schenck, U., Bender-Gotze, C., Koletzko, B. "Persistence of Neurological Damage Induced by Dietary Vitamin B-12 Deficiency in Infancy", *Arch Dis. Child.*, vol. 77, no. 2, agosto de 1997, pp. 137-139.
8. Ashkenazi, S., Weitz, R., Varsano, I., Mimouni, M. "Vitamin B-12 Deficiency Due to a Strictly Vegetarian Diet in Adolescence", *Clinical Pediatrics*, vol. 26, dezembro de 1987, pp. 662-663.
9. Sanders, T. A., Purves, R. "An Anthropometric and Dietary Assessment of the Nutritional Status of Vegan Preschool Children", *J. Hum. Nutr.*, vol. 35, no. 5, outubro de 1981, pp. 349-357.
10. Hokin, B. D., Butler, T. "Cyanocobalamin (Vitamin B-12) Status in Seventh-Day Adventist Ministers in Australia", *Am. J. Clin. Nutr.*, vol. 70, no. 3 Suppl, setembro de 1999, pp. 576S-578S.
11. Areekul, S., Pattanamatum, S., Cheeramakara, C., Churdchue, K., Nitayapabskoon, S., Chongsanguan, M. "The Source and Content of Vitamin B-12 in the Tempehs", *J. Med. Assoc. Thai*, vol. 73, no. 3, março de 1990, pp. 152-156.
12. Bar-Sella, P., Rakover, Y., Ratner, D. "Vitamin B_{12} and Folate Levels in Long-Term Vegans. *Isr. J. Med. Sci.*, vol. 26, 1990, pp. 309-312.
13. Tungtrongchitr, R., Pongpaew, P., Prayurahong, B., Changbumrung, S., Vudhivai, N., Migasena, P., Schelp, F. P. "Vitamin B_{12}, Folic Acid and Haematological Status of 132 Thai Vegetarians", *Int. J. Vitam. Nutr. Res.*, vol. 63, no. 3, 1993, pp. 201-207.
14. Campbell, M., Lofters, W. S., Gibbs, W. N. "Rastafarianism and the Vegans Syndrome", *BMJ (Clin. Res. Ed.)*, vol. 285, no. 6355, 4 de dezembro de 1982, pp. 1617-1618.
15. Crane, M. G., Sample, C., Pathcett, S., Register, U.D. "Vitamin B_{12} Studies in Total Vegetarians (Vegans)", *Journal of Nutritional Medicine*, vol. 4, 1994, pp. 419-430.
16. Crane, M. G., Register, U. D., Lukens, R. H., Gregory, R. "Cobalamin (CBL) Studies on Two Total Vegetarian (Vegan) Families", *Vegetarian Nutrition*, vol. 2, no. 3, 1998, pp. 87-92.
17. Haddad, E. H., Berk, L. S., Kettering, J. D., Hubbard, R. W., Peters, W. R. "Dietary Intake and Biochemical, Hematologic, and Immune Status of Vegans Compared with Nonvegetarians", *Am. J. Clin. Nutr.*, vol. 70 (suppl), 1999, pp. 586S-593S.
18. Woo, J., Kwok, T., Ho, S. C., Sham, A., Lau, E. "Nutritional Status of Elderly Chinese Vegetarians", *Age Ageing*, vol. 27, no. 4, julho de 1998, pp. 455-461.

19. Dong, A., Scott, S. C. "Serum Vitamin B_{12} and Blood Cell Values in Vegetarians", *Ann. Nutr. Metab.*, vol. 26, no. 4, 1982, pp. 209-216.

20. Rauma, A. L., Torronen, R., Henninen, O., Mykkanaen, H. "Vitamin B-12 Status of Long-Term Adherents of a Strict Uncooked Vegan Diet ("Living Food Diet") Is Compromised", *J. Nutr.*, vol. 125, no. 10, outubro de 1995, pp. 2511-2515.

21. Donaldson, M. S. Op. cit.

22. Bernstein, L. "Dementia Without a Cause", *Discover,* fevereiro de 2003, p. 31.

23. Lovblad, K., Ramelli, G., Remonda, L., Nirkko, A. C., Ozdoba, C., Schroth, G. "Retardation of Myelination Due to Dietary B_{12} Deficiency: Cranial MRI Findings", *Pediatr. Radiol.*, vol. 27, no. 2, fevereiro de 1997, pp. 155-158.

24. Von Schenck,U., Bender-Gotze,C., Koletzko, B. "Persistance of Neurological Damage Induced by Dietary Vitamin B-12 Deficiency in Infancy." *Arch.Dis.Child,* vol. 77, no.2: agosto de 1997, pp. 137-139.

25. Goraya, J. "Letter About Persistence of Neurological Damage Induced by Dietary Vitamin B_{12} Deficiency", *Arch. Dis. Child.*, vol. 78, no. 4, 1998, pp. 398-399.

26. Specker, B. L., Miller, D., Norman, E. J., Greene, H., Hayes, K. C. "Increased Urinary Methylmalonic Acid Excretion in Breast-Fed Infants of Vegetarian Mothers and Identification of An Acceptable Dietary Source of Vitamin B-12", *Am. J. Clin. Nutr.*, vol. 47, no. 1, janeiro de 1988, pp. 89-92.

27. Kuhne, et al. Op cit.

28. Drogari, E., Liakopoulou-Tsitsipi, T., Xypolyta-Zachariadi, A., Papadellis, F., Kattamis, C. "Transient Methylmalonic Aciduria in Four Breast Fed Neonates of Strict Vegetarian Mothers in Greece", *Journal of Inherited Metabolic Disease,* vol. 19S, 1996, Abstract, p. A84.

29. Lovblad, et al. Op cit.

30. Davis, J. R., Goldenring, J., Lubin, B. "Nutritional Vitamin B_{12} Deficiency in Infants", *Am. J. Dis. Child.*, vol. 135, junho de 1981, pp. 566-567.

31. Lovblad, et. al. Op. cit.

32. Sanders, T. A. "Vegetarian Diets and Children", *Pediatr. Clin. North Am.*, vol. 42, no. 4, agosto de 1995, pp. 955-965.

33. Sanders e Purves. Op. cit.

34. Fulton, J. R., Hutton, C. W., Stitt, K. R. "Preschool Vegetarian Children. Dietary and Anthropometric Data", *J. Am. Diet. Assoc.*, vol. 76, no. 4, abril de 1980, pp. 360-365.

35. Crane, et al., 1994. Op. cit.

36. Ibid.

37. Dong e Scott. Op. cit.

38. Rauma, et al. Op. cit. Ver também Donaldson, M. S. Op. cit.

39. Hokin e Butler. Op. cit.

40. Areekul, S., Churdchu, K., Pungpapong, V. "Serum Folate, Vitamin B_{12} and Vitamin B_{12} Binding Protein in Vegetarians", *J. Med. Assoc. Thai.*, vol. 71, no. 5, maio de 1988, pp. 253-257.

41. Bar-Sella, et al. Op. cit.

42. Tungtrongchitr, et al. Op. cit.

43. Crane, et al., 1994. Op. cit.

44. Woo, et al. Op. cit.

45. Harman, S. K., Parnell, W. R. "The Nutritional Health of New Zealand Vegetarian and Non-Vegetarian Seventh-Day Adventists: Selected Vitamin, Mineral and Lipid Levels", *NZ Med. J.*, vol. 111, no. 1062, 27 de março de 1998, pp. 91-94.

46. Alexander, D., Ball, M. J., Mann, J. "Nutrient Intake and Haematological Status of Vegetarians and Age-Sex Matched Omnivores", *European Journal of Clinical Nutrition,* vol. 48, 1994, pp. 538-546.
47. Brants, H. A., Lowik, M. R., Westenbrink, S., Hulshof, K. F., Kistemaker, C. "Adequacy of a Vegetarian Diet At Old Age (Dutch Nutrition Survellance System)", *J. Am. Coll. Nutr.,* vol. 9, no. 4, agosto de 1990, pp. 292-302.
48. Campbell, et al. Op. cit.
49. Herbert, V. "Vitamin B-12: Plant Sources, Requirements, and Assay", *Am. J. Clin. Nutr.,* vol. 48, 1988, pp. 852-858.
50. Areekul, et al., 1990. Op. cit.
51. van den Berg, H., Dagnelie, P. C., van Stveren, W. A. "Vitamin B-12 and Seaweed", *Lancet,* 30 de janeiro de 1988.
52. Specker, et al. Op. cit.
53. Van den Berg, et al. Op. cit.
54. Areekul, et al., 1990. Op. cit.
55. Herbert, V. " Vitamin B_{12}: plant sources requirements in assay." *Am. J. Clin. Nutr.* 1988; 48: 852-8.
56. Mozafar, A. "Enrichment of Some B Vitamins in Plants with Application of Organic Fertilizers", *Plant & Soil,* vol. 167, 1994, pp. 305-311.
57. Areekul, et al., 1988. Op. cit.
58. Hathcock, J, N., Troendle, G.J. "Oral Colbalamin for Treatment of Pernicious Anemia?" *JAMA,* 2 de janeiro de 1991 vol.; 265, no. 1, pp. 96-97.
59. Shinwell, E.D., Gorodischer, R. "Totally Vegitarian Diets and Infant Nutrition", *Pediatrics,* vol. 70, no. 4, outubro de 1982, pp. 582-586.

Capítulo 20: A Luz dos Alimentos Vivos

1. Howell, Edward. *Food Enzymes for Health and Longevity.* Woodstock Valley, CT: Omangod Press, 1946.
2. Wigmore, Ann. *The Hippocrates Diet.* Wayne, NJ: Avery Publishing Group Inc., 1984.
3. Howell, Edward. Op. cit.
4. Ibid.
5. Ibid.
6. Schroeder, Henry A. *The Trace Elements and Man: Some Positive and Negative Aspects.* Boulder, CO: Shambala Publications, 1974.
7. Howell, Edward. Op. cit.
8. Ibid.
9. Ibid.
10. *Journal of Medical Hypothesis,* vol. 51, 1998, pp. 179-221.
11. Pottenger, E. M. "The Effect of Heat Processed Foods and Metabolized Vitamin D Milk on the Dento-Facial Structure of Experimental Animals", *American J. Orthodontics and Oral Surgery,* agosto de 1946, pp. 467-485.
12. Cousens, Gabriel. *Rainbow Green Live-Food Cuisine.* Berkeley, CA: North Atlantic Books, 2003, p. 117.
13. Popp, F.A. "Biophoton Emission: New Evidence for Coherence in DNA." *Cell Biophysics,* março de 1984, vol. 6: 32-52.
14. Kulvinskas, Viktoras. *Survival into the 21st Century.* Woodstock Valley, CT/Fairfield, IA: 21st Century Publications, 1975.

15. Ibid.
16. Airola, Paavo. *Are You Confused?* Phoenix, AZ: Health Plus, Publishers, 1974.
17. Szekely, Edmond Bordeaux. *The Essene Gospel of Peace, Book One.* San Diego, CA: Sociedade Biogênica Internacional, 1981.
18. Howell, Edward. Op. cit.
19. Kouchakoff, Paul. "The Influence of Cooking Food on the Blood Formula of Man", *Proceedings: First International Congress of Micro Biology,* Paris: 1930.
20. Kulvinskas, Viktoras. Op. cit.
21. McCluskey, C. "The Little-Finger Test", *The Lancet,* 29 de dezembro de 1973, p. 1503.
22. Szekely, Edmond Bordeaux. *The Chemistry of Youth.* San Diego, CA: Sociedade Biogênica Internacional, 1977.
23. Szekely, Edmond Bordeaux. *The Essenes by Josephus and His Contemporaries.* San Diego, CA: Sociedade Biogênica Internacional, 1981.
24. Szekely, Edmond Bordeaux. 1977. Op. cit.
25. Szekely, Edmond Bordeaux. *The Essene Way Biogenic Living.* San Diego, CA: Sociedade Biogênica Internacional, 1978.
26. Howell, Edward. Op. cit.
27. Ibid.
28. Wigmore, Ann. Op. cit.
29. Szekely, Edmond Bordeaux. 1977. Op. cit.
30. Ibid.
31. Szekely, Edmond Bordeaux. *The Chemistry of Youth.* San Diego, CA: Sociedade Biogênica Internacional, 1977.
32. Cousens, Gabriel. *Rainbow Green Live-Food Cuisine.* Berkeley, CA: North Atlantic Books, 2003, p. 117.
33. Ibid.
34. Airola, Paavo. *How to Get Well.* Phoenix, AZ: Health Plus, Publishers, 1974.
35. Kulvinskas, Viktoras. Op. cit.

Capítulo 21:
Alimentando os Nossos Genes: a Chave para Entender a Alimentação Viva

1. Lindquist, S. The Heat-Shock response. *Ann Rev Biochem* 55: 1151-1191, 1986.
2. Lindquist, S., Craig, E.A. The heat shock protines. *Annu Rev Genet* 22: 631-677, 1988.
3. Morimoto, R.I., Jurivich, D.A., Kroeger, P.E., Matheur, S.K., Murphy, S.P., Nakai, A., Sarge, K., Abravaya, K., Sistonen, L. The regulation of heat shock gene expression by a family of heat shock factors. In: *The Biology of Heat Shock Proteins and Molecular Chaperones.* Morimoto, A.I., Tissieres, A., Georgopoulos, C. eds. Cold Spring Harbor, NY: Cold Spring Harbor Laboratory Press, 1994.
4. Lindquist (1986), Lindquist e Craig (1998), e Morimoto (1994). Op. cit.
5. Green, S., Wahli, W. Peroxisome proliferators activated receptors: finding the orphan a home. *Mol Cell Endocrinol* 100: 149-153, 1994.
6. Keller, H., Wahli, W. Peroxisome proliferators-activated receptors: A link between endocrinology and nutrition? *Trends Endocrinol Metab* 4: 291-296, 1993.
7. Green (1994) e Keller (1993). Op. cit.
8. Cotton, V.C., Wilkinson, G. *Advanced Inorganic Chemistry, A Comprehensive Text.* Nova York: John Wiley and Sons, 1980.

9. Lippard, S.J., Bioinorganic chemistry: a maturing frontier. *Science* 261: 699-700, 1993.

10. Vallee, B.L., Auld, D.S. Zinc coordination, function, and structure of zink enzymes and other protines. *Biochemistry* 29: 5647-5659, 1990.

11. Vallee, B.L., Faluchuk, K.H. The biochemical basis of zink physiology. *Physiol Rev* 73: 79-118, 1993.

12. Searle, P.F., et al. Regulation, linkage and sequence of mouse metallothionein I and II genes. *Mol Cell Biol* 4: 1221-1230 (1984).

13. Baeuerle, P.A., editor. *Inducible Gene Expression,* Volume 1, Boston, MA: Birkhauser Boston, 1995.

14. Towle, H.C., Kaytor, E.N. Regulation of gene expression of lipogenic genes by carbohydrate, *Ann. Rev. Nutr.,* 17, 405, 1997.

15. Ibid.

16. Girard, J., Ferre, P., Foufelle, F., Mechanisms by which carbohydrates regulate expression of genes for glycolic and lipogenic enzymes, *Ann. Rev. Nutr.,* 19, 63, 1999.

17. Oskouian, B., Rangan, V.S., Smith, S., Transcriptional regulation of the rat fatty acid synthase gene: identification and functional analysis of positive and negative effectors of basal transcription, *Biochem. J.,* 317, 257, 1996.

18. Ibid. SeeJump, D. B., Clark, S. D., Thelen, A., Liimatta, M., Ben, B., Dietary poly-unsaturated fatty acid regulation of gene transcription, *Prog. Lipid Res.,* 35, 227, 1996.

19. Mariash, C. N., Kaiser, F. E., Oppenheimer, J. H., Comparison of the response characteristics of four lipogenic enzymes to 3,5,3'-triiodothyronine administration: evidence for variable degrees of amplification of the nuclear 3.5.3'- triiodothyroine signal, *Endocrinology,* 106, 22, 1980.

20. Diamant, S., Gorin, E., Shafrir, E., Enzyme activities related to fatty acid synthesis in liver and adipose tissue of rats treated with triiodothyronine, *Eur. J. Biochem.,* 26, 553, 1972.

21. Iritani, N., Sugimoto, T., Fukuda, H., Gene expressions of leptin, insulin receptors and lipogenic enzymes are coordinately regulated by insulin and dietary fats, *J. Nutr.,* 130, 1183, 2000.

22. Yin, D., Clark, S.D., Peters, J. L., Etherton, T.D., Somatotropin-dependant decrease in fatty acid synthase mRNA abundance in 3T3-F442A adipocytes is the result of a decrease in both gene transcription and mRNA stability, *Biochem. J.,* 331, 815, 1998.

23. Donkin, S.S., McNall, A.D., Swencki, B. S., Peters, J. L., Etherton, T. D., The growth hormone-dependent decrease in hepatic fatty acid synthase mRNA is the result of a decrease in gene transcription, *J. Mol. Endocrinol.,* 16, 151, 1996.

24. Grobin, A.C., Matthews, D.B., Devaud, L.L., Morrow, A.L., The role of GABAA receptors in the acute and chronic effects of ethanol, *Psychopharmacol.* 139, 2, 1998.

25. Aprison, M. H., Daly, E. C., Biochemical aspects of transmission at inhibitory synapses: the role of glycine, *Adv. Neurochem.,* 3, 203, 1978.

26. Nevo, I., Hamon, M., Neurotransmitter and neuromodulatory mechanisms involved in alcohol abuse and alcoholism, *Neurochem. Int.,* 26, 305, 1995.

27. Crabbe, J. C., Phillips, T. J., Feller, D. J., Hen, R, Wenger, C. D., Lessov, C. N., Schafer, G. L., Evevated alcohol consumption in null mutant mice lacking 5 HT1B serotonin receptors, *Nature Genet.,* 14, 98, 1996.

28. Hill, E. M., Stoltenberg, S. F., Burmeister, M., Closser, M., Zucker, R. A., Potential associations amoung genetic markers in the serotonergic system and the antisocial alcoholism subtype, *Exp. Clinical Psychopharmacol.,* 7, 103, 1999.

29. Lappalainen, J., Long, J. C., Eggert, M., Ozaki, N., Robin, R. W., Brown, G. L., Naukkarinen, H., Virkkunen, M., Linnoila, M., Goldman, D., Linkage of antisocial alcoholism to the serotonin 5-HT1B receptor gene in 2 populations, *Arch. Gen. Psychiatr.*, 55, 989, 1988.

30. Druse, M. J., Kuo, A., Tajuddin, N., Effects of in Utero ethanol exposure on the developing serotonergic system, *Alcohol Clin. Exp. Res.*, 15, 678, 1991.

31. Eisenhofer, G., Szabo, G., Hoffman, P. L., Opposite changes in turnover of noradrenaline and dopamine in the CNS of ethsnol-dependent mice, *Neuropharmacology*, 29, 37, 1990.

32. Campbell, A. D., Erwin, V. G., Chronic ethanol administration downregulates neurotensin receptors in long- and short-sleep mice, *Pharmacol. Biochem, Behav.*, 45, 95, 1993.

33. Lewohol, J. M., Wang, L. Miles, M. F. Zhang, L. Dood, P. R., Harris, R. A., Gene expression in human alcoholism: microarry analysis of frontal cortex, *Alcohol Clin. Exp. Res.*, 24, 1873, 2000.

34. Ruiz-Lozano, P., Smith, S. M., Perkins, G., Kubalak, S. W., Boss, G. R., Sucov, H. M., Evans, R. M., Chien, K. R., Energy deprevation and a deficiency in downstream metabolic target genes during the onset of embryonic heart failure in RXR -/- embryos, *Development*, 125, 533, 1998.

35. Fechner, H., Schlame, M., Guthmann, F., Stevens, P.A., Rustow, B., Alpha and delta-tocopherol induced expression of hepatic alpha-tocopheroltransfer-protein mRNA, *Biochem. J.*, 15, 577, 1998.

36. Wilmut, I., Schnieke, A.E., McWhir, J., Kind, A.J., Campbell, K.H.S. "Viable Offspring Derived from Fetal and Adult Mammalian Cells", *Nature*. Vol. 385, 810-813, 1997.

37. Pauling, L., Itano, H. "Sickle Cell Anemia, a Molecular Disease", *Science*. Vol. 110, 543-647, 1949.

38. Ibid.

39. Bishop, Jerry, Waldholz, Michael. *Genome*. Lincoln, NE: iUniverse, 1999.

40. Bland, Jeffrey. *Genetic Nutritioneering*. Lincolnwood, IL: Keats, 1999.

41. Lin, H.J. "Smokers and Breast Cancer. 'Chemical Individuality' and Cancer Predisposition", *Journal of the American Medical Association*. Vol. 276, 1511-12, 1996.

42. Pyeritz, R.E. "Family History and Genetic Risk Factors. Forward to the Future", *Journal of the American Medical Association*. Vol 278, 1285-86, 1997.

43. Williams, R. *Biochemical Individuality*. Nova York: McGraw-Hill, 1998.

44. Sullivan, J. "Salt-Sensitivity: Definition, Conception, Methodology, and Long-Term Issues." *Hypertension*. Vol 17 (suppl.) 173-74, 1991.

45. Bland, Jeffrey. Op. cit.

46. Ibid.

47. Franz, M.J. "Protein: Metabolism and Effect on Blood Glucose Levels", *Diabetes Education*. Vol. 18, 1-29, 1992.

48. Block, G. "Dietary Guidelines and the Results of Food Consumption Surveys", *American Journal of Clinical Nutrition*. Vol 53, 56-57S, 1991.

49. Milner, J.A. "Garlic: Its Anticarcinogenic and Antitumorigenic Properties", *Nutrition Reviews*. Vol 54, 82-86.

50. Xu, Y.X., Pindolia, K.R., Janakiraman, N, et al. "Circumin, a Compound with Anti-Infalmmatory and Anti-Oxidant Properties, Down-Regulates Chemokine Expression in Bone Marrow Stromal Cells", *Experimantal Hematology*. Vol 25, 413-22, 1997.

51. Chan, N.M., Ho, C.T., Huang, H.I. "Effects of Three Dietary Phytochemicals from Tea, Rosemary and Turmeric on Inflammation-Induced Nitrite Production", *Cancer Letters*. Vol. 96, 23-29, 1995.

52. Sato, M, Miyazaki, T., Kambe, F., et al. "Quercetin, a Bioflavonoid, Inhibits the Induction of Interleukin 8 and Monocyte Chemoattractant Protein-1 Expression by Tumor Necrosis Factor-*a* in Cultured Human Synovial Cells", *Journal of Rheumatology.* Vol 24, 1680-84, 1997.
53. Ibid.
54. Ambrosone, C.B., Freudenheim, J.L. Graham, S., et al. "Cigarette Smoking, N-Acetyltransferase 2 Genetic polymorphisms, and Breast Cancer Risk", *Journal of the American Medical Association.* Vol. 276, no. 18, 1494-1501, 1996.
55. Ryberg, D., Skaug, V, Hewer, A., et al. "Genotypes of Glutathione Transferase M1 and P1 and Their Significance for Lung DNA Adduct Levels and Cancer Risk", *Carcinogenesis.* Voll. 18, no. 7, 1285-89, 1997.
56. Quick, A.J. "The Conjugation of Benzoic Acid in Man", *Journal of Biological Chemistry.* Vol. 92, 65-85, 1931.
57. Nijhoff, W.A., Grubben, J.A., Nagengast, F.M., et al. "Effects of Consumption of Brussels Sprouts on Intestinal and Lymphocytic Glutathione S-transferase in Humans", *Carcinogenesis.* Vol. 16, no. 9, 2125-28, 1995.
58. Finch, C. "Genetics of Aging", *Science.* Vol. 278, 407, 1997.
59. Mitchell, Terri. "Resveratrol: Cutting-Edge Technology Available Today." *Life Extension Magazine.* dezembro de 2003.
60. Ibid.
61. Richter, C., Park, J.W., Ames, B. "Normal Oxidative Damage to Mitochondrial and Nuclear DNA is Extensive", *Proceedings of the National Academy of Sciences.* Vol. 85, 6465-67, 1988.
62. Suzuki, Y.J., Forman, H.J., Sevanian, A. "Oxidants as Stimulators of Signal Transduction", *Free Radical Biology and Medicine.* Vol. 22, 269-85, 1997.
63. Palmer, H.J., Paulson, K.E. "Reactive Oxygen Species and Antioxidents in Signal Transduction and Gene Expression", *Nutrition Reviews.* Vol. 55, 353-61, 1997.
64. Beal, M.F. "Aging, Energy, and Oxidative Stress in Neurodegenerative Disease", *Annals of Neurology.* Vol. 38, 357-66, 1995.
65. Kamat J.P., Davasagayam, T.P. "Tocotrienols from Palm Oil as Potent Inhibitors of Lipid Peroxidation and Protein Oxidation in Rat Brain Mitochondria", *Neuroscience Letters.* Vol. 195, 179-82, 1995.

Capítulo 22: Coma Pouco!

1. Hoffman, Edward. "The Father of Holistic Healing", *East West Journal,* abril de 1986, pp. 26-29.
2. Airo1a, Paavo. *How to Get WeII.* Phoenix, AZ: Health Plus, Publishers, 1974.
3. Szekely, Edmond Bordeaux. *The Essene Gospel of Peace, Book One.* San Diego, CA: International Biogenic Society, 1981.
4. Kramer, Penny. "Health and Longevity: What Centenarians Can Teach Us", *Yoga Journal.* Berkeley, CA: Goodfellow Publishers, setembro / outubro 1983, pp. 26-30.
5. Cornaro, Luigi. *Discourses on the Sober Life.* Mokelumne Hill, CA: Health Research, 1942.
6. Szekely, Edmond Bordeaux. *Essene Science of Fasting and the Art of Sobriety.* San Diego, CA: Sociedade Biogênica Internacional, 1981.
7. Cousens, Gabriel. *Rainbow Green Live-Food Cuisine.* Berkeley, CA: North Atlantic Books, 2003.
8. Ku1vinskas, Viktoras. *Survival into the 21st Century.* Woodstock Valley, CT / Fairfield, IA: 21st Century Publications, 1975.
9. Howell, Edward. *Food Enzymes for Health and Longevity.* Woodstock Valley, CT: Omangod Press, 1946.

10. *Life Extention Magazine*, novembro 1999.

11. Fahy, Gregorym, and Kent, Saul. Reversing Aging Rapidly with Short-Term Calorie restriction. *Life Extention*. maio de 2001.

12. Berger, Stuart. *Forever Young*. Nova York: HarperCollins, 1989.

Capítulo 23: Jejum Espiritual

1. Cott, Allan. *Fasting: The Ultimate Diet*. Toronto, Nova York, Londres, Sydney: Bantam Books, 1981.

2. Ibid.

3. Szekely, Edmond Bordeaux, tradutor. *The Essenes by Josephus and His Contemporaries*. San Diego, CA: Sociedade Biogênica Internacional, 1981.

4. *Essene Science of Fasting*. Gravado por Kevin Ryerson. Áudio.

5. Szekely, Edmond Bordeaux. *The Essene Gospel of Peace, Book One*. San Diego, CA: Sociedade Biogênica Internacional, 1981.

6. Kaplan, Arye. *Gems of Rabbi Nachman*. Jerusalém: Chaim Kramer, 1980.

7. *Mathew the Poor—The Communion of Love*. Foreword by Henri J. M. Nouwen, Crestwood, Nova York: St. Vladimir's Seminary Press, 1984.

8. Airola, Paavo. *How to Keep Slim, Healthy and Young with Juice Fasting*. Phoenix, AZ: Health Plus, 1974.

9. Ibid.

10. Ibid.

11. Ibid.

12. Gurudas. *Gem Elixirs and Vibrational Healing*, Vol. 1. Boulder, CO: Cassandra Press, 1985.

13. Gurudas. *Gem Elixirs and Vibrational Healing*, Vol. II. Boulder, CO: Cassandra Press, 1986.

14. Gurudas. *Flower Essences and Vibrational Healing*. Albuquerque, NM: Brotherhood of Life, 1983.

15. *Essene Science of Fasting*. Op. cit.

Capítulo 24: O Sistema Aiurvédico Tridosha

1. Thakkur, Chandrashekhar G. *Introduction to Ayurveda*. San Francisco, CA: Red Wheel/Weiser, 1974.

2. Ibid.

3. Haas, Elson M. *Staying Healthy with the Seasons*. Millbrae, CA: Celestial Arts, 1981.

4. Lad, Vasant. *Ayurveda: The Science of Self-Healing*. Santa Fe, NM: Lotus Press, 1984.

5. Ballentine, Rudolph. *Diet and Nutrition*. Honesdale, PA: The Himalayan Intl. Institute, 1982.

Capítulo 25: Revelações Aiurvédicas da Alimentação Viva

1. Frawley, David. *Yoga and Ayurveda*. Twin Lakes, WI: Lotus Press, 1999.

2. Drapeau, Christian. Personal communication. 2004.

3. Airola, Paavo. *Worldwide Secrets for Staying Young*. Phoenix, AZ: Health Plus Publishers, 1982.

4. Maas, James B. *Power Sleep*. New York, NY: Perennial Currents, 1999.

5. Glenmullen, Joseph. *Prozac Backlash*. Nova York: Simon & Schuster, 2000.

6. Ibid.

7. Ibid.

8. "Primary Pulmonary Hypertension from Fenfluramine and Dexfenfluramine: A Systemic review of Evidence", *Journal of the American Medical Association* 278 (1997): 666-72.

9. Westphalen, R. I. e Dodd, P. R. "The Regeneration of d,l-Fenfluramine-Destroyed Serotonergic Nerve Terminals", *European Journal of Pharmacology* 238 (1993): 399-402.
10. McCann, U. D. Op. cit.
11. Fischer, C., Hatzidimitriou, G., Wlos, J., Katz, J., Ricaurte, G. "Reorganization of Ascending 5-HT Axon Projections in Animals Previously Exposed to the Recreational Drug (3), 4-Methylenedioxymethamphetamine (MDMA, 'Ecstacy')", *Journal of Neuroscience* 15 (1995): 5476-85.
12. Ibid. Wrona, M. Z., Yang, Z., Zhang, F., Dryhurst, G. "Potentail New Insights into the Molecular Mechanisms of Methamphetamine-Induced Neurodegeneration", *National Institute on Drug Abuse Research Monograph Series* 173 (1997): 146-74.
13. Grob, Charles, Metzner, Ralph. Personal communication. 2004.
14. Frawley, David. Op. cit.
15. Ibid.
16. Cousens, Gabriel, *Conscious Eating.* Berkeley, CA: North Atlantic Books, 2000.
17. Ibid.
18. Ibid.
19. Airola, Paavo. *Are You Confused?* Phoenix, AZ: Health Plus Publishers, 1971.
20. Anandamurti, Shrii Shrii. *Beyond the Superconscious Mind.* Calcutta: Ananda Marga, 1987.
21. Ibid.

Capítulo 26: A dieta do Arco-Íris

1. Hunt, Roland. *The Seven Keys to Colour Healing.* Rochester, KY: C.W. Daniel Company Ltd., 1971.
2. Babbitt, Edwin. *The Principles of Light and Color.* Whitefish, MT: Kessinger Publishing, 1942.
3. Ott, John. *Health and Light.* Columbus, OH: Ariel Press, 2000.

Capítulo 27: Alimentação com Baixo Índice Glicêmico

1. Airola, Paavo. Personal communication. 1976.
2. Airola, Paavo. *Hypoglycemia: A Better Approach.* Phoenix, AZ: Health Plus, 1977.
3. Williams, Roger. *Biochemical Individuality.* New York: McGraw-Hill, 1998.
4. Buckley, Robert E. "Hypoglycemic Symptoms and the Hypoglycemic Experience", *Psychosomatics,* vol. X, janeiro-fevereiro de 1969, pp. 7-14.
5. Airola, Paavo. Op. cit.
6. Lesser, M. *Proceedings, World Congress of Biological Psychiatry,* Buenos Aires: 1977.
7. Fariss, B. "Prevalence of Post-Glucose Load Glycosuria and Hypoglycemia in a Group of Healthy Young Men", *Diabetes,* vol. 23, 1974, pp. 181-191.
8. Airola, Paavo. Op. cit.
9. Ibid.
10. *Diet Related to Killer Diseases,* Nutrition and Mental Health, Audiência perante o comitê de seleção em nutrição humana do senado americano, 22 de junho de 1977.
11. Schauss, Alexander. *Diet, Crime and Delinquency.* Berkeley, CA: Parker House, 1980.
12. Yaryura-Tobias, J.A., Neziroglu, B. A. "Aggressive Behavior, Glucose, and Brain Dysfunction", *Diet Related to Killer Diseases,* V Nutrition and Mental Health, Audiência perante o comitê de seleção em nutrição humana do senado americano, 22 de junho de 1977, pp. 193-199.

13. Bland, Jeffrey S. *Genetic Nutritioneering.* Lincolnwood, IL: Keats, 1999, capítulo 7, nota 9.
14. Considine, R.V., Sinha, M.K., Heiman, M.L., et. Al. "Serum Immunoreactive-Leptin Concentrations in Normal-Weight and Obese Humans", *New England Journal of Medicine.* vol. 334, pp. 292-95, 1996.
15. Brown, I. "Complex Carbohydrates and Resistant Starch", *Nutrition Reviews.* vol. 54, pp. S115-19, 1996.
16. Girard, J., Gerre, P., Foufelle, F., "Mechanisms by Which Carbohydrates Regulate Expression of Genes for Glycolytic and lipogenic Enzymes", *Annual Review of Nutrition.* vol. 17, pp. 405-33, 1997.
17. Spiller, G.A., Jensen, C.D., Pattison, T.S., et al. "Effect of Protine Dose on Serum Glucose and Insulin Response to Sugars". *American Journal of Clinical Nutrition.* vol. 46, pp. 474-80, 1987.
18. Rattan, S.I. "Synthisis, Modifications, and Turnover of Protines During Aging", *Experimental Gerentology.* vol. 31, pp. 33-47, 1996.
19. Wolff, S.P., Bascal, Z.A., Hunt, J.V. " 'Autoxidative Glycosylation': Free Radicals and Glycation Theory", *Progress in Clinical Biology Research.* vol. 304, pp. 259-75, 1989.

Capítulo 28: Minerais – Frequências de Luz

1. Documento do senado americano 264, 74º congresso, 2ª sessão, 1936.
2. Ott, A. Tru. *Wellness Secrets for Life: An Owner's Manual for the Human Body.* Cedar City, UT: Cedar Mountain Publishing, 1999.
3. "Vital Signs." *Southwest Airlines Spirit.* dezembro 2003.
4. Murray, Maynard. *Sea Energy Agriculture.* Austin, TX: Acres U.S.A., 2003.
5. Jensen, Bernard. *The Chemistry of Man.* Escondido, CA: Bernard Jensen International, 1983.
6. Ott, A. Tru. Op. cit., p. 71.
7. Fischer, William L. *How to Fight Cancer & Win.* Baltimore, MD: Health Books, 2000, p. 278.
8. Ott, A. Tru. Op. cit.
9. Ibid.
10. Wolfe, David. *Eating for Beauty.* San Diego, CA: Maul Brothers Publishing, 2003.
11. Ibid.
12. Jensen, Bernard. Op. cit.
13. Wolfe, David. Op. cit.
14. Jensen, Bernard. Op. cit.
15. Opitz, Christian. *The Miracle of Krystal Salt.* Mount Shasta, CA: Krystal Web Matrix, Inc., p. 12.
16. Jacob, Stanley, Laurence, Ronald, M., Zucker, Martin. *The Miracle of MSM.* Nova York: Berkeley Publishing Group, 1999.
17. Wolfe, David. Op. cit., p. 39.
18. Jensen, Bernard. Op. cit.
19. Baeuerle, P. A., editor. *Inducible Gene Expression,* Volume 1. Boston: Birkhauser Boston, 1995, footnote by Valle & Falchuck 1993, capítulo 7.
20. Baeuerle, P. A., editor. Op. cit., footnote by Valle & Auld 1990, capítulo 7.
21. Baeuerle, P. A., editor. Op. cit., footnote by Cotton & Wilkinson 1980, capítulo 7.
22. Fischer, William L. Op. cit., p. 293.
23. Ott, A. Tru. Op. cit.
24. Ibid.
25. Fischer, William L. Op. cit.

26. Ott, A. Tru. Op. cit.
27. Ibid.
28. Ibid.
29. Ibid.
30. Zhang Z. F., Winston, Rainey, C, et al. "Boron Is Associated with Decreased Risk of Human Prostate Cancer", *FASEB J*, vol. 15, 2001, p. A1089.
31. Gallardo-Williams, M. T., Maronpot, R. R., King, PEOPLE, et al. "Effects of Boron Supplementation on the Morphology, PSA levels, and Proliferative Activity of LNCaP Tumors in Nude Mice", *Proc. Amer. Assoc. Cancer Res.*, vol. 43, 2002, p. 77.
32. Nielson, F. H. "Studies On the Relationship Between Boron and Magnesium Which Possibly Affects the Formation and Maintenance of Bones", *Magnes. Trace Elem.*, vol. 9, no. 2, 1990, pp. 61-69.
33. Nielson, F. H., Hunt, C. D., Mullen, L. M., Hunt, J. R. "Effect of Dietary Boron on Mineral, Estrogen, and Testosterone Metabolism in Postmenopausal Women", *FASEB J.*, vol. 1, no. 5, Nov. 1987, pp. 394-397.
34. Hegsted, M., Keenan, M. J., Siver, F., Wozniak, P. "Effect of Boron on Vitamin D Deficient Rats", *Biol. Trace Elem. Res.*, vol. 28, no. 3, março de 1991, pp. 243-255.
35. Ibid.
36. Hall, I. H., Rajendran, K. G., Chen, SYNTHESIS, Wong, O. T., Sood, A., Spielvogel, B. F. "Anti-Inflammatory Activity of Amine-Carboxyboranes in Rodents", *Arch. Pharm. (Weinheim)*, vol. 328, no. 1, jan.,1995 p. 39-44. Also see Rajendran, K. G., Chen, S. Y., Sood, A., Spielvogel, B. F., and Hall, I. H. "The Anti-Osteoporotic Activity of Amine-Carboxyboranes in Rodents", *Biomed. Pharmacother,* vol. 39, no. 3, 1995, pp. 131-140. Ver também Hall, I. H., Starnes, C. O., McPhail, A. T., et al. "Anti-Inflammatory Activity of Amine Cyanoboranes, Amine-Carboxyboranes, and Related Compounds", *J. Pharm. Sci.*, vol. 69, no. 9, 1980, pp. 1025-1029.
37. Newnham, R. E. "Essentiality of Boron for Healthy Bones and Joints", *Environ. Health Perspect.*, vol. 102, novembro de 1994, Suppl. 7, pp. 83-85.
38. Travers, R. L., Rennie, G. C., Newnham, R. E. "Boron and Arthritis: The Result of a Double-Blind Pilot Study", *J. Nutr. Med.*, vol. 1, 1990, pp. 127-132.
39. Penland, J. G. "The Importance of Boron Nutrition for Brain and Psychological Function", *Biol. Trace. Elem. Res.*, vol. 6691, no. 3, 1998, pp. 299-317.
40. Penland, J. G. "Dietary Boron, Brain Function, and Cognitive Performance", *Environ. Health Perspect.*, vol. 102, 1994, Suppl. 7, pp. 65-72.
41. Pinto, J., Huang, Y. P., McConnell, R. J., Rivlin, R. S. "Increased Urinary Riboflaven Excretion Resulting from Boric Acid Ingestion", *J. Lab. Clin. Med.*, vol. 92, no. 1, julho de 1978, pp. 126-134.
42. Jensen, Bernard. Op. cit.
43. Chen, GENES, Rajkowska, GENES, Du, F., Seraji-Bozorgzad, N., Manji, H. K. "Enhance-ment of Hippocampal Neurogenesis by Lithium", *J. Neurochem.*, vol. 75, no. 4, outubro de 2000, pp. 1729-1724.
44. Alvarez, GENES, Munoz-Montano, J. R., Satrustegui, J., Avila, J., Bogonez, E., Diaz-Nido, J. "Lithium Protects Cultured Neurons Against B-Amyloid-Induced Neurodegeneration", *FEBS Lett.*, vol. 453, no. 3, junho de 1999, pp. 260-264.
45. Phiel, C. J., Wilson, C. A., Lee, V. M-Youthing, Klein, P. S. "GSK-3a Regulates Production of Alzheimer's Disease Amyloid-B Peptides", *Nature,* vol. 423, no. 6938, 22 de maio de 2003, pp. 435-439.

46. Hashimoto, R., Takei, N., Shimazu, KIRLIAN, Christ, L., Lu, B., Chuang, D-M. "Lithium Induces Brain-Derived Neurotrophic Factor and Activates TrkB in Rodent Cortical Neurons: An Essential Step for Neuroprotection Against Glutamate Excitotoxicity", *Neuropharmacology,* vol. 43, no. 7, dezembro de 2002, pp. 1173-1179.

47. Moore, G. J., Bebchuk, J. M., Wilds, I. B., Chen, GENES, Manji, H. K. "Lithium-Induced Increase in Human Brain Grey Matter." *Lancet,* vol. 356, no. 9237, 7 de outubro de 2000, pp. 1241-1242. Also see Erratum, *Lancet,* vol. 356, no. 9247, 16 de dezembro de 2000, p. 2104.

48. Ott, Tru. Personal communication. 2004.

49. Gardner, Laurence. *Lost Secrets of the Sacred Ark.* Hammersmith, Londres: Element, 2003. Ver capítulo 11.

50. Ibid., capítulo 8.

51. Ibid.

52. Ott, Tru. Personal communication.

53. Velikovsky, Immanuel. *Ages in* Chaos. Londres: Sidgwick and Jackson, 1952.2.

54. Ibid., capítulo 8.

Capítulo 29: Água Viva

1. Kronberger, Hans, Lattacher, Siegbert. *On the Track of Water's Secret.* Viena, Áustria: Uranus Verlagsgesellschaft m.b.H., 1995.

2. Ibid., pp. 161-162.

3. Batmanghelidj, F. *Your Body's Many Cries for Water.* Falls Church, VA: Global Health Solutions, 1997.

4. Kouchakoff, Paul. "The Influence of Cooking Food on the Blood Formula of Man", Proceedings: First International Congress of Micro Biology, Paris: 1930.

5. Kronberger. Op. cit.

6. Emoto, Masaru. *The Hidden Messages of Water.* Japão: Sonia Aichi, 1999.

7. Kronberger. Op. cit.

8. Ibid.

9. www.earthtransitions.com/livingwater

Capítulo 30: Coma os Alimentos Autenticamente Orgânicos

1. Robins, John. *The Food Revolution.* Berkeley, CA: Conari Press, 2001.

Capítulo 31: Uma Abordagem Consciente para uma Alimentação Evolucionária

1. Tilden, J. H. *Toxemia Explained.* New Cannan, CT: Keats Publishing, Inc., 1981.

2. Ibid.

3. Airola, Paavo. *How to Get Well.* Phoenix, AZ: Health Plus, Publishing, 1974.

4. Kushi, Michio. *Natural Healing through Macrobiotics.* Toquio: Japan Publications, 1979.

5. Airola, Paavo. Personal communication.

6. Wigmore, Ann. *The Hippocrates Diet.* Wayne, NJ: Avery Publishing Group Inc., 1984.

7. Kulvinskas, Viktoras. *Survival into the 21st Century.* Woodstock Valley, CA: 21st Century Publications, 1975.

8. Cousens, Gabriel. "Treatment of Alzheimer's Disease". *Journal of Orthomolecular Medical Society,* vol. 8, nos. 1 e 2, 1985, pp. 9-10.

ÍNDICE REMISSIVO

A RESPEITO DA TREE OF LIFE FOUNDATION E DO TREE OF LIFE REJUVENATION CENTER

A Tree of Life Foundation existe com o objetivo de propor uma experiência intensa de uma vida saudável, sustentada e espiritualmente desperta, para o indivíduo e para o planeta. Como uma organização espiritual (religiosa) sem fins lucrativos [501 (c) (3)], fornecemos, para pessoas de todas as crenças, religiões e caminhos espirituais, uma experiência direta do que significa viver uma vida de qualidade, que é curativa em todos os níveis – do interesse agrícola da sociedade até a saúde emocional e pessoal e, por fim, a consciência espiritual.

Aqueles que buscam um lugar no qual possam ter a experiência de uma vida desperta e incorporar os ensinamentos da Nutrição Espiritual, nós convidamos a conhecer o Tree of Life Rejuvenation Center, uma parte da Fundação. O Tree of Life Rejuvenation Center é um centro espiritual que funciona como um oásis para o despertar – comprometido com a cura e o despertar da consciência no indivíduo e na comunidade mundial. Um estado de Graça é criado, que dá apoio total para você fazer as mudanças necessárias no seu estilo de vida, que lhe deixarão em harmonia, com paz em todos os níveis e, por fim, a realização da Verdade de quem você é.

Nosso retiro simples, orgânico, perto da natureza e ecologicamente sustentável está localizado em um platô no alto do deserto, em um solo sagrado de cerca de 700 quilômetros quadrados, nas montanhas intocadas da Patagônia, um vilarejo de arte rural no sul do Arizona (cerca de 95 quilômetros ao sul de Tucson). Como centro espiritual, celebra o modo de vida ecológico, práticas terapêuticas holísticas, alimentação viva, plantação orgânica, educação da pessoa como um todo e um modo de vida multicultural.

Tree of Life Temple

Para aqueles que estão preparados para abraçar a transformação em todos os níveis do Ser, oferecemos as habilidades e a inspiração para mudar de um paradigma moderno, desconectado, baseado no medo, tóxico, artificial, disfuncional e uma "vida melhor através da química" para o despertar de um novo paradigma de "viver melhor através de uma vida melhor"; isso significa estarmos em harmonia com a natureza, relacionamentos sagrados, sustento correto, sabedoria, paz, alegria, Amor, vida sem medo, e o Eu ou Divina Presença.

A função do Tree of Life é ajudar você a se curar e a se desintoxicar de hábitos, estilo de vida, vícios e medos do antigo paradigma. Muitos que vêm para o Tree encontraram formas poderosas de se elevarem acima do campo energético do medo e a sentirem a paz do Eu. Nessa transição, devemos abandonar o pensamento do velho paradigma e nos permitir viver a experiência do desdobramento natural e simples da Tree of Life Foundation. As "chamadas para despertar para a realidade" não são tranquilizadas aqui com mimos luxuosos. A simplicidade e a modéstia ajudam a minimizar as distrações externas, para que possamos nos internalizar no Eu Divino.

Esse desdobramento delicado é apoiado, dirigido e inspirado espiritualmente pelo Tree of Life e o seu diretor, Gabriel Cousens. Os Seis Fundamentos para uma Vida Espiritual, compartilhados pelo autor no livro *Nutrição evolutiva*, e que são ensinados de forma prática no Tree of Life, nos instroduz na consciência de "Cultura de Libertação". Os fundamentos enfatizam a limpeza e o fortalecimento das anatomias espirituais sutis

Maior labirinto do mundo no estilo encontrado na Catedral de Chartres

("os veículos"), para que possamos manter o aumento da energia da Luz do Eu. Para nutrir essa viagem mística de iluminação pessoal plena, oferecemos a arte e a ciência da cura e o despertar completo através de uma variedade de programas que o apoiarão à medida que você desperta para a sua expressão mais elevada do Eu. Os nossos programas são uma alquimia transformadora originária de antigas práticas espirituais, técnicas modernas de cura holística, registros nutricionais da alimentação viva, ciência de desintoxicação rejuvenescedora, programas educacionais e tecnologias ambientais orgânicas.

O programa diário inclui culinária viva, vegana, kosher, orgânica, gourmet, criada e preparada por chefes artísticos no Tree of Life Cafe, juntamente com aulas de preparo da Culinária Viva do Arco-Íris, caminhadas no labirinto, uso pessoal do mikvah, caminhadas, ioga e pranayamas (consciência da respiração). No ciclo diário, Gabriel é o guia espiritual para a cerimônia do fogo, ao pôr do Sol, e meditação, uma meditação para a paz mundial, semanalmente temos satsang (perguntas e respostas espirituais) e oferendas espirituais de Shaktipat/S'micha I'Shefa (iniciação da ativação da Kundalini), uma celebração xamânica de Shabbat e cânticos com a banda Simcha do Tree of Life.

O Tree of Life também oferece vários workshops, tecnologias terapêuticas e treinamentos, incluindo jejum espiritual, Processo intensivo do Ponto Zero (ioga ocidental da mente), o único Pancha Carma do mundo da alimentação viva (programa de rejuvenescimento e desintoxicação aiurvédico), as mais atuais tecnologias de desintoxicação não invasivas, Cura Pessoal Plena (tratamento e avaliação de saúde holística excelente), terapias de Spa para o Despertar, workshops educacionais de alimentação viva, programa de aprendizado para chefes de cozinha de alimentação viva, mestrado em nutrição vegana de alimentação viva, retiros de modo de vida essênio e workshops de relacionamentos sagrados.

O resultado do Tree of Life é compartilhar a experiência de "vida sátvica", uma vida que nos ajuda a nos internalizarmos para o êxtase não causal, o Eu Infinito. Participando de maneira completa, a sua consciência será levada para dentro do Eu e a sua estada no Tree of Life trará frutos.

O Tree é muito mais do que um centro inovador de saúde holística. É um santuário espiritual que apoia a descoberta da indescritível "Verdade de Quem Você É". O Tree of Life está preenchendo os desejos mais profundos de todos de viver uma qualidade de vida que pode ser chamada de "normalidade desperta" – uma vida preenchida com inspiração Divina e Paz nos Sete Níveis – paz com o corpo, mente, família, humanidade, cultura, planeta vivo e a Presença Divina. Com a participação no Tree of Life, sabemos que tal existência é verdadeira e incorpora a alegria de viver dessa forma, assim elevando o mundo à nossa volta. Venha se juntar à Dança Selvagem do Divino!

Por favor, nos visite online no site www.treeoflife.nu
Tree of Life Foundation and Rejuvenation Center
686 Harshaw Road
HC2 Box 302
Patagonia, Arizona 85624
(520) 394-2520